Die Gottesvorstellungen in der antik-jüdischen Apokalyptik

Supplements

to the

Journal for the Study of Judaism

Editor

John J. Collins

The Divinity School, Yale University

Associate Editor

Florentino García Martínez

Qumran Institute, University of Groningen

Advisory Board

J. DUHAIME — A. HILHORST — P.W. VAN DER HORST

A. KLOSTERGAARD PETERSEN — M.A. KNIBB — H. NAJMAN

J.T.A.G.M. VAN RUITEN — J. SIEVERS — G. STEMBERGER

E.J.C. TIGCHELAAR — J. TROMP

VOLUME 103

Die Gottesvorstellungen in der antik-jüdischen Apokalyptik

by

Stefan Beyerle

BRILL

LEIDEN • BOSTON

2005

Cover design: www.RAMVormgeuing.nl

This book is printed on acid-free paper.

Library of Congress Cataloging-in-Publication Data
LC Control Number: 2005 047 143

ISSN 1384-2161
ISBN 90 04 13116 7

© **Copyright 2005 by Koninklijke Brill NV, Leiden, The Netherlands.**
Koninklijke Brill NV incorporates the imprints Brill Academic
Publishers, Martinus Nijhoff Publishers and VSP.

PRINTED IN THE NETHERLANDS

Inhalt

Drittes Kapitel
Die Motivkonstellation der Auferstehung

Viertes Kapitel
Heilserwartungen im Kontext
hellenistisch-jüdischer Anthropologie

Fünftes Kapitel
Die Ambivalenz göttlicher Nähe

Sechstes Kapitel
Ergebnis und Ausblick

Literatur

Register

Verzeichnis der Tabellen

Vorwort

Die vorliegende Untersuchung wurde im Wintersemester 2001/02 von der Evangelisch-Theologischen Fakultät der Rheinischen Friedrich-Wilhelms-Universität Bonn unter dem Titel „»Und dann werden die Zeichen der Wahrheit erscheinen ...«: Eine textsemantische und -pragmatische Studie zu den Gottesvorstellungen in den apokalyptischen Texten Altisraels und des antiken Judentums" als Habilitationsschrift angenommen. Für den Druck wurde sie gekürzt, überarbeitet und aktualisiert.

Ich danke Prof. Dr. Horst Seebass für fachlichen Rat, geduldige Begleitung des Vorhabens, vielfache Unterstützung sowie die Erstellung des Erstgutachtens. Prof. Dr. Udo Rüterswörden gebührt Dank für die Mühen des Zweitgutachtens. Prof. Dr. John J. Collins (Yale) hat die Arbeit von Beginn an mit seinem fachlichen Rat begleitet. Die Druckfassung hat von seinen Verbesserungsvorschlägen profitiert. Den Professoren Collins und Florentino García Martínez (Groningen/Leuven) danke ich zudem für die Aufnahme in die Reihe „Supplements to the Journal for the Study of Judaism".

Prof. Dr. Dr. h. c. mult. Gerhard Sauter hat mich in Bonn vielfältig unterstützt, u. a. durch die Gewährung einer „Interimsassistenz", wofür ich herzlich danke.

Daneben haben viele Freunde und Kollegen in Deutschland und den USA das Werden dieser Arbeit gefördert. Nur wenige kann ich nennen: Prof. Dr. Reinhard von Bendemann (Kiel), Prof. Dr. Hermut Löhr (Jena) und PD Dr. Albrecht Scriba (Mainz) danke ich für viele Fachgespräche und die gewährte Freundschaft. Assistant Prof. Dr. Karina M. Hogan (St. Anselm's College, N.H.) gab mir entscheidende Hinweise zur Deutung des 4. Esrabuchs. Assistant Prof. Dr. Matthew J. Goff (Georgia Southern University) stellte mir vorab seine inzwischen gedruckte Dissertation zu „4QInstruction" zur Verfügung.

Der „Deutschen Forschungsgemeinschaft" danke ich für ein Habilitationsstipendium mit Auslandsaufenthalt. Der Verlag „E. J. Brill", namentlich Mattie Kuiper, hat das Projekt mit Geduld, Verständnis und professioneller Hilfe begleitet, wofür ich ebenfalls herzlich danke.

Bremen, im Februar 2005   Stefan Beyerle

ERSTES KAPITEL

Hinführung zu Thema, Gegenstand und Methode

1. Das Thema und seine Behandlung in der Forschung

1.1. Theologische Vorbemerkungen

Das Thema der Rede von Gott in der „Apokalyptik"[1] greift ein theologisches und exegetisches Desiderat auf. Zwar wird man im theologischen Begründungszusammenhang mit Eberhard Jüngel die Sagbarkeit der Denkbarkeit Gottes sachlich vorordnen müssen.[2] Doch bricht das Problem der Rede von *Gott* nicht in rein anthropologischer Perspektive auf. Es ist vielmehr die Fundamental-*Theo*-Logie in ihrem Wortsinne angesprochen. Diese findet ihr Bezugssystem zunächst innerhalb der christlichen Dogmatik, die ihr Reden von Gott als Reden vom *christlichen* Gott zu begründen

---

1 Mit den Begriffen „Apokalyptik" bzw. „apokalyptische Texte" sei das Aufkommen einzelner, dem literarischen Phänomen „Apokalypse" entlehnter Motive unter Einschluss der Vorstufen (vgl. nur Ez 38f; Sach 1 – 8; *Töpferorakel*) und Folgeerscheinungen (jüd. Mystik) jener Rahmengattung benannt. Das *Genre* „Apokalypse" selbst, dessen Definition jedoch nach wie vor schwankt, lässt die Grenzen zur „Apokalyptik" offen (vgl. nur AssMos, TestXII, Sib oder slHen), zumal die literarische „Apokalypse" stets als Teilmenge der „Apokalyptik" anzusehen ist. Daher bleibt eine strikte Trennung in „Apokalypse" und „Apokalyptik" weder sinnvoll noch praktikabel. Zur Differenzierung vgl. K. Koch, Apokalyptik, sowie P. D. Hanson, Art. Apocalypses and Apocalypticism: Introductory Overview, 280f, der zwischen literarischem *Genre* („apocalypse"), religiöser Überzeugung („apocalyptic eschatology") und den Trägerkreisen mit jener Überzeugung („apocalypticism") differenziert. Zu den sich daraus ergebenden unterschiedlichen Zugangsweisen i. S. d. „Phänomenologie" (v. a. J. J. Collins) und „Entwicklungsgeschichte" (v. a. P. Sacchi, P. D. Hanson) vgl. S. Beyerle, Wiederentdeckung, 39–46. Zur Aufarbeitung der Definitionsproblematik vgl. A. Bedenbender, Gott, 32–61.

2 Vgl. E. Jüngel, Gott, 340–347 (dazu R. Stolina, Gott, 67 Anm. 1). Zu den Problemen einer Vergegenständlichung des gedachten Gottes in der Sprache und zu ihrer Überwindung vgl. H.-P. Müller, Problem, 306.

und zu beschreiben sucht.[3] Apokalyptisches Schrifttum
„zwischen den Testamenten" wird zwar christlich beansprucht, bleibt aber durch sein häufiges Überschreiten der
Kanonsgrenzen nicht zuerst und ausschließlich dem Christentum verpflichtet. Dies bedeutet: So notwendig der fundamentaltheologische Problemhorizont für die Fragestellung ist, Apokalyptik bleibt als *religiöses* Phänomen lediglich *auch* christlich rezipiert, wodurch man bei der Frage
nach dem Reden von Gott in diesem Schrifttum *vor* einer
(christlichen) Eigenschaftslehre, einem christologischen
oder trinitätstheologischen Begründungszusammenhang stehen bleibt.

Ein zweites Problem hinsichtlich der Rede von Gott in
der Apokalyptik resultiert aus einer gewissen Selbstevidenz der Themenstellung. Rede von Gott ist auf Offenbarung angewiesen, Apokalypsen sind jedoch schon *qua Genre* Offenbarungsliteratur. Denn sie haben die Enthüllung
verborgener Erkenntnis durch ein göttliches oder durch ein
von Gott legitimiertes Wesen zum Gegenstand. Gattungs-
spezifisch sind Apokalypsen also *per se* Rede von Gott,
selbst wenn das Bild eines alttestamentlichen „Gottes der
Geschichte" jenen Texten fremd sein sollte.[4]

Schließlich wäre eine altbekannte Auffassung der Forschung zu erinnern, die die Apokalyptik als Zeugen gottlo-
ser Geschichte apostrophiert. Dort heißt es,

> ... daß Gott in den einmal festgelegten Geschichtsverlauf nicht mehr
> eingreift und nicht anders als der Mensch tatenlos abwartet, daß die
> festgelegten Fristen sich erfüllen.[5]

Ohne Theo-Logie im wörtlichen Sinne, also der Sprach-

---

3   Etwa eine trinitätstheologische Begründung liefert I. U. Dalferth,
Gott, v. a. 18–22. Vgl. aber auch den Ansatz von F. Wagner, Lage, v. a.
99–106, oder den Verweis auf „metaphorisches Reden von Gott" bei C.
Link, Gleichnisse, 67–78.

4   Es wäre etwa in Rechnung zu stellen, dass nach apokalyptischer
[apk] Denkweise die Verderbtheit u. Verborgenheit der erzählten Welt
mit der Verborgenheit Gottes koinzidiert. Somit bestünde in der Jetzt-
Zeit des Autors für die Rede von Gott überhaupt keine Dringlichkeit.

5   So W. Schmithals, Apokalyptik, 61, der bei J.[-]C. [H.] Lebram,
Art. Apokalyptik/Apokalypsen II. Altes Testament, 196, bestätigt wird
(ähnlich auch schon M. Noth, Geschichtsverständnis, 272f).

werdung Gottes, würde dem ersten Teil der christlichen Bibel nichts bleiben. Erscheint diese Beobachtung auf den ersten Blick selbstverständlich, ja lapidar, ändert sich dies mit der Konstatierung einer Dichotomie innerhalb des Verhältnisses von Gott und Geschichte. Dass nämlich der Gott Israels ein Gott der Geschichte ist, äußert sich in zweierlei Weise: einmal in seiner Bindung *an* die Geschichte. Darf man aber der Apokalyptik die Lösung dieser Bindung zutrauen? Die andere Seite der Verhältnissetzung verankert Gott mit seinem Wirken *in* der Geschichte: In der Selbstentäußerung Gottes tut sich eine je unterschiedliche Pragmatik oder Wirkung auf die Trägerkreise jener Vorstellungen selbst kund. Damit stehen auch der Apokalyptik als „Offenbarung" unterschiedliche Wahrnehmungsbereiche vor Augen.[6]

Das in der Geschichte sich wandelnde Gottesbild widerstreitet *prima facie* der Theorie des *einen*, suffizienten Gottes (vgl. Ex 20,2f; Dtn 6,4f; Jes 40,18.25; 43,11; 44,6), wobei die jeweiligen Traditionen durch die stete Rückbindung des monotheistischen Anspruchs an je unterschiedliche Motivkonstellationen, wie Exodus, Schöpfung, Zion etc., dieser Spannung entgegenzutreten suchen.

Für annähernd alle Textbereiche und Großgattungen im Alten Testament standen immer wieder Fragen ihrer Theologie im Mittelpunkt: Die Überlieferung der Erzväter-Erzählungen wird mit der Frage nach dem „Gott der Väter"

---

6 Zu den Bindungen Gottes *an die* und *in der* Geschichte, v. a. im Zusammenhang der „Rede von Gott", vgl. J. Marböck, Anfänge, 3.8.22f. Generell sei auf die sich schon früh in der jüdischen Tradition vorfindliche Kombination der Zeit- und Geschichtsverständnisse verwiesen: a. zyklisch (Kult), b. mythisch (Schöpfung u. Eschatologie), c. teleologisch (Prophetie und Apokalyptik), d. chronologisch (Israels Geschichte mit JHWH): vgl. hierzu J. Le Goff, Geschichte, 39f.161.175–179.235, der jedoch erst für das Christentum „mindestens" drei der erwähnten „Zeiten", nämlich die „zyklische", die „teleologische" und die „chronologische", annimmt (vgl. ebd., 176). Dass die Wahrnehmung von Zeit und Geschichte auch in der apk Literatur nicht eindimensional, im Sinne linearer Eschatologie, verläuft, zeigt etwa die Fortentwicklung der Sabbat-Konzeption im Weltenjahr bei Daniel und in der *Zehnwochenapokalypse* (vgl. dazu K. Koch, Sabbatstruktur, 58–75; ders., Sabbat, v. a. 70–74.81–84; vgl. auch ders., Art. Geschichte/Geschichtsschreibung/Geschichtsphilosophie, 582f; T. Gretler, Zeit, 233f.237f).

bzw. dem Monotheismus-Problem konfrontiert. Die Texte
des so genannten deuteronomistischen Geschichtswerkes
werden auf die Entstehung des Königtums und seine Legiti-
mation hin befragt (vgl. 1Sam 8; 2Sam 7; 1Kön 12f; 2Kön 17).
Gerade die vorexilische Schriftprophetie gilt spätestens
seit Georg Heinrich August Ewald als „Marge" einer neuen
Gottesvorstellung in „radikaler Wendung" (vgl. nur Am 8,2;
Hos 1,9 [mit Ex 3,14]).[7] Und auch die exilisch-nachexilische
Prophetie artikuliert ihre neu erwachte Hoffnung in der
Wiederbelebung älterer Theologumena in einer neuen Syntax (vgl. „Bund" bei Jer und Mal; „Schöpfung" bei DtJes).
Nicht zuletzt versucht man in neuerer Zeit die Psalmen und
die Weisheit über ihr Gottesverständnis aufzuschlüsseln.[8]
    Gilt somit für nahezu alle Textbereiche und Kanonteile
des Alten Testaments, dass ihr Reden von Gott, als *explizit*
geschichtliche Kategorie oder nicht, in den Fokus ihrer
Aussagen weist, so zeichnet sich im Blick auf die Forschung zur Apokalyptik eine gewisse *Epoché* ab – selbst
wenn man den außer Frage stehenden Bruch der Apokalyptik mit der vorangehenden theologischen Geschichtskonzeption in Rechnung stellt[9]. Immerhin besteht Einigkeit hinsichtlich der Motivation jener etwa im Danielbuch spürbaren „Brechung" mit der Idee der „Heilsgeschichte", als sie

---

7 Dem Umbruch der altisraelitischen Gottesvorstellung trägt nicht
zuletzt die Theologie G. von Rads Rechnung (Bd. 1, 142; Bd. 2, 343f);
vgl. dazu W. H. Schmidt, Art. Gott II. Altes Testament, 619–621; (vgl.
auch J. Jeremias, Entwürfe, 33–36.57f). Erinnert sei außerdem an das
Diktum B. Duhms von den Propheten als den „Männer[n] des ewig Neu-
en" (ders., Propheten, 8).

8 Es seien nur H. Spieckermann, Heilsgegenwart, *passim*; A. B.
Ernst, Kultkritik, v. a. 199–204, u. W. H. Schmidt, Elemente, v. a. 11–24,
erwähnt.

9 Vgl. dazu vorläufig K. Müller, Weltbild, 15–17. – Das für apk
Denken typische Strukturmoment der Transzendierung, wie es etwa im
Motivkomplex der Auferstehung zum Tragen kommt (vgl. Dan 12,1–3;
4Q521 2 ii 12 u. Frag. 7 + 5 ii 6; äthHen 92,2–5 u. ö.), ist zwar der älteren atl. Gotteskonzeption fremd, doch kann dieses Denken durchaus
bereits in vor-apk Überlieferungen implizit angelegt sein. Für die Auferstehung wäre auf Hos 6,1–3; Ez 37,1–14 (s. 4QpsEz^a [4Q385] 2 5–8)
oder Ps 49,16 hinzuweisen (vgl. dazu G. Stemberger, Problem, 19–45;
H. Kessler, Sucht den Lebenden, 41–68, u. zuletzt U. Kellermann, Gotteslob, *passim*).

weniger theologisch denn historisch, nämlich durch die Ereignisse um Antiochus IV. Epiphanes, begründet sei.[10] Und selbst wenn man in aller Radikalität festhielte, dass „... das, was Israel bislang zu 'Israel' machte – Gottes erwählendes Handeln in der Vergangenheit nämlich – für den Autor des Buchs Daniel keine Gültigkeit mehr besaß ...“[11], wäre am Ende immer noch nach den Kontrastierungen zu den bekannten Gottesvorstellungen zu fragen. Es darf somit festgehalten werden: Für ein *inhaltlich-sachliches* Abrücken von einer Theologie der apk Texte besteht kein Anlass.

1.2. Forschungsgeschichtliche Einordnung der Fragestellung

Zwar werden in der Forschung auch die Theologumena der Apokalyptik in Augenschein genommen[12], doch gewinnt man etwa beim Durchmustern der gängigen Theologien des Alten Testaments den Eindruck, als habe die für uns Heutige eingestandenermaßen zunächst sehr fremde und unzugängliche Welt der Apokalyptik *theologisch* nichts oder nur sehr wenig mitzuteilen.[13]

Alles in allem spricht man theologisch gerne von der „Randständigkeit“[14] der Apokalyptik, was zu einem häufig reduktionistischen Umgang mit dem Phänomen und seinen Texten in Theologien des Alten Testaments führt, u. a. beschränkt auf die Darstellung der Vielhauerschen Kriterien.[15] Darüber hinaus findet man bestenfalls grundsätzli-

---

10 S. T. Gretler, Zeit, 236. Wenngleich dies nicht unerhebliche *theolog.* Konsequenzen nach sich zieht: K. Müller, Weltbild, 16, z. B. diagnostiziert eine konsequente Theozentrik der Geschichtskonzeption.

11 So K. Müller, Weltbild, 16.

12 Vgl. etwa jene Studien, die Fragen der Ethik in der antik-jüdischen Apokalyptik zum Gegenstand haben : C. Münchow, Ethik, *passim,* u. J. Kerner, Ethik, *passim.*

13 Die forschungsgeschichtliche Einordnung beschränkt sich im Folgenden auf die im engeren Sinne theologische Frage. Zur allg. Forschungssituation vgl. J. Barr, Apocalyptic, 9–35; F. J. Murphy, Apocalypses, 147–179; S. Beyerle, Wiederentdeckung, 34–59; A. Bedenbender, Gott, 32–142; J. C. VanderKam, Introduction, 88–115, und die Zusammenfassung bei A. Paul, Genèse, 253–276.

14 So zuletzt A. H. J. Gunneweg, Theologie, 245.

15 Vgl. dazu W. Zimmerli, Grundriß, 202; A. H. J. Gunneweg, Theo-

che Erwägungen zum Danielbuch, dort besonders zum Determinismus-Problem[16]. Mancherorts dispensiert man sich gar gänzlich von einer theologischen Würdigung der Apokalyptik:

> Es ist hier nicht möglich, der Entwicklung der Heilserwartung in der Apokalyptik weiter nachzugehen. Sie gehört nicht mehr zum Gebiet der alttestamentlichen Theologie.[17]

Ist an dieser Stelle eine Beschränkung aus chronologischen bzw. kanonsgeschichtlichen Gründen vernehmbar, oder sind Motivationen hermeneutisch-theologischer Art leitend? Gerade die in ihrem Aufbau dem „Bund", der Verhältnissetzung von JHWH und seinem Volk verpflichtete Theologie Walter Eichrodts[18] legt zwischen den Zeilen grundsätzlich Vorbehalte offen: Da ist zum Einen die seit den Ergebnissen der „Religionsgeschichtlichen Schule" zu registrierende Befremdnis gegenüber den in apk Texten hervortretenden außerbiblischen Motivkonstellationen und Konzeptionen[19], wie sie etwa in der „antiken Periodenlehre" aufscheinen.[20] Zum Anderen konnte die Apokalyptik, gemessen an der „überragenden" Gerichtsprophetie, bestenfalls epigonal, wenn nicht nationalistisch, wirken.

> Die ungemilderte Schärfe der Verurteilung dieses Aeon war nur dort festzuhalten, wo die den Propheten in der zürnenden Liebe Gottes

---

logie, 243f. Zu den Kriterien selbst vgl. P. Vielhauer / G. Strecker, Apokalypsen, 491–515.

16 Vgl. R. Martin-Achard, Essai, 271f, und zum deterministischen Geschichtsbild des Danielbuchs ausführlich J. L. Helberg, Determination, v. a.273.276f.280–287, der vom Bundesgedanken her jeglichen „mechanischen", d. h. nicht durch Gott selbst bestimmten Determinismus ablehnt (vgl. auch D. E. Gowan, Bridge, 456f.469).

17 T. C. Vriezen, Theologie, 316f.

18 Vgl. ders., Theologie. Ähnlich wäre über B. S. Childs, Old Testament Theology, zu urteilen. Dessen „kanonischer" Entwurf einer Theologie, konzeptionell dem christlichen Offenbarungsgeschehen verpflichtet (vgl. ebd., 20–50.92–107), verhandelt „Daniel und die Apokalyptik" auf einer (sic!) Seite (vgl. ebd., 230f). Kaum besser steht es um die wenigen Anmerkungen in B. S. Childs, Biblical Theology; dt.: Theologie 1, 217–222.373–378.

19 Die etwa auch U. Luck, Weltverständnis, 283f, als möglichen Grund für die registrierten Ressentiments anführt.

20 Vgl. W. Eichrodt, Theologie 1, 318.

offenbarte paradoxe Einheit von Unheil und Heil als konkrete Wirklichkeit erfahren wurde: In der auf Kreuz und Auferstehung Jesu Christi begründeten Botschaft des Neuen Testaments.[21]

Im Anschluss an den die Verfehlung des Gottesvolkes offenbarenden Zorn Gottes in der „klassischen" Prophetie und der Verkündigung seines Endes bei DtJes kann die μέλλουσα ὀργή (Mt 3,7 par.) der Apokalyptik nur noch wie ein „Anhängsel" verstanden werden.[22]

Nicht zuletzt Gerhard von Rad knüpft dann mit seinem anti-apk Vorbehalt bei dem Vergleich mit der klassischen Prophetie an.[23] Daneben schwingt der Vorwurf der Gesetzlichkeit als Residuum prophetischer Verkündigung mit. Im Übrigen ganz einer Ableitung aus der Weisheit verpflichtet, betont Gerhard von Rad das Gottesbild des in Geheimnisse Einweihenden, und zwar in jene μυστήρια, die dem Menschen eigentlich unzugänglich bleiben.[24] Und zugleich ist dieser Gott „geschichtslos", gleichsam alleingelassen im Kosmos der Weltreiche und ohne jeden Bezug zu seinem Volk Israel – ein weiterer *theologischer* Vorbehalt, stellt man die Gesamtkonzeption der von Radschen Theologie in Rechnung.[25]

21 Vgl. W. Eichrodt, Theologie 1, 316f; das obige Zitat: a. a. O., 319.

22 Vgl. W. Eichrodt, Theologie 1, 174–176.

23 Vgl. ders., Theologie 2, 316: „Aber abgesehen davon, daß die Thematik dieser schon etwas standardisierten Hoffnung einigermaßen monoton geworden ist und nicht entfernt mehr an die Fülle und die Beweglichkeit der prophetischen Zukunftsschau heranreicht, so handelt es sich hier doch auch um eine andere Form von Eschatologie als bei den Propheten." – Zur Darstellung des Ansatzes bei von Rad vgl. weiterhin M. Sæbø, Relation, 80–85.

24 Vgl. G. von Rad, Theologie 2, 319f. Zum Verhältnis von „Geheimnis" und „Öffentlichkeit" im Judentum der hellenistisch-römischen Zeit und besonders in antik-jüdischen Apokalypsen vgl. H. G. Kippenberg, Prestige, 212f.223.

25 G. von Rad, Theologie 2, 321, schreibt: „Und nun stelle man dem [i. e. dem *geschichtlichen* Glauben, S. B.] die theologisch eigentümlich entleerten Darstellungen der Geschichte Israels gegenüber, wie sie da und dort in der apokalyptischen Literatur auftreten." Ähnlich votiert auch G. von Rad, Weisheit, 346.358–362, dessen Diktum zuletzt W. Schmithals, Apokalyptik, 61, noch verschärfte (s. o.). Gegen eine Geschichtslosigkeit in theologischer Perspektive argumentiert K. Müller, Apokalyptik, 100–102, unter Verweis auf das Geschichtsverständnis der „Tiervision" (äthHen 85 – 90; vgl. auch H. Hoffmann, Gesetz, 47f,

Schließlich unterstreicht ein Blick auf die religionsgeschichtlichen Kompendien zum Alten Testament die bisher
ermittelte Tendenz der Forschung, auch wenn in neueren
Arbeiten und auch Lehrbüchern die Spätzeit allgemein wieder mehr Gewicht erhält. Insgesamt provoziert das apk
Schrifttum immer wieder die Frage nach seinen Trägerkreisen: Bereits Bernhard Stade und Alfred Bertholet[26] vermuteten die Trägerkreise der „Asidäer" hinter den Schriften
Daniel, äthHen 85 – 90, einigen Psalmen und „Deutero-
Sacharja". Ist in der Theologie der beiden älteren Forscher
der Urgrund der Überlieferung und seine Identifizierung
noch gänzlich an den helfenden Machttaten *Gottes* orientiert[27], war es in neuerer Zeit Rainer Albertz daran gelegen, innerhalb der spät-prophetischen und (früh-)apk Kreise sehr fein untergliedert die unterschiedlichsten Autoren-
Konventikel ausfindig zu machen[28]. So werden dann auch
nur *die Gottesvorstellungen* diskutiert, welche im Dienste einer der charakterisierten Gruppierungen stehen.[29] Dass

---

u. die Ausführungen zum Problem des Determinismus bei J. L. Helberg, Determination, 274–277.280).

26 Vgl. dies., Theologie 2, 208–234, und zu den חסידים vgl. schon
Ps 149,1, dann auch 1Makk 2,42; 7,13; 2Makk 14,6; 11QPsᵃ 18,12; 19,7;
22,3.6. In neuerer Zeit haben M. Hengel, Judentum, 310–330, u. K.
Müller, Apokalyptik, 35–173, großes Gewicht auf die Frage nach den
Tradenten apk Schrifttums gelegt und die Stade-Bertholetsche These
weitergeführt (vgl. auch O. Plöger, Theokratie, 27–36).

27 Vgl. B. Stade / A. Bertholet, Theologie 2, 359–373 [§ 31. Der
Gottesglaube], wo die erwähnten göttlichen Machttaten ausdifferen-
ziert werden. Darin findet man die erste und bisher einzige umfassende
Analyse eines Gottesbildes der antik-jüdischen Schriften bzw. der
Apokalyptik: „Gottes Einheit", „Gottes Überweltlichkeit", „Gottes
Geistigkeit", „Der Juden- und der Vätergott", „Der Schöpfergott",
„Gott der Erhalter", „Gott der Vergelter", „Gottes Namen". Immerhin
bieten die Einleitungen zu den in JSHRZ herausgegebenen Apokalyp-
sen bei G. S. Oegema, Apokalypsen, *passim*, je einen Unterpunkt über
die Gottesvorstellung.

28 Vgl. R. Albertz, Religionsgeschichte, 633–676.

29 Symptomatisch ist der Satz zu den Daniellegenden (R. Albertz,
Religionsgeschichte, 652): „Die Oberschichtperspektive des Autors
der griechischen Danielerzählungen wird vor allem darin greifbar, daß
er sich die universale Ausbreitung der Jahweverehrung als Mission von
oben vorstellte ..." Oder ebd., 661: „Das Theologumenon von der Königsherrschaft Gottes lieferte somit dem Verfasser des aramäischen
Danielbuchs ein herrschaftskritisches Potential ..."

aber damit der rechte Weg gewiesen ist, wird sich in den
folgenden Untersuchungen dort zeigen, wo die theologischen Motivkonstellationen auf ihre *textexterne Pragmatik*
hin befragt werden.

Dagegen verfolgt J. Andrew Dearman eine alternative
Zugangsweise, wenn er die Apokalyptik als *Religion* in einem unterdrückenden und imperialistischen Umfeld betrachtet.[30] Einmal beschreibt die Apokalyptik eine „Antwort" im Blick auf die Diaspora als kulturelle Minderheit,
zum Anderen die grundsätzlich religiös-oppositionelle Haltung im Hellenismus.[31] Dabei ist es stets *Gott*, der in seinen
unterschiedlichen Namen und Funktionen ein Licht auf die
Selbstbehauptung der Diaspora (Dan 1 – 6) oder auch auf
den revolutionären Charakter der Auseinandersetzung mit
Fremdreligionen (Dan 7 – 12) wirft.

Das Ergebnis dieses forschungsgeschichtlichen Surveys
zur „Theologie der Apokalyptik" ist ernüchternd, und dem
erst kürzlich geäußerten Satz Paul D. Hansons[32] ist nur zuzustimmen:

> It is as if Gerhard von Rad's skepticism regarding the theological le-
> gitimacy of such writings has not yet been completely overcome. An
> additional factor is that traditionally, biblical theologians have not
> worked with conceptual models that were amenable to the full treat-
> ment of widely diverse traditions. For these reasons, the apocalyptic
> writings still tend to be neglected when the most weighty questions
> of biblical theology are discussed.

Die Frage nach dem ewigen und einen Gott, seiner Gestalt-
werdung in der Sprache, „formalisiert" in Erzählung, Poesie, Gebet und prophetischer Rede wie Verkündigung, ist
für die apk Literatur fast völlig ausgeblendet. Teilweise
schiebt man Gründe der „Kanonisierung" vor, oder die Theologie beruft sich auf den zeitlichen Bruch, der bereits den
Übergang zur neutestamentlichen Zeitgeschichte markiere.[33] Zudem werden vereinzelt dogmatische Vorbehalte

---

30 Vgl. J. A. Dearman, Religion, 228–263.

31 Vgl. J. A. Dearman, Religion, 240.252f.262f.

32 So ders., Apocalypticism, 9.

33 Für den deutschsprachigen Raum gilt: In der Tat genießt die
Apokalyptik gerade in diesem Jahrhundert in der ntl. Forschung stär-

deutlich, die im Umfeld der postulierten „Geschichtslosigkeit" an das „existentiale" Eschatologieverständnis Bult-
mannscher Prägung erinnern – im Sinne einer „Verinner-
lichung" der Zeit im Blick auf die Entscheidung über das,
was je *zu-kommt*.[34] Andererseits bieten gerade die systema-
tisch angelegten Theologien des Alten Testaments An-
griffsflächen für die dogmatisch gleichermaßen verankerte
wie unreflektierte Eliminierung der Apokalyptik bzw. ihrer
theologischen Implikationen.

Neben Walter Eichrodt wäre vor allem noch einmal Gerhard von Rad ins Gedächtnis zu rufen, dessen geschichts-
theologisches Konzept bekanntlich Schule machte[35], auch
wenn die Beurteilung der „Apokalyptik" in der Schülerge-
neration von Rads anders und dabei im Besonderen positiver ausfällt.[36]

Für die neuere Forschung fällt schließlich auf, dass die
Kompendien einer Theologie kaum noch die Apokalyptik
berücksichtigen (etwa Antonius H. J. Gunneweg), während
religionsgeschichtliche Entwürfe sehr wohl auf die Gottes-

---

kere Dignität und Aufmerksamkeit, was im Besonderen wohl auf die
von E. Käsemann ausgelöste Diskussion zurückzuführen ist: vgl.
ders., Anfänge, 110–132, und Thema, 133–159; als Gegenposition vgl.
R. Bultmann, Apokalyptik, 370–376. Zu einer Wirkung Käsemanns
über die Grenzen der Theologie hinaus vgl. etwa W. Franke, Apocalypse, 72.

34 Vgl. dazu R. Bultmann, Geschichte und Eschatologie im Neuen
Testament, 102–106. Insgesamt stellt die Antwort Bultmanns auf die
Thesen E. Käsemanns unter Berücksichtigung seines „existentialen"
Eschatologie-Konzepts eine nur partielle Zurücknahme der zehn Jahre
zuvor geäußerten Ansichten Käsemanns dar (vgl. R. Bultmann, Apokalyptik, 370–376). Denn im letztgenannten Aufsatz bestreitet Bultmann
„lediglich" die apk Herkunft *paulinischen* Denkens (vgl. a. a. O., 373–
376). Zur theologischen Tragweite der Eschatologie Bultmanns vgl.
jetzt G. Sauter, Einführung, 78–88; J. Moltmann, Kommen, 36–39.

35 Vgl. den von W. Pannenberg herausgegebenen Aufsatzband zu
„Offenbarung als Geschichte" sowie die zugehörigen und teilweise
kritischen Anmerkungen von W. R. Murdock, Geschichte, 377–402;
H. D. Betz, Verständnis, 257–270, u. K. Koch, Apokalyptik, 69–80.

36 Insbesondere Günter Reese hat in seiner Heidelberger Dissertation von 1967 den Ansatz von Rads auf die Apokalyptik angewandt (vgl.
G. Reese, Geschichte, *passim*). Zu verweisen wäre auch auf Dietrich
Rösslers Ausführungen zu „Gesetz und Geschichte". Diese Arbeit
wurde, ebenfalls in Heidelberg, von Günther Bornkamm betreut.

vorstellungen jener Texte eingehen (J. Andrew Dearman).

Neuere theologische Arbeiten zur Apokalyptik verweisen immer wieder auf das „Erbe" Gerhard von Rads, was auch das abschließend zu zitierende Votum Ulrich H. J. Körtners belegt. Seine systematisch-theologische bzw. geschichtsphilosophische Aufarbeitung fasst vorläufig, auch im Blick auf die Exegese, zusammen:

> Kurzschlüssige Versuche einer apokalyptischen Theologie vermögen die Ratlosigkeit gegenüber der Apokalyptik nicht wirklich zu überwinden. Diese zeigt sich auch im Bereich der alttestamentlichen Exegese. Hier hat man teilweise die Apokalyptik vom alttestamentlichen Prophetentum geschieden wissen wollen, um dessen Erbe dafür um so ungebrochener für das Christentum in Anspruch nehmen zu können.[37]

Es bleibt dabei, und daran ändern auch die bisher vorgelegten Spezialuntersuchungen[38] nichts: Das fundamentale Strukturmoment der Rede von Gott, die darin zum Ausdruck kommende Gottesvorstellung, ist im Kontext von „Apokalyptik" und „Apokalypsen" bisher nirgends exegetisch-systematisierend aufgearbeitet worden. Die Frage, ob in der „Apokalypse" der „gute Gott" schwerlich zu finden sei[39], muss erst noch gestellt werden. Man gewinnt den Eindruck, dass die „vorübergehende Distanzierung Gottes von der Geschichte"[40] in der Apokalyptik eine lange wäh-

---

37 So ders., Weltangst, 25. Der letzte Satz des Zitats bestätigt noch einmal die bereits bei W. Eichrodt festgehaltene Tendenz, zwischen „klassischer" Prophetie und dem Neuen Testament eine Brücke bauen zu wollen – eine Brücke, die letztlich schon Julius Wellhausen errichtet hatte.

38 *Ansätze* einer thematischen Aufarbeitung findet man vereinzelt: Zur älteren Forschung (F. Lücke, E. Reuß, A. Hilgenfeld) vgl. J. M. Schmidt, Apokalyptik, 98–156.184–194.258–277, u. H. Hoffmann, Gesetz, 23–32; dann: H. J. Wicks, Doctrine, *passim*; N. Walter, Relevanz, 47–52; M. Delcor, Dieu, 211–228; R. Martin-Achard, Essai, 267–275; P. D. Hanson, Apocalypticism, 1–20; U. H. J. Körtner, Weltangst, *passim*; W. Pöhlmann, Geschichtsdeutung, 60–75. Von Spezialproblemen aus eingekreist wird das Thema bei: E. Brandenburger, Verborgenheit, *passim*; ders., Markus 13, *passim*; J. Schreiner, Gott, 123–149; A. Pilgaard, Apokalyptik, 180–200, u. S. Burkes, God, *passim*.

39 So gestellt bei T. Pippin, Apocalyptic Bodies, 26.

40 Es sei wiederholt auf dieses Diktum von J.[–]C. [H.] Lebram, Art. Apokalyptik/Apokalypsen II. Altes Testament, 196, verwiesen.

rende Distanzierung vom befragten Forschungsgegenstand
bewirkt hat. Um den Titel der letzten kritischen Bestandsaufnahme im deutschsprachigen Raum zu bemühen: Mit
Klaus Koch gesprochen besteht hinsichtlich der speziellen
Theologie des apk Schrifttums „Ratlosigkeit", ja, mehr
noch: wurde doch die Frage im Blick auf die Apokalyptik
bisher kaum gestellt. Sie bleibt aus der Sicht der Forschungsgeschichte ein dringendes Desiderat.

2. Apokalypsen und Apokalyptik

Dem im ersten Abschnitt erhobenen Befund steht ein brei-
tes soziales, kulturelles und auch naturwissenschaftliches
Interesse an apk Themen gegenüber, die in Zeiten nukle-
arer, ökologischer und zuletzt terroristischer Bedrohung
starke gesellschaftliche Akzeptanz und Relevanz besitzen.
Daneben gesellt sich eine im ausgehenden Jahrtausend si-
tuierte – und daher inzwischen wieder weitgehend über-
wundene –*fin de siècle*-, oder besser *fin de millénaire*-Be-
findlichkeit, die, vergleichbar einem apk Grundmuster, kul-
tur- wie naturwissenschaftliche Errungenschaften mit dem
chronologischen „Ende" dieser Epoche, dem zweiten Jahrtausend, konfrontiert und auf Zukunft hin befragt.

> Apokalyptik hat Konjunktur. Zu beachten ist nicht nur ein verstärk-
> tes wissenschaftliches Interesse an ihr als einem Phänomen der Ver-
> gangenheit. Sie gedeiht auch nicht allein als Randerscheinung in re-
> ligiösen Sekten und fundamentalistischen Kreisen. [...] Apokalyptik
> ist ein öffentlichkeitswirksames Gegenwartsphänomen.[41]

Dabei begegnet die apk Geistesbewegung oder die Auseinandersetzung mit ihr nicht nur in der Gegenwartsliteratur.[42]

---

[41] U. H. J. Körtner, Theologie, 351 (vgl. auch ders., Weltangst, 40–
87.265–268).

[42] Vgl. dazu A. Pagni, Insel, 205–221, wobei die Autorin in Julio
Cortázars Erzählung „Apokalypse in Solentiname" formale Parallelen
zu den altisraelitischen bzw. antik-jüdischen Apokalypsen findet, die
sie an Hand der von J. J. Collins (s. u.) ermittelten Definitionskriterien
aufzeigt (vgl. a. a. O., 207f. 219 Anm. 9). Außerdem wäre auf die „The-
aterrenaissance" von Karl Kraus' „Die letzten Tage der Menschheit" zu
verweisen (vgl. dazu: K. Riha, Weltuntergangsdrama, 35–47; A. Kun-

Die *fin de millénaire*-Befindlichkeit hatte vielmehr zunächst eine breite kulturkritische Diskussion über das „Ende der Zeiten"[43] ausgelöst, die sich einerseits mehr oder weniger angemessen an apk Motiven sowie „Apokalypsen" als Gattungen orientierte[44], aber andererseits auch die „Zeichen des Endes" deutete, ohne wirklich der „Apokalypse" Rechnung zu tragen[45]. Daneben sind die Philosophie[46], die Gesellschaftspolitik[47] oder gar die Physik[48] betroffen. Man gewinnt den Eindruck, die Apokalytik erweist sich in der ganzen Breite des wissenschaftlichen Diskurses als diskussionswürdig. Und auch die aktuelle Exegese Alten und Neuen Testaments hat die Schriften der Apokalyptik für sich neu entdeckt.[49] Doch darf die apk Stimmung und ihr Bezug

---

ne, Apokalypse, 321–346). Eine Einführung und weitere Fallbeispiele für den europäischen bzw. nordamerikanischen Kulturraum bieten W. Braungart, Apokalypse, v. a. 71–96; D. Robinson, Literature, 360–387. Letzterer kann darlegen, dass die Unterscheidung „apokalyptisch" – „nicht-apokalyptisch" in der neuzeitlichen Romanliteratur andere Differenzkriterien benötigt als etwa in den antiken religiösen Quellen (vgl. v. a. a. a. O., 365–375).

43 So der Titel des Buchs von Damian Thompson (vgl. a. a. O., v. a. 140–179).

44 Vgl. dazu etwa J. Ebach, Apokalypse, 5–61; D. Zimmerling, Weltuntergänge, v. a. 231–261 (mit 268f: Anm.); T. Pippin, Apocalyptic Bodies, v. a. 78–116 (mit 134–136: Anm.).

45 Hierzu sei etwa auf die Abhandlung des amerikanischen Literaturwissenschaftlers Harold Bloom verwiesen (vgl. ders., Omens, *passim*). – Zu den rhetorischen Figuren einer politischen Apokalyptik in der Weimarer Republik vgl. J. Brokoff, Apokalypse, *passim*.

46 Vgl. J. Taubes, Eschatologie, v. a. 21–82 (dazu: J. Moltmann, Kommen, 60f, u. H. Cancik, End, 90); J. Derrida, Apokalypse, *passim*; T. J. J. Altizer, Modern Thought, 329–345 (zu G. W. F. Hegel, S. Kierkegaard, K. Marx u. F. Nietzsche).

47 Vgl. J. Schell, Schicksal, *passim*, u. dazu: U. H. J. Körtner, Weltangst, 256–273 (vgl. auch P. D. Hanson, Apocalypticism, 9–14; J. Ebach, Apokalypse, v. a. 5–11.20–33.54–58). Zu den Voraussetzungen einer modernen „apokalyptischen" Gesellschaftskritik im 19. Jh. vgl. S. L. u. P. F. Zimdars-Swartz, Apocalypticism, 265–289.

48 Vgl. F. J. Tipler, Physik, *passim* (dazu die Sicht des Theologen: W. Pannenberg, Kosmologie, 93–98); P. Mazanek, Alpha, 49–56.

49 Dies gilt es trotz des negativen Ergebnisses zur Forschungsgeschichte über die theologische Fragestellung (s. o.) festzuhalten (vgl. aus neutestamentlicher Sicht zuletzt die Bestandsaufnahme bei U. B. Müller, Apokalyptik, 268–290).

auf gegenwärtige Ereignisse nicht dazu verleiten, anachro-
nistisch als Deuterahmen der antiken Quellen zu fungieren.
Denn die antik-jüdische bzw. frühchristliche Apokalyptik
ruft den Menschen vor Gott, während die neuzeitlichen
Phänomene ihn mit sich selbst begegnen lassen.[50]

2.1. Die „Apokalypse" als Gattung

Bereits die Gattungsdefinition der „Apokalypse" für einen
Teilbereich des antiken Judentums, nämlich für die Schriften aus Qumran, bereitet erhebliche Schwierigkeiten. Die
Versuche einer Definition oder auch nur der Bestandsaufnahme von „Apokalypsen" in den qumranischen Schriften
zeitigt bisher völlig unterschiedliche, einander sich widersprechende Ergebnisse.[51] Schon an dieser Stelle bewahrheitet sich wiederholt der Satz Gerhard von Rads von der
bisher noch nicht in befriedigender Weise definierten
„Apokalyptik" [sic!].[52] Die Vielzahl der unternommenen
Versuche, das literarische Phänomen in den Griff zu be-
kommen, könnte für die Diskussion seit Philipp Vielhauer
problemlos eine ganze Monographie füllen. Doch die in
diesem Zusammenhang behandelte Fragestellung mahnt
nicht nur zur Selbstbeschränkung, sie wird im Folgenden
vielmehr als ein gewichtiger Teil der Gattungsproblematik
selbst erscheinen.

Jenes Problem wird nicht selten auf die scheinbar un-
überbrückbare Aporie der zirkulären Argumentation *von*
der literarischen Klassifikation *zum* Aufspüren der Gattungsmerkmale *und zurück* zum literarischen *Genre* einge-

---

50 Vgl. zuletzt H. Weder, Verflüchtigung, 53f.
51 Vgl. grundsätzlich das ältere Votum von F. M. Cross, Bibliothek,
84f (Neuaufl.: 70; vgl. J. J. Collins, Apocalypticism and Literary Genre,
404 mit Anm. 4): „Die Essener erweisen sich als eine apokalyptische
Gemeinde, eine Heilsgemeinschaft, die in Erwartung der hereinbrechenden Königsherrschaft Gottes den Aufenthalt Israels in der Wüste
in Moses' Tagen wiederholt." Neuerdings lieferten M. Philonenko,
L'apocalyptique, 211–218, und H. Stegemann, Bedeutung, 495–530,
zwei sich geradezu widersprechende Definitionen. Zur „Apokalyptik"
im Qumranschrifttum vgl. auch J. J. Collins, Apocalypticism, v. a. 150–
165; ders., Apocalypticism and Literary Genre, 424–428, u. die knappe
Zusammenfassung bei S. Beyerle, Wiederentdeckung, 58f.
52 Vgl. G. von Rad, Theologie 2, 316 (vgl. P. Abadie, Racines, 214).

engt.[53] Doch verbirgt sich hinter dieser Beobachtung ein erkenntnistheoretischer Fehlschluss, wenn man etwa die Implikationen der Systemtheorie in Betracht zieht, die die Gesetzmäßigkeiten eines „Systems apk Literatur" gerade *innerhalb* des zuvor klassifizierten literarischen *Genres* verorten.[54] Es ist also insgesamt mehr als ein rein phänomenologischer Rahmen, innerhalb dessen apk Schrifttum als „Apokalypse" seiner Identifizierung und Beurteilung unterzogen wird. Vielmehr werden in einem – chronologisch und inhaltlich – relativ eng und eindeutig abgegrenzten literarisch-theologischen Artikulationsrahmen (s. u.) Kriterien der Identifikation benannt, die in der Forschung bereits relativ früh bekannt waren: 1. die göttlichen Geheimnisse als Gegenstand, 2. eschatologische Stoffe, 3. deterministische

---

53 Vgl. etwa W. J. Dumbrell, Search, 131: „The problem stems from the circularity of the mode of definition and classification, that is, the literature is first identified and then features are extracted from it according to which the literature is classified."

54 Die der Soziologie entlehnten systemtheoretischen Einsichten, die inzwischen über alle Grenzen sozialwissenschaftlicher Ansätze hinaus ihre Wirkung zeigen, wurden m. W. bisher noch nicht auf die Apokalyptik angewandt, sodass in diesem Zusammenhang nur ganz grundsätzlich auf Niklas Luhmann verwiesen werden kann (vgl. ders., Systeme, v. a. 30–91, u. ders., Systemtheorien, 7–24, sowie zur Einordnung der Systemtheorie A. Treibel, Einführung, 26–45 [v. a. 29–41]). Das zentrale Merkmal der Gesellschaft aus der Sicht der Systemtheorie ist die *Komplexität*, die sich in apk Texten und ihren (hypothetischen) Trägerkreisen ebenso widerspiegelt. Wie an den folgenden Kapiteln abzulesen sein wird, findet auch die in *komplexen Systemen* vorfindliche *funktionale Differenzierung* in apk Texten ihren Niederschlag, insofern im Weltentwurf dieser Texte die Anschauung von Gott unterschiedliche Funktionen wahrnimmt. Aus erkenntnistheoretischer Sicht ist die „Legitimität" der vorgenommenen Übertragung durch die *Autopoiesis* der „Systeme" gesichert (N. Luhmann, Systeme, 61: s. das folgende Zitat; zur Bedeutung der *Autopoiesis* vgl. auch ders., Recht, 552–554): „Eine der wichtigsten Konsequenzen liegt auf dem Gebiet der Erkenntnistheorie: Wenn auch die Elemente, aus denen das System besteht, durch das System selbst als Einheiten konstituiert werden (...), entfällt jede Art von basaler Gemeinsamkeit der Systeme. Was immer als Einheit fungiert, läßt sich nicht von außen beobachten, sondern nur erschließen." Aus funktionaler Sicht erscheint die Übertragbarkeit wegen des von Luhmann selbst betonten „übergreifenden" Charakters seiner Theorie als legitimiert. Luhmann hat darüber hinaus auf die universelle Gültigkeit *autopoietischer Systeme* wegen ihrer Funktionsbezogenheit hingewiesen: vgl. N. Luhman, Kunstwerk, 380f.

Geschichtsauffassung, 4. Betonung des göttlichen Handelns gegenüber dem menschlichen, 5. pessimistisch-dualistische Geschichtsauffassung, 6. Trostfunktion des Schrifttums, 7. Universalismus.[55] Dem an die Systemtheorie angelehnten Zugang einer Klassifizierung *vor* der Benennung inhaltlich und motivkritisch auswertbarer Kriterien entspricht die Einsicht von Klaus Koch und John J. Collins, dass ein literarischer bzw. formkritischer Zugang zum *Genre* „Apokalypse" der momentan einzig mögliche ist.[56] Dieser Einsicht fügt sich dann auch der Versuch, Textstruktur und Inhalt der „Apokalypsen" stärker durch die Beachtung sprachlicher Konventionen zu erschließen.[57]

Da aber das zur Debatte stehende Schriftkorpus in einem relativ begrenzten Zeitraum entstanden ist (zwischen dem 3. Jh. v. Chr. und dem 2. Jh. n. Chr.) und für jene Epoche Krisen- und Konfliktsituationen reflektiert oder in sie hineinredet, dürfte eine Beschränkung auf das „literarische System" zu einer historisch unangemessenen Engführung beitragen. So zeigt etwa, auch über die Gattungsfrage im engeren Sinne hinaus, die Auslegungsgeschichte des Danielbuchs unter ganz unterschiedlichen Fragestellungen immer wieder die Relevanz der *historischen Situation* für die Textexegese (vgl. v. a. zu Dan 2; 7 und 8)[58].

---

55 Diesen nahezu erschöpfenden Kriterienkatalog stellte bereits P. Volz, Eschatologie, 4–10, auf. Innerhalb dieses Rahmens bewegt sich auch der aktuelle Versuch von B. U. Schipper, ‚Apokalyptik', 22–27, formale und inhaltliche Elemente einander zuzuordnen.

56 Vgl. K. Koch, Apokalyptik, 20.33; J. J. Collins, Introduction: Towards the Morphology of a Genre, 4. Außerdem legte letzterer einen hilfreichen tabellarischen Überblick vor, in dem er alle wesentlichen Kriterien der „Apokalypse" aus seinem „Master-Paradigm" (vgl. ders., Introduction: Towards the Morphology of a Genre, 5–8), nochmals auf Hauptgruppen verteilt und nach ihren Vorkommen in den prominentesten Apokalypsen aufzählt (vgl. ders., Apocalypses, 28).

57 Hierzu seien beispielhaft erwähnt K. Koch, Visionsbericht, 143–178, und R. J. Korner, Convention, v. a. 164–171: zu 4Esr, syrBar, äthHen 37 – 71; 83 – 90, sowie die Interpretation im Blick auf die Johannesoffenbarung: a. a. O., 176–183.

58 Vgl. zuletzt die Deutung von R. G. Kratz, Translatio, *passim*. Seine Datierung der Grundschicht der aram. Bestandteile des Dan in die Perserzeit brachte z. B. eine neue Deutung der „Gottesreichsidee" mit sich. – Zu den Trägerkreisen nachexilischer Eschatologie insgesamt vgl. schon O. Plöger, Theokratie, *passim*.

Dass mit der Betrachtung der historischen Situation zugleich ein theologisch zentraler wie hermeneutisch gewichtiger Gesichtspunkt angesprochen ist, wird an der Wirkung apk Schrifttums auf heutige Rezipienten deutlich. Nur wer die historischen Entstehungsbedingungen berücksichtigt, kann eine Übertragung der Aussagen in die Gegenwart wagen. Wie wenig dem in der aktuellen hermeneutischen Diskussion Rechnung getragen wird, zeigt sich etwa daran, dass das oben angedeutete „apk Lebensgefühl" ausschließlich den negativen Aspekt betont, im Sinne einer resigniert und larmoyant vorgetragenen Weltuntergangsstimmung, und damit nur eine „kupierte oder halbierte Apokalyptik"[59] repräsentiert.

Kehrt man nun zu den oben genannten Kriterien zurück, sticht das des *Zukünftigen*, der Eschatologie, insofern heraus, als Apokalypsen auf der Zeitebene stets auf das Kommende verweisen, da die jetzige Welt durch ihre Verstrickung in das Böse als eine letztlich zu überwindende charakterisiert wird. Die damit einhergehende Naherwartung[60] lässt es geraten sein, von „radikaler Eschatologie"[61] zu sprechen. Doch zeigen die bereits aufgereihten Kriterien, dass ein teleologisches oder eschatologisches Zeitverständnis keineswegs das einzige oder zentrale Merkmal der Apokalyptik darstellt – schon gar nicht dürfte es einer suffizienten Beschreibung apk Texte dienen.[62] Dies deutet

---

59 Zur Terminologie vgl. K. Lüthi, Apokalyptik, 209.214f. Außerdem sei auf die Darstellung des Problems bei W. Pöhlmann, Geschichtsdeutung, 70–75, hingewiesen, der den „Geschichtspessimismus" der modernen Endzeitpropheten gegen das Insistieren auf die Hoffnung wider alle Anfechtung bei den antiken Apokalyptikern stellt. Wie weit jedoch die terminologische „Verzerrung" im neuzeitlichen Sprachgebrauch reichen kann, lässt sich bei K. Vondung, Apokalypse, 1128–1136, ablesen.

60 Zu den vielfältigen Naherwartungskonzeptionen im Alten Testament und in den apokryphen Apokalypsen vgl. K. Erlemann, Naherwartung, 53–122.

61 Von „geschichtsnotwendig-akuter Eschatologie" spricht F. Dexinger, Zehnwochenapokalypse, 32–37.64–70 (vgl. auch W. J. Dumbrell, Search, 132f).

62 Wie dies häufig noch (unbewusst?) im Gefälle der theologischen Position Käsemanns suggeriert wird, ohne dass man Käsemann selbst für diese Haltung verantwortlich machen könnte (vgl. zum Problem des

bereits die hier beispielhaft erwähnte Umschreibung und Konkretisierung des Begriffs „Eschatologie" an.[63] Kurt Erlemann betont die Hoffnung auf den Umschwung innerhalb eines festgelegten Geschichtsplans, in dem sich Gott wiederum als mächtig erweisen wird. Diese Form der Eschatologie passt in vergleichbarer Weise auf die Exilssituation (vgl. Jes 35; 40 – 55*).

Hinzu kommt, dass „Eschatologie" als Kategorie atl. Denkens auch vor-apk begegnet: Auch wenn der Begriff an das Alte Testament herangetragen ist, in ihm selbst also nicht terminologisch begegnet, thematisiert er doch in dem, was man umgangssprachlich „Erwartung" nennt, eine Kategorie alttestamentlicher Theologie, die sich durch nahezu alle Gattungen und Schriften zieht. Wahrscheinlich schon in ältester Überlieferung (vgl. Gen 49,10; Num 24,17 u. ö.) bezeugt, umfasst die „eschatologische Rede" auch zeitlich einen großen Raum, der in der Apokalyptik seine vorläufige Grenze findet.[64] Denn das Geschaute wird nicht mehr innerweltlich-immanent erwartet, sondern in einen chronologischen wie qualitativen Gegensatz zur Jetzt-Zeit in ihrer Verderbnis gestellt. Zur so verstandenen Eschatologie treten die Motive des Gerichts und der Auferstehung hinzu.[65]

Darüber hinaus zeichnet sich apk Denken durch seine *Literalität* aus. Somit werden die Schriften der Apokalyptik selbst zur Interpretation der Schrift.[66] Die Überlieferung setzte durch dieses hermeneutische Selbstverständnis nicht nur einen pointierten Neubeginn im Verhältnis zur Prophetie (vgl. Sach 13,2–6), sondern betonte damit auch den ihr

---

Verhältnisses von Eschatologie und Apokalyptik u. a. E. J. C. Tigchelaar, Prophets, 6f).

63 Vgl. zum Folgenden K. Erlemann, Naherwartung, 10.

64 Vgl. W. H. Schmidt, Aspekte, 233–253.

65 Vgl. dazu M. Hengel, Judentum, 357–369, und die theologische Einordnung bei K. Stock, Einheit, 11–20.

66 Vgl. den Bezug auf Jer 25,11f; 29,10 in Sach 1,12 oder in Dan 9,24–27 (vgl. dazu vorläufig H. Delkurt, Nachtgesichte, 75–61; A. S. van der Woude, Prediction, 63–73); weiterhin Dan 7,1; 9,2; 12,4; äthHen 81,6; 82,1; 4Esr 14,45f; syrBar 20,3; Offb 1,3; 19,9; 21,5 sowie die *Pescher*-Deutung in 1QpHab 7,5–8; 9,3–6; 13,1–4. Zur hermeneutischen Dimension vgl. I. Willi-Plein, Geheimnis, 163–165; M. Himmelfarb, Ascent, 95–114.144–149.

eigenen Charakter als „Offenbarungs*literatur*". Wichtig dabei scheint, dass „Schriftlichkeit" keineswegs in irgendeiner Form Rückschlüsse auf die „Kanonizität" oder „Tradierungslegitimität"[67] zulässt. Sie spiegelt „nur" das Selbstverständnis der apk Trägerkreise wider.

Hat man damit die wesentlichen Kriterien, gleichsam als Rahmenbedingungen, zur Hand, kann das literarische Phänomen „apk Text" in der Absicht, den Quellenumfang etwas einzugrenzen, näher charakterisiert werden.

Zuvor sind jedoch noch zwei grundsätzliche, methodische Bemerkungen angebracht: Einmal fällt an den bisherigen Definitionsversuchen auf, dass sie um eine hinreichende Beschreibung von „Apokalypse" bzw. „Apokalyptik" bemüht sind. Dabei werden – was sich gar nicht vermeiden lässt – aber immer wieder bestimmte Charakteristika nach rein subjektiven Erwägungen hervorgehoben: sei es die himmlische Offenbarungsstimme bei Hartmut Stegemann[68] oder die asidäische Trostfunktion in der Bedrängnis bei Karlheinz Müller[69]. Daran gemessen werden bestimmte Quellen eskamotiert oder hinzugefügt. M. E. ist dieses Vorgehen methodisch nicht statthaft, da nach mehr oder weniger subjektiven Kriterien eine „Normalform" postuliert wird, die es weder in der „Apokalypse", oder auch in der Apokalyptik, noch in anderen Textformen des Alten Testaments gibt. Vielmehr ist Lars Hartman zuzustimmen, wenn er schreibt:

Furthermore, even though one may list some genre constituents in this way, one should not expect to find all the characteristics of a given genre in all instances of it. And, reversely, not all the types of characteristics that *can* constitute genres need necessarily be represented in an individual genre.[70]

---

67 Vgl. dazu K. Ehlich, Text, 39f; zum universellen Chrarakter literarischer Äußerung vgl. H. G. Kippenberg, Art. Apokalyptik/Messianismus/Chiliasmus, 9.

68 Vgl. ders., Bedeutung, *passim*.

69 Vgl. ders., Apokalyptik, *passim*.

70 So L. Hartman, Survey, 335 [Hervorheb. i. Orig.]. Zuletzt versuchte D. Hellholm dieser Problematik gerecht zu werden, indem er unter Berücksichtigung der aristotelischen Kategorienlehre zwischen *„differentiae constitutivae"* und *„differentiae divisivae"* unterschied

Zum Anderen wird man sich methodisch der Charakterisierung von Apokalyptik in Anlehnung an Umberto Ecos[71] Se-
miotik-Definition nur „dialektisch" nähern können: Einerseits ist ein apk Text nur phänomenologisch, in seiner inhaltlichen Umschreibung zu fassen (Induktion). Dies ist
wiederum nicht möglich, „… ohne den Mut zu haben, eine
Theorie – und folglich ein elementares Modell als Leitfaden
für die folgenden Überlegungen – vorzuschlagen"[72] (Deduk-
tion). Im Sinne der (der Systemtheorie entlehnten) Auffassung von Apokalypsen als einem *autopoietischen System*
geht diese Untersuchung den deduktiven Weg von der aus
der Fülle der Formkriterien „komponierten" Definition des
literarischen Genres hin zu einer am Quellenmaterial ge-
prüften Zuordnung der Texte.

Die mit den Rahmenbedingungen und nun auch mit der Methode festliegenden Voraussetzungen leiten hin zu einer
Definition des Gegenstands. Dabei orientieren sich die genannten Formkriterien an Definitionen, wie sie Karlheinz
Müller, John J. Collins, Hartmut Stegemann, Egon Brandenburger und vor allem zuletzt Ulrich B. Müller vorlegten:[73]

(ders., Reflections, 142–150). Während erstere die *species* konstituieren, unterscheiden letztere die *genera*. Im Blick auf die Apokalyptik
muss Hellholm konzedieren (a. a. O., 145 [Hervorheb. i. Orig.]): „Which
constitutive and distinguishing characteristics respectively are *essen-
tial*, that is, invariant markers for the various abstraction levels in connection with investigations trying to establish generic apocalyptic texts
is still, however, a matter of controversy."

71 Vgl. U. Eco, Einführung, 17–44 [hier: 17f].
72 So U. Eco, Einführung, 18.
73 Vgl. K. Müller, Ansätze, 19–33; J. J. Collins, Introduction:
Towards the Morphology of a Genre, 4 (vgl. auch die Präzisierung bei
D. Hellholm, Reflections, 149; ders., Problem, 28–30); H. Stegemann,
Bedeutung, 495–530; E. Brandenburger, Verborgenheit, 9; U. B. Müller, Apokalyptik, 269–271. Den Offenbarungscharakter der „Apokalypsen" betonen besonders D. E. Gowan, Bridge, 451–461, und C. Rowland, Disclosure, v. a. 776–783. – Weil am stärksten rezipiert, sei die
Definition von J. J. Collins, Daniel, 54 [Hervorheb. i. Orig.], zitiert (vgl.
auch ders., Prophecy, 146f; zu einem möglichen Weg exegetischer
Überprüfung dieser Definition vgl. S. Beyerle, Löwengrube, 23–34):
„An apocalypse is '*a genre of revelatory literature with a narrative
framework, in which a revelation is mediated by an otherworldly being
to a human recipient, disclosing a transcendent reality which is both*

Apokalypsen sind Offenbarungsliteratur, die angesichts einer
verschlossenen Weltsituation auf (ein) außerweltliche(s) We-
sen rekurriert, die (das) himmlisches Offenbarungswissen
enthüllen (enthüllt). Eingebettet in einen erzählerischen
Rahmen koinzidieren die Verborgenheit göttlichen Waltens
und die Verderbtheit der „erzählten Welt"[74] *. Dabei vollzieht*
sich die Abfolge von Katastrophenangst und Katastrophen-
überwindung in einem exklusiv sich offenbarenden Gesche-
hen, das zeitlich und räumlich transzendiert wird, also auf
eine mit der vorfindlichen Wirklichkeit inkommensurable
Welt abzielt. Die eschatologische Akzentuierung impliziert
einen sozio- wie theologischen Aspekt: Angesichts der Nega-
tivität der Jetzt-Zeit[75] *soll den Angesprochenen Trost*[76] *und*
Vertrauen, aber insbesondere Mahnung und Warnung vor
heterodoxem Denken und Handeln entgegengebracht wer-
den. Zugleich wird vor dem Hintergrund der Bedrängnisse
auf ein zukünftiges und neues Heilshandeln Gottes gehofft.[77]

---

temporal, insofar as it envisages eschatological salvation, and spatial
insofar as it involves another, supernatural world.'"

74 Die „erzählte Welt" steht für die im Text erfasste und interpre-
tierte „Welt des Autors" bzw. die „Welt des Tradenten oder Redaktors",
die von der realen Welt dieser Zeit zu unterscheiden ist. Zur Differenzierung in „erzählte" u. „besprochene Welt" vgl. H. Weinrich, Tempus,
18–21.28–54, dessen Differenzierung der Tempussysteme in *passé*
simple und *passé composé* (s. a. a. O., 252–287) jedoch nicht ohne weiteres übertragbar ist. Es soll an dieser Stelle lediglich die mehr („besprochene Welt") oder weniger („erzählte Welt") große Distanzierung
vom Gegenstand berücksichtigt werden.

75 Dies gilt insbesondere für die Zeit der Diadochenkämpfe, die zugleich eine Zeit der innerjüdischen Auseinandersetzungen in der
(vor-)makkabäischen Epoche war (vgl. M. Hengel, History, 35–78;
ders., Interpenetration, 167–228). Grundsätzlich wird man sich allerdings von Pauschalisierungen abgrenzen müssen, die z. B. Palästina
und Ägypten oder religiöse, ethnische und nationale Interessen zu
rasch vermengen: vgl. die differenzierte Analyse von A. Blasius, Frage,
41–62.

76 Zur Trostfunktion der Apokalypsen vgl. zuletzt v. a. M. Wolter,
„Offenbarung", 175–194. Allerdings wird sich im Verlauf der Untersuchung zeigen, dass die Trostfunktion eine bestenfalls marginale Rolle
innehat.

77 I. Willi-Plein, Geheimnis, 174–176, unterscheidet außerdem die an
den Geschehensgeheimnissen interessierte „Ereignisapokalyptik" (vgl.
etwa Dan 2) von der „Beschreibungsapokalyptik" mit weisheitlichem

Aus dem bisher Dargelegten ergeben sich zwei Konsequenzen: Zuerst wurde deutlich, dass die „Apokalypse", gleichsam als Kunstprodukt der Forschung und in Anlehnung an die Johannesoffenbarung spätestens durch Friedrich Lücke[78] ins Leben gerufen, durchaus eine formal-inhaltlich eigenständige Literatursorte als identifizierbares textliches „System" darstellt.[79] Ihre Trennschärfe ist wegen ihrer radikalen Abkehrbewegung und Ausgrenzung im Übrigen sehr viel deutlicher als etwa in der Prophetie. Außerdem zeigen die Versuche der Eingrenzung und Charakterisierung der Literatursorte, wie eng die Erkenntnisse zu Form und Gattung mit dem in dieser Studie aufgenommenen Thema verquickt sind.[80] Neben der forschungsgeschichtlich begründeten Dringlichkeit besteht also auch aus formal-inhaltlichen Gründen[81] das höchst notwendige Desiderat einer Aufarbeitung der Gottesvorstellungen in den apk Texten.

Bereits die Titulatur in ihrer griechischen und hebräisch-aramäischen Sprachform (ἀποκαλύπτω bzw. גלה) deu-

---

Interesse (etwa äthHen 37 – 71). Dagegen trennt J. D. Crossan, Jesus, 388–390, der die Apokalyptik als einen Sonderfall des Chiliasmus betrachtet (vgl. a. a. O., 156f), eine „verkündete" von der „aufgeführten" Apokalyptik. Allerdings liegen jeweils keine grundlegenden Gliedgattungen vor, sondern – wie bei der „messianischen Apokalyptik" (vgl. K. Berger, Einführung, 150–152) – auf Grund von Einzelbeobachtungen separierte Teilbereiche der Apokalyptik. Ähnliches wäre zur Unterscheidung der Apokalypsen mit und ohne „heavenly journey" zu sagen (s. auch M. Himmelfarb, Ascent, 3–8). Dagegen bringen D. Merkur, Practices, 119–148, u. M. E. Stone, Reconsideration, 167–180, mit der Beobachtung visionärer Erfahrungen und ihrer Träger einen weiteren, neuen Aspekt in die Diskussion ein.

78 Vgl. ders., Commentar.

79 Als „beschreibender Titel", nach antikem Brauch dem ersten Satz (Offb 1,1) des Schriftstückes entnommen, hat der *terminus technicus* „Apokalypse" einen Bezug zu seinen Ko-Texten (vgl. dazu P. Hellwig, Titulus, 7–9.16).

80 Daher erscheint es als nicht statthaft, das theologische Konzept der „Apokalyptik" von der literarischen Gattung der „Apokalypse" zu trennen (gegen zuletzt R. E. Sturm, Word, 20–32).

81 So wollte D. Hellholm, Problem, 27 [Hervorheb. i. Orig.], der Definition von J. J. Collins folgenden Passus hinzufügen: '*intended for a group in crisis with the purpose of exhortation and/or consolation by means of divine authority*'." Diesem Wunsch entsprach Collins dann auch in seiner aktuellen Version der Definition (vgl. ders., Daniel, 54; vgl. auch ders., Imagination, 22f, sowie ders., Prophecy, 158f).

tet auf das Subjekt des entsprechenden Handlungsverbs[82],
nämlich Gott (Dan 2,20aβγ.b.22 [Hi 12,22 u. Offb 5,1–3]):

> 20 [...] Es sei der Name Gottes gesegnet von Ewigkeit zu Ewigkeit,
> denn Weisheit und Stärke sind ihm eigen. [...] 22 Er offenbart uner-
> forschliche Dinge und verborgene [Sachen], erkennt, was im Dun-
> keln ist, und das Licht wohnt bei ihm.

Die Funktion Gottes als mittelbarer (*angelus interpres*) oder
unmittelbarer Offenbarer von Verborgenem (μυστήριον, רז)
beschreibt also neben der Beziehung von Signifikat und
Signifikant in der Titulatur des Schrifttums selbst den inneren und äußeren „theologischen" Rahmen der zu erläuternden Fragestellung. Dass es sich dabei nicht um Äquivo-
kationen handelt, soll an einem Beispiel verdeutlicht werden. Dabei wird auf eine Textsorte zurückgegriffen, die im
Sinne theologischer Anschauung und Traditionsbildung
synkretistischen Strömungen im weitesten Sinne zugeordnet werden kann. Die zumeist aus der Spätantike stammen-
den Texte magischen Inhalts verweisen vereinzelt auch in
die hellenistisch-römische Epoche: Sowohl zeitlich wie inhaltlich berühren sich insofern antik-jüdische Apokalyptik
und magisch-mystische Texte[83], wie sie etwa in den Samm-
lungen der Geniza-Zeugnisse oder der „Zauberpapyri"
überliefert sind.[84] Ein besonders eindrückliches Beispiel
bietet der Abschnitt aus dem großen Gebet des *P. Leid. J 395*

---

82 Zum Begriff des „Handlungsverbs" vgl. W. Ulrich, Wörterbuch,
127, u. H. Bußmann, Lexikon, 302.841f; zur Sache vgl. U. H. J. Körtner,
Weltangst, 284–295, u. M. Greenberg, Reflections, 165f. Vgl. auch J.
Derrida, Apokalypse, 9–17.53, u. v. a. 59: „Die Apokalypse des Johannes, die alle abendländischen Apokalypsevorstellungen beherrscht, er-
leuchtet im Lichte des El, des Elohim."

83 Vgl. I. Gruenwald, Apocalyptic, 29–72; ders., Types, 53–64;
H. D. Betz, Magic, 222. Zu Inhalt und Bedeutung von „Magie" in hellenistischer Zeit vgl. A. F. Segal, Magic, 351–356, der sich gegen eine
allgemeine und feststehende Definition des Begriffs wendet (vgl. dazu
auch H. D. Betz, Magic, 212–216, u. J. N. Bremmer, Birth, 1–12).

84 Vgl. zu den Texten: P. Schäfer / S. Shaked, Texte I–III; K. Prei-
sendanz / A. Henrichs, Papyri Graecae Magicae, bzw. H. D. Betz,
Magical Papyri. Zur Sache vgl.: D. Frankfurter, Legacy, 149–151; F.
Graf, Gottesnähe, 9–14; H. D. Betz, Introduction, xliv–xlviii; ders.,
Magic, v. a. 58–62.

(4. Jh. n. Chr.), worin es im Anschluss an eine *invocatio* im Munde des Beters heißt (PGM XIII,871–876):[85]

871 »Ich rufe deinen Namen an, den grössten unter den Göttern. 872 Erfülle, was ich sage: 872 Die Erde wird beben, die Sonne wird stille stehen, 873 die Mondgöttin wird voller Furcht sein, die Felsen und Berge werden bersten, 874 und das Meer und die Flüsse und alles Feuchte werden zu Stein (= Eis) erstarren, 875 das ganze Weltall wird zusammenstürzen.«

Auf den ersten Blick bezeugt dieser Gebetsausschnitt alle wesentliche Merkmale apk Weltdeutung: die Erhabenheit Gottes, den Geheimnischarakter der numinosen Größe, die Negation der Weltordnung im kosmischen Chaos und nicht zuletzt das Tempus im Futur als Merkmal eines „eschatologischen" Deutungshorizontes. Doch markiert gerade die im engeren Sinne „theo-logische" Konzeption dieses Gebets eine deutliche Differenz im Vergleich zu apk Denken. So bezeichnet das kosmische Chaos die *Reaktion* auf den Geheimnischarakter des göttlichen *Namens* und ist keine Komponente des verborgenen, endzeitlichen Heilsplans des einen Gottes im Himmel. Der auch als Bestandteil der Theophanie[86] in Altisrael und im antiken Judentum bekannte Aufruhr der Natur bleibt somit eine reine Begleiterscheinung. Die Schreckensreaktion ist in diesem Textbeispiel also kein notwendiges Element der *textinternen Pragmatik*. Das Auslösen der kosmischen Erscheinungen liegt vielmehr ganz in der Hand des Beters, der den numinosen Namen in den Dienst seiner „magischen" Praxis stellt (vgl. auch PGM XII,238–243; XIII,762–771).[87]

---

85 Übers. nach R. Merkelbach / M. Totti, Abrasax I, 195 [Zählung: *sic*!]; Text nach K. Preisendanz / A. Henrichs, Papyri Graecae Magicae II, 126 (Lesart in ⟨ ⟩ nach R. Merkelbach / M. Totti, Abrasax I, 194): ἐπικαλοῦμαί σου τὸ ὄνομα, τὸ μέγιστον ἐν θεοῖς· ὃ ἐὰν εἴπω τέλειον, ἔσται σεισμός, ὁ ἥλιος στήσεται, καὶ ἡ σελήνη ἔμφοβος ἔσται, καὶ αἱ πέτραι καὶ τὰ ὄρη ⟨ῥαγήσονται⟩ καὶ ἡ θάλασσα καὶ οἱ ποταμοὶ καὶ πᾶν ὑγρὸν ὑποπετρωθήσεται, ὁ κόσμος ὅλος συνχυθήσεται.

86 Vgl. dazu A. Scriba, Theophanie, 53–64.

87 Zur Geheimhaltung des göttlichen Namens in den *Zauberpapyri* vgl. noch PGM IV,1610; XIII,742f; XXIIb,20f u. ö. (dazu H. D. Betz, Formation, 180 mit Anm. 39; ders., Secrecy, 160–163; W. Fauth, Götter- und Dämonenzwang, 49f). R. Merkelbach / M. Totti, Abrasax I, 212, vermuten in PGM XIII,763f eine äg. Vorstellungen entsprechende

Das Beispiel des Gebets aus den einen hellenistisch-jüdischen Synkretismus repräsentierenden *Zauberpapyri* zeigt sehr anschaulich die Notwendigkeit einer fundamentaltheologischen Reflexion auf die „Apokalypsen" als *Offenbarungsschriften*. So bietet der Text aus *P. Leid. J 395* nahezu alle wesentlichen *semantischen* Merkmale eines apk Motivinventars. Und doch leitet die Absicht des Beters, nämlich die „magische" Dämonenabwehr, hin zu einer gegenüber aller Apokalyptik völlig anderen *Pragmatik*: Geht es in den *Zauberpapyri* um die Verfügung des Numinosen durch den Beter zur Abwendung von Unheil, verfügt in der antik-jüdischen Apokalyptik Gott selbst über das Geschick von Gerechten und Frevlern (*textinterne Pragmatik*: s. u.).[88] Zudem zielt die Magie gerade auf eine Bewältigung der innerweltlichen Anfechtung, etwa durch Dämonen, und sucht so die Anschauung einer kosmischen Katastrophe explizit zu vermeiden (*textexterne Pragmatik*: s. u.).[89]
Der Blick auf magisch-synkretistische Traditionen ergab nicht nur die für die Apokalyptik notwendige Berücksichtigung der „theo-logischen Pragmatik" auf der Textebene, sondern machte auch die Angewiesenheit auf die historischen Entstehungsbedingungen deutlich. Darüber hinaus erhellend im Sinne der Eingrenzung ist der Vergleich mit alttestamentlicher Weisheitstradition[90]. Die erste Eliphas-

---

Glosse, indem sie auf den Amun-Hymnus aus *P. Leid. I 350* „200" verweisen, wonach umfällt, der den göttl. Namen ausspricht (vgl. J. Assmann, Hymnen, 332: Nr. 138, Z. 26f; vgl. noch a. a. O., 330: Nr. 136, Z. 4; 333: Nr. 139, Z. 3; 346: Nr. 143, Z. 276).

88 Vgl. auch die „Leidener Weltschöpfung" (PGM XIII,1–734; v. a. Z. 510–514 u. dazu R. Merkelbach, Kosmogonie, 24–38; zu Text u. Übers. vgl. ders., Abrasax III, 94–153). Zu den *Zauberpapyri* insgesamt vgl. F. Graf, Gottesnähe, 93; W. Fauth, Götter- und Dämonenzwang, 41–59.

89 In PGM XIII,871–876 etwa ist daher der eröffnende Bedingungssatz als Sprechakt von entscheidender Bedeutung (ὃ ἐὰν εἴπω τέλειον [= „wenn ich ihn – i. e. den Gottesnamen – vollkommen ausspreche"]; vgl. auch die Lesart bei R. Merkelbach / M. Totti, Abrasax I, 194f.215: ὃ ἐὰν εἴπω τέλεσον [= „erfülle, was ich sage"]).

90 Die seit Gustav Hölscher und Gerhard von Rad immer wieder eine hervorgehobene Rolle als „geistiger Nährboden" der Apokalyptik gespielt hat (vgl. dazu J. M. Schmidt, Apokalyptik, 258f; J. Vermeylen, L'émergence, 321f): vgl. G. Hölscher, Weisheit, 205f; G. von Rad, Theologie 2, 316–323; ders., Weisheit, 337–363; J.[-]C. [H.] Lebram, Art.

Rede in Hi 4,1 – 5,27 (v. a. 4,12–17[.21])[91] eignet sich besonders, um die aufgeworfene Frage nach dem ἀποκαλύπτειν
des Gottes Israels *in Abgrenzung* zur apk Literatur zu erörtern. Thema, Aufbau und Intention der Rede zeigen deutliche Überschneidungen mit „Apokalypsen": die geheime Offenbarung an eine ausgewählte Person (vgl. 4,16a)[92], vermittelt im Traumgesicht (4,13); die Erwähnung der „irrtums-
fähigen" Mandatare Gottes (4,18b), die vielleicht auf die gefallenen Engel im *Wächterbuch* (äthHen 1 – 36) verweisen;
die Erwähnung der „unerforschlichen Wundertaten" des
allmächtigen Schöpfergottes (5,9); zuletzt die Schreckensreaktion des Offenbarungsempfängers (4,14f). Letztere betont die besondere Legitimation[93] des Eliphas, der mit der
Zusage von Kinderreichtum (5,25) eine eschatologische
Note einbringt[94]. Der radikalen Infragestellung und Selbst-

Apokalyptik/Apokalypsen II. Altes Testament, 193–195.197f; ders., Daniel, 32–37. Neuere Stimmen greifen auf die Weisheitsschriften aus
Qumran zurück (vgl. A. Lange, Weisheit, v. a. 301–306: allerdings wird
eher die frühe Apokalyptik Werke wie 4QInstruction beeinflusst haben
denn umgekehrt [so J. J. Collins, Wisdom, 227f]), oder aber man übt
stärkere Zurückhaltung hinsichtlich einer „monokausalen" Ableitung
apk Denkens, indem man z. B. auf Gemeinsamkeiten spätprophetischer
und -weisheitlicher Überlieferung verweist (vgl. zu den Relativierun-
gen der von Radschen Thesen D. Michel, Weisheit, 413–434; J. C. VanderKam, Origins, 241–254; M. Sæbø, Relation, 78–91; J. Vermeylen,
L'émergence, 322.338–340). Zumal Aufbau und Thematik einiger später Weisheitsschriften wie der *Sapientia Salomonis* durchaus eschatologische Komponenten beinhalten: zu Weish 1 – 6 vgl. Collins, a. a. O.,
178–195 u. zum Buchganzen M. Nobile, Thématique, 308–312.

91 Zur strophischen Einteilung der Rede vgl. P. van der Lugt, Criticism, 61–79, der von zwei getrennten Reden in Hi 4 und 5 ausgeht (vgl.
aber W. A. M. Beuken, Job's Imprecation, 46–70).

92 Dass das in Hi 4,16 mit חמונה bezeichnete Wesen Gott selbst ist
(vgl. Num 12,8; Ps 17,15 [*non* cj.], u. Dtn 4,12.15), steht nicht im Text
(vgl. F. Horst, Hiob, 73f; HAL 1608; gegen G. Fohrer, Hiob, 143; E.-J.
Waschke, Art. תְּמוּנָה, 679). Engelwesen (4,18: עבדים, מלאכים) dürften wegen ihrer Irrtumsfähigkeit ebenfalls als Offenbarungsmittler in
V.16 ausscheiden. Es bleibt die durch חמונה angedeutete Anspielung
auf eine göttliche Offenbarung.

93 Zur legitimatorischen Funktion in der Apokalyptik vgl. H. Stegemann, Bedeutung, 495–530.

94 Etwa gegenüber Hi 1,19. Vgl. auch חקוה in 4,6; 5,16 und dazu
W. A. M. Beuken, Job's Imprecation, 75–77. Außerdem betonen Hi 4,
17.18–21 die „Kluft zwischen Gott und Mensch": so C. Forster, Leben,
227; vgl. auch a. a. O., 237–239.

verwünschung Hiobs (3,3.11f) stellt der Temaniter also Gottes Allmacht in eigener, durch Traumoffenbarung gewirkter Vollmacht gegenüber.[95]

Aber auch an diesem Text lassen sich Differenzen zur Apokalyptik aufzeigen: Traumoffenbarung und Schreckensreaktion bzw. Unverständnis sind keine suffizienten Merkmale einer Apokalypse.[96] Die in Hi 5,25 angedeutete „Eschatologie" bleibt immanent. Aber vor allem das Aussagegefälle innerhalb der Komposition von Hi (3)4 – 14 betont gerade die Gottesferne im Todesgeschick.[97]

Schaut man von hier aus nochmals auf das Reden vom „Gott der Geschichte", fällt die unterschiedliche Bewertung dieses „Seins in der Geschichte" nach apk Denken ins Auge. Die Funktion von Gottes dem Menschen nicht unmittelbar zugänglichem Offenbarersein einerseits und die mit der Literalität der Apokalyptik einsetzende Reflexion über „Geschichte" andererseits bringen es mit sich, dass grundsätzlich Gottes Erfahrbarkeit in den Ereignissen der Geschichte, jedenfalls scheinbar, zurücktritt. Selbst dort, wo diese Erfahrbarkeit in Geschichtsrückblicken, wie in der *Tierapokalypse*[98] oder in der *Zehnwochenapokalypse*, erinnert

---

95 In diesem Zusammenhang drängen sich vor allem Parallelen zu dem Dialog zwischen Esra und dem Engel Uriel auf (4Esr).

96 Vgl. etwa Gen 41,8: Pharao; Dan 2,1.3: Nebukadnezzar; Haran-Stele (H$_2$ Kol. III,3): Nabonid (vgl. Hi 33,15f). Vgl. S. Beyerle, Court, 55–65, u. speziell ders., Joseph, 14–17. Zu Schreckens- u. Unverständnisreaktionen auf Visionen im apk Kontext vgl. etwa Dan 7,15.28bα; 8,17–19. Zudem wäre auf die starke, bis ins Existentielle reichende Macht des mit פחד ausgedrückten „Schreckens" in Hi 4,14 hinzuweisen (vgl. H.-P. Müller, Art. פָּחַד, 557–559; W. A. M. Beuken, Job's Imprecation, 54).

97 Vgl. P. van der Lugt, Criticism, 509f. Doch auch dort, wo die „Fortschreibung" im *Testament Hiobs* dem Protagonisten durch die Kombination von Auferstehungs- und Thronratsmotivik eine Hoffnung vermittelt, die eine transzendente Eschatologie vor Augen führt (vgl. TestHiob 4,9 [s. Hi 42,17a: LXX]; 33,3–5; 39,12f; 40,3; 52,10), kann noch nicht von einer „Apokalypse" gesprochen werden (vgl. B. Schaller, JSHRZ III/3, 315f; C. T. Begg, Comparing Characters, 438; J. J. Collins, Athens, 242–246; G. W. E. Nickelsburg, Judgment, 158; zur Reinterpretation der LXX im Hiobbuch vgl. K. Spronk, Afterlife, 16–18).

98 Gerade an äthHen 85 – 90 und dem dort begegnenden, nicht expliziten Schriftgebrauch wird die eschatologische Intention deutlich, die in einem dualistischen Weltverständnis und der prägnanten Dar-

wird[99], geht es der Überlieferung um eine Deutung der Geschichte als abgeschlossener Episode in Erwartung des neuen Äons. Neben den in seiner Eigentümlichkeit soeben abgegrenzten apk Offenbarungsmodus gesellt sich also eine spezifische Auffassung von der Geschichte. Beides koinzidiert in der Betonung einer zukünftigen und transzendenten Wirklichkeit. Hierin verbindet die Apokalyptik eine kosmologische Heilslehre[100] mit einer universalistischen Geschichtsauffassung[101].

Das bereits diskutierte Urteil, die apk Texte zeichneten sich durch die Abwesenheit Gottes und damit durch die Abwesenheit von Geschichte aus, liegt nun nicht mehr fern, wird aber im Einzelnen an den Gottesvorstellungen der Texte zu überprüfen sein. Wenngleich sich an einer pauschalen Beurteilung schon jetzt Zweifel erheben, stimmen doch fast alle bisherigen Umschreibungen von „Apokalypsen" in einem Punkt überein: Zentraler Gedanke ist das Offenbarungsgeschehen, dessen Subjekt, durch Gott oder ein göttliches Mittlerwesen repräsentiert, zukünftig und letztgültig in die gegenwärtige Welterfahrung der Tradenten eingreift.

Abschließend sei zum Problem des Gegenstands festgehalten: Die theologische Relevanz bei formal-inhaltlichen Bestimmungen von Apokalypsen, der Verweischarakter der Titulatur und nicht zuletzt die Notwendigkeit, das theologische Vorurteil über die Geschichtslosigkeit durch ein theologisch-exegetisch ermitteltes Urteil zu ersetzen, weisen die Fragestellung auf die Quellentexte zurück.

---

stellung der Geschichte Israels durchscheint (vgl. G. W. E. Nickelsburg, Scripture, 340–342).

99 Die Relevanz der Geschichtsrückblicke erkennt auch J. J. Collins, Apocalypses, 22f.30–37 (vgl. auch ders., Introduction, 14), indem er darin ein Unterscheidungskriterium innerhalb des *Genres* der „Apokalypse" vermutet. Vgl. auch D. Rössler, Gesetz, 55–70; G. I. Davies, Apocalyptic, 15–28, u. G. Reese, Geschichte, v. a. 45–53.64–69.91–97. 98–106.119–122.

100 Vgl. dazu M. N. A. Bockmuehl, Revelation, 24–41.

101 Vgl. dazu K. Koch, Geschichtsdenken, 1–32 (vgl. auch ders./ T. Niewisch / J. Tubach, Buch, 162f.214f).

2.2. Beschreibung der Quellen

Bei der folgenden Beschreibung der Quellen bleibt zu beachten, dass die Apokalypsen auch chronologisch über die kanonischen Ränder des Danielbuchs und der Johannesoffenbarung hinaus reichen[102]. Einen *terminus post* wird man im 3. Jh. v. Chr. zusammen mit Teilüberlieferungen aus der Henochliteratur festlegen können.[103]

Chronologisch und kultur-geografisch weitet sich der Rahmen, wenn man die der Apokalyptik nahe stehende Überlieferung aus Ägypten[104] und die aus dem griechischen Kulturraum bekannte Gnomik, Orphik bzw. Orakelliteratur[105] beachtet. Große Bedeutung haben auch die iranischen Quellen, die vor allem beim Vier-Reiche-Schema, der Totenauferstehung und der Angelologie zu beachten sind.[106]

---

102 Zumal der jüngste apk Text des NT in 2Petr 3,1–13 vorliegen dürfte, auch wenn eine „Apokalypse" weniger wahrscheinlich ist denn eine Mahnrede an Parusieleugner unter Aufnahme der stoischen Weltenbrand-Motivik (vgl. A. Vögtle, Judasbrief, 244–255).

103 Unter den in Qumran gefundenen aram. Fragmenten zum *Wächterbuch* (äthHen 1 – 36) bzw. zum *Astronomischen Buch* (äthHen 72 – 82) befinden sich Zeugnisse, deren paläographischer Befund in diese Zeit verweist (vgl. K. Berger, Art. Henoch, 478; zu den Texten vgl. vorläufig U. Gleßmer, Liste, 190f; P. W. Flint, Writings, 96–100.125). Das mutmaßlich älteste Textstück aus dieser Überlieferung, 4QEnastr[a] ar, datiert in das 3. bzw. 2. Jh. v. Chr. (vgl. E. J. C. Tigchelaar / F. García Martínez, DJD 36, 106).

104 Vgl. J. Bergman, Remarks, 51–60; J. Assmann, Stein, 259–287. Für die Spätzeit wäre etwa auf das *Töpferorakel* zu verweisen (vgl. L. Koenen, Prophecies, 249–254; J. G. Griffiths, Apocalyptic, 273–291; ders., Legacy, 1044–1051). Vgl. v. a. L. Koenen / A. Blasius, Apologie, 139–187 mit Tfl. I–III, die nicht nur eine aktuelle kommentierte Übers. der Rez. bieten (a. a. O., 142–164), sondern auch zahlreiche textliche sowie interpretatorische Revisionen vornehmen.

105 Vgl. A. Dihle, Literaturgeschichte, 77–79.347f; W. Burkert, Apokalyptik, 235–251; H. Cancik, End, 84–123.

106 Vgl. dazu die Zusammenfassungen bei G. Widengren, Ideen, 78–156; N. Cohn, Cosmos, 77–104. 238–242 [Anm.] u. 105–115. 242f [Anm.]; A. Hultgård, Persian Apocalypticism, 39–81. Als Quelle sind die *Orakel des Hystaspes* (vgl. v. a. Lact. *Div. Inst.* VII,15–24) hervorzuheben. Text: J. Bidez / F. Cumont, Mages II, 357–377; Erläuterungen: G. Widengren, Ideen, 121–127, der die pers. Verbindungslinien herausarbeitet, dann M. Boyce / F. Grenet, History, 376–381; A. Hultgård, Persian Apocalypticism, 74–76. Wegen höchst unsicherer Datierungen der Quellen ist es zumindest problematisch, wenn N. Cohn die pers.

Dass diese religionsgeschichtlich relevanten Strömungen nicht ausführlich gewürdigt werden, liegt einmal im ausgeprägten Ein-Gott-Glauben[107] in antik-jüdischer Zeit und andererseits in der durch die „Kanonisierungsprozesse" bedingten Geschlossenheit[108] jüd.-apk Texte begründet.

Wendet man den Blick dem Ende des maßgeblichen Zeitraumes zu, sind die Abgrenzungskriterien nicht weniger problematisch. Die vermeintliche Nivellierung apk Vorstellungen in rabbinischer Zeit[109] wird in neueren Forschungsbeiträgen kaum noch vertreten. Stärkere theologische Veränderungen sind in den frühen christlichen Apokalypsen deutlich, die kanonisch (v. a. Offb), deuterokanonisch (Herm, AscJes, ApkEl) oder „redaktionell-tritokanonisch" (Überarbeitung des MartJes oder der TestXII) bezeugt sind.[110] Die Rezeption apk Motive und Traditionen in christlichen Überlieferungen wie Mk 13 und der Johannesoffenbarung erfolgt unter der Voraussetzung eines Neuansatzes. Diese neue Qualität erweist sich etwa in der Verheißung der Auferstehung[111] ebenso wie in der Betonung der Nähe der *basileia tou theou*, also in Motivkonstellationen, die nicht notwendig apk verankert sind, durch die urchristliche

---

Traditionen als maßgebliche Einflüsse auf die antik-jüdische Apokalyptik benennt: vgl. ders., Cosmos, v. a. 220–226. 263f [Anm.]; zur Kritik: J. J. Collins, Imagination, 29–33; ders., Prophecy, 129–159.

107 G. Ahn, 'Monotheismus', 1–24, spricht in diesem Zusammenhang gar von einem „Paradigmenwechsel".

108 Zwar nennt die Iranistik die aus sassanidischer bzw. islamischer Zeit (6.–9. Jh. n. Chr.) stammende Textsammlung des *Zand ī Wahuman Yasn* (*Bahman Yašt*) gelegentlich eine „Zoroastrische Apokalypse", doch erreicht diese Kompilation nicht die textliche Geschlossenheit der antik-jüdischen „Apokalypse" (vgl. auch M. Boyce / F. Grenet, History, 383–385; N. Cohn, Cosmos, 222; A. Hultgård, Persian Apocalypticism, 41.43).

109 Vgl. L. Ginzberg, Beobachtungen, 214–222; anders A. Momigliano, Indications, 88–96; G. Stemberger, Fortleben, 335–347; ders., Danielrezeption, 140–156; C. Rowland, Disclosure, 784–786.

110 Vgl. A. Yarbro Collins, Apocalypses, 61–121; U. B. Müller, Apokalyptik, 268–290.

111 Dies hat jüngst K. Müller, Weltbild, 10–12, herausgestellt, indem er etwa die von Paulus selbst (vgl. 1Kor 15,50) prädizierte radikale Wandlung betont, die sich bei der Auferstehung vollziehe; vgl. nur 1Thess 4,13–18; 1Kor 15,14.52; vgl. auch Gal 1,1f.

Traditionsbildung jedoch in die apk Weltauffassung einge-
schrieben werden.[112] Insbesondere die Konzeption der „Königsherrschaft Gottes" verdeutlicht mit ihrem „Schon-
jetzt" die Überwindung apk Geschichtsverständnisses.[113]
Für das zu berücksichtigende Quellenmaterial bedeutet
dies: Auch wenn eine eindeutige zeitliche wie kanonische
Grenzziehung für apk Schriften kaum möglich ist, soll die
Fragestellung auf die antik-jüdischen Quellen der Zeit zwischen dem 3. Jh. v. Chr. und dem 2. Jh. n. Chr. beschränkt
werden. Zudem kann kein Zweifel bestehen, dass neben
der unmittelbaren Vorgeschichte der apk Texte auch die
frühe Rezeption für die Frage nach den Gottesvorstellungen von Bedeutung ist. So beleuchten spät-prophetische
Quellen wie Sach 1 – 6; Ez 37 – 39 oder Jes 24 – 27, die gemeinhin als „vor-" oder „proto-apk" bezeichnet werden[114],
die Eigenart der Apokalyptik. Und schließlich sind auch die
motivkritisch vergleichbaren späten Weisheitstexte wie das
Koheletbuch, die *Sapientia Salomonis* und 4QInstruction[115] in
der Diskussion zu berücksichtigen.
Eine ganz eigene Problematik weisen die zahlreichen Dokumente aus Qumran auf, deren Beurteilung nicht zuletzt
an der Charakterisierung der Gemeinschaft selbst haftet.
Die verbreitete Ansicht, man habe es mit einer „essenischen" Gruppierung zu tun, subsumiert die Qumraniten unter die „Asidäer", die nicht selten mit Trägerkreisen der
Apokalyptik identifiziert werden. Die Bezeichnung „apk

112 Zu den Wandlungen im apk Denken seit der Wende vom 1. zum
2. Jh. n. Chr. vgl. U. B. Müller, Strömungen, 262–265.

113 Vgl. nur Lk 11,20: ... ἔφθασεν ἐφ' ὑμᾶς ἡ βασιλεία τοῦ θεοῦ, und
U. B. Müller, Apokalyptik, 271–275; H. Merkel, Gottesherrschaft,
142–150.

114 S. L. Cook, Prophecy, 34f, positioniert „proto-apokalyptische"
Texte zwar richtig zwischen die nicht-apk Visionen der ältesten Prophetie (vgl. Am 7,1–8; 8,1–2; 9,1–6; Jes 6,1–13) und die literarischen
Apokalypsen (vgl. Dan 7 – 12: vgl. dazu auch K. Koch, Visionsbericht,
143–178), fasst jedoch den Zeitraum ihrer Entstehung (Perserzeit) zu
eng. So zeigen etwa auch Zeugnisse aus bereits hellen. Zeit, wie das
Töpferorakel oder die Psalmen Salomos, „proto-apokalyptische" bzw.
„apokalyptisierende" Tendenzen (zu Qumran s. u.).

115 Angemessener sprechen J. Strugnell / D. J. Harrington, DJD 34,
1–503 von 4QMûsār lᵉ Mēvîn (מוסר למבין‎).

Gemeinschaft" dürfte, gemessen an der inzwischen strengeren Kriteriologie einer Apokalypse-Definition, nur noch eingeschränkt Gültigkeit besitzen. Man sollte neutraler von einer Gruppierung sprechen, die die Endzeiterwartung zu ihrem zentralen Theologumenon gemacht hatte.[116] Dass dabei apk Stoffe immer wieder tradiert und oder auch neu komponiert wurden, zeigen Texte wie das Gigantenbuch oder die „Messianische Apokalypse" (4Q521) bzw. Teile der *Pescher*-Literatur.[117] Ganz allgemein lässt sich festhalten: Die Qumrantexte bezeugen, in Anlehnung an apk Texte, etwa in der Überlieferung der Henochliteratur, oder in verwandten Gattungen wie etwa in 4QapocrLev[a.b] ar [4Q540–541] ein stetes Interesse der Gemeinschaft an der „radikalen" Eschatologie apk Denkweise und an einer jenen Quellen ebenfalls wohlbekannten dualistischen Wirklichkeitsauffassung (v. a. in 1QM).[118] Im Unterschied dazu belegt z. B. die Bundestheologie des „Damaskus-Dokuments" exemplarisch den restaurativen Charakter des eschatologischen Glaubens unter Qumraniten, der obendrein an die Person des „Lehrers der Gerechtigkeit" gebunden war.[119] Wie in

---

116 Vgl. die Zusammenfassung bei A. Steudel, Midrasch, 203–207; vgl. auch die Differenzierungen bei J. J. Collins, Apocalypticism and Literary Genre, 421–428.

117 Außerordentlich problematisch gestaltet sich die Unterscheidung von „qumranischen" und lediglich in Qumran tradierten Schriften, die aber zur Beantwortung der Frage nach dem Stellenwert der Apokalyptik in der Gemeinschaft von entscheidender Bedeutung ist. Die Orthografie ist kaum hilfreich, da auch nachweislich vor-qumranische Bibelhandschriften die Spezifika (Langformen, Digraphen, Pleneschreibung) „essenischer Autorschaft" aufweisen (vgl. etwa die Langformen וכול, לוא in 4QDan[b]: E. Ulrich, Orthography, 151–157). Auch das Tetragramm liefert kein eindeutiges Kriterium. Weiterhin ist unter den inhaltlichen Eigenarten der „Solarkalender", der das Jahr in Wirklichkeit lunisolar bzw. synchronistisch strukturiert, schon wegen des vor-qumranischen Textes in 4QEnastr[a.b] ar kaum als *argumentum pro* brauchbar (vgl. J. C. VanderKam, Calendars; 71–116. 120–123 [Anm.]; U. Gleßmer, Calendars, v. a. 230f.233–235.252–259.262–275). Es bleiben die mehr oder weniger sicheren Anhaltspunkte wie Tora-Observanz, kosmisch-ethischer Dualismus oder Begriffe wie יחד, צדק מורה, דורש התורה bzw. הכהן הרשע (A. Lange / H. Lichtenberger, Art. Qumran, 46; H.-J. Fabry, Art. Qumran, 233f).

118 Insoweit gegen P. R. Davies, Eschatology, 39–55.

119 Zu einer Verortung von CD zwischen dtr. und apk Theologie vgl.

der Gemeinderegel geht es um das Eschaton der Wiederherstellung von Land und Tempel. Neben der immanent-
restaurativen Geschichtsauffassung bezeugen die Texte aus
Qumran einen so ausgeprägten wie eigentümlichen Messianismus.[120] Eher ungewöhnlich ist das Konzept einer priesterlichen Rettergestalt[121], die sich jedoch gut in die oben
skizzierte Tendenz einpasst.

Neben den zahlreich bezeugten kanonischen und deute-
ro- bzw. tritokanonischen Quellen aus Qumran bleiben also
nur wenige Hinweise, die zumal im Kontext der „proto-apk"
Zeugnisse zu verhandeln wären. Schließlich kann man auch
bei der „Tempelrolle" wegen ihres Legitimationsinteresses
fragen, ob nicht wenigstens die Pragmatik dieser Komposition apk ist. Immerhin erreichte TR in der Qumrangemeinde
offenbar „kanonischen" Status. Für das Gesamtverständnis
und damit auch für die Ausgangsfrage ist die Interpretation
von Kol. 29 von wesentlicher Bedeutung. In dieser Kolumne
entscheidet sich, ob TR einen konkreten Entwurf des neuen
Tempels oder aber die Idee eines himmlischen Heiligtums
propagiert (s. u.).[122]

Die Übersicht zum Befund erbrachte zwei Ergebnisse:
Zum Einen beschränkt sich nach den gängigen gattungskri-
tischen Definitionen die Zahl der Apokalypsen auf eine
überschaubare Gruppe von Einzeltexten. Um die ältesten
dieser Zeugnisse (aus äthHen und Dan) wird diese Studie im
Wesentlichen kreisen. Zum Anderen zeigen schon die sehr

J J. Collins, Dead Sea Sect, 272–283 u. CD^A 4,6–10; 16,1–5; CD^B 20,
25–34; 1QS 1,1–3.16f. Zur restaurativen Eschatologie vgl. die Grund-
stelle in Mal 3,23f; vgl. auch Sir 48,10f u. S. Beyerle, Erwägungen,
v. a. 60–63.

120 Vgl. dazu bereits J. Starcky, Étapes, 481–505. Allerdings merkte
P. R. Davies mit Recht an (vgl. ders., Eschatology, 46f), dass die dort
recht einlinig dargestellte Entwicklungsgeschichte in Wirklichkeit
vielschichtiger verlief (vgl. jetzt G. S. Oegema, Der Gesalbte, 86–102.
108–115; J. J. Collins, Scepter, *passim*; ders., Apocalypticism, 71–90).

121 Daher möchte auch G. S. Oegema, Der Gesalbte, 91.101f, den
priesterlichen Messias erst im 1. Jh. v. Chr., nach dem Tod des „Lehrers
der Gerechtigkeit", belegt sehen.

122 Vgl. vorerst J. Maier, Tempelrolle, 36f.39f.43–47; F. García Martínez, Qumran, 204–206.

deskriptiven Anmerkungen zum Befund, wie weitläufig die Traditionen zu verorten sind.[123]

3. Methodische Einsichten

3.1. Terminologische Anlehnung an die Semiotik

a. Begriffsklärung
Ausgangspunkt dieser Studie ist die Textebene. Die Methode greift dabei auf Erkenntnisse der Semiotik bzw. der Sprechakttheorie zurück. Textsyntax, Textsemantik bzw. -pragmatik[124] bezeichnen terminologisch die drei Dimensionen zeichentheoretischen Fragens. Im Horizont der gestellten Aufgaben bedeutet dies, dass das Semem[125] „Gott" funktional untersucht wird. Die theologischen Profile sollen vorrangig an der Erzählstruktur selbst gewonnen werden, wobei die Dimension der (textexternen) Pragmatik stets über die Strukturmerkmale eines „Textes" hinausführt.[126]

Der mit der Pragmatik berücksichtigte diachrone Aspekt und der in der Syntax fehlende Referenzbezug verlangen außerdem nach einer begründeten Modifizierung des „semiotischen Dreiecks".[127] Innerhalb dieses „Dreiecks" hält die Syntax eine Sonderstellung. Während Semantik und Pragmatik die Bedeutungsebene einbeziehen[128], will die syntaktische Analyse nur die Zeichen in ihrer Anordnung

---

123 Insofern man sich von der Gattungsfrage löst, um nunmehr die Apokalyptik als antike Denkbewegung ins Auge zu fassen.

124 Vgl. dazu A. L. H. M. Wieringen, Reader, 290.

125 Zu den Akzentuierungen von „Semem" vgl. H. Bußmann, Lexikon 678f.

126 Zur Differenzierung in textinterne und -externe Faktoren vgl. W. Schenk, Philipperbriefe, 18; H. Bußmann, Lexikon, 776.

127 Zur Definition von „Syntax", „Semantik" und „Pragmatik" vgl. u. a. W. Schenk, Philipperbriefe, 19.22–26. Zur Theoriebildung vgl. aus theologischer Sicht M. Meyer-Blanck, Symbol, 49–84.

128 Zur Problematisierung von „Bedeutung" in der Linguistik vgl. etwa H. P. Scanlin, Study, 125–135.

und Beziehung behandeln.[129] Dass man allerdings syntaktische Untersuchungen zu den Beziehungen sprachlicher
Zeichen speziell auf dem Gebiet der Theologie nie vornehmen kann, indem man von der Referenz eines Zeichens abstrahiert, zeigt sich etwa am „syntaktischen Basis-Argu-
ment »Gott«", dessen Minimalaussage darin besteht, dass
man von ihm oder über ihn nicht reden kann[130], dessen Ma-
ximalaussage andererseits schon in der Leugnung seiner
Existenz zur Geltung kommt.[131] Auch die Minimalaussage ist
bereits eine *inhaltliche*, die vorgängige Sagbarkeit Gottes
mit Eberhard Jüngel vorausgesetzt (s. o.). Und die Plausibilität jener Erkenntnis verweist nicht in theologische, sondern in das Phänomen „Religion" betreffende Begrün-
dungszusammenhänge. So sind beide Aussagen als „Position" wie „Negation" religiös determiniert.[132]

In zahlreichen Studien hat sich James Barr immer wieder dem Problem der hebräischen Semantik gewidmet. Eine wesentliche Einsicht
der hebräischen Lexikographie besagt nach Barr, dass „the dictionary provides not definitions (…), but glosses, that is, English words
that sufficiently indicate the sort of area in which the Hebrew
meaning must lie."[133] Selbst wenn von einer postulierten Eineindeu-
tigkeit des Wortes „Gott" auszugehen wäre, und sich jenes Wort
auf eine Person bezöge, müsste man sich in der Beschreibung von
hebr. יהוה, אל, אלהים etc. also auf Näherungswerte beschränken.

---

129 Diesem Ziel versucht etwa U. Eco, Einführung, 45–194, gerecht
zu werden, wenn er „Sinn" und „Signal" unterscheidet (vgl. dort auch
zum Problem der „Referenz").

130 Vgl. dazu immer noch R. Bultmann, Sinn, 26–37. Schon J. G.
Fichte (ders., Herausgeber, 51, Z. 9f) forderte, Gott „… soll […] überhaupt gar nicht gedacht werden, weil dies unmöglich ist." Demgegenüber betont W. Pannenberg (ders., Kosmologie, 95): „Zum Gedanken
Gottes gehört, daß er selbst nicht nichtsein kann: Wenn Gott existiert,
so ist er notwendig durch sich selbst."

131 Es sei betont, dass die hier behauptete Unausweichlichkeit der
Existenz Gottes *theologisch* und nicht *sprachlogisch* gilt, worauf I. U.
Dalferth verwiesen hat (vgl. ders., Gott, 27.36.38–40; zur Unterscheidung von „Referenz" und „Existenz" im Blick auf die „Rede von Gott"
vgl. a. a. O., 41–43 u. 85f: zu Anselms *non posse cogitari non esse*").

132 Vgl. N. Luhmann, Religion, 14, und zur „Sinnform Religion" insgesamt vgl. a. a. O., 7–52.

133 So J. Barr, Hebrew Lexicography, 145.

Im religiösen wie außerreligiösen Deuterahmen wird „Gott"
jenseits aller Subjekt-Objekt-Unterscheidung, damit jenseits jedweder Gegenständlichkeit, zum sinnstiftenden
Zentrum der „Kontingenztranszendenz"[134] und entzieht
sich so dem Zugriff durch eine Sprachtheorie, die in ihrer
Reduktion der die Realität abbildenden Sprache auf Zeichen „Texte" erfassen möchte. Dies bedeutet, dass das
semiotische Verständnis der „Syntax", das vom Bedeutungsgehalt „grammatischer Syntax" zu unterscheiden ist,
für die Fragestellung auch aus fundamentaltheologischer
und religionstheoretischer Perspektive wenig austrägt.

Im Folgenden sei auf die Bedeutung von „Semantik" und
„Pragmatik" aus semiotischer Perspektive näher eingegangen: Grundsätzlich sind beide Zugangsweisen entsprechend dem jeweiligen semiotischen Ansatz definiert, weshalb an dieser Stelle nur allgemeine Tendenzen aufgezeigt
werden können. Nicht zuletzt die Unklarheiten hinsichtlich
der drei genannten semiotischen Dimensionen selbst haben
zu unterschiedlichen Modellen geführt.[135] Für den aktuellen
Diskussionsstand bleibt wichtig anzumerken, dass die Semiotik spätestens seit den Arbeiten von Charles W. Morris
einen textpragmatischen Schwerpunkt besitzt.[136] Dies bestätigen auch die neueren Theorie-Ansätze, z. B. von Umberto Eco[137], die mit rezeptionsästhetischen Fragstellungen
die „Welt" der Rezipienten und deren „Mitarbeit am Text"
untersuchen. Innerhalb der das Kommunikationsmodell be-
rücksichtigenden Trias wird somit ein Schwerpunkt auf die
Wirkung der Texte gelegt, was in den zahlreichen Versu-
chen einer Übertragung der Methoden auf die Exegese
Auswirkungen für die spezielle Formgeschichte hat.[138]

---

134 Zum Begriff: U. Barth, Religion, 16f (vgl. auch a. a. O., 5–17).

135 Vgl. dazu etwa D. Hellholm, Visionenbuch, 22–27.

136 Vgl. M. Meyer-Blanck, Symbol, 63f.

137 Vgl. ders., Lector, *passim*, u. ders., Einführung, 108–113, wo Eco
die Konnotation (als „Summe aller kulturellen Einheiten" [Einführung,
108]) in den Mittelpunkt der semiotischen Lexem-Untersuchung stellt.

138 Vgl. zu letzterem Aspekt U. H. J. Körtner, Leser, v. a. 88–136. Zur
Implementierung der „Pragmatik" in die exegetische Methode vgl. etwa
H. Utzschneider / S. A. Nitsche, Arbeitsbuch, 73–75.100–102.

Innerhalb der Diskussion semiotischer Arbeitsweisen bedingt die Betonung der Pragmatik, dass der semantische Aspekt nur im Horizont des pragmatischen behandelt werden kann. Die enge Beziehung beider Methoden mag wissenschaftsgeschichtlich u. a. darin begründet liegen, dass Charles W. Morris die Pragmatik als „*semiotische* Methode" betrachtete, insofern der pragmatische Aspekt stets auf Bedeutung rekurriert.[139] Die Tragweite der pragmatischen Ebene wird bei der Textanalyse vor allem in der Entzifferung sogenannter *illokutionärer* und *perlokutionärer* Sprechakte deutlich. Beide Aspekte beschreiben die Sprache als Handlung, betreffen also deren *Performanz*.[140]

Fasst man den semiotischen Textzugang vorläufig zusammen, ergibt sich folgendes Bild: *Semantik* fragt nach der Bedeutung von *Texten*. Bestimmend bei der Analyse der Semantik sind Themen bzw. deren Subthemen, ihre Abgrenzung sowie die textsemantische Kohärenz.[141] Die *Pragmatik* trägt der Erkenntnis Rechnung, dass kein Text ein losgelöstes, theoretisches Konstrukt, sondern ein Kommunikationsmittel darstellt, das in eine spezifische Situation eingebunden ist. Dabei beachten textpragmatische Fragestellungen sowohl text*externe* als auch -*interne* Kriterien der Kommunikationssituation. D. h.: „Pragmatik studiert Bezüge zwischen *Text und Kontext*."[142] Während die „interne" die „Welt des Textes" im Blick hat[143], berücksichtigt die „exter-

---

139 Vgl. C. W. Morris, Semiotik, v. a. 202–223.245–247 (zu seinem Ansatz vgl. auch M. Meyer-Blanck, Symbol, 63–72). Die Gefahren einer Isolierung der Pragmatik bei der Anwendung auf biblische Texte hat zuletzt R. Dillmann, Autor, 84–86, herausgestellt.

140 Vgl. zu diesen Begriffen T. Lewandowski, Wörterbuch 2, 424–426.785.788f; H. Bußmann, Lexikon, 324.570.606f; R. Dillmann, Autor, 88.93. Zur Verwendung der Terminologie in der linguistischen Theoriebildung vgl. D. Wunderlich, Rolle, 8–18; D. Hellholm, Visionenbuch, 52–58.

141 Vgl. dazu D. Hellholm, Visionenbuch, 35–42; H. Utzschneider / S. A. Nitsche, Arbeitsbuch, 65–73.

142 So T. A. van Dijk, Textwissenschaft, 69 [Hervorheb. im Orig.]; vgl. auch a. a. O., 68–95.

143 Unter Beachtung von: *dramatis personae*, Erzählzeit, erzählter Zeit, Ortswechsel etc. Diese Kriterien behandelte zuletzt ausführlich G. Genette, Erzählung, v. a. 21–192 (vgl. zur Rezeption des Ansatzes etwa M. Martinez / M. Scheffel, Einführung, 30–47).

ne Pragmatik" die „Welt des Rezipienten"[144].

b. Kritische Konkretisierung der Methode
Insbesondere theologische Argumente fordern die Beachtung der textexternen Pragmatik. Das Reden von Gott als
fundamentales Strukturmerkmal ist nämlich keineswegs eine Artikulation von reinem, wertneutralem Zeichen, das auf
einen Gegenstand als pure *res significata* deutet. Vielmehr
ist die Rede von Gott „weltnotwendige" Anrede. Also auch
Gotteswort als Rede *von* Gott affiziert den Hörer oder Leser in seinem Dasein.[145] Dies begründet dann aber theologisch die Beachtung der Rezipienten als Teil einer textexternen Pragmatik. Rede von Gott als Anrede ist ohne die
Angeredeten, auch in der historischen Situation der Rede
selbst, nicht denkbar und erhält in der bedrängenden Situation „apk Weltbewältigung" besonderes Gewicht. Jene Erkenntnis hat für den „methodischen Unterbau" weitreich-
ende und sehr grundsätzliche Folgen, da nun nicht mehr in
Semiotik, Hermeneutik, Zeichen und Symbol oder in „Sprache als geregeltes Zeichensystem" und „Sprache des
Seins"[146] unterschieden werden kann. Es will weder gelin-
gen, innersemiotisch im Umkreis textsyntaktischer Fragen
von „Bedeutung" abzusehen, noch kann beim theologischen
Befragen antik-jüdischer Zeugnisse die Wahrheitsproble-
matik ausgeklammert werden.[147] Auch wenn diese Wahrheit

---

144 Unter Beachtung von: allgemein-historischer Situation, „Enzyklopädie" des Autors/Lesers, implizitem Autor/Leser etc. Jene Kriterien behandelte zuletzt U. Eco, Lector, v. a. 154–219.

145 Vgl. dazu immer noch klassisch R. Bultmann, Sinn, 26–37, und E.
Jüngel, Gott, 1–54. Jüngel drückt selbst den „anti-semiotischen Vorbehalt" an einer Stelle aus (a. a. O., 216 [Hervorheb. i. Orig.]): „Aber vom
Sprachlichen der Sprache wird allemal abstrahiert, wenn Wörter zu
bloßen Zeichen werden. [...] Eine Welt ohne Angesprochenheit und An-
sprechbarkeit – das ist eine an sich selbst sprachlose Welt. In ihr käme
der Mensch zwar vor, aber nicht *als Mensch.*"

146 Zum kritischen Blick auf das Verhältnis von Ontologie bzw. Hermeneutik und Semiotik vgl. U. Eco, Zeichen, 114f; ders., Einführung,
400–405 (vgl. dazu auch M. Meyer-Blanck, Plädoyer, 344f.350f).

147 Insoweit gegen eine rein semiotische Analyse im Sinne U. Ecos
(vgl. ders., Einführung, 72f, u. zur praktisch-theologischen Perspektive M. Meyer-Blanck, Plädoyer, 343). Die hermeneutische Sicht wäre
durch O. Marquard, Frage, 117–146, repräsentiert. Auf mögliche Ver-

keine vorgegebene, sondern eine zu *verifizierende* und zu *identifizierende* genannt werden muss[148], schlägt sie sich dennoch in den biblischen (und „apokryphen") Texten schon deshalb nieder, weil die Zeichen der Texte jeweils auf eine Wirklichkeit hindeuten, die wiederum verstehenskonstitutiv ist.[149] Gerade in einer Situation allergrößter Bedrängnis, etwa im Umfeld des Wirkens Antiochus' IV. Epiphanes, im Zusammenhang von Anfechtung und Identitätskrisen[150], kommt dem Wahrheitsaspekt eine besondere Bedeutung zu. Er ist also gerade in *textpragmatischer* Hinsicht wesentlich. Stellt man weiterhin in Rechnung, dass die apk Literatur schon in ihrer Titulatur ein Hauptaugenmerk auf das Verhältnis von Offenbaren bzw. Entbergen und Verbergen Gottes (*gen. sub.*)[151] legt, erhält die Wahrheitsfrage auch in *textsemantischer* Hinsicht Relevanz.

Die Frage nach den Gottesvorstellungen versteht diese als „Zeichen", die das Verhältnis zwischen JHWH und seinem Gottesvolk am Ende der Tage konstituieren.[152] Die Kontexteinbindungen jener „Zeichen" erlauben es, ihre Bedeutung und Funktion zu befragen. Und an dieser Stelle hat die an die Semiotik angelehnte Begrifflichkeit ihre Berechtigung. Nicht zuletzt der konstituierende Charakter jener „Zeichen", die angeführten theologischen Rahmenbedingungen und die notwendig *textextern-pragmatischen* Gesichtspunkte begründen wiederum die Abkehr von streng

---

bindungen von Hermeneutik und Semiotik verweist W. Engemann, Nutzen, 164–173.

148 Vgl. etwa W. Engemann, Nutzen, 170.

149 So unter Verweis auf den Wahrheitsbegriff der Korrespondenztheorie (vgl. dazu A. Kreiner, Relevanz, 46–64).

150 Vgl. nur die bekannten innerjüd. Auseinandersetzungen wie den Tobiaden-Oniaden-Streit und den allerdings nicht eindeutig bestimmbaren Hintergrund der Abspaltung der Qumraniten.

151 Dass die Verborgenheit Gottes allerdings die Gewissheit über Gottes *Sein* niemals in Frage stellt, hat gerade im Blick auf das AT E. Jüngel, Gott, 64–66, gezeigt (a. a. O., 66): „Ist Gott nicht anwesend, dann ist er eben verborgen, abwesend. Als Abwesender ist er jedoch keineswegs Nichts, sondern vielmehr der zwar verborgene, aber auch als verborgener noch allein wahre Gott, der allein Glauben zu finden verdient."

152 Vgl. äthHen 89,14; 91,[13.]14–16; 100,4–6; Sus 13,42f [ϑ'] (vgl. Dan 2,28f) u. ö.

semiotischen Vorgehensweisen: Die Gottesvorstellungen
sind als „Zeichen der Wahrheit" nicht syntaktisch, unter
Absehung von jeglicher Bedeutung bzw. Referenz zu befragen. Vielmehr treten zu den unterschiedlichen semantischen Aspekten, wie „Schöpfung"[153], „Gericht"[154], „Rettung"[155] oder „Macht" und „Herrschaft"[156] die Funktionen
der Gottesvorstellungen in den jeweiligen Kontexten, womit die *textinterne Pragmatik* angesprochen ist. Außerdem
verwies bereits die besondere Entstehungssituation der
apk Literatur voraus auf die Notwendigkeit, die *textexterne
Pragmatik* so weit als möglich zu berücksichtigen. Trotz aller Vorbehalte gegen eine monokausale Ableitung, auch in
Bezug auf die soziologischen Implikationen dieser Texte,
haben die bisherigen Verweise etwa auf die Trost- (Karlheinz Müller, Michael Wolter) oder Legitimationsfunktion
(Hartmut Stegemann) doch etwas Richtiges erkannt: „Apokalyptik" und „Apokalypsen" sind nicht verstehbar, wenn
man die spezifischen sozio-religiösen Milieus, in denen sie
entstanden sind, übergeht.[157] Zwar markieren sowohl die
Vielfalt jüdischer Gruppierungen in der Zeit des Zweiten
Tempels als auch die Zuordnungen der bekannten „Sekten"
zu dem überkommenen Traditionsgut Problemstellungen,
auch jenseits der Apokalyptikforschung[158], doch geben die
Schriften des antiken Judentums zumindest Hinweise, die
innerhalb des Schrifttums Zuordnungen ermöglichen.[159]

---

153 Vgl. äthHen 9,5; 14,3; 36,4; 75,3; 81,3; 4Esr 5,45–49 u. ö.

154 Vgl. äthHen 1,1–9; 22; 88,3; Dan 9; 12,1–3; syrBar 40,1–4 u. ö.

155 Vgl. Dan 3; 6 im Horizont des apk Dan u. ö.

156 Vgl. äthHen 9,4; 12,3; 89,30f; Dan 7,9f.14.21f u. ö.

157 Eine ausführliche methodische Begründung der oben getroffenen
Einsicht bietet S. L. Cook, Prophecy, 1–84, der mit zahlreichen Argumenten zeigt, dass „millennaristische" oder „apokalyptische" Milieus
keineswegs stets durch deprivierte u. depravierte Randgruppen repräsentiert werden (vgl. zu äthHen: S. B. Reid, Elite, 147–156, dann zu Dan
auch: P. L. Redditt, Daniel 11, 463–474; S. Beyerle, Social Setting,
205–226 u. insgesamt: G. W. E. Nickelsburg, Aspects, 641–654).

158 Vgl. dazu A. J. Saldarini, Pharisees, *passim*, u. A. I. Baumgarten,
Sects, *passim*.

159 Vgl. die etwas zu optimistischen Versuche bei G. Boccaccini,

3.2. Methodische Anfragen und Aufbau der Studie

a. Anfragen und hermeneutische Vorüberlegungen
Entsprechend den theologischen Maßgaben kristallisieren
sich unter den beiden methodisch begründeten Bereichen
Leitfragen heraus, die auch den Aufbau der Studie bestimmen. Zum Einen fragt die *Semantik* nach den unterschiedlichen Motivkomplexen, in denen das Göttliche nach apk Anschauung zum Tragen kommt. Zum Anderen vermag die
Pragmatik die Wirkung des Textgefüges und seiner Kontexte auf *textinterner* und *-externer* Ebene zu beschreiben.
Für die *semantischen* Erwägungen ist zu beachten: Die Problematik alttestamentlichen Redens von Gott verweist hinsichtlich ihres fundamentaltheologischen Movens auf das
zentrale Strukturmoment der göttlichen Kondeszendenz,
die gar als „Mitte des Alten Testaments" bezeichnet werden kann.[160] Auch wenn die altisraelitischen und antik-jüdischen Überlieferungen jenseits der philosophisch-theolo-
gischen Unterscheidung von Immanenz und Transzendenz
angesiedelt sind, spiegeln sie diese doch in den Struktur-
momenten von „Offenbarung" und „Theophanie". Erstere
Kategorie ist zugleich grundlegend für ein angemessenes
Verständnis von „Apokalypse" und „Apokalyptik".[161] Letztere stellt der „Offenbarung" wiederum Material zur Verfügung. Eine weitere, alternative und doch zugleich „verwandte" Möglichkeit des „Ergreifens der Offenbarung" wäre etwa der wesensgebende Gottesname.[162]

Hypothesis, v. a. 178–196; ders., Roots, v. a. 151–201, mit den Bespre-
chungen von E. J. C. Tigchelaar, Rez. Gabriele Boccaccini, 308–311; M.
Goff, Rez. Boccaccini, Gabriele, bzw. C. J. Borders, Rez. Boccaccini,
Gabriele.

160 So etwa H.-P. Müller, Problem, 298. Zuletzt sieht H.-J. Hermisson, Theologie, *passim*, in Jesus Christus die „externe Mitte" des AT.

161 Zum materialen Aspekt der Terminologie innerhalb der Apokalyptik vgl. M. E. Stone, Lists, 377–418, sowie M. N. A. Bockmuehl,
Revelation, 24–41, der von einer „Meta-Offenbarung" in den Apokalypsen spricht. Damit ist jene *revelatio* gemeint, die bereits Offenbarungen
(z. B. am Sinai) voraussetzt.

162 Vgl. H. Gese, Name, 75–89; H. Seebass, Gott, 35f.42–44; G. Bader, Gott, 306–354, u. zuletzt M. Rösel, Adonaj, *passim*.

Für die *Pragmatik* bleibt zu beachten: Zur Offenbarung gehört wesenhaft, auch jenseits der Pannenbergschen No-
menklatur, die „Geschichte", wie auch die „Offenbarung",
als τέλος von „Geschichte", wiederum wesenhaft dieser zuzuordnen ist.[163] Der „Geschichte" kommt dann auch jenseits der hermeneutischen Ebene und im Blick auf die Gattung „Apokalypse" Bedeutung zu.[164] „Geschichte" ist in diesem Kontext zudem als „Situation", d. h. als Wahrnehmung
der (historischen) Lebenszusammenhänge, in denen die apk
Literatur entstanden ist, zu berücksichtigen. Damit wäre
die *textexterne Pragmatik* angesprochen. In der deutschsprachigen Forschung haben die Notwendigkeit dieser Fragestellung zuletzt die Arbeiten von Egon Brandenburger[165],
Rainer Albertz[166] oder Erhard Blum[167] erneut unter Beweis
gestellt. Die Pragmatik sucht außerdem nach *textinternen*
Auffälligkeiten: Welche Rolle spielt die prädizierte Gottesvorstellung in der ermittelten Gliederung des Makrotextes?
Bildet sie eine Nebenlinie oder das Zentrum der Perikope?
Was ändert sich auf der Textebene im Erzähl- oder Ge-
sprächsverlauf durch das „theophore Motiv"? Welche Subjekte und Objekte (Personen, Lokalitäten etc.) spielen eine
Rolle, und in welche Beziehung treten sie zum bezeugten
Gott und der mit ihm verbundenen Konzeption? Wo findet
die Gottesvorstellung ihren Standort im Kontext, wenn man
die „Architektur" der Überlieferung vor allem unter Berücksichtigung personaler und lokaler Bezüge beachtet?[168]

---

163 Zum Verhältnis von Endzeit und Geschichte vgl. G. Sauter, Endvorstellungen, v. a. 382–389.394–396; R. Lux, Bibel, v. a. 9–14. Zur
Bedeutung für die „Apokalypse" vgl. W. Franke, Apocalypse, 69.72–75.
Als Kennzeichen apk Denkens bezieht J. Vermeylen, L'émergence,
329–331.336, das Bedenken des „Endes" auf das Danielbuch.

164 J. J. Collins verwendet das Schema eines historischen Rückblicks
zur Typisierung von Apokalypsen (vgl. ders., Introduction, 12–19;
ders., Apocalypses, 22–49; vgl. auch ders., Imagination, 1–42): So unterscheidet er grundsätzlich Apokalypsen mit einer Jenseitsreise von
jenen, die keine Himmelfahrt aufweisen. Unter Letzteren sind die Apokalypsen mit Geschichtsrückblick besonders zahlreich und prominent.

165 Vgl. etwa ders., Verborgenheit, *passim*; ders., Markus 13, *passim*.

166 Vgl. ders., Gott, *passim*; ders., Religionsgeschichte, 591–676.

167 Vgl. ders., „Schiqquz Schomem", 17–27.

168 Viele der hier genannten Fragen wurden auf der Theorie-Ebene

Darüber hinaus kann auch die *textinterne Pragmatik*, zumal in den antik-jüdischen Apokalypsen, nicht ohne die Wirkung auf die Rezipienten angemessen erfasst werden. Eine Wirkung, die sich in apk Texten durch ihre Heils- oder Unheilskonzeptionen letztgültig Geltung verschafft.[169] Sie findet ihre Konkretisierung in der etwa durch *Menschen* (vgl. Dan 7,[8.]11a.25a.bα; 8,10f[170].25b) oder *gefallene Engel* (vgl. äthHen 6 – 11) bewirkten Unheilszeit, die von der alleine durch *Gott* bewirkten Heilszeit abgelöst wird. Die Ambivalenz der Gottesnähe wird auf diese Weise drastisch verdeutlicht: Wo die Transzendenz zur „Unzeit" und nicht von Gott selbst durchbrochen wird, droht die völlige Verfallenheit der Welt an das Böse. Wo aber der Transzendente selbst Dies- und Jenseits überbrückt, womit letztlich die auch schöpfungstheologisch vorgegebene Transzendenz-Immanenz-Unterscheidung erhalten bleibt[171], wirkt sich das Geschehene zum Heil aus, allerdings nur für diejenigen, die dem ethisch-moralischen Konsens, etwa im Festhalten an

---

ausführlich diskutiert und schließlich am Beispiel des Erzählwerks M. Prousts angewendet von G. Genette, Erzählung, *passim*. Für die zuletzt genannten personalen und lokalen Bezüge wären etwa die Problemfelder „Mittlergestalt/Angelologie" (vgl. J. J. Collins, Scepter, *passim*; M. Mach, Entwicklungsstadien, *passim*; D. Dörfel, Angelologie, *passim*) und „Himmel/Erde" (vgl. J. E. Wright, History, *passim*) zu beachten.

169 Hierbei darf die *textexterne Pragmatik* nicht völlig ausgeblendet werden, da die jeweilige Heilskonzeption u. U. ein Licht auf die Trägerkreise der Traditionen wirft. Ein beredtes Beispiel liefert etwa das Danielbuch (vgl. P. R. Davies, Reading Daniel, 345–361; S. Beyerle, Social Setting, 205–226). Dass dies nicht nur für antik-jüdische, sondern auch für frühchristliche Apokalypsen gilt, zeigt J. Rüpke, Apokalyptische Salzberge, v. a. 158–160 [Lit.], an Hand des *Pastor Hermae* (vgl. auch D. Frankfurter, Apocalypticism, 430f).

170 Im Gegensatz zu Dan 8,10f ist der Bezugspunkt in 11,36–39 nicht der (israelitische) Gott mit seinem Heer, sondern offensichtlich der fremde Gott (vgl. J. J. Collins, Daniel, 332f; P. L. Redditt, Daniel, 139f). Zu den problematischen Götternamen in Dan 11,36–39 vgl. J. G. Bunge, Gott, 167–182. Bunge möchte aufzeigen, dass die Missachtung des „Gottes der Väter" zugunsten eines „Gottes der Festungen" auf die Bevorzugung des Zeus Olympios gegenüber Apollon bei Antiochus IV. zurückgeht. Dabei verweist er insbesondere auf den Münzbefund.

171 Dass der Wahrung dieser Unterscheidung auch im christlichen Kontext die Differenzierung in „Vater" und „Sohn" gilt, betont zuletzt N. Luhmann, Religion, 134f.

der Tora[172], folgen. Dabei sind die Kriterien einer Unterscheidung von „Gerechten" und „Frevlern" so vielfältig, wie die antik-jüdischen Apokalypsen selbst. Sie reichen von einer Orientierung an eher „naturgesetzlichen" Bestimmungen in den ältesten (äthHen, v. a. in der *Epistel*) wie in den jüngeren Apokalypsen (4Esr) bis zum impliziten Bezug auf die Mose-Tora (etwa in Dan; s. u., Anm. 172).

Das antike Judentum insgesamt stellt zur Ausschmückung eschatologischen Heils und Unheils eine ganze Palette nicht immer scharf zu trennender Konzepte zur Verfügung, die sich mit den Vokabeln „Auferstehung" und „ewiges Leben" auf die beiden wichtigsten Konkretisierungen zurückführen lassen. Während das „ewige Leben" durch die Transzendierung des Todes eine Grundkategorie apk Denkens repräsentiert[173], verdeutlicht etwa in astraler Jenseitshoffnung (Dan 12,1–3; äthHen 102f) oder Unsterblichkeitsterminologie (Weish 1,1 – 6,21; PsPhok 97–115), aber stets als Bild endzeitlichen Heils zu verstehen, bleibt die konkrete „Auferstehung" zunächst neutral. Sie ist sowohl auf Heils- wie auf Unheilswirklichkeiten hin orientiert, weil sie auch schlicht die Bewegung kennzeichnen kann, die sich im eschatologischen Heilsplan, z. B. zum Gericht hin, vollzieht.

Der hermeneutische Rahmen einer „apk Theologie" ist nun abgesteckt: In der Zusammenschau mit den „klassischen" Topoi alttestamentlicher bzw. altisraelitischer Theologie wäre mit jenem Rahmen jedoch zumindest ein tiefer Einschnitt gekennzeichnet. Denn das Problem göttlicher Transzendenz und Immanenz ist im apk Schrifttum nicht mehr heilsgeschichtlich zu lösen. Vielmehr wird aus dem „Gott der Geschichte" der ganz und gar Jenseitige, der in Theophanie und Auferstehung den Menschen seiner Nähe

---

172 Wie sehr dieser Konsens in antik-jüdischen Apokalypsen divergiert, kann an 4Esr und Dan 7 – 12 verdeutlicht werden. Während erstere Apokalypse der Idee eines allgemeinen Naturgesetzes folgt (vgl. S. Beyerle, Richter, 315–337; zur Ethik des 4Esr vgl. auch C. Münchow, Ethik, 76–95; J. Kerner, Ethik, 163–285), dürften die Danielvisionen eher die „Tora" als Bekenntnis zum atl. „Mosegesetz" voraussetzen (s. u., vgl. auch J. C. VanderKam, Apocalyptic Tradition, 32–34).

173 Vgl. J. J. Collins, Eschatology, 75–97.

aussetzt, bis hin zur Erhebung in den Stand der „Göttlich-
keit" im Sinne der *consecratio* oder Apotheose.[174] Das bedeutet nicht, dass antik-jüdische Apokalypsen keinen
„Sinn" für die Geschichte oder die geschichtliche Erinnerung hätten. Ganz im Gegenteil: In zahlreichen Apokalypsen nimmt der Geschichtsrückblick, ob verklausuliert-me-
taphorisch (äthHen 85 – 90) oder realistisch-visionär (vgl.
Dan 11,2–45) aufbereitet, einen hervorgehobenen Platz
ein.[175] Doch ist die Geschichte Israels nicht mehr der Ort
göttlicher Kondeszendenz, sondern nur noch Medium, um
den Weg zum „Ende" als dem Ort göttlicher Offenbarung
zu verdeutlichen. Die Hoffnung der „Apokalyptiker" darf
somit als „axiologische" oder „vertikale", als „metaphysische" oder „spirituelle Eschatologie" bezeichnet werden,
sehr im Unterschied zur „historischen Eschatologie" etwa
der späten Prophetie.[176]

Die hier vorgestellten hermeneutischen Rahmenbedingungen für eine theologische Untersuchung antik-jüdischer
Apokalypsen zielen letztlich auf die Verhältnissetzung von
Transzendenz und Immanenz, wie sie in *theophania* und *resurrectio* konkretisiert wird. Die Detailanalyse mag erweisen, dass die drei ältesten Apokalypsen, nämlich der zumeist aramäische Befund zu äthHen 1 – 36* und 72 – 82*
bzw. Dan 7 – 12, auch kompositorisch diese Hermeneutik

---

174 Vgl. dazu den Überblick bei J. J. Collins, Powers, 9–28. Zu
Dan 12; äthHen 71; 104; 4Q521 s. u. Zu 4Q491 11 parr. vgl. S. Beyerle,
Gott, 181–183; 4Q374 und *Exagoge* behandelt ausführlich C. Fletcher-
Louis, Discourse, 236–252. Zur umstrittenen Identifizierung Henochs
mit dem Menschensohn im Schlusskapitel der *Bilderreden* vgl. die Dar-
stellung der Forschungspositionen bei S. Schreiber, Henoch, 4–8.

175 S. o., Anm. 99. Zur Frage der hist. Erinnerung in der Apokalyptik
vgl. auch U. Rappaport, Apocalyptic Vision, 219–226, der auf Dan 11
zurückgreift und aufzeigt, dass der Geschichtsrückblick keinen unmittelbaren Bezug zum „kollektiven Gedächtnis" Altisraels aufweist.

176 Vgl. dazu R. Bultmann, Geschichte, 24–36; W. R. Murdock, Geschichte, 377–402; P. Bilde, Gnosticism, 9–32, und zuletzt J. F. Hobbins, History, 46f [mit Anm. 3], der jedoch eben diese Ablösung einer
„historischen" durch eine „metaphysische Eschatologie" zumindest für
syrBar bestreitet (vgl. a. a. O., 54–76). Zu einem Vergleich später
Eschatologien (vgl. 4Esr, syrBar) mit christlichen und „paganen" Vorstellungen (Stoizismus und Epikureismus) vgl. F. G. Downing, Common
Strands, 196–211; ders., Cosmic Eschatology, 99–109.

widerspiegeln. Allerdings darf man diese Verstehensvoraussetzungen nicht mit einem zu jeder Apokalypse passenden „Schlüssel" verwechseln.[177]

b. Aufbau der Studie

Den Anfang machen zwei alte wie gewichtige Texte der antik-jüdischen Apokalyptik: *Wächter-* und *Astronomisches Buch*. Beide werden auf die Motivkonstellation „Theophanie" hin untersucht. Das folgende Kapitel soll dann die Theophaniemotivik im Danielbuch näher beleuchten. Letzterer Arbeitsschritt wird den Schwerpunkt bei der *Pragmatik* göttlichen Erscheinens im Textgefüge setzen und dabei vor allem die Bezeugungen zu Pseudo-Daniel aus Qumran berücksichtigen (vgl. v. a. 4Q242–246)[178]. Die am Toten Meer gefundenen Schriften können, trotz aller nötigen Zurückhaltung gegenüber vorschnellen Zuweisungen der Überlieferung zu einem umfassenden „Danielkorpus"[179], wesentliche Hinweise auf die *textinterne* sowie *textexterne* *Pragmatik* der „danielischen" Gottesvorstellung liefern. Die inzwischen weit fortgeschrittene editorische Arbeit am Quellenmaterial erlaubt nunmehr den Schritt zur interpretatorischen Einbindung der Bezeugungen aus Qumran in einen Gesamtzusammenhang.[180]

Es folgt die Erarbeitung des Themenkomplexes „Auferstehung" im Zusammenhang apk Theologie. Da dieser Topos, wie bereits angedeutet, auch in Apokalypsen höchst

---

177 So weist etwa das Motiv der Himmelsreise weit über die apk Literatur hinaus (vgl. dazu I. P. Culianu, Psychanodia I, 5–15. 63–66 [Anm.] u. 35–42. 69f [Anm.]).

178 Vgl. dazu vorerst P. W. Flint, Daniel Tradition, 329–365; J. J. Collins, Light, 180–196; M. Henze, Madness, 217–243; J. C. VanderKam, Apocalyptic Tradition, 118f, und die von J. J. Collins und P. W. Flint aufbereiteten Texte 4Q243–245 in DJD 22 (vgl. a. a. O., 95–164; vgl. auch J. A. Fitzmyer / D. J. Harrington, Manual, 4–8 [Nr. 3]).

179 Wie sie insbesondere beim *Gebet des Nabonid* (4Q242) geboten ist (vgl. J. J. Collins, DJD 22, 85–87; J. C. VanderKam, Apocalyptic Tradition, 118). Ähnliches gilt für den gerade edierten historiographischen Text aus 4Q248 (vgl. M. Broshi / E. Eshel, DJD 36, 192–200) und 4Q246 (vgl. É. Puëch, DJD 22, 165–184). Vgl. zuletzt E. Eshel, Sources, 387–390, die in 4Q242 und 4Q248 „Quellen des Danielbuchs" identifiziert.

180 Vgl. das Votum von J. J. Collins, Introduction[-Paragraph], 8.

unterschiedliche Bedeutungen und Funktionen annehmen kann, muss in besonderer Weise die geschichtliche Entwicklung der Motivkonstellation Beachtung finden. Dabei soll sowohl auf die traditionsgeschichtlichen Vorgaben als auch auf die Entwicklungslinien hin zur antik-jüdischen Auferstehungsvorstellung eingegangen werden. Erst an deren Ende stehen die Bezeugungen der älteren Apokalyptik (vgl. äthHen 22; Dan 12). Die Untersuchung der Thematik wird zudem das enge Verhältnis von Theologie und Anthropologie verdeutlichen. Im Sinne des engen Bezugs der Eschatologie auf die Protologie kann die apk Auferstehungsvorstellung nicht ohne die Ausformungen der hellenistisch-jüdischen Anthropologie behandelt werden. Die in diesen Schritten gewonnenen Ergebnisse sind natürlich nicht auf jeden beliebigen Themenbereich oder jede Konkretisierung der Gottesvorstellung wie *Neuschöpfung*, *Messianismus* oder die *Gerichtsidee* übertragbar, können aber im Vergleich paradigmatische Bedeutung gewinnen.

Im Horizont der zuvor gefassten Erwägungen kehrt die Untersuchung in der folgenden Zwischenüberlegung zum Thema „Transzendenz und Immanenz" zurück. Hier soll noch einmal thesenartig das Strukturprinzip der ältesten Apokalypsen dargestellt werden. Orientierung bieten wiederum *Semantik* und *Pragmatik* der Motivkonstellationen „Theophanie" und „Auferstehung".

Die in „Theophanie" und „Auferstehung" begegnende Nähe Gottes ist stets durch eine Ambivalenz gekennzeichnet, wie sie im apk Schrifttum besonders deutlich durch das endzeitliche Gericht und seine scharfe Trennung in „Gerechte" und „Frevler" hervortritt (s. äthHen 1,3–9).[181] So kann etwa das *Traumbuch* im Zusammenhang des Sintflutgerichts Gott als „Herrn des Gerichts" preisen (äthHen 83,11).[182] Da nach der breit rezipierten These von Elias (J.)

---

181 Man vergleiche dazu die bereits von B. Stade / A. Bertholet, Theologie 2, 453–455, vorgelegten Belege aus der Apokalyptik. Neuerdings besprechen M. Reiser, Gerichtspredigt, 23–27.36–60.71–93.99–117, und W. Zager, Gottesherrschaft, 71–99, die prominentesten Zeugnisse zur apk Gerichtsvorstellung.
182 Vgl. auch 22,14: 4QEn^d ar [4Q205] 1 i 2f [rekonstr.]; äthHen 90,40.

Bi(c)kerman(n)[183] die Trennung von „Gerechten" und „Frevlern" keineswegs der zwischen frommen Juden und heidnischen Griechen entspricht, interessiert die Deutung des
Exils Altisraels im apk Schrifttum ganz besonders. Schließlich wird mit dem Exil ein Stück Geschichte interpretiert,
das in den Aussagen der ältesten Prophetie als Gericht
Gottes *an Israel* selbst verstanden wurde. Für den zweiten
Schritt auf dem Weg zu einer Versinnbildlichung der Ambivalenz göttlicher Nähe soll die „Neuschöpfung", als kosmologischer Neubeginn sowie als anthropologischer „neuer
Adam", bemüht werden. Damit einher geht zugleich die Einbettung spät-weisheitlichen Denkens in apk Theologie –
und umgekehrt.

Die vorgeschlagene Grobgliederung hat den Vorteil, dass
sie sich aus der Behandlung des Gegenstands bzw. schlicht
aus dem Quellenbefund ergibt. Sie braucht nicht auf theologisch vielleicht angemessene, den Quellen aber kaum gerecht werdende, künstliche Gliederungskriterien wie „Geschichtlichkeit" oder „Transzendenz" zu rekurrieren,
wenngleich der hermeneutische Rahmen solche Kategorien
selbstverständlich einzubeziehen hat.[184] Außerdem soll die
Darstellung Namen und Eigenschaften im engeren Sinne
weitgehend ausblenden, schon weil die Untersuchung eine
apk Eigenschaftslehre Gottes vermeiden möchte. Hinzu
kommt, dass zwar der Name Gottes mehr als eine Bezeichnung, nämlich seinen Charakter, repräsentiert[185], jedoch
die Vielzahl der ganz grundsätzlich in der Spätzeit begegnenden Namen Gottes eine Systematisierung nicht zulässt.
Außerdem ist es dem Alten Testament stets um das *Handeln*
Gottes zu tun, das in einer „Namenstheologie" nur unzurei-
chend Berücksichtigung fände – ob die Erkenntnis über jenes Handeln nun gut alttestamentlich in dem geschichtlich
kondeszendenten Gott oder systematisch-theologisch als

---

183 Vgl. ders., Gott, *passim* (ders. / H. R. Moehring, God, *passim*).

184 Nach solchen und vergleichbaren Gesichtspunkten gliederten die
bisherigen Arbeiten zum Thema: vgl. etwa B. Stade / A. Bertholet,
Theologie 2, 358–373; H. J. Wicks, Doctrine, *passim*; M. Delcor, Dieu,
211–228; vgl. zuletzt auch S. Burkes, God, *passim*.

185 Vgl. H. Seebass, Gott, 35f (vgl. etwa zu Jub: C. Böttrich, Gottesprädikationen, 221–241).

trinitarisch vermitteltes Agieren[186] konkretisiert wird. Und
dem Handeln als wesentlichem Kriterium der Gottesvorstellung wird in dieser Studie nicht zuletzt dadurch Rechnung getragen, dass das methodische Insistieren auf die
Textpragmatik auch die Sprache als Handlung versteht. Aus
hermeneutischer Sicht zeigt sich dabei, dass das Sprachge-
schehen selbst zum Verstehen beiträgt, also primär Subjekt
und weniger Objekt des Verstehensvorgangs ist.[187]
Einerseits finden die vorausgehenden Beobachtungen
zum Sprechakt in alttestamentlichem Denken ihre Bestätigung: Nicht zuletzt die Wurzel דבר vereinigt die Bedeu-
tungsaspekte „sprechen" und „handeln", das „Wort" wie die
„Sache", ist also weniger durch das Beschreiben als durch
die Mitteilung, die die Hörer affizierende Rede, gekennzeichnet.[188] Und auch die dogmatische Erkenntnis, dass von
Gott nur geredet werden kann, wenn Redner bzw. Angere-
dete einbezogen sind, gleichsam dialektisch als „weltliche
Rede von Gott"[189], koinzidiert mit den Gotteserfahrungen,
wie sie in der alttestamentlichen Überlieferung bezeugt
sind, welche an dieser Stelle die Apokalyptik einschließt:
Einmal ließe sich dies an 1Sam 15 zeigen, wo die Amaleki-
terschlacht Sauls als JHWH-Krieg dargestellt ist, Gott als
in der Geschichte handelnd bezeugt wird (vgl. 1Sam 15,10),
aber zugleich in 1Sam 15,29 durch das hypotaktisch ange-
schlossene Gottesprädikat im Munde Samuels (כי לא אדם
הוא) die Spannung zwischen göttlicher Immanenz und
Transzendenz aufbricht. Und auch in apk Texten kommt
dies zum Tragen. Im Gebet Daniels (Dan 2,20–23) etwa, wo
Gottes Heil durch sein offenbarendes Wirken prädiziert
wird (vgl. V.22a.bα), oder in der Spätzeit der Apokalyptik
in den Dialogen in 4Esr. Andererseits dürfen diese Erfahrungen nicht vorschnell in die Gegenwart übertragen werden, was an dieser Stelle vor allem bedeutete, dass die Re-

---

186 Vgl. dazu C. Schwöbel, Rede, 56–81; W. Brändle, Überlegungen,
96–117. Zu den Grenzen und Problemen einer Eigenschaftslehre vgl. E.
Jüngel, Gott, 307 [mit Anm. 1].

187 Vgl. G. Ebeling, Wort, 333–336.

188 Vgl. J. Bergman / H. Lutzmann / W. H. Schmidt, Art. דבר, 101f.
111f; G. Ebeling, Wort, 342f.

189 Vgl. dazu G. Ebeling, Reden, v. a. 380, u. R. Bultmann, Sinn, 33.

de von Gott als Thema *a priori* im Horizont gegenwärtiger
systematisch-theologischer Problematik zu behandeln wäre. Denn dem alttestamentlichen Reden von Gott eignet eine mythische Struktur, die sich nur sehr bedingt und unter
Beachtung bestimmter hermeneutischer Regeln in die Gegenwart transponieren lässt.[190]
Im Blick auf die Methodik und die gestellten Fragen ergibt sich ein Rahmen, ein Horizont, den diese Studie stets
vor Augen haben sollte, weil er letztlich das Ziel definiert.
Und dieses Ziel lässt sich, wiederum in einer Frage, folgendermaßen definieren: Verstehen sich die an JHWH, den
Gott Israels, geknüpften Vorstellungen im Sinne Augustins
als *res significantes* oder als *res significatae*?[191] Sind sie also „Bezeichnende" auf Gott (als „Bezeichneter") hin, oder
ist das Verhältnis umzukehren? Werden die einzelnen Gottesvorstellungen erst durch Gott selbst in ihrem semantischen Gehalt bestimmt? Nicht zuletzt durch diesen Rahmen
ist schließlich noch einmal die pragmatische Fragestellung
an die semantische rückgebunden.

---

190 Vgl. zu diesem Problem G. Meckenstock, Schwierigkeit, 218–
222; H.-P. Müller, Mythos, 1–19.

191 Vgl. CChr.SL 32, II, 2,1–20, u. dazu E. Jüngel, Gott, 4–6.

ZWEITES KAPITEL

Die Motivkonstellation der Theophanie

1. VORBEMERKUNG

Der Motivkomplex „Theophanie" übernimmt hinsichtlich der Quellentexte im Fragehorizont (s. o.) eine doppelte Aufgabe. Zum einen wirft das Kommen Gottes ein Licht auf das Subjekt des φαίνω, nämlich Gott. Zum anderen verweist die Motivik textlich auf Aufbau und Strukturen des theologischen Konzepts, innerhalb dessen die Theophanie zu stehen kommt. Vor allem letztere Funktion soll an prominenten Stellen des äthHen untersucht werden (äthHen 1, 4; 25,3; 77,1), von denen wenigstens zwei schon auf den ersten Blick kompositorisch bedeutend sind: nämlich äth-Hen 1,3–9 im „Proömium" des so genannten *Wächterbuchs* (1 – 36) bzw. 77,1 an einer „Nahtstelle" des so genannten *Astronomischen Buchs* (72 – 82).[1] Die genannten Belege sind in einem weiteren Schritt mit Inhalt und Funktion der Theophanieszenen in Dan 4 und 7 zu konfrontieren. Schließlich soll auf die Verbindung von „Menschensohn"-Vorstellung und göttlichem Erscheinen eingegangen werden, einer weiteren Entwicklungsstufe auf dem Weg zur Überwindung von Transzendenz und Immanenz: Gottes Theophanie wird also auch im Senden von „Engel"-Gestalten manifest.[2]

Innerhalb der Komposition des äthHen wäre noch 90,13–15 beachtenswert. Doch widerraten folgende Beobachtungen einer eigenen

---

1   Man muss nicht wie O. Neugebauer (in: M. Black / J. C. Vander-Kam / O. Neugebauer, Book, 386–388) ein in zwei Versionen überliefertes Konglomerat (Kap. 72,1 – 76,14; 77,1 – 79,1) annehmen (vgl. auch S. Uhlig, JSHRZ V/6, 635; M. J. Davidson, Angels, 79f), um die zentrale Stellung von äthHen 77,1 zu konstatieren. Außerdem ändert sich an der kompositorischen Bedeutung des Verses nichts, wenn man den wegen 4QEnastr[a.b] ar ursprünglich umfangreicheren Text der aram. Fassung zugrunde legt.

2   Vgl. etwa auch CD 1,10b–13a; 2,5b–8 [Gericht]; Jub 4,5f; AssMos 10,1f.6f.; syrBar 80,1.

Behandlung: Die ausschließlich äth. Mss. aus dem 14.–18. Jh. n. Chr.[3] lassen keine Rückschlüsse auf das Alter der Überlieferung zu. Dennoch wird im Vergleich mit Dan 7,8 bzw. 2Makk 11,6–12; 12,22 und über die Identifizierung des „Stiers" bzw. „Horns" (äth. [*qarna*] *dābēlā*) in V.13.14.16 immer wieder die Datierung der *Tierapokalypse* erwogen.[4] Trotz dieses Hiatus zwischen textlicher Bezeugung und historisierender Deutung könnte man noch nach der Funktion der Theophanie am Ende der *Tierapokalypse* fragen. Doch abgesehen von Unsicherheiten der äth. Überlieferung, gerade in 90,14b[5], notiert V.15 (vgl. V.16) keine klassische Theophanie, da offensichtlich der Schreiberengel (Michael?, vgl. Dan 10,21; 12,1) zur Hilfe herab kommt, und ein mögliches Kommen *Gottes* in V.15 nur über die Referenzbelege äthHen 89,16 (4QEn^e ar [4Q206] 5 ii 21]: נחת) und 89,20 [äth.], wonach Gott Israel zu Hilfe eilt, ohne dass eine endgültige Epiphanie im Blick wäre[6], rekonstruiert werden kann.[7]

Abgesehen von der einer eigenen Begründung bedürftigen Perikope in äthHen 90,13–15 wären natürlich weitere Einzelbelege anzuführen, die Konstituenten der Motivkonstellation „Theophanie" bieten[8], wenn man zumal die einzelnen Elemente wie „Lichtglanz", „Schreckensreaktion" oder die Herkunfts- bzw. Zielorte des Kommens Gottes berücksich-

---

3   Zur äth. Überlieferung insgesamt vgl. S. Uhlig, JSHRZ V/6, 483–491; P. A. Tiller, Commentary, 142f. Zum Befund in äthHen 90,13–15 vgl. Tiller, a. a. O., 205f; G. W. E. Nickelsburg, 1 Enoch 1, 389.

4   Zu den Vorschlägen einer Identifizierung (Judas Makkabäus, Johannes Hyrkan I.) vgl. P. A. Tiller, Commentary, 61–82.

5   G. W. E. Nickelsburg, 1 Enoch 1, 388f, übersetzt: „*his help came down to that ram*" [Hervorheb. im Orig.] u. gibt mit Mss. g 2080 aus dem 15./16. Jh. n. Chr. (vgl. a. a. O., 17) die Lesung „he came down for the help of that ram" an.

6   So argumentierte schon A. Dillmann, Buch, 281.

7   Vgl. P. A. Tiller, Commentary, 282.360–362.

8   Vgl. AssMos 10,3 u. ApkAbr 8,1 (vgl. auch Jub 1,29; Sib 3,767–795 [V.787]). Weitere Belege wurden bereits von E. Pax, ΕΠΙΦΑΝΕΙΑ, 148–150, dann A. Hultgård, L'eschatologie I, 181–190; ders., Théophanie, 43–55, zusammengestellt (vgl. auch S. Uhlig, JSHRZ V/6, 560 [zu XXV,3^f]). Wenngleich das Diktum C. Böttrichs, dass die Theophanien in der antik-jüdischen Literatur zu Gunsten einer „vergeistigten" Form der Audition zurücktreten, in der Tendenz das Richtige treffen mag (vgl. ders., Weltweisheit, 113 mit Anm. 247), zeigen doch die bei Hultgård (vgl. ders., Théophanie, 51–53) und zuletzt A. Scriba, Theophanie, *passim*, kategorisierten Belege eine relative Konstanz der Tradition.

tigt.[9] Ein weiterer Theophanietext aus dem u. a. in Qumran belegten *Gigantenbuch*[10] ist wegen seiner Bruchstückhaftigkeit und seiner Pragmatik (s. u.) in die Erörterung zu äth-Hen 1 und 25 einzubeziehen. Wenngleich weitere Verweisstellen in der folgenden Darstellung berücksichtigt werden, dienen die oben genannten Abschnitte *exzeptionell* der Darstellung von Textstrukturen (*innertextliche Pragmatik*) und damit einem Hauptanliegen dieser Studie.

In einem zweiten Schritt soll die Theophanie im Danielbuch untersucht werden. Wie noch zu zeigen sein wird, entstehen im Zusammenhang der Interpretation des Danielbuchs ganz eigene Problemstellungen, die die teilweise höchst eigenständige griech. Version und, damit verbunden, kompositorische Fragen betreffen. Außerdem gewinnt das Thema der Angelophanie an Bedeutung, das bereits in altisraelitischer Tradition, wenngleich dort noch im Gewand der „Boten"-Konzeption, eng mit dem Motivkomplex der Theophanie verbunden war. Sowohl die Erzählungen von Hagars Flucht als auch die Überlieferung von Gideon vermengen stillschweigend beide Themenkreise (vgl. Gen 16,13; 21,17; Ri 6,11–18).[11] Im Bereich der antik-jüdischen Literatur verweisen das „Kommen des Menschensohns" (Dan 7,13aβ.γ: כבר אנשׁ אתה הוה) und seine Interpretation auf eine Angelophanie (s. u.; vgl. auch Offb 1,7.12–18). Durch die Andeutungen der Menschensohn-Motivik (vgl. 4Esr, *Bilderre-*

---

9 Vgl. die luzide Darstellung von A. Scriba, Geschichte, v. a. 14–79.

10 Der Text 6Q14 aus dem 1. Jh. n. Chr. wird bei M. Baillet, DJD III/1, 127f, als „6QApocalypse" geführt, ist jedoch wahrscheinlich der Giganten-Überlieferung zuzurechnen (vgl. K. Beyer, Texte, 258f; F. García Martínez / E. J. C. Tigchelaar, Study Edition, 1152f; L. T. Stuckenbruck, Book, 218f).

11 Die produktive Rezeption innerhalb des *Tanach* nutzt die Vertauschung von Gott und Gottesboten bzw. Engeln auch, um „dogmatische" Korrekturen anzubringen. Man beachte etwa die Ersetzung von אלהים (Gen 32,29b) durch מלאך in Hos 12,5a [*non cj.*; vgl. aber V.4b] oder den Verweis auf den מלאך in Num 20,16aβ gegenüber dem Exodusbekenntnis (vgl. nur Ex 20,2 par. Dtn 5,6), das Gott zum Subjekt der Herausführung macht (vgl. dazu H. Seebass, Art. Engel, 583–585; M. Mach, Entwicklungsstadien, 43–45.54f). Daneben unterstreichen die oben angeführten Belege die Nähe von Theophanie und Angelophanie. Auf das damit verbundene theologische Problem, das auch in Dan 4 und 7 [LXX] begegnet, verweist M. Mach, Entwicklungsstadien, 14.

den) ensteht ein Referenzrahmen, innerhalb dessen nicht mehr nur Fragestellungen der Angelologie, sondern auch Funktionen eschatologischer Herrschergestalten zur Debatte stehen (vgl. auch 4Q246). Somit ist das Arbeitsfeld auch in Richtung auf „messianologische" Konzepte auszuweiten.[12]

Nicht nur die eigenständige griech. Überlieferung gibt Anlass zu Fragen, die die *Pragmatik* der Gottesvorstellungen im Blick haben. Auch die in Qumran gefundenen, zahlreichen Pseudo-Danieltexte, welche mit mehr oder weniger großer Sicherheit dem kanonischen bzw. deuterokanonischen Danielbuch zugeordnet werden können[13], liefern dazu zahlreiche Aufschlüsse. Dabei werden in der folgenden Untersuchung beide pragmatischen Aspekte zum Tragen kommen: Während das *Gebet des Nabonid* eher den *textinternen* Gehalt göttlicher Wirkweisen im Umfeld apk Denkens und Formulierens beleuchtet, liefern 4QpsDan[a-c] ar und 4Q248 eher Hinweise *historiographischer* Natur. Letztere können als Anhaltspunkt einer *historischen* Bewertung der Danielüberlieferung dienen, haben also die *textexterne Pragmatik* zum Gegenstand.

Ähnlich wie zu Ez 36 – 40[14] bietet der griech. Pap. 967 auch zum Danielbuch erhebliche Umstellungen, die vor allem kompositorische Auswirkungen haben. Vergleichbar mit dem Propheten Ezechiel ist außerdem der Befund einer apk Eschatologie, der durch die griech. Textanordnung eine deutliche Hervorhebung widerfährt. Dem Danieltext soll auch unter dem kompositorischen Aspekt der textgeschichtlich relevanten Zeugen nachgespürt werden.

Auch wenn die griech. Götterwelt in der Altphilologie zu Zeiten Walter F. Ottos in Ermangelung positiver Aussagen eine Art Religion *unterschieden* von der israelitisch-jüd. darstellen sollte, bleibt mit Otto der religionsphänomeno-

---

12 Die nicht nur terminologische Zurückhaltung gegenüber einem „Messianismus" im antiken Judentum sei an dieser Stelle mit J. Maier, Messias, 585–612, erinnert.

13 Vgl. v. a. 4QOrNab ar, 4QpsDan[a-c] ar und 4Q248 (s. o., ERSTES KAPITEL, 3.2.b.).

14 Der Pap. stellt die Kap. 38f vor Ez 37 (vgl. W. Zimmerli, Ezechiel, 117*f; J. Lust, Manuscript, 517–533; ders., Septuagint, 131–137).

logische Vorrang der *Erfahrbarkeit* der Götter festzuhalten.[15] „Theophanie" steht für die Erfahrung der Menschen mit Gott oder den Göttern, ist also Thema *theologischer Ästhetik*.[16] Eingedenk des fundamentaltheologischen Paradox, das die Theophanie bezeugt und das bereits am Namen יהוה abzulesen ist, der die Unsagbarkeit[17] Gottes festhält, zeigt sich im Kommen Gottes eine dem sonst „verborgenen Numen" der Apokalyptik gegenläufige Tendenz.[18] Die apk Stoffe selbst zeigen das fragende Ertasten Gottes als „Geheimnis" (רז, μυστήριον)[19] häufig in den im Kontext zwischengeblendeten Gebeten an (z. B. syrBar 75,1–8).

2. THEOPHANIE ALS STRUKTURPRINZIP IM *WÄCHTER*- UND IM *ASTRONOMISCHEN BUCH*

Die beiden Textausschnitte, die auch in die Komposition des äthHen Eingang fanden[20], zählen spätestens seit der

---

15 Vgl. W. F. Otto, Theophania, 2f.25.

16 Vgl. etwa zu Gottes Selbstkundgabe im Namen G. Bader, Gott, v. a. 308–328; ders., Psalterium, v. a. 232–235.

17 Schon in der Punktierung des Tetragramms tut sich die Unmöglichkeit der *Rede* von Gott kund (vgl. S. Etgeton, Text, 27–30). Sprachphilosophisch lässt sich kritisch gegenüber einer „kausalen Theorie der Referenz" und mit H.-P. Großhans, Realismus, 51.70, festhalten: „Die kausale Theorie der Referenz beansprucht, für Eigennamen und Ausdrücke für natürliche Arten und physikalische Größen gezeigt zu haben, daß mit diesen Bezeichnungsweisen Realität dargestellt wird, die zwar nicht vollständig beschrieben, aber insofern zur Sprache gebracht werden kann, als Menschen in ihrem Sprechen Bezug auf sie nehmen und auf sie hinweisen. Für den Ausdruck >Gott< scheint diese Bedeutungstheorie besonders geeignet zu sein, da mit ihm auf die mit dem Gottesnamen benannte Realität nur hingewiesen und so der Zugang zu dieser Realität ausgesagt wird, Gott selbst aber in der ihm zugeschriebenen Verborgenheit bleibt. [...] Theoretische Beschreibungen Gottes sind erst in der Folge der Aussage des Wirkens und Verhaltens Gottes sinnvoll, dann aber auch nur unter dem Vorbehalt, daß Gott auch anders beschrieben werden könnte und müßte."

18 Vgl. etwa CD 1,3; 2,8; 3,18; äthHen 93,11f; syrBar 14,8–10; 20,4; 44,6f; 4Esr 3,30f und zur „Verborgenheit Gottes" in antik-jüdischen Traditionen S. Burkes, God, *passim*.

19 Vgl. dazu 1QpHab 7,7f; MasShirShabb [Mas 1k] i 1–3; 4QNoah ar [4Q534] i 8.

20 Zu literar. und einleitungswissenschaftl. Fragen im Umfeld des

Auffindung der Qumranfragmente[21] zu den ältesten Bestandteilen der Henochliteratur und damit nicht zuletzt zu den frühesten Zeugnissen „apk Gesinnung" überhaupt.

Schon auf der Ebene der unterschiedlichen Textüberlieferungen begegnet eine Schwierigkeit, deren Lösung nach wie vor aussteht, die jedoch zugleich in nicht wenigen Veröffentlichungen zu den Bestandteilen des äthHen fast völlig ignoriert wird: die Frage nach den unterchiedlichen Verstehensweisen der henoch. Apokalyptik in den jeweiligen, v. a. aram., griech., äth. Versionen.[22] Weitgehend Einigkeit besteht inzwischen über die Datierung der ältesten Henochtraditionen in das 4. bzw. 3. Jh. v. Chr.[23], ebensolche Einigkeit allerdings auch über die unterschiedlichen Textgestalten in den Versionen (vgl. nur 4QEnastr[a-d] ar u. äthHen 72 – 82). Die Verschiedenheiten überwiegen in einem Maße, dass die sehr eigenständigen Textgestalten – auch *innerhalb* der Vrss. – eine Kollation kaum rechtfertigen.[24] Da vorerst nur für die aram. Mss. eine Datierung in die Zeit des Zweiten Tempels wahrscheinlich gemacht werden kann, greift die folgende Darstellung auf die Texte aus Qumran zurück. Wo diese fehlen, ist zunächst die griech. und dann erst die äth. Überlieferung berücksichtigt. Darüber hinaus sind stets Einzelfallentschei-

---

äthHen vgl. E. Schürer u. a., History III,1, 250–268 [Lit.!], u. zuletzt ausführlich G. W. E. Nickelsburg, 1 Enoch 1, 1–125 (vgl. auch die kritischen Anmerkungen von M. A. Knibb, Reflections, 437–450). Zur Frage von Kanon und Komposition vgl. J. C. VanderKam, Man for All Generations, 173–176.183–185.

21 Eine Auflistung der für die Henochliteratur interessanten Fragmente bot zuletzt E. J. C. Tigchelaar, Prophets, 137f Anm. 7 (vgl. auch F. García Martínez / E. J. C. Tigchelaar, Books, 131–146; P. W. Flint, Appendix II, 667f).

22 Schon die diversen Ansätze („eklektisch" bzw. „diplomatisch") und „Qualitäten" innerhalb der äth. Übersetzungen bezeugen diese Schwierigkeit vielfältig: vgl. die Übers. bei M. Knibb / E. Ullendorff, Book 2 (Text: Ms. e [Lo2]); E. Isaac, 1 (Ethiopic Apocalypse of) Enoch, 5–89 (Textgrundlage: Ms. Tana 9); S. Uhlig, JSHRZ V/6 („eklektischer Äthiope") und dazu auch S. Uhlig, Überlieferungsgeschichte, 184–193; M. A. Knibb, Adoption, 403–405; G. W. E. Nickelsburg, 1 Enoch 1, 18. Insbesondere umstritten ist, ob die äth. Übersetzer auch unmittelbaren Zugriff auf die aram. Vorlagen hatten (vgl. M. Knibb / E. Ullendorff) od. das griech. Material benutzten (vgl. J. C. VanderKam, Base, 380–395; vgl. zuletzt G. W. E. Nickelsburg, 1 Enoch 1, 15f).

23 Vgl. dazu zuletzt J. H. Charlesworth, Consensus, 231–234, und die skeptischen Bemerkungen bei M. A. Knibb, Reflections, 447f.

24 Anders zuletzt G. W. E. Nickelsburg, 1 Enoch 1, 18–20, der eine Kriteriologie der Gewichtung innerhalb der (v. a. griech. u. äth.) Mss. vorstellt, die von M. A. Knibb, Reflections, 442f, kritisiert wird.

dungen zu treffen, sodass jeweils der gesamte Befund berücksichtigt wird. Auch jenseits aram. Bezeugung lassen sich innerhalb der eng umgrenzten Motivkonstellationen in den alternativen Vrss. Plausibilitäten auf Grund von Parallelen und Vergleichbarkeiten ermitteln. Weitere Anhaltspunkte bieten schließlich traditionsgeschichtliche Erwägungen, die die Einbettung in überkommene Verstehenszusammenhänge verdeutlichen.[25]

Mit der Text- bzw. Überlieferungsproblematik verbindet sich zudem die sehr grundsätzliche Frage nach der Charakterisierung der Schriftinhalte des Henochbuchs als „(antik-)jüdisch" oder „(früh-)christlich". Da der äth. Text insgesamt und der griech. Text zumindest größtenteils (vgl. jedoch 7Q4, 8, 11–14)[26] christlicher Provenienz sind, bleibt für eine uneingeschränkte und eindeutige Zuordnung zur antik-jüdischen Tradition nur der Qumranbefund.

Zuletzt ist die Frage nach der Komposition von äthHen 1 – 108 nicht nur umstritten, sondern auch unmittelbar mit der Beurteilung der diversen Überlieferungsformen verbunden. Bereits innerhalb des *Wächterbuchs* wird etwa das Traditionsstück in äthHen 6 – 11 sehr unterschiedlich beurteilt.[27] Und für die am Pentateuch orientierte Fünfteilung der henoch. Schriften gibt es in der aram. und griech. Tradition kaum Anhaltspunkte.[28]

---

25 Auch wenn sich mit diesen Einsichten eine starke Hypothetik verbindet: vgl. hierzu die Beiträge zum *Wächter-* bzw. zum *Astronomischen Buch* von A. Bedenbender, Traces, 39–48; D. Dimant, Fragment, 223–237; M. Elliott, Covenant, 23–38; K. Koch, Gesetze, 21–42; H. S. Kvanvig, Watchers Story, 17–21; (vgl. auch die Zusammenfassung bei B. Schmidt, Origins, 49–53).

26 Vgl. F. García Martínez / E. J. C. Tigchelaar, Books, 1162f, und die skeptischen Anmerkungen bei M. A. Knibb, Adoption, 401–403.

27 Zuletzt dienten etwa auch die griech. Bezeugungen als Argumentationshilfen zur Rekonstruktion einer an Gen 6,1–14 (*sic!*) orientierten hebr. Vorlage von äthHen 6 – 11 bei D. Dimant, Fragment, 228–237. Vorsichtiger geht L. T. Stuckenbruck u. a. bei äthHen 6 – 11 von einer möglichen Reinterpretation des Textes in Gen 6,1–4 aus, der sich schon früh als mehrdeutig erwiesen habe (vgl. ders., "Angels", v. a. 362–362.374–377; ders., Basis, 99–106; zur Interpretation der Genesis-Stoffe im *Wächterbuch* vgl. auch J. C. VanderKam, Interpretation of Genesis, 129–148).

28 So wird neuerdings die häufig behauptete Zuordnung von 4QEn[c] ar [4Q204] und 4QEnGiants[a] ar [4Q203] zu *einer* Textrolle in Frage ge-

2.1. Die Theophanie als Thema des *Wächterbuchs*

Die nicht zuletzt wegen ihrer Rezeption in Jud 14f berühmte Theophanieszene zu Beginn des *Wächterbuchs* (äthHen 1, 1–9) verlangt einen genaueren Blick auf die Komposition der Erzählung von den עירין, die nach ihrer Gliederung befragt werden soll (äthHen 1 – 36):[29] Bereits Christoph Münchow[30] nannte äthHen 1 – 5 eine „thematische Einleitung", die der Schilderung des Kommens Gottes zum Gericht diene. Doch lässt sich der Wirkungsbereich als „theophanes Proömium" noch erweitern, und zwar im Blick auf die Kapitel 1 – 36 insgesamt. Da die Untersuchung primär das älteste Überlieferungsstratum im Blick hat, zudem die Funde aus Qumran das *Wächterbuch* als weitgehend eigenständigen Text erweisen (vgl. 4QEn^{a-e} ar)[31], sei die genannte Abgrenzung vorausgesetzt. Denn der thematische Bogen dieser Kapitel, das im Engelfall deutlich werdende Gericht[32], findet in äthHen 1,1–7.9 seine Exposition und in 25,3 ein weiteres „Scharnier".

---

stellt (vgl. dazu u. zum henoch. „Pentateuch" M. A. Knibb, Adoption, 405–413). Zu den neuerlichen Rekonstruktionsversuchen einer aram. Komposition bei G. W. E. Nickelsburg, 1 Enoch 1, 21–26, vgl. jetzt M. A. Knibb, Reflections, 439–442 (s. u., Anm. 188).

29 Vgl. die Überblicke bei F. García Martínez, Qumran, 60–72; J. J. Collins, Imagination, 47–59; G. W. E. Nickelsburg, 1 Enoch 1, 7.46f. 129–134. Vgl. auch die zusammenfassende Darstellung bei J. C. VanderKam, Man for All Generations, 25–59.

30 Vgl. ders., Ethik, 17–19. Dabei stellte Münchow Zusammenhänge und Bezüge innerhalb von äthHen 1 – 5 heraus: Die Begründung des eschatologischen Unheils (5,4) verweise zurück auf 1,9, und der Charakter der Segensrede (1,1ff [äth.: *qāla barakat*]) finde in der Heilsankündigung am Schluss (5,7–9) sein Pendant (vgl. a. a. O., 18; ähnlich: G. W. E. Nickelsburg, 1 Enoch 1, 27.132–134.149.157f).

31 Vgl. F. García Martínez, Qumran, 61, u. zum Text: J. Maier, Qumran-Essener II, 138–151; J. T. Milik / M. Black, Books, 139–236; K. Beyer, Texte, 232–243. Da die älteren Zeugen 4QEn^a ar und 4QEn^b ar (1. Hälfte bzw. Mitte des 2. Jh.s v. Chr.) ausschließlich Texte aus äthHen 1 – 36 bieten und der Textbefund deutlich näher beim äth. bzw. griech. Text liegt als etwa im *Astronomischen Buch*, ist die Annahme eines vor-makk. *Wächterbuchs* durchaus möglich (vgl. dazu J. C. VanderKam, Enoch, 111–114).

32 S. Gen 6,1–4 (1QapGen ar 2,1); CD 2,6.17b–18; 4QpsJub^c 2 1–6.

Die dem Motivkomplex Theophanie zugeordneten „Naturerscheinungen"[33] deuten zudem darauf hin, dass an anderer Stelle eine Epiphanie vorgestellt wird, ohne dass das (Herab-)Kommen oder Aufscheinen Gottes eigens notiert wäre (vgl. äthHen 14,4–25). Berücksichtigt man außerdem noch die exponierte Stellung der „Eröffnung" in äthHen 1–5, darüber hinaus die sich aus der Stichwortverbindung durch das Motiv „Feuer" ergebende hervorgehobene Position von äthHen 25 innerhalb der Komposition der Kap. 21–32[34], so zementieren schon erste oberflächliche Beobachtungen zur Struktur des Textes die wichtige Rolle des Theophaniemotivs im *Wächterbuch*.

Doch lässt sich die strukturierende Funktion des theophanen Kommens noch näher bestimmen. Wie bereits erwähnt, bilden die ersten fünf Kapitel eine thematische Einleitung, die selbst durch Gerichtsansagen gerahmt wird.[35]

---

33 Konkret begegnen in diesen Reaktionen etwa Erscheinungen von Lichtglanz, Feuer oder auch Unwetterphänomene (vgl. dazu A. Scriba, Theophanie, 14–31).

34 Vgl. dazu M.-T. Wacker, Weltordnung, 120f. Kompositionell darf vorab festgehalten werden: Die zweite Reise (äthHen 21,1–23,4) des henoch. Reiseberichtes (17,1–36,4) beschreibt im Eingangskapitel (21,1–3) den Gerichtsort der gefallenen Engel als „Gegen-Schöpfung" (... ἕως τῆς ἀκατασκευάστου / μέχρι τῆς ἀκατασκευάστου: nach GrP u. GrP² [M. Black, Apocalypsis, 32]; די ל[א שוה ...]: 4QEn⁰ ar 1 xxi 1 [K. Beyer, Texte, 241; dagegen J. T. Milik / M. Black, Books, 228, mit abweichender Formbestimmung: אשוה]), die Himmel und Erde im Unsichtbaren belässt (... ἑώρακα οὔτε οὐρανὸν ἐπάνω, οὔτε γῆν [τεθέαμαι] τεθεμελιωμένην, ... [V.2 nach GrP u. GrP²]). Die Wendung tritt erst ein, wenn Henoch die sieben Berge und den Baum des Lebens schauen kann (Kap. 24f), wobei auf die Aufforderung des Sehers hin, ihm Einsicht zu verleihen (25,2 [GrP]: Περὶ πάντων εἰδέναι θέλω, ...), Gott selbst zuletzt erscheint (V.3: ...ὁ ἅγιος τῆς δόξης [...] καταβῆ ...), den Baum durch Funktionszuweisung in der Benennung „in Kraft zu setzen" (V.5a; vgl. auch TestLev 18,11; syrBar 29,7f; 4Esr 8,52; 1QHᵃ 16,5–8: S. Uhlig, JSHRZ V/6, 561 [zu XXV,5ᵃ]). Schon jetzt kann an Hand dieses Belegs beobachtet werden, wie die Theophanie ihre *textinterne Pragmatik* erweist.

35 Im Anschluss an die Theophanie (äthHen 1,3b–7a) und eine umfassende Gerichtsansage (V.7b [GrP]: ... καὶ κρίσις ἔσται κατὰ πάντων. 4QEnᵃ ar *vac.*) werden die Auswirkungen im Hinblick auf die Gerechten (1,8) und die Ungerechten (1,9; anders Jud 14f u. GrP: wie in V.7b) beschrieben, welche sich in der Unheilsansage an die Frevler und in der Heilsansage an die Gerechten wenden (5,4b–6 u. 7–9; zur Gliederung vgl. C. Münchow, Ethik, 17f).

Die in Kap. 1 – 5 enge Verbindung der Motive des Kommens
Gottes und des Gerichts haben ihre je eigene Semantik
bzw. Pragmatik. Wie die *relecture* der Sintflut-Erzählung im
folgenden Abschnitt (äthHen 6 – 11) zeigt („angelologische
Belehrung"[36]), liegt der Akzent bei den Gerichtsvorstellungen wegen ihrer ätiologischen Orientierung eher auf der
Semantik. Dabei ist spezifisch apk Nachsinnen vorfindlicher Wirklichkeit verarbeitet, indem die Situation des Autors oder Tradenten[37] als eine Verfallserscheinung hin auf
dem Weg zum (End-)Gericht interpretiert wird (vgl. 10,2.
13.20–22)[38], wenngleich konkrete Anhaltspunkte für eine
historisierende Interpretation fehlen.[39] Ist also die Funktion
des Gerichts in äthHen 1 – 36 kompositorisch eher von der
Semantik bestimmt, zielt die Theophanie vorwiegend auf
die Pragmatik.

Auf den ersten Blick scheinen die theophanen Vorstellungen in
1,1-9* und 25,3 durch ihre Betonung des *Herabkommens* Gottes (1,4
[4QEn[a] ar 1 i 5]: ואלה עלמה ינחת על ארעה[40]; 25,3 [GrP, 4QEn[d] ar
vac.]: ... ὅταν καταβῇ ἐπισκέψασθαι τὴν γῆν ἐπ᾽ ἀγαθῷ.) eine un-
vereinbare Spannung zur Entrückung Henochs (vgl. 12,1 [nach
GrP[41]]) und zu den übrigen Visionen (vgl. 19,1-3; 21,3-6.7-10;
22,1-14; vgl. auch 1,2), die ja eher eine „Aufwärtsbewegung" inten-
dieren, zu erzeugen. Letztlich fokussiert das Problem in der Frage

---

36 Vgl. P. D. Hanson, Rebellion, 195–233; G. W. E. Nickelsburg,
Apocalyptic, 383–405; C. A. Newsom, Development, 310–329; C.
Münchow, Ethik, 19–22, und das Referat bei M.-T. Wacker, Weltord-
nung, 19–24, sowie dies., »Rettendes Wissen«, 126f.

37 Es sei dahingestellt, ob äthHen 6 – 11 auf die frühnachexil. Zeit
(Mischehen-Verbot: vgl. Esr 9,1 – 10,44; so R. Rubinkiewicz, Eschatologie, 49–52) oder auf die jüd. Auseinandersetzungen mit dem Hellenismus (so C. Münchow, Ethik, 21; vgl. auch G. W. E. Nickelsburg,
Apocalyptic, 396f; ders., Scripture, 335; ders., 1 Enoch 1, 169–171) rekurrieren (vgl. zur Datierung auch J. C. VanderKam, Enoch, 111–114; F.
García Martínez, Qumran, 63–72).

38 Vgl. dazu S. Uhlig, JSHRZ V/6, 532 [zu X,22[f]].

39 Vgl. U. Luck, Weltverständnis, 295–297; U. H. J. Körtner, Weltangst, 167–191 [v. a. 175f]; F. J. Murphy, Apocalypses, 157–161. Dass das
Gerichtsmotiv eine zentrale Rolle im Gesamtaufriss des äthHen spielt,
untermauert zuletzt G. W. E. Nickelsburg, Construction, 53.

40 Rekonstruktion nach J. T. Milik / M. Black, Books, 142. Abweichend rekonstruiert K. Beyer, Texte, 232, an dieser Stelle: וינחת מרא.

41 Vgl. S. Uhlig, JSHRZ V/6, 533 [zu XII,1[b]].

nach der Vereinbarkeit der Himmelsreise Henochs mit dem Herabkommen Gottes. Erst wenn die Frage nach der *Pragmatik* der Einleitung beantwortet (*textintern* wie *-extern*)[42] und zugleich der Text in
Beziehung zu äthHen 25 (bzw. Kap. 14) gesetzt ist, wird sich auch
die Schwierigkeit der Verbindung von „Entrückung" bzw. „Himmelsreise" Henochs und dem Kommen Gottes in einer Theophanie lösen
lassen.

Für die Pragmatik der Eingangstheophanie sind zwei Probleme von Bedeutung: Einmal ist die Frage nach dem Weltgericht zu klären, und da vor allem im Blick auf äthHen 1,7.9
eine textkritische bzw. -geschichtliche Entscheidung nötig.
Zum anderen ist das erste Kapitel im Kontext von äthHen
1 – 5 bzw. 1 – 36 zu behandeln.

a. Zum textlichen Problem in äthHen 1,7.9
Die inhaltliche Füllung der Gerichtsvorstellung, die – wie
gesehen – in den folgenden Abschnitten *semantisch* erläutert wird (vgl. äthHen 6 – 11), entscheidet sich maßgeblich
an der Lesart von V.7 und 9, wobei vor allem letzterer Vers
in seinen Varianten erhebliche Abweichungen zeigt.[43] Die
Textüberlieferung kann sich sowohl auf die Varianten des
henoch. Textes als auch auf die zu Jud 14f stützen:[44]

Jud 14b–15	äthHen 1,7	äthHen 1,9
ἰδοὺ ἦλθεν κύριος [......................]		ὅτι ἔρχεται
ἐν ἁγίαις μυριά- [......................]		σὺν ταῖς μυριά-

---

42 Entsprechend unterscheidet auch A. Scriba, Theophanie, 80, im
Hinblick auf seine Kap. 3 u. 4 „Grund und Absicht" der Theophanie (3.)
von der „Wirkabsicht des Verfassers" (4.): vgl. a. a. O., 80–131.

43 E. Brandenburger, Gerichtskonzeptionen, 327 Anm. 100, nannte
die Gerichtsvorstellungen „singulär" und „merkwürdig". Dies gilt zunächst unabhängig davon, ob man V.9 für eine Ergänzung hält (s. A.
Scriba, Theophanie, 34.92.94) oder nicht.

44 Der folgende Überblick bietet V.7 u. 9 in einer Zusammenschau.
Zu V.9 sei außerdem auf die bei S. Uhlig, JSHRZ V/6, 509 [zu I,9ᵃ], u.
A. Vögtle, Judasbrief, 74f, zu findenden Synopsen der Zeugen Jud,
GrP, PsC u. PsV verwiesen. Es sind also neben dem griech. Text nach
GrP (vgl. M. Black, Apocalypsis, 19) und dem NT-Befund (vgl.
Nestle-Aland²⁷, 630) die patrist. Belege bei *Pseudo-Cyprianus* (PsC)
und *Pseudo-Vigilius* (PsV) zu beachten (zum aram. bzw. äth. Text s. u.).

σιν[45] αὐτοῦ	[.....................]	σιν αὐτοῦ
[.................]	[.....................]	καὶ τοῖς ἁγίοις αὐτοῦ,
ποιῆσαι κρίσιν	... καὶ κρίσις ἔσται	ποιῆσαι κρίσιν
κατὰ πάντων[46]	κατὰ πάντων.	κατὰ πάντων,
[.................]	[.....................]	καὶ ἀπολέσει πάντας
[.................]	[.....................]	τοὺς ἀσεβεῖς,
καὶ ἐλέγξαι	[.....................]	καὶ ἐλέγξει
πᾶσαν ψυχὴν[47]	[.....................]	πᾶσαν σάρκα
περὶ πάντων τῶν	[.....................]	περὶ πάντων
ἔργων ἀσεβείας	[.....................]	ἔργων τῆς ἀσεβείας
αὐτῶν ὧν	[.....................]	αὐτῶν ὧν
ἠσέβησαν καὶ	[.....................]	ἠσέβησαν καὶ
περὶ πάντων	[.....................]	[.....................]
τῶν σκληρῶν	[.....................]	σκληρῶν
ὧν ἐλάλησαν [...]	[.....................]	ὧν ἐλάλησαν[48]
κατ' αὐτοῦ	[.....................]	κατ' αὐτοῦ
ἁμαρτωλοὶ	[.....................]	ἁμαρτωλοὶ
ἀσεβεῖς.	[.....................]	ἀσεβεῖς.

---

45 Die Lesart des P[72] (ἐν ἀγίων ἀγγέλων μυριάσιν; vgl. auch ℵ, PsC: vgl. M. Black, Maranatha Invocation, 193) bietet immerhin den ältesten verfügbaren griech. Text (3./4. Jh. n. Chr.) und stimmt möglicherweise mit 4QEn^c ar überein, weshalb C. D. Osburn, Use, 337f, dieser Variante vorsichtig den Vorzug gibt. Anders B. Dehandschutter, Pseudo-Cyprian, 119; A. Scriba, Theophanie, 33 Anm. 101. 34, die GrP präferieren.

46 Die Lesart „alle" bieten auch einige äth. Mss., die damit ihre Nähe zu GrP dokumentieren (vgl. S. Uhlig, JSHRZ V/6, 510 [zu I,9^e]; E. Isaac, Light, 400f). Insgesamt scheint das erst in neuerer Zeit ausgewertete äth. Ms. K-9 die Vermutung zu bestärken, dass der äth. Text sich zumindest in bestimmten Überlieferungsschichten stark dem griech. Texttyp annähert (vgl. E. Isaac, Manuscript, 195).

47 Der App. bei Nestle-Aland[27], 630, weist als Zeugen v. a. P[72] u. ℵ aus; der Mehrheitstext liest πάντας τοὺς ἀσεβεῖς αὐτῶν, wobei die oben angeführte Lesart dem Wortlaut von GrP am nächsten kommt und wohl ursprünglich ist (vgl. K. Wachtel, Text, 357–359; G. W. E. Nickelsburg, 1 Enoch 1, 143 [Textanm. 9d]; gegen M. Reiser, Gerichtspredigt, 38 Anm. 14, u. A. Scriba, Theophanie, 92 Anm. 28).

48 Gegenüber Jud 15 liest GrP im Anschluss noch: λόγων, καὶ περὶ πάντων ὧν κατελάλησαν – möglicherweise ein verdeutlichender Zusatz als „Mischtext" (vgl. G. W. E. Nickelsburg, 1 Enoch 1, 143 [Textanm. 9f]; vgl. aber PsC: et de omnibus verbis impiis quae de Deo locuti sunt peccatores u. eine Notiz bei CVoss; dazu B. Dehandschutter, Pseudo-Cyprian, 115f.120).

Der aram. Text zu V.9 lautet (4QEn^c ar 1 i 15–17 [4Q204 i 15–17]; vgl. dazu PAM 43.200):[49]

15]כדי יאתה עם רבו]את[50] קדישו]הי למעבד דין על כולה ויובד
כול רשיעין] 16 [ויוכח לכול ב]שרא על עובד]י[51] רשעהון כולהון
די עבדו ומללו לארשעה] 17 [ועל כול מלין] רברבן וקשין]די
מללו עלוהי חטין חטין רשיעין ...[

15 [When He comes with] the myriads of His holy ones, [to execute judgement against all; and He will destroy all the wicked, 16 and will

---

49 Die Bearbeitung der Qumranfragmente zu äthHen und seinem Umfeld stellt insofern ein Problem dar, weil bis auf kleinere Abschnitte aus dem *Astronomischen Buch* (4QEnastr^{a-b} ar: vgl. E. J. C. Tigchelaar / F. García Martínez, DJD 36, 95–171), dem *Gigantenbuch* (1QNoah ar [1Q19 + 1Q19bis]; 1QEnGiants^{a-b} ar [1Q23 + 24]: J. T. Milik, DJD 1, 84–96.97–99; 2QEnGiants ar [2Q26]; 6QpapEnGiants: M. Baillet, DJD III/1, 116–119; L. T. Stuckenbruck, DJD 36, 49–93; 4QEnGiants$^{a.f}$ ar: L. T. Stuckenbruck, DJD 36, 8–48) und dem *Wächterbuch* (4QEn^a ar Frgm. 2–8: L. T. Stuckenbruck, DJD 36, 3–7) keines der bekannten Fragmente bisher in der *editio major* in DJD zugänglich gemacht wurde. Zudem zählen die genannten Fragmente zu jenen Texten, die *nicht* durch den äth. Text bezeugt sind. Bei den Stellenangaben orientiert sich der Text daher zunächst an J. T. Milik / M. Black, Books, wobei die Fragmentennummer zusammen mit der Kolumnenzählung nach F. García Martínez / E. J. C.Tigchelaar, Study Edition, in Klammern beigegeben ist. Neben diesen Textausgaben werden zumeist auch J. A. Fitzmyer / D. J. Harrington, Manual, 64–79 [Nr. 10–19]; K. Beyer, Texte, 225–268, u. ders., Texte.Ergbd., 119–124, zusammen mit der Fotografie verglichen. Grundsätzlich wird auf die diakritischen Zeichen zum Verweis auf wahrscheinliche oder angezweifelte Lesarten verzichtet.
Zu Textrekonstruktion u. Übers. vgl. J. T. Milik / M. Black, Books, 184f (vgl. auch F. García Martínez / E. J. C. Tigchelaar, Study Edition, 412f). Der leicht abweichende Text u. seine Übers. lauten nach K. Beyer, Texte, 232 [Hervorheb. im Orig.]:

כדי יאתה ברבו]את[קדישו]הי למעבד דין בכולא ■ ■ ■ ■ לכול
ב]שרא על עובד [רשעהון די ארשעו ■ ■ ■ ועל כול מלין] רברבן
וקשין]די אמרו עלוהי ...[

... wenn *er kommen wird mit*] den *Zehntausenden seiner Heiligen*, [um alles zur Rechenschaft zu ziehen ... und um alle] Menschen [zu bestrafen] wegen [ihres frevelhaften] Tuns, [das sie getan haben, ... und wegen aller] großen und harten [Worte, die sie gegen ihn gesprochen haben ...].

50 J. T. Milik / M. Black, Books, 184.186, nehmen auf Grund des nach LXX rekonstruierten Textes in Dtn 33,2 eine Lesung עם רבו]את an (anders R. J. Bauckham, Note, 136; vgl. auch K. Beyer, Texte, 232).

51 J. T. Milik / M. Black, Books, 184, u. F. García Martínez / E. J. C. Tigchelaar, Study Edition, 412, lesen an dieser Stelle einen Plural (anders K. Beyer, Texte, 232).

convict alll flesh, with regard to [all their] works [of wickedness
which they have committed in deed and in word, 17 and with regard to
all] the proud and hard [words which wicked sinners have spoken
against Him. ...]

Schließlich heißt es in äthHen 1,9:[52]

Und siehe, er kommt mit seinen unzähligen Heiligen, um Gericht zu
halten über alle, und er wird vernichten alle Frevler und schelten alles Fleisch wegen aller Werke ihres Frevels, mit dem sie frevelten,
und wegen aller harten Worte, die die Sünder und Frevler gegen ihn
sprachen.

Ganz zweifellos wirkt der griech.Text zu äthHen 1,9 in seinem Duktus redundant und umständlich. Unter den zahlreichen Textrekonstruktionen befindet sich jedoch bis dato
keine, die über das Kollationieren und Konjizieren hinaus
die Referenz des Verses beachtet hätte: Zunächst ist der
gleich mehrfache Rekurs auf das Strafgericht *über alle*
festzuhalten (vgl. 4QEn[c] ar, GrP, PsC, Jud).[53] Auffällig anders votiert demgegenüber der äth. Text in äthHen 100,4:[54]

Und in jenen Tagen werden die Engel in die verborgenen Orte hinabsteigen und alle an *einem* Ort versammeln, die die Sünde herabgebracht haben. Und der Höchste wird sich an jenem Tage des Gerichtes erheben, damit er das große Gericht unter den Sündern halte.

Aber auch in Kap. 100 deutet sich in der griech. Lesart[55] die
Vorstellung von einem zukünftigen Universalgericht an,
was wiederum ein Licht auf das Verständnis von äthHen
1,7.9 wirft. So deutet die Verbform in Jud 14b nach allgemei-

---

52 Übers.: E. Rau, Kosmologie, 504.

53 Vgl. zuletzt auch G. W. E. Nickelsburg, 1 Enoch 1, 143.148f. Beachtet wird an dieser Stelle ausschließlich Jud 14f als *Textzitat* von äth-
Hen 1,9. Dass für die ntl. Stelle im Gefälle des gesamten Briefs anders
zu urteilen wäre, insofern das Gericht die Gegner des Briefs im Auge
hat, dürfte nicht zuletzt aus V.13b deutlich werden. Vgl. zur Funktion
von Theophanie und Gericht als traditionsgeschichtlichen „Markierungen" im Judasbrief J. D. Charles, Use, v. a. 141–143 (vgl. auch allg. A.
Vögtle, Judasbrief, 78f.83f).

54 Übers.: S. Uhlig, JSHRZ V/6, 729 [Hervorheb. im Orig.].

55 Nach M. Black, Apocalypsis, 40, liest GrCB in äthHen 100,4 am
Versschluss: ... ποιῆσαι ἐκ πάντων κρίσιν μεγάλην (vgl. auch Jes 26,21
[LXX]; Ιερ 32,31 od. 1QH[a] 17,14f). Damit ist auf die Vorstellung vom
„großen Gericht" angespielt (vgl. auch äthHen 13,1; 16,1; 22,4; 25,4).

ner Auffassung auf ein *zukünftiges* Geschehen im Sinne des prophetischen Perfekts.[56] Dies unterstreicht im Kontext von äthHen 1,9 auch V.2 (4QEn[a] ar 1 i 4: לדור רחיק[ר]; GrP: ... ἐπὶ πόρρω οὖσαν ...). Entprechend verweisen die Verbformen in Jud 15 (ἐλέγξαι) und äthHen 1,9 [GrP: ἐλέγξει] auf den futurischen Handlungsaspekt. Innerhalb des *Wächterbuchs* erinnert ἐλέγχω das zentrale Thema der Komposition, nämlich den Tadel der Wächter durch Henoch in der Vision äthHen 12,1 – 16,4 (vgl. 13,8–10 [*bis*]). Darüber hinaus findet die Thematik in äthHen 14,1 sogar überschriftartig ihren Niederschlag.[57] Bereits in der ältesten Überlieferung assoziiert die „gerichtliche Überführung"[58] die Thronratsvision in Kap. 14 und schafft dadurch einen inneren Rahmen im vorläufigen Makrotext von äthHen 1 – 36. Während jedoch nach äthHen 13,8 – 14,3 *Henoch* handelt, ist es nach 1,7.9 *Gott*. Die Rückbindung der Vision in Kap. 14 geschieht daher durch den Verweis auf den im Traumgesicht erhaltenen Befehl (vgl.[12,1;] 14,1b). Aus dem Blickwinkel der theophanen Eröffnung erscheint somit thematisch das Gericht an den Wächtern (vgl. 1,5) als Periphrase des längst Gesagten: Gottes forensisches Handeln ist als Trennung von Frevlern und Gerechten zu verstehen.[59] Damit wird aber der Szene in äthHen 1,1–9* [v. a. V.9] eine proleptische Funktion zukommen, was zugleich bedeutet, dass die Formulierungen der κρίσις κατὰ πάντων zunächst ungeschieden die Gesamtheit im zukünftigen Universalgericht vorstellen (vgl. TestAbr A 13,1–8). Erst im Verlauf der Entrückung Henochs und der folgenden Visionen wird die Scheidung in Frevler und Gerechte manifest.

---

56 Jud 14b liest ἦλθεν, GrP: ἔρχεται ist wohl Korrektur (vgl. auch PsV: *veniet*). Zur Deutung vgl. M. Black, Maranatha Invocation, 194; C. D. Osburn, Use, 336f; R. J. Bauckham, Note, 136 mit Anm. 7 [ältere Lit.], u. a. a. O., 137 mit Anm. 2; A. Vögtle, Judasbrief, 73; A. Scriba, Theophanie, 33f Anm. 102. Ob man u. a. auf Grund des Verweises des Aor. auf ein prophet. Perf. im Aramäischen schließen darf, dass Jud 14f ein aram. Text aus äthHen 1 vorlag (so E. Mazich, Investigation, 278–280), scheint jedoch zweifelhaft.

57 Vgl. GrP: Βίβλος λόγων δικαιοσύνης καὶ ἐλέγξεως ...

58 So S. Uhlig, JSHRZ V/6, 510 [zu I,9[c]]; A. Scriba, Theophanie, 34.

59 Zum Motiv der „Vorabbildung" in der atl. Prophetie vgl. K. Koenen, Heil den Gerechten, 255–263.269f.

Stellt man die bisherigen Beobachtungen in Rechnung und
berücksichtigt zugleich, dass Jud 15 mit der Lesart ψυχή
(statt σάρξ [GrP]) nicht den paulinischen Dualismus, sondern entsprechend Offb 16,3 (vgl. auch Röm 2,9; 13,1; Apg
3,23; 27,37) die „Gesamtheit aller Lebenden" bezeichnet,
gelangt man zu einem ersten Abschnitt im rekonstruierten
Grundtext:[60]

'Ιδοὺ ἦλθεν [...][61] ποιῆσαι κρίσιν κατὰ πάντων καὶ ἐλέγξαι

ויוכח   בכולא   למעבד דין   [...]   יאחה כדי
πᾶσαν

לכול

σάρκα[62] περὶ [πάντων] τῶν ἔργων ἀσεβείας αὐτῶν ὧν ἠσέβησαν

ארשעו די   רשעהון   עובד   על בשרא
καὶ σκληρῶν

ועל כול מלין

Bleibt also noch die Frage zu klären, wie der oben (Anm. 48) nach
GrP bezeugte Passus zu beurteilen ist. Da ועל כול מלין in
4QEn^c ar 1 i 17 lediglich rekonstruiert werden kann, und רברבן
וקשין durchaus für [πάντων τῶν] σκληρῶν stehen kann (vgl. Gen
35,17; Ri 4,24; 1Sam 20,10)[63], zuletzt in der genannten Passage zumindest λόγων im Verdacht steht, verdeutlichender Zusatz nach äth-
Hen 5,4 [GrP] (vgl. auch 27,2 [GrP]; 101,3 [GrCB]) zu sein[64], wird man
den hypothetischen Grundtext mit:

---

60 Die erste Zeile bietet den rekonstruierten griech. Text, die zweite
den hypothetischen aram. Grundtext (vgl. im wesentlichen dazu A.
Scriba, Theophanie, 34). Für das Aram. ist ausnahmsweise und zur
Verdeutlichung die Rechtsausrichtung zu beachten. – Textlich wird
man das doppelte περὶ πάντων (Jud 15; GrP u. PsC) nicht als ursprünglich erachten, sondern als sekundäre Auffüllung zur Vereindeutigung
(vgl. P[72]; gegen Scriba, a. a. O., 34 Anm. 102).

61 Die schwierige Entscheidung über die Ausdrucksweise bei der
prädizierten Engelbegleitung kann hier offen bleiben.

62 Die in Jud 15 bereits verkürzte Phrase καὶ ἀπολέσαι πάντας τοὺς
ἀσεβεῖς dürfte in äthHen 1,9 [GrP] eine Glosse nach äthHen 5,5–7; 22,
7–13 sein (v. a. zu letzterem Text vgl. vorerst M.-T. Wacker, Weltordnung, 178–197).

63 Vgl. E. Hatch / H. A. Redpath, Concordance, 1275 [s. v. σκληρύ-
νειν u. σκληρῶς].

64 So zuletzt A. Scriba, Theophanie, 34 Anm. 102 (vgl. auch G. W.
E. Nickelsburg, 1 Enoch 1, 149.157f); weitere Belege des in äthHen pro-
minenten Motivs der Anklage wegen blasphemischer Rede (vgl. v. a.
Dan 7,25) finden sich bei E. Rau, Kosmologie, 92–96; S. Uhlig, JSHRZ
V/6, 513 [zu V,4^d].

ὧν ἐλάλησαν κατ' αὐτοῦ ἁμαρτωλοὶ ἀσεβεῖς.

עלוהי ... אמרו די

enden lassen können, wie es nach Jud 15 bezeugt ist.

Der rekonstruierte Grundtext drückt somit eine göttliche Erscheinung zum allgemeinen Strafgericht aus, wobei *noch* Gott allein als Richtender erscheint, wobei *noch* keine Differenzierung zwischen Frevlern und Gerechten vorgenommen ist (vgl. auch äthHen 91,7).[65]

b. Die theophane Eröffnung als *proleptische Periphrase*
Zwei Unausgeglichenheiten fallen bei der Eröffnung der Komposition des äthHen auf: die eine das Verhältnis zur Erzählung vom Engelfall (äthHen 6 – 16), die andere die Komposition der Himmelsreisen (Kap. 17 – 36) betreffend.[66] Letztere Diskrepanz berührt die unter der Gattung „Vision" zu subsumierende Spannung von *Gottes Kommen* (Kap. 1) und *Henochs kosmischen* oder *Himmelsreisen* (Kap. 17 – 36).

---

65 Diese Differenzierung wird in äthHen 1 – 5 deutlich, dann aber in Kap. 6ff ein weiteres Mal modifiziert, wenn die „Frevler" nicht mehr mit menschlichen Wesen, sondern mit den Wächterengeln identifiziert sind (vgl. dazu L. Hartman, Meaning, 143f). Grundsätzlich erübrigt sich damit das auch bei M. Reiser, Gerichtspredigt, 38 [mit Anm. 15], nicht gelöste Problem des in äthHen 1,9 begegnenden unmittelbaren Gegenübers von „vernichten" und „überführen", von Strafgericht und forensischem Gericht, das aber wohl für V.7 weiterhin Gültigkeit besitzt, wenn nicht für den entsprechenden Passus (καὶ πάντα ὅσα ἐστὶν ἐπὶ τῆς γῆς ἀπολεῖται [GrP]) ähnliches wie für die nach Jud 15 verkürzte Phrase (s. o., Anm. 60.62) gilt: dass nämlich eine erläuternde Glossierung, nunmehr orientiert an äthHen 10,2, vorliegt ([GrP] ... ὅτι ἡ γῆ ἀπόλλυται πᾶσα, καὶ κατακλυσμὸς μέλλει γίνεσθαι πάσης τῆς γῆς καὶ ἀπολέσει πάντα ὅσα ἐστίν [ἐν] αὐτῇ; [GrS] ... ὅτι ἡ γῆ ἀπόλλυται πᾶσα· καὶ εἶπον αὐτῷ ὅτι κατακλυσμὸς μέλλει γίνεσθαι πάσης τῆς γῆς, ἀπολέσαι πάντα ἀπὸ προσώπου τῆς γῆς: M. Black, Apocalypsis, 24).

66 Wegen zahlreicher anderer Abweichungen versteht die Forschung die ersten fünf Kapitel auch häufig als späteren Zuwachs zum *Wächterbuch*, ohne engere thematische Verknüpfung mit Kap. 6 – 16 oder 17 – 36: vgl. zuletzt J. C. Reeves, Heralds, 39, der von einer „eschatologischen Präambel" eines verloren gegangenen Orakels spricht; anders etwa L. Hartman, Meaning, v. a. 138–145, u. G. W. E. Nickelsburg, 1 Enoch 1, 31f.131f, der ein „prophet. Orakel" in Kap. 1 – 5 als Einleitung zum *Wächterbuch* identifiziert (vgl. auch die Diskussion bei A. Bedenbender, Gott 215–230, u. K. C. Bautch, Study, 289–299).

Wie immer man das Phänomen „Vision" erklären möchte[67], verbinden sich in ihm häufig die Motivkonstellationen der „Entrückung" bzw. „Himmelsreise" und der „Theophanie". Wo diese Verbindung vorkommt, scheinen die Motive den Autoren bzw. Tradenten keinen Hinweis auf mögliche „logische Inkonsequenzen" geliefert zu haben.[68]

Im Verhältnis von äthHen 1 zu Kap. 17 – 36 spiegelt sich gleichsam im „Großen", was bereits in äthHen 1,2–9* hart aufeinander trifft, was darüber hinaus in äthHen 25,3 aus seinem Kontext heraus noch einmal virulent wird: inmitten der Himmelsreise eine Theophanie! Die in der Diskussion anvisierten Lösungsvorschläge gehen höchst unterschiedliche Wege, welche häufig auf das soziale Umfeld des *Wächterbuchs* verweisen.[69] Theologisch könnte man sowohl auf die für Henoch und die Wächter unterschiedliche Funktion der Offenbarung als auch auf ihre divergierenden Formen hinweisen.[70] Oder man stellt die priesterliche Funktion Henochs heraus, womit durch die Tempelvorstellung die Trennung eines irdischen von einem himmlischen Bereich aufgehoben und zugleich die oben konstatierte Entgegensetzung nicht mehr „anstößig" wäre.[71] Schließlich könnte man allgemein auf den „mystischen" Hintergrund der Henochvisionen verweisen (v. a. äthHen 14)[72] und sich dabei, das Ge-

---

67 Zu den unterschiedlichen Ansätzen vgl. B. Heininger, Paulus, 32–43.46–179. Die u. a. visionären Motive in Henochs Himmelsreise (äthHen 17 – 19) analysiert am detailliertesten K. C. Bautch, Study, *passim*.

68 Man vgl. etwa das *Trophoniusorakel*: s. H. D. Betz, Problem, 184–208; B. Heininger, Paulus, 97–99. Zwar will K. Berger, Visionsberichte, 201–203, Visionen von Epiphanien strikt getrennt wissen, muss jedoch „Querverbindungen" (a. a. O., 203) konzedieren. Dann sei grBar 1,3–5; 2,1f (zum Aufbau vgl. B. Heininger, Paulus, 127f; D. C. Harlow, Apocalypse, *passim*) und TestLev 2,7–12 erinnert. Entgegen J. Becker (JSHRZ III/1, 48 [zu III,11ᶜ]) sollte man die Epiphanie in TestLev 2,11 nicht vorschnell als christl. Interpolation abtun (vgl. M. Dean-Otting, Journeys, 88f; M. Himmelfarb, Ascent, 30–32).

69 Vgl. dazu M. E. Stone, Book, 479–492; W. G. E. Nickelsburg, Aspects, 641–654.

70 Zu Ersterem vgl. J. J. Collins, Technique, 101f [der Aufsatz ist z. T. wieder abgedruckt in: ders., Imagination, 47–59]; zu Letzterem vgl. M. Hengel, Judentum, 371–394.

71 So ansatzweise M. Himmelfarb, Ascent, v. a. 14–28.

72 Vgl. den klassischen „Markstein": G. Scholem, Mystik, 43–86,

richt an den Menschen mit dem an den Wächtern bzw. die jenseitige Himmelsreise mit der innerweltlichen Krisensituation konfrontierend, auf die Überhöhung des „Hier und Jetzt" im Eschaton zurückziehen[73]. Die Allgemeinheit der Problemlösungen, ihr Verharren in zumeist geistesgeschichtlich verankerten Grundmustern, lässt nur eine unbefriedigende Antworten zurück. Wie bereits zur textlichen Problematik von äthHen 1,9 (Jud 14f) angemerkt, dürfte auch auf diesem „Seitenpfad" des Weges zu einer *Textpragmatik* die Beachtung des Kontexts weiterführen, zumal die zahlreichen Stichwortverbindungen evident sind.[74]

Über die gleich zu bewertende Achse in äthHen 1,3–9; 25,3 hinaus findet man Verküpfungen unter Beachtung des (aram.) Gottesnamens aus äthHen 1,3 (s. 4QEn[a] ar 1 i 5: ‏קדרישׁה ר[בה‎)[75], der z. B. in äthHen 14,1 (4QEn[c] ar 1 vi 10: ‏קדישׁא רב[א‎]) steht. Dann sind 1QapGen ar 2,14; 12,17; 4QEnGiants[b] ar ii 17[76] zu bedenken. Einen wahrscheinlichen Beleg bietet noch 1QapGen ar 1 i 7, während aber 4QEn[g] ar 1 v 16 (äthHen 93,11)[77] textl. sehr fraglich scheint. Da das griech. Äquivalent je leichte Varianten[78] bietet und zudem das Element [ὁ]

---

dann etwa C. Rowland, Visions, 137–154; I. Gruenwald, Apocalyptic, v. a. 29–72.

73 Vgl. dazu J. J. Collins, Technique, 107–111.

74 Vgl. tabellar. Überblick bei L. Hartman, Meaning, 140f; G. W. E. Nickelsburg, 1 Enoch 1, 132.

75 Vgl. dazu J. T. Milik / M. Black, Books, 144, und die Belege bei S. Uhlig, JSHRZ V/6, 507 [zu I,3[c]].

76 Vgl. auch K. Beyer, Texte.Ergbd., 121.405.

77 Vgl. J. T. Milik, DJD 1, 86; K. Beyer, Texte, 166.249f.680. Während Beyer (a. a. O., 249) die auf ‏קדשׁא‎ folgende Lücke mit ‏רבה‎ rekonstruiert, lesen J. T. Milik / M. Black, Books, 269, in Anlehnung an den äth. Text ‏קדשׁא] ולא יחבהל‎.

78 Vgl. äthHen 10,1:
[GrP]
Τότε Ὕψιστος εἶπεν περὶ τούτων, ὁ μέγας Ἅγιος ...
[GrS]
Τότε ὁ ὕψιστος εἶπε καὶ ὁ ἅγιος ὁ μέγας ἐλάλησε ...
R. Rubinkiewicz, Eschatologie, 19, hält GrS in diesem Falle für den besseren Text. GrP zerstöre den am griech. Text noch deutlichen semit. Parallelismus.
Vgl. äthHen 12,3 [GrP]:
... καὶ ἰδοὺ οἱ ἐγρήγοροι τοῦ ἁγίου τοῦ μεγάλου ἐκάλουν με·
Vgl. äthHen 14,1 [GrP];
... κατὰ τὴν ἐντολὴν τοῦ ἁγίου τοῦ μεγάλου ἐν ταύτῃ τῇ ὁράσει.

μέγας auf den paganen Bereich[79] verweist (vgl. die Zauberpapyri[80]; vgl. auch Dan 2,45; Esr 5,8[81]), kann lediglich in einer Näherung auf äthHen 9,4; 12,3[82] aufmerksam gemacht werden. Wobei allerdings in äthHen 9,4 [GrP] der *Name* Gottes als „heilig" prädiziert ist (vgl. 4Q505 Frgm. 129 1 [הגדול‎ השם‎ ‏[והשם‎)[83].

Die Einzigartigkeit der Gottesprädikation[84] in Verbindung

Vgl. äthHen 97,6 [GrCB]:
... οἱ λόγοι τῶν ἀνομιῶν ὑμῶν ἐν[ώπιον] τοῦ μεγάλου ἁγίου ...
Vgl. äthHen 98,6 [GrCB]:
ὀμνύω ὑμῖν ἁμαρτωλοὶ κατὰ τοῦ ἁγίου τοῦ μεγάλου ...
Zum Vergleich formuliert äthHen 1,3 [GrP]: ... ὁ ἅγιός μου ὁ μέγας ...

79 Bereits P. Kroll, Art. Megas (Μέγας), 221–230, u. W. Grundmann, Art. μέγας κτλ., 535f.545f, nannten zahlreiche Belege, auf die hier nicht eingegangen werden muss; vgl. jetzt auch G. Strecker / U. Schnelle, Neuer Wettstein, 1038–1040. Eine ausführliche altphilolog. Dissertation, auf die sich Kroll und Grundmann beziehen, listete umfangreiches Belegmaterial auf (vgl. B. Müller, ΜΕΓΑΣ ΘΕΟΣ, 329–331 : zu jüd.-christl. Belegen, u. 382–388: zu den Zauberpapyri). Wichtig scheint zudem, dass die μέγας-Formel in ihrem späteren christl. Gebrauch als akklamatorischer Ausspruch sehr häufig belegt ist, wobei Erweiterungen auch die Bezeichnung des *Namens* als „groß" bezeugen (vgl. E. Peterson, ΕΙΣ ΘΕΟΣ, 196–210 u. 213: Im Horizont eines Wunders werden Staunen und Bekenntnis zum Ausdruck gebracht). – Vgl. auch Dtn 10,17 [LXX]; Ψ 76,14; Jes 26,4 [LXX]; Βηλ [14,]41 (zum Text vgl. K. Koch, Zusätze I, 180f, u. zur Funktion von μέγας A. Wysny, Erzählungen, 275f: Akklam. der Wirkmächtigkeit JHWHs); Sir 46,5 [LXX]; TestSim 6,5; PsSal 2,29; Sib 3,549.656f.671.702.717; 4,6; Tit 2,13.

80 Vgl. nur PGM VII,501.529.584.602, u. T. Schermann, Zauberpapyri, 15.27. Zum Einfluss magisch-mantischer Vorstellungen auf die religiöse Praxis im Hellenismus vgl. grundsätzlich A. F. Segal, Magic, 549–575. Inwieweit sich hinter der Gottesbezeichnung μέγας eine funktional bestimmte Götterhierarchie verbirgt, da abhängig vom Ziel magischer Praxis dem Subjekt jener Praktiken, eben dem Magier, eine notwendige Bekanntheit mit dem „größten Gott" zukommt, wird bei F. Graf, Gottesnähe, 201f, diskutiert.

81 Die in Dan u. Esra bezeugte Bezeichnung „großer Gott" wurde vielleicht mit dem Titel „der Heilige" in äthHen kombiniert (so G. W. E. Nickelsburg, 1 Enoch 1, 144).

82 So bei GrP und der „akademischen" Textrezension (Aeth II; zuletzt in den Text übernommen von G. W. E. Nickelsburg, 1 Enoch 1, 234 [mit Textanm. 3a]); anders die Hauptgruppe der äth. Rez. (Aeth I; vgl. S. Uhlig, JSHRZ V/6, 489f; zum Text: vgl. a. a. O., 533 [zu XII,3ᵇ]).

83 Vgl. zum „großen" bzw. „heiligen Namen": 1QM 11,3; Ψ 110,9; Jes 47,4; 57,15 [LXX]; Ez 36,21 [LXX]; PGM VII,500 u. ö. Zu den altisraelit. bzw. antik-jüd. Belegen vgl. F. V. Reiterer / H.-J. Fabry, Art. שֵׁם‎, 131. 172f.175f.

84 Während die Verbindung ὁ θεὸς ὁ μέγας in hymnischen Texten

mit ihrem gehäuften Auftreten im *Wächterbuch* wie in äth-
Hen insgesamt (vgl. noch 84,1; 92,2; 104,9: je nur äth.) ergibt, wenigstens auf der Überlieferungsstufe des griech.
Textes, einen ersten kompositorischen Anhalt. Die Funktion jenes קדישא רבא bzw. ὁ μέγας Ἅγιος dürfte im Kontext
der Henochüberlieferung in der Hervorhebung Gottes gegenüber den zahlreichen Engelwesen zu finden sein.[85] Inhaltlich wird diese Bezeichnung Gottes als Epitheton, die
göttliche (Schöpfer-)Macht betonend (vgl. auch 1Clem 20,11:
ὁ μέγας δημιουργός), seine Stärke zum Ausdruck bringen.[86]
Eine besondere Auffälligkeit ergibt sich, wenn man die im
Griechischen eigentümliche, durch μέγας den pagan-helle-
nistischen Bereich assoziierende Gottesbezeichnung in
äthHen 9,4f mit ihren Funktionen (Allmacht und Allwissen)
konfrontiert, da letztere gerade dem antik-jüdischen Umfeld wohlbekannte Gottesattribute darstellen.[87] Dies würde
aber bedeuten, dass mit der den jüdischen Quellen eher
fremden Gottesbezeichnung keine *inhaltlichen* bzw. *funktionalen* Konsequenzen einhergehen.

Kompositionell höchst auffällig bleibt, dass mit äthHen
14,1 und 25,3 Texte einbezogen sind, deren Motivkonstellationen ebenfalls in den Bereich der Theophanie weisen.
Unabhängig von der spezifischen Motivik findet sich die
Prädikation des „Heiligen [und] Großen" in *den* Passagen, in
denen die Mandatare Gottes oder dieser selbst in das Ge-

---

des *Tanach* begegnet (vgl. zu Dan: 2,45; 9,4 [LXX u. ϑ']; 4,37c [LXX]),
hat die Bezeichnung μέγιστος ϑεός in 3Makk einen Schwerpunkt (vgl.
1,9.16; 3,11; 4,16; 5,25; 7,22; vgl. auch 2Makk 3,36). Schon bei Aristophanes begegnet die Wortkombination von „groß" und „heilig", wenn
das Göttliche schlicht ... μεγάλους ἁγίους ... heißt (Ar. *Av.* 522).

85 So die Interpretation bei M. Black / J. C. VanderKam / O. Neugebauer, Book, 104; G. W. E. Nickelsburg, 1 Enoch 1, 144. – Von der
Grundbedeutung des Wortstammes *ἅγος [„Scheu"] ausgehend dürfte
in beiden Begriffen die Andersartigkeit des Göttlichen zum Ausdruck
kommen: Zur Semantik von ἅγιος vgl. E. Williger, Hagios, v. a. 36f.72.
77f, der allerdings mit Rücksicht auf die Grundbedeutung ἅγνος von
ἅγιος leicht abrückt. Der genannte „Unterton" würde im Übrigen die
oben erwähnten Bedeutungsnuancen nicht ausschließen.

86 Zu 1Clem 20,6.11 vgl. auch PsSal 18,10–12 u. A. Lindemann, Clemensbriefe, 72.75–77.

87 Vgl. Jub 1,4.26; 1QHᵃ 9,7–9; 1QpHab 7,13f; 1QS 3,15–19 u. ö. (s.
dazu P. D. Hanson, Rebellion, 200 mit Anm. 14).

schehen eingreifen, somit die *textinterne Pragmatik* betroffen ist: In dem zu äthHen 10,1f gehörenden Abschnitt
schickt der „Höchste, der Große und Heilige" einen Engel[88]
zu Noahs Rettung angesichts des Weltengerichts. In der
großen Thronratsvision (äthHen 14) wird von der Sendung
Henochs zum Tadel der Wächter berichtet, die der „Heilige
und Große" befohlen hat. Und schließlich handelt äthHen
25,3, gleichsam der Aussage aus äthHen 1,7.9 widersprechend, von Gottes Kommen „zum Guten" (... καταβῇ
ἐπισκέψασθαι τὴν γῆν ἐπ' ἀγαθῷ.), und dies im Munde Michaels. Verortet sind äthHen 14 und 25 im „Außerweltli-
chen" (vgl. etwa äthHen 14,4; 17,1; 18,1–5; 21,1). Doch widersprechen weder der himmlische Ort noch auch die *vorgezo-
gene* Entrückung Henochs (vgl. äthHen 12,1: Πρὸ τούτων τῶν
λόγων ἐλήμφθη Ἐνώχ ...) seinem Wandel auf der Erde (vgl.
v. a. äthHen 13,7; 24,1 [äth.]; 26,1)[89]. Spätestens durch die
Anspielung auf Jerusalem bzw. Zion als „Mitte der Welt"
(vgl. nur äthHen 26,1[–6]; Ez 38,12; 47,1; Jub 8,12.19; Arist §§
83–91) wie durch die Hinweise auf ... πρὸς δυσμὰς τῶν
περάτων τῆς γῆς (äthHen 23,1 [GrP]; vgl. auch 21,1–9) wird
erkennbar, dass die vor Augen stehende Weltkarte in ihrer
„Überdimensionierung" für die Universalität des Engelge-
richts, jedoch nicht für die real gegenständlich erfahrbare
Welt steht. Es hat daher seine Berechtigung, wenn von
„mythischer Geografie"[90] die Rede ist.
　Offensichtlich hat der Kompositor des *Wächterbuchs* drei
Motivzusammenhänge kombiniert: nämlich die Idee einer
auf himmlisches Heil ausgerichteten „hellenistischen"
Eschatologie mit der apk-jüd. Vorstellung der Äonenwende

---

88 Dessen Name in der Überlieferung divergiert: vgl. R. Rubinkiewicz, Eschatologie, 19; S. Uhlig, JSHRZ V/6, 526 [zu X,1ᶜ].
　89 Vgl. auch Jes 14,12–17; Dan 8,10f; slHen 7,1–5 u. 18,1–9 [unter
Aufnahme von äthHen 6 – 11]; 66,4. Schließlich ist slHen 8,1–8 [unter
Aufnahme von äthHen 24f] interessant, wo auffällt, dass die längere
Hdss.-Überlieferung das Paradies durchaus irdisch und zugleich
himmlisch vorstellen kann (vgl. aber slHen 1,8f; 33,3 und dazu U.
Fischer, Eschatologie, 48–62; C. Böttrich, Weltweisheit, 84f.150–153.
167–169; vgl. zum Text und den Überlieferungsproblemen C. Böttrich,
JSHRZ V/7, 846–852 [v. a. 846f, zu VIII,1ᵉ]).
　90 Vgl. P. Grelot, Géographie, 38–47; M.-T. Wacker, Weltordnung,
245–253.

und der damit verbundenen „Verlorenheit *des* Irdischen"
bzw. der „Verlorenheit *im* Irdischen".[91] So konnte einmal die
Wächterepisode (s. v. a. äthHen 6 – 11) zum Spiegel der
die Menschheit (s. äthHen 1 – 5) betreffenden Gerichts-
szenarien werden.[92] Und motivische Verknüpfungen ergeben sich in gleicher Weise mit dem Bild der „Gerechten"
und „Frevler" im Kompositionsstrang des „zweiten Reise-
berichts" (vgl. äthHen [20] 21 – 36): Vor allem das Schicksal
der „Klagenden" nach äthHen 22,12 in Verbindung mit der
„Klage Abels" (22,5–7) erinnert das Schreien der Seelen
aus äthHen 8f (vgl. 8,4; 9,2–4.10), während die „Genossen
der Gesetzlosen" (μέτοχοι τῶν ἀνόμων: 22,13) auf das „Geschlecht der Flut" (vgl. 8,2; 9,1; 10,8.20) anspielen.[93] Auf
diese Weise wirft die Theophanie in äthHen 1,3–9 (vgl. v. a.
V.7.9*) bereits ein Licht auch auf die Kap. 6 – 11 und 17 – 36.
Andererseits zeigt die Darstellung in ihrer Gegenüberstellung eines gesegneten Orts der Auserwählten (vgl. äthHen
25,5; 26,1–6 : V.1 [GrP]: καὶ ἴδον τόπον ηὐλογημένον) mit einem „verfluchten Ort für die Verfluchten" (äthHen 27,1–5:
V.2 [GrP]: γῆ κατάρατος τοῖς κεκατηραμένοις ...)[94], dass die
bezeugte himmlisch-irdische Dichotomie durchaus einen
(höchst pragmatischen) Sinn besitzt, nämlich die Trennung
der in der ersten Stufe der produktiven Textbearbeitung
nach äthHen 1,8f zum ersten Mal begegnenden „Gerechten"
und „Frevler" (vgl. auch Kap. 22)[95].

Ihren vielleicht pointiertesten Ausdruck findet die erör-
terte Verbindung der kosmischen Bereiche in äthHen 11,1
[GrP]:

---

91 Zur Unterscheidung von „hellenistischer" und „apokalyptischer"
Eschatologie vgl. N. Walter, „Hellenistische Eschatologie", 234–251.

92 Vgl. die Erläuterung bei L. Hartman, Meaning, 139–143.

93 Vgl. zu den Bezügen M.-T. Wacker, Weltordnung, 188–190.193–
195; G. W. E. Nickelsburg, 1 Enoch 1, 208.213.305f.308.

94 Die Textüberlieferung beschränkt sich auf griech. und äth. Handschriften; das aram. Fragment 4QEn^d ar bietet nur spärliche und an den
hier interessierenden Stellen unbedeutende Reste aus äthHen 26,
2 – 27,1 (vgl. K. Beyer, Texte, 241f; zu Text u. Übers. vgl. M.-T. Wacker,
Weltordnung, 235–240; G. W. E. Nickelsburg, 1 Enoch 1, 317).

95 Den Zusammenhang von äthHen 22 mit den Kapiteln 27 und 28
stellte zuletzt M.-T. Wacker, Weltordnung, 234.240–245.254–257, heraus.

Und dann werde ich die Schatzkammern des Segens, welche im Himmel sind, öffnen, ja, um sie auf die Werke [äth. Vrss. erg.: „auf die
Erde"], auf die mühevolle Arbeit der Menschenkinder hinabzubrin-
gen.[96]

Der Passus markiert den Abschluss des in Heil und Unheil
differenzierten Endgerichts (vgl. auch 10,2 mit 10,16–19),
das dem Fall der Engel folgt, womit angezeigt wird, dass
die *Vermischung* von Himmlischem und Irdischem nur dort
heilswirksam ist, wo sie von Gott oder in seinem Auftrag
vollzogen wird. Wo sie aber wie im Fall der Wächter ohne
göttliche Sanktionierung eintritt, bewirkt diese Vermengung das Gegenteil.[97]

Bevor noch einmal die Struktur des *Wächterbuchs* unter
Berücksichtigung der gesammelten Beobachtungen nachgezeichnet wird, sei wenigsten vermutungsweise angemerkt,
dass das eigentümliche Oszillieren zwischen Trennung und
Vermengung von Himmel und Erde im Kontext des Engel-
falls vielleicht auf den *Beginn* (sachlich und chronologisch)
kosmologischen Denkens zurückgeht, und zwar im Sinne
einer chaotischen Durchmischung von Himmlischem und Irdischem und damit von „Eschatologischem" und „Protologi-
schem": Immerhin dürfte „Israel" der sowohl in mesopotamischen als auch in griech. Quellen begegnende Mythos
der Trennung von Himmel und Erde bekannt gewesen

---

96 GrP: καὶ τότε ἀνοίξω τὰ ταμεῖα τῆς εὐλογίας τὰ ὄντα ἐν τῷ
οὐρανῷ, καὶ κατενεγκεῖν αὐτὰ ἐπὶ τὰ ἔργα, ἐπὶ τὸν κόπον τῶν υἱῶν τῶν
ἀνθρώπων.

97 Vgl. äthHen 6,1f und v. a. V.6 [GrS]: ἦσαν δὲ οὗτοι διακόσιοι οἱ κα-
ταβάντες ἐν ταῖς ἡμέραις Ἰάρεδ ... Zum griech. Text vgl. M. Black,
Apocalypsis, 21 (GrP: vac.). Der nach J. T. Milik / M. Black (vgl. dies.,
Books, 150f; vgl. K. Beyer, Texte, 235 [Übers.]) rekonstruierte aram.
Text aus 4QEnᵃ ar 1 iii 3f lautet:
והוו כלהן מאחין די נחחו] ביומי ירד על [ראש חרמו]ן
Es waren aber insgesamt zweihundert, welche] in den Tagen des
Jared auf [den Gipfel des Berges Hermon herabstiegen.
Zu den Wortspielen vgl. G. W. E. Nickelsburg, 1 Enoch 1, 177f. Vgl.
außerdem äthHen 7,1–6 mit 8,4; 10,2; 15,4–7; vgl. auch mit anderer Ge-
wichtung slHen 18,3–6: s. dazu R. Rubinkiewicz, Eschatologie, v. a.
72–84. Doch ist in diesem Zusammenhang von der „Königsherrschaft
Gottes" m. E. nichts zu finden; zu slHen 18 vgl. auch C. Böttrich, Weltweisheit, 187.

sein.[98] Außerdem findet man in der Fortschreibung der Henochliteratur eine „Vermengung" von irdischer und himm-
lisch-göttlicher Natur des Protagonisten Henoch[99], und
zwar ausdrücklich im Kontext einer Theophanieszene (so
slHen 39), wobei der „Widerspruch" literar- und redak-
tionskritisch ausgewertet wird, wenn Christfried Böttrich
an dieser Stelle eine *jüdisch-mystisch* beeinflusste Redaktion des slHen vermutet.[100] Insgesamt wird also die Motivkonstellation der Theophanie nicht nur mit Entrückung und
Himmelsreise in Einklang zu bringen sein. Darüber hinaus
sollte die Verbindung dieser Motive die Komposition und
Pragmatik des *Wächterbuchs* maßgeblich prägen.

Hinsichtlich der Frage nach der *innertextlichen Pragmatik*
der Theophanie wird jedenfalls festzuhalten sein, dass sich
das Kommen Gottes von einem alten Funktionszusammenhang, nämlich dem des JHWH-Krieges (vgl. etwa Ri 5), gelöst hat.[101] Das scheint wenig überraschend. Ist doch die

---

98 So C. Houtman, Himmel, 78–84.

99 Vgl. zur Kosmologie des Sieben-Himmel-Schemas in slHen ausführlich J. E. Wright, History, 175–178. 270 [Anm.]; C. Böttrich, Weltweisheit, 149–153.167–169, der u. a. die Auffälligkeit vermerkt, dass
hauptsächlich dort die Grenzen von Himmel und Erde „verwischen"
oder besser: in einer deutlichen Strukturierung „aufgelöst" bzw. „zer-
dehnt" werden, wo der Einfluss durch die *Wächterepisode* registriert
werden kann (vgl. etwa slHen 7; 18 mit äthHen 6 – 11).

100 Vgl. dazu ausführlich C. Böttrich, Weltweisheit, 112–114; außerdem G. Scholem, Mystik, 68–72, auf den auch Böttrich verweist.

101 Wobei diese Ablösung weder chronologisch noch kulturhisto-
risch oder -soziologisch erklärt werden kann, wie eine Epiphanie zur
Unterstützung im Krieg in einer griech. Inschrift aus hellenist. Zeit
zeigt (Kos, 278 v. Chr.: Volksbeschluss über Dankopfer anlässlich der
Rettung Delphis vor den Kelten):
… damit nun deutlich werde, daß das Volk
an der Freude teilnimmt über den
von den Hellenen errungenen Sieg und dem Gott Dankopfer abstattet für seine Epiphanie (…),
welche erfolgte in den dem
Heiligtum (drohenden) Gefahren, und (für) die Rettung der Hellenen … [HGI 314,14–20]
Zur Einordnung des Textes vgl. W. Speyer, Hilfe, 279, der (a. a. O.,
281) betont, dass im 3. Jh. v. Chr. der Glaube an das epiphane, helfende
Eingreifen durch *Heroen* abnahm und durch das Vertrauen auf die Hilfe
der großen *Götter* ersetzt wurde (vgl. zur Epihanie in griech. Quellen
insgesamt a. a. O., 274–283).

Theophanie in ihren älteren Kontexten ausschließlich auf das Heil des kriegerisch wirkenden Volkes (Israel), oder einzelner Segmente daraus, ausgerichtet. Die in der frühen Prophetie sich bereits ausbildende Differenzierung in Heil und Unheil (vgl. etwa Mi 1) findet ihre Zuspitzung in der Vorstellung von der Theophanie zum Gericht, die in der Komposition des *Wächterbuchs* durch die Verbindung von äthHen 1 – 5 mit 6 – 11; 22 bzw. 26 und 27 (s. 1,9; 5,4–6; 22, 13; 27,2) transparent wird.[102]

Weiterhin verschärft sich der Gegensatz zur ursprünglichen Pragmatik des „Kommens Gottes", wenn man das oben ausgeführte textgeschichtliche Ergebnis überlieferungsgeschichtlich auswertet und in einem früheren Stratum der Komposition die Idee des universalen Strafgerichts erkennt[103], die erst durch den Einfluss, den Henoch als hervorragende Offenbarungsgestalt, „Kulturheros" und zugleich als „himmlischer Ankläger vor Gott" wie vor allem als „Fürbitter" (vgl. Jub 4,16–25)[104] ausübt, und damit durch die Differenzierung in „Gerechte" und „Frevler" aufgelöst erscheint. Womit Gott jedoch nicht als uneingeschränkt selbständig handelnd vorgestellt wird. Erst mit dem Herabsteigen der Wächter zur Offenbarung der Sünden[105], konstituiert sich, gleichsam als Korrelat, das Hinaufsteigen Henochs (12,2) zur Offenbarung des Göttlichen (1,2) und des Gerichts an den Frevlern (vgl. etwa äthHen 14,5; 14,22 – 16, 4; 22,5–7.8–13; 26,1 – 27,5). Wobei sich der Kreis vorerst schließt, wenn man die Wiederaufnahme des in „doppel-

---

102 Vgl. M.-T. Wacker, Weltordnung, 254–257, die ferner (a. a. O., 266f; vgl. auch J. J. Collins, Afterlife, 119–137) gar die Auferstehung in den Dienst des Funktionszusammenhangs „Gericht" gestellt sieht.

103 Diese Vorstellung wäre auch die Pointe in dem nach lit. Kriterien ermittelten Grundtext von äthHen 22,1–4*: vgl. M.-T. Wacker, Weltordnung, 97–131.

104 Vgl. die Auflistung der unterschiedlichen Funktionen Henochs bei H. Bietenhard, Welt, 143–147; J. C. VanderKam, Man for All Generations, 112–117; J. J. Collins, Imagination, 44–47.52f, und A. Bedenbender, Gott, 144f (vgl. auch a. a. O., 212–214).

105 So liest äthHen 9,8 [GrP u. GrS]: καὶ ἐδήλωσαν αὐταῖς πάσας τὰς ἁμαρτίας. Vgl. auch die Verfehlung *Azazels* in äthHen 9,6 und als Gegenbild in der fortgeschrittenen Überlieferung die Offenbarung an „den Sohn Lamechs" (= Noah: 10,2), jeweils mit δηλόω ausgedrückt.

deutiger" Funktion eingesetzten griech. Terminus δηλόω beachtet (s. o., Anm.105), der in der Schlussdoxologie Henochs auf die δόξα Gottes bezogen erscheint (äthHen 27,5: GrP; aram. Mss. *vac.*).

Entsprechend der Entkräftung eines (Straf-)Gerichts, wie es noch in der älteren Textbezeugung von äthHen 1,7.9* durchscheint, erlangt dann auch die zweite Theophanie des *Wächterbuchs* in 25,3 ihre Funktion: Im Kontext der auf der älteren Überlieferungsstufe einzig auf das Gericht hin konzipierten Komposition von äthHen 22,1–4*; 26 und 27[106] dient das Kommen Gottes nicht nur als Gegenbild, sondern auch zum Aufweis der göttlichen Macht in der Differenzierung von „Gerechten" und „Frevlern" (vgl. v. a. 22,8–13), die als Voraussetzung der Formulierung ... καταβῆ ἐπισκέψασθαι τὴν γῆν ἐπ' ἀγαθῷ (25,3b) zu beschreiben wäre.

Die oben genannte Zwischenüberschrift führte die Bezeichnung der *proleptischen Periphrase* ein.[107] Während sich das Nomen an die Kategorisierung antiker Tropen anlehnt[108], versucht das Adjektiv der Stellung des Theophaniekapitels im *Wächterbuch* gerecht zu werden: Auf den Text angewandt bedeutet dies, dass die sich selbst als παραβολή (1,2f) kennzeichnende „Offenbarungsrede über die 'eschatologischen' Geheimnisse"[109] durch die Vorschal-

---

106 Vgl. dazu M.-T. Wacker, Weltordnung, 97–131.254–257.

107 Da die Theophanie vorab die Thematik und Struktur mindestens des *Wächterbuchs* bietet, könnte man auch von ihrer *enzyklopädischen* Funktion für die folgende Entfaltung des Gedankengangs reden (zur *Enzyklopädie* als *terminus technicus* vgl. etwa U. Eco, Lector, 94–106).

108 Mit einer *Periphrase* bezeichnet man „... die Umschreibung eines Wortes durch mehrere Wörter" [H. Lausberg, Handbuch I, 305; vgl. auch H. Bußmann, Lexikon, 569], wobei die Meidung des umschriebenen Wortes unterschiedliche Beweggründe haben kann, woraus wiederum unterschiedliche Klassifizierungen der *Periphrase* resultieren (vgl. H. Lausberg, Handbuch I, 305–307). Für die an dieser Stelle vorgenommene Einordnung wechselt also der *terminus technicus* seinen Deuterahmen von der Wort- auf die Text- oder Sachebene.

109 So die Charakterisierung bei K. Berger, Gattungen, 1115. Zum Begriff παραβολή vgl. noch Sir 1,25; Dan 12,8 [LXX]: (vor-)hexaplar. Dublette, die nach Pap. 967 wohl V.9 zuzuordnen ist (vgl. A. Geißen, Septuaginta-Text, 264f; J. Ziegler / O. Munnich, Susanna, 392f). Der Begriff dürfte allerdings kaum als eigenständige Gattungsbezeichnung figurieren. Wegen der wenigen Belege kann man nur vermuten, ob die (vor-)hexaplar. LXX-Lesart nach Dan 12,8 nicht eine Interpretation der

tung einer summarisch den Inhalt des Folgenden bietenden
Theophanie gleichsam das Thema der nachstehenden Komposition in einer Art „Kondensat" vorwegnimmt. Vergleichbar wäre im neutestamentlichen Überlieferungszusammenhang etwa die Funktion von Mk 1,14f oder Gal 1,11f im Blick
auf das Markusevangelium und den Galaterbrief. Damit ist
man bei der Gattungsfrage angelangt.

c. Die theophane Eröffnung und die Gattungsfrage
Die Betrachtungen zum *Wächterbuch* sollen im Folgenden
unter Berücksichtigung der Gattungsfrage zusammengefasst werden. Nicht die Komposition von äthHen 1–36 in
ihrer Gesamtheit[110], sondern Stellung und Funktion der theophanen Eröffnung sind zu untersuchen. Es bleibt zu beachten, dass die Überschrift (äthHen 1,1f) wohl eine nachträgliche Identifizierung Henochs mit dem Redner von 1,3 –
5,9 darstellt[111], zumal der Inhalt der beiden Eingangsverse

in ϑ' begegnenden ἔσχατα (*wegen* äthHen 1,2f) darstellt (vgl. auch äth-
Hen 93,1.3 u. 37 – 71: vgl. G. W. E. Nickelsburg, 1 Enoch 1, 137 [Text-
anm. 2a u. 3b]. 139. 435 [Textanm. 1a u. 3a]. 441).

110 Zu einer begründeten Gliederung des *Wächterbuchs* vgl. J. C.
Thom, Aspects, 42–47, der äthHen 1 – 36 auf die zwei henoch. Visionen
in Kap. 1 – 5 und 14 – 36 hin zugeschnitten sieht (vgl. a. a. O., 43f).

111 In Kap. 6 – 11 wird Henoch nicht genannt. So extrapoliert bereits
[1853] A. Dillmann, Buch, VIII u. 92.121f, die Kapitel 6 – 16; 20 als späteren Nachtrag (differenzierter ders., Art. Pseudepigraphen des Alten
Testaments [1883], 352; vgl. auch die Referate der Älteren bei H. Appel, Komposition, 12–14, u. seine eigene Position: a. a. O., 14–24). Wegen des Personenwechsels meinte Appel, a. a. O., 14f, äthHen 1,2b–3
als Zusatz ausscheiden zu müssen. Doch sind Personenwechsel der
Henochüberlieferung durchaus geläufig, wie S. Uhlig, JSHRZ V/6,
507 [zu I,2c], betont (vgl. äthHen 12,1.3 [GrP]; 98,15 [GrCB]). Weiterhin
kann erwogen werden, ob äthHen 1 – 5 nachträgliche Vorschaltung,
zumindest des *Wächterbuchs*, ist, die im Zuge einer „Mosaisierung" der
ältesten Henochstoffe (*Wächterbuch*, *Astronomisches Buch*) an den Anfang der Komposition rückte (vgl. A. Bedenbender, Gott, 215–230; G.
W. E. Nickelsburg, 1 Enoch 1, 25; vgl. auch die Präzisierung in A. Bedenbender, Theologie, 8.10f.26f (vgl. ders., Mose, 193–195), ohne dass
man den in diesem Beitrag vollzogenen Rückschlüssen von Namen [He-
noch, Keniter, Jethro] auf Gruppenbildungen [„mosaisch", „henochi-
tisch"] folgen kann. Unstrittig setzen aber sowohl die aram. als auch
die griech. neben der äth. Überlieferung den Textzusammenhalt voraus. Schließlich versucht die differenzierte Sicht der Zuwächse zur
Überlieferung der mutmaßlichen Trennung von *Azazel*- und *Šemiḥaza*-
Tradition Rechnung zu tragen. Erstere benennt den Verrat der „ewigen

einer Teilintention des genannten Tropus als „Periphrase"
entspricht. So heißt es in äthHen 1,2b [GrP]:[112]

> Und also hörte ich alles von ihnen und verstand, was ich sah: Und
> nicht für die jetzige Generation überlegte ich, sondern für das, was
> zukünftig ist, rede ich.

Auf der Endtextebene zeichnet sich das erste Kapitel dadurch aus, dass es vorweg das zukünftige *Gericht Gottes* in
seinem theophanen Niederkommen umschreibt, worin
„Frevler" und „Gerechte" unterschieden werden (V.1.5–7.8),
zuvor aber Henoch als Empfänger dieser Geheimnisse und
damit als Mittler eingeführt wird (V.1–2a). Hierzu „genügte"
der irdische Henoch. Und als prophetischer Seher war er
zunächst nicht unmittelbar Bestandteil der Vision (vgl. nur
Sach 1,7 – 6,8). Erst mit seiner sich konkretisierenden Ver-
mittlungstätigkeit, für oder gegen die *Wächter*, bedurfte es
einer (vordatierten) Entrückung (12,1; vgl. 70,2; slHen 3,
1).[113] Jetzt durfte die Vermittlung göttlicher Geheimnisse,
spezifiziert als Gerichtsansagen, nicht mehr nur an das
„Herabkommen" Gottes gebunden sein, da der „Fall" der
Wächter die Trennung von Himmel und Erde bereits in Fra-

Geheimnisse" (etwa äthHen 9,6) als Vergehen der *Menschen*, letztere
gestaltet, als Vergehen der *Wächter*, die Tradition der Engellehre aus
Gen 6,1–4 aus (vgl. dazu in neuerer Zeit: G. W. E. Nickelsburg, Apocalyptic, 384–386; ders., 1 Enoch 1, 24f.165–172; C. A. Newsom, Development, 310–329; C. Molenberg, Study, 136–146; H. S. Kvanvig, Roots,
85–104; A. Lange, Weisheit, 109–119). Für einen („pagan-")griech. Hintergrund der älteren Traditionen in äthHen 6 – 11 plädiert Nickelsburg
(vgl. auch W. Burkert, Apokalyptik, 235–251; H. Cancik, End, 87–120),
während P. D. Hanson, Rebellion, 202–218, auf altoriental. Mythen
verweist (vgl. auch J. J. Collins, Issues, 315f.319–322).

112 GrP liest: καὶ ὡς ἤκουσα παρ' αὐτῶν πάντα καὶ ἔγνων ἐγὼ
θεωρῶν· καὶ οὐκ εἰς τὴν νῦν γενεὰν διενοούμην, ἀλλὰ ἐπὶ πόρρω οὖσαν
ἐγὼ λαλῶ. – J. C. VanderKam, Enoch, 114–119, u. G. W. E. Nickelsburg,
1 Enoch 1, 137f, vergleichen die Beschreibung der Person Henochs in
diesem Abschnitt mit der Bileams in Num 22 – 24.

113 Vgl. dazu G. Strecker, Art. Entrückung, v. a. 463f.472f; C. Böttrich, JSHRZ V/7, 839f [zu III,1^{c.d}], und neuerdings B. Heininger, Paulus,
111–135, der in den teilweise sich überlagernden „visionären Kommuni-
kationsformen" ein Indiz für die Aufwertung der Person Henochs erkennt, die mit ihren „multivisionären Fähigkeiten" eben als „Superstar"
(a. a. O., 121f) agiere.

ge gestellt, wenn nicht aufgelöst hatte – vgl. äthHen 6,6:
(4QEnᵃ ar 1 iii 3f), wo es über die Engelwesen heißt:[114]

[(καταβαίνω: 6,6 [GrS]; vgl. auch: 14,5; S. B.) די נחתו ▪ ▪ ▪
ביומי ירד על] ▪ ▪ ▪ ▪ ▪ חרמ(ו)ן

Es waren aber insgesamt zweihundert, welche] in den Tagen des Jared auf [den Gipfel des Berges Hermon herabstiegen].

Henoch sollte von nun an als Entrückter der ursprünglich
der Pragmatik der *Theophanie* dienenden κρίσις vermittelnd
beistehen. Zumal die Qualifikation der Versündigung in
Kap. 6 – 11 eine andere ist als in Kap. 1 – 5 und 12 – 16.[115]
Diese rein kompositorische Beobachtung mag schließlich
mit der überlieferungsgeschichtlichen Analyse koinzidieren, die äthHen 6 – 11 als ältere, ursprünglich unabhängige
Tradition qualifiziert (s. o., Anm. 111). Die Ergänzung des
henoch. Materials hätte sich dann an den „mythischen"
Stoffen der *Šemiḥaza*- und *Azazel*-Episoden (äthHen 6 – 11)
orientieren können.[116]
Besteht nun das Rationale der scheinbar widersprüchlichen Kombination von *Theophanie Gottes* und *Entrückung
bzw. Himmelsreise Henochs* in der Bewahrung einer Trennung von Himmel und Erde[117], so dürfte der mit der Theo-

114 Text u. Übers.: K. Beyer, Texte, 235. Dagegen rekonstruieren J.
T. Milik / M. Black, Books, 150, in Z. 4 [רֹאשׁ חרמו]ן; vgl. auch F. García Martínez / E. J. C. Tigchelaar, Study Edition, 400. – Zu einer möglichen Lokalisierung eines Teils der Henochapokalyptik im nördl. Ost-
jordanland wegen der Erwähnung des „Hermon" (äthHen 6,6; 13,7; vgl.
auch 13,9) äußern sich J. J. Collins, Issues, 321; Beyer, a. a. O., 230, u.
A. Bedenbender, Gott, 189; G. W. E. Nickelsburg, 1 Enoch 1, 65.231.
238–247: „Excursus: Sacred Geography in 1 Enoch 6 – 16".

115 Vgl. C. A. Newsom, Development, 316, die in äthHen 12 – 16 (gegenüber Kap. 6 – 11) das Böse mit der Aufhebung der kosmischen Ordnung verbunden sieht (anders L. Hartman, Example, 24).

116 Vgl. auch C. A. Newsom, Development, 312f.315f.323–329.

117 Es scheint durchaus möglich, dass dieser theologische Aspekt
schon in Gen 6,1–4 zu finden ist, wie J. H. Le Roux, Use, 29f, und P. D.
Hanson, Rebellion, 213f, betonen (vgl. auch K. Koch, Adam, 188f). Immerhin ist der häufig im Sinne göttlicher Strafe gedeutete V.3 (anders
K. E. Pomykala, Scripture, 267.277; H. Seebass, Genesis I, 194) in einem Qumrantext, nämlich in 4QCommentary on Genesis A (= 4Q252 1 i
1–3) bezeugt (vgl. R. Eisenman / M. Wise, Jesus, 92; M. J. Bernstein,
Text, 422; F. García Martínez / E. J. C. Tigchelaar, Study Edition, 500;
J. Maier, Qumran-Essener II, 194f; U. Gleßmer, Auslegungen, 30f [Syn-

phanie zum Heil in äthHen 25,3 [GrP] erreichte Umschwung auf den Abschluss des *Wächterbuchs* (36,4) voraus verweisen. Denn die Schlussdoxologie benennt die einzig angemessene „Begegnung" des Menschen mit dem „Herrn der Herrlichkeit": im Preisen seines wunderbaren Schöpfungswerks[118], wodurch mit Gottes Größe also der Ausdruck des im Verhältnis zum Menschen „Ganz-Anderen" gewahrt ist.

Konfrontiert man das zu Funktion und Stellung der Theophanie im *Wächterbuch* formulierte Ergebnis darüber hinaus mit den Erwägungen zu den Kriterien „apk Literatur", ergeben sich vorerst zwei bedenkenswerte Sinnzusammenhänge: Der erste, hier nicht ausführlich erörtert noch begründet, aber deutlich erkennbare Sinnzusammenhang betrifft vor allem die *Šemiḥaza-* bzw. *Azazel*-Episode in äthHen 6 – 11, deren ursprüngliche Intention in einer „Ätiologie des Bösen in der Welt" lag (*Šemiḥaza*-Episode). Schon die redaktionelle Anfügung der *Azazel*-Episode (vgl. nur äthHen 10,4–6)[119] führte eine neue Bedeutungskomponente ein, nämlich die des Ausweises der *Notwendigkeit* der sündigen Welt durch Gott. Schließlich wurde das Gefüge im Sinne

---

opsel) und in den Zusammenhang mit dem Flutgeschehen gebracht (vgl. Gen 7,10–12); zur textgeschichtlichen Einordnung und Deutung des Fragments vgl. Bernstein, a. a. O., 421–427; Gleßmer, a. a. O., 41, und v. a. J. G. Brooke, DJD 22, 185–207:

Gen 6,3aα	*4Q252 1 i 1f*
ויאמר יהוה לא־ידון	1 ואלוהים 2 אמר לא ידור
רוחי באדם לעלם	רוחי באדם לעולם
Übers. (Seebass, a. a. O., 188)	*(J. Maier, a. a. O., 194)*
Da sagte Jahwe:»Nicht für	und Gott (2) sagte: *Nicht soll*
immer soll mein Geist in der	*mein Geist im Menschen für*
Menschheit mächtig sein ...«	*immer weilen bleiben.*

Offenbar liest der Qumranpescher mit LXX nicht nur ידור statt des schwer zu deutenden ידון (MT), sondern bezieht die folgende Begrenzung des Lebens auf 120 Jahre als Strafe auch ausschließlich auf die Flutgeneration (vgl. Tgg u. Florilegien bei J. L. Kugel, Traditions, 183–185). Einen detaillierten Vergleich des *Wächterbuchs* mit Gen 6 – 9 bieten L. Hartman, Example, 17–23; Le Roux, a. a. O., 32–37, u. Pomykala, a. a. O., 266–270.274f.

118 Zum Text vgl. S. Uhlig, JSHRZ V/6, 571f; zur Sache vgl. C. P. van Andel, Structuur, 20.

119 Vgl. den Exkurs bei A. Lange, Weisheit, 109–119. R. Helm, Azazel, 218–222, u. P. D. Hanson, Rebellion, 220–232, sehen im *Azazel*-Stoff einen „Midrasch" zu Lev 16 (vgl. dazu die Kritik bei J. J. Collins, Imagination, 72; G. W. E. Nickelsburg, 1 Enoch 1, 191f).

einer Reinterpretation auf die Vermittlung eschatologischen Wissens hin gedeutet (vgl. äthHen 9,6; 10,2f). Den zweiten Sinnaspekt offenbart die Motivkonstellation der Theophanie: Nach der text- und überlieferungsgeschichtlich ursprünglichen Fassung erscheint Gott zunächst ausschließlich zum Gericht, nicht zur Offenbarung himmlischer Geheimnisse, was der *textinternen Pragmatik* der Entrückung zukommt. In der Bearbeitung des *Wächterbuchs* folgt dem Strafgericht dann die Rettung der Gerechten im Blick auf das „Ende der Tage".[120]

Vorerst sei festgehalten: Spätere Überlieferungsstufen im *Wächterbuch*, die wohl auch mutmaßlich ein „Indikator für Apokalyptisches" und gar der Gattung „Apokalypse" innerhalb des Schrifttums sein dürften, beziehen sich auf Sinnzusammenhänge, die betontermaßen nicht nur „*Gottes* Handeln an ..." (Menschen, Gerechten, Frevlern etc.) hervorheben, sondern auch weit jenseits einer puren Eschatologisierung der Themen und Motive stehen.

Die Theophanie im *Wächterbuch* ist zuletzt mit dem allerdings sehr lückenhaften Text in 6QApoc ar [6Q14] Frgm. 1 u. 2 zu vergleichen (nach DJD 3, Tfl. XXVI u. PAM 42.949; vgl.PAM 41.510; 41.734):[121]

[...]ל] לגב]ה] כפילʼ 3 [...].די [...]מן[...] 2 [...]...[...] 1 Frag. 1
כולʼ[...] 6 ע[...]ה יברה [...]ה [...]א.[...] 5 א.[...] מן יפוק יא[...] 4
[...]יא[...] 8 [...]. עמין מן [...] 7 [... בוראʼ[...] חות (חיות)
[...] ובכי[...]בל[א]א 3 [...]כ די עד[...] 2 [...]עק יקום[...] 1 Frag. 2
[...]...[...] 4 [...]

1 1[...] ... [...] 2 [...] since [...] 3 [...] ... to a double heig[ht ...] 4 [...] the [...] shall emerge from ... [...] 5 [...] he shall demolish him (?) [...] 6 [...] all the animals of [the] fie[ld ...] 7 [...] nations from [...] 8 [...] ... [...]
2 1[...] ... shall arise [...] 2 [...] until [...] 3 [... mou]rning and weeping [...] 4 [...] ... [...]

Aram. נפק findet auch in der Eingangstheophanie des *Wächterbuchs* Verwendung (vgl. 4QEnᵃ ar 1 i 5). Weiterhin steht in der Giganten-

---

120 Vgl. auch Ez 38f; AssMos 10; Mk 13,24–27 und dazu vorerst E. Brandenburger, Markus 13, 60–65.

121 Vgl. M. Baillet, DJD 3, 127f; F. García Martínez / E. J. C. Tigchelaar, Study Edition, 1152f (Text u. Übers.; vgl. auch L. T. Stuckenbruck, Book, 218f; K. Beyer, Texte, 268: „G 1000").

überlieferung אבד für die Verwüstung der Erde durch die Giganten (vgl. etwa 4QEnGiants^d ar [4Q532] Frgm. 2, Z. 7–9). Außerdem wird נפק im Zusammenhang der Folgen einer „Epiphanie" in Dan 7,9–11 mit אבד gebraucht.[122] Das Objekt von אבד in Frgm. 1, Z. 5 ist zwar nicht eindeutig, doch kann eine Identifizierung mit den „Tieren und Völkern" in Z. 6f zumindest nicht ausgeschlossen werden. Das Subjekt von יקום in Frgm. 2, Z. 1 ist wiederum unklar, doch könnte in א[ב]ל ובכי (Z. 3) eine Reaktion auf die Theophanie und ihre Folgen bezeugt sein. Eine wenn auch nur *mögliche* Lesart besagt dann: Auf ein epiphanes Geschehen, das Gott oder einen der עירין zum Subjekt hat, folgt Zerstörung und als Reaktion Wehklagen und Weinen. Die augenfällige Gemeinsamkeit mit äthHen 1,9 besteht nun in der Pragmatik der Theo- bzw. Epiphanie, also im Kommen Gottes (oder eines Wächters) zum Gericht, einem Gericht, das zunächst ähnlich wie in der überlieferungs- und textgeschichtlich rekonstruierten Vorlage von äthHen 1,7.9* alle Völker (und Getier) umfasst.

2.2. Die Theophanie als Thema des *Astronomischen Buchs*

Das so genannte *Astronomische Buch* (äthHen 72 – 82), lange Zeit entweder stiefmütterlich behandelt oder ideologisch belastet[123], wird in aktuellen Forschungsbeiträgen wegen seiner umfangreichen Bezeugung durch Qumrantexte nebst seiner Bedeutung für die Grundfragen apk Schrifttums wieder stärker beachtet.[124]

---

122 Zu aram. אבד und נפק und ihrer Semantik vgl. K. Beyer, Texte, 504.639; ders., Texte.Ergbd., 303.382f.

123 Vgl. dazu den Forschungsüberblick bei M. Albani, Astronomie, 1–41. Die für die Beurteilung des *Astronomischen Buchs* als Apokalypse bedeutenden Kalenderprobleme erläutern verständlich U. Gleßmer, Henoch-Buch, 69–129, u. J. C. VanderKam, Calendars, 17–27; S. Talmon, Art. Calendars and Mishmarot, 112–114. M. Elliott, Covenant, 29–31, will die Kalenderfragen mit der Bundesvorstellung verknüpfen. G. Boccaccini, Solar Calendars, v. a. 325–327, möchte jedoch die kalendarischen Abweichungen zwischen Daniel- und *Astronomischem Buch* zur Unterscheidung „zadokidischer", an Bund und Tora orientierter (Dan) und henoch. Apokalyptik auswerten.

124 Vgl. H. Stegemann, Bedeutung, 504–507; zuletzt: K. Koch, Anfänge, 6f.30–38 (vgl. ders., Gesetze, 22), der sich aber pointiert von der Stegemannschen These absetzt, im *Astronomischen Buch* sei der Beginn der Apokalyptik zu finden, wenn er diese erst in der redaktionellen Komposition von *Astronomischem* u. *Traumbuch* vermutet (ähnlich C. Münchow, Ethik, 25f). Die geistesgeschichtliche Bedeutung des *Astronomischen Buchs* im Blick auf Kalenderfragen und das antike

Zugleich wird an diesem Textbeispiel eine „Überlappung" der Themen deutlich, weil das *Astronomische Buch* mit seiner „kosmologischen Brille" ein häufig genanntes Merkmal apk Schrifttums vor Augen führt, das zugleich einen weiteren, im Zusammenhang apk Gottesvorstellungen zu nennenden Bereich, nämlich den der *Schöpfung*, dringlich macht: das Thema von Anfang und Ende der Welt bzw. das der Zeit des „Kosmos".[125]

Ähnlich wie beim *Wächterbuch* liegen zu äthHen 72 – 82 aram. Fragmente aus Qumran vor, die aus paläographischen Gründen eine Entstehung zwischen dem 3. Jh. v. Chr. (4QEnastrᵃ ar) und dem 1. Jh. n. Chr. (4QEnastrᵇ ar) nahe legen.[126] Dabei zeigen die Texte (4QEnastrᵃ ar – 4QEnastrᵈ ar) auffällig eigenständige Aussageprofile, zumal die genannten Fragmente vom Textzusammenhang der 4QEn-Fragmente gesondert überliefert wurden.[127] Demgegenüber setzen der griech. wie der äth. Text die Eingliederung in die Buchkomposition des äthHen voraus.[128]

Zunächst wird man sich den textlichen Problemen von äthHen 77,1 zu widmen haben, bevor kompositorische Fragen in den Blick kommen: Die aram. Version des Verses wird aus einer Kombination der Frag-

---

Zeitverständnis stellt zuletzt K. von Stuckrad, Astrologie, 317–338, heraus (vgl. auch C. Böttrich, Astrologie, 222–245).

125 Der mit diesen Schlagwörtern umschriebene Rahmen entspricht ungefähr der aus christlich-dogmatischer Sicht gegebenen Verknüpfung von Anthropologie u. Eschatologie bzw. dem Verhältnis der *loci* „De creatione" u. „De novissimis" (vgl. G. Sauter, Einführung, 3–9; J. Moltmann, Kommen, 44–47.74–96.285–349). Im Blick auf die exeget. Beurteilung der Apokalyptik wird der kosmolog. Aspekt als Differenzkriterium angeführt (K. Koch, Anfänge, 4: vgl. Jer 31 u. Dan 7).

126 Vgl. die Textfragmente bei J. T. Milik / M. Black, Books, 273–297; K. Beyer, Texte, 251–258; E. J. C. Tigchelaar / F. García Martínez, DJD 36, 95–171; F. García Martínez / E. J. C. Tigchelaar, Study Edition, 430–443. Zur Beschaffenheit und Datierung der Fragmente vgl. F. García Martínez, Qumran, 47–60; J. C. VanderKam, A Man for All Generations, 17f; G. W. E. Nickelsburg, Art. Enoch, Books of, 251. Nickelsburg (vgl. a. a. O., 250), u. S. Talmon (vgl. Art. Calendars and Mishmarot, 114), datieren die Überlieferung des *Astronomischen Buchs* nicht später als die zweite Hälfte des 4. Jh.s v. Chr.

127 Vgl. H. S. Kvanvig, Roots, 53–59; K. Koch, Anfänge, 8–15; E. J. C. Tigchelaar / F. García Martínez, DJD 36, 95.

128 Vgl. K. Koch, Anfänge, 32; zum griech. Text (*P. Oxy.* XVII 2069), der auch noch Fragmente aus dem Traumbuch bezeugt (85,10 – 86, 2; 87,1–3), vgl. vorerst J. T. Milik / M. Black, Books, 19.75, und die

mente 4QEnastr^b ar [4Q209] 23 und 4QEnastr^c ar [4Q210] 1 ii 13–20 rekonstruiert, und besitzt im Zusammenhang der hier interessierenden Fragestellung starke Abweichungen gegenüber der äth. Version.[129] Die folgende Darstellung kollationiert daher neben den angegebenen und im Druck erschienenen Textwiedergaben die Fotografien der Tov'schen Microfiche-Ausgabe.[130] So folgt der Transkription nach Eibert J. C. Tigchelaar und Florentino García Martínez die Rekonstruktion von Klaus Beyer, schließlich der eigene Vorschlag auf Grund der Kollation mit begründeten Abweichungen:[131]

3 [וקרין לקדימא קדים בדי הוא]קדמיה[132 וקרין לדרומא]
4[ ]133 מ[ן עלמא *vacat*   דרום בדויל לתמן דאר רבא וב]ה[

3. [And they call the east East because it is] the first. And they call the south South, because the Great One dwells there. And in [it]
4. [fr]om eternity. *vacat*

[קרין לקדים קדים] בדי הוא קדמיה (-א) וקרין לדרומא דרום]

Textfragmente bei J. T. Milik, Fragments, 321–343; M. Black / J. C. VanderKam / O. Neugebauer, Book, 420f.

129 Vgl. J. T. Milik / M. Black, Books, 287–291 [Text, Übers. u. Komm.]; K. Beyer, Texte, 255 [Text u. Übers.]; E. J. C. Tigchelaar / F. García Martínez, DJD 36, 96. 159–161 [Text, Übers. u. Komm. zu 4Q-Enastr^b ar Frgm. 23 3f]; K. C. Bautch, Study, 200f [tabellar. Vergleich von äthHen 77,1–3 mit 4QEnastr^b ar Frgm. 23], u. die Erwägungen von M. Albani, Astronomie, 227f [mit Anm. 254]; A. Scriba, Theophanie, 38f Anm. 116. 45.

130 Vgl. E. Tov / S. J. Pfann, Dead Sea Scrolls, Fiches 67 u. 68.

131 Text u. Übers.: E. J. C. Tigchelaar / F. García Martínez, DJD 36, 159f (s. F. García Martínez / E. J. C. Tigchelaar, Study Edition, 436. 438). Während „א" 4QEnastr^b ar wiedergibt, zeigt „א" 4QEnastr^c ar an. Die nachfolgende Übers. mit dem Text von K. Beyer findet sich in ders., Texte, 255.

132 Den folgenden Text bis zum „|" bieten beide Kopien in 4QEnastr^b ar und 4QEnastr^c ar.

133 Die Textwiedergabe bei J. T. Milik / M. Black, Books, 289, bietet hier die einzige Abweichung gegenüber E. J. C. Tigchelaar / F. García Martínez, DJD 36, 159: Zu Beginn der Zeile lesen sie ein weiteres דאר (aus 4Q209 Frgm. 24 1) und rekonstruieren den Versschluss mit dem Vorschlag בריך עלמא. Allerdings ist der „Hals" des finalen *kap* auf der Fotografie nicht zu identifizieren, und eine Angleichung an die äth. Vrs. („... ja besonders dort steigt der Ewiggepriesene herab") fällt auf Grund des zur Verfügung stehenden Platzes auf dem Fragment schwer (vgl. E. J. C. Tigchelaar / F. García Martínez, DJD 36, 159 u. 160f); s. aber die näheren Ausführungen zum Textbefund in 4Q209 Frgm. 23 u. 24: u., im Text.

בדי{ל}‏ לתמן דאר רבא ובۣ‏דۣ‏י] דאר ל[חמן רמאۣ‏די בריך מۣ‏[ן
עלמא

[Man nennt den Osten Osten (…)], weil er der erste (…) ist. Und man nennt den Süden Süden (…), weil dort der Große (Gott) wohnt (…) und weil dort [der Hohe] wohnt (…), [der gepriesen ist] von Ewigkeit her.

Bei der Prüfung der Fotografien wurden folgende der mehrfach gebotenen Mikrofiches berücksichtigt: PAM 43.209 (vgl. PAM 40. 622, 41.369, 42.236) enthält 4QEnastr[b] ar; PAM 43.213 (vgl. PAM 41. 370, 41.407) bietet 4QEnastr[c] ar (diakrit. Zeichen nach DJD):

בדי הוא קדמיא וקרין לדרומא דרום בדיל לתמן דۣ‏אۣ‏ۭ‏ר רבא
וۣ‏בۣ‏] עלמא   *vacat*

Die Überprüfung an den Fotografien zeigt, dass Beyer bei seiner Rekonstruktion sehr gewagt agiert.[134] Die Hauptschwierigkeit besteht darin, dass die bei Tigchelaar/ García Martínez und Beyer stark divergierende Rekonstruktion der letzten Zeile sehr unsicher ist, da sie (bis auf עלמא) bestenfalls an Hand von Buchstabenresten auf einem separaten Fragment identifiziert werden kann, das sich allerdings nur schwerlich in die Lücke einpassen lässt.[135] Fest steht, dass die sich an die äth. Version anlehnende Auffüllung der Lücke zumindest bei Beyer (ל[חמן רמא) angesichts der Fotografien zu umfänglich geraten ist[136], weswegen der Vorschlag bei Milik/Black[137] vorzuziehen bleibt: ובה דאר מן עלמא, der sich u. a. aus der Vorschaltung von 4Q209 Frgm. 24 1 in Z. 4 von 4Q209 Frgm. 23 ergibt. Der aram. Text wäre folglich zu übersetzen:

… weil er der Erste[138] [ist], und man nennt den Süden Süden, weil dort der Große wohnt und d[ort wohnt von] Ewigkeit[139] her.

---

134 So auch das Urteil von A. Scriba, Theophanie, 38 Anm. 116; vgl. auch die abweichende Übersetzung bei F. García Martínez, Dead Sea Scrolls, 448. Vorsichtiger votiert J. Maier, Qumran-Essener II, 161, bei seinem Vorschlag.

135 Vgl. auch J. T. Milik / M. Black, Books, Fotogr. XXVII.

136 Zum Nebeneinander von בדי und בדיל bei K. Beyer, Texte, 527. 552, vgl. J. T. Milik / M. Black, Books, 290.

137 Vgl. dies., Books, 290.

138 Zu קדמי vgl. K. Beyer, Texte, 679.

139 Zur Bedeutung von עלם im *Astronomischen Buch* vgl. M. Albani, Astronomie, 101–104, der den Begriff als „Weltzeit" bzw. „Raumzeit" versteht, der die Aspekte der Zeit und des Raumes in sich trage, wodurch der Terminus im *Astronomischen Buch* die Gestirnszyklen der Kap. 72 – 79 bestimme.

Schließlich sei der Text nach der äth. Version zitiert:[140]

77,1a Man nennt den ersten Wind den östlichen,
   b denn er ist der erste.
   c Und man nennt den zweiten den Süden,
   d denn der Höchste steigt dort herab,
   e und noch mehr, dort steigt der in Ewigkeit Gesegnete herab.

Der Vergleich der Texte zeigt Unterschiede wie Gemeinsamkeiten, wobei besonders deutlich das Fehlen einer expliziten Theophanievorstellung in 4QEnastr[b] ar gegenüber der äth. Überlieferung zu Buche schlägt. Sieht man von 77,1e [äth.] ab, der noch einmal das Herabsteigen Gottes wiederholt und (scheinbar) kein Äquivalent in 4QEnastr[b] ar besitzt[141], ist eine textgeschichtliche Erklärung der äth. Version nur mit Hilfe einer Verlesung möglich: Da der aram. Terminus für „herabsteigen" häufig נחת lautet (vgl. Dan 4,10.20: s. u.)[142], wäre man gezwungen, für den äth. Text die Verlesung einer hebr. (sic!) Vorlage von [ם]וֹ/דרד in ירד (äth. yewarred) anzunehmen, was jedoch höchst hypothetisch bleiben muss.

In der Auslegung der *crux interpretum* dominiert, unter Verweis auf äthHen 1,4 (25,3), die Erklärung der aram. Lesart mit Hilfe der „Sinaitradition" (vgl. Ex 19,11.16.18; vgl. 24,16).[143] Matthias Albani[144] hat dies mit Recht kritisiert, in-

---

140 Übers.: E. Rau, Kosmologie, 514, der (a. a. O., 254) betont, dass nach äthHen 76,14 äth. „Wind" für die Himmelsrichtung stehe.

141 Und daher wohl eine Glosse darstellt: S. Uhlig, JSHRZ V/6, 657 [zu LXXVII,1[d]].

142 Vgl. HAL 1746 [Lit.!].

143 Vgl. J. T. Milik / M. Black, Books, 290; A. Scriba, Theophanie, 38f Anm. 116; K. C. Bautch, Study, 120–125 mit 122 Anm. 132 [zu äthHen 18,8] u. 204f.246f.271; anders schon R. H. Charles, Book, z. St., der mit Hilfe von äthHen 25,3 die „Thron-Gottes-Vorstellung" favorisierte. Zuletzt wollte Scriba, a.a.O., 45, mit redaktionsgeschichtlichen Annahmen äthHen 1,4; 25,3 (und 77,1) „harmonisieren". Und Bautch, a.a.O., 289–299, problematisiert die Sinai-Thematik traditionsgeschichtlich, relativiert also letztlich ihre Einflussnahme dort, wo die „Mosaisierung" greift (vgl. auch H. S. Kvanvig, *Jubilees*, 258–260, der in Jub „Henochisches" u. „Mosaisches" vereinigt sieht; s. u.).

144 Vgl. ders., Astronomie, 228 Anm. 254, der außerdem (a. a. O., 228) die wahrscheinlich auch zeitlich (Abschrift: 7. bzw. 3. Jh. v. Chr.) nahe stehenden (babylon.) Keilschrifttexte [mul]APIN (vgl. a. a. O., 173–177; U. Gleßmer, Henoch-Buch, 84–91) benennt, wo der Süden durch das Sternbild „der Große (Gott)" astral definiert wurde. Darüber hinaus vergleicht Albani die in äthHen 77 gebotene Kosmographie mit dem Erleuchten der vier Weltgegenden durch Šamaš im nach dem Sonnen-

dem er auf die astrale Bestimmung der Himmelsrichtung („Süden") verweist, der eine Konsoziation mit dem „Sinai" widerstreitet. Hinzu kommt, dass das *Astronomische Buch*, weder im äth. noch im (bekannten) aram. Text, dem Gesetz eine Rolle im Sinne der Sinai-Tora zuweist.[145] Dies so verstandene Gesetz müsste jedoch bei einer Verbindung mit Ex 19; 24 berücksichtigt sein. Dagegen wäre eine in dieser Hinsicht „neutrale" Referenz, nämlich die Traditionen von Dtn 33,2; Ri 5,4f; Ps 68,8f.18, vorzuziehen, zumal diese in sich verwandten Bezeugungen JHWHs *Kommen vom Sinai* bzw. sein Weilen dort prädizieren, was besser zu דאר in 4QEnastr[b] ar passt. Weiterhin wäre auf die Nennung „solar" determinierter Verbalwurzeln in Dtn 33,2 (יפע, זרח; vgl. Hab 3,3–15; Jes 60,19) hinzuweisen.[146]

Ähnlich wie jene Sinai-Texte konnte später auch der aram. Text des *Astronomischen Buchs* im Gefälle von Ex 19; 24 interpretiert werden. Hierzu seien die Tgg zu Ex 24,16 exemplarisch beachtet: So liest CN z. St.: aram. שרה für hebr. שכן, was zwar targum. Konvention entspricht, wobei jedoch hebr. שכן auch mit aram. דאר interpretiert wurde, wie bereits Gen 6,3 [TO] ausweist.[147] Schließlich zollte spä-

---

gott benannten Hymnus (vgl. a. a. O., 235f). Außerdem arbeitet er (a. a. O., 237–245) Parallelen zur Verbindung von Sinflut- und Himmelsreise-Motiven etwa im *Gilgameš*-Epos heraus (vgl. auch den eher kritischen Vergleich mit dem *Wächterbuch* bei K. C. Bautch, Study, 231–234.237f.253f).

145 Zwar wird man dem *Astronomischen Buch* in seiner theologischen Charakterisierung eine „Gesetzesvorstellung" konzedieren müssen (vgl. v. a. äthHen 80,2–7), die jedoch Macht und Dignität der von Gott durchwalteten Gestirnkonstellationen zum Gegenstand hat. Entsprechend wäre auch [חקה]ק in Jer 10,2–5 [*non cj.*]; 31,35 [*non cj.*]; Ps 148,3–6; Hi 38,31–33 zu verstehen. Diese Konstellationen sollen gekannt und zugleich geachtet werden (vgl. dazu M. Albani, Astronomie, 120–126. 273–277). Man darf also auch im Zusammenhang der ältesten Henochüberlieferungen von einem die Sinai-Tora „übertreffenden" Naturgesetz ausgehen (vgl. zu 4Esr S. Beyerle, Richter, 315–337).

146 Vgl. M. Albani, Astronomie, 228 Anm. 257 [Lit.]; K. C. Bautch, Study, 222f.

147 Vgl. zu Gen 6,3 und dem Befund der aram. Interpretation M. J. Bernstein, Text, 425 Anm. 18 (Text: A. Díez Macho, Biblia IV/1, 42f). Zu דו/אר vgl. M. Sokoloff, Dictionary, 142; K. Beyer, Texte, 547; HAL 1690. Sokoloff weist auf die Bezeugung in Gen 29,19 [TSaml], wo דור für hebr. ישב steht (Text: A. Tal, Targum I, 114, während CN, TFrag שרה bieten), und auf den Beleg in Gen 42,23 [CN, TFrag: A. Díez Macho, Biblia IV/1, 318f] hin, wo die Wurzel דור freie Paraphrase ist.

testens der äth. Text der Verknüpfung von Ex 24 mit Ex 19 Tribut, indem er den (hebr.) Beleg aus Ex 19 (V.11.16.18: ירד) auf die aram. Vorlage in 4QEnastr[b] ar hin deutete.[148]

Auch wenn die Theophanie in äthHen 77,1 ein späteres Interpretament darstellen sollte, bleibt dennoch die Frage nach ihrer Funktion im Kontext der theologischen Aussagen des *Astronomischen Buchs*.[149] Dass die Fragen nach Komposition und Theologie sehr eng miteinander verflochten sind, zeigt ein Blick in die Forschung. Wegen des vermeintlichen Gegensatzes von „astronomisch-wissenschaftlichen" und „ethischen" Aussagen will man häufig äthHen 80 und 81 als „Theologisierung" vom Rest des Buchs abtrennen.[150] M. E. bestehen zwei Möglichkeiten, die Komposition und damit auch den theologischen Gehalt des *Astronomischen Buchs* zu ermitteln: Einmal sollte das Aussagegefälle der aram. Zeugnisse, trotz ihrer fragmentarischen Erscheinungsformen, mit den Inhalten der äth. Endfassung konfrontiert werden.[151] Dann wäre der Inhalt des Buchs hinsichtlich seiner Charakterisierung durch Pseudo-Eupolemos und Jub 4, also seiner Rezeption, zu überprüfen.[152]

---

148 Die drei Belege in äthHen 1,3–9; 25,3; 77,1 haben also unterschiedliche traditionsgesch. Wurzeln (vgl. A. Scriba, Theophanie, 45).

149 Zur Theologie des *Astronomischen Buchs* vgl. M. Albani, Astronomie, 99–154.273–350.

150 Vgl. schon R. H. Charles, Book, xxiiif, sowie die Referate bei H. Appel, Komposition, 80f; M. Albani, Astronomie, 34–37.129–134; K. Koch, Anfänge, 8–15. Die kommentierte Textausgabe von O. Neugebauer, Appendix A, 411, verzichtet daher ganz auf den Text. Zu neueren, differenzierteren Ansätzen vgl. etwa J. C. VanderKam, Enoch, 76–79. 105 (ursprüngl.: äthHen 72 – 78; 82,9–20; 79; 82,1–8 (vgl. ders., A Man for All Generations, 19); F. García Martínez, Qumran, 57, und A. Bedenbender, Gott, 155f [Lit.!]. 230–237; vgl. auch J. J. Collins, Imagination, 61f.

151 Zumal das Fehlen der Kapitel 80 und 81 in den 4QEnastr ar-Fragmenten immer wieder zur Unterstützung herangezogen wird, um jene Kapp. als sekundär zu erweisen (vgl. dazu K. Koch, Anfänge, 14).

152 Zumal der Vergleich mit diesen Texten kürzlich wieder als (ein) Argument für den ursprünglich rein *astronomisch-wissenschaftlichen* Gehalt in äthHen 72 – 82* angeführt wurde (vgl. F. García Martínez, Qumran, 53f).

a. Komposition und Intention im aram. und äth. Text

Vergleicht man Inhalt und Aufbau der aram. mit der äth. Überlieferung[153], zeigt sich, dass der spätere Text die Kürzung eines älteren und in den aram. Resten noch greifbaren Langtexts darstellt.[154] Da äthHen 80f nicht in den Texten aus Qumran bezeugt sind, wäre zu fragen, ob sich in den verbleibenden Abschnitten dennoch Hinweise auf die dort hervorgehobenen theologischen Themen finden lassen. Letztlich wird man ermitteln müssen, ob der im Umherirren der „Planeten" (griech. πλανάω) bezeichnete Ausdruck des Ungehorsams (vgl. dazu v. a. äthHen 80,6f) als ethische Qualifikation bereits im aram. Langtext wenigstens andeutungsweise seinen Niederschlag findet.[155]

Die Gliederung erhellt im äth. Text ihren Aufbau mit Hilfe eines eindrücklichen Überschriften- bzw. Unterschriftensystems:

72,1: Das Buch von der Bewegung der Himmelslichter ...[156]
73,1: Und nach diesem Gesetz sah ich ...
74,1: Und ich sah einen anderen Lauf und ein (anderes) Gesetz für ihn (den Mond) ...
75,1: Und ihre Führer, die (gesetzt sind) ...
76,1: Und an den Enden der Erde sah ich ...
78,1: Und die Namen der Sonne (sind) folgende ...
78,10: Und ein anderes Gesetz zeigte mir Uriel ...:

---

153 Vgl. dazu auch die Inhaltsübersicht bei U. Gleßmer, Henoch-Buch, 94–129; M. Albani, Astronomie, 31–33, und die Synopse bei K. Koch, Anfänge, 11.

154 Zu den äth. Textproblemen vgl. generell H. F. Fuhs, Übersetzung, 42–53. Vgl. konkret die äth. Zusammenfassung der in 4QEnastr[a] ar [und 4QEnastr[b] ar] belegten Darstellung der Mondlaufs. Vergleichbar ist das Verhältnis eines längeren u. kürzeren Texts in der henoch. Fortschreibung des slHen (vgl. dazu C. Böttrich, Weltweisheit, 103–107).

155 Vgl. M. Albani, Astronomie, 249–251, der in den die Menschen verwirrenden Planeten und der radikalen Ablehnung ihres Einflusses im *Astronomischen Buch* (vgl. auch äthHen 18,13f) eine Kritik an der in [mul]APIN (2. Tfl.) bezeugten Gestirnverehrung sehen will. Zu verweisen wäre auch auf die Kritik im Judasbrief (Jud 13: ἀστέρες πλανῆται) und deren Aufnahme von äthHen 18,15f; 21,5f (vgl. GrP, wonach die „Sterne" mit den „Sündern" ins Verhältnis gesetzt werden).

156 Im Kontext des äth. Buchs ist äthHen 72,1 wohl als Gesamtüberschrift einzustufen (vgl. M. Albani, Astronomie, 31).

79,2: Und er zeigte mir das ganze Gesetz für diese für jeden Tag
...

80,1: Und in jenen Tagen antwortete mir Uriel und sprach zu mir
...

81,1: Und er sprach zu mir: »Henoch, betrachte diese himmlischen Tafeln ...«

82,1: Und nun, mein Sohn Methusalah, erzähle ich dir alle diese Dinge ...

82,9: Und dies sind die Ordnungen der Sterne ...

Eine entsprechende Gliederung der aram. Fragmente muss lückenhaft bleiben. So beschränkt sich die Konvergenz auf die in äthHen 74,1 oder 78,10[157]; 79,1f; 82,9 durch beide Zeugen gebotenen Überschriften (vgl. 4QEnastr[b] ar Frgm. 25.26 u. 28; die entsprechenden Fotografien finden sich unter PAM 43.209: Fiche 67):[158]

4QEnastr[b] ar Frgm. 25 3f (= äthHen 74,1 od. 78,10)

3 [ח[שבון 159 אחרן אחזית לה די אזל]
4 [חדשין ע] ל[ ]

3.] I was shown[160] an other [ca]lculation for it, that it goes [
4.] [ ] new moons [[161]

4QEnastr[b] ar Frgm. 26 6f (= äthHen 79,1f)

6 [...] וכען מחוה אנה לך ברי vac]
7 [חשבון אח]ו[ו]ינ]י od. חשבון אחרן

_____

157 Beide Möglichkeiten der Identifizierung von 4QEnastr[b] Frgm. 25 3f ergeben sich nach *editio major* von E. J. C. Tigchelaar / F. García Martínez, DJD 36, 162f.

158 Auch die fragmentarische griech. Bezeugung beschränkt sich, was Überschneidungen mit dem „Überschriftensystem" angeht, auf äthHen 78,1: [Καὶ τὰ ὀνόματα τοῦ ἡλίου οὕτως· τὰ πρῶ]τα καλεῖ[ται] *vacat* : *P. Oxy.* XVII 2069 (vgl. J. T. Milik, Fragments, 333.338).

159 Zur Bedeutung von חשבון, womit die geoffenbarte, kosmische Ordnung bezeichnet ist, vgl. H. S. Kvanvig, Roots, 60–65; M. Albani, Astronomie, 99–105; K. von Stuckrad, Astrologie, 320f.

160 Zur 'Af'el- bzw. 'Of'el-Form אחזית und ihrer Bedeutung vgl. H. S. Kvanvig, Roots, 64.

161 Text u. Übers.: E. J. C. Tigchelaar / F. García Martínez, DJD 36, 162. Der Textbestand wird bestätigt durch J. T. Milik / M. Black, Books, 293; K. Beyer, Texte, 256 (vgl. auch U. Gleßmer, Henoch-Buch, 118; M. Black, in: ders. / J. C. VanderKam / O. Neugebauer, Book, 417). Abweichungen, etwa im Verständnis von לה ergeben sich lediglich durch die Rekonstruktion bei Milik / Black.

6. [...] And now I am showing to you, my son *vacat* [
7.] a calculation he sho[w]ed [me.[162]

4QEnastr[b] ar Frgm. 28 1 (= äthHen 82,9)

ל[מ]עדיהון לחדשיהון לדגליהון   1

1. with regard to] their periods, their new moons, their signs.[163]

Gegenüber den zahlreichen, auch in der literarischen Form den Ordnungsgedanken betonenden Über- bzw. Unterschriften der äthiopischen Überlieferung werden in den aram. Qumranfragmenten nur drei entsprechende Formulierungen bezeugt, wobei der Befund durch die unsichere Lesung in 4QEnastr[b] ar 25 u. 26, die fragliche Zuordnung von 4QEnastr[b] ar 25 u. 28 und die nach 4QEnastr[d] ar 26 notwendige Textumstellung weiter verkompliziert ist. Letztere rührt von der Beobachtung her, dass in äthHen 79,1 [äth.] vom Abschluss der Sternenordnung die Rede ist, während der aram. Text, trotz alternativer Vorschläge (vgl. Anm. 162), wahrscheinlich von חשבון אחרן (= „andere Ordnung") spricht, mit der nur äthHen 82,9–20 (4QEnastr[b.d] ar 28 bzw.

---

162 Text u. Übers.: E. J. C. Tigchelaar / F. García Martínez, DJD 36, 163f (vgl. auch K. Beyer, Texte, 257). M. Black (in: ders. / J. C. Vander-Kam / O. Neugebauer, Book, 418) liest statt מחוה die Form מחזה (zu den Varianten vgl. U. Gleßmer, Henoch-Buch, 120), doch lässt die Fotografie auf ein ו schließen (anders zuletzt M. Albani, Astronomie, 261). Zur semantischen Bedeutung von חוה bzw. חזה vgl. H. S. Kvanvig, Roots, 64f (dort auch zum Part. Pa'el von חוה). Die letzten beiden Wörter, die in der folgenden Zeile stehen, sind nur teilweise zu identifizieren: א[שבו]ש[(vgl. auch PAM 42.236). E. J. C. Tigchelaar / F. García Martínez, DJD 36, 164, gestehen selbst die Fraglichkeit ihrer auf äthHen 79,2 verweisenden Rekonstruktion; vielleicht ist doch חשבון אחר]ן[(„eine andere Berechnung") zu lesen (mit J. T. Milik / M. Black, Books, 294; K. Beyer, Texte, 257, u. zuletzt noch F. García Martínez / E. J. C. Tigchelaar, Study Edition, 438)? Ein Lösungsvorschlag zum problematischen Verständnis dieser Lesart bietet der folgende Text (s. u.).

163 Text u. Übers.: E. J. C. Tigchelaar / F. García Martínez, DJD 36, 165f (vgl. auch J. T. Milik / M. Black, Books, 295; K. Beyer, Texte, 257). Die Lesart wird zwar durch die Fotografie bestätigt. Allerdings bestehen bei dieser Bezeugung *inhaltliche* Probleme, da der stark begrenzte Umfang des Fragments Zweifel an einer eindeutigen Identifizierung lassen muss (so M. A. Knibb / E. Ullendorff, Book II, 188; vgl. auch die Sprachvergleiche mit dem äth. Text von M. Black, in: ders./ J. C. VanderKam / O. Neugebauer, Book, 418).

i–iii[164]) gemeint sein kann. Damit gelangt man zu der Abfolge: äthHen 79,3–6; 78,17 – 79,2; 82,9–20.[165] Bereits die Prüfung der Gliederung offenbart also den hohen Grad an Hypothetik, der einer Ausscheidung von äthHen 80f innewohnt. Denn offensichtlich bietet die Qumranüberlieferung einen nicht nur hinsichtlich ihres Umfangs abweichenden Textgehalt im Vergleich zur äth. Lesung. Vielmehr legen sich darüber hinaus alternative Textanordnungen nahe, sodass der simple Verweis auf ein Fehlen von äthHen 80f in Qumran wenig aussagekräftig bleibt. Zugleich machen die Fragmente durchaus deutlich, dass der „... narrative Rahmen der astronomischen Ausführungen, die Unterweisungssituation Uriel-Henoch-Methusalah, bereits fester Bestandteil des aramäischen Originals ...“[166] war.

Eine erste Verbindung der fraglichen Kapitel in äthHen 80 – 81 mit dem eigentlich astronomischen Teil ergibt sich, wenn man äthHen 80,1; 81,1f beachtet:

äthHen 80,1:
In jenen Tagen redete der Engel Uriel und sprach zu mir: „Siehe, Henoch, ich habe dir alles gezeigt (aram. חוה/חזה*) und habe dir alles offenbart (aram. חוה/חזה*), daß du es sehen solltest: diese Sonne, diesen Mond und die, die die Sterne des Himmels führen, und all die, die sie drehen, ihre Funktion, ihre Zeiten und die, die sie ändern, und ihren Ausgangsort.“[167]

---

164 J. T. Milik / M. Black, Books, 7f; J. C. VanderKam, Calendars, 18; E. J. C. Tigchelaar / F. García Martínez, DJD 36, 96, sehen in 4QEnastr^d ar i–iii einen in der äth. Fassung nicht überlieferten Schluss.

165 Vgl. J. T. Milik / M. Black, Books, 294. H. S. Kvanvig, Roots, 57f, u. M. Albani, Astronomie, 39, die beide die genannte Position Miliks erläutern, kommen dagegen zu abweichenden Urteilen: V. a letzterer (vgl. a. a. O., 129–134) betont, dass Kap. 80 die ethische Begründung realer Beobachtungen im Blick auf Diskrepanzen zwischen dem in äthHen 72 – 79 vorgestellten 364-Tage-Kalender und dem Vegetationsjahr bietet und daher an seinem rechten Ort steht (vgl. dazu schon E. Rau, Kosmologie, 301, u. zuletzt auch K. Koch, Anfänge, 13). H. S. Kvanvig, Roots, 59, bestreitet gar völlig den ethischen Charakter von Kap. 80.

166 So mit M. Albani, Astronomie, 261, unter Verweis auf Milik.

167 Übers.: U. Gleßmer, Henoch-Buch, 122, bzw. S. Uhlig, JSHRZ V/6, 663 (vgl. auch A. Dillmann, Buch, 50). Im Versschluss bietet E. Rau, Kosmologie, 517, einen leicht abweichenden Übersetzungsvorschlag: „und alle die ändern werden ihre Werke und ihre Zeiten und ihre Ausgänge.“

äthHen 81,1f:
1 Und er sprach zu mir: „Henoch, betrachte (aram. חזה/חוה*) diese himmlischen Tafeln und lies, was auf ihnen geschrieben ist, und merke dir jede Einzelheit!"
2 Und ich betrachtete (aram. חזה/חוה*) die himmlischen Tafeln und las alles, was geschrieben war, und merkte mir alles; und ich las das Buch aller Werke der Menschen und aller Fleischgeborenen, die auf Erden (sein werden) bis in ewige Generationen.[168]

Der äth. Text bietet je zu Beginn der beiden thematisch unterschiedlichen Kapitel[169], und damit an exponierter Stelle, eine Vokabel, die (in ihrer aram. Form) auch bei den angeführten Überschriften von entscheidender Bedeutung ist: als *terminus technicus* für die göttliche Offenbarung (aram.: חזה/חוה bzw. äth.: *ar'aya*).[170] Dadurch entsteht eine Rückbindung an zahlreiche, den astronomischen Kapiteln zugerechnete Passagen. Vorab resümierend lässt sich festhalten, dass durch die Stichwort-Assoziationen sowohl Scharnierstellen, z. B. Überschriften bzw. die „Vorstellung" Henochs (76,14)[171], als auch das apk Denken verwandte Sehen-Erkennen-Schema[172] betroffen sind. Zu nennen sind in

---

168 Übers.: U. Gleßmer, Henoch-Buch, 123, bzw. S. Uhlig, JSHRZ V/6, 665 (vgl. auch A. Dillmann, Buch, 51). Wiederum weicht E. Rau, Kosmologie, 518f, in äthHen 81,1 [Ende] und 81,2 [Mitte] leicht ab: „und erkenne alles, eins nach dem anderen" bzw. „und erkannte alles" [jeweils statt „merken"; S. B.]. – Es folgt eine Doxologie auf den „König der Herrlichkeit".

169 Allerdings wird in der Exegese des *Astronomischen Buchs* äthHen 80,1 häufig als *Gesamtüberschrift* bzw. *-unterschrift* angesehen, womit auch dieser Vers zum Zusatz erklärt wäre (vgl. O. Neugebauer, in: M. Black / J. T. Milik /ders., Book, 388.410f). M. Albani, Astronomie, 32, bezeichnet äthHen 80,1 als „Rückverweis".

170 Im Zusammenhang der deuterokanonischen Danielüberlieferung steht das griech. Äquivalent εἴδω in leicht abgewandelter, aber für die Gottesvorstellung noch signifikanterer Funktion. Die Episode *Bel et Draco* (Βηλ [Dan 14] 1–42) verwendet v. a. in der LXX-Version der Belerzählung (V.1–22) häufiger das genannte Verb an entscheidender Stelle: Wenn es nämlich darum geht, die Wahrhaftigkeit des κύριος gegenüber Βηλ zu unterstreichen (vgl. V.18f: vgl. zum Text K. Koch Zusätze I, 152f; J. Ziegler / O. Munnich, Susanna, 400). Nirgends greift Gott selbst ein, sondern überlässt alles dem Scharfsinn seines Protagonisten Daniel (vgl. A. Wysny, Erzählungen, 252).

171 Vgl. dazu J. C. VanderKam, A Man for all Generations, 19f.

172 Die sich im Wann-Dann-Schema artikulierende geschichtliche Komponente apk Texte dürfte das *Astronomische Buch* wenigstens an-

diesem Zusammenhang folgende Belege: äthHen 72,1[173]; 76, 14[174]; 77,3f[175]; 78,10 (s. o.); 78,17[176] und 79,1 (s. o.).

Mit Hilfe der krit. Edition der vom äth. Text weitgehend unabhängigen Fragmente 4QEnastr[a] ar [4Q208] und 4QEnastr[b] ar [4Q209], die eine am Mondlauf orientierte Synchronisierung von Sonnen- (364 Tage) und Mondjahr (354 Tage) herausarbeiten, lässt sich der bisher nur schemenhaft bekannte aram. Textbestand des *Astronomischen Buchs* etwas präziser fassen.[177] Wegen der in beiden Handschriften

deuten, insofern die kalendarischen Darlegungen den Zeitaspekt in den Vordergrund rücken (vgl. v. a. 4QEnastr[a] ar und 4QEnastr[b] ar).

173 So E. Rau, Kosmologie, 301.

174 Aram.: 4QEnastr[b] ar 23 1f par 4QEnastr[c] ar 1 ii 13; Text u. Übers.: E. J. C. Tigchelaar / F. García Martínez, DJD 36, 159f (die Unterstreichung kennzeichnet die in 4QEnastr[c] ar bezeugten Passagen; vgl. auch J. T. Milik / M. Black, Books, 289; K. Beyer, Texte, 254f; F. García Martínez / E. J. C. Tigchelaar, Study Edition, 436):

‏1...[‏וׁשׁלׁמׁוׁ] 2 [תרי עשר תרעי ארבע רוחי ‏שׁמׁיׁא‏ שלמהון‏
‏ופרשהון אחן‏זׁיׁת לך ברי מתושלח[

1. [... And completed are] 2 [the twelve gates of the four quarters of] heaven. Their complete explanation [I] have sh[own to you, my son Methuselah.]

175 Aram.: 4QEnastr[b] ar 23 6–10 par 4QEnastr[c] ar 1 ii 17–20; Text u. Übers.: E. J. C. Tigchelaar / F. García Martínez, DJD 36, 159f (zur Unterstreichung s. o.; vgl. auch J. T. Milik / M. Black, Books, 289; F. García Martínez / E. J. C. Tigchelaar, Study Edition, 436; K. Beyer, Texte, 255f mit Anm. 1; U. Gleßmer, Henoch-Buch, 114f, u. zum Verhältnis von aram. u. äth. Text vgl. J. C. VanderKam, Map, 274–278). Der interessierende Text lautet (4QEnastr[b] ar 23 8.10 par 4QEnastr[c] ar 1 ii 20):

‏8 [וחזית תלת [חׁ ארעא[‏...]]
‏10 [וחזית ‏שׁבׁעׁתׁ טׁוׁריׁא רמין מן כ]ל טׁ‏‏וׁ‏רין די על חב[ל‏‏‏‏‏‏]לׁ‏‏א‏ [...] [...‏]

8. [And I saw three] of the earth: [...]
10. [And I saw seven mountains, higher than al]l m[ountains which are on the ear]th.

176 Aram.: 4QEnastr[b] ar 26 5f; Text u. Übers.: E. J. C. Tigchelaar / F. García Martínez, DJD 36, 163f (vgl. auch den Text bei J. T. Milik / M. Black, Books, 294; F. García Martínez / E. J. C. Tigchelaar, Study Edition, 436.438; K. Beyer, Texte, 257). Zu den Textproblemen vgl. U. Gleßmer, Henoch-Buch, 120; E. J. C. Tigchelaar / F. García Martínez, DJD 36, 164):

‏5 בליליא מן]קצת דמי חזוא דן כדמות אנש] ‏וׁ‏ביממא מן] קצת
‏6 נהור]ה בל‏‏‏‏חוד‏הׁ‏י

5. In the night, for] part (of the time), this appearance looks as if it was the image of a man; and by day for [part (of the time)
6.] her [light] only.

177 Zum kritischen Text vgl. E. J. C. Tigchelaar / F. García Martínez, DJD 36, 95–171. Dass es den Kalendertexten auch um praktische Erwägungen der Zeitmessung zu tun war, unterstreichen Hinweise (wie

gegenüber dem äth. Text stärkeren Stereotypisierung wäre ohne die Inhalte der Kapp. 80 – 82[178] nicht einmal die Nähe zu apk Denken zu konstatieren. Die Schlüsselstelle[179] ist wohl in 4QEnastr^b 7 iii 1f ar erhalten (vgl. auch Z. 5f):[180]

1 vacat ואניר בלילא תמניה ב[ה ש]ב[ב]יעין] ארבעה ובאדין
עבר ועל בליליא דן אשל[מח]
2 שמשא למהך כל חרתיה די בתרעא קדמיא ומשרה למחב
למחה ולמפק בחרתיה [...]

1. [vacat And it shines on night eight of] this (month, i. e. the tenth month) with four-[se]ve[nths]. And then it sets and enters. During this night the sun compl[etes]
2. the passage (across) all the sections of the first gate, and it begins again to go and come out through its sections. [...]

Innerhalb des „synchronistischen Systems"[181] zu Sonnen- und Mondjahr fungiert ein dreijähriger Interkalationszyklus nach der Gleichung 364 x 3 = 354 x 3 + 30. Einmal im Drei-Jahres-Zyklus wird also ein Schaltmonat eingeführt. Nun verdeutlichen die textlichen Parallelen in 4QEnastr^b 7 iii 1f ar mit äthHen 72,25–27, dass die Zeitmarge des aram. Fragments im Wintersolstitium am Übergang vom neunten zum zehnten solaren Monat zu lokalisieren ist. Zuletzt hat Matthias Albani herausgestellt, dass sich im 364-Tage-Kalender der

---

Messinstrumente) auf konkrete Anwendungen (zu ^{mul}APIN: vgl. R. W. Bremner, Shadow Length, 372–376; zu Qumran: vgl. U. Gleßmer, Horizontal Measuring, 259–282; M. Albani /ders., Instrument, 407–442). Jedoch ist die Deutung u. damit auch die Anwendung des „Steindiskus" aus Qumran umstritten (vgl. J. Zangenberg, Qumran, 268 Anm. 19).

178 Vgl. auch die (nicht notwendig) eschatologische Anspielung auf ein Gerichtsgeschehen in 4QEnastr^b ar 23 1 (= äthHen 76,13):
[... יבש וא[ב]דן [ו]מות ו[חמימו וחרבן
[... drought and] destruction and death and [heat] and desolation.
Text u. Übers.: J. T. Milik / M. Black, Books, 289. 290 [Textanm.]; vgl. auch F. García Martínez / E. J. C. Tigchelaar, Study Edition, 436f. Vorsichtiger urteilen E. J. C. Tigchelaar / F. García Martínez, DJD 36, 159f (vgl. auch K. Beyer, Texte, 254f).

179 So J. T. Milik / M. Black, Books, 282f; M. Albani, Astronomie, 80f; J. C. VanderKam, Calendars, 19f; E. J. C. Tigchelaar / F. García Martínez, DJD 36, 148.

180 Text u. Übers.: E. J. C. Tigchelaar / F. García Martínez, DJD 36, 147; vgl. auch J. T. Milik / M. Black, Books, 279.281; K. Beyer, Text, 253; U. Gleßmer, Henoch-Buch, 96f; M. Albani, Astronomie, 79; F. García Martínez / E. J. C. Tigchelaar, Study Edition, 434f.

181 So M. Albani, Astronomie, 79 mit Anm. 116, gegenüber J. T. Milik (in: ders. / M. Black, Books, 273–278 [„ synchronistic calendar"]). Zum Folgenden vgl. U. Gleßmer, Otot-Texts, 144f; Albani, a. a. O., 75–92.

erste Tag des 10. Solarmonats und der achte Tag des 10. Lunarmonats entsprechen.[182] Somit beschreibt der Autor der aram. Version des *Astronomischen Buchs* ausführlich und exakt die Mondphasen während eines 12-monatigen Lunarjahrs, und zwar im Verhältnis zu den einzelnen Sonnenphasen. Dabei richtet sich das luni-solare System des *Astronomischen Buchs* nicht gegen das 354 Tage, sondern gegen das 360 Tage während Jahr. Doch selbst in diesen sehr „technischen" Ausführungen deuten Stichwortassoziationen mit dem behandelten Theologumenon der Theophanie einen theologischen Bezug an. So belegt 4QEnastr[b] ar 7 iii 2 die Wurzel נפק, die zwar auch ganz neutral den „Ausgang" bzw. das „Heraustreten" (von Menschen u. Naturphänomenen) bezeichnen kann (vgl. Dan 2, 14; 3,26; 11QtgJob ar 31,6)[183], daneben aber im Zusammenhang eines theophanen Geschehens (vgl. nur Dan 7,10) oder gar zur Kennzeichnung der Theophanie, im Sinne des Heraustretens Gottes oder seiner Mandatare, Verwendung findet (vgl. 4QEn[a] ar 1 i 5 [= äthHen 1,3]; 6QApoc ar Frgm. 1 u. 2; s. o.). Im System der Sonnen- bzw. Mondphasen des *Astronomischen Buchs* kennzeichnet נפק das Heraustreten der Gestirne aus den einzelnen Toren.[184] Unter den bisher unveröffentlichten Fragmenten ist 4QEnastr[a] ar Frgm. 5 1–5 besonders signifikant, da in diesem Text die stereotypen Formulierungen deutlich hervortreten:[185]

1 ‏[חמשא ופלג]וקוי ביממ[א דן שביעין תרין ושוי בה]‏
2 ‏[נהור שביעין]‏ ‏תרין ובא[דין נ]פק[ושלט בשאר יממא]‏
3 ‏[דן שביעין ח]משא ואניר ב[לילא ארבעא בה שביעין]‏
4 ‏[תרין ובאדין ערב ועל וקבל שאר ליליא דן]‏
5 ‏[שביעין חמשא וק]וי ביממ[א דן שביעין תרין ופלג]‏

1. [five-and-a-half.]And it increases during [this] day [up to two-sevenths. And its]
2. [light is equivalent to] two-[sevenths.] And th[en it em]erges[and reigns over the rest of this day with]
3. [f]ive-[sevenths.] And it shines at [night four of this (month) with two-sevenths.]
4. [And then it sets and enters. And it is dark during the rest of this night]

---

182 Vgl. M. Albani, Astronomie, 81.

183 Vgl. M. Jastrow, Dictionary, 778a.925f; HAL 1747f [Lit.!]: s. o.

184 Zu den Belegen von נפק vgl. 4QEnastr[a] ar 11 3; 13 2; 4QEnastr[b] ar 5 5; 6 9; 7 ii 4.7.10; 7 iii 4; 9 2; 11 2; 15 1; 15+16 4; 33 3.

185 Text u. Übers.: E. J. C. Tigchelaar / F. García Martínez, DJD 36, 109f.

5. [by five-sevenths. And it increa]ses during [this] day [up to two-
and-a-half-sevenths]

Da das Textbeispiel נכפק als stereotyp zur Synchronisierung bzw. In-
terkalation verwandten Terminus ausweist, ist die Stichwort-Asso-
ziation mit der theophanen Bedeutungsebene im *Astronomischen
Buch* nur eingeschränkt festzustellen.

Kehrt man nun zur äth. Textfassung zurück, bleibt festzuhalten: *Theologisch* hat Matthias Albani[186] überzeugend dar-
gelegt, dass Kap. 80 des *Astronomischen Buchs* die in äth-
Hen 72,1ff noch unerwähnte Sündenerfahrung, zeichenhaft
in den abtrünnigen Sternen (äthHen 80,4–6) prädiziert, verarbeitet. Zugleich geht mit dieser Vorstellung eine Eschatologisierung einher, die in der Ankündigung von „Plagen, Unheil und Vernichtung" (äthHen 80,8) hinsichtlich derer, die
die rechte Ordnung der Sonne missachten (vgl. äthHen 74,
1–17; Jub 6,36–38 u. äthHen 82,4 mit 81,4), konkret wird.[187]
Wird man also äthHen 80,[1.]2–8 im Kontext der äth.
Textfassung belassen müssen, sind Indizien zur Begründung
einer Interpolation in Kap. 81 ebenfalls nur schwerlich auszumachen.[188] Im Horizont apk Verstehenszusammenhänge
entsteht allerdings ein scheinbarer Widerspruch im Blick
auf den Makarismus (äthHen 81,4; vgl. 82,4f), da dort nicht

---

186 Vgl. ders., Astronomie, 130–134 (vgl. schon A. Dillmann, Buch
[1853], 243f). Zu den unterschiedlichen Deutungen vgl. K. Berger, Art.
Henoch, 518f.

187 Insoweit gegen den „Radikalschlag" H. Stegemanns, Bedeutung,
507f Anm. 39, der Verbindungen zur Prophetie und Eschatologie völlig
ablehnt und einzig auf den „weisheitlich-wissenschaftlichen" Impetus
des *Astronomischen Buchs* verweist.

188 M. Albani, Astronomie, 136, schreibt zwar, „... daß ethisch-theologische Anliegen in der Henochtradition nichts der Astronomie
Fremdes sind ...", lässt aber die literar. Zuordnung von äthHen 81 vorsichtig offen; anders H. S. Kvanvig, Roots, 59.79, der sich bei der
Beurteilung als Zusatz R. H. Charles und J. T. Milik anschließt. Zuletzt
vermutet G. W. E. Nickelsburg, 1 Enoch 1, 22–28.334–338, in äthHen
81,1 – 82,4 eine literar. „Brücke" zwischen *Wächterbuch* und *Epistel*, die
noch vor dem *Astronomischen Buch* zur Bildung eines „Testaments" in
die Komposition integriert worden sei. Jedoch reichen die motivischen
Gemeinsamkeiten (Vision, Rückkehr-Motiv, Engelbegleitung, Auftrag
zum Zeugnis) m. E. nicht hin, um die Hypothese zur Komposition zu
verifizieren. Hinzu kommt die fehlende Evidenz auf der Ebene der
aram. Überlieferung (vgl. kritisch M. A. Knibb, Reflections, 439–442).

ein einzelner Weiser als apk Prophet[189], sondern der
Mensch schlechthin im Zusammenhang des Wissens von
Gerechtigkeit und Ungerechtigkeit genannt wird (vgl. auch
4QInstruction: s. u.). Eine weitere Diskontinuität tritt auf
der Ebene des äth. Texts hinzu, wenn man die Überschrift
(äthHen 81,1) in Augenschein nimmt: Zwar können Henoch
als „Erfinder" der Astronomie und Methusalah (vgl. äthHen
76,14; 79,1; 82,1) als deren Vermittler gelten (vgl. auch Jub
4,17f; 4QpsJub[c] [4Q227] 2 4–6)[190], doch handelt das (Ge-
heim-)Wissen nicht von Handlungen und Haltungen der
Menschen, sondern von den Bewegungen und Ordnungen
der Sterne im Sinne astronomischen Wissens (äthHen
82,7 u. ö.; vgl. auch 1QH[a] 9,10–13: חוק [dort i. S. v. סרך]; 1Q27;
4Q534 i 8–11: חשבון), deren Bezeugungen vielleicht sogar einen Rahmen für das *Astronomische Buch* abgeben.[191] Da es
sich bei den Tafeln, die Henoch lesen soll, obendrein um
himmlische Exemplare handelt, der Protagonist somit wohl
in einer visionär-himmlischen Sphäre zu verorten ist (vgl.
auch äthHen 81,5), bleibt das zum *Wächterbuch* (s. o.) analoge Problem des Widerspruchs zur Theophanieszene in äth-
Hen 77,1 [äth.].
Den genannten Problemen kann mit den folgenden Argumenten und Beobachtungen begegnet werden: Das Wider-
streiten astronomischer Erkenntnisse mit denen irdisch-
menschlichen Verhaltens entpuppt sich als Schein-Wider-
spruch, wenn man den engen Zusammenhang von paränetischen und astronomischen Passagen in äthHen 72 – 82 in
Rechnung stellt.[192] Die dem apk Denken grundsätzlich wi-
derstreitende Einbeziehung der *Menschheit* in geheimes Offenbarungswissen findet dann eine sinnvolle Einbettung in
endzeitl.-apk Verstehenszusammenhänge, wenn die funktionale Komponente, die Pragmatik der Aussagen, in äth-

---

189 Zu diesem Kriterium vgl. E. Brandenburger, Markus 13, 45f, u.
zum Problem in äthHen 81 vgl. G. W. E. Nickelsburg, 1 Enoch 1, 335.

190 Vgl. K. Berger, Art. Henoch, 518; M. Albani, Astronomie, 65;
J. T. A. G. M. van Ruiten, History, 165.

191 Vgl. dazu H. S. Kvanvig, Roots, 60–65 (s. o.).

192 Diesen Zusammenhang hob bereits A. Dillmann, Buch, 243, hervor (vgl. C. Münchow, Ethik, 26f; M. Albani, Astronomie, 137.273–277;
gegen zuletzt A. Bedenbender, Gott, 155f.230–237).

Hen 81,1f.4 berücksichtigt wird. So erscheint das menschliche Wissen um Gerechtigkeit und Ungerechtigkeit, rück-
wärts gewandt, mit dem Fall („Sünde Adams": äthHen 81,3b)
und, vorwärts gewandt, mit dem Gericht (äthHen 81,4b.8)
verbunden. Damit ist aber Henoch als apk Weiser keineswegs in Abrede gestellt. Vielmehr muss sein über Engel
vermitteltes, exklusives Wissen erst noch durch seinen
Sohn Methusalah den Menschen weitergegeben werden.
Und die Ordnung bzw. Unordnung der Sterne wirkt ähnlich
einem Spiegel der Taten bzw. Untaten der Menschheit im
Blick auf das zukünftige Gericht[193], hat also einen pragmatischen Akzent (zur Funktion der Theophanie: s. u.). Letztere Beobachtung wird unterstützt durch die traditionell in
apk Denkmustern verhaftete inhaltliche Füllung der Zeichen der Endzeit durch kosmische Erscheinungen, die auch
Sonne und Mond bzw. die Sterne betreffen.[194] So wird in
der mutmaßlichen Nähe jener Motivkonstellation zur „Theophanie"[195] eine hermeneutische Brücke zu äthHen 77,1
[äth.] deutlich, die noch der näheren Ausdeutung bedarf.

Vorerst bleibt festzuhalten: Die aram. Fragmente des
Astronomischen Buchs besitzen nicht nur an einzelnen Stellen im Vergleich zum äth. Text Minimalabweichungen, sondern geben Zeugnis von einem teilweise unabhängigen
Text. Jedoch bleibt die Eskamotierung der Kap. 80 und 81
ein *argumentum e silentio*. Ja, im Duktus des Aufrisses des
Astronomischen Buchs, und dort auch im aram. Text (s. o.),
erscheint das Ausscheiden der paränetischen Teile eher als
störend.

Dass die paränetische Aussage die apk-prophet. oder apk-testa-
ment. Offenbarung zur Voraussetzung hat und dieses reziproke Be-
zugsverhältnis auf „engstem Raum" begegnen kann, zeigen Texte

---

193 Vgl. hierzu M. Albani, Astronomie, 137.

194 Vgl. äthHen 102,2; Sib 3,796–806; AssMos 10,5; 4Esr 5,4. Im NT
wären Mk 13,24f; Lk 21,25 (dort: ... σημεῖα ἐν ἡλίῳ καὶ σελήνῃ καὶ
ἄστροις) und atl. Hab 3,11; Jes 13,9–13; Jl 2,10f; Ez 32,7 zu beachten.

195 Vgl. E. Brandenburger, Markus 13, 101f; A. Scriba, Theophanie,
78f.

wie Mk 13,23. Man vergleiche außerdem den Wechsel von Apokalypse und *Paränese*[196] in Mk 13,*5b*.6.7–8.*9*–*13*.14–20.*21*–23.24–27.[197]

In den aram. und äth. Versionen geht es um die Vermittlung von astronomischem Wissen an Henoch, dessen Pragmatik sich je im Verhalten der Menschen oder im Urteil des Endgerichts erweist. Die Unordnung der Sterne (πλανάω) koinzidiert mit der menschlichen Ungerechtigkeit. Eine wirkliche Abweichung geriet aus äthHen 77,1 und betrifft, wie schon im *Wächterbuch*, die Frage nach dem Verhältnis von Himmel und Erde.

Unter Berücksichtigung der textgeschichtlichen Rekonstruktionen in äthHen 1,3–9* und 77,1* nimmt die auf der äth. Textebene endgültig fassbare Fortschreibung im *Wächter-* und im *Astronomischen Buch* unterschiedliche Aspekte auf. Geht es äthHen 1 um die *textinterne Pragmatik* des Gerichts, ist zu Kap. 77 überhaupt erst im produktiven Textwachstum die Theophaniemotivik wahrzunehmen. Ungeachtet dieser Differenz bleibt jedoch die Hermeneutik der Theophanie in beiden Apokalypsen durchaus vergleichbar: Zum einen unterstreicht das Kommen Gottes ganz grundsätzlich die alleine dem Numen zukommende Verhältnissetzung von Diesseits und Jenseits, im Sinne der Verknüpfung beider „kosmischer" Größen. Zum anderen betont die Theophanie nochmals im Besonderen die hervorgehobene Position Henochs, des Offenbarungsmittlers.

b. Die frühe Rezeption des *Astronomischen Buchs*
Nimmt man die Fortschreibung der Thematik in Augenschein, muss zunächst ganz grundsätzlich festgehalten werden, dass es den anschließenden Überlieferungen weniger um die Inhalte der mit Henoch verbundenen Bücher als um die Gestalt Henochs selbst und seine Bedeutung für den späteren Glauben ging. Die Belege sind über alle Literatur-Gattungen in der Zeit des Zweiten Tempels verstreut.

---

196 Vgl. den tabell. Aufriss der markin. Vrs. der „synoptischen Apokalypse" bei E. Brandenburger, Markus 13, 164f, u. dazu die Erläuterungen: a. a. O. , 91.147–161 (vgl. auch J. Kerner, Ethik, 80–93.178–183).

197 Vgl. AssMos 3,10–13; 5,2; TestSim 6,1; TestLev 19,1; syrBar 84, u. dazu E. Brandenburger, Markus 13, 77–80.

Man vergleiche Gen 5,24 [TPsJ][198] sowie Weish 4,10; Sir 44,16; 49, 14–16; dann 1QapGen ar 2,13–26; 19,25; 5Q13 Frgm. 3 2[199]; TestLev 10,5; TestJud 18,1; TestBenj 10,6; Philo, Abr 17–20; Praem 16f; LAB 1,16, und in christl. Überlieferung Hebr 11,5f; 1Clem 9,3.[200]

Die im Zusammenhang der aufgeworfenen Fragen interessierenden „Zitate" henoch. Traditionsbildung entstammen einer im Verhältnis zum *Astronomischen Buch* sehr frühen Fortschreibung, die im Interesse der (spät-)hasmonäischen bzw. (früh-)herodianischen Zeit an kalendarischen Fragen begründet liegt.[201] Die Fortschreibungen finden sich in Jub[202] und in den (anonymen) Fragmenten des hellenist. Historikers PseudEup[203]. Beide Texte leiden unter erheblichen textgeschichtlichen Problemen, was bedeutet, dass ihre zeitliche Nachordnung hinter äthHen 72 – 82 aus-

---

198 Innerhalb der aram. Überlieferung ist jene Tg-Tradition besonders signifikant, da sie deutliche Verweise in die jüd. Mystik beinhaltet – etwa in der Erwähnung Metatrons (vgl. zum Text K. Berger, Art. Henoch, 492; J. C. VanderKam, A Man for All Generations, 167f).

199 Der Name „Henoch" steht hier zwar vereinzelt in einem auch sonst sehr fragmentarischen Text, jedoch im Umfeld einer Sühnevorstellung, wenn man Frgm. 4 beachtet (zum Text vgl. L. H. Schiffman, PTSDSSP 1, 132–143 [v. a. 136f]).

200 Vgl. dazu etwa H. L. Jansen, Henochgestalt, *passim*; M. Hengel, Judentum, 371–381; K. Berger, Art. Henoch, 483–505; B. Heininger, Paulus, 111–122; J. C. VanderKam, A Man for All Generations, 102–168. Zum manichäischen Henoch vgl. J. Tubach, Spuren, 73–95; J. C. Reeves, Heralds, *passim*.

201 Vgl. die bei M. Hengel, Judentum, 168f Anm. 256, genannten Belege; zu ergänzen wären v. a. zahlreiche in Qumran gefundene astronomische Texte (etwa 4Q317 u. v. a. der relativ gut zu entziffernde Text in 4Q318 [vgl. J. C. Greenfield / M. Sokoloff, Text, 507–524]): s. die Zusammenstellung bei F. García Martínez, Dead Sea Scrolls Translated, 444–457, u. die Erläuterungen von S. Talmon, Kalender, 152–189.

202 Vgl. zu Einleitungsfragen J. C. VanderKam, Art. Jubilees, Book of, 1030f. Wegen der spürbaren anti-hellenist. Tendenzen (Jub 3,31: Nacktheit; 2,25–27; 50,8.12: Entweihung des Sabbats; Kalenderfragen) plädiert G. Schelbert, Art. Jubiläenbuch, 287f, für eine Datierung *vor* den Makkabäeraufstand (weitere Datierungsvorschläge bei O. H. Steck, »Zeugen«, 445f Anm. 2). Jedenfalls verweisen diese Belege in das zeitl. Umfeld der makk. Erhebung (so E. Schürer u. a., History III/1, 311 u. 312f).

203 Vgl. M. Hengel, Judentum, 162; N. Walter, JSHRZ I/2, 139f; U. Mittmann-Richert, JSHRZ VI/1,1, 196–202; J. C. VanderKam, A Man for All Generations, 108–110.

schließlich auf inhaltlichen Kriterien fußt.[204] Während Jub
auf einen verschollenen hebr. Text zurückgeht, dessen Gestalt aus den Qumranfragmenten nur erahnt werden kann,
sind wir bei PseudEup gänzlich auf Kirchenväter-Zitate angewiesen.[205] Während Jub auf *inhaltlicher* Ebene (vgl. Jub
4,9.17–26; 6,31f; 7,38f; 10,15–17) mit der Überlieferung des
Astronomischen Buchs in Beziehung steht, gilt eine Verbindung für PseudEup eher vor dem Hintergrund des geistesgeschichtlichen Umfelds.[206] Von besonderem Interesse sind
die Fortschreibungen der Henochtradition nicht zuletzt
auch deshalb, weil der seltene Glücksfall eintrifft, dass eine Rezeption in unmittelbarer zeitlicher Nachbarschaft zu
ihrer „Quelle" vorliegt.[207] Zudem dienen sowohl Jub als
auch PseudEup als Prüfstein für die oben angeschnittene
Frage nach der literarischen Stellung von äthHen 80f im
Besonderen wie dem Problem des Verhältnisses von Astronomie und Theologie bzw. Paränese im Allgemeinen.[208] Die
folgende Darbietung der Texte kann einer ersten Orientie-

---

204 So nimmt die neuere Forschung für Jub im Verhältnis zum *Astronomischen Buch* eine Fortentwicklung im Sinne der kritischeren Haltung gegenüber jeglicher Astrologie an (vgl. zuletzt K. von Stuckrad,
Astrologie, 354–359 [Lit.!]).

205 *Jub*: Der äth. Text geht wohl auf eine ebenfalls weitgehend ver-
schollene griech. Übersetzung zurück (s. K. Berger, JSHRZ II/3, 288;
zu den griech. Frgm.: A.-M. Denis, Fragmenta, 70–102, in Verbindung
mit J. T. Milik, Recherches, 545–557; zu den Mss. vgl. J. C. Vander-
Kam, Book II, XIIIf). Eine erste Orientierung über den Befund der ausnahmslos hebr. Texte aus Qumran liefert J. C. VanderKam, Fragments,
635–648 [v. a. 642] (vgl. auch P. W. Flint, "Apocrypha", 45–48; ders.,
Writings, 100–103).
PseudEup: Die beiden auf Alexander Polyhistor zurückgehenden
Fragmente finden sich in Eus. *Praep. Ev.* IX,17f. Doch dürften Überschrift und Autorenschaft fälschlich vorangestellt sein (vgl. N. Walter,
JSHRZ I/2, 137).

206 So nimmt man bei dem Anonymus häufig eine samaritan. Herkunft an (vgl. aber zurückhaltender J. Zangenberg, ΣΑΜΑΡΕΙΑ, 5).

207 Vgl. J. C. VanderKam, Traditions, 309–326; ders., Enoch, 84–
88; P. S. Alexander, Son, 96–100; J. T. A. G. M. van Ruiten, History,
165f. V. a. Alexander u. van Ruiten stellen eher die Differenzen heraus.

208 Vgl. dazu die Anmerkungen bei F. García Martínez, Qumran,
51–54. Zu beachten wäre außerdem, dass nicht zuletzt mit Hilfe der genannten antiken Interpreten eine eindeutige Zuweisung der aram.
Fragmente des *Astronomischen Buchs* zur Henochliteratur erst möglich
wird.

rung dienen, bevor die Inhalte synoptisch erfasst und interpretiert werden.

α. Die produktive Verarbeitung des Henochstoffes
Zunächst zum Text in Jub 4,17–26, der die deutlichsten Bezüge zum *Astronomischen Buch* aufweist.[209] In Jub 4,17.19.21
und 23 heißt es nach der äth. Fassung:[210]

> 17 He was the first of mankind who were born on the earth who
> learned (the art of) writing, instruction, and wisdom, and who wrote
> down in a book the signs of the sky in accord with the fixed pattern
> of their months so that mankind would know the seasons of the years
> according to the fixed patterns of each of their month. 19 While he
> slept he saw in a vision what has happened and what will occur –
> how things will happen for mankind during their history until the day
> of judgement. He saw everything and understood. He wrote a testi-
> mony for himself, and placed it upon the earth against all mankind
> and for their history. 21 He was, moreover, with God's angels for six
> Jubilees of years. They showed him everything on earth and in the
> heavens – the dominion of the sun – and he wrote down every-
> thing. 23 He was taken from human society, and we led him into the
> Garden of Eden for (his) greatness and honour. Now he is there
> writing down the judgement and condemnation of the world and all
> the wickedness of mankind.

Zwei Jubiläentexte aus Qumran betreffen den zitierten Pas-
sus: 4QpsJub^c [4Q227] Frgm. 2 und 11QJub [11Q12] Frgm. 3 2.
Letzteres Fragment bietet nur die ersten Buchstaben aus
Jub 4,17 und lohnt daher keiner eingehenden Betrachtung.[211]

---

209 Zu Text u. Übers. vgl. K. Berger, JSHRZ II/3, 343–346; J. C. VanderKam, Book I, 25–29; J. T. A. G. M. van Ruiten, History, 160–166. Zu
den griech. Fragmenten existieren lediglich im Umfeld der genealo-
gisch aufgelisteten Namen bei J. T. Milik, Recherches, 551–553, tabel-
larisch erfasste Abweichungen in den Mss., die über die Ausgabe bei
A.-M. Denis (vgl. ders., Fragmenta, 82–84) hinausgehen. Da die syr.
Vrss. grundsätzlich eine eigenständige Überlieferung widerspiegeln,
dagegen keine latein. Fragmente zu Jub 4,17–26 bezeugt sind (die zumal auf den griech. Text zurückgehen: vgl. A.-M. Denis, Introduction,
151–157), können jene beiden Textgruppen nicht eigens berücksichtigt
werden (syr. u. griech. Vrss. z. St. bei J. C. VanderKam, Book I, 263
[Text]; ders., Book II, 337 [Übers.]).
210 Übers.: J. T. A. G. M. van Ruiten, History, 160–163.
211 Zum Text vgl. J. C. VanderKam, Book I, 263; zur Übers. vgl. J.
Maier, Qumran-Essener I, 360. Auch A. S. van der Woude, Fragmente,
140–146, hat den Text bei seiner vorläufigen Bearbeitung ausgelassen.

Dagegen ist 4Q227 Frgm. 2 1–6 durch seine Nähe zu Jub 4,
17f.21 von Interesse (PAM 43.238 [vgl. PAM 41.780]):[212]

ח]נוך אחר אשר למדנוהו[213](213)	[1
[ששה יובלי שנים].[	[2
א]רץ אל תוך בני האדם ויעד על כולם	[3
[וגם על העירים ויכתוב את כול	[4
ה]שמים ואת דרכי צבאם ואת] החוד[שים	[5
א]שר לוא ישגו הצ[ד]יקים [?	[6

1 [... He]noch, nachdem wir ihn belehrt hatten,
2 [...............] sechs Jahrjubiläen   [sie alle]
3 [...... E]rde in die Mitte der Menschenkinder und bezeugt gegen
4 [..........] und auch gegen die Wächter und schrieb das Ganze
5 [....... des] Himmels und die Wege ihrer Heerschar und die [Mo-
   n]ate
6 [.............. d]ass nicht irrig handeln die Ge[rechten ?].

Innerhalb der griech. Überlieferung findet man, abgesehen
von einer genealogischen Notiz (Jub 4,20: Cod. Bas.) zwei
Charakterisierungen Henochs, die an Jub 4,17 bzw. 4,18
anklingen (GCedr).[214] Zum einen zitiert der byzantin. Histo-
riograph *Georgius Cedrenus* nach einer Zusammenfassung
von Jub[215] in seinem *Historiarum Compendium* [Σύνοψις ἱστο-
ριῶν] (1.), zum anderen erwähnt *Cedrenus* Henoch im Aufriss der Genesis (a. a. O.: 2.):

---

212 Zum Text vgl. J. T. Milik / M. Black, Books, 12; R. Eisenman / M.
Wise, Jesus, 103; J. [T.] Milik / J. [C.] VanderKam, DJD 13, 171 (vgl.
auch F. García Martínez / E. J. C. Tigchelaar, Study Edition, 482f).
Übersetzungen finden sich bei J. Maier, Qumran-Essener II, 183, und
J. C. VanderKam, Fragments, 643f.

213 Das נ in למדנוהו erscheint im Original hochgestellt.

214 Vgl. den Text bei A.-M. Denis, Fragmenta, 71.83, der außerdem
noch auf Jub 4,19 verweist.

215 Im Kontext verweist GCedr auf Eupolemos (1.), der von Mose
berichtet, wie er durch Vermittlung des Erzengels Gabriel (διδασκόμε-
νος παρὰ τοῦ ἀρχαγγέλου Γαβριὴλ ..., MPG 121,1, 117, Z. 2) die Ägypter
unterwies (MPG 121,1, 116, Z. 54ff). Die Tradition scheint also nicht *expressis verbis* an die Person Henochs gebunden zu sein – ganz im Unterschied zu Zitat (2.), dessen Kontext eindeutig Henoch im Blick hat
(vgl. auch MPG 121,1, 41, Z. 20.24: ʾΕνώχ). Dass Mose und Henoch mit
gleicher Funktion beschrieben werden können, zeigen die Entsprechungen von Jub 4,18f und 1,4.5–7.8, auf die K. Berger, JSHRZ II/3,
343 [zu IV,17ᵃ], verweist.

(1.) ... καὶ ἀριθμητικὴν καὶ γεωμετρίαν καὶ πᾶσαν σοφίαν, ὡς ἐν τῇ λεπτῇ Γενέσει κεῖται. [vgl. MPG 121,1, 117, Z. 9–11][216]
(2.) Οὗτος πρῶτος γράμματα μανθάνει καὶ διδάσκει, καὶ θείων μυστηρίων ἀποκαλύψεως ἀξιοῦται. [vgl. MPG 121,1, 41, Z. 21]

Grundsätzlich zeigt der Vergleich der Versionen, dass die auf der Ebene der Textüberlieferung älteren Fassungen der aram. und griech. Fragmente je zwei unterschiedliche Aspekte betonen, die der Äthiope schließlich in sich vereint: nämlich die besondere Stellung dessen, der Wissen und Weisheit als *Offenbarungswissen* vermittelt (GCedr), und die Kenntnis des Henoch, der ethisch-theologische Autorität besitzt (4Q227).[217] Zum hebr. Text war schon immer bemerkt worden, dass er bestenfalls Anspielungen aus Jub 4 tradiert, jedoch keine wörtliche Wiedergabe darstellt.[218] So begegnet das der Interpretation wichtige Stichwort כתב (4Q227 Frgm. 2 4) gleich mehrmals in Jub 4,17–23 [äth.][219], das „Zeugnis ablegen gegen" (יעד על ...: Z. 3) steht dann erst in Jub 4,22, allerdings zunächst nicht gegen כול bzw. בני האדם (vgl. Jub 4,24), sondern gegen die Wächter, die in Z. 4 nachgestellt sind.[220] Sicher scheint je-

---

216 Der Nachsatz zur „Kleinen Genesis" in diesem Zitat weist thematisch auf die von GCedr gelieferte Einleitung zurück (vgl. MPG 121, 1, 28, Z. 11).

217 Letzteres bewog J. T. Milik, Problèmes, 345, dazu, sowohl Jub 4,21f als auch 4Q227 als zusammenfassende Notizen zu äthHen 1–5 in Beziehung zu setzen (vgl. auch die Erwähnung der עירים in 4Q227 Frgm. 2 4).

218 Zu den Zuordnungen vgl. vorerst K. Berger, JSHRZ II/3, 343 [zu IV,17b]; J. C. VanderKam, Book II, 26f [Anm.]; ders., A Man for All Generations, 128f; vgl. auch die Synopse bei M. Küchler, Weisheitstraditionen, 73.

219 Wo es u. U. auch unterschiedliche Schriften aus der Komposition des äthHen in Erinnerung ruft: So dürfte das „Gesicht seines Traumes" in Jub 4,19 eher auf das *Buch der Traumvisionen* (vgl. äthHen 83,1–3.7; 85,2f.9; 89,40–42.63.76) anspielen (vgl. P. Grelot, Hénoch, 485; K. Berger, JSHRZ II/3, 344 [zu IV,19b]; H. S. Kvanvig, Roots, 131). Die vielfältigen Beziehungen zwischen *Astronomischem Buch* und den *Traumvisionen* thematisiert M. Albani, Astronomie, 298–300. Wenn aber schon das *Astronomische Buch* selbst Verbindungen zum *Wächterbuch* (vgl. etwa äthHen 76,1–14 mit 18,1–5; 81,5 mit 20,1–5) und zu den *Traumvisionen* herstellt, muss fraglich bleiben, ob Jub 4,17–26 (ähnlich wie 4QNoah ar [4Q534] i 4f) wirklich die genannten drei *Bücher* vor Augen hatte (so aber P. Grelot, Hénoch, v. a. 487f.493.498f; ähnlich auch H. S. Kvanvig, Roots, 132.135).

220 Vgl. dazu die berechtigten Verständnisfragen bei P. Grelot, Hénoch, 482 Anm. 4.

doch gemäß Z. 2 die Zahl der Jubiläen, während derer sich Henoch
bei den Engeln aufhielt, welche ihn in Jub 4,21 auch belehren (Z. 1).

Die griech. Version knüpft jeweils bei der Charakterisierung Henochs an, wobei die Stichwörter γράμματα und σοφία mit den entsprechenden Verben (μανθάνω, διδάσκω) wiederum das כתב des
aram. Fragments in Erinnerung rufen. Hinzu kommen griech. ἀριθ-
μητική und γεωμετρία, die zwei Verfahren antiker „Astronomie" anzeigen.[221] Dies bedeutet, dass Zitat (1.) nicht nur dem Titel nach (...
ἐν τῇ λεπτῇ Γενέσει κεῖται) eine Zusammenfassung von Jub liefert,
sondern auch *inhaltlich* resümiert. Schließlich zielt der zweite Teil in
Zitat (2.) wiederum ganz auf die Hervorhebung Henochs als eines
apk Propheten ab (vgl. Jub 4,19.21.23). Insgesamt zeigt sich, dass
trotz der unsicheren Überlieferungslage durchaus Bezugspunkte
zwischen 4Q227 und GCedr deutlich werden, auch wenn man von
(text-)historischen Rückschlüssen auf Grund des Befunds absehen
sollte.

Bevor die Texte ausgewertet werden können, ist noch die
Quelle nach PseudEup anzusprechen (Frgm. 1,8f [Eus. *Praep.*
Ev. IX,17,8f]):[222]

8 Συζήσαντα δὲ τὸν Ἀβραὰμ ἐν Ἡλιουπόλει τοῖς Αἰγυπτίων ἱερεῦσι
πολλὰ μεταδιδάξαι αὐτοὺς καὶ τὴν ἀστρολογίαν καὶ τὰ λοιπὰ τούτου
αὐτοῖς εἰσηγήσασθαι [...] τὴν δ' εὕρεσιν αὐτῶν εἰς Ἐνὼχ ἀναπέμπειν,
καὶ τοῦτον εὑρηκέναι πρῶτον τὴν ἀστρολογίαν [...] 9 [...] τοῦ δὲ
Ἐνὼχ γενέσθαι υἱὸν Μαθουσάλαν, ὃν πάντα δι' ἀγγέλων θεοῦ γνῶ-
ναι καὶ ἡμᾶς οὕτως ἐπιγνῶναι.

8 Abraam aber habe (danach) in Heliopolis mit den Priestern der
Ägypter zusammengelebt und habe sie vieles richtiger gelehrt; und
die Astrologie und das Übrige habe dieser bei ihnen eingeführt [...];
die (ursprüngliche) Erfindung aber führe er auf Enoch zurück, und
dieser habe als erster die Astrologie erfunden [...] 9 [...] Der Sohn

---

221 Während die babylon. Astronomie arithmetisch vorging, war die
Methode der griech. Astronomie geometrisch: so etwa Polyb. *Hist.*
9,14,5; 9,20,5 u. v. a. Philo, Som 1,205: weitere Belege bei F. Hultsch,
Art. Astronomie, 1831; vgl. insgesamt: L. van der Waerden, Art. Astronomie, 664. Dass es durchaus Einflüsse der babylon. Astronomie auf
die griech. in hellenist. Zeit gab, zeigen, bei aller Vorsicht, W. Gundel /
H. G. Gundel, Astrologumena, 44–51.

222 Text: A.-M. Denis, Fragmenta, 197f; C. R. Holladay, Fragments I,
174; G. Schroeder / É. des Places, Eusèbe, 238 [hier zitiert]; Übers.: N.
Walter, JSHRZ I/2, 142f [hier zitiert]; C. R. Holladay, Fragments I, 175;
G. Schroeder / É. des Places, Eusèbe, 239; J. C. VanderKam, A Man for
All Generations, 109.

des Enoch sei Methusala gewesen, der alle (Weisheit) durch Engel
Gottes erfahren habe, und so hätten auch wir später (alles) erfahren.

Das Zitat führt die Astrologie auf Henoch zurück, jedenfalls ihre
Erfindung. Doch besteht eine Differenz hinsichtlich der Stellung
Methusalahs, der nicht durch seinen Vater Henoch, sondern von den
Engeln selbst Offenbarungswissen erhält.[223] Einen zweiten Unterschied zum *Astronomischen Buch* markiert Henochs Funktion selbst,
der in äthHen 72 – 82 gegenüber dem Engel Uriel keine *Urheber-*,
sondern lediglich *Vermittler*funktion besitzt.[224] Im Grunde tritt also
bei PseudEup die Figur Henochs gegenüber Abraham und Methusalah zurück. Die Traditionslinie hat damit primär Abraham (vgl. auch
PseudEup 2) und Methusalah als *Vermittler* im Blick, und dennoch
darf der „Urheber der Astrologie", Henoch, nicht in Vergessenheit
geraten. Position und Funktion Henochs werden somit bis in die Zeit
Abrahams geführt.[225] Die Kontinuität dieser Tradition gewährleisten
u. a. die TestXII (vgl. TestSim 5,4; TestLev 14,1; 16,1; TestJud 18,1).[226]
Insgesamt dürfte eine von PsEup selbst vermittelte Verschiebung
der Funktionsträger vorliegen.[227] Stellen die durch Engel vermittelte
Weisheit und die allgemein gehaltene Lehre der ἀστρολογία noch
keinen *zwingenden* Bezug zum *Astronomischen Buch* her, sorgt der
Inhalt der astronomischen Lehren für Eindeutigkeit (PseudEup 1,4),

---

[223] S. 1QapGen ar 2,19–26; äthHen 81,5 – 82,3; 83,1; 91,1; 106,4–12;
4QEn^g ar [4Q212] 1 ii 22. Es sei denn, man darf mit den genannten Stellen die Vermittlung durch Henoch, der u. a. im Verdacht steht, „engel-
gleich" zu sein (vgl. 1QapGen ar 2,19–23; äthHen 106,7f.19), voraussetzen. So wäre die Angabe in PseudEup 1,9 wenigstens ungenau.

[224] Ähnliches gilt auch für Henoch als *ersten* Schriftkundigen in Jub
4,17 gegenüber äthHen 72 – 82 (vgl. zuletzt J. T. A. G. M. van Ruiten,
History, 165).

[225] Daher möchte H. S. Kvanvig, Roots, 115 die Angaben bei Pseud-
Eup auf zwei unterschiedliche Traditionen verteilen.

[226] Vgl. H. W. Hollander / M. de Jonge, Testaments, 122. In ge-
drängter Form begegnen die im obigen Zusammenhang bereits konstatierten Aspekte von „Weisheit/Wissen(svermittlung)", „Kodifizierung", Auszeichnung Henochs in „Gerechtigkeit" und „eschatologischem Gericht" in TestJud 18,1 [Text nach M. de Jonge, Testaments, 71]:
῞Οτι καίγε ἀνέγνων ἐν βίβλοις Ἐνὼχ τοῦ δικαίου ὅσα κακὰ ποιήσετε ἐν
ἐσχάταις ἡμέραις. Wegen der genannten Belege und 4QLevi^a ar [4Q213]
1 i 6f; 4QTQahat ar [4Q542] 1 i 9–13 vermutet H. S. Kvanvig, Roots,
139–143, hinter dem henoch. Korpus eine priesterlich-levitische Tradition.

[227] Vgl. H. S. Kvanvig, Roots, 116, u. M. Albani, Astronomie, 151
Anm. 82.

da die sich anschließende Umschreibung die Sonnenwende (τροπή) anspricht:[228]

καὶ τροπὰς ἡλίου καὶ σελήνης καὶ τὰ ἄλλα πάντα διδάξαντα τοὺς Φοίνικας …

… da er die Phönizier die Umläufe der Sonne und des Mondes und alles übrige lehrte …

Im Unterschied zu Jub stehen in PseudEup Sonne und Mond noch gleichberechtigt nebeneinander, was auf die auch im *Astronomischen Buch* (vgl. 4QEnastr[a.b] ar) erkennbare Harmonisierungstendenz hindeutet.

β. Interpretation

Vorerst kann festgehalten werden, dass sowohl die beiden griech. Texte als auch die Version(en) aus Qumran, trotz mehr oder weniger starker Abweichungen von der Tradition des *Astronomischen Buchs*, nicht nur titulare oder durch Namen hervorgebrachte Assoziationen und damit Verknüpfungen in der Überlieferung herstellen, sondern auch durch inhaltliche Charakterisierung der Person Henochs bzw. seiner Tätigkeit Vergleiche ermöglichen.[229]

Astronom. Buch	Jub	PseudEup
„Das Buch der Veränderung der Lichter des Himmels […], die mir zeigte der heilige Engel Uriel […]." (72,1; vgl. 79, 1; 80,1)	„[…] and who wrote down in a book the signs of the sky in accord with the fixed pattern of their months […]." (4,17; vgl. V.21; 6,30–32)	„[…] die Umläufe der Sonne und des Mondes und alles übrige lehrte [er …]." (1,4)

---

228 So auch M. Albani, Astronomie, 152 (dort auch zum griech. Text). Text: G. Schroeder / É. des Places, Eusèbe, 236; Übers.: N. Walter, JSHRZ I/2, 141.

229 Übers.: E. Rau, Kosmologie, 506.514.519f.; J. T. A. G. M. van Ruiten, History, 160–162.296; N. Walter, JSHRZ I/2, 141–143. Zur Funktionalisierung Henochs als Gestalt mit priesterl. u. angelolog. Attributen sowie zur Verbindung himml. u. ird. Ordnung in kult. Kontexten, ausgehend von Jub 4,14–20, vgl. R. Elior, Enoch, 32–34.

Astronom. Buch	Jub	PseudEup
„[…] Selig der Mann, der stirbt als Gerechter und Guter, und kein Buch der Ungesetzlichkeit ist aufgeschrieben über ihn, und nicht gefunden werden wird der Tag des Gerichts." (81,4; vgl. V.7–9; 82,4–8)	„[…] Now he is there writing down the judgement and condemnation of the world and all the wickedness of mankind. […] Because he was placed there as a sign and to testify against all people in order to tell all the deeds of history until the day of judgement." (4,23f; vgl. V.19; 10,17)	„[…] und so hätten auch wir später (alles) erfahren." (1,9) [vgl. dazu Jub 4,19b: „He wrote a testimony for himself, and placed it upon the earth against all mankind and for their history."]
„Und nun, mein Sohn Methusalah, will ich dir alles dies erzählen und dir aufschreiben. Und alles habe ich dir enthüllt und habe dir gegeben die Bücher (über) dieses alles. […]" (82,1)	„For this is how Enoch, your father's father, commanded his son Methuselah […]. Now I am commanding you, my children, as Enoch commanded his son […]. He commanded and testified to his children and grandchildren […]." (7,38f; vgl. 4,20)	„[…] Der Sohn des Enoch sei Methusala gewesen, der alle (Weisheit) durch Engel Gottes erfahren habe […]." (1,9)
„Man nennt den ersten Wind den östlichen, denn er ist der erste. Und man nennt den zweiten den Süden, denn der Höchste steigt dort herab, und noch mehr, dort steigt der in Ewigkeit Gesegnete herab. […]" (77,1 [äth.])	„For there are four places on earth that belong to the Lord: The Garden of Eden, the mountain of the east, this mountain on which you are today – Mt. Sinai – and Mt. Zion (which) will be sanctified in the new creation for the sanctification of the earth. […]" (4,26)	

Tabelle 1: Die Fortschreibung der Henochüberlieferung

Die synoptische Beschreibung des Befunds verweist auf die gemeinsamen Themen und Motive: die Kodifizierung als

Buch bzw. „Zeugnis", die „Ethisierung" im Horizont des Gerichts, die Vermittlung an den Sohn Methusalah und nicht
zuletzt der Hinweis auf den Süden als Wohnort Gottes.
Auch wenn die Abschnitte in Jub nicht ausschließlich Bezüge zum *Astronomischen Buch* zeitigen[230], liefern die frühen
Zeugnisse eines henoch. Konzeptualisierungsprozesses[231]
doch Hinweise auf die enge Verflechtung der „astronomischen" und „ethischen" Bestandteile in äthHen 72 – 82. Vor
allem die Passagen, die auf das in der Zukunft erwartete
Gericht ausblicken, unterstreichen den Konnex.[232] Dabei
zeichnen sich zugleich Parallelen zum *Wächterbuch* ab: Henochs herausragende Stellung als Offenbarungsempfänger
wird durch seine Entrückung unterstrichen (vgl. 4Q227
Frgm. 2 1–6; Jub 4,23[233]; äthHen 77,4f; 81,5.10). Das „ethisier-
ende Moment" betrifft in beiden Büchern nicht konkrete
Handlungsanweisungen, also das je spezifische menschliche *Ethos*, sondern wird durch seinen unmittelbaren Bezug
zum Numinosen, sei es das Verhältnis der עירין zu Gott
(*Wächterbuch*) oder das der kosmologisch-astronomischen
Gesetzmäßigkeiten zu Haltung und Handeln der Menschen,
gleichsam „transzendiert".[234] In diesem Zusammenhang

---

230 H. S. Kvanvig, Roots, 128f (vgl. 131f), zeigt Verbindungen zu
Gen 5,21–24 auf. Weitere Belege und Verweise besprechen J. L. Kugel,
Traditions, 173–179.191–194; J. T. A. G. M. van Ruiten, History, 162–166.

231 Der Begriff vermag die Entscheidung offen lassen, inwiefern
Jub u. PseudEup bereits der Rezeption des *Astronomischen Buchs* zuzuschreiben oder Zeugen einer gemeinsamen Traditionsbildung sind
(vgl. H. S. Kvanvig, *Jubilees*, 258f Anm. 40, benennt die Positionen).

232 Auch wenn Jub 4,19 immer wieder mit den *Traumvisionen* verknüpft wird (vgl. etwa H. S. Kvanvig, Roots, 129f), belegt die oben als
zentral hervorgehobene Wendung mit den Verben des Sehens, dass
der Bezug zum *Astronomischen Buch* durchaus möglich ist (vgl. J. C.
VanderKam, Traditions, 314f; J. T. A. G. M. van Ruiten, History, 165f, u.
generell H. S. Kvanvig, *Jubilees*, 258: „The author of *Jubilees* knew the
early Enochic books.").

233 In diesem Sinne interpretiert H. S. Kvanvig, Roots, 132; anders P.
Grelot, Hénoch, 486, der das in äthHen 32,3–6; 24,3 – 25,7 genannte
Paradies vermutet (vgl. aber J. C. VanderKam, Traditions, 317f).

234 Damit kann an dieser Stelle nicht der Ausweis *göttlichen* Rechts
gemeint sein, der angesichts der im AT bekannten Rechtskorpora nicht
ungewöhnlich wäre, sondern die Bindung der „Gesetze" an eine göttliche Schöpfungsordnung, die zugleich den Begründungszusammen-

werden Gerechtigkeit und Wohlergehen nicht nur an den
Gestirnenlauf (v. a. die Sonne: vgl. äthHen 74,1–17) oder das
Gebaren der Wächter (vgl. äthHen 6,6 – 7,6; 12,4–6; 16,2–4)
gebunden, sie sind darüber hinaus auch schöpfungstheologisch verankert (äthHen 5,1f; 14,1–4; 18,1; 36,4; 81,2f).

Schließlich besteht eine konzeptionelle Gemeinsamkeit
zwischen *Astronomischem* und *Wächterbuch*, die die Frage
nach der Funktion der Theophanie aufwirft. In beiden Büchern ist betreffs des Verhältnisses von Himmlischem und
Irdischem eine „Dialektik" zu konstatieren, einmal beim
Widerspruch von Entrückung und Kommen Gottes (*Wächterbuch*), dann im Kontext der Kodifizierung himmlischen
Wissens und seiner Funktion (*Astronomisches Buch*). So
spiegelt das an Henoch durch den Engel Uriel herangetra-
gene geheime Offenbarungswissen[235] die Ordnung der
Welt, nämlich als Abbild der Ordnung der Gestirne[236], in
gleicher Weise wie jene geheime Offenbarung an Methusalah weitergegeben wird, nämlich zur Überlieferung an die
kommenden Generationen. – Zur Übermittlung himmlischer
Geheimnisse an Irdische vergleiche man außerdem die Tes-
tamentenliteratur.[237] – Dass die komplexe Henochtradition
damit keine Schwierigkeiten hatte, bezeugen die oben angeführten Parallelen, die einmal den Tradierungsprozess
bis Noah und zum anderen bis Abraham ausziehen. In letzter Konsequenz liegt in dieser Beobachtung aber dann eine
Differenz zu äthHen 1 – 36 vor, wenn man die Funktion des
Engels Uriels, seine Weitergabe von Offenbarungswissen
an Menschen, mit dem Vergehen der engelhaften Wächter
in äthHen 8,1–3; 10,7f [äth.]; 16,3, nämlich der Offenbarung
göttlichen Geheimnisses, kontrastiert.[238]

---

hang ethischer Urteile lieferte (vgl. M. Albani, Astronomie, 273–277.
316–335; A. Bedenbender, Gott, 157–174).

235 Vgl. äthHen 72,1; 79,1 – 80,1 (vgl. äthHen 103,2; 104,10.12; 106,19;
syrBar 81,4; 4Esr 14,5).

236 Vgl. äthHen 80,4.6f mit V.2 u. 1; 81,2 (vgl. slHen 53,1f [A]; weitere
Belege bei K. Berger, Art. Henoch, 498).

237 Vgl. TestLev 2,10; TestJud 16,4; SlBarApk 17a (s. H. W. Hollander / M. de Jonge, Testaments, 135.214: eine Übers. des Abschnitts in
SlBarApk 17a findet sich a. a. O., 135).

238 Diese Auffälligkeit notieren M. J. Davidson, Angels, 86.90, u. P.
S. Alexander, Son, 97f (im Vergleich zw. Jub u. äthHen).

Beim Versuch der Auswertung jener letztgenannten, konzeptionellen Gemeinsamkeit von *Astronomischem* und *Wächterbuch* gelangt man sowohl zum „Schlüssel" des Theophanie-Verständnisses in äthHen 72 – 82 als auch zu einer wesentlichen Differenz der zu ergründenden *Semantik* bzw. *Pragmatik* des theophanen Erscheinens. War noch im *Wächterbuch*, grob wiederholt, die Theophanie als *proleptische Periphrase* an der *Pragmatik des Gerichtsgeschehens* interessiert, indem sie – wenn auch ältere Traditionen aufnehmend – die Aufhebung der Trennung von Himmel und Erde zum Unterscheidungskriterium für „Frevler" und „Gerechte" machte, dann ist die Szene in äthHen 77,1 zunächst ausschließlich durch atl. Traditionen vom Süden (bzw. Sinai) als Wohnort Gottes motiviert.

Darüber hinaus lässt sich aber die Funktion des Kommens Gottes in der mutmaßlich späteren Textüberlieferung[239] des äthHen näher qualifizieren, wenn man das oben ausgeführte Verhältnis „astronomischer" und „ethischer" Aussagen erinnert. Dabei ist die hervorgehobene Bedeutung der Sonne[240] zu beachten. Diese hat ihren Platz in der kosmischen Ordnung unter den feststehenden, jedenfalls nicht umherirrenden (ἀπλανητής) Himmelskörpern (vgl. Eudox. *Ars. astron.* 17,7.25; Metrod. Chios), was immerhin Aristarch und Archimedes (vgl. Archim. *Aren.* 1,4f) bereits im 3. Jh. v. Chr. zur Annahme eines heliozentrischen Weltbildes veranlasste.[241]

Der Wortstamm πλαν- konsoziiert im jüd.-hellenist. Schrifttum darüber hinaus das angemessene menschliche Verhalten gegenüber dem *einen heilschaffenden* Gott.[242] Das AT, einschließlich der apokryphen Literatur, weist im Unterschied zum zeitgenössischen pagan-griech. Schrifttum keinen Beleg des Wortstamms im Kontext

---

239 Jedenfalls wird sie erst im äth. „Überlieferungsstratum" greifbar.

240 Vgl. dazu ausführlich M. Albani, Astronomie, 42–98.297–335.

241 Vgl. dazu Á. Szabó, Weltbild, 28–33. Das astronom. Hauptwerk des Aristarch von Samos ist leider verschollen. Zumindest Abschnitte daraus gibt jedoch Archimedes in der genannten Schrift wieder.

242 Vgl. v. a. weisheitl.: Tob 14,6 [Cod. Sin.]; Weish 5,6; 12,24; 14,22; Sir 13,8 u. Dtn 13,6 [LXX]; 2Makk 2,2; 7,18 (dazu: M. Albani, Astronomie, 321f).

mit Gestirnen aus.[243] Die Sonne wird vielmehr als ein sich (um die Erde) bewegender Himmelskörper verstanden, der auf Geheiß JHWHs feststeht (Jos 10,13f [דמם]; Sir 46,4 [עמד, ἀναποδίζω]).[244]

Am Ende schließt sich der Kreis, wenn man Sib 3,218–236 beachtet, wo unter Rekurs auf die henoch. Rezeption durch PseudEup die astronomisch-astrologische Praxis einer scharfen Kritik unterzogen wird. Auch hier findet man Sonne und Mond in Bewegung (Sib 3, 221):[245]

οὔτε γὰρ ἠελίου κύκλιον δρόμον οὔτε σελήνης
Denn nicht kümmert der Kreislauf der Sonne sie [i. e. die aus Ur der Chaldäer, S. B.] oder des Mondes.

Doch nach Ausweis des Orakels kümmerte die Hebräer die babylon. Gestirnskunde nicht, weil sie nur Trug, Irrtümer und Jammer hervorbrachte (Sib 3,227–232), woraus folgt (V.233):

τοῦ πεπλανῆσθαι ὁδούς τ' ἀγαθὰς καὶ ἔργα δίκαια.
daß man abirrt vom richtigen Weg und den rechtlichen Werken.

Das Ergebnis einer geistesgeschichtlichen Einordnung von äthHen 72 – 82 und der für die Gottesvorstellung wichtigen Gestirntheorie ist durchaus überraschend: Denn *Semantik* und *Pragmatik* der Theophanie im äth. Text können nur aus der atl. Sinai-Tradition hergeleitet werden.[246] Wenn man

---

243 Andeutungen finden sich lediglich in Weish 12,24 und PsSal 18, 12, wo mit dem „Abirren vom Weg" (ὁδός) die Bahnen der Planeten assoziiert sein könnten.

244 Wenn der Ausdruck in Hab 3,11a (MT: שמש ירח עמד זבלה), der wohl das Stehen der Himmelskörper in ihrer erhabenen Wohnung prädiziert, schlicht die beobachtbare „Normalität" spiegelt, läge in dieser Stelle die einzige atl. Aussage vor, welche Sonne und Mond als ἀπλανητής kennzeichnet. Allerdings signalisiert der Kontext (V.9b–10.12) mit seinen die Theophanie begleitenden Naturphänomenen eher den Ausnahmecharakter der beschriebenen Erscheinung. Jedenfalls schafft LXX mit ἐπήρθη zu Beginn des Verses Eindeutigkeit (vgl. A. Scriba, Theophanie, 78: Sonnenfinsternis). Die Bewegung der Sonne in Jes 38,8 entzieht sich einer genaueren Erläuterung.

245 Text u. Übers.: J.-D. Gauger, Sibyllinische Weissagungen, 76f. Zum Text u. seiner Einordnung vgl. J. Geffcken, Oracula Sibyllina, 59 [mit Anm.]; K. von Stuckrad, Astronomie, 423f.

246 Sieht man einmal vom orthograph. Erklärungsversuch in 4Q-Enastr[b] ar 23 (Verwechslung von דאר und ירד) ab. Vgl. auch die berechtigten Zweifel an einer schon im aram. Text bezeugten Theophanie bei A. Scriba, Theophanie, 38f Anm. 116, der darauf verweist, dass sowohl ein hebr. Original als auch eine absichtliche Korrektur (ירד zu

nicht von einer sehr späten Entwicklung ausgehen möchte, die jedenfalls nicht mehr *ausschließlich* auf die Sinai-Tradition zurückgreifen könnte (s. o.), wäre eine offensichtliche Spannung zu konstatieren. Erscheint nach dem aram. Text Gottes Ruhen als bewusste Entgegnung auf die Sonne als ἀπλανητής[247], wird diese Ruhe in der eine *Bewegung* implizierenden Theophanie, entsprechend der äth. Fassung, wieder aufgehoben. Und dies vollzieht sich im Kontext von Traditionen, die in eher anti-astronomisch zu nennenden, nämlich atl. Vorstellungen verankert sind.

2.3. Ergebnis

Gemeinsam ist *Wächter-* und *Astronomischem Buch*, dass das Erscheinen Gottes mit Blick auf seine *textinterne Pragmatik* die Funktion eines Unterscheidungskriteriums übernimmt. Jene Differenzierung wäre näherhin zu beschreiben als ein Abgrenzungsmechanismus zwischen „Himmlischem" und „Irdischem" bzw. zwischen göttlicher und menschlicher Sphäre. Zugleich zielt sie auf die „ethisch" motivierte Trennung von gottgemäßem Verhalten und frevelhaftem Abweichen. Ein wesentlicher Unterschied der Theophaniekonzeptionen in *Wächter-* und *Astronomischem Buch* liegt in der *res significata* der *Pragmatik* vor. Denn während die Eröffnung des *Wächterbuchs* in ihrer text- und überlieferungsgeschichtlich rekonstruierten Urfassung auf ein universales Strafgericht hinausläuft, zeigen die präzeptorisch-ethisierenden Passagen des *Astronomischen Buchs* eine Trennung von Heil und Unheil, die m. E. von vornherein auf der kompositorischen Ebene des äth. Textes durch die Positionierung der Theophanie angezeigt war. Die erzählerische „Achse" verläuft dabei von äthHen 77,1 über 80,1 bis hin zu 81,5–10. In der Rahmung des zweiten Teils im *Astronomischen Buch* konkretisiert sich die Trennung von

---

דאר statt נחת) im Aram. gefordert wären. Scriba nimmt daher eine Korrektur (mit Hilfe der Sinai-Theophanie) des griech. Zwischenglieds an, der der äth. Text dann folgte (s. o.).

247 D. h.: Nicht die Gestirne oder die Sonne sind das die Welt durchwaltende Ordnungsprinzip, sondern Gott selbst.

„Gerechten" und „Sündern"[248], welche jedoch schon in der durch die „Unterschrift" in äthHen 80,1 getrennten Abfolge bzw. Konfrontierung von Heil – d. h. (Gestirns-)Ordnung (vgl. äthHen 78,1 – 79,6) – und Unheil – d. h. (Gestirns-)Unordnung (vgl. äthHen 80,2–8) – präfiguriert ist.[249] Unter Berücksichtigung dieser Rahmung zeigt sich also, dass die Theophanie in 77,1(–3) auf die Unterscheidung von „Gerechten" und „Frevlern" abzielt. Das Zwischenstück in äthHen 77,4–8 dürfte eine „mythische Geografie"[250] umschreiben, die die universale Geltung der Gestirnsordnung und ihre „kosmischen" Konsequenzen noch einmal unterstreicht.

Die erste Bestandsaufnahme zum Theophaniemotiv erbrachte ein eher unerwartetes Ergebnis: Zwar ist das Kommen Gottes *quantitativ* in apk Texten nur ein Nebenmotiv, doch erweist es in den wichtigen und älter als Dan veranschlagten Texten des *Wächter-* und des *Astronomischen Buchs* eine Scharnierfunktion. Hinzu kommt, dass der Ertrag auf der *funktional-pragmatischen* Ebene das den Apokalypsen so zentrale Motiv der Eschatologie, eines Zeitmaßes überhaupt, offensichtlich völlig entbehrt. Als *tertium comparationis* fungiert vielmehr die Raum- und nicht die Zeitebene: Wo die Trennung zwischen Himmel und Erde

---

248 In äthHen 81,7f heißt es (Übers.: E. Rau, Kosmologie,519; vgl. auch S. Uhlig, JSHRZ V/6, 666):
  7a Stärke dein Herz,
    b denn die Guten werden den Guten kundtun Gerechtigkeit,
    c der Gerechte wird sich mit dem Gerechten freuen
    d und sie werden sich küssen untereinander,
  8a und der Sünder wird mit dem Sünder sterben
    b und der Verkehrte wird mit dem Verkehrten versinken.

249 Deswegen und wegen des Bezugs zu äthHen 81,5–10 darf das äth. belegte „alle/alles" in äthHen 80,8 (vgl. S. Uhlig, JSHRZ V/6, 665 [zu LXXX,8c]) nicht im Sinne eines Universalgerichts verstanden werden; es wird sich vielmehr auf die „Sünder" beziehen (Übers.: E. Rau, Kosmologie, 518):
  8a Und es wird sich vermehren über ihnen das Böse
    b und Zorn wird auf sie kommen,
    c um alles zugrunde zu richten.

250 Zum Begriff vgl. J. T. Milik, Fragments, 334 Anm. 1. Die u. a. von Milik (vgl. a. a. O., 336f) auch für den aram. Text behauptete Affinität zur babylon. *mappa mundi* wurde von J. C. VanderKam, Map, 275–278, mit guten Gründen zurückgewiesen.

durchbrochen wird, droht Unordnung und damit zugleich Unheil. Es sei denn Gott selbst oder ein durch Gott ausgezeichneter Offenbarungsempfänger, als Entrückter oder Himmelsreisender, sind es, die die Trennung von Himmel und Erde „in Wohlordnung" überwinden.

3. THEOPHANIE IM DANIELBUCH

Die Belege in Dan sind schnell genannt: Neben Dan 7 ist die wohl personenbezogene Theophanieszene in Dan 4,[10.]20f zu beachten. Jedoch unterscheiden sich beide Belege in erheblichem Maße: Einmal bildet Dan 4,20f als Notiz eher ein Nebenmotiv, während die Theophanie nach Dan 7,1–28 an einer Scharnierstelle und episch ausgeschmückt begegnet. Andererseits gehört das theophane Geschehen in Dan 4 zum novellistisch ausgestalteten Stoff der aram. „Rettererzählungen" („court-tales"[251]), während Dan 7 als Eingangsvision die gemeinhin „Apokalypse" genannte Komposition in Dan 7,1 – 12,13 eröffnet.[252] Während der Protagonist in Dan 4 einen fremden Traum *deutet* (vgl. auch Kap. 2), wird er in Dan 7 selbst zum Visionär (vgl. 7,1f). Außerdem verweist Dan 7 (vgl. äthHen 14) nicht zuletzt durch die für Begleiterscheinungen der Theophanie typische Terminologie (vgl. etwa 7,9f) auf das *unmittelbare* Einwirken Gottes, während es nach Dan 4 „ein Wächter und ein Heiliger" (V.10.20: עִיר וְקַדִּישׁ)[253] sind, die „herabsteigen" (נחת).

---

251 So der *terminus technicus* der anglo-amerikan. Lit. (vgl. etwa J. J. Collins, Court-Tales, v. a. 219; ders., Daniel, 42–47; S. Beyerle, Court, 55–65 [Lit.]). R. Albertz, Setting, v. a. 183–191, versteht Dan 7 neuerdings als Abschluss einer „aram. Apokalypse" in Dan 2 – 7* aus der Zeit Antiochus' III. (vgl. dazu S. Burkes, God, 121 Anm. 82).

252 Vgl. dazu J. J. Collins, Court-Tales, der jedoch zu bedenken gibt (a. a. O., 218 Anm. 3): „Further, despite the differences between the tales and the visions, the basic emphasis on the superiority of the Jewish God and the basic understanding of revelation is the same throughout."

253 Das Lexem עִיר ist in Dan nur in 4,10.14.20 belegt, weshalb seine Semantik im Vergleich mit außer-dan. Zeugnissen zu ermitteln ist. Vgl. die parallel gestaltete Phrase לְעִירָא וְקַדִּישָׁא in 4QEnᵉ ar [4Q206] 1 xxii 5 zu äthHen 22,6 (vgl. HAL 1757; K. Beyer, Texte, 655; ders., Texte. Ergbd., 391; M. Mach, Entwicklungsstadien, 35 mit Anm. 56).

Wendet man sich dem Traum Nebukadnezzars und seiner Deutung in Dan 4 zu, ist zunächst auf die theologisch relevante Gemeinsamkeit der Erzählungen im „novellistischen" Teil von Dan einzugehen. Sie besteht darin, dass sich Gottes Transzendenz jeweils in seiner Macht über die fremden Götterbilder und, parallel hierzu, im Herrschen über alle Königreiche erweist.[254] Diese sich in „Allmacht" und Vermittlung von Weisheit artikulierende Transzendenz wird, so scheint es auf den ersten Blick, durch Gottes eigenes oder das Herabsteigen seiner Mandatare relativiert, wodurch eine „Spannung" zum Tragen kommt, vergleichbar der in äthHen 1,3–9* (s. o.). Allerdings betrifft die Einschränkung Gottes „Anderssein", nicht seine „Allmacht" selbst, die sich im AT gerade in seinen Geschichtstaten immer wieder artikuliert. Das „Anderssein" oder die „Fremdheit" und „Allmacht" Gottes schließen sich zumindest in den frühen Überlieferungen nicht aus.[255]

Die Position von Dan 4 weist diesem Text einen gewichtigen Ort in Dan 2 – 6 zu: Lässt man einmal den schon aus sprachlichen Gründen auffälligen hebr. Teil (Dan 1,1 – 2,4a; 8,1 – 12,13) außer Betracht, ergeben die Kap. 2 – 7 eine konzentrische Struktur.[256] In deren ausgewiesenem Mittelpunkt stehen Dan 3,31 – 5,30, die sich von ihren Rahmentexten in-

---

254 S. dazu Belege wie Dan 2,20–23.44; 3,17.28f; 5,19–21.26–28; 6, 27f; vgl. auch J. J. Collins, Court-Tales, 223.227f. Allerdings ist in Dan 3; 6 stärker die Wunderwirksamkeit Gottes betont, während Kap. 2 gegenüber Dan 4f weniger deutlich den Inhalt des Traumes betont bzw. in der Deutung berücksichtigt. Insgesamt zeigt sich, dass bei den Gemeinsamkeiten in Dan 2 – 6 v. a. die *hymnischen Stücke* (vgl. 2,20–23. 47; 3,28f.31–33; 4,31–34; 6,26–28) betroffen sind. Grundsätzlich beachtet die neuere Forschung bei allen Differenzen stärker das zwischen Dan 1 – 6 und 7 – 12 Verbindende (vgl. J. C. H. Lebram, Perspektiven, 5–8), selbst wenn der methodische Ansatz eher literarkritisch bzw. überlieferungsgeschichtlich ausgerichtet ist (vgl. R. G. Kratz, Translatio, v. a. 1–10.16–42.95–99).

255 Und dazu zählen auch die Motive der Theophanie. Zum Bezug von Geschichtstaten und „Allmacht" im AT und der Weiterentwicklung der Vorstellung hin zu einem neuzeitlichen Allmachtsbegriff vgl. H. Hoping, Abschied, 182–185.

256 Vgl. A. Lenglet, Structure, 171–187, der betont (a. a. O., 187), dass Dan 5, sehr im Unterschied zu den „Dubletten" (Kap. 2 // 7; 3 // 6), das vorausgehende Kap. 4 *fortsetzt* (vgl. auch T. J. Meadowcroft, Daniel, 22f; P. L. Redditt, Daniel, 27.114).

sofern unterscheiden, als dort das Gottesbild einmal auf
ein Rettungshandeln[257] und hier zum anderen auf die Geist-
begabung des Protagonisten hinausläuft (vgl. Dan 4,5f.15;
5,11f.14):

Dan 5,11: ... der den Geist des heiligen Gottes / der heiligen Götter[258] in sich hat ... (די רוח אלהין קדישין בה)

Eine nicht minder wichtige Position nimmt Dan 7 ein: Dieses Kapitel eröffnet nicht nur den Visionenabschnitt, es
zeigt zugleich durch seine literarischen Verbindungen mit
Dan 2 deutliche Bezüge zum Erzählkorpus.[259] *Summa sum-*

---

257 Vgl. Dan 3,17.27f; 6,17.23.28 (vgl. auch ZusDan). In Dan 3,17 besteht eine textl. Schwierigkeit: Gegenüber dem Konditionalsatz in MT
(הן איתי אלהנא) liest die griech. Überlieferung einhellig einen Aussa-
gesatz (z. B. Pap. 967: ἔστιν γὰρ ὁ θεὸς ...). Zu den Zeugen u. dem
wahrscheinlichen Vorrang der hexaplar. Vrss. (Ms. 88; Sy^h) vgl. W.
Hamm, Septuaginta-Text, 212–217; zur Diskussion des Textes vgl. T. J.
Meadowcroft, Daniel, 148–151; K. Koch, Daniel, 251 [Textanm. b. u. d]
284, der bei der Rettungstat Gottes einen Potentialis erwägt, da die im
Konditionalsatz implizierte Anzweiflung der Existenz Gottes durch die
drei „Männer" undenkbar sei (offenbar anders S. Burkes, God, 123f).

258 In den Übersetzungsvarianten ist die häufig vertretene These
berücksichtigt, dass die Gottesbezeichnung bei Fremdherrschern bzw.
-göttern (etwa Nebukadnezzar) in Dan plural. aufzufassen sei (zu den
Vertretern seit H. Bauer / P. Leander, Grammatik, § 88n, vgl. HAL
1666; vgl. auch S. Beyerle, Joseph, 8 Anm. 24). Der inschriftl. Befund
leistet allerdings nur wenig Unterstützung: Denn ein Blick auf die semit. Inschriften (vgl. auch DISO 13f) zeigt, dass für absolutes אל nur
ganz sporadisch Pluralbelege existieren. So etwa aus dem dem 7. bzw.
6. Jh. v. Chr. (vgl. J. Renz, Inschriften II/1, 93.213): 1. Grabinschrift aus
Ḫirbet Bēt Layy (2 Belege, BLay[7]:1,1f: vgl. J. Renz, Inschriften I,
245f); 2. Ostrakon aus Lachisch (1 Beleg, Lak[6]:1.6,12f: vgl. J. Renz,
Inschriften I, 427). Der jeweilige Kontext gibt jedoch keinerlei Hinweis
auf einen wörtlichen Pluralgebrauch, denn die Bezugspunkte sind יהוה
bzw. ירשלם. Dan zeitl. näher stehen eine phöniz. Inschrift des *Jehau-
milk* (5./4. Jh. v. Chr.; vgl. KAI, I, 10, Z. 10 u. KAI, II, 14f: zur Form
אלנם), die griech.-phöniz. Bilingue *Maiuri-Rhodos* (evtl. 2. Jh. v. Chr.;
vgl. KAI, I, 44, Z. 2 u. KAI, II, 62: zum Ausdruck מקם אלם), die aram.
Abschiedsrede Qahats (4Q542 1 i 1: ואל אלין; vgl. Dan 11,36 u. K. Beyer,
Texte.Ergbd., 83: 2. Jh. v. Chr.), dann 4QOrNab ar Frgm. 1–3, Z. 7f (vgl.
K. Beyer, Texte, 224; J. J. Collins, DJD 22, 88) und v. a. der Qumranbeleg zu Dan 4,15 (4QDan^d [4Q115] Frgm. 3–7, Z. 18; vgl. K. Beyer, Texte.
Ergbd., 154; E. Ulrich, DJD 16, 283: Ende d. 1. Jh.s v. Chr.), der MT be-
stätigt.

259 Vgl. dazu R. G. Kratz, Translatio, 21, der Dan 7 ein „Herzstück"

marum heißt dies, dass beiden Danieltexten bereits aus rein kompositorischen Gründen jeweils eine hervorgehobene Stellung innerhalb des (kanon.) Buchganzen zukommt.

Die sich unter anderem am Gottesbild erweisende Schlüsselposition der Kap. 4 und 7 besagt nun noch nichts über die Bedeutung und die Funktion der Theophaniemotivik, weder im Hinblick auf die beiden Erzählzyklen selbst noch im Zusammenhang des Buchganzen. Nun zeigt schon eine oberflächliche Durchsicht der Visionen, dass Dan 7 – 12 durch eine breite Theophanieschilderung einerseits und die theologisch bedeutende Auferstehung (s. u.) andererseits gerahmt wird. Zugleich wird die *Semantik* des theophanen Handelns Gottes bzw. seiner Mandatare in Dan 4 an der Binnenstruktur des Kapitels deutlich werden.

3.1. Das theophane Handeln des Himmelsgottes: Dan 4

Gottes einzigartige Sendung der „Wächter und Heiligen" begegnet im Traum des Nebukadnezzar (V.10) sowie in seiner „Deutung" (פשר; V.20). Allgemein ist festzuhalten: Zunächst fallen der die gesamte Menschheit anredende Briefeingang (Dan 3,31: vgl. לכל־עממיא, בכל־ארעא) und die rahmenden Doxologien auf (Dan 3,33; 4,31f.34), wobei die letzteren nicht nur die Anerkenntnis Gottes durch den Fremdherrscher anzeigen, sondern in Verbindung mit Dan 4,14b. 22b.29b auf eine „politische Theologie", im Sinne des Ergehens des irdischen Herrschers *in Abhängigkeit vom göttlichen Weltenherrscher*, abzielen.[260] Die Prädizierung dieses Weltenherrschers selbst zeigt nun aber zugleich das zwischen himmlischer und irdischer Sphäre Trennende an (Dan 4,14b):

> ... bis dass die Lebenden erkennen, daß der Höchste (עליא) Herrscher (שׁלּיט) über das Königreich des Menschen [ist], und er gibt es, wem er will, und den niedrigsten Menschen erhöht er über es.

---

nennt u. (a. a. O., 43–55) die Verknüpfungen mit Kap. 1 – 6 bzw. Kap. 2 herausarbeitet.

260 Die Bezeichnung „Dan 4" steht im folgenden für Dan 3,31 – 4,34 [vgl. LXX, ϑ']. Vgl. zum Aufriss K. Koch, Herrschaft, 84–89. Auf die „politische Theologie" in Dan 4 hat ebenfalls Koch aufmerksam gemacht (vgl. a. a. O., 121).

Die Bezeichnung als שַׁלִּיט für Gott kommt sonst nur noch in
der wörtlichen Wiederaufnahme des doxologischen Rahmens von Dan 4,22 und V.29b[261] bzw. 5,21b vor, bezeichnet
aber sonst ein weltliches Herrschertum (Dan 2,10.15; 5,29
vgl. auch Esr 4,20; 7,24), wodurch Gottes „politisch-irdi-
sche" Macht offensichtlich von seiner himmlischen abgesetzt werden soll.[262] Für eine strikte Trennung von Himmlischem und Irdischem spricht weiterhin der Skopus der
aram. Erzählung im Verhältnis zur Intention der griech.
Versionen: Zum einen steht das Wirken des Himmelsherr-
schers, zu dem sich die irdische Herrschaft in Abhängigkeit
befindet, der andererseits als Bekehrungserzählung akzen-
tuierten Überlieferung der griech. Textform gegenüber.[263]
Im Gegensatz zu den schöpfungs- und im weitesten Sinne
rechtstheologisch (vgl. עד in Jes 43,8–15) begründeten Un-
vergleichlichkeitsaussagen eines Dtjes (vgl. 40,18–25; 43,
11.13), wonach der einzige Gott auf seine Schöpfung ein-
wirkt (vgl. Jes 43,12a), unterscheidet der Danieltext auch
terminologisch zwischen dem Gott als dem „ganz anderen
Lebensprinzip" und als dem in der Geschichte Wirksamen.[264]
Für die Funktion der Theophanie ist nun bedeutsam, dass
das Herabsteigen des „Wächters und Heiligen" zweimal, in
Traumbericht (V.10) und danielischer Deutung (V.20), just
an der Stelle zu stehen kommt, wo die Vision ihren bild-
haft-statischen Charakter ablegt, um in eine „Geschehnis-

---

261 In Dan 4,23 ist möglicherweise metonymisch von שְׁמַיָּא שַׁלְטִן die
Rede.

262 Vgl. R. Albertz, Gott, 49f; R. G. Kratz, Translatio, 91f; K. Koch,
Herrschaft, 115; M. Henze, Madness, 17, gegen D. N. Fewell, Circle, 93.
Die griech. Überlieferung in Dan 4,17 [LXX, ϑ'] zeigt eine signifikante
Abweichung der (vor-)hexaplar. von der Lesart des ϑ': Während Ms. 88
und Sy[h] שַׁלִּיט angemessen mit ἐξουσία wiedergeben (vgl. auch Pap. 967
u. E. Hatch / H. A. Redpath, Concordance, 501), übersetzt ϑ' mit (ὅτι
κύριός ἐστιν) ὁ ὕψιστος τῆς βασιλείας τῶν ἀνϑρώπων, was im Ausdruck
eher der himml. Herrschaft (s. 4,34: שְׁמַיָּא מֶלֶךְ) entspricht (s. zum
Textvergleich K. Koch / M. Rösel, Polyglottensynopse, 98f).

263 Vgl. dazu R. Albertz, Gott, 28–42.46–59.

264 Anders in Qumran: s. 1QH[a] 19,4.9; 1QS 11,7–9 (vgl. äthHen 83,11).
Vgl. auch H.-D. Neef, Thronrat, 56–61, sowie den Literaturbericht bei
F. J. Murphy, Apocalypses, 158–160 (s. S. Beyerle, Gott, 278–283).

vision" überzugehen.[265] Somit wird also auch das visionäre Handeln im Zusammenhang mit dem Fremdherrschers ausschließlich dem שְׁמַיָּא מֶלֶךְ unterstellt, wenn auch in der Vermittlung durch Zwischenwesen. Nach Abschluss der Visionsschilderung Nebukadnezzars wird auf die Funktion der „Wächter und Heiligen" noch einmal rahmend in nominaler Wendung Bezug genommen (V.14a):

> Dieser Erlass [ist] Entscheidung der Wächter, und ein Befehl der Heiligen [ist] diese Frage.[266]

Damit fungieren die Mittlerwesen nicht nur als Überwinder göttlicher Transzendenz, sondern erscheinen als in konkrete Aufgaben eingebunden: nämlich einmal das theophane Geschehen zu vollziehen, und dabei eine Gerichtsvorstellung einzuleiten; zum anderen das in eine Vision „übersetzte" Bild vom Gericht zu beglaubigen. Vor allem mit letzterer Funktion ist die in apk Texten prominente „Legitimationsfunktion" *post legem et prophetas* angesprochen. Im Horizont der in der Apokalyptik gut bezeugten Spezifizierungen übernehmen die theophanen Erscheinungen der Mittlerwesen in Dan 4 [MT] also Aufgaben, welche als typisch bezeichnet werden können.[267]

---

265 Vgl. dazu F. Horst, Visionsschilderungen, 193–205.

266 Der Vers ist in 4QDan[d] [4Q115] Frgm. 3–7, Z. 14 bezeugt. Zum Text vgl. E. Ulrich, DJD 16, 283, der anmerkt, dass eine Auffälligkeit im Leder beim שׁ des Wortes שׁאל]חא die Rekonstruktion שׁאיל]חא möglich macht: so auch S. J. Pfann, Preliminary Edition, 50.66. Die Formulierung עַל דִּבְרַת (statt עַד דִּבְרַת), die in V.14b Gottes Herrschaft über die Lebenden einleitet, greift auf Dan 2,30 zurück (vgl. J. J. Collins, Daniel, 210). Im Verweis auf den „Erlass der Wächter" besteht kein Widerspruch zum „Erlass des Höchsten" (גְּזֵרַת עֶלְיָא) in Dan 4,21bα, da schon atl. Tradition bekannt war, dass durch Zwischenwesen vermittelte Entscheidungen „im Himmel" gefällt wurden (vgl. etwa Ps 82,1; 1Kön 22,19–23; Jes 6: J. J. Collins, Daniel, 228).

267 Die altgriech. Vrss. (Sy[h], Ms. 88 u. Pap. 967) verstärken nicht nur den Modus der Theophanie, sondern betonen auch die Bezugsgröße „Gott". Vgl. dazu Dan 4,13 [LXX, ϑ'; vgl. auch V.23] u. Dan 4,14 [LXX] (Text u. App.: J. Ziegler / O. Munnich, Susanna, 292–294):
V.13: ἰδοὺ ἄγγελος [bzw. ιρ καὶ ἄγιος: ϑ'; α' u. σ': ἐγρήγορος = aram. עִיר] ἀπεστάλη ἐν ἰσχύι ἀπεστάλη ἐκ τοῦ οὐρανοῦ [bzw. ἀπ' οὐρανοῦ κατέβη: ϑ' ...
V.14: προστέτακται γὰρ ὑπό/ἀπὸ τοῦ ὑψίστου ...
Außerdem belegt die griech. Überlieferung in der danielischen Deu-

Noch ganz unabhängig von der Frage, ob Dan 4 als Bestandteil der sogenannten „*court-tales*" nun bereits apk Gedankengut beinhaltet, ergaben die Beobachtungen zur Binnenstruktur des Kapitels eine an apk Traditionen anklingende *Semantik* sowie *Pragmatik* der „theophanen Wächter". Während die hervorgehobene Stellung jener Wächter nach MT besser deutlich wird[268], ist nach dem griech. Text die *Pragmatik* der Mittlerwesen durch ihre stärkere Bindung an den „Höchsten" und ihre Mitwirkung im Gerichtsgeschehen betont.

3.2. Die Theophanie des „Menschensohns": Dan 7

Vor allen kompositorischen Fragen ist, wie schon bei Dan 4, nach der Funktion und Bedeutung der Theophanie im Kapitel der Menschensohn-Theophanie selbst zu fragen.

tung eine in MT nicht bezeugte (Gerichts-)Theophanie des Höchsten mit den Engeln (Text u. App. bei J. Ziegler / O. Munnich, Susanna, 298; Übers.: R. Albertz, Gott, 209):

23b ἡ κρίσις τοῦ θεοῦ τοῦ μεγάλου ἥξει ἐπὶ σέ, 24 καὶ ὁ ὕψιστος καὶ οἱ ἄγγελοι αὐτοῦ ἐπὶ σὲ κατατρέχουσιν· 25 εἰς φυλακὴν ἀπάξουσί σε καὶ εἰς τόπον ἔρημον ἀποστελοῦσί σε.

Das Gericht des großen Gottes wird über dich kommen. Der Höchste und seine Engel steigen zu dir herab. In Gewahrsam werden sie dich fortführen, und an einen einsamen Ort werden sie dich wegschicken.

Die Engel figurieren nach dem altgriech. Text also als Erfüllungsinstanz des im Traum Vorhergesagten (vgl. J. J. Collins, Daniel, 216; zu den „Wächter"-Belegen vgl. ausführlich J. A. Fitzmyer, Genesis-Apocryphon, 72, u. L. T. Stuckenbruck, Book, 84 Anm. 63). Zwar interpretiert R. Albertz den griech. Text als den MT überlieferungsgeschichtlich vorausgehend, doch bestärkt die semantische Kombination der Theophaniedarstellung in Dan 4 [LXX] den Verdacht, dass eine spätere Kompilation vorliegt: Die stärkere Bindung der Mittlerwesen an Gott, die *gemeinsame* Theophanie zum Gericht und zuletzt die konkrete „Vollstrecker-Tätigkeit" der Engel, die je in MT fehlen, lassen immerhin fragen, ob im Blick auf die Parallelen zu Dan 7,1–28 nicht eine spätere Angleichung unternommen wurde (vgl. Dan 7,10.13f.27). Zuletzt bleibt J. J. Collins, Daniel, 220f, bei der Frage nach Prioritäten unentschieden, und M. Henze, Madness, 23–49.204.209–211, sieht in MT und LXX zu Dan 4 gar zwei unterschiedliche Versionen einer Erzählung, eingebettet in den Kanonisierungsprozess.

268 Die Theophanie in V.10 und 20 begegnet jeweils im Zentrum der Traum und Deutung umfassenden beiden Mittelpunkte der Erzählung (vgl. V.6–15.16–24), was sich aus der abweichenden Gliederung des griech. Textes so nicht ergibt (vgl. J. J. Collins, Daniel, 216).

Wer allerdings die Szenerie von Dan 7 in Augenschein nimmt, ist neben dem MT außerdem auf die griech. Bezeugung (Pap. 967, Ms. 88, Sy^h u. ϑ') sowie auf aram. Mss. aus Qumran angewiesen. Dies ist nicht nur aus rein textgeschichtlichen Gründen angemessen, sondern impliziert auch konkret hermeneutische Konsequenzen, etwa wenn der histor. Rückhalt des Befunds über die Religionsverfolgung Antiochus' IV. hinausführt.[269] Zunächst zu den Mss. aus Qumran:

Qumranfragment[270]	Datum	MT-Bezug
4QDan^a [4Q112] 13 1–4	Mitte 1. Jh. v. Chr.	Dan 7,5–7
4QDan^a [4Q112] 14 5–10	Mitte 1. Jh. v. Chr.	Dan 7,25–28
4QDan^b [4Q113] 9–11 16–22	20–50 n. Chr.	Dan 7,1–4
4QDan^b [4Q113] 12–13 3–5	20–50 n. Chr.	Dan 7,5f
4QDan^b [4Q113] 14 1–3	20–50 n. Chr.	Dan 7,11 (?)
4QDan^b [4Q113] 15 18–22	20–50 n. Chr.	Dan 7,26–28
4QDan^d [4Q115] 8–9 1–14	Ende 1. Jh. v. Chr.	Dan 7,15–23

Tabelle 2: Der Danieltext in Qumran

Hinzu kommen Texte aus dem Traditionsstück in äthHen 14,8–25[271], einschließlich der entsprechenden Qumranbezeugung in 4QEn^b ar [4Q202] 1 vi 1–28 sowie 4QEn^c ar [4Q204] 1 vi 19–30, 4QEn^c ar 1 vii, 1f.[272] Dann ist eine Passage aus dem in Qumran überlieferten *Gigantenbuch*, 4QEnGiants^b ar [4Q530] ii, zu beachten.[273] Außerdem soll die Paraphrase in Frgm. 16 u. 21 aus 4QpsDan^a ar [4Q243][274] Beach-

---

269 Vgl. zuletzt J. Maier, Israel, 57–59.

270 Die Texte sind in der krit. Edition bei E. Ulrich, DJD 16, 251–253. 263–266.284f, analysiert und wiedergegeben. Vgl. E. Ulrich, Manuscripts I, 33; ders., Manuscripts II, 13–15; A. Schmitt, Danieltexte, 124–142, sowie im Kontext bei K. Beyer, Texte.Ergbd., 148–160.

271 Vgl. dazu auch M. Dean-Otting, Heavenly Journeys, 41; G. W. E. Nickelsburg, 1 Enoch 1, 257–270.

272 Texte: J. T. Milik / M. Black, Books, 177f.192–200; F. García Martínez / E. J. C. Tigchelaar, Study Edition, 408.414.416. Zum Kontext vgl. K. Beyer, Texte, 239f.

273 Zum Text vgl. L. T. Stuckenbruck, Book, 119–123; vgl. auch J. A. Fitzmyer / D. J. Harrington, Manual, 74; K. Beyer, Texte.Ergbd., 120f; F. García Martínez / E. J. C. Tigchelaar, Study Edition, 1062.1064.

274 Text mit divergierender Fragmentenzählung und Rekonstruktion

tung finden, worin einmal (Frgm. 16) auf das Weltreiche-Schema[275] und andererseits (Frgm. 21) auf den *deus otiosus* (s. u.) der Theophanie[276] angespielt wird. Schließlich gehören zwei aram. Fragmente in den Bereich der Referenztexte, die die Motive vom Baum (Dan 4; 4QOrNab ar), den Engeln und den Weltreichen (Dan 2 u. 7) miteinander kombinieren (4Q552 Frgm. 1–4; 4Q553 Frgm. 1.5.6)[277]. Leider gibt der äußerst fragmentar. Text keinen Hinweis, in welcher Beziehung die drei Motive stehen. Es ist von vier Bäumen (4Q552 Frgm. 1 ii 1: אילנין וארבעה) die Rede, deren erster „Babel" (4Q552 Frgm. 1 ii 5; 4Q553 Frgm. 6 ii 4) heißt. Späterhin wird auch „Persien" erwähnt (vgl. 4Q552 Frgm. 1 ii 6[; 4Q553 6 ii 4f]: הוא אנתה די שליט בפרס). Wo die angedeutete Sukzession der Weltreiche endet, welche Funktion ihr zukommt, muss, abgesehen von der am Formelgut (ושאלחה, וחזית, ו[חל]ואמר) erkennbaren Deutung im Visionsgeschehen, wegen der Textbeschaffenheit offen bleiben.[278]

Qumranfragment	Datum[279]	MT-Bezug
4QEn^b ar [4Q202] 1 vi 1–28	Mitte 2. Jh. v. Chr.	Dan 7,9-14.26

bei J. A. Fitzmyer / D. J. Harrington, Manual, 4.6.8; K. Beyer, Texte. Ergbd., 105f; J. J. Collins / P. W. Flint, DJD 22, 98–121 [*ed. major*]; F. García Martínez / E. J. C. Tigchelaar, Study Edition, 488.490. Vgl. auch F. García Martínez, Qumran, 138–140 [Textrekonstr.]. 143–145 [Komm.]; ders., Notas, 134–137.

275 Vgl. etwa die Formulierungen in Dan 7,17f.23 mit 4Q243 Frgm. 16, Z. 3 (Text u. Übers.: J. J. Collins / P. W. Flint, DJD 22, 108f):
[חסינין ומלכות עממ]יא
3.]powerful[ ]and the kingdoms of [the] peoples[

276 Vgl. etwa die Formulierungen in Dan 7,9.13f.22 mit 4Q243 Frgm. 21, Z. 1f (Text: J. J. Collins / P. W. Flint, DJD 22, 112; Übers. in Anlehnung an J. Maier, Qumran-Essener II, 187):
י]מלך שנין [2] אן בלכרוס 1
1. herrschte [als König] an Jahren [2.] Balakros.

277 Text: PAM 43.476 u. 43.579; K. Beyer, Texte.Ergbd., 108f; F. García Martínez / E. J. C. Tigchelaar, Study Edition, 1102.1104.1106 (vgl. auch die Einordnung der Fragmente nebst Übers. bei R. Eisenman / M. Wise, Jesus, 77–80 [als 4Q547!]; M. Wise / M. Abegg / E. Cook, Schriftrollen, 455–457; J. Maier, Qumran-Essener II, 730–732).

278 Vgl. zum Text auch J. C. VanderKam, Apocalyptic Tradition, 119.

279 Zur Datierung der Qumrantexte, die sich an der Paläographie der Kopien orientiert, vgl. J. T. Milik / M. Black, Books, 164.178f und G. W. E. Nickelsburg, Books, 100–104: 4QEn^{b,c} ar; Milik / Black, a. a. O., 303–307, u. F. García Martínez, Qumran, 104: 4QEnGiants^b ar; J. J. Collins / P. W. Flint, DJD 22, 97f: 4QpsDan^a ar; J. Maier, Qumran-Essener II, 730f: 4Q552–553.

4QEn^c ar [4Q204] 1 vi 19–30	35–1 v. Chr.	v. a. Dan 7,9–14
4QEn^c ar [4Q204] 1 vii 1f	35–1 v. Chr.	Dan 7,9f
4QEnGiants^b ar [4Q530] ii 6–20	110–50 v. Chr.	Dan 7,9–14.26.28
4QpsDan^a ar [4Q243]	Anf. 1. Jh. n. Chr.	Dan 7,9.13f.17f.22f
4Q552–553	Herodian.	vgl. Dan 2, 4 u. 7

Tabelle 3: Die qumranischen Referenztexte der Danielüberlieferung

Insgesamt gilt als hermeneutische Vorgabe: Die Quellen, einschließlich der „Bibel"-Texte und -Paraphrasen[280], sind als *eigenständige* Zeugnisse zu betrachten.[281]

---

[280] Vgl. dazu beispielhaft S. Beyerle, Evidence, 215–232. Dagegen ist die mittelalterl. Hds. *Oxford, 2797 MS. Heb. d. 11* als (späte) hebr. Übersetzungstradition nur in Abhängigkeit vom aram. Text von Dan 7 zu beurteilen. Ein Blick auf die Vv. 9f u. 22 zeigt, dass bis auf die Gerichtsvorstellung, die nach V.10 [*Ms. Oxford*] den „Alten an Tagen" selbst zum Subjekt hat, eine weitgehend wörtliche hebr. Übers. von MT vorliegt (vgl. auch die Berücksichtigung des *Qere* in V.8: zum Text vgl. R. Medina-Lechtenberg / P.-R. Berger, Theodotion-Tradition, 304–307). Noch weitere Kreise zieht die griech. *Daniel-Diegese* (Beginn d. 9. Jh.s n. Chr.: vgl. K. Berger, Daniel-Diegese, 32–39; G. T. Zervos, Apocalypse of Daniel, 756f; F. García Martínez, Qumran, 155), die zwar in 3,3 (Text u. Übers. Berger, a. a. O., 12.54: ... μυρίαι μυριάδες καὶ χίλιαι χιλιάδες ... [= „... zehntausend Zehntausendschaften und tausend Tausendschaften"]) u. a. auf Dan 7,10 [ϑ'] anspielt, jedoch schon in der Menschensohn- und Meeresmetaphorik in Kap. 11 so weit über Dan 7 hinausgeht, dass eine direkte Verbindung der *Daniel-Diegese* mit Dan nicht mehr angenommen werden kann (vgl. dazu auch Berger, a. a. O., 109–117). Schließlich wäre noch auf zwei jüd.-pers. Traditionen aus dem 15. bzw. 12. Jh. n. Chr. hinzuweisen, einen „biblischen" Danieltext (zu Dan 7 vgl. E. Mainz, Livre, 167–170) und eine selbständige Danielapokalypse („*Qiṣṣe-ye Dāniyāl*" [= „Daniel-Erzählung"]). Sie assoziert mit Messiasmotiv u. Theophanie Dan 7 (Text u. Übers.: J. P. Asmussen, Daniel Apocalypse, 39f: שמ' יח' ויר'ור' [= „... and God will appear (...) from Heaven ..."]). Zu weiteren Dan-Apk vgl. G. S. Oegema, Danielrezeption, 98f.

[281] Zur Bezeugung und Bedeutung von *Pseudo-Daniel* in Qumran sei auf die zurückhaltenden Überblicke bei J. J. Collins, Light, 180–196, u. M. Henze, Madness, 217–243, verwiesen. Zu 4QEnGiants^b ar im besonderen vgl. die Tabellen bei L. T. Stuckenbruck, Throne-Theophany, 216f; ders., Book, 121; ders., Daniel, 380, der diesen Text mit Dan 7 motivkritisch vergleicht. Die angebliche Abhängigkeit der Passage aus dem *Gigantenbuch* von Dan 7 wird außerdem für eine Datierung von 4QEnGiants^b ar herangezogen (vgl. F. García Martínez, Qumran, 104).

Jeder Versuch einer Verhältnisbestimmung von Dan 7; äth-
Hen 14 und 4QEnGiants[b] ar ist auf Hypothesenbildung angewiesen, da die bezeugten Motivkonstellationen in vielfälti-
ger Weise differieren und zumindest der Beleg zum *Gigantenbuch* auf Grund seines fragmentarischen Zustands weithin Raum für Spekulationen lässt.[282] Zudem besteht neben
anderen ein wesentlicher Unterschied in der Theophaniekonzeption dieser Zeugnisse. Denn unter formkritischen
Gesichtspunkten werden Dan 7,9f und äthHen 14,18–22 mit
1Kön 22,19–23; Jes 6 und Ez 1 verglichen.[283] Insoweit wäre
4QEnGiants[b] ar ii 16f zu beachten, wo im Zusammenhang
des Herabsteigens (נחח) Gottes zugleich Thron und Engelbegleitung erwähnt werden.[284] Nuanciert anders nimmt sich
dagegen die Konzeption der Menschensohn-Theophanie in
Dan 7,13f aus, die zwar mit der geläufigen Begleiterscheinung (V.13aβ; vgl. 4Esr 13,1–3) und der spezifischen Terminologie angedeutet wird, wobei jedoch V.13bα eher an eine
himmlische Szenerie denken lässt.[285] Letzterem würde sich
wiederum äthHen 14,8–10 fügen, wo der Seher ausdrücklich
„nach oben“, d. h. in den Himmel, verbracht wird (V.9: vgl.
4QEn[c] ar 1 vi 19–24)[286], womit der himmlische Tempel vor-

---

282 Paradigmatisch listet L. T. Stuckenbruck, Book, 121f; ders.,
Daniel, 380f, die Gemeinsamkeiten und Unterschiede von Dan 7,9f.28
und 4QEnGiants[b] ar auf und gelangt zu dem vorsichtigen Ergebnis (vgl.
Book, 123; Daniel, 383f), dass wegen der deutlicheren Ausgestaltung
der Theophanie in Dan 7 der Beleg des *Gigantenbuchs* älter ist, wahrscheinlich aber beiden eine gemeinsame Tradition vorlag.

283 Vgl. v. a. M. Black, Throne-Theophany, 57–73; M. Dean-Otting,
Heavenly Journeys, 53–57; J. J. Collins, Daniel, 300.306–308, u. ausführlich H. S. Kvanvig, Henoch, 101–133.

284 Text: L. T. Stuckenbruck, Book, 119, der PAM 40.620; 41.444;
42.496 u. 43.568 vergleicht (s. F. García Martínez / E. J. C. Tigchelaar,
Study Edition, 1062.1064); Übers.: J. Maier, Qumran-Essener II, 700f:

16 [...] שלטן שמיא לארעא נחח
17 וכרסון יחיטו וקדישא רבא יתןב מאה מןאין לה משמשין
אלף אלפין להן [...]

(16) Der Herrscher des Himmels stieg herab auf die Erde (17) und
Throne wurden hingestellt und der Große Heilige setzte[sich. Aber-
hun]derte bedienen ihn, abertausende bringen ihm [...].

285 Zur Terminologie vgl. אחה in V.13aγ (vgl. V.22 u. für 4Esr 13,3
[Syr.]: ܡܠܐ, Af.). Zum Erweis der himml. Theophanie in Dan 7 vgl. S.
Beyerle, Untersuchungen, 33–50.

286 Zu äthHen 14,8f (4QEn[c] ar 1 vi 21f) vgl. Text u. Übers.: J. T. Milik /

gestellt sein dürfte.[287] Die Konstellation der „Himmelstheo-
phanie" in Dan 7,9f.13f ist jedoch einzigartig. Außerdem
wird der Seher Daniel, sehr im Unterschied zu Henoch in
äthHen 14, nicht entrückt.

Gerade die genannten Auffälligkeiten in Dan 7 und äth-
Hen 14 versucht man seit Hermann Gunkel durch religionsgeschichtliche Parallelen, vor allem aus Mesopotamien und
Ugarit[288], wenn nicht zu erklären, so doch für die Genese
der Überlieferung fruchtbar zu machen: Vor allem in den
unterschiedlichen Gestalten eines El-artigen *deus otiosus*[289]

M. Black, Books, 194f (vgl. F. García Martínez / E. J. C. Tigchelaar,
Study Edition, 416):

21 ואובלוני ואע[ל]ו[נ]י ב[שמיא ועלת בהון עד די אדבקת
לשורי בניאן מתבנא אבני ברד]
22 [ולשנ]י נור סחרין סחור סח[ור להון ושריו למדחלותני ול
[ני ...

and brought me up [i. e. die Winde, S. B.] and made me enter into
[heaven. And I entered it until I drew near to the walls of a building
built with hail-stones] and tongues of fire were surrounding them all
around, [and they began to fill me with fear and to ... me.

Da Milik nach dem griech. Text rekonstruiert, was durchaus umstritten
ist, sei der Bestand des Fragments aus 4QEn^c ar noch einmal mit K.
Beyer, Texte, 239f, vor Augen geführt:

ואובלוני ואע[ל]ו[נ]י ב[שמיא ■ ■ ■ ■ ■ ■ ■ ■ ולשנ]י נור סחרין
סחור סח[ור   ל   ■ ■ ■ ■

... und sie trugen mich und brachten mich hinein in [den Himmel ...
und] Feuerzungen laufen ringsherum [um ...

Durchaus vergleichbar ist außerdem ein späterer Text aus den *Bilderreden*, der von der Entrückung des Geistes Henochs berichtet (äthHen
71,1.5), wie er vor das „Haupt der Tage" gelangt (V.10–12). Auch dieses
Kap. greift auf theophane Motivik zurück (V.2.5–7), ohne jedoch *expressis verbis* eine Theophanie zu bieten (vgl. M. Dean-Otting, Heavenly Journeys, 60–63).

287 So wäre Henoch in äthHen 14 zum (himml.) Priester erwählt (vgl.
M. Himmelfarb, Ascent, 14–28. 119–126 Anm. 27–110 [Lit.]; J. E. Wright,
History, 119f. 251 Anm. 9; G. W. E. Nickelsburg, 1 Enoch 1, 262).

288 So ist der mit den Himmelswolken kommende „Menschensohn"
neben dem „Alten an Tagen" mit dem ugarit. Pantheon zu vergleichen,
das Baal und El entsprechende Attribute zuordnet (vgl. J. A. Emerton,
Origin, 225–242). Gunkels Deutung zu Dan 7: ders., Schöpfung, 323–
335; vgl. K. Koch / T. Niewisch / J. Tubach, Daniel, 216–234; H. S.
Kvanvig, Roots, 524–529; M. Müller, Ausdruck, 7–9 Anm. 11; W. G.
Kümmel, Jesusforschung, 348–360.520–528.662–690.

289 Zur religionswissenschaftl. Bezeichnung u. Beschreibung des
deus otiosus vgl. M. Eliade, Religionen, 74–78; ders./ L. E. Sullivan,

und königlichen Mittlers (בר אנש) spiegele sich der ugarit. Baalsmythos. Wie auch immer man die religionsgeschichtlichen Wurzeln im einzelnen identifiziert. Es bleibt die Unausgeglichenheit zwischen Dan 7 und äthHen 14. Außerdem besitzen alle Herleitungsversuche die Schwäche, dass sie ein Entwicklungsmodell *voraussetzen*, das je nach Intensität der Mythologeme die Abhängigkeit der Texte untereinander bestimmt.[290]

Schließlich besteht bei allen Gemeinsamkeiten[291] eine gewichtige Eigenheit der Menschensohn-Episode in der Funktionalisierung der Theophanie als göttlichem Kommen zum Gericht (vgl. Dan 7,22.26f). An dieser Stelle ist die Danielvision eher mit äthHen 1,1–9* (vgl. äthHen 14; 4Esr 13,1–3) als mit pseudo-daniel. Texten oder der Giganten-Überlieferung vergleichbar. Zieht man aus der bisherigen Problemanzeige eine vorläufige Summe, so stehen bei der Interpretation der daniel. Theophanie vor allem äthHen 14 und 4Esr 13 (*visio* 6: 12,50[.51] – 13,56[292]) als Vergleichstexte zur Verfügung, da sie in ihrer Funktionalität theologischer Aussagen und nicht zuletzt in ihrer Kombination von die Transzendenz überwindenden Motivkonstellationen zusammengehören. Dies kann nicht bedeuten, dass der Beleg aus dem

---

Art. Deus otiosus, 314–319. Zum (scheinbaren) Charakter eines *deus otiosus* beim ugarit. El vgl. O. Loretz, Einzigkeit, 58–60.

290 Zusammen mit J. A. Emerton (vgl. ders., Origin, 230) hat H. S. Kvanvig (vgl. ders., Henoch, 132 Anm. 3) die Behauptung aufgestellt, dass die Abhängigkeit der „Menschensohn"-Theophanie von äthHen 14 den religionsgeschichtlichen Einfluss durch den ugarit. Baalsmythos in Dan 7 stark einschränkt. Während ersterer den ugarit. Hintergrund grundsätzlich durchaus in Rechnung stellt, möchte jedoch letzterer Dan 7 ganz von äthHen 14 her interpretieren. Derlei Schlussfolgerungen haben allerdings nur ihr Recht, wenn man von einem linear-genetischen Entwicklungsmodell bei diesen Texten ausgeht. H. S. Kvanvig versuchte zu zeigen, dass die Kombination von „Thronvision" und „Eintritt in den Thronsaal Gottes", die nur in Dan 7 und äthHen 14 vorkommt und die benannte Unausgeglichenheit betrifft, ein exklusives Abhängigkeitsverhältnis zwischen beiden Texten stiftet (vgl. ders., Henoch, 129; ausgewogener: J. C. VanderKam, Enoch, 133–135).

291 S. auch den Vergleich von Dan 7 mit Ez 1 bei H. S. Kvanvig, Henoch, 114–119.

292 Zur Abgrenzung vgl. J. Schreiner, JSHRZ V/4 (1981), 393.399; F. Hahn, Apokalyptik, 65.70f; J. Kerner, Ethik, 166. Etwas abweichend: M. E. Stone, Fourth Ezra, 376.409.

Gigantenbuch a limine auszugrenzen ist, doch enthält seine fragmentarische Bezeugung bisher keine Hinweise, die einen wirklichen Textvergleich mit Dan 7 in der angezeigten Weise möglich machten.

Zunächst seien die Parallelen auf motivkritischer und erzählstruktureller Ebene angeführt: Innerhalb von Dan 7,1–28 sind die beiden Visionen (V.9f.13f) durch die analoge Einleitung „Ich sah [*in Gesichten der Nacht*] ...“ (V.9.*13*) und eine *inclusio*, die Rede großer Dinge (V.8bβ.11aα.β; vgl. V.20), bzw. den Neueinsatz in V.15a (vgl. אנה דניאל) inhaltlich-formal vom Kontext abgesetzt. Die beiden Referenztexte ordnen sich den Theophanien aus Dan 7 in unterschiedlicher Weise zu. Während äthHen 14,18–25 eher im Motivinventar mit der ersten Danielvision aus Kap. 7 (V.9f) übereinstimmt, ist *visio* 6 in 4Esr 13* hinsichtlich seiner formalen Struktur[293] und im Blick auf seine Anspielungen auf die Menschensohn-Thematik, also durch formale Bezüge *und* Wortassoziationen, in stärkerem Maße mit der zweiten Vision in Dan 7,13f vergleichbar. Vor allem *visio* 6 ist in der direkten Gegenüberstellung signifikant, weil sie mit Dan 7 die analoge Naturreaktion zu Beginn bezeugt, die wohl die Unmittelbarkeit und Intensität der Geschehnisse unterstreichen will. Und nicht zuletzt die theophanen Naturereignisse stellen auch den Bezug zu äthHen 14 her (s. u.):

Dan 7,2   4Esr 13,2[294]

ענה דניאל ואמר חזה הוית

---

293 In *visio* 6 ist zu gliedern: (12,50[.51]–)13,1: Einleitung; 13,2–13a: »Menschensohn«-Vision (vgl. Dan 7,13f); V.13b–20a: Schreckreaktion des Visionärs und Aufforderung zur Deutung (vgl. 13,51; vgl. Dan 7,15–16a); V.20b–50: Deutung der Vision (vgl. 13,53–56; vgl. Dan 7, 16b–27). Zur Gliederung vgl. M. E. Stone, Fourth Ezra, 382.388.394f.

294 Text: R. Weber, Biblia Sacra, 1962, bzw. A. F. J. Klijn, Text, 81; Übers.: J. Schreiner, JSHRZ V/4, 393. Beim »Menschensohn«-Motiv in Esr 13,3a besteht ein textl. Problem: Während die syr. (äth., arab.) Bezeugung (vgl. R. J. Bidawid, 4 Esdras, 40; äth.; C. C. Caragounis, Son of Man, 127 Anm. 173) die Phrase ܐܝܟ ܕܡܘܬܐ ܕܒܪܢܫܐ [= „(Einer) vom Aussehen eines »Menschensohns«] bietet, ist nach dem lat. Text, bis auf *Codex Legionensis*, eine Auslassung wegen Homoioarkton zu verzeichnen. Vgl. hierzu den Text bei A. F. J. Klijn, Text, 81 [Anm. zu V.3]: Wegen des Anklangs an die Deutung in V.25.32.51 (*vir*/ܓܒܪܐ) könnte es sich bei der Lesart in *Codex Legionensis* aber auch um eine sekundäre Ergänzung handeln (anders etwa F. Hahn, Apokalyptik, 71:

<table>
<tr><td>בחזוי עם־ליליא וארו
ארבע רוחי שמיא מגיחן
לימא רבא</td><td>„... Et ecce
de mari ventus exsurgebat, ut
conturbaret omnes fluctus eius."</td></tr>
<tr><td>„Daniel hob an zu reden:
Ich hatte Traumgesichte in
der Nacht: Siehe, vier Winde
des Himmels, die das große
Meer aufwühlten."</td><td>„... Siehe, ein gewaltiger Sturm
erhob sich im Meer und erregte
alle seine Wogen."</td></tr>
</table>

Trotz dieser Gemeinsamkeit zeigt der Fortgang beider Visionen Abweichungen. Grundsätzlich wird man fragen müssen, ob in 4Esr 13* wirklich ein Bezug zum „Menschensohn" vorliegt.[295] Während nach Dan 7 zunächst die drei bzw. vier Tiere (V.3–6), das „kleine Horn" (V.7f) und die erste (Thron-)Theophanievision (V.9f) zum Zuge kommen, geht 4Esr 3,3–13a sogleich in die Vision über. Die beiden Texte erweisen zwar nahezu wörtliche Entsprechungen, doch ist der unmittelbare literarische Kontext sehr unterschiedlich strukturiert: Zum einen zeigt die Abfolge von den vier aus dem Meer aufsteigenden und wohl irdische Drangsal repräsentierenden Tieren (V.3–8) bzw. der anschließenden Menschensohn-Vision (V.9–14), dass in Dan 7 die himmlische Welt auf die irdische Welt reagiert.[296] Da-

---

quasi similitudinem hominis sei ausgefallen). Vgl. die lat.-syr. Synopse bei A. P. Hayman, Man, 2–5 u. 6, (dort auch zu V.3a); vgl. zur Sache außerdem die Diskussion bei M. E. Stone, Fourth Ezra, 381; A. Scriba, Theophanie, 208 Anm. 7.

295 Vgl. zuletzt U. B. Müller, Parusie, 136. Jedoch: s. u. und zum Vergleich von aram. כבר אנש mit dem „*status emphaticus*" in aram./syr. בר נשא / ܒܪ ܐܢܫܐ vgl. ausführlich S. Beyerle, Untersuchungen, 24–33. PD Dr. Uwe Gleßmer (Hamburg) sei für zahlreiche Hinweise gedankt!

296 Vgl. H. S. Kvanvig, Henoch, 103. Dies könnte auch in 4Qps-Dan[a] ar 16 1–4 zum Ausdruck kommen (Text u. Übers.: J. J. Collins / P. W. Flint, DJD 22, 108f, wo auch die Textabweichungen gegenüber der Rekonstruktion bei K. Beyer diskutiert werden):

<table>
<tr><td>[כ] [אי]ץ עין שנין[</td><td>1 [</td></tr>
<tr><td>בי]דה רבתא ויושע אנ[ון</td><td>2 [</td></tr>
<tr><td>[חסינין ומלכות עממ]יא</td><td>3 [</td></tr>
<tr><td>[היא מלכותא קד]ישתא</td><td>4 [</td></tr>
</table>

1.]oppressed(?) for [seven]ty(?) years [
2. with] his great [ha]nd and he will save th[em
3.]powerful[ ]and the kingdoms of [the] peoples[
4.]It is the h[oly] kingdom[

Auch wenn die histor. Anspielung dieses Fragments nicht sicher veror-

gegen erfolgt nach 4Esr 13, in *Umkehrung* der Reihenfolge
aus Dan 7, eine unmittelbare Naturerscheinung (vgl. 4Esr
13,3b.4) als Folge der Theophanie. Die erwähnten Flammen
und das Feuer (Dan 7,9f) dienen dabei keineswegs zur Ent-
lastung jener Divergenz, denn sie gehören eindeutig nicht
zu den in der Theophanie häufigen Folgeerscheinungen der
Erde oder der *irdischen Natur*, auch wenn sie motivge-
schichtlich von den bekannten Theophanietexten herrühren. Vielmehr bleiben sie als Teil eines *himmlischen* Geschehens ganz der Beschreibung des *deus otiosus* vorbehalten. Fürs Erste kann gefolgert werden, dass die Szene in
Dan 7,9f.13f aus der Sicht des Visionärs die „himmlische
Entgegnung" auf das durch Gewalt und Unterdrückung ge-
kennzeichnete Weltgeschehen markiert. Wogegen zu 4Esr
13,3–13a zu betonen ist, dass die Vision unmittelbar ein-
setzt und sich sogleich Untergebenheitsbekundungen anschließen.[297]

Bevor die Funktionen der genannten Theophanien im Vergleich näher
bestimmt werden können, ist ein knappes Wort[298] zur Identifizierung des בר אנשׁ in Dan 7 nötig. Ganz grundsätzlich zeichnen sich
neuerdings einige Konvergenzen ab: Erst in der post-daniel. Rezeption, vielleicht in den *Bilderreden* des äthHen und in 4Esr, stößt man
auf ein messian. Verständnis des בר אנשׁ.[299] Auch wenn man die

---

tet werden kann (Exodus, Exil?), wird die Gegenüberstellung von weltl.
(Z. 3: ומלכות עממיא) und göttl. (Z. 4: היא מלכותא קד'ישחא) Herrschaft deutlich. Dadurch legt sich auch eine „eschatologische" Szenerie nahe (vgl. die Interpretation bei P. W. Flint, Daniel Tradition, 340.
346f.351; zur Textrekonstruktion vgl. auch J. J. Collins, *Pseudo-Daniel*,
122–125.129f).

297 Ein vollkommen anderes Bild entsteht, wenn man das Buchganze
von 4Esr vor Augen hat, da dann, analog zu Dan 7,1–28, die Theophanie
als *Reaktion* auf die im vorausgehenden Dialog zwischen Esra und dem
Engel Uriel prädizierte Weltverfallenheit an das Böse gelesen werden
kann (vgl. H. C. Kee, "The Man", 202; A. Lacocque, Vision, v. a. 240–
242, die auch die Adlervision aus 4Esr mit Dan 7 vergleichen).

298 Vgl. ausführlich S. Beyerle, Untersuchungen, 1–52 [Lit.].

299 Vgl. V. Hampel, Menschensohn, 41–48, der in der Erwählung das
wesentliche Differenzkriterium zum daniel. Menschensohn sieht; anders K. Müller, Menschensohn und Messias, 280–285.293–298, der
aus den *Bilderreden* des äthHen eine vorliterarische „Richtergestalt"
herausarbeitet, die den daniel. Menschensohn erst beeinflusst habe.
Sehr differenziert äußert sich A. Scriba, Theophanie, 212–216, zum
בר אנשׁ und den unterschiedlichen Funktionen (a. a. O., 216) in Dan 7

Frage nicht ohne Seitenblicke auf den „daniel. Messianismus" generell behandeln kann[300], muss es im Zusammenhang der Fragestellung ausreichen, die Interpretationsmöglichkeiten zum Menschensohn im Auge zu behalten. In der Diskussion kristallisieren sich
zwei Lösungsmöglichkeiten heraus:[301] eine kollektive („Israel": vgl.
Ps 80,18 u. die syr. Exegese [Ephraem]) und angelologische.[302] Die
grammat. Bildung eines indeterminierten Nomens mit vorangestell-
ter Vergleichspartikel כ (Dan 7,13aγ: כבר אנש אתה הוה) deutet an,
dass der erwartete „Menschensohn" eine vom Visionär erblickte
menschenähnliche Gestalt ist, deren *attributum humanum* entweder
auf Grund seiner Herkunft bzw. seines Tuns eigens betont werden
muss. Oder aber jener בר אנש ist eben doch von allem Menschlichen
unterschieden, wenn er nur der Gattung des אנש *gleicht*.[303] Schon
diese grammat. Beobachtungen verdeutlichen, dass man in Dan 7
kaum mit einer messianischen Gestalt konfrontiert wird, die anders
eingeführt wäre (vgl. etwa äthHen 48,2f.10; 52,4; 4Esr 13,26[304]), zu-

---

(„Himmelswesen mit Endzeitfunktion"); äthHen 46ff („himmlischer
Richter im endzeitlichen Gerichtsverfahren"); 4Esr 13 („theophaner
Mandatar Gottes zur endzeitlichen Vernichtung").

300 Vgl. J. J. Collins, Scepter, 34–38. Der משיח aus Dan 9,25f dürfte
sich auf einen gesalbten Priester beziehen, möglicherweise Josua bzw.
Onias III. (vgl. a. a. O., 34f.37).

301 Weitere Lösungen bieten M. Müller, Ausdruck, 27–63; J. J. Collins, Daniel, 308–310; M. E. Stone, Fourth Ezra, 211f (v. a. mit 211
Anm. 34); vgl. auch P. L. Redditt, Daniel, 127; D. Burkett, Debate, *passim*; J. Eggler, Influences, 88–95. In jüngster Zeit wollen einige Exegeten die Menschensohn-Vision aus Dan 7 (vgl. äthHen 14) mit priesterl.
bzw. tempeltheol. Themen verbinden (vgl. A. Lacocque, Book, 124f:
ders., Daniel, 28f; ders., Milieu, 335f; M. Himmelfarb, Ascent, 17f.60f;
C. H. T. Fletcher-Louis, High Priest, 169–172.181–186; ders., Revelation, v. a. 257–261). Doch reichen die Anspielungen in Dan 7 m. E. nicht
hin, um auf die Beschreibung eines „himmlischen Tempels" bzw. "hohepriesterl. Menschensohns" schließen zu können.

302 Vgl. zur kollekt. Deutung zuletzt H. Roose, Teilhabe, 81–83. Die
syr. Auslegungstradition zu Dan 7 dokumentiert M. Müller, Ausdruck,
39f. Für ein angelolog. Verständnis steht etwa J. J. Collins, Daniel,
304–310. Gegen die o. konstatierte Tendenz hält sich hartnäckig die
messian. Interpretation: vgl. H. Gese, Anfang, 229f; ders., Der Messias, 138–145, u. zuletzt E. P. Meadors, Implications, 269f.

303 Vgl. dazu auch J. J. Collins, Daniel, 304f; K. Beyer, Texte, 517f;
ders., Texte.Ergbd., 311.

304 4Esr 13,26 lautet (Text: R. Weber, Biblia Sacra, 1964; Übers.: J.
Schreiner, JSHRZ V/4, 396):
Ipse est quem conservat Altissimus multis temporibus, qui per se-
met ipsum liberabit creaturam suam, et ipse disponet qui derelicti
sunt.

mal der aram. Ausdruck eine Übersetzung des hebr. häufig bezeugten בן אדם darstellt (vgl. Dan 8,17; 10,16 [nach Syr, Vg.[305], ϑ', Mss.
130.541]). Zudem verwies Helge S. Kvanvig auf die in den Danielvisionen bedeutsame „man-imagery", wie sie neben Dan 7 auch im
vierten Kap. bezeugt ist. Ließe sich über die Menschensohn-Thematik wirklich eine Verbindung beider Kap. kenntlich machen, hätte
dies Konsequenzen für das Strukturprinzip „Theophanie" im Danielbuch insgesamt.

Die Vokabel אנ(ו)ש zeigt in der Tat in Dan 4 eine signifikante
Häufung (V.13f.22.29f).[306] Die Gemeinsamkeiten mit Dan 7
bestehen, trotz der Determination in Kap. 4, sowohl im ge-
nerischen Gebrauch der Wurzel als auch in ihrer abgren-
zenden Bedeutung zum „Reich der Tiere". Zudem setzt
Dan 4 den „Menschen" nicht als göttliche Gestalt ein, sondern ordnet ihm, wenngleich in herrschender Position, eine
dem Numen untergeordnete Stellung zu, wie dies auch in
Dan 7,13[307] deutlich wird. Allerdings besteht ein wesentli-

---

Das ist jener [i. e. der aus dem Meer aufgestiegene »Menschensohn«, S. B.], den der Höchste lange Zeit aufbewahrt, durch den er
seine Schöpfung erlösen will; er wird die Übriggebliebenen ordnen.

305 *Codex Parisinus* (Bibl. Mozarab.) sowie *Codex Wirceburgensis* le-
sen allerdings ohne „*filii*" (vgl. auch eine Lesart des ϑ' [Ms. 534]: vgl.
Biblia Sacra 16, 115; Syr liest [s. o.]: ܐܢܫ ܕܒܪܗ ܐܝܟ). Innerhalb
der griech. Überlieferung liest Pap. 967 (wie o') χειρὸς ἀνϑρώπου (vgl.
A. Geißen, Septuaginta-Text, 235f), was möglicherweise auf 6Qpap-
Dan Frgm. 2–5, Z. 16 ( ]כדמות יד אדם נג[עה): Rekonstr.: M. Baillet,
DJD 3, 115) zurückgeht (vgl. J. Ziegler / O. Munnich, Susanna, 90.372f;
K. Koch / M. Rösel, Polyglottensynopse, 268f).

306 Vgl. HAL 1670. Neben H. S. Kvanvig, Roots, 496–498, weisen
auch K. Müller, Menschensohn, 240f; W. Schenk, Ich-Idiom, 32, u. O.
Keel, Tiere, v. a. 23–28, auf die Verbindungen mit Dan 4 hin.

307 In der Textüberlieferung weicht der griech. Text (Pap. 967, *Codex
Chisianus* [Ms. 88], Sy^h) mehrheitlich von MT u. „*Pseudo-Theodotion*"
(ϑ'), o' ab. Syr u. hebr. *Oxford, 2797 Ms. Heb.d. 11* a (vgl. R. Medina Lech-
tenberg / P.-R. Berger, Theodotion-Tradition, 305) folgen MT [Syr] u.
ϑ' [*Ms. Oxford*], sind jedenfalls um Wörtlichkeit bemüht. Die Kirchenväter bieten wie o' zumeist Mischtexte. Zum Befund vgl. L. T. Stuckenbruck, Recension, 271; K. Koch / M. Rösel, Polyglottensynopse, 202f).
Die textgeschichtl. Auffälligkeiten sind spätestens seit W. Bousset
(¹1903, dort: 250f) bekannt (vgl. W. Bousset / H. Gressmann, Religion,
264f, u. L. T. Stuckenbruck, Recension, 268): Für MT ועד־עתיק
יומיא (*Ms. Oxford*: ועד זקן ימים, vgl. ϑ') lesen Pap. 967 u. Ms. 88 καὶ
ὡς (statt ἕως: ϑ') παλαιὸς ἡμερῶ(ν) παρῆν, identifizieren also „Menschensohn" und „Alten an Tagen" (zum grammat. Problem vgl. T. J.
Meadowcroft, Daniel, 223f; vgl. auch J. J. Collins, Daniel, 275.311; A.

cher Unterschied in der funktionalen Bedeutung des „Menschen" in Dan 4 und des „Menschensohns" in Dan 7: Während der אנוש aus Dan 4 auf seine Positionsbestimmung zwischen dem „Reich der Tiere" und Gott beschränkt bleibt, wird er in Kap. 7 zum Akteur einer Theophanie, die in der himml. Sphäre verbleibt.[308] Zudem ist der „Menschensohn" aus Kap. 7 Teil einer Gerichtsszene (7,10b).

Allerdings ergibt sich möglicherweise eine Annäherung, wenn man die Identifizierung des „Menschensohns" in Kap. 7 nochmals überdenkt: Von Bedeutung ist in diesem Zusammenhang die Vergleichspartikel כ, die, insofern sie nicht völlig funktionslos sein sollte, der im בר אנ(ו)ש vorgestellten „Menschengestalt" nur *das Äußere* eines Menschen verleiht, während Szenerie und Person des „Menschensohns" in Dan 7,9f.13f auf den Himmel verweisen (vgl. etwa Ez 8,2f).[309] Dies bedeutet aber, dass jene eher als Himmelswesen zu beschreibende Figur in Dan 7 keineswegs einen *Menschen* bezeichnet, sondern die Formulierung כבר אנש der Unterscheidung von der Tierwelt als Metapher für das ird. Böse, im Umfeld der Vision dient.

Damit ließe sich die Identifizierung von „Menschensohn" und „Altem an Tagen" in der griech. Mehrheitsüberlieferung textgeschichtlich gut erklären, da eben schon die aram. Version Göttliches in der Bezeichnung zum Tragen brachte. Daran knüpft die Beobachtung, dass in dem Dan 7 rezipierenden Kap. 13 in 4Esr die Vergleichspartikel in der

---

Scriba, Theophanie, 137; A. Yarbro Collins, Cosmology, 163f; K. Koch, Danielrezeption, 99f). Bis in aktuelle Exegesen hinein scheiden sich die Geister an der Frage, ob die griech. Überlieferung einem Schreibfehler aufsaß (vgl. etwa A. Yarbro Collins, Cosmology, 159–197) oder eine bewusste theol. Intention hinter der Änderung zu vermuten ist (vgl. etwa L. T. Stuckenbruck, Recension, 273–276). Die Gleichsetzung könnte von Ez 1,26 (vgl. V.5) herrühren, wo ebenfalls Gott menschengestaltig gezeichnet ist. Wahrscheinlicher ist allerdings, dass die theol. Tendenz der griech. Mehrheitsüberlieferung eine gegenüber MT noch deutlichere Trennung zwischen göttl. Wesen und Mensch bzw. den Engeln anstrebte (so L. T. Stuckenbruck, Recension, 273; K. Koch, Danielrezeption, 101).

308 Vgl. die Begründung in S. Beyerle, Untersuchungen, 33–50.

309 Vgl. dazu T. J. Meadowcroft, Daniel, 201–203, u. wiederholt J. J. Collins, Vision, 144–146; ders., Imagination, 102f; ders., Daniel, 304–310; S. Beyerle, Untersuchungen, 33–50, die an eine himmlische Szene denken. Eine bewusste Zwiespältigkeit der „Menschensohn"-Figur attestiert J. E. Goldingay, Daniel, 169–172.

syr. Überlieferung mit ܕܡܘܬܐ (aram. דמותא; vgl. Dan 8,15 [כמראה־גבר]) wiedergegeben wurde, was die Emphase des *Aussehens*, und nicht des *Wesens* eines „Menschen" einschließt.[310]

Zuletzt wäre sogar religionsgeschichtlich eine Verbindung unter den Motiven herzustellen, wenn sowohl die Numina in ihrer Unterscheidung eines *deus agens*, der auf den Wolken reitet, von einem *deus otiosus* als auch die Motivkonstellation des Aufbrausens des Meeres dem ugarit. El-Baal-Mythos entstammten.[311] Die Differenzierung in einen *deus agens* und einen *deus otiosus* würde letztlich implizieren, dass der griech. Interpretation in ihrer Gleichsetzung von „Menschensohn" und „Altem an Tagen" die durch den Baal-Mythos erst erhellende Subordination des „בר אנש – Baal" unter den „עתיק יומיא – El" nicht mehr geläufig war.

Somit ist der Boden für einen Vergleich der Theophanien in Dan 7 und 4Esr 13 – bzw. Qumran und den *Bilderreden* – bereitet. Der Vergleichspunkt „Menschensohn" zeitigt gerade dann Konvergenzen, wenn man Dan 7,1–28 als eine Einheit[312] und im „kanonischen" Zusammenspiel mit Dan 4 zu verstehen sucht: Der בר אנש bezeichnet ein himmlisches, Gott-nahes Wesen, dessen *Aussehen* allein wie das eines Menschen ist. Die Gestalt selbst ist in einem theophanen Geschehen als Numen (vgl. Dan 7,14aα[313].b) vorgestellt, das

---

310 Vgl. dazu auch C. C. Caragounis, Son of Man, 128.

311 Vgl. J. J. Collins, Sea, 143–146, der die religionsgeschichtliche Bedeutung ugarit. Texte (v. a. des Baal-Mythos) für Dan 7 betont. Da zwischen den Texten aus *Ras Schamra* u. Dan ein Zeitunterschied von über tausend Jahren besteht, sind Zwischenglieder bzw. parallele Phänomene zu benennen, um die sich Collins bemüht hat (vgl. a. a. O., 150–154; vgl. auch ders., Daniel, 291–294). Von besonderer Bedeutung sind neben den durch die gesamte Literaturgeschichte des *Tanach* hindurch bezeugten Chaoskampf-Motiven die Qumrantexte, die ein Wiederaufleben (vgl. Dtn 32,8 [nach LXX; 4QDtᑫ] oder Ps 82,1; 89,8–11) der dem Gott JHWH untergeordneten Numina bezeugen (vgl. aus den Melchizedek-Frgm.: 11Q13 ii 9–11). Es sei beispielhaft 4Q491 8–10 i 13 (vgl. 1QM 14,16) hervorgehoben (Text u. Übers.: J. Duhaime, PTSDSSP 2, 148f): רו[מ]ה אל אלים והנשא בעוז מלך המלכים = „... Ri[se up , O God of gods! Lift yourself up with vigor, O King of ki[ngs! ...]."

312 Anders die literarkritischen Versuche bei M. Noth, Komposition, 145–147; U. B. Müller, Messias, 19–24; P. Weimar, Daniel 7, 11–36; ders., Macht, 362–371; E. Haag, Menschensohn, 138–158: vgl. dazu auch die Diskussion bei S. Beyerle, Untersuchungen, 5–20.

313 Zur Ausstattung des „Menschensohns" vgl. die Synkretismen

sich dem im „Alten der Tage" prädizierten Gott Israels unterordnet bzw. untergeordnet wird (vgl. Dan 7,13b).

3.3. „Gottessohn" und „Menschensohn"

Während der „Menschensohn" in Dan 7 noch keinerlei Hinweise auf eine „messian. Funktionalisierung" liefert, setzte die Fortschreibung in 4Esr und den *Bilderreden* der henoch. Tradition andere Akzente.[314] Im Kontext der Debatte um messian. Deutungen des בר אנש spielt zudem der *„Son of God"*-Text (4QpsDan[d] ar [4Q246]) eine wesentliche Rolle.[315] Für John J. Collins stellt der Qumranbeleg die älteste Bezeugung einer „messian." und zugleich „menschenartigen" Gestalt dar. Dass die Begrifflichkeit der Rettergestalt in späteren Belegen divergieren kann, ohne dass unterschiedliche Personen angesprochen sein müssen, zeigt dann die Identifizierung des „Gerechten" mit dem „Erwählten" in äthHen 53,6 (äth.: *ṣādeq wa-xeruy*) oder die Bezeichnung des „Menschensohns" als „erwählt" in äthHen 48,6.

Die Abschrift von 4Q246 wird aus paläograph. Gründen in das letzte Drittel des 1. Jh.s v. Chr. datiert, wenngleich die Interpretationen für

---

des Heiligtums *Nemrud Dagh* von Kommagene und dazu K. Koch, Synkretismus, 281–299; ders., Daniel, 189–197, u. S. Beyerle, Untersuchungen, 38f Anm. 127 (Prof. Klaus Koch, Hamburg, sei für zahlreiche Hinweise gedankt).

314 Dies ist wenig überraschend, wenn man bedenkt, dass der jüd. Messianismus der makk. Periode eher sporadisch zum Zuge kommt (vgl. J. J. Collins, Messianism, 106). Zur messian. Bedeutung des „Menschensohns" allgemein vgl. J. J. Collins, Scepter, 173–194; zu den *Bilderreden* sei vorerst auf G. W. E. Nickelsburg, Salvation, 58–64; G. S. Oegema, Der Gesalbte, 129–136; J. C. VanderKam, Righteous One, 413–438; M. Black, Messianism, 145–168, verwiesen. Der äth. Text der *Bilderreden* kennt drei Ausdrücke für den „Menschensohn": 1. *walda sab'* (wörtl. „Sohn [der] Menschheit": vgl. 46,2–4; 48,2); 2. *walda be'si* (wörtl. „Sohn [des] Mannes": vgl. 62,5; 69,29; 71,14); 3. *walda 'eg*^w^*āla 'emma-ḥeyāw* („Sohn der Geburt der Mutter [alles] Menschlichen"; entspricht υἱὸς τοῦ ἀνθρώπου: vgl. 62,7.9.14; 63,11; 69,26f; 70,1; 71,17: vgl. dazu U. B. Müller, Messias, 38 Anm. 10; M. Black / J. C. VanderKam, Book, 206f; J. C. VanderKam, Righteous One, 413f.418–420; D. C. Olson, Enoch, 34–36).

315 Vgl. die Diskussion zwischen J. J. Collins, Scepter, 154–172; ders., Apocalypticism, 82–85, u. J. D. G. Dunn, 'Son of God', 198–210; U. B. Müller, »Sohn Gottes«, 91–94.122 (v. a. 93f Anm. 14).

die Entstehungszeit meist ein vor-qumran. Datum (Mitte 2. Jh. v. Chr.) präferieren.[316] Mit der Datierung verbindet sich nun zugleich ein grundsätzliches Problem. Ist der Text als historisierende Darstellung vergangener Ereignisse zu verstehen (vgl. hierzu etwa: 4QHistorical Text A [4Q248]; 4QHistorical Text F [4Q468e])[317], oder verweist die Bezeichnung der Könige (vgl. 4Q246 i 6: ‍[מלך אחור‍]‍ ‍(ומ[צ‍]‍רין) auf ein metonym. Verständnis (Seleukiden und Ptolemäer), das eine „apk Lesart" der Kolumnen erlaubte?[318] Der Inhalt von 4Q246 beschreibt die visionäre (vgl. 4Q246 ii 2) Erwartung einer (königl.?) Gestalt in einer Zeit der Bedrängnis. Jener Gestalt „dienen alle" (וכלא ישמשון: vgl. 4Q246 i 8; Dan 7,10aβ)[319], der Verwüstung wird ein Ende gesetzt (vgl. 4Q246 ii 5–9).

Vor allem die Abschnitte in 4Q246 ii 1 und ii 4f sind interessant (PAM 43.236; vgl. PAM 42.601):[320]

Z. 1 ‍ברה די אל יתאמר ובר עליון יקרונה כזיקיא ‍[...]‍
Z. 4 *vacat* ‍עד יקים עם אל וכלא יניח מן חרב *vacat*
Z. 5 ‍מלכותה מלכות עלם וכל ארחתה בקשוט ידי‍[‍ן‍]‍ ‍[...]‍

Z. 1 Der Sohn Els[321] wird er genannt, und Sohn des Eljon werden

---

316 Vgl. H.-J. Fabry, Texte, 26f; É. Puëch, DJD 22, 183f; J. A. Fitzmyer, "Son of God" Text, 54–56; A. Steudel, Texte, 167..

317 Während 4Q248 u. U. auf Antiochus IV. anspielt (zum Text vgl. M. Broshi / E. Eshel, DJD 36, 192–200; E. Eshel, Sources, 388–390), nennt 4Q468e, Z. 3 (ehemals 4Q468g: zum Text vgl. A. Yardeni / M. Broshi, DJD 36, 406–411) mit ‍פוחלאים oder ‍פיחלאוס einen Hofbeamten des Archelaus kurz nach Herodes' Tod (vgl. Jos Ant 17,213–218.219 [Πτόλλας]; so M. Broshi, Ptolas, 341f.345) oder wahrscheinlicher den Namen eines Offiziers während der Auseinandersetzungen zwischen Hyrkan II. und Aristobul II. (vgl. Jos Ant 14,84.93.124; 56–51 v. Chr.: so J. Strugnell, Background, 137f).

318 Vgl. auch M. A. Knibb, Context, 22f, der letztere Option favorisiert (zuletzt auch: G. G. Xeravits, King, 87f.209f).

319 Parallelen in 4Q246 u. Dan listet G. G. Xeravits, King, 86, auf.

320 Der aram. Text wurde mit den Microfiches der obigen PAM-Nummern (vgl. E. Tov / S. J. Pfann, Dead Sea Scrolls, F. 53.68) verglichen. Zum Text vgl. außerdem K. Beyer, Texte, 224f; É. Puëch, Fragment, 106.108f [mit Foto]; ders., «Le fils de dieu», 535; F. García Martínez, Qumran, 163; J. A. Fitzmyer, "Son of God" Text, 44; E. M. Cook, 4Q246, 46f; C. A. Evans, Jesus, 107; J. D. G. Dunn, 'Son of God', 203; J. Zimmermann, Texte, 130 [Text u. Übers.]. 133 [Textanm.]; F. García Martínez / E. J. C. Tigchelaar, Study Edition, 494f; A. Steudel, Texte, 172f; G. G. Xeravits, King, 83f; F. M. Cross, Structure, 154–158, u. *editio major*: É. Puëch, DJD 22, 167–169 (hier: 169).

321 Zum „antizipierten" oder „pleonastischen" Pronominalsuff. mit

sie ihn nennen, wie die Kometen/Sternschnuppen [...]
Z. 4 *vacat* bis er das Gottesvolk[322] aufrichtet und jedem Ruhe verschafft vor dem Schwert.
Z. 5 Seine Königsherrschaft [ist] eine ewige Königsherrschaft, und
alle seine Wege [sind] in Wahrheit. Er richt[et] [...].

Die Deutung der Zeilen ist höchst umstritten[323], was nicht zuletzt
mit der unsicheren Orthografie der Verben יקים und ינוח in Z. 4 zusammenhängt. Da die Hds. kaum Anhaltspunkte einer Unterscheidung von י und ו liefert, können die Wurzeln sowohl den Grund-
stamm (יקום, ינוח [= „das Gottesvolk steht auf, und jeder ruht vor
dem Schwert"]) als auch den Kaustiv vertreten. Vor allem zu קום
sieht man sich also vor die Alternative gestellt, entweder das Gottesvolk oder Gott zum Subjekt des Handlungsverbs zu machen.[324]
Zunächst zeigt sich aber beim Vergleich der Fotografien, dass die
Orthografie eher die Lesung im Kausativ nahe legt.[325] Hinzu kommt,
dass Dan 2,44 die Wurzel קום mit dem Königtum Gottes verknüpft
(vgl. auch Dan 7,17.24) und Jes 49,6; Sach 9,9f [LXX]; Sir 48,10 PsSal
17,21.24–26 bzw. Sib 3,767–795 (m. E. unsicher: 4Q174 iii 11–13)[326]
wenigstens konzeptionell die Tätigkeit des (eschatologischen)
„Aufrichtens" durch eine Rettergestalt bezeugen.[327] Dass diese zu-

best. Art. in der Übers. vgl. E. M. Cook, 4Q246, 55 (vgl. auch S. Segert,
Grammatik, 322 [6.2.2.2.6. u. 6.2.2.2.7.]).

322 Zu den wenigen Belegen des עם אל (1QM 1,5; 3,13) vgl. A. Steudel, Texte, 267 Anm. 11.

323 Vgl. dazu die Überblicke bei F. García Martínez, Qumran, 168–
172; J. J. Collins, Scepter, 155–157, u. J. Zimmermann, Texte, 143–148:
zur Textauslegung, u. a. a. O., 153–158: zu den Forschungspositionen
über den „Sohn Gottes".

324 Diese alternative Subjektzuordnung überwiegt in der Lit. (vgl. J.
Maier, Die Qumran-Essener II, 190 mit Anm. 280; J. D. G. Dunn, 'Son of
God', 204f), doch könnte ebenso der ברה די אל Subjekt sein (vgl. É.
Puëch, «Le fils de dieu», 544f), was zuletzt J. Zimmermann, Texte, 147,
berücksichtigt: 1. „bis *er* (i. e. Gott) das Volk Gottes *aufrichtet* ..."; 2.
„bis *er* (i. e. der Sohn Gottes) das Volk Gottes *aufrichtet* ..."; 3. bis *das
Volk Gottes aufsteht* ..." Zimmermann (vgl. a. a. O., 148) weist außerdem
darauf hin, dass es nach Version (1.) eher עמה statt עם אל heißen
müsste, und entscheidet sich für Version (3.).

325 So man die in Z. 1 häufig in unmittelbarer Abfolge begegnenden ו
und י miteinander vergleicht, zeigt sich, dass das ו etwas schlanker
und in der Vertikalen länger dargestellt ist, sodass v. a. bei קום eine
Form יקים wahrscheinlicher ist.

326 Vgl. dazu die Textrekonstruktion bzw. -analyse bei A. Steudel,
Midrasch, 25.45f; dies., Texte, 194.196, sowie zuletzt M. Pietsch,
Sproß, 212–219 [v. a. 216].

327 Vgl. dazu J. J. Collins, Apocalypticism, 84, u. É. Puëch, «Le fils

gleich, ähnlich dem „Menschensohn" aus Dan 7, numinos und eher dem Göttlichen denn dem Irdisch-Menschlichen zugeordnet erscheint, erhellt u. a. aus Z. 5, wo die „ewige Königsherrschaft" des „Gottessohns" an Dan 3,33; 7,13f.27 (vgl. 2,44; 4,31) erinnert (vgl. auch 4Q246 ii 9: שלטנה שלטן עלם).

מלכותה מלכות עלם וכל ארחתה בקשוט [...]

Seine Königsherrschaft [wird] eine ewige Königsherrschaft [sein] und alle seine Wege in Wahrheit.

Damit ist zwar eine messianische Interpretation[328] noch nicht zwingend, wird aber wahrscheinlich. Außerdem sind

---

de dieu», 544f; ders., Croyance, 572 u. DJD 22, 182, wobei Puëch zum „Gottessohn" wechselnde Vorschläge der Identifizierung unterbreitet (vgl. G. G. Xeravits, King, 88 Anm. 26). In den Kontext messian. Interpretation gehören wohl auch die teilweise wörtl. (vgl. 4Q246 ii 1) Verweise auf Lk 1,32f.35 (vgl. C. A. Evans, Jesus, 109; J. Zimmermann, Texte, 159–161; F. M. Cross, Structure, 154. 157f Anm. 21). Vgl. noch Philo, Praem 162–172; ApkAbr 31,1–3; Lact., *Div. Inst.* VII,17,11 (s. *Div. Inst.* VII,18,6 [= Sib 5,107–110]: vgl. J.-D. Gauger, Weissagungen, 268f. 416–418, u. A. Scriba, Theophanie, 203–212). Allerdings haben diese Texte gegen 4Q246 gemeinsam, dass die Restauration nicht mit Verben des „Aufrichtens", sondern mit solchen des „Zusammenführens" und „Versammelns" konkretisiert wird (Philo, Praem 165: ξεναγέω; ApkAbr 31,1: „rufen"; vgl. auch 4Esr 13,12f: *advocare*/מֹקרא).

328 Vgl. zum Text J. A. Fitzmyer, "Son of God" Text, 59–61, der eine messian. Deutung ablehnt und die Hoffnung auf einen david. König ausgedrückt findet (vgl. aber F. García Martínez, Qumran, 172f; ders., Erwartungen, 191f; J. J. Collins, Scepter, 163f; J. D. G. Dunn, 'Son of God', 204 Anm. 19. 205; G. G. Xeravits, King, 88f). Eher unwahrscheinlich ist die Identifizierung des ברה די אל mit dem Antichristen als Anspielung auf Antiochus IV. Epiphanes: so im Anschluss an D. Flusser, Hubris, 207–213, zuletzt H. Roose, Teilhabe, 86f; M. Wise / M. Abegg / E. Cook, Schriftrollen, 286; E. M. Cook, 4Q246, 61–66; A. Steudel, Texte, 167f.266f Anm. 9. Die Interpretation orientiert sich v. a. an der Hybris einer gottgleichen Person in den *Orakeln des Hystaspes* (vgl. Lact., *Div. Inst.* VII,17,2–4; anders L. J. Lietaert Peerbolte, Antecedents, 286–289; J. Zimmermann, Texte, 154f). F. M. Cross wandte als Gegenargument ein, dass die hebr. Formen אל und עליון (4Q246 ii 1; statt aram.: אלהא bzw. עליא) in einem aram. Kontext nur auf eine jüd. Gestalt verweisen könnten (vgl. ders., Notes, 12). Zudem wären die *Orakel des Hystaspes* zunächst in ihrem Kontext, nämlich der grundsätzlichen Göttersöhne-Polemik des Lactantius, zu interpretieren, die sich an Gen 6,1–4 orientiert (vgl. J. C. VanderKam, 1 Enoch, 84f). Abgesehen von den genannten Belegen konnte C. A. Evans, Jesus, 108, zeigen, dass zwischen der messianischen Interpretation von 1QSb 5,27–29; 4QpIsa[a] [4Q161] 8–10 iii 11–25; 4Q285 Frgm. 5, Z. 1–6 bzw. des TJ

neben dem Kontext von 4Q246 die Parallelen in den *Bilder-reden* und in 4Esr 13 zu beachten, die Entdeckungszusammenhänge aus späterer Zeit bieten. Zur Orientierung in diesem Vergleich ergeben sich aus der bisherigen Analyse folgende Motivzusammenhänge: Der „Messias" ist 1. *Retter-gestalt*, betont wird 2. seine *Unterordnung unter den „einen" Gott*, er besitzt 3. ein *universales Herrscherattribut*, mit seinem Auftreten gehen 4. *eschatologische Konsequenzen* (Gericht, Restauration, Auferstehung etc.) einher. Gleich mit der ersten Frage nach der Rettergestalt verbindet sich ein schwieriges Problem, denn die Trias „Herrschaft, Glanz und Königtum" (Dan 7,14aα) verweist nur mittelbar auf eine Heilsfunktion des בר אנש. Der „Menschensohn" verbleibt nach Dan 7 [MT], trotz der Andeutung eines theophanen Geschehens (s. o.), ganz in der jenseitigen Sphäre des Himmlischen. Dagegen findet man bereits in der (spät-)prophetischen Überlieferung der sogenannten Herrscherverheißungen[329] eschatologisches Heil verknüpft mit einer eng an JHWH gebundenen Mittlergestalt, was die apk „Menschensohn"-Vision nach Dan 7 in ihrem Deutungsteil wiederum einschränkt: Die Übereignung der Königsherrschaft an den עם קדישי עליונין ist nach Dan 7,22–27 mit dem Kommen des „Alten an Tagen", eben nicht mit dem „Menschensohn", verbunden.

Sehr anders charakterisiert die Ersterwähnung des „Menschensohns" in den *Bilderreden* (vgl. äthHen 46,1–4)

---

zu Jes 10,20 – 11,16 und der Funktion des בר in 4Q246 erhebliche Übereinstimmungen bestehen. V. a. in 1QSb 5 sind die messian. Terminologie (שבט) und die Unterwerfung der Nationen (Z. 27f), neben קום (Hi.) auffällig (zum Text vgl. J. H. Charlesworth / L. T. Stuckenbruck, PTSDSSP 1, 130). Schließlich schlagen H. Stegemann (vgl. ders., Remarks, 479–505) und A. Steudel (vgl. dies., Eternal Reign, 507–525) für das „eschatolog." Gottesvolk die Idee eines „kollektiven Messianismus" vor, der schon terminolog. ein Selbstwiderspruch ist (vgl. É. Puëch, Messianisme, 256.286; ders., Remarks, 549f).

329 Vgl. etwa Jes 9,5f; 11,2.4f; Sach 9,9aβ.10, die bereits Retterfunktionen bezeugen, ohne explizit eine messian. Gestalt im Blick zu haben (vgl. dazu H. Seebass, Herrscherverheißungen, *passim*). Vgl. dann äthHen 46,3; 49,1f; 62,2f u. zur Verbindung von Jes 11,2 mit äthHen 49,1–4; 62,2f: L. Hartman, Prophecy, 118–126; J. Theisohn, Richter, 57–68; M. [A.] Knibb, Traditions, 220f.223f: gegen U. B. Müller, Messias, 40–43 (v. a. 41f Anm. 20).

die Funktion des Retters: Sein Aussehen ist mit dem eines
Engels vergleichbar. Bei ihm wohnt die Gerechtigkeit, er
offenbart die Schätze des Verborgenen.[330] Zwar machen
beide Überlieferungen, Dan 7 und die *Bilderreden*, die Unterordnung (s. o.: 2.) des „Menschensohns" unter den „einen" Gott deutlich (vgl. Dan 7,9.13bβ; äthHen 46,1.3; vgl.
auch 47,3), doch bleibt er in der älteren Danielvision ein
passives Zeichen der Endzeit, das auf der Ebene der Vision
nach dem Gericht (Dan 7,7.10.11f)[331] erscheint.

Demgegenüber stilisieren ihn die *Bilderreden* zum aktiven Richter
auf dem Thron (vgl. äthHen 62,1f.5–7).[332] Schließlich verleihen auch
4Q246 und 4Esr ihren Rettergestalten Funktionen, die das Endgericht assoziieren. Der in äthHen 48,10; 52,4 mit dem „Gesalbten"
identifizierte „Menschensohn" wird auch in 4Esr 7,28f (*filius meus
Iesus* bzw. *Christus/* ܝܫܘܥ ,ܒܪܝ) und 13,32.37 (*filius meus/*,ܒܪܝ; vgl.
14,9)[333] mit dem „Messias" gleichgesetzt. Dies unterstreicht die syr.

---

330 Vgl. dazu J. J. Collins, Representative, 111–113, der sich gegen
die These wendet, „Menschensohn" sei nicht als Titel, sondern im Sinne von „Mensch" zu verstehen (so aber M. Casey, Use, 23).

331 Die Versangaben verweisen auf die unterschiedlichen Schritte
des Gerichts: 1. Das vierte Tier als Höhepunkt der Schrecknisse (V.7);
2. theophane Thronszene (V.9f) und schließlich 3. das Vernichtungsge-
richt (V.11f; vgl. zu den Einzelheiten J. J. Collins, Daniel, 299.302–304;
vgl. auch ders., Scepter, 181).

332 An der Gerichtsszene in äthHen 62,1–16 fällt der Wechsel vom
„Erwählten" (V.1f) zum „Menschensohn" (V.5) auf (vgl. D. W. Suter,
Tradition, 117–120). Die ungewöhnliche Beteiligung des „Menschensohns" am Gericht nach äthHen 46; 62 notiert auch K. Müller, Beobachtungen, 256 (vgl. noch A. Scriba, Theophanie, 215), ohne dass man
seine Folgerung einer Dan und äthHen vorliegenden, unabhängigen
Quelle teilen könnte (vgl. die Gegenargumente bei M. Casey, Use, 21f).

333 Auf Grund einer Interpolation („Pseudo-Esra") bzw. der (rekonstr. „tertiären") griech. u. arab. Übers. wird hier ein ursprüngl.
παῖς/עבד vermutet (vgl. U. B. Müller, Messias, 86–92; ders., »Sohn
Gottes«, 91 Anm. 3; J. Schreiner, JSHRZ V/4, 345.397: zu VII,28ᵇ;
XIII,32ᵃ.37ᵃ; M. E. Stone, Fourth Ezra, 207; F. Hahn, Apokalyptik, 71).
Hierzu ist anzumerken: Zunächst kann mit einer hypothetischen überlieferungsgeschichtl. Annahme kaum eine lediglich in „tertiärer" Bezeugung vorkommende Lesart (vgl. M. E. Stone, Fourth Ezra, 5), nämlich παῖς, als ursprüngl. erwiesen werden (gegen U. B. Müller, Messias, 89). Zwar ist die Textüberlieferung uneinheitlich (vgl. die Tabelle
bei M. E. Stone, Fourth Ezra, 208), doch das Argument, eine ursprüngl. Lesung παῖς sei deshalb wahrscheinlicher, weil der griech.
Terminus sowohl „Sohn" (vgl. Lat., Syr., Aeth., Sah.) als auch
„Knecht" (vgl. Ar²) bedeuten kann und eine christl. Interpretation nur

Überlieferung. Dagegen wollte die lat. Version, zumindest terminolog., die Gleichsetzung Gottes (im Suff. 1. Pers. Sing.: *filius meus*) mit dem „Menschen" (vgl. 13,3: *homo* gegenüber V.3 [*Codex Legionensis*] u. V.25: *vir* [ܟܒܪܢܫܐ]) vermieden wissen. Dies zeigt eine Weiterentwicklung gegenüber Dan 7 auf der lat. Überlieferungsstufe an, da der בר א(נ)ש nun auch in seiner terminolog. Valenz *zur Unterscheidung* wahrgenommen wurde. Zudem sind Gericht bzw. Restauration wie in 4Q246 eng mit der Rettergestalt verbunden, die in einem Endzeitgeschehen nicht nur die Drangsal des Kriegs (vgl. Kap. 11f) durchschreitet, sondern darüber hinaus gar selbst den Tod erleidet (vgl. 7,29). Allerdings zeigt sich, dass eine *unmittelbare* und *selbstständige funktionale* Bestimmung des „Menschensohns" im Gericht nach 4Esr 13 gerade vermieden wird. Zudem wird die Differenz zum „Menschensohn" in Dan auch in 4Esr nicht nur an rein terminolog. Abweichungen deutlich, sondern orientiert sich v. a. an der

---

παῖς in υἱός verwandelt haben könnte (B. Violet, Apokalypsen, 74; U. B. Müller, »Sohn Gottes«, 91 Anm. 3), überzeugt kaum. Denn zunächst existieren neben den genannten Bezeugungen weitere Varianten (vgl. die lat. Äquivalente zu Arm.: *unctus* [vgl. Aeth. zu 7,28], [*secretus*] *altissimus*), und die Lesung „Knecht" bietet nur eine Minderheit der Vrss. Von besonderem Interesse ist außerdem die Aufnahme der „Menschensohn"-Terminologie in Aeth. (4Esr 13,52). Somit würde durch reine Statistik eine ursprüngl. Lesart παῖς in ihrer Doppeldeutigkeit nur einen geringen Teil der vielschichtigen Überlieferung erklären können (gegen M. E. Stone, Fourth Ezra, 207). Dann fällt auf, dass Lat. in 13,3 nach *Codex Legionensis* „*virum ascendebat de corde maris et*" liest, was seit B. Violet, Esra-Apokalypse, 366, meist als nachträgliche Ergänzung aus 13,5.25 angesehen wird. Daneben ist Lat. in ihrer Wiedergabe des „Menschen" bzw. „Menschensohns" recht einheitlich, wenn sie im Gegensatz etwa zu Dan 7,13 [Vg.: *filius*] *vir* (4Esr 13,25.32.51) bzw. *homo* (13,3.5.12) bietet. Dieses Faktum lässt sich aber m. E. nicht mit einer ursprüngl. Lesart παῖς in 4Esr 7,28f; 13,32.37, wo der entsprechende lat. Terminus *filius* überliefert ist, erklären. Denn die offensichtliche Vermeidung der Vokabel *filius* in 13,3 bei *Codex Legionensis* ist nur dadurch plausibel zu machen, dass der lat. Text der zumindest terminolog. Verwechslungsgefahr von „*Menschen*sohn" (*vir*) und „*Gottes*sohn" (*filius*) wehren wollte. Wenn nun in 7,28f; 13,32.37 ursprünglich παῖς/עבד gestanden hätte, wäre die benannte Differenzierung einfach: Die Übersetzung mit *servus* an diesen Stellen hätte genügt. D. h. aber, dass Lat. an den genannten Stellen *übersetzungstechnisch* festgelegt war: nämlich auf *filius* [= בן, בר, ברא]. Dies macht nun wiederum für eine hypothetische griech. Vorlage wahrscheinlich (das griech. Ms. *frgm. Jer. n. 160* liefert leider keinen Beleg: vgl. R. Rubinkiewicz, Fragment, 77f), dass eher υἱός als παῖς notiert war – zuletzt weist A. P. Hayman, Man, 8, darauf hin, dass die lat. Wiedergabe des syr. ܟܒܪܢܫܐ in 4Esr 13,5.12 mit *homo* für die hebr. Vorlage auf ein simples אדם schließen lässt.

Funktion des Mandatars. Darüber hinaus ist den „messianischen" Konzepten in 4Esr (vgl. neben 7,28f u. 13 noch 11,37 – 12,1 bzw. 14,9) die konsequente Vermeidung königlicher Attribute bei der Rettergestalt gemeinsam.[334] Zwar zeigt der Messias bzw. Menschensohn durchaus kriegerische Eigenschaften, doch wird er nicht nur als Sterbender (7,29) vorgestellt, sondern sein Richten geht dem göttl. Gericht voraus, indem unzweifelhaft der Höchste, also Gott, die entscheidende Rolle spielt (vgl. 12,37–39 mit 14,45–47).[335]

Ist also in 4Esr 13 wie in Dan 7 die Unterordnung des Mandatars unter den Weltengott wenigstens zu erschließen, liegt sie nach 4Q246 ii 1 schon durch die Prädikationen (ברה די אל bzw. בר עליון) auf der Hand, wird aber im folgenden Text (vgl. ii 7–9) noch durch die Betonung der besonderen Beziehung zwischen אל und בר im endzeitlichen Kriegsgeschehen hervorgehoben:[336]

---

334 Selbst die theophane Motivik in Kap. 13 verbleibt ganz in den Traditionen der „Divine Warrior"-Texte des *Tanach* (Ps 18,9f [2Sam 22,9f]; 93,3f; 97,3; 1Kön 19,12; Jes 33,3 u. ö.: vgl. A. Scriba, Theophanie, 28–31.53–70). Zur Abwesenheit des königl. Messias in 4Esr vgl. M. E. Stone, Question, 325–328.

335 Vgl. M. E. Stone, Question, 319.327, und zum Motiv des Aufschreibens in und Aufbewahrens von Büchern vgl. E. Brandenburger, Verborgenheit, 110f; M. E. Stone, Fourth Ezra, 372–374.

336 Text: É. Puëch, DJD 22, 169 (vgl. ders., Notes, 535; J. Zimmermann, Texte, 130). Die Übersetzung des Abschnitts ist wiederum umstritten, da nicht ganz eindeutig ist, wer in den Suff. 3. Pers. Sing. angesprochen ist. Weil Gott ausgeschlossen ist, kommen nur das Volk (so S. L. Mattila, Eschatologies, 529.536; É. Puëch, Notes, 551; A. Steudel, Texte, 167.267 Anm. 18; G. G. Xeravits, King, 86f) und der Mandatar Gottes in Frage (vgl. M. A. Knibb, Messianism, 175f; ders., Eschatology, 396; F. M. Cross, Notes, 13; beide Möglichkeiten bei J. Maier, Die Qumran-Essener II, 191; J. J. Collins, Scepter, 155). J. Zimmermann, Texte, 163f, meint, dass an dieser Stelle bewusst zweideutig formuliert wurde, um den Mandatar Gottes als Repräsentant des Gottesvolkes zu betonen. Da aber ein Verweis auf das Volk dieses in Z. 5f zum „Richter der Erde in Gerechtigkeit" machen würde, was ohne Analogie bleibt (anders U. B. Müller, »Sohn Gottes«, 93f Anm. 14; A. Steudel, Texte, 267 Anm. 16; vgl. aber M. A. Knibb, Eschatology, 395f), ist eine Identifizierung der Suff. mit dem בר vorzuziehen. Zudem kann man in Z. 8 sowohl Präformativ- (יעבד: vgl. F. M. Cross, Notes, 6; J. A. Fitzmyer, "Son of God", 44.53) als auch Afformativ-Konjugation mit ו-cop. oder ו mit Part. von עבד lesen (ועבד: vgl. É. Puëch, Notes, 535. 546; J. D. G. Dunn, 'Son of God', 203; vgl. J. Zimmermann, Texte, 134 [Anm. rr]).

אל רבא באילה [..................................] Z. 7
הוא ועבד לה קרב עממין ינתן בידה וכלהן Z. 8
ירמה קדמוהי שלטנה שלטן עלם וכל תהומי Z. 9

7 Der große Gott zu seiner Kraft/Hilfe [ist] 8 er [da][337], er wird für ihn Krieg führen und legt die Völker in seine Hand, und er wird alle 9 vor ihn werfen. Seine Herrschaft [wird] eine ewige Herrschaft [sein], und alle Abgründe ...

Wenn der Bezug der Suffixe auf den in Z. 1 genannten „Sohn" seine Berechtigung hat, dann wirkt der Mandatar Gottes in der Zeit der Bedrängnis (vgl. 4Q246 i 4–8 u. ii 3) als kriegerischer Heilsbringer im endzeitlichen Gericht (vgl. 4Q246 ii 5f: ארעא בקשט [יד]רי[ן]), jedoch, ähnlich wie in Dan 7 und 4Esr 13, in *Abhängigkeit* von Gott. Ein Unterschied zu 4Esr besteht allerdings in den Herrschafts- und Königsattributen (vgl. v. a. 4Q246 ii 5: מלכוחה מלכות עלם), mit denen der messian. Heilsbringer in 4Q246 versehen ist.

An dem durchgeführten Textvergleich wird einsichtig, dass sowohl 4Esr 13 als auch Dan 7 und 4Q246 ein je konkretes Heilskonzept vorzuweisen haben (s. o.: 4.): So ist der „Gottessohn" aus 4Q246 *expressis verbis* mit der Überwindung der Drangsal der Endzeit und Gerichtsvorstellungen verknüpft. Und wenngleich es keine Hinweise auf die Funktion des „Gottessohns" im Zusammenhang einer Auferstehung gibt, wird man ihn in der antik-jüdischen Tradition des *Elias redivivus* verorten können, der in der Endzeit die Restauration und Konsolidierung des Volkes garantiert.[338] Insbesondere im *pseudo-danielischen* Text können resümierend alle vier genannten Kriterien der *Rettergestalt*, der *Unterord-*

---

337 Der syntaktisch schwierige Übergang von Z. 7 zu Z. 8 wird sehr unterschiedlich übersetzt. Etwa F. García Martínez, Figures, 26, schlägt zwei Varianten vor: „He is a great God among the Gods" bzw. „The great God will be his strength" (anders noch ders., Erwartungen, 190: „Der große Gott mit seiner Kraft ..."). J. A. Fitzmyer, "Son of God" Text, 53, versteht באילה als ב-*essentiae* und übersetzt „the Great God is Himself his might" (vgl. auch E. M. Cook, 4Q246, 59). J. Zimmermann, Texte, 131 (vgl. a. a. O., 152), schlägt vor: „Der große Gott durch seine Stärke, er wird für ihn/es [i. e. den Gottessohn als Repräsentant des Gottesvolkes, S. B.] Krieg führen."

338 Vgl. É. Puëch, Notes, 536.544f; F. García Martínez, Figures, 29; vgl. auch S. Beyerle, Erwägungen, 55–71; J. J. Collins, Works, 98–112; ders., Scepter, 116–122; É. Puëch, Remarks, 559–563.

nung, der *universalen Herrschaft* und der *Eschatologie* identifiziert werden.

Ähnliches wäre zu den „Menschensohn"-Worten in den
Bilderreden zu sagen: So erscheint der „Menschensohn" in
äthHen 48,4–7 als präexistenter und erwählter Retter, der
den Gerechten Hoffnung ist und ihr Los bewahrt.[339] Aus
überlieferungs- und kompositionskritischer Sicht wäre allerdings einschränkend auf die Priorität der Worte vom
„Erwählten" (vgl. äthHen 38,2; 45,3; 49,1–4) in den *Bilderreden* zu verweisen, die auf den Einfluss durch Deuterojesaja
(vgl. Jes 42,1; 49,1) zurückgehen.[340]

Demgegenüber fällt die Beurteilung bei Dan 7 und 4Esr
13, vor allem hinsichtlich der Gerichts- oder Heilsfunktion
des Mandatars schwer, da in beiden Texten das „juridische"
Handeln des „Menschensohns" stark zurücktritt. Zwar assoziiert Dan 7,14 das *universale Herrscherattribut* (s. o.: 3.),
doch ist der „Menschensohn" von der Gerichtshandlung
ausgenommen, und auch der vermeintliche Dual in der
Thronbezeichnung nach V.9a (כרסון) reicht nicht hin, um
dem „Menschensohn" eine richterl. Funktion zuzuweisen.[341]

---

339 Der Text in äthHen 48,4 kombiniert Motive aus Jes 42,6; 49,6
(להקים את־שבטי יעקב, גוים, אור) bzw. Jes 61,1f (לנשברי־לב
לחבש): vgl. M. [A.] Knibb, Traditions, 222.

340 Vgl. zur Abhängigkeit des „Menschensohns" vom „Erwählten" U.
B. Müller, Messias, 36–60 [v. a. 40–43]; J. C. VanderKam, Man for All
Generations, 135–140. Müller nennt als Argumente die Notwendigkeit
der Einführung des „Menschensohns" in einer eigenen Vision (äthHen
46) u. die Verknüpfung mit zuvor Gesagtem (vgl. äthHen 46,3–6 u. 38,
3–5; 39,6f; 45,3.6: vgl. Müller, a. a. O., 41f).. Außerdem ergibt sich eine
Schwierigkeit, wenn in dem zentralen Menschensohn-Kapitel (äth-
Hen 46,1–8) der eschatologische Retter zwar „die Zügel der Starken
löst und die Zähne der Sünder zerschlägt" (V.4), jedoch die *Sterne des
Himmels* als „Richter" *ex negativo* gegen diejenigen fungieren, die „ihre
Hand gegen den Höchsten emporrecken" (V.7; vgl. Ps 73,8f). Zum Text
in äthHen 46,7 vgl. S. Uhlig, JSHRZ V/6, 588: zu XLVI,7[a–d].

341 *Gigantenbuch* u. *Sabbatopferlieder* sprechen ebenfalls von „Thro-
nen": vgl. 4Q530 [= 4QEnGiants[b] ar] ii 17; 11Q17 [= 11QShirShabb] Frgm.
9–12 i 8 [= v 8]; 23–25 7 [= x 7] (Text: C. A. Newsom u. a., PTSDSSP 4B,
120.128; vgl. auch 4Q491c [= 4QSelf-Glorification Hymn[b]] 11 i [5 bzw.]
12). Den sing. wie plur. Gebrauch von „Thron" in den *Sabbatopferliedern*
thematisiert A. M. Schwemer, Gott, 109–112 (v. a. a. a. O., 110 Anm. 175;
vgl. auch dies., König, 320–322). Nach A. M. Schwemer wird in den
Sabbatopferliedern dann der Sing. gebraucht, wenn Gottes Thron gemeint ist, der Plur., wenn die sieben Bereiche der Engel angesprochen

Nach Dan 7 vollzieht sich die Theophanie im Himmel, wie auch das Gericht seinen Ort jenseits des Irdischen besitzt. Dies steht in starkem Kontrast zu äthHen 37 – 71, wo der „Menschensohn" nicht nur am Gericht beteiligt ist, sondern auch seine Identifizierung mit Henoch[342] in äthHen 70f personenbezogen die Trennung von Himmel und Erde als „durchlässig" erscheinen lässt: Damit ist in Henoch eine irdische Gestalt zum soteriologisch qualifizierten Entrückten, mithin zum „Engelwesen" erhoben (vgl. äthHen 70,1f; 71,5.13f).

Ähnliches erfährt man über „Jakob-Israel" im *Gebet Josephs* aus dem 1. Jh. n. Chr. (vgl. Frgm. A 4–9), wobei für den Text sowohl jüd. als auch christl. Provenienz angenommen werden kann.[343] Mose wird zudem zum „Gott über die Mächtigen" nach 4Q374 2 ii 6 (ו]יחננו] לאלוהים על אדירים; vgl. Ex 7,1) und zum „Gottesmann" nach 4Q377 1 ii 10–12 (Z. 10: ומושה איש האלוהים עם אלוהים בענן; vgl. Dtn 33,1; Ps 90,1).[344] In der *Exagoge Ezechiels*[345] (Z. 68–71.74–76 u. 85f) wird Mose auf dem Thron mit Machtinsignien und Gerichtskompetenz ausgestattet. In 4Q491c [= 4QSelf-Glorification Hymn[b]] 11 i [5ff. bzw.] 12ff. wird schließlich ein Engelwesen, vielleicht Michael, in der himml. und heiligen Gemeinschaft vorgestellt.[346] Insgesamt zeigt die Henochgestalt in ihrer Gleichsetzung mit dem „Menschensohn" der *Bilderreden* durchaus eine gewisse Nähe zur späteren Inkarnationschristologie, etwa des *Corpus Iohanneum* oder der (deu-

---

sind. Zu Dan 7,9 vgl. A. F. Segal, Powers, 48f, u. J. J. Collins, Daniel, 300f, der wiederum einen Platz für den „Menschensohn" neben dem „Alten an Tagen" erwägt. Insbesondere das Frgm. 4Q491c 11 i [5 bzw.] 12 ist wegen des „Throns inmitten der Gemeinschaft von Engeln" (כסא עוז בעדה אלים: J. Duhaime, PTSDSSP 2, 153) interessant.

342 Vgl. dazu J. C. VanderKam, Righteous One, 177–185; ders., Man for All Generations, 141f; D. C. Olson, Enoch, 32–37.

343 Zur Übers. vgl. J. Z. Smith, Prayer of Joseph, 713.

344 Vgl. hierzu C. H. T. Fletcher-Louis, Reflections, 298–305.

345 Die Entstehung der Schrift wird zw. das 3. u. 1. Jh. v. Chr. datiert. Übers. bei E. Vogt, JSHRZ IV/3, 124f; weitere Belege zu Moses Gottähnlichkeit listet J. L. Kugel, Traditions, 544–546, auf.

346 Zur sehr komplexen Überlieferung vgl. noch 1QH[a] Kol. 26; 4Q427 u. 4Q471b (vgl. auch J. R. Davila, Heavenly Ascents, 473–476). Zur Identifikation des Sprechers in 4Q491 vgl. v. a. M. Smith, Ascent, 186–188; M. G. Abegg, Heaven, v. a. 70–73, vergleicht 4Q427 mit 4Q491c u. schließt auf eine Identifikation der unbenannten Figur mit dem „Lehrer der Gerechtigkeit" (ähnlich u. zugleich vorsichtiger: M. Smith, Ascent, 187; J. J. Collins, Throne, 44.54f).

tero-)paulinischen Schriften, auch wenn sich die Idee der Apotheose
schon in älteren antik-jüd. Quellen findet.[347]

Wahrscheinlich wird man den Divergenzen des Befunds in
Dan 7 und den *Bilderreden* durch eine traditionsgeschichtliche Annahme gerecht. Wie nämlich die Aufnahme „mysti-
scher" Themen, vor allem in der *Exagoge Ezechiels*[348],
zeigt, werden Mose (und Henoch) zu „vergöttlichten" Mit-
regenten im Gericht Gottes erhoben, was beim „Menschensohn" in Dan 7,13f an keiner Stelle erkennbar ist. Schließlich wird auch in 4Esr 13 deutlich, dass die Rettergestalt
keine exekutive Gewalt hinsichtlich des eschatologischen
Gerichts ausübt. Ähnlich wie in Dan 7 bleibt der „Menschensohn" obendrein im Bereich des Himmlischen (4Esr
13,9f: *fluctus ignis, spiritus flammae, multitudo tempestatis*),
ja, die Schöpfung wird erst durch den *Höchsten* selbst,
wenn auch über den Mittler „Menschensohn", erlöst werden (4Esr 13,26). Zwar ist der *nationale Messias* der Deutung „Vernichter der sündigen Völker" durch „das Gesetz,
das dem Feuer gleicht" (4Esr 13,37f), und zugleich Restau-
rator der „Übriggebliebenen" Israels (4Esr 13,49f)[349], doch
kann die gleich mehrfach gebotene Assoziation des „Feu-
ers" mit dem „Gesetz" (vgl. 4Esr 13,10f.38) lediglich die *Mitwirkung* der messianischen Gestalt am Gericht unterstreichen, deren *Akteur* Gott selbst bleibt.[350] Insgesamt zeigt
sich also in zwei Texten, auffälligerweise ausgerechnet in
den einen zeitlichen Rahmen absteckenden Belegstellen
des Dan und des 4Esr, eine Zurückhaltung bei der funktionalen Bestimmung der eschatologischen Rettergestalt.
   Die Polyvalenz der oben behandelten Traditionen fokussiert vor allem in zwei Phänomenen: Zum einen ist die end-

---

347 Zur Apotheose in vorchristl. Zeit vgl. J. J. Collins, Throne, 43–
58; ders., Scepter, 136–153; C. [H. T.] Fletcher-Louis, Discourse,
236–252.

348 Vgl. dazu I. Gruenwald, Apocalyptic, 128f, u. die Exegese von
P. W. van der Horst, Throne Vision, 63–71; ders., Notes, 82–85.

349 Vgl. auch die allerdings in ihrer Deutung umstrittene Zeile in
4Q246 ii 4. – Zur Unterscheidung des „Menschensohns" der Vision vom
„nationalen Messias" der Deutung vgl. U. B. Müller, Messias, 107–134.

350 Vgl. M. E. Stone, Fourth Ezra, 151.209–213.386f (vgl. auch C.
Münchow, Ethik, 82).

zeitliche Rettergestalt sowohl hinsichtlich ihres Titels als auch in Bezug auf ihre Funktion sehr unterschiedlich gezeichnet.[351] Trotz der aufgezeigten Nuancen wird man das Rettungsgeschehen am ehesten in der *Restitution des Gottesvolkes* konkretisiert finden. Ebenfalls sehr vereinzelt ist andererseits das Kommen der Rettergestalt in einer Theophanie angedeutet. Dass dies in differierenden Textüberlieferungen (vgl. 4Esr 13,1–3: Lat., Syr; Dan 7,13: MT, Pap. 967) auf die Probleme der Trägerkreise verweist, Theophanien mit im weitesten Sinne „messianischen" Vorstellungen zu verbinden, dürfte bei allen Differenzen der oben besprochenen Texte deutlich geworden sein. Auch wenn Vergleichstexte aus Qumran gezeigt haben, dass eine ausschließliche Orientierung an den „Titeln" der Rettergestalten keineswegs hinreicht, um den traditions- und motivgeschichtlichen Kontext näher zu bestimmen (vgl. 4Q246 ii), erwiesen doch die stärksten Gemeinsamkeiten Dan 7 und 4Esr 13. Die in allen Quellen zu verzeichnende Tendenz der Unterordnung der Rettergestalt unter den Weltengott kam besonders in diesen Belegen zum Tragen, insofern hauptsächlich die *eschatologischen Konsequenzen* gar nicht (Dan 7) oder nicht unmittelbar (4Esr 13) mit der Rettergestalt verbunden werden. Und auch das *universale Herrscherattribut* (s. o.: 3.) fehlt in der *Esra-Apokalypse* völlig, während es in Dan 7 nur in der Vision mit dem „Menschensohn" verbunden erscheint (vgl. Dan 7,14). Die besondere Betonung *göttlichen* Handelns in ausgerechnet den Texten, die sich nicht nur zeitlich am fernsten stehen, sondern zugleich inhaltlich die stärksten Berührungen aufweisen, da sie *expressis verbis* die Theophaniemotivik bezeugen[352], entbehrt nicht einer gewissen Paradoxie, wenn man berücksichtigt, dass Dan 7 wie 4Esr 13 jeweils eine „Menschensohn"-Theophanie ausdrücklich zum Thema haben.

---

351 Was um so mehr zu beachten ist, wenn man den problematischen Titel „Messias" verwendet (vgl. zuletzt K. Koch, Messias, 235–242; J. Maier, Messias, v. a. 589–594, u. den Überblick bei J. C. VanderKam, Messianism and Apocalypticism, 193–226).

352 Jene Motivik fehlt in 4Q246 völlig und ist auch in den *Bilderreden* bestenfalls angedeutet.

3.4. Die Pragmatik der Theophanie in den Danieltexten

Abschließend kann die „Theophanie im Danielbuch" unter Berücksichtigung der kompositorischen Bedeutung des Kapitels vom „Menschensohn" zusammengefasst werden. Dass dem siebten Kapitel grundsätzlich eine Schlüsselposition in der Komposition von Dan 1–12 zukommt, steht weithin außer Frage.[353] Die Schwierigkeiten betreffen auch weniger die Zentralität des Kapitels in seinen Bezügen zu Dan 2 und den folgenden Visionen als die mit dem Sprachwechsel und dem diachronen Werdegang der Komposition verbundenen Fragestellungen.[354]

Die bisherigen Analysen zum „Gott des Daniel" empfanden einen Wechsel in der Charakterisierung des „Höchsten", was seine mehr oder weniger ausgebildete Intransigenz betrifft. Und mit diesem Wechsel sind zwei Zugänge angesprochen, nämlich ein textgeschichtlicher und ein kompositorischer: So kann man den Gott des griech. (LXX) Dan in Kap. 1–6 als einen sich den Fremdherrschern wie Nebukadnezzar öffnenden „Weltengott" beschreiben, dessen immanentes Handeln an Daniel, Mesach, Sedrach und Abed-Nego der Bekehrung jenes babylon. Königs dient. Dagegen ist der aram.-hebr. Text ganz auf einen die Universalherrschaft durchsetzenden Gott hin angelegt.[355] Beachtet man zudem die deutliche Zentrierung auf Israel im Visionenteil gegenüber Dan 1–6 mit der damit einhergehen-

---

353 Vgl. v. a. P. R. Raabe, Daniel 7, 273. Die aktuellere Diskussion tendiert zu einer einheitlichen Betrachtung des Kap.: vgl. nur O. Plöger, Daniel, 119; P. R. Raabe, Daniel 7, 267–271; J. E. Goldingay, Daniel, 156f; J. J. Collins, Daniel, 277–280 mit 278 Anm. 13.

354 Vgl. dazu K. Koch / T. Niewisch / J. Tubach, Daniel, 55–76. 182–210; J. E. Goldingay, Daniel, 320–329.

355 Zu vergleichen wären etwa die Doxologien im Munde Nebukadnezzars nach Dan 4,34 bzw. 4,37 [LXX]: Die wesentlichen Varr. bei Pap. 967 hat J. J. Collins, Daniel, 213, aufgelistet. Für die Gesamttendenz der Vrss. in Dan 1–6*, die R. Albertz herausgearbeitet hat (vgl. ders., Gott, v. a. 63–67; S. Beyerle, Wiederentdeckung, 50f; vgl. auch M. Henze, Madness, 9–49), zeigt das Textbeispiel die unterschiedlichen Intentionen von MT und LXX an. Während LXX stärker die Bekehrung des fremden Königs zum Verteidiger der jüdischen Religion hervorhebt, betont MT die Durchsetzung des göttlichen Willens im Gegenüber zum politischen Fremdherrscher.

den Vernichtungsterminologie im Hinblick auf die Fremdherrscher, ließe sich die benannte Tendenz zugleich auf die
Makro-Gattungen des Danielbuchs ausweiten.

Da sich die Differenz sowohl im Längsschnitt der Textgeschichte in Dan als auch im Übergang von den „Legenden" zu den „Visionen" aufweisen lässt, ist in Dan 7 weniger
ein völliger Neueinsatz, als vielmehr eine weitere Steigerung belegt: von der gegenüber Fremdherrschern „toleranten" Bekehrungs- (Dan 1 – 6* [LXX]) zur intransigenten
Herrschaftstheologie (Dan 1 – 6 [MT]), die schließlich einem
Gerichtsschema weicht (Dan 7 – 12 [MT]). In diese Entwicklung fügt sich die im Vergleich mit 4Esr 13 (vgl. 4Q246; äth-
Hen 37 – 71) beobachtete Tendenz der betonten Unterordnung des Mandatars („Menschensohn") unter den höchsten
Gott sowie die Beschränkung der Theophanie auf den
himmlischen Bereich. Letzterem korrespondiert im Verlauf
der Visionen die wiederholte Engelepiphanie (vgl. Dan 10,
5f), der sich eine himmlisch-eschatologische Kriegsszene
anschließt unter Aufnahme weltpolitischer „Geschichtsschreibung" (Dan 10f; vgl. äthHen 89,65).[356]

Waren in der mutmaßlich älteren Überlieferung des
Wächter- und des *Astronomischen Buchs* die theophanen Erscheinungen einmal durch die Gerichtspragmatik zu Beginn
(vgl. äthHen 1,1–9*) und zum anderen durch die das Gericht
konsoziierenden „Ethisierungen" (vgl. äthHen 77,1 mit 80f)
gekennzeichnet, dann zeigt die „Menschensohn"-Theopha-
nie in Dan eine Weiterentwicklung: Im Blick auf die *textexterne Pragmatik* ist zwar das Gericht dem seleukid. Fremdherrscher vor Augen gestellt. Jedoch wird die lebensweltli-
che Einbindung von Dan 7,1–28 innerhalb der visionären
Danieltexte erst durch den kontextlichen Bezug deutlich,
der sich nicht nur auf die Passagen des „kanonischen" Dan
beschränkt.

---

356 In Dan ergeben sich die Verbindungen zu Kap. 7 nicht nur durch
Einzelmotive (vgl. die „menschenähnliche Gestalt" in Dan 10,16), sondern zeigen sich auch im Vergleich der Gesamtanlage von Dan 7,1–28
mit Dan 10,1 – 11,45 (vgl. nur J.-C. [H.] Lebram, Daniel, 111). Zum Beleg
aus der *Tierapokalypse* vgl. P. A. Tiller, Commentary, 330.

a. Pseudo-Dan und die *textexterne Pragmatik*

In der pseudo-daniel. Literatur weisen die Konflikte der wenn auch nur angedeuteten Gerichtsszenen auf innerjüd. Auseinandersetzungen hin. Somit erhielte die *textexterne Pragmatik* des Handelns Gottes eine auf *innerjüd.* Spannungen abzielende Bedeutungsvariante.[357]

> Vor allem der im Sinne eines Rückblicks auf die Geschichtsepochen Israels zu verstehende Text, der sich aus der Kombination zweier Fragmente 4QpsDan^a ar [4Q243] und 4QpsDan^b ar [4Q244][358] ergibt, und der listenartige Text in 4QpsDan^c ar [4Q245][359] liefern wesentliche Informationen: Zweifellos wird man in 4Q243–244 ein Periodisierungsschema angedeutet sehen können, das unzweideutig durch entsprechende Namen (4Q243 Frgm. 21 2: בלכרוס, Balakros: vgl. 4Q243 Frgm. 19 2) die hellenist. Periode vor die eschatologische Heilszeit plaziert (4Q243 Frgm. 24 1f):[360]
>
> | | |
> |---|---|
> | בני רש[עא אטעו] | 1 |
> | בחר]דנה יתכנשון קריאי]ן | 2 |
>
> 1. the sons of ev]il have led astray [
> 2. after]this the elect shall be assembled [

Ob allerdings mit den „siebzig Jahren" in 243 Frgm. 16 1 eine Einordnung des Fragments nach der Exilsperiode und am Ende des Textausschnitts eine Lesung i. S. des „ersten Königreichs", statt des „heiligen Königsreichs", unter Verweis auf das Sukzessionsschema in Dan 2,31–45; 7,1–28 gerechtfertigt ist, bleibt angesichts des völligen Fehlens weiterer Hinweise auf eine „Vier-Reiche-Sukzession" höchst fraglich, zumal die Bezeugungen dieses Schemas an keiner Stelle das Motiv vom rettenden Eingreifen Gottes (vgl. aber 4Q243 Frgm. 16 2) kennen.[361] Zwar deuten die Verben (וישע: 4Q243 Frgm.

---

357 Diese endgerichtliche Scheidung innerhalb Israels wurde für antik-jüdische Gerichtskonzepte von K. Müller, Gott, 40f.48f, allerdings weitgehend geleugnet.

358 Vgl. zur Rekonstruktion J. J. Collins, Pseudo-Daniel, 119–125; F. García Martínez, Qumran, 137–149; P. W. Flint, Daniel Tradition, 338–351; J. J. Collins /ders., DJD 22, 138–148. Nicht zuletzt der äußerst fragmentar. Zustand der Texte macht aber gesicherte Urteile fast unmöglich.

359 Vgl. P. W. Flint, Daniel Tradition, 351–360; ders., "Apocrypha", 56–58.

360 Text u. Übers.: J. J. Collins / P. W. Flint, DJD 22, 114.144.148.

361 Vgl. dazu die Anm. bei J. T. Milik, Prière, 413; A. Mertens, Daniel, 44f.49f; F. García Martínez, Qumran, 143f.147–149, u. die Kritik bei

16 2; וחתמלא: 4Q243 Frgm. 25 3) den Wechsel vom Geschichtsrückblick zur eschatolog. Geschichtsdeutung an, doch geben nur
wenige Abschnitte des fragmentar. Texts Hinweise auf ein eschatolog. Gericht.[362] Der mit guten Gründen separierte Text 4Q245[363]
bietet eine hohepriesterliche bzw. königliche Namensliste von (Levi)
Qahat bis Jonathan und Simon bzw. David und Salomon bis Joasch
(Manasse). Da die Liste Könige und (Hohe-)Priester unterscheidet
sowie mit dem Hohenpriester Simon Maccabaeus (142/40–135/4 v.
Chr.) endet, scheint mit den „Blinden, die irregehen" (4Q245 Frgm.
2 3), eine Kritik an den Königs- und Priesterwürde „kontaminieren-
den" Hasmonäern ausgedrückt.[364] Beide Texte zeigen zwar Verbindungen zum aram.-hebr. Dan, ohne jedoch eindeutig „Apokalyptisches" zu überliefern, wenn man einmal von den in beiden Überlieferungen (4Q243–244 u. 4Q245) angedeuteten Drangsal- und Gerichtsvorstellungen absieht. Weiterhin erweist eine Datierung jener
Quellen in die erste Hälfte des 2. Jh.s v. Chr., jedoch wohl eher nach
167 v. Chr.[365], die Verortung in den späthellenist. Auseinandersetzungen des antiken Judentums.

Die innerjüd. Spannungen werden in zwei allerdings umstrittenen Passagen aus 4QpsDan³ ar [4Q243] Frgm. 16 1–4
(vgl. 4QpsDanᵇ ar [4Q244]) und 4QpsDanᶜ ar [4Q245] Frgm. 2
2–6 konkret:[366]

4Q243 Frgm. 16 1–4

[כ] עין שנין[	[איץ	1
בי[ד]ה רבתא ויושע אנ[ון		2

J. J. Collins, Pseudo-Daniel, 129f; P. W. Flint, Daniel-Tradition, 351 (vgl.
auch J. J. Collins, Daniel, 166–170; ders./ P. W. Flint, DJD 22, 150f). Zumal das rettende Eingreifen Gottes der Abfolge der fremden Königreiche vorausgehen müsste (vgl. J. J. Collins, Art. Daniel, Book of: Pseudo-Daniel, 176f).

362 So aber É. Puëch, Croyance, 569f.

363 Vgl. P. W. Flint, Restoration, 139f, anders K. Beyer, Texte.
Ergbd., 105–107.

364 Vgl. P. W. Flint, Restoration, 140–143; ders., Daniel Tradition,
356; J. J. Collins /ders., DJD 22, 158, u. zu den histor. Umständen: D.
Mendels, Rise, 58–64.113.133–138.

365 Vgl. J. J. Collins / P. W. Flint, DJD 22, 137f.158.

366 Text u. Übers.: J. J. Collins / P. W. Flint, DJD 22, 108.144.148.162f
(vgl. F. García Martínez / E. J. C. Tigchelaar, Study Edition, 490f.492f;
A. Mertens, Daniel, 45; J. J. Collins, Daniel, 75–77; ders., Light, 187–
189). Ähnlich wäre auch für die sich an 4Q243 Frgm. 16 reihende Szene
in 4Q243 Frgm. 24 2 bei יתכנשון ein *passivum divinum* anzunehmen.

]חסינין ומלכות עממ]יא 3

]היא מלכוחא קד]ישחא 4

1.]oppressed(?) for [seven]ty (?) years [
2. with] his great [ha]nd and he will save th[em
3.]powerful[ ]and the kingdoms of [the] peoples[
4.]It is th h[oly] kingdom[

4Q245 Frgm. 2 2–6

]למסף רשעא 2

]אלן בעור וטעו 3

א]לן אדין יקומון 4

ק]ד[יש]ח[א ויחובון 5

[רשעא 6

2.]to exterminate wickedness
3.]these in blindness, and they have gone astray
4. th]ese then will arise
5.]the [h]oly [ ], and they will return
6.]. wickedness

Beide Abschnitte schließen jeweils Geschichtssummarien ab, die entweder erzählend (4Q243–244) oder auch listenartig (4Q245) das Geschick des Gottesvolkes zurückverfolgen: einmal aus der Perspektive Israels (4Q243–244), zum anderen aus der seiner Repräsentanten (4Q245: Hohepriester und Könige). Wenn auch wegen des fragmentar. Textzustands nicht mehr erweisbar, bleibt die Situation eines eschatologischen Handelns Gottes wahrscheinlich. Ausdrücklich kommt dies in 4Q243 Frgm. 16 2 zum Tragen, auch wenn es für 4Q245 Frgm. 2 2–6 nur vermutet werden kann.[367] Darüber hinaus zeigen beide Fragmente in 4Q243 Frgm. 16 und 4Q245 Frgm. 2 an, dass zumindest auch ein innerjüdischer Konflikt in den Schlussszenen bewältigt werden soll: Während die bis Simon, und damit bis zur Verschmelzung von politischem und geistlichem Führungsanspruch bei Simon bzw. Johannes Hyrkan I (vgl. 1Makk 13,42; 14,35.41f.47–49), reichende Priesterliste in 4Q245 1 i+ii 5–10 die nach dem Qumranschrifttum auch in den beiden Messi-

---

367 Zu 4Q243 Frgm. 16 2 vgl. J. J. Collins, Pseudo-Daniel, 129; zu 4Q245 Frgm. 2 2–6 vgl. M. Wise / M. Abegg / E. Cook, Schriftrollen, 285. Zur Abfolge der Fragmente 16, 25, 33, 24 u. 26 als Beschreibung der eschatolog. Zeit vgl. J. J. Collins / P. W. Flint, DJD 22, 144.148.

as bezeugte „anti-hasmonäische" Kritik[368] in der Scheidung eines heilvollen „bipolaren" von einem unheilvollen Weg des allherrschenden Hasmonäer-Königs zum Ausdruck bringt, zeigt auch 4Q243–244 in seinem Geschichtsrückblick das Movens der Auseinandersetzung innerhalb „Israels" an (vgl. 4Q243 Frgm. 13 1–4 + 4Q244 Frgm. 12 1–4):[369]

1 [   ] [בחרו בני ישראל אנפיהון

מן [אנפי אלוהין]

2 [והוו דב]הין לבניהון לשידי טעותא ורגז עליהון אלוהין

וא[מר] למנתן

3 אנון ביד נב]וכדנצר מלך ב]בל ולאחרבא ארעהון מנהון מן

די ש[ו

4 [   ] [בני גלוחא] [אשתא]

1. [   ] The Israelites chose their presence rather than [the presence of God]

2. [and they were sacri]ficing their children to the demons of error, and God became angry at them and sa[id] to give

3. them into the hand of Neb[uchadnezzar king of Ba]bylon, and to make their land desolate of them, because[

4. [   ] the exiles [   ]

Die an Ps 106 anknüpfende Rückschau auf das Exil[370] erinnert nicht nur an Jer 25,9; 27,6 (vgl. Ps 106,37.40f; Esr 5,12), sondern wird auch in CD 1,5f[371] sowie in apk Deutung durch die *Tierapokalypse* (äthHen 89,65–71; vgl. Jub 23,22; äthHen

---

368 Vgl. 1QS 9,11; 1QSa 2,11–15; 1QSb 3,22–28; 5,20–29 CD 12,22 – 13,2; 14,19; 19,10f; 20,1 u. dazu J. J. Collins, Scepter, 74–101.

369 Text u. Übers.: J. J. Collins / P. W. Flint, DJD 22, 107.129f.142.147 (vgl. F. García Martínez / E. J. C. Tigchelaar, Study Edition, 488–491): Die Unterstreichungen zeigen den in beiden Frgm. überlieferten Text an. Eine stark abweichende Rekonstruktion bietet hierzu K. Beyer, Texte.Ergbd., 106f.

370 So übereinstimmend K. Beyer, Texte.Ergbd., 105, und J. J. Collins / P. W. Flint, DJD 22, 150.

371 Vgl. 4QApocJerC^a [4Q385a] Frgm. 18 ii 1–10; 4QApocJerC^e [4Q-390] Frgm. 1 3–12). Zum Text in CD (= 4QD^a [4Q266 2 i 10f] u. 4QD^c [4Q268] Frgm. 1 13f) vgl. die Rekonstruktion von J. M. Baumgarten, DJD 18, 34.119. Zur Sache, nämlich der Verbindung von *Bußbewegung* u. radikaler *Geschichtsschau* in apk Texten, vgl. M. Hengel, Judentum, 327–330. Zur Verarbeitung der Exilserfahrung in der apk Lit. insgesamt vgl. M. A. Knibb, Exile, 256–261.267–271; A. Lacocque, Milieu, 328; J. C. VanderKam, Exile, 89–109. Die behandelten Texte bietet auch J. J. Collins (vgl. ders., Daniel, 77; ders., Apocalypticism, 16f).

93,8f; Tob 14,5) aufgenommen. Das *Damaskus Dokument* verweist (CD 1,7) durch den „Spross aus Israel und aus Aaron" auf die Situation der Essener bzw. der Qumrangemeinschaft. Die *Tierapokalypse* bietet zwar nicht explizit den Beweggrund für das Exil[372], deutet aber das Gericht der Zerstörung Jerusalems eschatologisch, indem sie die Szenerie in den Himmel verlegt.

Auf dem Weg von einem unmittelbaren Eingreifen Gottes zur Bestrafung des Volkes (vgl. Ps 106; CD 1) hin zu einer himmlischen Gerichtsszenerie, die die (auch) nachexilische Apostasie der „Väter" nur noch in der Interpretation einer transzendierten Wirklichkeit zu verarbeiten vermag, steht der pseudepigraphe Qumrantext 4QApocJerC[e] [4Q390] (zuvor: 4QpsMoses[e])[373], der beide Motive, nämlich das des irdischen wie das des himmlischen Eingreifens, miteinander kombiniert: In der am chronologischen Rahmen des *Jubiläenbuchs* orientierten Gottesrede werden explizit Themen aus der *Tierapokalypse*, dem *Testament Levi*, dem *Testament Moses* und dem Danielbuch aufgenommen. Auffällig ist, dass zugleich Gott sein Strafhandeln vollzieht (vgl. 4Q390 Frgm. 1 9f), während späterhin Straf- oder Verderberengel über die Israeliten herrschen (vgl. 4Q390 Frgm. 1 11 u. 2 i 6f). Zunächst bleibt deutlich erkennbar, dass die Periode endzeitlicher Drangsal am Begründungszusammenhang des Exils orientiert ist (4Q390 Frgm. 1 4f; vgl. auch Z. 8f.12 u. 2 i 8f):[374]

4Q390 Frgm. 1 4f

4 [...]ויעשו גם הם את הרע בעיני ככל אשר עשו ישראל
5 בימי ממלכתו הרישונים [...]

4 [...] Auch sie werden das in meinen Augen Böse tun wie alles, was die Israeliten getan haben
5 in den Tagen ihres ersten Königtums [...].

---

372 P. A. Tiller, Commentary, 332f, spekuliert darüber, ob dies mit der Unsicherheit der henoch. Trägerkreise hinsichtlich der Frage des Gehorsams gegenüber der Tora in Zusammenhang steht (zur Deutung der Passage insgesamt vgl. Tiller, a. a. O., 330–335; D. Dimant, Literature, 491f; M. G. Abegg, Exile, 118–125).

373 Vgl. dazu jetzt D. Dimant, DJD 30, 1–3.91–93.

374 Zum Text vgl. D. Dimant, Light, 414; dies., DJD 30, 237, u. F. García Martínez / E. J. C. Tigchelaar, Study Edition, 782f, mit der Kom-

Der wiederholte Abfall des Gottesvolkes bewirkt „im siebten Jubiläum" das Abwenden Gottes und die Auslieferung an die Feinde der Israeliten, sodass schließlich die „Engel Mastemots"[375] (4Q390 Frgm. 1 11) über sie herrschen werden, allerdings erst initiiert durch göttliches Handeln. Die erneute Verstockung Israels führt zur „Herrschaft Belials" (4Q390 2 i 3f: ול[ח]הי ממשלת בליעל בהם), nun ohne ausdrücklich die „Wirkmacht" zu erwähnen. Gleichsam in einem dritten Akt, „in diesem Jubiläum [...], siebzig Jahre lang", wird Israel zum „Bundesbrecher", weshalb Gott es ein letztes Mal den „Engeln Mastemots" ausliefert. So ist 4Q390 mit seinem sich wiederholenden Schema klar gegliedert: 1. Zeitangabe; 2. Israels Abfall; 3. Gottes Reaktion; 4. die Strafe Gottes.[376]

Vor allem in der zweiten Periode der Drangsal wird deutlich, dass sie durch *innerisraelitische* Auseinandersetzungen hervorgerufen ist (4Q390 2 i 6; vgl. auch Jub 1,14):[377]

4Q390 2 i 6

‏6 [...]ו[י]ח[ל]ו[] להריב אלה באלה שנים שבעים מיום חפר
‏ה]אלה וה[ברית

And[t]he[y]will be[gi]n to quarrel among themselves for seventy years, from the day of the violation of the[oath and the] covenant [...]

Da sich die Wirkmächtigkeit Gottes in der Zeit des ersten Abfalls nur über den Kontext erschließt (vgl. 4Q390 Frgm.

---

mentierung: D. Dimant, DJD 30, 239f, wo Dimant insbesondere auf die dtr Phraseologie (vgl. v. a. Dtn 31,16–18) verweist.

375 Zur Terminologie (בליעל, משטמות) vgl. D. Dimant, Light, 426f; dies., DJD 30, 242–244.

376 Zur schematischen Periodisierung in 4Q390 vgl. D. Dimant, DJD 30, 99f. Ähnlich ist auch in CD 1 eine Periodisierung deutlich: Auf die Zeit des Zornes von 390 Jahren (1,5: קץ חרון) folgen 20 Jahre der Blindheit und des „Tastens auf dem Weg" (1,9f: כעורים וכימגששים דרך), dann die Zeit des צדק מורה צדק „für die letzte Generation" (40 Jahre [?]; 1,11f; 4Q266 2 i 16: בד]ור א[חרון) und schließlich die Periode vom Tod des „Gerechtigkeitslehrers" bis „zum Ende aller Kriegsleute" von 40 Jahren (20,13–15: חם כל אנשי המלחמה). Diese Periodisierung von 390 + 20 + 40 + 40 Jahren verweist wiederum auf die 490 Jahre aus Dan 9,24–27 (vgl. dazu L. L. Grabbe, Seventy-Weeks Prophecy, 601f).

377 Text u. Übers.: D. Dimant, DJD 30, 245f (vgl. auch F. García Martínez / E. J. C. Tigchelaar, Study Edition, 784f).

1 9–11) und in der zweiten Drangsal überhaupt nicht begegnet (vgl. 4Q390 2 i 2–4), ist die explizite Auslieferung Israels an die „Engel Mastemots" einzig im Anschluss an die zitierte Betonung des innerisraelitischen Konflikts zu finden (4Q390 2 i 6f). Vielleicht sollte der Schwere der Verfehlung eine entsprechende, ausdrücklich gottgewirkte Bedrückung Israels folgen.[378]

Jedenfalls steht außer Zeifel, dass 4QApocJerC[e] nicht nur die nachexilische Unterdrückung *innerhalb* des Gottesvolkes verortet, indem der Text sie in kausalen Zusammenhang mit dem Bundesbruch stellt, sondern darüber hinaus eine Periodisierung bietet, die das Exil als „Urbild" eschatologischer Drangsal erscheinen lässt. Dass es sich dabei nicht um zufällige Motivüberschneidungen handelt, zeigen die vor allem in der Chronologie deutlichen Konvergenzen mit zeitlich nahe stehenden Parallelen der apk Literatur (*Zehnwochenapokalypse*, *Jubiläenbuch*) und nicht zuletzt mit Dan 9 (V.24–27).[379] Schließlich lässt auch syrBar, wo Israels (Un-)Heilsgeschichte theologisch gedeutet wird, erkennen,

---

[378] Man wird den offenbar auf Halacha, Festzeiten, Sabbat und Bund abzielenden Konflikt (vgl. 4Q390 Frgm. 1 8) nicht auf die Abspaltung der Qumraniten übertragen können, da das Frgm. eher vorqumran. Ursprungs sein wird (vgl. die ausführliche Begründung bei D. Dimant, Light, 444–447). Wenn 4Q390 zudem vor Johannes Hyrkan I. entstanden sein dürfte (so D. Dimant, Light, 447), gelangt man auch zeitl. in die Nähe des (apk) Dan bzw. verwandter Apokalypsen (zur Vergleichbarkeit mit der *Zehnwochen-* und *Tierapokalypse*; TestLev 17; AssMos 5,1–5; Jub 1,12–14; 23,19–21 s. D. Dimant, Light, 437–443). Das Bild ändert sich jedoch völlig, wenn man Frgm. 2 vor Frgm. 1 stellt (so M. A. Knibb, Note, 171–177): Im Gegensatz zu Frgm. 1 sei Frgm. 2 durch die „Dominanz der Sünde" geprägt, was auf das Exil verweise. Weshalb sollte dann aber die vorexilische Zeit der Verfehlung „ein Jubiläum" dauern und die innerjüdischen Streitigkeiten siebzig Jahre (4Q390 2 i 4 u. 7; so M. A. Knibb, Note, 173f)? Außerdem: Werden so nicht vorschnell Einsichten aus Dan 9,24–27 auf den fragmentarischen Qumrantext übertragen?

[379] Zum Vergleich jener Texte (und 4Q390) mit Dan 9 s. D. Dimant, Weeks, 58–70, die ein gemeinsames chronolog. Prinzip herausarbeitet, das in den siebzig Jahrwochen einen „Sabbatjahr-Zyklus" (vgl. auch K. Koch, Zahlen, 140f; ders., Sabbatstruktur, 59–65) erkennen will. Zur Kritik an älteren Deutungen der schwierigen Zahlenangaben in Dan 9,24–27, die zumeist auf Ungenauigkeit plädierten, vgl. A. Laato, Yearweeks, 213–219. Zum Problem eines Plur. masc. von שָׁבֻעַ in Dan 9 (s. 1QS 10,7f) vgl. G. F. Hasel, Plural, v. a. 110–117, der der masc. Form

dass der auf den Ungehorsam des Gottesvolkes folgenden Exilskatastrophe (s. syrBar 1,4f; 4,1) in der apk Geschichtskonzeption paradigmatische Bedeutung zukommt (vgl. syrBar 32,2–4).[380] Damit zeigt sich aber, dass in apk Texten, und damit wohl auch in *Pseudo-Daniel*, selbst innerhalb der geschichtlichen Vergegenwärtigung des Gottesvolkes der theologische Topos der Schuldverfallenheit im Horizont des *Gewesenen* eschatologisch verstanden werden konnte. Sei es, dass man die Grenze des *Heils* markiert (4Q245: bis Simon), sei es, dass man das Exil als Etappe innerhalb der Geschichte des *Unheils*, i. e. des Ungehorsams des Volkes, versteht (syrBar, 4Q390), auch wenn dieses Exil in der eigenen Wirklichkeitswahrnehmung noch als gegenwärtig erfahren wird. Jeweils steht aber die endzeitliche θλῖψις im Horizont der eigenen Verschuldungen.

Insgesamt ergibt das kontextliche Umfeld der „Menschensohn"-Vision somit eine Verortung in den Lebenszusammenhängen der hellenistisch-jüdischen bzw. innerjüdischen Auseinandersetzungen in der Mitte des zweiten vorchristlichen Jahrhunderts. Damit zeichnet die apk Literatur des 2. Jh.s v. Chr., und allen übrigen Quellen voran das Danielbuch, das Bild eines heterodoxen Judentums, das nicht geschlossen den *von außen* wirkenden Hellenismus bekämpfte, sondern in unterschiedlicher Interpretation der überall vorhandenen „hellenistischen Synkretismen"[381] das individuelle Heilsziel formulierte. Vor allem die pseudo-dan. Literatur (4Q243–245) kann für eine Deutung auf innerjüdische Konflikte weitere Anhaltspunkte liefern. Aber auch die in apk Überlieferungen (vgl. 4Q390) bezeugte Verarbeitung der Exilserfahrung macht deutlich, dass die endzeitliche Bedrängnis keine über das Gottesvolk von außen hereinbrechende Unterdrückung darstellte, sondern eine

---

einen die Totalität und Einheit der siebzig Wochen betonenden Sinn zuschreibt (vgl. auch F. W. Hardy, Singular, 197–202).

380 Vgl. auch Sib 3,280–294 u. zur Sache W. Harnisch, Verhängnis, 72–77; M. A. Knibb, Exile, 270.

381 Es sei an dieser Stelle auf den selbst im Qumranschrifttum deutlichen hellenist. Einfluss verwiesen (vgl. M. Hengel, Qumrān, 258–294; ders., Qumran and Hellenism, 46–56).

schon vor-apk bezeugte innerjüd. Verfallsgeschichte.[382] Jedenfalls war dies das (Selbst-)Verständnis der Trägerkreise.

Darüber hinaus ist an den Abschnitten, die das Gericht
thematisieren, eine Fokussierung auf Gott als Aktanten erkennbar. Zu dieser Frage ergaben sich im Vergleich mit
dem *Wächterbuch* sowie der pseudo-dan. Literatur für
Dan 7 nuanciert abweichende Erkenntnisse: Offenbar vollzieht nicht *Gott selbst und alleine* das Gericht, sondern ein
ihm nachdrücklich untergeordneter Mandatar, der späterhin auch zum Heil wirkt (vgl. Dan 12,1–3), nämlich der mit
dem „Menschensohn" identifizierte Michael – auch wenn
diese Erkenntnis erst aus der Verbindung der Gerichtsssze-
ne in Dan 7 mit der Auferstehung in Kap. 12 resultieren sollte.[383] Bereits in Dan 7,22 wird *expressis verbis* der Subjektwechsel vollzogen:

Zu Dan 7,22 ist festzuhalten: Die Konstruktion des im Verhältnis zu
V.22aβ.γ.bα vorzeitigen אחה (V.22aα) mit der temp. Partikel עד
די[384] setzt das Gericht des „Alten an Tagen" (vgl. V.9f.12.26a) erst in

---

382 Damit bestätigen u. a. die oben zitierten Qumranbelege die von
Elias [J.] Bi(c)kerman(n) bereits 1937 an 1/2Makk bzw. Dan herausgearbeitete These: vgl. ders., Gott, v. a. 136–139.143f.169–173; vgl. auch
die Rezeption bei M. Hengel (v. a. Judentum, *passim*) u. die Diskussion
bei F. Millar, Background, 1–21; J. J. Collins, Daniel, 62–65.

383 Wie oben konstatiert, zeichnet sich der „Menschensohn" in Dan
7 durch seine Unterordnung unter den „Alten an Tagen" aus u. ist nicht
ausdrücklich am Gericht beteiligt. Dass aber der „Großfürst" Michael
in das eschatol. Gerichtsgeschehen involviert ist, zeigen sowohl Dan
12,1aα u. 12,1aβ. Möglicherweise bezeugt ein Ms. zu Dan 10,19b gar die
Identifikation Michaels mit Gott (Text: E. Ulrich, DJD 16, 253; vgl.
ders., Manuscripts I, 34):
MT: וכדברו עמי התחזקתי ואמרה ידבר אדני כי חזקתני
4QDanᵃ [4Q112]
Frgm. 15 18: [   ]ואמר   דבר   אדני כי חזקתני[
Mit dem Wechsel der Form ידבר in דבר (wohl Imperat.: vgl. Vg.) ist
Michael direkt als אדני angesprochen. Der Wegfall des ה- nach
4QDanᵃ hat keine Konsequenzen, da die erweiterte Form nach MT eu-
phonisch bzw. rhythmisch begründet sein kann, jedenfalls nicht notwendig einen Kohortativ zur Folge hat (so A. Schmitt, Danieltexte,
286). Zur grundsätzlichen Tendenz bei 4QDanᵃ und 4QDanᵇ (auch) gegen MT vgl. E. Ulrich, Orthography, 37–42; S. [J.] Pfann, Text, 129.137f.

384 Vgl. zum Gebrauch des (די) עד S. Segert, Grammatik, 354 (6.5.
2.8.); HAL 1755.

Geltung (vgl. V.21), wobei in V.22 mit dem Haf. von חסן (vgl. V.18)
die „Heiligen [unter den Oberen]" (K. Koch) zum Subjekt werden,
wenn sie die מלכותא in Besitz nehmen, was in V.18[385] bereits ange-
kündigt war. Da zudem zwischen der „Bevollmächtigung" der Engel
durch den „Alten an Tagen" (V.22aβ.γ: ודינא יהב לקדישי עליונין)
und der Inbesitznahme der מלכותא (V.22b; vgl. V.27aβ) ausschließlich die Geschehnisse der (endzeitlichen) Drangsal im Munde des
Interpreten (V.23–25) geschildert werden, verweist V.26 mit seiner
Notiz über die Ingeltungsetzung des Gerichts (V.26a: ודינא יתב) auf
V.22 und damit auf die Zusammensetzung dieses Gerichts zurück.
Schließlich wird dem עם der „Heiligen unter den Oberen", also Israel
als Erbe und Besitz der Gott unter- und beigeordneten Engelmäch-
te[386], die ewige Herrschaft übergeben (V.27aβ.b).

Stärkere Übereinstimmungen zwischen *Pseudo-Daniel, Jere-
mia-Apokryphon* (4QApocJerC[e]) und Dan werden deutlich,
wenn man den auch in den oben untersuchten Quellen
(4Q243–245, 4Q390) erkennbaren Reflex auf eine innerjüdische Auseinandersetzung berücksichtigt, wie er zudem in
der „Begründung" des Gerichtsgeschehens greifbar wird.
Es dürfte vor dem Hintergrund des zur *textexternen Pragmatik* Gesagten kein Zufall sein, dass das dtr Theologie

---

385 Innerhalb dieses Verses ergibt sich jedoch eine Abstufung, die
die im ganzen Kap. wie in Dan 7 – 12 insgesamt deutlich werdende
schrittweise und im ganzen eher zurückhaltende Einbeziehung der Engel, nämlich der „Heiligen unter den Oberen" bzw. Michaels u. Gabriels
(vgl. dazu auch B. Otzen, Michael and Gabriel, 114–124; K. Koch,
Reich, 141–155; ders., Monotheismus, 219–234), in das Gerichtsgeschehen widerspiegelt: Bevor die Engel die מלכותא aktiv „in Besitz
nehmen" (V.18b), „empfangen" (קבל) sie diese (V.18a).

386 Zur Konstruktusverbindung in לעם קדישי עליונין (V.27aβ) und
ihrem Verständnis im Sinne eines *genetivus possesivus* vgl. J. J. Collins,
Daniel, 315.322. Einmal mehr ist die Textüberlieferung von Interesse:
Während Pap. 967 (*P. Barc. f. 78* [recto]: R. Roca-Puig, Daniele, 15.17)
ἔδωκα λαῷ ἁγίῳ ὑψίστου, *Codex Chisianus* (Ms. 88) ἔδωκε λαῷ ἁγίῳ
ὑψίστῳ und „Pseudo-Theodotion" ἐδόθη ἁγίοις ὑψίστου lesen (vgl. J.
Ziegler / O. Munnich, Susanna, 344f; K. Koch / M. Rösel, Polyglottensynopse, 212f), findet sich die Lesart des MT unter griech. Zeugen lediglich bei Iustinus (vgl. *Dial.* 31,7; vgl. auch Vg.). Der Wechsel
im Modus des griech. Verbs (Akt./Pass.) ist wohl durch den *promiscue*
Gebrauch der Modi bei יהב (vgl. HAL 1718) zu erkären, und ὕψιστος hat
ursprünglich adjektiv. Funktion (vgl. Liddell/Scott, 1910a; so wohl Ms.
88). Jedenfalls unterrichtet dieser Teilvers darüber, dass die Übersetzungen als „Interpreten", hier auf engstem Raum, eine ganze Band-
breite von Deutungsmöglichkeiten ausschöpfen.

darbietende Kap. 9 die Mitte der Visionen-Komposition bildet. So kann in Dan 7 – 12 nicht nur die Mitwirkung – nicht Mittlerschaft!) – Michaels (bzw. Gabriels) verdeutlicht werden[387], sondern auch der „Gräuel der Verwüstung" ist nicht mehr nur Antiochus IV. zuzuschreiben. Die Religionsverfolgung wird im Sinne des dtr Schemas aus Dan 9 innerjüdisch (re-)interpretiert.[388] Selbst wenn die Konzeption des Visionenbuchs eine „neue transzendierte Realität" erwirken sollte, die auch in der Beachtung sozialer Strukturen im Danielbuch zum Tragen käme[389], so ist diese „Realität" stets an den Tora-Gehorsam rückgebunden, wie Dan 9,1–27 und 12,1–3 (s. u.) unterstreichen.

b. Dan 4 und 7: Die *textinterne Pragmatik*

Kehrt man nochmals auf die Textebene, also zur *textinternen Pragmatik*, zurück, wäre nach der Verbindung zwischen den Theophanieszenen in Dan 4 und 7 zu fragen. Dabei war von Anfang an die Theophanie als Strukturprinzip im Blick, womit bisherige „Verbindungslinien"[390] eine Er-

---

387 Der עם der „Heiligen unter den Oberen" ist eben auf beschützende Zuwendung des die מלכוחא in Besitz nehmenden Kreises der קדישׁין angewiesen. Nicht zuletzt Dan 9 macht dies in seiner zentralen Position innerhalb des Visionenzyklus deutlich: Zunächst wird die Verfehlung Israels an der „Tora des Mose", des עבד האלהים, bemessen (vgl. V.11.13), um zum Abschluss des Bußgebets in einen Aufruf zum Hören (bzw. Sehen) auszumünden (V.18a.19a): הטה אלהי אזנך וֹשׁמע bzw. אדני שׁמעה אדני סלחה אדני הקשׁיבה. Doch antwortet im Folgenden (V.21–27) keineswegs der so inständig Angesprochene, sondern der *Engel Gabriel* (V.21b); vgl. V.22b: ויאמר דניאל עתה יצאתי להשׂכילך בינה.

388 Anders jedoch J. J. Collins, World, 138. Die literar. Stellung von Dan 9 ist umstritten: vgl. J. Doukhan, Weeks, v. a. 3–15.19–22, wo u. a. Stichwort-Assoziationen mit Dan 8 u. historisierende Deutungen die Ursprünglichkeit in Dan erweisen sollen. J. J. Collins, Daniel, 347f, hält das Kap. für eine absichtsvolle Einschaltung, zwar nicht sekundär und somit nicht für den Kontext komponiert (vgl. P. L. Redditt, Daniel, 148–151; ders., Daniel 9, 239–241; G. Boccaccini, Roots, 181f, mit jedoch spekulativen Folgerungen zur „zadokidischen Bundestheologie").

389 Vgl. S. Beyerle, Social Setting, 205–226.

390 Diese „Verbindungslinien" werden v. a. zwischen Dan 2 und 7 beobachtet: vgl. zur Forschung S. Beyerle, Wiederentdeckung, 46–49. Oder es wird die Überschneidung von „Sprach-" und „Gattungsgrenze" thematisiert: vgl. J. E. Goldingay, Daniel, 324–326 (vgl. auch den Forschungsbericht bei K. Koch / T. Niewisch / J. Tubach, Daniel, 43–52).

weiterung erfahren. So erwägt Helge S. Kvanvig u. a. beim Vergleich von Dan 4 und 7 ein „*pattern*" des „rebellischen Königs".[391] Dies würde bedeuten, dass die Wandlung des Königs (Nebukadnezzar) in Kap. 4 ebenso wie die kosmologische Wandlung im Anschluss an den „Gräuel der Verwüstung" (durch Antiochus IV.)[392] in Dan 7 jeweils durch theophane Erscheinungen bewirkt wurden, an denen der Gott Israels nur mittelbar beteiligt war. Damit stellt die Komposition des Dan Gottes direktes Eingreifen, wie es im *Astronomischen Buch* etwa erst in der späten Phase seiner Textgeschichte deutlich wurde, zurück. Auch im Unterschied zum *Wächterbuch* (vgl. äthHen 1,1–9[*]; 25,3), worin die Theophanie ganz auf Gottes Gerichtshandeln fokussiert, rechnet das Dan mit Mittlerwesen, die etwa als עירין jenen auch aus den aram. Fragmenten bekannten „Wächtern" im ersten Abschnitt der henoch. Komposition gerade kontrastieren, da sie zur Erkenntnis der universalen göttlichen Macht (vgl. Dan 4,10.20: gegenüber Nebukadnezzar) positiv beitragen, also ausdrücklich nicht zur Erläuterung einer die

---

Thematische Verbindungen untersucht zudem Z. Stefanovic, Links, 125–127. Nicht zuletzt diente der Sprachwechsel häufig zur Unterscheidung eines weit vor das 2. Jh. v. Chr. zu datierenden Kerns des Dan von den späteren Visionen (vgl. auch Z. Stefanovic, Aramaic, v. a. 108 u. 109–111 [Tabellen]). Einer konservativen Frühdatierung beider Buchteile durch Z. Stefanovic (vgl. ders., Links, 127) u. W. H. Shea (v. a. ders., Wrestling, 248–250; Setting, 35f: zu Dan 7; 9 – 12; vgl. A. J. Ferch, Book, 137f) wird man aber nicht zustimmen können. Dagegen sprechen nicht nur die zahlreichen histor. Anspielungen, sondern auch die *vaticinia ex eventu* in Verbindung mit den Datumsangaben zu Beginn der Kapp. (vgl. zum *historical setting* J. J. Collins, Daniel, 25f).

391 Vgl. H. S. Kvanvig, Roots, 463–484.

392 Am 15. u. 25. Kislev 168 v. Chr. (zur Chronologie vgl. K. Bringmann, Reform, *passim*; E. Haag, Zeitalter, 62–64) wird auf Anordnung Antiochus IV. der Tempel auf dem Zion entweiht u. der „Gräuel der Verwüstung" errichtet (vgl. 1Makk 1,54). Nur wenige verweigerten sich der Anordnung des Königs unter den „Männern Judas und den in Jerusalem Zurückgebliebenen" (1Makk 2,18; vgl. Dan 11,33); vgl. dazu immer noch E. [J.] Bi(c)kerman(n), Gott, 80–86.92–96.104; neuerdings: D. Mendels, Rise, 122–125; J. Sievers, Hasmoneans, 19–26, u. D. Gera, Judaea, 223–254. Weiterhin wird man davon ausgehen können, dass der „Gräuel der Verwüstung" nicht in der *Ersetzung* des israelit. Gottes durch Zeus Olympios bestand, sondern in der „Benennung" des „namenlosen" israelit. Gottes durch jenen Zeus (so E. [J.] Bi[c]kerman[n], Gott, 109).

„Theodizee" betreffenden Frage, etwa im Anschluss an Gen 6,1–4, herangezogen werden und somit keine pejorative Bedeutung annehmen.

Eine Differenz zwischen Dan 4 und 7 betrifft jedoch das Zeitkolorit: Zwar sind beide Darstellungen in die Rahmengattung des Traumberichts eingekleidet (vgl. 4,2.7a.10.15. 20; 7,1.7.9.13: חזה הוית), doch zielen die jeweiligen Deutungen auf sehr unterschiedliche „Realitäten". Während nämlich Daniel als Traumdeuter für den träumenden Fremdherrscher nach Dan 4,21–25 von der Bildebene des Traums in die Realität Daniels bzw. Nebukadnezzars wechselt (vgl. V.25: נבוכדנצר מלכא על־כלא מטא), erschließt Kap. 7 vielmehr in der Deutung selbst einen neue Realität, die ihrerseits wiederum der Deutung bedürftig ist. Erst unter diesen Vorzeichen war es den Trägerkreisen des visionären Dan möglich, in passivem Widerstand (vgl. Dan 11,33.35; 12,3) ihre Gegenwart als *notwendiges* Vorspiel zur bevorstehenden Heilszeit zu verstehen (vgl. Dan 8,9–14.25; 9,24–27; 12, 1–13).[393]

Auch im Vergleich von Dan 4 und 7 greift also die raumzeitliche Transzendierung als Merkmal apk Wirklichkeitsinterpretation erst in der „Menschensohn"-Episode. Dass die Realität gemäß der Traumerzählung in Dan 4 nicht übersteigert wird, bestätigt zudem das in Qumran gefundene *Gebet des Nabonid* (4QOrNab ar Frgm. 1 – 4 [4Q242]):

So heißt es im abschließenden Frgm. 4 (Z. 1f) des Gebets:[394]

לבר המון אחלמח]   1
ממה אחןלוןף שלם שלוןותי יתוב עלין]   2

1.]apart from them. I was made strong again
2.]from it he caused to pass. The peace of [my] repo[se returned to me]

Wenn man die Verbalform אחלמח als Kausativ von חלם II („heilen") liest[395], und nicht von חלם I („träumen") ableitet, ist also auch der

---

393 So votiert J. Sievers, Hasmoneans, 24.

394 Zur Erstveröffentlichung vgl. J. T. Milik, Prière, 407–415, dessen Ergebnisse neuerdings zumeist bestritten werden. Text u. Übers.: J. J. Collins, DJD 22, 91f (vgl. F. García Martínez / E. J. C. Tigchelaar, Study Edition, 488f).

395 So K. Beyer, Texte, 224.580; F. García Martínez, Qumran, 128;

bestenfalls traditionsgeschichtlich, und weniger formgeschichtlich, auswertbaren „Vorlage" zu Dan 4 aus Qumran eine innerweltliche Heilserfahrung des Fremdherrschers eigen. Im Umfeld einer theolog. Interpretation ist weiterhin der Bezug von Frgm. 4, Z. 1 zu 4Q-OrNab ar Frgm. 1 – 3, Z. 4 (vgl. PAM 41.895) zu beachten:[396]

וחטאי שבק לה גזר והוא יהודי מ[ן בני גלותא על לי ואמר]

and as for my sin, he remitted it. A diviner (he was a Jew fr[om among the exiles) came to me and said:]

Wenn obige Wiedergabe als *casus pendens* zutrifft[397], dann kann nur Gott das Subjekt der Sündenvergebung (vgl. Mk 2,7)[398] sein. Somit würde der גזר lediglich zum Mittler des Heils an den Fremdherrscher, und dieser könnte auf Grund göttl. Vergebung erst seine – innerweltliche – *restitutio* erlangen. Die Vergebung selbst obläge jedoch einzig Gott.[399]

Für die Struktur des im hebr.-aram. Kanon überlieferten Dan kann also festgehalten werden: Während die Frage

---

J. J. Collins, DJD 22, 92f; P. W. Flint, Daniel Tradition, 337f (anders A. Steinmann, Chicken, 559.568f). Eine ausführliche Diskussion zu Frgm. 4, u. zu אחלמת, bieten A. Lange / M. Sieker, Gattung, 14–31. Möglicherweise ist zudem ein Inf. Af. von חלם II (מחלמה) in einer galil. Inschrift des 6.–7. Jh.s n. Chr. bezeugt (ggAR 2,2: nach K. Beyer, Texte. Ergbd., 250.348; vgl. auch 1QapGen ar 22,5).

396 Text u. Übers.: J. J. Collins, DJD 22, 88f (vgl. É. Puëch, Prière, 211; A. Steudel, Texte, 162). Unter den Fotografien wurden PAM 42. 265 u. 42.007 neben der wohl besten Aufnahme PAM 41.895 verglichen: Unter den Bearbeitern lesen einzig A. Lange / M. Sieker, Gattung, 8–10.12, גיר („Schutzbürger") statt גזר („Wahrsager"), was paläograph. ausgeschlossen ist (vgl. Steudel, a. a. O., 265 Anm. 9).

397 Diese Konstr. wird von F. M. Cross, Fragments, 263f; A. Lange / M. Sieker, Gattung, 13; É. Puëch, Prière, 211.217f, bevorzugt, etwa gegenüber einem *dativus ethicus* in לה (so zuletzt K. Beyer, Texte, 224). Die unterschiedlichen Interpretationen diskutieren B. Janowski, Sündenvergebung, 58–62; F. García Martínez, Qumran, 125f; J. J. Collins, DJD 22, 90f.

398 Die aram. Wurzel שבק steht in den Tgg. häufig für hebr. כפר: vgl. TJ zu 1Sam 3,14; Jes 22,14; 27,9; Ez 16,63; vgl. auch 11QtgJob ar 38,2 (vgl. zu den Belegen B. Janowski, Sühne, 74. 80 Anm. 282; ders., Sündenvergebung, 55–57). Zur Bedeutung der Wurzel insgesamt vgl. v. a. A. Mertens, Daniel, 36; K. Beyer, Texte, 701f; ders., Texte.Ergbd., 418.

399 Vgl. A. Steudel, Texte, 265 Anm. 9. Zuletzt betont A. Steinmann, Chicken, 563, die gegenüber Dan 4 deutliche Fokussierung auf *Gottes*

nach der *textexternen Pragmatik* zu Dan 7,1–28, somit das
Suchen nach den lebensweltlichen Zusammenhängen, in
denen das visionäre Dan eingebunden ist, die Funktion des
Kommens Gottes im Zusammenhang einer Theophanie auf
eine eschatologische Scheidung *innerhalb* Israels in Zeiten
religionspolitischer Anfechtungen durch Antiochus IV. abzielt, sucht Dan 3,31 – 4,34 die Abhängigkeit weltlich-politi-
scher Herrschaft, auch eines Fremdherrschers, mit Hilfe
der Anerkenntnis des einen Gottes Israels deutlich zu machen. Während Dan 7, im Zusammenspiel mit Dan 12,1–3,
somit eine „transzendente" Realität „konstruiert", verbleibt
Dan 4 ganz im Irdischen. Ganz anders stellt sich das Bild
dar, wenn man auf der Textebene verbleibt und somit die
textinterne Pragmatik der Theophanie im kanon. Dan beachtet. Für den hebr.-aram. Kanon gilt dabei, dass Gottes
kondeszendentes Handeln jeweils an zentralen Stellen der
Komposition, nämlich im Zentrum der daniel. „politischen
Widerstandstheologie"[400], als *theo*-logischer Machterweis
zu stehen kommt. Dies wird auch dann deutlich, wenn man
die zurückhaltende Weise berücksichtigt, in der theophane
Motive zum Tragen kommen: Letzteres wurde an den Funktionen der עירין bzw. dem „Menschensohn" gezeigt.

c. 4QOrNab ar und die *textinterne Pragmatik*

Das Ergehen Nabonids in 4QOrNab ar spiegelt die theologische Absicht der Komposition wider, konkret in der Durchsetzung universaler Macht des Gottes Israels im Hinblick
auf Zeit (Dan 4) und Endzeit (Dan 7). In der Folge der göttlichen Vergebung steht die Heilung des Fremdherrschers.
Weniger durch die der Vergebung nachfolgende, irdische
Restitution des Königs und die Vermittlung des „Wahrsa-
gers" (גזר)[401] als durch das Subjekt bzw. Objekt des Fremdherrschers entsteht ein theologisches Problem: Zwar steht

---

Gerichtshandeln in 4QOrNab ar Frgm. 1–3 2, womit Steinmann u. a. die
Abhängigkeit des *Gebets Nabonids* von Dan zeigen möchte.

400 Vgl. R. Albertz, Gott, 62–67.183–195; ders., Bekehrung, 46–62.

401 Zur Interzession beim göttl. Sühnehandeln vgl. B. Janowski,
Sühne, 137–153; ders., Sündenvergebung, v. a. 65–68. Es sei betont,
dass die „Mittler"-Tätigkeit des גזר *ausschließlich* auf die „Bedingung
der Möglichkeit" einer Heilung Nabonids u. nicht auf den Vollzug der

die Abfolge von göttlicher Vergebung und Heil auf einer breiten altisraelitischen wie antik-jüdischen Quellenbasis, doch scheint die Wiederherstellung Nabonids dem spätprophetisch und apk bezeugten Schema von „Unheil für die (Fremd-)Völker – Heil für Israel" zu widersprechen. Hinzu kommt, dass trotz des höchst fragmentarischen Zustands von 4QOrNab ar noch erkennbar ist, wie die göttliche Vergebung und folgende Heilung des Fremdherrschers seinem – nicht mehr überlieferten – Bekenntnis, das seinen logischen Ort im Anschluss an die zitierten Passagen aus 4QOrNab ar Frgm. 4 besitzt, vorausgeht. Demgegenüber ist die Rettung Nebukadnezzars in Dan 4 dem königlichen Bekenntnis nachgeordnet, was nicht nur an der auffälligen *inclusio* der Doxologien (Dan 3,31–33; 4,34)[402], sondern auch an der Vollzugsformel, „all dies geschah mit dem König Nebukadnezzar" (4,25), und dem Vorverweis in V.14b sowie der vorausgesetzten Erkenntnis des „Höchsten" im Blick auf den Bestand des Königreichs (V.23) deutlich wird. Es zeigen sich also zwei theologische Spannungen im *Gebet des Nabonid*, wobei erstere möglicherweise unter Hinweis auf den nicht-eschatologischen Charakter der „Hoferzählungen" in Dan 1 – 6* entkräftet werden kann, womit zugleich der Abstand zur späten Prophetie und dem erwähnten Unheil-Heilsschema gegeben wäre. Doch bleibt das zuletzt genannte theologische Problem stehen, und es betrifft nicht nur das ohnehin umstrittene Verhältnis zwischen Dan 4 und 4QOrNab ar, sondern zugleich eine fundamentale Differenz des Gebetstextes zur altisraelitischen wie antik-jüdischen Überlieferung überhaupt: Wie konnte der Gott Israels einem Fremdherrscher seine Verfehlungen vergeben, da dieser erst noch in einem nachfolgenden, al-

---

Sündenvergebung selbst zu beziehen ist (vgl. 4QOrNab ar Frgm. 1–3 3: J. J. Collins, Light, 181–185).

402 Vgl. dazu K. Koch, Herrschaft, 86. In diesen Kontext gehört auch die von Koch betonte Differenz zwischen Dan 4 und 4QOrNab ar (a. a. O., 101): „Während das Gebet des Nabonay eine schlichte Bekehrungsgeschichte über einen Fremdherrscher, der auch über Israel gebietet, vorträgt, legt Dan 4 Wert darauf, dass das Reich Gottes als notwendiger Hintergrund zu jeder legitimen Herrschaft unter Menschen und über Menschen, auch wenn sie von einem heidnischen König ausgeht, begriffen wird."

lerdings nicht überlieferten Schreiben (כחב: 4QOrNab ar
Frgm. 1–3 5) durch die Vermittlung eines גזר den Namen
dieses Gottes „ehren und groß machen" sollte? Deutlich
scheint jedenfalls, dass Nabonids „Schuld" bereits vor der
Intervention des גזר gesühnt ist.

Nun sieht sich die Interpretation des *Gebets des Nabonid* der
Schwierigkeit gegenüber, dass vergleichbare Motivzusammenhänge
nur in der Zeit der Entstehung bzw. Wirkung von 4QOrNab ar aussagekräftig sind. Sicher scheint zunächst nur das paläograph. Datum des Qumrantextes, da die semi-kursive Schrift als Weiterentwicklung zu 4QDan[c] in die Zeit zw. 75 u. 50 v. Chr. verweist.[403] Hinsichtlich der Entstehungszeit der Überlieferung besteht zwar Einigkeit über ein früher anzusetzendes Datum, doch verwies Rudolf
Meyer bereits auf die Notwendigkeit, „durch innere Kriterien"[404] zu
einem *terminus a quo* vorzustoßen, womit man sich letztlich in einem Zirkel bewegt. Alternativ wäre eine sprachgeschichtliche Einordnung möglich, die in das späte 4. oder frühe 3. Jh. v. Chr. verweist, insofern Spracheigentümlichkeiten schon im aram. Esrabuch
belegt sind.[405] Für den motivgeschichtlichen Vergleich ergäbe dies
einen zeitl. Rahmen von der früh-hellenist. bis in die röm. Zeit.

Die umschriebene Entstehungszeit wird zudem durch weitere Texte eingegrenzt, die auch thematisch und formkri-
tisch an 4QOrNab ar anklingen. Es handelt sich um Belege
der „Manasse-Haggada":[406] 2Chr 33,10–13; OrMan[407] (v. a.

---

403 Vgl. F. M. Cross, Fragments, 260; J. J. Collins, DJD 22, 85.

404 So R. Meyer, Gebet, 73; vgl. auch den ausführlichen Versuch einer histor. Verortung: a. a. O., 98–105.118f, mit Frühdatierung: 5. Jh.
v. Chr.

405 Vgl. dazu A. Lange / M. Sieker, Gattung, 6–8.

406 Zur „Manasse-Haggada", die sich im antiken Judentum in ein ne-
gatives (VitProph 1,1 [Jes]: Manasse als „Mörder" Jesajas) und positi-
ves Bild (Manasse als reuiger Sünder) vom judäischen König spaltet,
vgl. A. M. Schwemer, Studien I, 103–107; dies., JSHRZ I/7, 562 [zu I,1[b]].

407 Zur Datierung von OrMan (möglicherweise ins 2. Jh. v. Chr., jedenfalls vor 70 n. Chr.) vgl. J. H. Charlesworth, Prayer, 627 (vorsichtiger: E. Oßwald, JSHRZ IV/1, 19f). Insgesamt wird bei der Exegese von
4QOrNab ar häufig auf 2Chr 33 u. OrMan verwiesen (vgl. R. Meyer,
Gebet, 82; F. García Martínez, Qumran, 127). Außerdem wäre die Motivkonstellation von „Buße" und „Gnade" in Weish 11,23f: ἐλεεῖς δὲ
πάντας, ὅτι πάντα δύνασαι, καὶ παρορᾷς ἁμαρτήματα ἀνθρώπων εἰς
μετάνοιαν. ἀγαπᾷς γὰρ τὰ ὄντα πάντα ..., zu beachten.

V.7f) und JosAs 11,10.18; 13,13; 21,21.[408] Dann sind 4QPrMan [4Q381] Frgm. 33 u. 35 8–11[409] sowie syrBar 64,1–10; 65,1f und VitProph 1,1 [Jes] zu beachten.

Doch besitzen die genannten Texte im Vergleich mit dem *Gebet des Nabonid* zwei gewichtige Abweichungen: Zum einen sind sämtliche Passagen, bis auf 2Chr 33 (vgl. syrBar 64f), in der 1. Pers. formu-

---

[408] Vgl. auch Dan 3,26–45 [LXX]. Der folgende Vergleich bietet LXX (s. W. Hamm, Septuaginta-Text, 296–303; J. Ziegler / O. Munnich, Susanna, 274), Vg. (s. R. Weber, Biblia Sacra, 1349) u. Ms.Gaster / Ms. *Bod. Oxf. heb.d.11* [Rekonstr.] von Dan 3,40 (Text u. Übers.: K. Koch, Zusätze II, 208f; vgl. ders., Zusätze I, 88f, u. "Märtyrertod", 70f: mit anderer Zuordnung; ders./ M. Rösel, Polyglottensynopse, 315):

LXX	*Vg.*	*Ms. Bod. Oxf. heb.d.11*
ὡς ἐν ὁλοκαυτώσει	*sicut in holocaustum*	כדון יהא דיבחא
κριῶν καὶ ταύρων,	*arietum et taurorum*	דילנא יומא דין
καὶ μυριάσιν ἀρνῶν	*et sicut in milibus*	[...]; vgl. V.39
πιόνων,	*agnorum pinguium*	[...]; vgl. V.39
οὕτω γενέσθω ἡμῶν	*sic fiat sacrificium*	[לרעוא מן קדמך]
ἡ θυσία	*nostrum*	
ἐνώπιόν σου σήμερον	*in conspectu tuo hodie*	[...]
[...]	*ut placeat tibi*	לרעוא מן קדמך
ὅτι οὐκ ἔστιν αἰσχύνη	*quoniam non est confusio*	דהא לא יחכלמון
τοῖς πεποιθόσιν ἐπὶ σοί,	*confidentibus in te*	כל די מהודין לך
καὶ τελειῶσαι ὄπισθέν	[...]	[...]
σου.	[...]	[...]

Ms. Bod. Oxf. heb.d.11 [dt.]: „Jetzt möge das Hinschlachten von uns heute zum Wohlgefallen vor Dir werden[,] weil nicht zuschanden werden sollen[,] die Dich bekennen[.]"
Abgesehen von den aus der semit. Vorlage erklärbaren Änderungen in LXX, zielt nur Ms. *Bod. Oxf. heb.d.11* auf eine regelrechte „Selbstdarbringung" der/des Beter[s], die als „Martyrium" ausgefasst werden kann (vgl. dazu K. Koch, "Märtyrertod", 66–82; anders zuletzt E. Haag, Zeitalter, 211; s. u.: Abschnitt d).

[409] Zum Text von 4QPrMan vgl. E. M. Schuller, Psalms, 146; dies., PTSDSSP 4A, 22; dies., DJD 11, 122–126; F. García Martínez / E. J. C. Tigchelaar, Study Edition, 758. Zur Deutung vgl. E. M. Schuller, Psalms, 155–162; dies., 4Q380 and 4Q381, 94f. Im Folgenden sei 4Q381 Frgm. 33 u. 35 8 u. 11 wiedergegeben, worin die Situation sowie die vormalige Haltung des Königs gegenüber Gott zum Audruck kommen (Text u. Übers.: E. [M.] Schuller, DJD 11, 122.124).

8 תפלה למנשה מלך יהודה בכלו אתו מלך אשור [...]

11 ואני לאזכרתיך [=] לא זכרתיך [במקו]ם ק[ודשך] לא עבדתו]יך [
לי]

8. Prayer of Manasseh, King of Judah, when the King of Assyria imprisoned him. [...]
11. But I did not remember you [in your] h[oly plac]e, [I] did not serve [you]ly[ ]

liert, sodass selbst bei der theologisch zutreffenden Annahme der
frei gewährten göttlichen Entschuldung durch „Sühne" (zum Wortfeld vgl. סלח, עתר, כפר)[410] im Vollzug des Gebets Gottes Einzigkeit und Suffizienz, möglicherweise auch unausgesprochen, benannt wären. Anders beschränkt sich die 1. Pers. in 4QOrNab ar auf
Frgm. 1–3 3f und Frgm. 4 1f, wobei schon in Frgm. 1–3 4 ein Personenwechsel in die 3. Pers. zu verzeichnen ist. Es liegt also formkri-
tisch eine Vermengung von „Beter-" und „Fremdbericht" vor. Andererseits hat die Vergebung jeweils „Israel" oder Repräsentanten des
Gottesvolkes zum Objekt (bis auf JosAs; vgl. aber 1,5; 8,9; 11,4f).
Dagegen erwirkt in 4Q242 zweifelsohne Nabonid Sühne, als Repräsentant Babylons Inbegriff für Feindschaft und Gericht in den Augen
der Israeliten.[411]

Trotz dieser Vorbehalte muss kurz auf OrMan 7 eingegangen werden, weil sich in den Versionen offensichtlich eine
Konjektur abzeichnet, die das angeschnittene theologische
Problem unmittelbar betrifft. Dabei ist der griech. Langtext
der „Apostelkonstitutionen" vorausgesetzt, der weitgehend
durch die syr. Überlieferung bestätigt wird. Der entscheidende Passus in OrMan 7b belegt allerdings eine Abweichung zwischen ConstApost II,22,12, Z. 92–94 und syr. Did.
VII zu OrMan (nach Ms. 9a1) einerseits und dem syr. Ms.
Leningr. (Ms. 10t1) andererseits:[412]

---

410 Vgl. H. Gese, Sühne, 85–106; B. Janowski, Sühne, v. a. 173f.
355–362; K. Koch, Zusätze II, 57f. Dass das *voraussetzungslose* Vergeben Gottes bereits in ältesten atl. Traditionen greifbar wird, kann man
u. U. an Dtn 33,3 ablesen (vgl. dazu S. Beyerle, Mosesegen, 80f).

411 Vgl. auch 4QOrNab ar Frgm. 1–3 1, wo die Fotografie [PAM 41.
895] wenigstens noch Buchstabenreste zu erkennen gibt.

412 Zu den Abweichungen in Cod. A vgl. A. Rahlfs, Psalmi cum Odis,
362. Der griech. Langtext findet sich bei M. Metzger, Constitutions,
218 (dort OrMan nach ConstApost II,22,12–14; zu einer abweichenden
Lesart in ConstApost, die eher Ms. Leningr. entspricht vgl. A. Vööbus,
Didascalia 2, 85 Anm. 239); der syr. Text der *Didaskalie*, Kap. VII
(Ms. 9a1) ist in der rechten, der aus Ms. 10t1 in der linken Kolumne bei
W. Baars / H. Schneider, Prayer of Manasseh [OTSy IV,6], 3, verzeich-
net. Zu Ms. 9a1 wäre auch A. Vööbus, Didascalia 1, 90 [Z. 11–13] zu
vergleichen. Zur Bezeugung des Langtextes vgl. den App. bei Rahlfs, V.
Ryssel, Das Gebet Manasses, 169 [zu V.7i], und E. Oßwald, JSHRZ IV/1,
24 [zu V.7f–f]. Nach Oßwald bietet die Mehrzahl der Zeugen den Teil-
vers: neben ConstApost und syr. Did. noch *Codex Harris*, zwei syr.
Mss. und die lat. Überlieferung.

ConstApost II,22,12
ὅτι σύ, ὁ Θεός, κατὰ τὴν χρηστότητα
τῆς ἀγαθωσύνης σου ἐπηγγείλω
μετανοίας ἄφεσιν τοῖς ἡμαρτηκόσιν

syr. Did. VII (Ms. 9a1)
ܐܢܬ ܡܪܝܐ ܐܝܟ ܒܣܝܡܘܬܐ
ܕܛܝܒܘܬܟ ܐܫܬܘܕܥܬ
ܫܘܒܩܢܐ ܠܐܝܠܝܢ ܕܬܝܒܝܢ ܡܢ
ܚܛܗܝܗܘܢ.

Ms. Leningr. (Ms. 10t1)
ܐܢܬ ܗܟܝܠ ܡܪܝܐ ܐܝܟ ܒܣܝܡܘܬܐ
ܕܛܝܒܘܬܟ. ܐܫܬܘܕܥܬ
ܬܝܒܘܬܐ ܕܫܘܒܩܢܐ ܠܐܝܠܝܢ
ܕܚܛܘ ܠܟ.

ConstApost II,22,12
Denn Du, Gott, gemäß der Milde
Deiner Rechtschaffenheit hast Du
verheißen denen, die gesündigt haben,
die Vergebung durch/der Umkehr.

syr. Did. VII (Ms. 9a1)
Du, Herr, gleichsam gemäß der
Freundlichkeit Deiner Güte
hast Du verkündet Vergebung
für die, die von ihren Sünden
abkehren.

Ms. Leningr. (Ms. 10t1)
Du nun, Herr, gleichsam gemäß der
Freundlichkeit deiner Güte. [So] hast
Du verkündet Umkehr und Vergebung
denen, die an dir sündigten.

Die Gegenüberstellung der unterschiedlichen Textsorten zum *Gebet Manasses* macht zweierlei deutlich: Einmal bestätigt sich durch die analoge Form des Gebets (vgl. 4QOrNab ar Frgm. 1–3 1f) und den vergleichbaren Motivzusammenhang (Vergebung Gottes) die Deutung von שבק („vergeben") in 4QOrNab ar Frgm. 1–3 4 (vgl. syr. ܫܘܒܩܢܐ [= „Vergebung"])[413]. Trotz unterschiedlicher Sprachebenen darf eine ähnliche Semantik angenommen werden. Weiterhin kann der gnädige und barmherzige Gott[414] nicht nur denen vergeben, „die von ihren Sünden abkehren" (syr. Did. VII zu OrMan 7b), sondern auch jenen, „die an ihm sündigten" (Ms. Leningr. zu OrMan 7b). In der oben dokumentierten Text-Emendation, die *innerhalb* der

413 Nach Ausweis der syr. Konkordanz zum Pentateuch besitzt die Verbalwurzel ܫܒܩ einen ähnlich breiten Bedeutungsumfang wie aram. שבק, steht dort jedoch zumeist für hebr. סלח (vgl. P. G. Borbone / K. D. Jenner, Concordance [OTSy V/I], 788f).

414 Zur Bedeutung des gnädigen Gottes *coram peccatore* im Kontext von Sündenvergebung nach antik-jüd. Quellen vgl. E. Sjöberg, Gott, 197–222, u. neuerdings J. N. Bremmer, Atonement, v. a. 77–82.

griech.[415] wie syr. Überlieferung bezeugt ist, spiegelt sich die Anstößigkeit eines Gottes, der gleichsam „voraussetzungslos" Umkehr
und v. a. Vergebung verkündet. Eine vergleichbare Auffälligkeit bietet der Gebetsanfang in 4Q381 Frgm. 33 u. 35 8f :[416]

8 [אל]הי‎   [קרוב ישעי לנגד עיניך מה] [לו‎
9 לישע פניך אקוה‎

8 [mein Glot[t]nahe ist meine Rettung vor Deinen Augen, was
[ ]ל[417]
9 auf die Rettung Deines Angesichts hoffe ich [...]

Der Beter Manasse verdeutlicht zu Beginn seiner Anrufung, dass er
trotz der durch den König von Assur erfahrenen Strafe auf göttliche
Rettung hofft (קוה‎). Das weitere Textverständnis ist leider durch
den nicht mehr eindeutigen prosodischen Aufbau verstellt.[418] Unabhängig davon lässt sich der Psalm zwar als „Sündenbekenntnis" verstehen, jedoch ohne jeden expliziten Hinweis auf die Reue oder Umkehr des Beters, wenngleich letzteres im Vollzug des Bekenntnisses
durchscheinen dürfte oder mutmaßlich im nicht mehr erhaltenen
Kontext lokalisiert werden darf. In den zitierten Zeilen sind zwei
Motive kombiniert, nämlich die „Nähe der" und die „Hoffnung auf
Rettung", (vgl. Jes 51,5). Vor allem in Spr 20,22 könnte die Assoziation der göttlichen Vergeltung einen Hinweis auf die Vergebung
gegenüber Manasse im vorliegenden Gebet liefern. Ein Verständnis,
das in der Fortsetzung von 4Q381 Frgm. 33 9 Bestätigung findet:[419]

כי הגדל[ת   רחמיך]ואני הרביתי אשמה‎

Ja/Denn groß gemacht hast D[u (i. e. Gott) Deine Gnadenerweise,]
und ich, ich habe Schuld zahlreich gemacht.

---

415 Vgl. die dt. Übers. von E. Oßwald, JSHRZ IV/I, 24.

416 Text: E. [M.] Schuller, DJD 11, 122; zur Übersetzung vgl. F. Gar-
cía Martínez, Dead Sea Scrolls, 314f, u. M. Wise / M. Abegg / E.
Cook, Schriftrollen, 361f, die 4Q381 Frgm. 45 1–6 folgen lassen, was
E. M. Schuller, PTSDSSP 4A, 25 Anm. 45, als Möglichkeit zugesteht.

417 Nicht zuletzt wegen seiner Lückenhaftigkeit kann das Kolon unterschiedlich gegliedert werden. E. M. Schuller, PTSDSSP 4A, 23 mit
Anm. 40, bietet zwei Vorschläge:
1. (im Text): „[... my Glod,[...] near, my salvation is before your
eyes, [...].“
2. (in Anm.) „near is my salvation; before your eyes what [...].“

418 Vgl. dazu die alternative Anordnung der Stiche bei E. M. Schuller, Psalms, 156.

419 Die prosodische Struktur folgt dem Vorschlag „A." bei E. M.
Schuller, Psalms, 156; Text: dies., DJD 11, 122.

Bei aller Vorsicht angesichts des fragmentarischen Befunds, stieße man also auch in diesem Gebetstext auf Anspielungen an einen voraussetzungslos gnädigen Gott, der nur „bedingt" der Bereitschaft des Beters zur Umkehr als Voraussetzung bedarf.

Trotz aller Divergenzen zwischen dem *Gebet des Nabonid* und den *Gebeten Manasses* sei für die „Manasse-Haggada" festgehalten: Hinsichtlich einer „Sühnetheologie" im weitesten Sinne verhalten sich die syr. und griech. Versionen des OrMan zueinander wie das *Gebet des Nabonid* zu Dan 4. Wie einerseits die Vergebung Gottes die schlicht „Sündigen" treffen kann (Ms. Leningr.; 4QOrNab ar), so werden andererseits jene von der göttlichen Gnade heimgesucht, die in ihrem Sündersein bereits die Botschaft der Umkehr vernommen haben, die sich von ihren Sünden abkehren (syr. Did. VII; Dan 4).

Der Vergleich mit dem *Gebet des Nabonid* vermag also den Blick auf die *textinterne Pragmatik* der Theophanie im Zusammenhang des hebr.-aram. Dan zu schärfen. Ist den beiden Theophanien in Dan 4 und 7 noch die Betonung des universalen Machtanspruchs JHWHs gemeinsam, erhellt die interne Pragmatik des Kommens Gottes auf der Textebene fundamentale Unterschiede. Während nämlich die in engel- bzw. wächterhafter Begleiterscheinung konkretisierte Theophanie in Dan 4 letztlich auf die Einbeziehung des Fremdherrschers in den spät-israelitischen Gottesglauben abzielt, und in einer überlieferungsgeschichtlichen Vorstufe hierzu offensichtlich nicht einmal ein vorausgehendes Bekenntnis als Zeichen der Umkehr vonnöten war (vgl. 4QOrNab ar)[420], deutet die Theophanie des „Menschensohns" in Dan 7 ein eschatologisches Gericht und damit die Vernichtung des fremden Königreichs bzw. seines Repräsentanten an. Beschreibt die Erscheinung der עירין nach Dan 4 bzw. seinem kontextlichen Umfeld einen gnädig-sühnenden Gott, legt der „Alte an Tagen" die Emphase ganz auf sein Richtersein in einem endzeitlichen Heilsgeschehen, das ausschließlich Israel, genauer: den משכילים (vgl. Dan 11,13. 35; 12,1–3)[421], vorbehalten bleibt.

---

420 Der Verweis auf das *Gebet des Nabonid* wäre noch zwingender, wenn man R. Meyer folgen könnte, der in 4QOrNab ar Frgm. 4 eine himml. Erscheinung im Erzählduktus rekonstruiert, die den König an seinen Traum u. die Deutung des Sehers erinnert (vgl. ders., Gebet, 90f). Dies bleibt aber sehr spekulativ.

421 Vgl. S. Beyerle, Social Setting, 205–226 [Lit.].

In Erinnerung an das am *Wächterbuch* erkennbare apk Differenzkriterium des „Transzendens Gottes" wird Vorsicht gegenüber einem verallgemeinernden und eindimensionalen Gottesbild gefordert sein, das den apk Gott in der Ferne, handelnd durch seinen „himmlischen Hofstaat" und konkret in Engelsgestalt sieht. Immerhin erscheint JHWH in der Engeltheophanie (Dan 4) dem Irdischen sehr viel näher als in der „Menschensohn"-Theophanie (Dan 7), wo jedoch seine Unmittelbarkeit späterhin deutlicher zum Ausdruck kommt, was sich nicht zuletzt in der Vielgestalt gewichtiger Textformen der Überlieferung manifestiert: Es sei nochmals auf die Identifizierung des „Menschensohns" mit dem „Alten an Tagen" in der griech. Überlieferung verwiesen (vgl. Dan 7, 13: Ms. 88; Pap. 967).

Für das „kanonische" Danielbuch kann also festgehalten werden, dass die Theophanie als hervorgehobenes Strukturmoment zur Unterstreichung des göttlichen Universalismus zwar zunächst *einende* theologische Gesichtspunkte zwischen dem Legenden- und dem Visionenabschnitt der atl. Apokalypse erhellt. Zugleich ergab sich aus dem Vergleich mit verwandten Quellen, insbesondere der *pseudodanielischen* Literatur, dass gerade am Gottesbild Unterschiede zwischen Dan 4 und 7 deutlich werden. Zuletzt zeigte der Umgang mit den „Sündern" in Dan 4, 4QOrNab ar und OrMan eine deutliche Differenz zum visionär-apk Teil in Dan.[422] Diese Unterscheidung eines betont, auch gegenüber Heiden, barmherzigen Gottes vom strafenden Numen nimmt angesichts der u. a. in der Auferstehungsvorstellung konkretisierten Jenseitshoffnung nicht weiter Wunder. Gemäß apk Denken rangiert die transzendierte „Realität" eben vor der des Konkret-Irdischen.[423] Und bei der zentra-

---

422 Vgl. E. Sjöberg, Gott, 223–258; O. H. Steck, Israel, 159–165. 177–184. Dass das apk Gottesbild in Dan die Vorstellungen eines Strafgerichts in der rekonstr. überlieferungsgeschichtl. Vorlage von äthHen 1,1–9* assoziiert, ist augenscheinlich.

423 R. Albertz, Bekehrung, 59f, differenziert nochmals zwischen der „apk Widerstandstheologie" des aram. Dan, die vom hebr. Dan rezipiert wurde, indem der Überarbeiter bzw. Autor an die Stelle der „politischen Ideologie" (vgl. Dan 7,14.26f) die „individuelle Eschatologie von der Auferstehung der Toten" (vgl. Dan 12,1–3) setzte. Zur wei-

len Bedeutung der „Konstruktion" neuer „Wirklichkeiten"
ist es weiterhin einsichtig, dass auch die *textinterne Pragmatik* von der oben genannten Differenz betroffen ist. Es
zeigte sich, dass trotz einer verwandten *Semantik* theophanen Erscheinens, mittelbar in Engelsgestalt, sei es als
„Wächter" bzw. „Heiliger" (Dan 4,10.14.20)[424] oder als
„Menschensohn" (Dan 7,13f: MT, ϑ'), die *Pragmatik* des epiphanen Ereignisses je eigene Akzente setzt.

d. Der Text in Dan [LXX] und die *textinterne Pragmatik*[425]
Ein anderes Bild liefert die Komposition in den alternativen
Textüberlieferungen. Während die in ihrer Bezeugung älteste Überlieferung der Bibeltexte aus Qumran für den Aufbau des Buchs über MT hinaus keinerlei Erkenntnisgewinn
erbringt, sind die unterschiedlichen griech. Textformen
sehr viel aussagekräftiger.[426] Dabei darf vorab auf die

---

teren Unterscheidung in griech., aram. u. hebr. Dan vgl. ders., Setting,
179–197.

424 Wobei durch die jeweilige Angelophanie nicht notwendig Gottes
Weltabstinenz i. S. seiner Abgeschiedenheit vom Irdischen zum Ausdruck kommen muss. Dies wird in Dan 4 einerseits an der „politischen
Theologie" deutlich, die Gottes Herrschaft (שְׁלְטָן) über die Nebukadnezzars stellt und ersteren so als über das Königtum des Menschen
herrschend (שַׁלִּיט) ausweist (vgl. Dan 4,19 mit 4,31 u. 4,14.22.29; dazu
HAL 1791; K. Koch, Herrschaft, 110.113). Und ganz ähnlich formuliert
Dan 7,14b: שָׁלְטָנֵהּ שָׁלְטָן עָלַם דִּי־לָא יֶעְדֵּה וּמַלְכוּתֵהּ דִּי־לָא תִתְחַבַּל.
Zudem zeigt sich der irdische Bezug des „Menschensohns" unmittelbar
am Titel und den daran geknüpften Problemen der Textüberlieferung.

425 Der folgende Unterabschnitt fragt nach den hermeneutischen
Auswirkungen der alternativen Kapitelanordnung in Pap. 967: Dan 4 –
7 – 8 – 5 – 6 – 9. Nach gegenwärtigem Kenntnisstand wird diese zwar
nur noch in einer weiteren nordafrikan. Hds. des Augustinus-Schülers
Quodvultdeus aus dem 5. Jh. n. Chr. (*De promissionibus et praedictionibus dei*: vgl. J. Lust, Version, 46) bezeugt, deren Echtheit zumal umstritten ist (vgl. B. Altaner / A. Stuiber, Patrologie, 449), doch sollten
die Auswirkungen dieser Dislokationen im Horizont der gesamten
griech. Überlieferung bedacht werden. Dabei ist noch keineswegs ein
Urteil über die Ursprünglichkeit der „griech." (so O. Munnich, Texte,
119f) od. „hebr.-aram. Reihenfolge" (so R. Albertz, Gott, 78f) gefällt.

426 Wie bereits angedeutet, lassen sich die Mss. aus Qumran problemlos in der Tradition des MT verorten. Zum Textbestand vgl. E. Ulrich, Manuscripts I + II, 17–37 + 3–26; S. J. Pfann, Edition, 37–71, und
die *editio princeps* von E. Ulrich, DJD 16, 239–289. Zur Einordnung vgl.
E. Ulrich, Orthography, 148–162 u. A. Schmitt, Danieltexte, 124–142.

grundsätzliche Tendenz des LXX-Textes nach Pap. 967 in seiner Differenz zu MT verwiesen werden: Im Rückblick auf die unmittelbar vorausgehende Erörterung der *textinternen Pragmatik* wäre nämlich zunächst der stärkere Gegensatz zwischen Dan 4 und 7 nach der griech. Überlieferung festzuhalten, die im Unterschied zum aram. Text in den Erzählungen von Dan 1 – 6* weniger auf eine „politische Widerstandstheologie" als auf die Integration des Fremden durch beispielhafte Bekehrungsprosa abzielt.[427] Zudem ist eine weitere Differenz zwischen Pap. 967 und MT zu beachten, mit Hilfe derer sich der Kreis um das Problem der *textinternen Pragmatik* schließt: Wurde in der Exegese zu 4QOrNab ar die voraussetzungslose und freie Vergebung Gottes als Eigenheit erwogen, wie sie eine mögliche überlieferungsgeschichtliche Vorstufe zu Dan 4 repräsentiert, so zeigt der vorhexaplarische LXX-Text zu Dan 4 Annäherungen an das in Qumran erhaltene Gebet. Dies kann an zwei Beobachtungen verdeutlicht werden: Einmal ist die rahmende Doxologie des MT zugunsten eines überbordenden Hymnus Nebukadnezzars an den Gott Israels aufgegeben (Dan 4,37 [LXX]). Andererseits begegnet das Thema der „Sühne" in der Deutung Daniels und im Selbstbericht des Fremdherrschers in eigentümlicher Diktion:[428]

Dan 4,23f (26f) [Pap. 967; vgl. Ms. 88, Sy[h]]

κύριος ζῆ ἐν οὐρανῷ, καὶ ἡ ἐξουσία αὐτοῦ ἐπὶ πάσῃ τῇ γῇ· αὐτοῦ δεήθητι περὶ τῶν ἁμαρτιῶν [σου][429] καὶ πάσας τὰς ἀδικίας σου ἐν ἐλεημοσύναις λύτρωσαι, ἵνα ἐπιείκεια δοθῇ σοι [...]

Kyrios lebt im Himmel und seine Macht [ist] über der ganzen Erde: Bitte ihn um [deiner] Sünden willen, und all' deine Ungerechtigkeiten löse mit Wohltaten, damit dir (göttl.) Milde gegeben werde [...]

---

427 Vgl. J. Lust, Version, 44f, der zwar grundsätzlich eine terminolog. Verbindung zwischen Dan 4 u. 7 erkennt, die aber in MT wesentlich deutlicher sei als in der „freien Übersetzung" von Pap. 967.

428 Die folgende Textwiedergabe bietet den kollationierten LXX-Text nach J. Ziegler / O. Munnich, Susanna, 300.302.304.

429 Im Unterschied zur hexaplar. Textform liest Pap. 967 ohne das Personalpronomen, das man zumeist als sekundäre Angleichung an MT und ϑ' durch Ms. 88 und Sy[h] beurteilt (vgl. dazu W. Hamm, Septuaginta-Text, 471; J. Ziegler / O. Munnich, Susanna, 300 [App. II]).

Dan 4,30c (33) [Pap. 967; vgl. Ms. 88, Sy^h]

καὶ ἐπὶ συντελείᾳ τῶν ἑπτὰ ἐτῶν
ὁ χρόνος μου τῆς ἀπολυτρώσεως^430
ἦλθε, καὶ αἱ ἁμαρτίαι μου καὶ
αἱ ἄγνοιαί μου ἐπληρώθησαν ἐναν-
τίον τοῦ θεοῦ τοῦ οὐρανοῦ· καὶ
ἐδεήθην περὶ τῶν ἀγνοιῶν μου τοῦ
θεοῦ τῶν θεῶν τοῦ μεγάλου [...]

Und nach Vollendung von sieben Jahren kam die Zeit meiner Erlösung, und meine Sünden und meine (unwissentlichen) Verfehlungen waren beendet vor dem Himmelsgott: Und ich betete wegen meiner (unwissentlichen) Verfehlungen zum großen Gott der Götter [...]

Grundsätzlich fällt auf, dass Nebukadnezzar zwar zur Bitte um Sündenvergebung aufgefordert wird und jener Aufforderung dann auch in Gebetsform (δέομαι) nachkommt. Doch fehlt durchweg die typische Terminologie der göttlichen Vergebung bzw. Sühne (vgl. etwa ἱλάσκομαι κτλ.)[431]. Ähnliches gilt für die deuterokanonische, nun aber nach griech. Überlieferung im unmittelbaren Kontext vorausgehende *Oratio Asariae*. Unter Berücksichtigung des aram. Textes aus der *Chronik des Jerachmeel* findet man im *Gebet Asarjas* die Vorstellung von der Lebenshingabe als Selbstopfer(vgl. ZusDan 3,39f). Doch bereitet die uneinheitliche und teilweise unverständliche Textüberlieferung größte Probleme, sodass von einer Sühnehandlung kaum gesprochen werden kann, zumal selbst bei den Befürwortern jener Vorstellung das Objekt der Sühnehandlung umstritten scheint.[432] Lediglich das Thema der Buße greift auf Dan 4

---

430 Auch zu diesem Abschnitt bietet Pap. 967 eine wohl sekundäre Minimalabweichung gegenüber den hexaplar. Lesarten: ἀπολύσεως (vgl. dazu W. Hamm, Septuaginta-Text, 497).

431 Vgl. Dan 9,9.19 [θ'] u. Bauer/Aland 762f.

432 Die Deutungsmöglichkeiten sind: 1. Das Leben der Beter als Sühnobjekt (Martyrium): vgl. W. Hamm, Septuaginta-Text, 303; K. Koch, Zusätze II, 54–59; J. J. Collins, Daniel, 201f; E. Haag, Daniel, 37f. 2. Demgegenüber wird auch das Gebet selbst für den ursprünglichen Überlieferungszusammenhang als Sühnemittel in Anschlag gebracht: vgl. M. Hengel, Atonement, 61. – Zum Text: Ms. 88 u. Sy^h bieten den entscheidenden Passus in der Formulierung καὶ ἐξιλάσαι ὄπισθέν σου [= „und um zu versöhnen hinter dir (i. e. Gott)"], was kaum Sinn gibt. Textgeschichtlich ist diese obelisierte Lesart zudem wohl durch Glossierung aus Pap. 967 entstanden, jedenfalls auf der griech. Über-

voraus, ohne jedoch die spezielle Pointe im Kontext der griech. Überlieferung zu Dan 4 zu bedenken.[433]

Doch lässt sich vorab eine kursorische Entwicklung der mit dem Theophaniekapitel in Dan 4 verbundenen Darstellungen von Buß-konzepten entwerfen: Am Beginn der Entwicklung stehen 4QOr-Nab ar und der aram. Text aus Dan 4, die die Bußbereitschaft des Fremdherrschers nur andeuten und die „Mittler" des rechten JHWH-Glaubens, nämlich den גזר bzw. Daniel, eher zurückhaltend einführen bzw. darstellen. Es folgen Dan 4 [LXX] und die griech. Sonderüberlieferung des *Gebets Asarjas*, die zwar keine Sühneter-minologie bezeugen, doch die Bußbereitschaft des Fremdherrschers bzw. die „eigene Demütigung des Beters"[434] (Asarja) hervorkehren. Am Ende der Entwicklung findet man VitProph 4 [v. a. V.4: Dan], wo Daniel aktiv für Nebukadnezzar eintritt und der König seine Gottlo-sigkeit bekennt, um im Anschluss an dieses Bekenntnis göttlicher Vergebung teilhaftig zu werden.[435]

---

lieferungsebene (vgl. J. Ziegler / O. Munnich, Susanna, 37.53f.274 [App. II]). Man trifft hier entweder auf eine nachträgliche Verbesserung des ebenfalls unverständlichen ϑ'-Textes (vgl. V. Ryssel, Die Zusätze zu Daniel, 180 [zu V. 17(40)^n]), oder ϑ' ist als Kontamination aus εξ-ιλασ- u. τελειω- zu beurteilen (vgl. Ziegler/Munnich, a. a. O., 54). K. Koch wählt den aram. Text aus Ms. *Bod. Oxf. heb.d.11* (מן לרעוא קדמך) zum Ausgangspunkt, der nicht nur Sinn gibt, sondern mit dem aram. Äquivalent zu hebr. רצון Opfersprache und damit einen Ansatz-punkt für die Vrss. bietet (vgl. ders., Zusätze I, 88; ders., Zusätze II, 56, u. ausführlich, "Märtyrertod", 66–82). Doch scheint Kochs Zuord-nung des aram. zum griech. Text anzweifelbar (s. o., Anm. 408). Der These Kochs widerspricht zuletzt auch I. Kottsieper, Zusätze, 220 mit Anm. 39, der Ms. *Bod. Oxf. heb.d.11* in Abhängigkeit zum Text der Vg. an dieser Stelle sieht.

433 Diese Beobachtung könnte dafür sprechen, dass innerhalb der komplizierten Geschichte der griech. Überlieferung eine pro-sadduzä-ische Rezension existierte, die aus Sus [ϑ']; Dan 3; 5f [LXX] und Bel [ϑ'] bestand, der also Dan 4 noch nicht bekannt war. Nach dieser sehr spekulativen These von I. Kottsieper, Zusätze, 217f, lag damit ein „an-ti-apokalyptischer Gegenentwurf" vor.

434 So I. Kottsieper, Zusätze, 234.

435 Vgl zu Text u. Sache von VitProph 4: A. M. Schwemer, Studien I, 296–298.318–329.348–350; dies., JSHRZ I/7, 599 [zu IV,4^a], die auf den Signalcharakter des vorangestellten οὗτος in V.4 und die Verarbeitung von Texttraditionen aus Dan 4 [LXX] u. 4QOrNab ar in VitProph 4 ver-weist. Insgesamt zeigt die vorliegende Motivkonstellation ein deut-liches Zurücktreten jeder personal gefassten, interzessorischen Tätig-keit (anders etwa 11QtgJob ar 38,2f; vgl. aber B. Janowski, Sünden-vergebung, v. a. 42–55).

Schaut man auf die Besonderheiten in Dan 4 [LXX] und *Oratio Asariae*, findet sich die entscheidende Differenz in der durch die unterschiedlichen Objekte der Vergebung begründeten Motivation zum Bekenntnis des einen Gottes. Ist es in Dan 4 [LXX] die Erkenntnis einer unwissentlichen Verschuldung (V.30a.30c: ἄγνοια), die den Fremdherrscher zum rechten Gottesglauben an einen universal wirksamen Gott Israels führt[436], strebt die *Oratio Asariae* die Annahme der (wissentlich) Sündigen durch den gerechten Gott an (vgl. Dan 3,28f [LXX]), gestaltet als ganz auf Israel und sein Verhältnis zu Gott konzentrierte Bitte (vgl. V.34–40). Zwar parallelisiert der griech. Danieltext ἄγνοια mit ἁμαρτία[437], doch kommt Nebukadnezzar im entscheidenden Abschnitt seiner Bitte um Vergebung an den „Gott der Götter" ausschließlich auf seine unwissentlichen Vergehen (ἄγνοια) zurück. Zudem wird im nominalen Äquivalent der Parallelisierung (ἀγνόημα – ἁμάρτημα bzw. ἁμαρτία: vgl. Sir 23,2; Tob 3,3; 1Makk 13,39) der synthetische Parallelismus im Sinne eines *Merismus* aufzufassen sein, der die zwei denkbaren Seiten einer Haltung, das wissentliche oder bewusste und unbewusste Vergehen an Gott umschreibt.[438] Dennoch dürften im Blick auf das Gottesverhältnis die „unwissentlichen Vergehen" nicht weniger milde zu beurteilen sein als die ἁμαρτία.[439]
Unter Berücksichtigung der Kontexte scheint weiterhin wesentlich, dass die ἄγνοια sowohl in Dan 4 [LXX] wie

---

436 Vgl. nur Dan 4,23 [Pap. 967; vgl. Ms. 88, Sy^h]: κύριος ζῇ ἐν οὐρανῷ, καὶ ἡ ἐξουσία αὐτοῦ ἐπὶ πάσῃ τῇ γῇ· Vgl. auch V.14.30c.

437 Vgl. auch Dan 6,4[5].22[23: LXX] u. dann: 2Chr 28,13 [LXX]; Ψ 24,7; Ez 42,13 [LXX].

438 Vgl. Tob 3,3: ... ταῖς ἁμαρτίαις μου καὶ ἐν τοῖς ἀγνοήμασίν μου καὶ τῶν πατέρων μου· Text: der auf Cod. Sin. basierende „Langtext" (vgl. ähnlich Cod. Alexandr. u. Vat.; VL, Vg. sowie die Zeilen-Synopse bei C. J. Wagner, Tobit-Synopse, 26f; vgl. auch TestJud 19,3f).

439 Vgl. zumal das „Sündopfergesetz" (Lev 5,18 [LXX]) und TestLev 3,5, wo Priester bzw. Engel für jene Vergehen Sühne erwirken. Eine überzeugende Umschreibung stammt von C. Burchard (JSHRZ II/4, 646 [zu JosAs 6,7^a]), wonach der Terminus ἄγνοια Aseneths Vergehen von der offenen Sünde unterscheidet, ohne dass sie deshalb nicht auf Vergebung hoffen müsste (vgl. auch H. W. Hollander / M. de Jonge, Testaments, 90).

auch in Dan 6 [LXX] jeweils im Zusammenhang der Bekehrung *Fremder* die „Unwissenheit" als Teil des Wesens dieser Ungläubigen begreift, wodurch die Möglichkeit der Bekehrung zum rechten Gottesglauben weiterhin offen steht
(vgl. v. a. JosAs 6,7; 12,5; 13,11–13; 17,10). Während also die
„Buße" nach dem *Gebet Asarjas* die Umkehrbereitschaft des
Frommen JHWH-Verehrers im Sinne dtr. Theologie beschreibt, ist Nebukadnezzar als Fremdherrscher noch im
„Zustand des Heidentums" (ἄγνοια)[440] und seine Haltung
gegenüber dem Gott Israels somit von ἁμαρτία *und* ἄγνοια
geprägt. Doch indem das Bekenntnis zu dem einen Gott in
Geltung gesetzt ist, verbleibt ausschließlich die ἄγνοια als
unwissentliche Verfehlung, die die Bußannahme durch jenen Gott impliziert. Eingedenk der voraufgehenden Differenzierungen wird man den Unterschied zwischen Dan 4
[LXX] und der *Oratio Asariae* terminologisch verlässlich in
Gegenüberstellung von   „Bekehrung – Sündenvergebung"
und „Buße – Sündenvergebung" umschreiben können.[441] Der
geschärfte Blick auf das Bußverständnis im griech. Dan
wirft zuletzt ein Licht auf den bereits behandelten Gegensatz in der jeweiligen *textinternen Pragmatik* von Kap. 4 und
7. Denn, reiht sich die „Bekehrungserzählung" nach Dan 4
[LXX] in die Bezeugungen eines barmherzigen Weltengottes ein, der den „Fremden" bzw. „Heiden" den Weg zum
Glauben an den Gott Israels offen hält (vgl. nur Sir 18,13;
PsSal 5,15)[442], dann macht Dan 7,26f[443] mit der aram. Über-

---

440 So R. Bultmann, Art. ἀγνοέω κτλ., 119; zur Sache vgl. jetzt auch
H. Löhr, Umkehr, 33–35.41f.

441 Wobei der Charakter der griech. Erzählung deutlich werden
lässt, dass die Emphase in dieser Gegenüberstellung jeweils auf dem
zweiten Glied, der göttl. „Sündenvergebung", liegt, als freie Tat des
göttl. Erbarmens (dies betont R. Albertz, Gott, 39).

442 Zum Verhalten Gottes gegenüber den Heiden vgl. das vielschichtige Bild, das die *Psalmen Salomos* zeichnen, und immer noch E.
Sjöberg, Gott, 210–212, sowie neuerlich M. Winninge, Sinners, 185–
195 (zu Sib 3,545–656.657–808; Tob 13,11; 14,6f [Text: C. J. Wagner,
Tobit-Synopse, 152–155.164–167]; vgl. jetzt auch T. L. Donaldson, Proselytes, v. a. 7–9.16–25).

443 Die griech. Überlieferung zu Dan 7,26f ist komplex (vgl. jetzt die
Rekonstr. bei J. Ziegler / O. Munnich, Susanna, 344): Während Ms. 88
u. Sy^h wohl ein spätes Stadium mit ausweislichen Textglättungen bieten
und die Verse im Kölner Pap. fehlen (vgl. Ziegler/Munnich, a. a. O., 54;

lieferung zusammen unmissverständlich deutlich, dass dem hybriden Fremdherrscher, nämlich dem Seleukidenkönig, nur noch die Vernichtung gebührt (vgl. ἀπολλύω und 2Makk 9,11–17.18.28f).

Über das Motiv der Sündenvergebung bzw. Sühne hinaus verweist auch die unterschiedliche Anordnung der Kap. nach der griech. Überlieferung auf eine anderes Gesamtverständnis im *plot* des Dan: Auffällig ist, dass nach dem vorhexaplar. Text des Pap. 967 die Kap. 7 u. 8 zwischen Dan 4 u. 5 [LXX] zu stehen kommen, was offensichtlich mit der historisierenden Datierung jeweils zu Beginn der Abschnitte zusammenhängt.[444] Es kommt hinzu, dass der sog. ϑ'-Text bis auf wenige Ausnahmen (V, Mss. 62.88.770.106) die Susanna-Episode vor Dan 1 – 12 plaziert, wohl wegen der Einleitung in Ms. 88. Demgegenüber bietet Pap. 967 folgende Anordnung: Dan 1 – 12* [vorhexaplar.] – *Bel et Draco* – Susanna (anders Ms. 88).[445] Während Syr und Vg. keine bemerkenswerten Umstellungen bezeugen, kann sich die Fragestellung somit auf die griech. Texte konzentrieren. Da außerdem die Voranstellung der Susanna-Episode keine unmittelbaren Auswirkungen auf die Hermeneutik der Folgekapitel hat, ist im wesentlichen die Umstellung in Pap. 967 zu beachten.

Es bleibt in diesem Zusammenhang fraglich, ob die Erklärung einer Dislokation allein durch die Chronologie der Kapitelüberschriften hinreicht. Denn die nicht unerheblich in den Aufbau des Dan eingreifende Textanordnung nach Pap. 967[446] macht es wahrscheinlich, dass nicht nur „pseu-

---

A. Geißen, Septuaginta-Text, 118f), bezeugt Pap. 967 (*P. Barc.* inv. nn. 42 u. 43), f. 78, p. 155 r, Z. 25–40, den griech. Text in vorhexaplar. Vrs. (vgl. R. Roca-Puig, Daniele, 15; K. Koch / M. Rösel, Polyglottensynopse, 212f).

444 Dan 7,1α: בשנת חדה לבלאשצר מלך בבל
Dan 8,1a: בשנת שלוש למלכות בלאשצר המלך
Dan 5,30: בה בליליא קטיל בלאשצר מלכא כשדיא
Zur Sache vgl. J. Ziegler / O. Munnich, Susanna, 20–22: Wie in Ms. 88 u. Sy[h] fehlen in Pap. 967 Dan 4,3–6; 5,14f.18–22.24f. Vgl. außerdem A. Geißen, Septuaginta-Text, 31–33. Allerdings besteht auch bei dieser Problemlösung zur Textumstellung weiterhin die Schwierigkeit, dass Dan 6,28 (29) bereits vom Tod Darius' [LXX] und der Machtübernahme des Kyros spricht, während das nach Pap. 967 folgende Kap. 9 in V.1 „das erste Jahr des Darius" erwähnt (vgl. P.-M. Bogaert, Relecture, 199; R. Albertz, Gott, 79f; I. Kottsieper, Zusätze, 216f).

445 Vgl. H. Engel, Susanna-Erzählung, 12.16; L. M. Wills, Jewish Novel, 53f; K. Koenen, Susanna, 1 Anm. 1. 4f.

446 Immerhin zeigt die Umstellung mit der Einbettung der „apk Ka-

do-chronologische" Gründe für die Umstellung verantwortlich zeichnen. Es stellt sich vielmehr die Frage, inwiefern
nicht weitere Anhaltspunkte einer abweichenden Anordnung gewonnen werden können. Dass diese Problemstellung von der obigen motivkritischen Untersuchung nicht
abgekoppelt werden darf, unterstreicht nicht zuletzt die
Untersuchung von Rainer Albertz, der u. a. im Blick auf
Dan 4 [LXX] zu dem Schluss gelangt, „... daß der griechische Verfasser die Komposition der aramäischen Danielerzählungen noch nicht gekannt hat."[447]
In einem ersten Schritt wäre zu erörtern, inwiefern
Stichwortverbindungen zwischen Dan 4 und 7f [LXX] die
oben erläuterte Kapitelanordnung gerechtfertigt haben.
Dabei seien die Theophanieszenen in Kap. 4 und 7 in besonderer Weise berücksichtigt. Denn immerhin taucht jene
Motivkonstellation im aram. Dan ausschließlich in diesen
beiden Kapiteln auf. Dabei fällt zunächst ins Auge, dass der
griech. Text des Pap. 967 in beiden Kapiteln aus den nach
aram. Textgestalt nicht *eindeutig* als Gotteserscheinung zu
identifizierenden Szenen (vgl. Dan 4,10.20; 7,13f) jeweils eine unmissverständliche Theophanie gestaltet. Zwar stimmt
die griech. Überlieferung zu Dan 4,10.20 zunächst noch mit
der „distanzierten Sicht" der aram. Version überein, wenn
sie von einem Engel spricht, der „mit Kraft vom Himmel"
(s. Dan 4,10 [13: LXX]) bzw. „vom Herrn" (s. Dan 4,20 [23:
LXX]) geschickt wird. Doch formuliert die folgende Traum-
deutung in Abweichung vom aram. Bestand eine Gerichts-
theophanie, an der der „Höchste" selbst beteiligt ist (vgl.
Dan 4,21 [24]: Ms. 88, Pap. 967):[448]

κα ὶ ὁ ὕψιστος καὶ οἱ ἄγγελοι αὐτοῦ ἐπὶ σὲ κατατρέχουσιν·
Und der Höchste und seine Engel eilen zu dir [i. e. Nebukadnezzar]
herab:

---

pitel" (Dan 7f) in die *court-tales* eine Grenzüberschreitung der Buchteile, die die v. a. für die Entstehung des Dan wichtige „Aufstockungshy-
pothese" (vgl. K. Koch / T. Niewisch / J. Tubach, Daniel, 61–76) miss-
achtet.
447 Ders., Gott, 71 (vgl. auch O. Munnich, Texte, 116–120). Zur Bedeutung des Bekehrungsmotivs in der griech. Überlieferung im Unterschied zur aram. Fassung von Dan 4: vgl. a. a. O., 75f.
448 Zum Text vgl. J. Ziegler / O. Munnich, Susanna, 298; W. Hamm,

Wenngleich das Verb κατατρέχω ausschließlich an dieser Stelle im altisraelitischen wie antik-jüdischen Schrifttum zur Bezeichnung einer Theophanie gebraucht wird[449], weisen Engelbegleitung und Gerichtsansage auf typische Konsoziationen des Erscheinens Gottes in der antik-jüdischen Literatur. Offensichtlich war es den Tradenten ein Anliegen, die Situation der κρίσις durch die Unmittelbarkeit einer Theophanie zu verschärfen, auch wenn die folgende *Entscheidung* des babylonischen Königs, scheinbar der Theophanie widersprechend, doch sicherlich wiederum „distanzierter", im Dialog mit Himmelsstimmen (u. a. der ἄγγελοι: vgl. Dan 4,28 [31].30c [LXX]) vollzogen wird.

Eine ähnliche Beurteilung verlangt die „Menschensohn"-Theophanie in Dan 7,13f [LXX]. Der griech. Text nach Pap. 967 bzw. Ms. 88 (Sy^h) gestaltet die in Dan 7,13 [MT] bestenfalls angedeutete Theophanie mit Hilfe der Leitwörter ἤρχετο und παρῆν sowie der Gleichsetzung von כבר אנש und עתיק יומיא in ein endzeitliches Kommen *Gottes* um.[450] Und auch nach Dan 7,26 [LXX] steht die κρίσις vor Augen, allerdings nun als *endzeitliches* Gericht *gegen* den Fremdherrscher zur Anwendung gebracht. Während also κρίσις und – damit verbunden – Gotteserscheinung in Dan 4 [LXX] zur Bekehrung des Fremdherrschers führen, gipfelt das Gericht gemäß Dan 7 [LXX] in der Vernichtung des Suzeräns zur von Gott verliehenen Herrschaft des „heiligen Volkes des Höchsten" (V. 27 [LXX]).

Die abschließende Untersuchung zur *textinternen Pragmatik* in der griech. Textgestalt ergab eine vom MT unterschiedene Theophaniekonzeption. Einmal unterstreicht die Septuaginta durch eine terminologische (Dan 7 [LXX]) und motivabhängige (Dan 4 [LXX]) *Vereindeutigung* der Szenen die Schärfe der „Krisensituation", in der die jeweiligen

---

Septuaginta-Text, 466. Die zahlreichen Abweichungen von LXX gegenüber MT notiert P. Grelot, Septante, v. a. 14–18.

449 Sonst steht die griech. Vokabel für רוץ oder רדך. Am nächsten kommt wohl noch das „Feuer, das sich wie Wasser hinunter ergießt" (vgl. äthHen 17,5 [GrP]). Zum Text vgl. auch P. Grelot, Septante, 15.

450 Vgl. o., Anm. 307, u. A. Scriba, Theophanie, 36f.137 (vgl. auch J. Lust, Daniel 7,13, 67f; P.-M. Bogaert, Relecture, 206; anders J. J. Collins, Daniel, 7f.311).

Fremdherrscher stehen. Andererseits münden beide Entscheidungen in höchst gegensätzliche Haltungen des Gottes Israels gegenüber dem „Fremden". Es griffe in seiner Pauschalität sicherlich zu kurz, wollte man den intransigenten Gott der Vision im Gegenüber zum „tolerant-barmherzigen Höchsten" (Dan 4 [LXX]) ausschließlich als den „Gott der Apokalypse" bezeichnen. Doch unterstreichen die direkte Aufeinanderfolge von Kap. 4 und 7 nach dem Befund in Pap. 967 und die Einordnung von Kap. 4 in eine konkrete Form der Bußtheologie die Vielgestaltigkeit des Handelns Gottes im jeweiligen Kontext.[451]

Als Vergleich bietet sich eine Engeltheophanie in der *Epistel* (vgl. äthHen 100,4–6; 102,1–3) an.[452] Konfrontiert man griech. (GrCB) und äth. Vrss. in beiden Kapiteln mit der aram. Fassung von Dan 4, ergeben sich Gemeinsamkeiten. So ist jeweils das *Kommen von Engeln* Vorzeichen einer κρίσις:[453]

äthHen 100,4 [GrCB]:

καὶ καταβήσονται ἄγγελοι καταδύνοντες εἰς τὰ ἀπόκρυφα ἐν ἡμέρᾳ ἐκείνῃ · [...] καὶ ὁ ὕψιστος ἐγερθήσεται ἐν ἡμέρᾳ κρίσεως ποιῆσαι ἐκ πάντων κρίσιν μεγάλην.

---

451 Eine ähnliche Diversifikation konstatiert Randal A. Argall im Vergleich der Gerichtstheophanien in äthHen u. Sir. (vgl. ders., *1 Enoch*, 165–247 [v. a. 211–220.240f], u. zusammenfassend: ders., *Reflections*, 347–351). So finden sich zwar auch in Sir Anspielungen auf das „*Divine Warrior*"-Motiv (vgl. Sir 35,18–20 [Hebr.]: גבור, מחץ, נקם etc.), doch fehlt gegenüber äthHen (s. u.) sowohl die konkrete Schilderung des Herabkommens Gottes als auch die typische Beschreibung von Natur-Phänomenen (Erdbeben etc.; zum Text vgl. F. Vattioni, Ecclesiastica, 184–187; P. C. Beentjes, Book, 61 [Hebr. Ms. B]; zur Übers. vgl. G. Sauer, JSHRZ III/5, 591; R. A. Argall, *1 Enoch*, 212; zur Terminologie, im Sinne einer Umdeutung der Chaoskampf-Motivik auf [Feind-]Völker, vgl. A. Scriba, Theophanie, 70–76.). Ähnlich wie der aram. Text in Dan 4; 7 (im Verhältnis zu Dan 4; 7 [LXX]) deutet die Weisheit (im Verhältnis zu äthHen: vgl. 1,3–9*; 25,3–6) die Theophanie nur an. Aus diesem „Entdeckungszusammenhang" eines Vergleichs von äthHen und Sir erhellt nochmals, dass es nicht ausreicht, verwandte Motivzusammenhänge nebeneinander zu stellen. Vielmehr ist jeweils die Funktion u. *Pragmatik* jener Konstellationen zu beachten.

452 Auch für diese Texte wäre auf R. A. Argall, *1 Enoch*, 179–184, zu verweisen.

453 Text zu äthHen 100,4 u. 102,3 [GrCB]: C. Bonner / H. C. Youtie, Chapters, 48f.48–61; M. Black, Apocalypsis, 40f.

Und Engel steigen herab, um sich in verborgene Orte hineinzubege-
ben an jenem Tag: [...] und der Höchste wird sich am Gerichtstage
erheben, um an allen ein großes Gericht zu vollstrecken.[454]

Dan 4,[10b.]20a* mit V.21bα:[455]

[וַאֲלוּ] עִיר וְקַדִּישׁ [נָחֵת] מִן־שְׁמַיָּא [נָחֵת]

[Und siehe,] ein Wächter und Heiliger stieg vom
Himmel herab.
V.21bα: Die Rede des Mittlers verkündet: [Und]
den Beschluss des Höchsten (וּגְזֵרַת עִלָּיָא הִיא).

äthHen 102,3 [GrCB]:

καὶ οἱ ἄγγελοι συντελοῦντες τὸ συνταχθὲν αὐτοῖς, [...] καὶ ὑμεῖς
ἁμαρτωλοὶ ἐπικατάρατοι εἰς τὸν αἰῶνα· οὐκ ἔστιν ὑμῖν χαίρειν.
Und die Engel vollenden das ihnen Aufgetragene, [...] und ihr Sünder
[seid] verflucht bis in Ewigkeit: Und es gibt keine Freude für
euch.[456]

Der Vergleich von äthHen mit Dan 4 zeigt, dass nicht nur eine Gemeinsamkeit seitens der Engeltheophanie zum Gericht besteht, sondern auch die Funktionen der Engel insofern übereinstimmen, als sie
Träger des göttl. Ratschlusses (גזרה, συντελέω) sind. Und dennoch
bleibt die entscheidende Differenz: Einmal fungieren die Engel im
endzeitlichen, göttlichen Gerichtsgeschehen (äthHen 100; 102), zum
anderen als Mittler des durch eine Traumvision „erfahrbar" gemach-
ten Herrschaftsanspruchs des Gottes Israels, den letztlich auch der
Fremdherrscher anerkennt (Dan 4 [aram.]: Nebukadnezzar).

Im Großen und Ganzen bestätigt die Untersuchung des
griech. Dan die Ergebnisse zu den Differenzen der *textin-*

---

454 Neuerdings liest G. W. E. Nickelsburg, 1 Enoch 1, 495.500.510,
äthHen 100,4 als Höhepunkt des Gerichts, dem sich die „Heilszukunft"
in V.5f anschließt und das sowohl auf 99,15f zurück- als auch auf
102,1–3 vorausweist. Die ἄγγελοι καταδύνοντες εἰς τὰ ἀπόκρυφα führen wohl jene zum Gericht, die „die Sünde herabgebracht haben" (vgl.
die Wächter in äthHen 6 – 16).

455 Unterstreichungen verweisen auf den Text in Dan 4,10b [MT].

456 Da der äth. Text an dieser Stelle verderbt ist und nicht von GrCB
zum entsprechenden Passus bestätigt wird [GrCB: *vac.*], sei die mögliche Anspielung auf eine Engeltheophanie nach Aeth. in der Übers. von
S. Uhlig, JSHRZ V/6, 734, wiedergegeben (vgl. auch a. a. O., 734 [zu
CII,3ᶜ]): „... und sie [i. e., die Engel, S. B.] werden [versuchen, sich zu
verbergen vor der großen Herrlichkeit, und die Kinder der Erde werden
zittern] und beben, ..." Zum Text vgl. G. Zuntz, Enoch, 161–170; ders.,
Text, 53f; A. Scriba, Theophanie, 77 mit Anm. 241, u. zuletzt G. W. E.
Nickelsburg, 1 Enoch 1, 505 [Textanm. 102,1d].

ternen Pragmatik zwischen Dan 4 und 7 in MT. Was also im aram. Text die beiden Kapitel voneinander unterschied, greift auch in der griech. Überlieferung des Dan. Mit einer wichtigen Differenz: „Menschensohn"- und „Ziegenbock"-Vision kontrastieren in der Abfolge der Kapitel nach der vorhexaplar. Textform (Pap. 967) unmittelbar mit Dan 4.

Abschließend stellt sich dann die Frage, ob im griech. (Pap. 967) wie im aram. Text mit dem „Gräuel der Verwüstung" auf Antiochus IV. angespielt sein kann oder auf die Zeit vor Epiphanes? Da solche Erwägungen das Verständnis von Dan 7f [LXX] *in sich* betreffen, ohne dass jedoch Auswirkungen auf die Hermeneutik der Textanordnung nach Pap. 967 geleugnet werden könnten, sei das Problem der Identifikation des „Gegners" nach Dan 7f [LXX] in der folgenden Zusammenfassung knapp angesprochen.

3.5. Ergebnis

Die Frage nach der Theophanie in Dan entpuppt sich als höchst komplex, nicht zuletzt wegen der polymorphen Quellenlage. Nicht nur die längst bekannten Qumrantexte des *Gebets des Nabonid* zu Dan 4 oder des *Buchs der Giganten* zu Dan 7 stellen wichtige Ko-Texte zur Verortung und Erklärung geläufiger Traditionen bereit. Auch die bislang kaum ausgewerteten Quellen in 4QpsDan[a–c] ar (4Q243–245) und der *Son of God*-Text (4Q246) liefern neben der Komposition 4QFour Kingdoms[a–b] ar (4Q552–553) wichtige Hinweise zum Verständnis des „apk Daniel" (vgl. Tab. 2 u. 3).[457] Dass für die Untersuchung der Theophanie im Danielbuch auch vor-apk Traditionen von Belang sind, ergibt sich einerseits aus der kompositorischen Schlüsselstellung, die Dan 4 und 7 im hebr.-aram. Dan innehaben. Andererseits ist für die Interpretation der apk Danielvisionen letztlich nur das Stratum der Endredaktion in der Zusammenfügung von „court-tales" und „Visionen" sicher greifbar, das auch textlich schon früh bezeugt ist.[458]

---

457 Vgl. hierzu o., 3.2., 3.3. u. S. Beyerle, Untersuchungen, 48–50.

458 Eine Orientierung bieten ganz grundsätzlich die in die Mitte des 1. Jh.s v. Chr. bzw. das zweite Drittel des 1. Jh.s n. Chr. datierenden Hdss. 4QDan[a] u. 4QDan[b], die jeweils Texte aus Dan 1 – 6 und 7 – 12 be-

Die Ausgestaltung der Theophanie als Angelophanie in Dan 4 und 7 lässt die Frage nach dem Verhältnis von Gott zu Mittlerwesen aufkommen. Im Traumkapitel wirken die עירין am Gericht gegen Nebukadnezzar mit[459], wenngleich stets in Unterordnung zum „Höchsten". Die Orientierung am fremden König in Verbindung mit einer Prädizierung Gottes als Weltenherrscher in Dan 4 (vgl. V.14bα: די־שׁליט עליא אנושׁא) und 7 (vgl. V.14aβ: וכל עממיא אמיא ולשׁניא לה במלכות יפלחון) unterstreicht zudem einen theozentrischen Universalismus. Wo Gott Heil wirkt, handelt er als kosmischer Weltengott, auch wenn, wie in den Visionen des Daniel, nicht mehr ganz Israel, sondern nur noch „Einige" das Heil erlangen werden (vgl. Dan 12,1–3).[460]

Trotz dieser (*semantischen*) Gemeinsamkeiten bestehen im Blick auf die *Pragmatik* der Theophanie erhebliche Unterschiede in Dan 4 und 7. Dies wird vor allem an den sühne- und bußtheologischen Anspielungen in Dan 4 und seinen Ko-Texten greifbar. Der Vergleich der griech. und aram. Versionen zu Dan 4 mit dem tritokanonischen *Gebet des Nabonid* (4QOrNab ar) und dem deuterokanonischen *Gebet des Asarja* (Dan 3,26–45 [LXX, ϑ']) gelangte zu folgenden Differenzierungen: Während 4QOrNab ar und die aram. Überlieferung in Dan 4 die Bußbereitschaft des Fremdherrschers nur andeuten und den „Mittler Gottes" (גזר u. Daniel) in den Hintergrund treten lassen, betonen demgegen-

---

wahrt haben (vgl. auch 4QDan^d). Zudem bietet das ältere der beiden Ms. (4QDan^a) in den Frgm. 8, 13 und 14 Reste aus Dan 4,29f; 7,5–7 u. 7,25–28 (bzw. 8,1–5; s. 4QDan^d: Kap. 3,8–10 [?].23–25; 4,5–9.12–16; 7, 15–23; vgl. dazu E. Ulrich, DJD 16, 240.249.251–253.279–285 u. o., Tab. 2). Ähnliches gilt für die Einleitung von äthHen (Kap. 1 – 5) und ihr Verhältnis zum *Wächterbuch* (trotz A. Bedenbender, Gott, 215–230; zurückhaltender zuletzt: J. C. VanderKam, Man for All Generations, 25–28; ders., Introduction, 91). Denn schon 4QEn^a ar (4Q201) bezeugt am Ende des 3. Jh.s v. Chr. sowohl Abschnitte aus äthHen 1 – 5 als auch aus Kap. 6 – 11 (vgl. F. García Martínez / E. J. C. Tigchelaar, Study Edition, 398–405).

459 Anders im *Wächterbuch*, wo die עירין u. a. Objekt der Gerichtstat Gottes sind.

460 Das scheinbare Paradoxon eines universalist. Gottesbegriffs in Verbindung mit einer dezisiv-partikularistischen Soteriologie tritt in besonderer Schärfe in 4Esr hervor (vgl. dazu E. Brandenburger, Verborgenheit, *passim*; S. Beyerle, Richter, 315–337).

über der griech. Text in Dan 4 und die *Oratio Asariae*, trotz der fehlenden Sühneterminologie[461], eben diese Bußbereitschaft des fremden Königs bzw. des Beters (oder der Beter).[462] Zugleich ergeben sich daraus für die *textinterne Pragmatik* der Theo- bzw. Angelophanie in Dan 4 und 7 fundamentale Unterschiede. Verweist nämlich das Erscheinen der עירין in Dan 4 auf den voraussetzungslos gnädigen Gott, der mehr oder weniger stark auch den Fremdherrscher in seine Reue einbezieht (vgl. 4QOrNab ar; vgl. auch OrMan, 4QPrMan [4Q381]), zielt die „Menschensohn"-Theophanie in Dan 7 eindeutig auf die Vernichtung des Fremdherrschers im eschatologischen Gericht ab. Für die im Jenseits verortete Heilshoffnung spricht dabei nicht nur die offensichtlich im Himmel sich vollziehende Theo- bzw. Angelophanie, sondern auch die sich aus der Pseudo-Danielliteratur ergebende *textexterne Pragmatik*. Zudem zeigen die Ko-Texte zu Dan 7, dass der Gott der Danielvisionen keineswegs in die Verborgenheit abgetaucht ist, da neben Dan 7 auch die „messianisch lesenden" Fortschreibungen in 4Q246 und 4Esr 13 den Menschensohn ganz in Zurückhaltung vom und Abhängigkeit zum „Alten an Tagen" sehen.

Schließlich tritt der in diesem Kapitel herausgearbeitete Unterschied zwischen Dan 4 und Dan 7 noch stärker zu Tage, wenn man die Dislokation von Dan 7f zwischen Kap. 4 und 5 in Pap. 967 in Rechnung stellt. Ein Kontrast, der schon an der Assimilation der Protagonisten Nebukadnezzar und Antiochus IV. in der Abfolge von Dan 4 und 7 [Pap. 967] erkennbar wird.[463] Auch wenn beiden Herrschern nach griech. Lesart eine Bekehrung unterstellt wird – zu Antiochus vgl. 2Makk 9,17 –, bleibt letzterer, quasi zwischen Nebukadnezzar und Antiochus III., der Apostat schlechthin.

---

461 Vgl. aber Ms. *Bod. Oxf. heb.d.11* zu Dan 3,39f (s. o., Anm. 408 u. 3.4.). Unter Beachtung der antik-jüd. Wirkungsgeschichte des Asarja-Gebets kommt ein weiterer schöpfungstheologischer Aspekt zum Tragen, wie er etwa in einem Mosaik und der zugehörigen Inschrift der Synagoge von En Gedi (5./6. Jh. n. Chr.) ikonographisch umgesetzt ist (vgl. dazu M. Metzger, Hananja, 261–279).

462 Auch wenn sonst die Gemeinsamkeiten zw. 4QOrNab ar u. Dan 4 [LXX] überwiegen mögen (vgl. dazu M. L. Wills, Jew, 92–98).

463 Vgl. O. Munnich, Texte, 117–120, u. zur Deutung von Dan 8 [LXX] auf Antiochus III. S. Beyerle, Attitudes.

DRITTES KAPITEL

Die Motivkonstellation der Auferstehung

1. VORBEMERKUNG

Die theologische wie historische Fragestellung im Umkreis der „Auferstehung" erfreut sich, nicht zuletzt auf Grund der Anfragen und Anregungen durch Gerd Lüdemann[1], wiederum eines großen Interesses.[2] Etwa Günter Stemberger betont, dass der Auferstehungsglaube biblische Wurzeln habe, da Gott als Herr über Leben und Tod auch über Todesgrenzen hinweg wirke.[3] Damit ist eine bisher unüberwundene Schwierigkeit angesprochen, nämlich die der – biblischen oder religionsgeschichtlichen – Ursprünge der Auferstehungshoffnung. Fest steht, dass eine monokausale Ableitung fehlgeht, da die eher der Spätzeit altisraelitischer Überlieferung zugewiesene Auferstehungsvorstellung in einem Spannungsfeld babylonischer, persischer und hellenistischer Traditionseinflüsse entstanden sein dürfte.[4]

---

1 Vgl. ders., Auferstehung, *passim*. Vgl. auch die Auseinandersetzung mit E. [J.] Bi(c)kerman(n), Grab, 271–284, um eine motivgeschichtliche Differenzierung von „Entrückung" und „Auferstehung" (vgl. v. a. Lüdemann, a. a. O., 152f.170–172).

2 Vgl. die Überblicke bei K. Schubert, Entwicklung, 183–208; G. Stemberger, Leib, *passim*; H. C. C. Cavallin, Life, *passim*; ders., Leben, 240–345; É. Puëch, Croyance, 37–199, u. zuletzt die Beiträge in dem Sammelbd. von A. J. Avery-Peck / J. Neusner (Hg.), Judaism (insbesondere: J. J. Collins u. P. R. Davies) bzw. J. F. Hobbins, Resurrection, 395–418, der m. E. das „leiblich-innergeschichtliche" gegenüber dem „transzendenten" Moment zu stark betont. Zur Forschung vgl. K. Spronk, Afterlife, 25–85.

3 Vgl. G. Stemberger, Art. Auferstehung I/2. Judentum, 444; ders., Problem, 19–45, u. zuletzt P. S. Johnston, Shades, 237 (s. aber Anm. 4).

4 Vgl. dazu bereits den Überblick bei M. Hengel, Judentum, 357–369. Für den äg. Kulturkreis ist die Auseinandersetzung mit dem Todesgeschick zentrales Movens, wenngleich nicht in der Konzeption einer (leiblichen) Auferstehungshoffnung (vgl. jetzt J. Assmann, Tod, *passim*; ders., Tod und Jenseits, v. a. 521–525). Auch die mesopotam. Kultur kennt die Unsterblichkeitsidee, etwa in der „Namensideologie" des *Gilgameš*- und *Etana*-Epos (vgl. A. Zgoll, Sehnsucht, 1–11); zum re-

Zudem besteht in der Forschung nahezu Konsens bei der zeitlichen Ansetzung der Auferstehungshoffnung, die man in altisraelitischer bzw. antik-jüdischer Überlieferung erst mit Dan 12,1–3, jedenfalls nachexilisch, identifiziert.[5] Gerade unter Berücksichtigung der nahezu „multikulturellen" Einflüsse in hellenist. Zeit wird die vermeintlich so eindeutige Antwort auf die Frage nach dem ursprünglichen Ort atl. Auferstehungshoffnung relativiert werden müssen.[6]

Da ist zunächst die immer noch suggerierte Anschauung, Dan 12 biete auch historisch den ältesten Beleg jüdischer Vorstellungen von der *resurrectio*. Eine Ansicht, die schon durch die längst bekannte pseudepigraphe Literatur (vgl. nur äthHen 22) und ihre Bezeugung in Qumran zu relativieren wäre und die spätestens mit den nicht-biblischen Qumrantexten (vgl. 4QpsEz[a], 4Q521 [MessApok]: s. u.) jeder Grundlage entbehrt. Hinzu kommt ein weitgehend unbeachtetes hermeneutisches Missverständnis: Wer die Frage nach der Auferstehung gut christlich-dogmatisch alleine der Eschatologie zuweist, verfolgt eine unangemessene Engführung. Denn zum einen ist die Schöpfungsvorstellung beim Problem mit einzubeziehen, und zwar in ihrer anthropologischen Sinngebung (s. u., VIERTES KAPITEL). Zum anderen wird man in den altisraelitischen wie antik-jüdischen Quellen stets auf ein *corpus permixtum* stoßen, das Motive aus Unsterblichkeits-, Entrückungs-, Himmelsreise- und Auferstehungskonzepten gleichermaßen eruiert.[7]

---

ligionsgeschichtl. Befund vor dem Hintergrund altisraelit. Todesüberwindungsstrategien vgl. M. Albani, Problematik, 25–37 (für eine erneut skeptische Sicht vgl. jetzt P. S. Johnston, Shades, 230–239).

5 So H. Kessler, Sucht den Lebenden, 61, u. zu Dan 12: a. a. O., 63–66 (anders K. Spronk, Afterlife, *passim*; M. Albani, Problematik, v. a. 22–25.44–46.52f). M. Albani sieht schon in älteren Traditionen des AT Jenseitsvorstellungen durchschimmern, die äg. beeinflusst und v. a. durch die Königsideologie getragen sind.

6 In religionsgeschichtl. Sicht ergeben sich kaum überbrückbare Schwierigkeiten beim Versuch, Einflüsse iran. Auferstehungskonzepte namhaft zu machen (vgl. dazu K. Spronk, Afterlife, 57–59.125–129; M. Boyce / F. Grenet, History, 366–368.404–409; W. Burkert, Griechen, 118–123; J. Day, Development, 241f, u. die Skepsis bei J. N. Bremmer, Rise, 47–50. 153–155 [Anm.]).

7 Vgl. dazu O. Kaiser, Zukunft, 182–195; ders., Gott, Tl. 3, 308–341; J. Barr, Garden, 21–56.94–116.130–134.138–140.

Wenn die atl. Auferstehungsvorstellung, spätestens mit Dan 12,1–3, kaum aus dem Nichts auf den Plan getreten sein dürfte, ist nach den Konstituenten dieses Motivkomplexes zu fragen. Dabei kann an Hand älterer Belege aus dem AT ein „Korsett" erarbeitet werden, das zumindest einer „Auffüllung" durch jüngere Qumranüberlieferungen und pseudepigraphe Texte bedarf. Ziel ist es, durch die Auferstehungskonzepte im Kontext der Fragestellung nach dem „Kommen Gottes" den geistesgeschichtlichen Hintergrund des apk Theophaniemotivs näher zu beleuchten. Letztlich beschreibt der Motivkomplex „Auferstehung" die „Gegenbewegung" zur „Theophanie" und scheint ebenso geeignet, den in der Apokalyptik theologisch wichtigen Aspekt der Transzendierung zu erläutern. Angesichts der bereits benannten vielfältigen Explikationen der Todesüberwindung[8] sei das entscheidende Kriterium mit John J. Collins[9] thetisch an den Beginn gestellt:

> ... the most significant aspect of the future hope of second century Judaism was not the physical resurrection of the body, [...] nor a transformation of the earth, nor the ushering in of a new age, but the transition from one sphere of life to another. Such a transition is vertical rather than horizontal, spatial rather than temporal.

Mit dieser Definition wird die Auferstehungsvorstellung zunächst von den unterschiedlichen, zumeist religionsgeschichtlich verankerten „Verästelungen" befreit, ohne dass sie unberücksichtigt bleiben müssten. Im Anschluss daran kann als Arbeitshypothese formuliert werden:

Die Genese der altisraelitischen bzw. antik-jüdischen Auferstehungsvorstellungen ist wesentlich an die Transzendenz Gottes gebunden, insofern sie eine Entwicklung von der „restauratio" zur „resurrectio" beschreibt.

Schließlich ist eine weitere Verhältnisbestimmung vorauszuschicken: So verhalten sich Theophanie und Auferste-

---

8 I. e.: Rettung aus der Todessphäre, Entrückung, astrale Vergleiche, ewiges Leben, Unsterblichkeit der Seele etc. Vgl. auch den Überblick bei H. Kessler, Sucht den Lebenden, 41–78.

9 Ders., Eschatology, 91.

hung im Horizont frühchristlicher Apokalyptik-Rezeption zueinander wie Heilsermöglichung und Heilsverwirklichung. Während die Theophanie als ausgezeichneter Modus der Offenbarung lediglich zum *Ermöglichungs*grund des Heils taugt (vgl. äthHen 1 mit Kap. 25: s. o., ZWEITES KAPITEL, 2.1.), was auch im frühchristlichen Kontext apk Nachsinnens Gültigkeit verbürgt (vgl. Offb 2,5.16; 3,3 u. ö.; vgl. auch 2Tim 4,1.8)[10], dient der Motivkomplex der Auferstehung der Glaubenden im Gefälle der *resurrectio Iesu* nach antik-christlichen Quellen zur Verdeutlichung vorbehaltloser Heilsrealität (vgl. nur Röm 6,3f).[11] Allerdings wird in diesem Kapitel deutlich werden, dass im antiken Judentum auch die *textinterne Pragmatik* der Auferweckung bzw. Auferstehung dem bei der Theophanie deutlichen „Heilsvorbehalt" unterliegt.

Es ergibt sich ein zweigliedriger Aufbau: In einem ersten Schritt werden die sehr unterschiedlichen Konzepte der „Auferstehung" in äthHen dargestellt. Zwar zieht sich das Motiv vom „Rettenden Wissen" vielfältig durch die gesamte Komposition[12], doch besitzen die konkreten Vorstellungen der Todesüberwindung in äthHen ein sehr eigenständiges Gepräge. Nicht zuletzt deshalb ist in einem zweiten Abschnitt nach der Entwicklung der älteren Strategien jener Überwindung zu fragen. Die Rekonstruktion dieses Prozesses soll in der Analyse der apk Texte in äthHen 22 und Dan 12,1–3 gipfeln.

---

10 Zur Abfolge von Theo- bzw. Christophanie und Drohung bzw. Verheißung in den Sendschreiben der Offb, die auf Warnung bzw. Stärkung abzielt, vgl. A. Scriba, Theophanie, 90.105.122; J. Kerner, Ethik, 123–126. Zudem verweist A. Scriba (vgl. a. a. O., 100–106) auf zahlreiche frühchristl. Texte, in denen auf die Theophanie „... eine Gerichtsverhandlung als einheitlicher Geschehenskomplex mit offenem Ausgang des Verfahrens ..." (100) folgt.

11 Zwar kennt auch die christl. Überlieferung die Auferstehung zum Gericht (so Joh 5,28f [V.29: ... εἰς ἀνάστασιν ζωῆς, ... εἰς ἀνάστασιν κρίσεως.]; Apg 24,15; vgl. Mt 25,46; Offb 20,13), doch überwiegt gegenüber der jüd. Apokalyptik der soteriologisch ausgerichtete Auferstehungsgedanke (vgl. dazu E. Brandenburger, Auferstehung, 134).

12 Vgl. jetzt M.-T. Wacker, »Rettendes Wissen«, v. a. 141–145.147f.

2. AUFERSTEHUNG IM ÄTHIOPISCHEN HENOCHBUCH

Im Zyklus des äthHen begegnet die Idee der Auferstehung an zwei markanten Stellen: in äthHen 92,2–5 und in äthHen 102f, also in der *Weisheitslehre* und der *Epistel Henochs*. Außerdem ist durch ihren Kontextbezug (vgl. äthHen 77,1.3: s. o., ZWEITES KAPITEL) eine Notiz im *Astronomischen Buch* zu beachten (äthHen 81,4). Wenngleich letzterer Beleg von besonderem Interesse ist, bleibt er hinsichtlich der Thematik von untergeordneter Bedeutung, weil in ihm die Todesüberwindung und Auferstehung nicht *explizit* zur Geltung kommen.

2.1. Auferstehung im *Astronomischen Buch*?

Ein ganz eigenes Problem wirft die Überlieferung der Aussage von äthHen 81,4 auf. Der Vers ist ausschließlich in äth. Handschriften bezeugt. Nach der Übersetzung bei Eckhard Rau[13] lautet der Makarismus:

4 a Und danach sagte ich [i. e. Henoch, S. B.]:
   b Selig der Mann, der stirbt als Gerechter und Guter
   c und kein Buch der Ungesetzlichkeit ist aufgeschrieben über ihn
   d und nicht gefunden werden wird der Tag des Gerichts.

Wendet man sich zunächst dem Binnenkontext von äthHen 81 zu, ist die thematische Zweiteilung des Kapitels in V.1–4 und 5–10 zu beachten, zumal sich die Assoziation der „Auferstehung" als Transzendenz erst durch den Kontext ergibt.[14] Mit dem Verweis auf das „Buch der Ungesetzlichkeit" in äthHen 81,4 ist möglicherweise auf die „himmlischen Tafeln" bzw. das „Buch aller Taten der Menschen

---

13 Ders., Kosmologie, 519 (ähnlich die Übers. nach S. Uhlig, JSHRZ V/6, 666). Die „akademische" Rezension Aeth II liest zusammen mit zwei Mss. in V.4d statt „Tag des Gerichts" das Wort „Schuld", was wohl eine spätere Korrektur gegenüber Aeth I darstellt (vgl. S. Uhlig, JSHRZ V/6, 666 [zu LXXXI,4ᵇ], u. zu Bestand u. Einordnung von Aeth I, II sowie der Mss. vgl. a. a. O., 474.488–491; anders zuletzt G. W. E. Nickelsburg, 1 Enoch 1, 333 u. 334 [Textanm. 81,4b]).

14 Als Anspielungen auf die Todesüberwindung wären für das *Wächterbuch* neben äthHen 22,1–14 noch 9,10 und 20,7 (8) [GrP2] zu beachten (vgl. auch äthHen 25,4–7, u. S. Uhlig, JSHRZ V/6, 552f [zu XX,8ᵃ]; G. Stemberger, Leib, 36–38; É. Puëch, Croyance, 109–113).

und aller Kinder" aus V.1f Bezug genommen (vgl. 82,1)[15], während in V.5 und 10 jeweils die Rückkehr des entrückten Henoch berichtet wird. Eine weitere Beobachtung könnte die Auferstehung in diesem Kapitel konsoziieren: Sind es in Dan 11f die „Verständigen" (והמשכו[י]לים), die leuchten wie die Gestirne, die die Vielen gerecht machen (12,3: צדק) bzw. ihnen zur Einsicht verhelfen (11,33a: בין) und dafür verfolgt werden (11,33b), so sind es in äthHen 81,7.9 die Guten und Gerechten (vgl. V.4), die sich gegenseitig Gerechtigkeit kundtun und freuen, um „wegen der Taten der Menschen" zu sterben. Zudem wird durch die Abgrenzung deutlich, dass V.4 die himmlische Sphäre betrifft, zumal der Gegenstand des Makarismus den „Mann, der als Gerechter und Guter *stirbt*", benennt. Man kommt jedoch über die allgemeine Feststellung „transzendenter Hoffnung" in dieser Passage kaum hinaus.[16] Hinweischarakter haben noch das „Buch der Ungesetzlichkeit" und die Anspielung auf Ethos und Eschatologie in äthHen 72,1.[17]

Es ist nun die Frage, ob die aufgezählten Indizien hinreichen, um auch in äthHen 72 – 82 eine Auferstehungshoffnung zu vermuten. Hält man sich das Kriterium des Transzendierens irdischer Wirklichkeit vor Augen, spricht die Charakterisierung der Sünder in äthHen 80,7f gegen diese Vermutung:[18]

---

15 Vgl. dazu E. Rau, Kosmologie, 305–312; M. Albani, Astronomie, 134–142. G. W. E. Nickelsburg, 1 Enoch 1, 340, sieht außerdem Parallelen zu äthHen 102,4f; 103,3f u. Dan 12,1 (zur Deutung von äthHen 81,1 – 82,4 als „Brücke" zw. *Wächterbuch* und *Epistel* s. o., 98 Anm. 188). Zum Motiv der „himml. Bücher" vgl. auch Nickelsburg, a. a. O., 478–480, der (a. a. O., 479) im „Buch der Ungesetzlichkeit" ein Gegenstück zum Buch des Lohns für die Gerechten in äthHen 103,1–4 erkennt.

16 E. Rau, Kosmologie, 309, u. É. Puëch, Croyance, 108f, stellen das eschatolog. Heil des Gerechten heraus.

17 Darüber hinaus wäre auf die Entsprechung von Gerechten, die ihr Leben am Lauf der Himmelskörper ausrichten (vgl. äthHen 82,4), und Gestirnen hinzuweisen, worin das Bild vom Leuchten der auferstandenen Frommen wie Sterne (vgl. Dan 12,3; äthHen 39,7; 104,2; slHen 66,7 [J]; 4Esr 7,125; Mt 13,43 u. ö.) begründet liegen dürfte (so M. Albani, Astronomie, 107f; vgl. auch C. Böttrich, JSHRZ V/7, 1000 [zu LXVI,7ᶜ]).

18 Übers.: E. Rau, Kosmologie, 518; S. Uhlig, JSHRZ V/6, 665, übers. (s. J. C. VanderKam in G. W. Nickelsburg /ders., 1 Enoch, 111):

7 a Und die ganze Ordnung der Sterne wird zugeschlossen sein für
  die Sünder,
 b und die Gedanken der auf der Erde (Wohnenden) werden abirren
  gegen sie
 c und sie werden sich abwenden von allen ihren Wegen
 d und sie werden abirren und sie für Götter halten.
8 a Und es wird sich vermehren über ihnen das Böse
 b und Zorn wird auf sie kommen,
 c um alles zugrunde zu richten.

Die Erwähnung der *Erden*bewohner, der für den Lebens-
rhythmus vorausgesetzten Gestirnsordnung (s. äthHen 80,
2–6) und des ersten bzw. zweiten Gebots deuten an, dass
jedenfalls hinsichtlich der „Negativfolie" jener in äthHen
81,4 genannten Gerechten *irdische* Auswirkungen eines Gerichtsgeschehens vorgestellt wurden.[19] Doch findet man in
henoch. Tradition durchaus die Idee einer Vergeltung der
Frevler noch zu Lebzeiten unmittelbar neben der Auferstehungshoffnung, wie äthHen 22,10–13 zeigt, sodass obige
Einsichten in der Denkbewegung dieses Schrifttums nicht
zu einer Ablehnung von „transcendence of death" hinreichen. M. E. liefert den entscheidenden Hinweis einmal
mehr das im Kontext des paränetischen Abschnitts begegnende Gottesbild, das eben nicht nur durch äthHen 77,1.3
bestimmt ist (s. o., ZWEITES KAPITEL, 2.2.), sondern auch
im theologischen Abschluss[20] des *Astronomischen Buchs*
aufscheint (äthHen 82,8):[21]

„7 Und die ganze Ordnung der Sterne wird den Sündern verschlossen
sein, und die Gedanken derer, die auf Erden wohnen, werden über sie
in die Irre gehen, und sie werden von all ihren Wegen abweichen, und
sie werden sich versündigen und sie für Götter halten. 8 Und das Unheil wird in Fülle über sie hereinbrechen, und Plagen werden über sie
kommen, um alles zu vernichten."

19 So sieht M. Albani, Astronomie, 154, auch für die in äthHen 81,4;
82,4 genannten Gerechten ein in Gottes Schöpfungsordnung sich voll-
ziehendes, sinnerfülltes Leben, ähnlich dem in Qumran, vorgestellt.

20 Wenn man die äth. überlieferte Reihenfolge der Schlusskapitel
belässt, dann folgen die Ordnungen der Sterne und die Führer der fest-
gesetzten Jahresteile (äthHen 82,9–20).

21 Übers.: E. Rau, Kosmologie, 520f; S. Uhlig, JSHRZ V/6, 669,
übers. (s. J. C. VanderKam in G. W. Nickelsburg /ders., 1 Enoch, 114):
„Und er hat die Macht im Himmel über die Nacht und den Tag, um Licht

8 a Und Herrschaft hat er [i. e. der „Herr der ganzen Schöpfung des
       Olam": V.7; S. B.] über Nacht und Tag am Himmel,
  b um scheinen zu lassen das Licht auf die Menschen,
  c Sonne und Mond und Sterne und alle Herrscher des Himmels,
  d die sich verändern in ihren Kreisen.

Im Anschluss an den Makarismus auf jene Gerechten, die
die Gestirnsordnung beachten (V.4), wird der Herr dieser
Ordnung als im himmlischen Jenseits wirkend prädiziert.[22]
Somit besitzt die Ordnung der Himmelskörper zwar unmittelbar irdische Auswirkungen, das Wissen um die Trennung
der in dieser Ordnung Wandelnden von den „Ungerechten"
figuriert aber als himmlisches Geheimnis. Denn auch Henoch wird ja erst in äthHen 81,5–10 von den „sieben Heiligen" zur Erde gebracht, um in der Vermittlung der Ordnungen an Methusala den Bestand des „kulturellen Gedächtnis-
ses", das in der Korrespondenz von kosmischer und ethischer Harmonie besteht, zu garantieren. Das „Transzendens" dürfte somit kognitiv gefasst sein und erweist seinen
Platz darin zugleich als *ante resurrectionem*. Hinzu
kommt, dass die Orientierung im menschlichen Wandel an
der kosmischen Gesetzmäßigkeit, vor allem der Sonne, auf
äthHen 72,1 anspielt, wo in futurischer Ausrichtung auf die
Neuschöpfung das Ende der Heilsgeschichte proklamiert
wird.[23] Letzterer Bezug, der zugleich ein Rahmengesche-
hen innerhalb des *Astronomischen Buchs* anzeigt, mit der
Nennung der „himmlischen Tafeln" (vgl. Dan 12,1bβ) legt eine Eschatologisierung im oben definierten Sinne der „Jenseitseschatologie"[24] nahe, auch wenn die Terminologie keinen direkten Hinweis auf die Auferstehungshoffnung zur
Verfügung stellt.

über die Menschen scheinen zu lassen: Sonne, Mond und Sterne und
alle Himmelsmächte, die in ihren Kreis(bahnen) umlaufen."

22 Vgl. äthHen 83,11; 100,10; dann slHen 4,1f; 22,1 – 23,1 [J]. Zu den
Belegen und ihrer Intention vgl. M. Albani, Astronomie, 297–300.

23 S. Uhlig, JSHRZ V/6, 638 [zu LXXII,1ʰ], verweist zum Zeitmaß
auf SchemR 40,2, wonach die Schöpfung bis zum Ende der Geschichte,
d. h. bis zur Auferstehung (מבראשית עד תחית המתים), reicht.

24 Vgl. die Unterscheidung von „apokalyptischer" u. „hellenisti-

2.2. Auferstehung im Kontext der *Zehnwochenapokalypse*

Wendet man sich der *Weisheit Henochs* im Kontext von *Zehnwochenapokalypse* bzw. *Epistel* zu[25], ergeben sich neue Aspekte, die auf den hellenistisch-weisheitlichen Einfluss, hauptsächlich in der späteren Apokalyptik, Rückschlüsse zulassen.

Grundsätzlich und methodisch begegnet man spätestens mit der Betrachtung der genannten Teilkomplexe in äthHen der Schwierigkeit, dass sich die an der Auferstehung zur Überprüfung der bisherigen theologischen Thesen orientierenden Argumente nur auf der *synchronen* Ebene benennen lassen. Denn eigentlich umfasst die *Epistel* (äthHen 91* – 105 [107[26] bzw. 108])[27] auch die *Weisheit Henochs* (äthHen 92,1–5) und die *Zehnwochenapokalypse* (äthHen 93,1–10; 91,11–17), welche allerdings auf der *diachronen* Ebene als eigenständige Überlieferungen zu beurteilen wären. Zweifelsohne dürften zumindest das *Astronomische Buch* und die *Zehnwochenapokalypse* ein ursprünglich selbständiges Dasein geführt haben[28], was zu einer Behandlung der Belege unter weitgehender Absehung von kompositorischen und entstehungsgeschichtlichen Fragen berechtigt.

---

scher" Eschatologie bei N. Walter (vgl. ders., Eschatologie, 234–251), wonach Heilserwartungen räuml. u. zeitl. ausgerichtet sind.

25 Vgl. die Zusammenfassungen des Befunds bei G. Wied, Auferstehungsglaube, 56–72; G. Stemberger, Leib, 40–44; G. W. E. Nickelsburg, Resurrection, 112–130; É. Puëch, Croyance, 114–116.

26 Vgl. hierzu die Namen gebende Unterschrift nach äthHen 107,3 [GrCB]: ΕΠΙΣΤΟΛΗ ΕΝΩΧ (vgl. auch 100,6 [GrCB]; 105,2 [*fin.*] u. G. W. E. Nickelsburg, 1 Enoch 1, 23.33.420f.431).

27 Aus formaler Sicht wird man die *Epistel* kaum als „Apokalypse" bezeichnen können, wenngleich die apk Weltsicht begegnet (s. u.; vgl. J. J. Collins, Imagination, 67). Weherufe und der nicht selten sozial verankerte Gegensatz von „Gerechten" und „Frevlern" ergeben in äthHen 94–105 ein weisheitl. Gepräge (vgl. jetzt J. C. VanderKam, Man for All Generations, 92–94; ders., Introduction, 119–121).

28 Unterschiedliche Verknüpfungen werden postuliert: Seit Mitte des vergangenen Jh.s vermutet man einen Zusammenhang zwischen äthHen [20] 21 – 36 und dem *Astronomischen Buch* (s. G. Wied, Auferstehungsglaube, 276f Anm. 10; G. W. E. Nickelsburg, 1 Enoch 1, 290–293). Neuerdings sieht man auch Verbindungen zwischen äthHen 72 – 82 und dem folgenden *Traumbuch* (vgl. u. a. M. Albani, Astronomie, 299 mit Anm. 85). Gegen die Eigenständigkeit der *Zehnwochenapokalypse* wandte sich u. a. F. García Martínez, Qumran, 84, der auch (a. a. O., 79–96) die unterschiedlichen Lösungsansätze aus der Forschung ausführlich diskutiert. Zur Verbindung von äthHen 92,3–5 mit der *Zehnwochenapokalypse* s. u.

Der u. U. auf die Auferstehung anspielende Beleg in der der *Zehnwochenapokalypse* vorausgehenden *Weisheitslehre Henochs* zu Beginn der *Epistel* (äthHen 92,3–5) ist eine fast wörtliche Wiederholung aus dem Schlussabschnitt des *Traumbuchs* (91,10).[29] Da aber letzterer Vers neben dem „Aufstehen des Gerechten" auch das „Erheben der Weisheit" thematisiert, lehnt man im allgemeinen für äthHen 91,10 eine prädizierte Auferstehungshoffnung im Textzusammenhang ab, während diese gleichzeitig in 92,3 durchaus für möglich erachtet wird.[30]

Die Entscheidung über 92,3 ist von einer äth. Handschrift (Ms. L04) abhängig, die, gegen den aram. Text zur Parallele in äthHen 91,10 (4QEn^g ar [4Q212] 1 ii 13–17 [Rekonstr. Black u. Beyer])[31] u. den äth.

---

29 Im Gegensatz zu S. Uhlig, JSHRZ V/6, 673f.708, u. a. zählt J. C. VanderKam, Man for All Generations, 89f, äthHen 91,5–10 schon zur *Epistel*. Die inhaltl. Nähe von 91,10 u. 92,3 führt zu unterschiedlichen Abgrenzungen der *Zehnwochenapokalypse*: Etwa F. Dexinger, Zehnwochenapokalypse, 102–109, findet in äthHen 91,1.3b–10; 92,3–5 eine „Metuschelach-Apokalypse", die er aus der eigentlichen *Zehnwochenapokalypse* herauslöst. Schon G. Reese, Geschichte, 54, vermutete daher, 92,3–5 habe ursprünglich hinter 91,10 gestanden (vgl. neuerlich D. C. Olson, Sequence, 77.79.81; G. Boccaccini, Hypothesis, 104; zur Diskussion vgl. auch M. Black / J. C. VanderKam / O. Neugebauer, Book, 287–289; G. W. E. Nickelsburg, 1 Enoch 1, 414f, u. die kritische Auseinandersetzung mit Dexinger bei J. C. VanderKam, Studies, 368–373). Während J. C. VanderKam, Man for All Generations, 63–70, in äthHen 93,1–10; 91,11–17 eine geschlossene Struktur herauszuarbeiten sucht, vermutet M. Black den ursprünglichen Schluss der Komposition in einer auf den aram. Text zurückgehenden Rekonstruktion nach 92,3 (vgl. ders., Apocalypse of the Weeks, 464–469; ders./ J. C. VanderKam / O. Neugebauer, Book, 295: s. u.). Dabei weist Black für die Auferstehung der Weisheit in 91,10 auf den sekundären Einfluss von 93,10 hin [aram.: 4QEn^g ar [4Q212] 1 iv 13]: [חכמה ומדע תחיה]ב להו[ן] (...); s. J. T. Milik / M. Black, Books, 265; F. García Martínez / E. J. C. Tigchelaar, Study Edition, 444. Die obige Analyse orientiert sich an der literar. Gliederung bei S. Uhlig, JSHRZ V/6, 497.674.709–715: äthHen 92,1–5; 93,1–10; 91,11–17. Für die Plausibilität dieser Abfolge spricht die früh bezeugte aram. Quelle in 4QEn^g ar 1 iv, die äthHen 91,11–17 hinter 93,9f stellt, sowie der konjunktional logische Anschluss in 93,1 an 92,5 (äth.: „Und hierauf ..." [*vac.* 4QEn^g ar 1 iii 18]; vgl. auch F. Dexinger, Zehnwochenapokalypse, 107).

30 Vgl. G. Stemberger, Leib, 40–42, gegenüber der zuversichtlicheren Einschätzung bei G. Wied, Auferstehungsglaube, 56–59.

31 Worin M. Black (ders., Apocalypse of Weeks, v. a. 467f; ders./ J. C. VanderKam / O. Neugebauer, Book, 295.373) den Schluss der

Mehrheitstext zu 92,3, statt des „Gerechten" oder der „Gerechtig-keit" (so Ms. L09) die „Weisheit" auf(er)stehen lässt.[32]

Die Interpretation könnte auf äthHen 42,1–3 verweisen. In äthHen 91,10 und 92,3 läge dann eine *relecture* im Sinne der personifizierten Weisheitsvorstellung nahe.[33] Doch darf man die schwieriger zu deutende Vorstellung von der Auf-erstehung der *Weisheit* nicht vorschnell übergehen, zumal das aram. Fragment in 4QEn^g ar 1 ii 13 zu äthHen 91,10 diese Idee, wenigstens nach dem Rekonstruktionsvorschlag Jozef T. Miliks [gg. Black u. Beyer: s. o.], möglich macht:[34]

חכמתא תהוא קאמ[ה   (?)ויחעירון מן שנתהון[וקשיטי]א
                                   והלכ[ה ...]

[And the righteou]s [shall awake from their sleep (?) ... wisdom shall aris]e and go, [...]

Außerdem ist die *Zehnwochenapokalypse* zu beachten: Inner-halb dieses Überlieferungszusammenhangs ist die Wurzel קום nicht nur sehr häufig bezeugt, sondern wird auch noch in der Gliederung der Weltzeiten[35] an den Gliederungsein-

---

Zehnwochenapokalypse (= äthHen 91,17b) erkennen will (kritisch hierzu J. J. Collins, Imagination, 65):
ויהלכ[ון באורחות ויחעירון מן שנתהון יקומו[ן [וקשיטי]א
[קושטא
And the righteous shall awake from their sleep,
They shall arise and walk in the paths of righteousness.

32 Zur Bezeugung vgl. M. A. Knibb / E. Ullendorff, Book I, 347 [App. zu Z. 17f]; M. Black / J. C. VanderKam / O. Neugebauer, Book, 371; D. C. Olson, Sequence, 80; vgl. auch die Übers. dazu bei G. Wied, Auferstehungsglaube, 56.

33 Schließlich bietet Ms. Tana 9 (Uhlig: TS) zu äthHen 91,10 statt der „Weisheit" den „Weisen", welcher sich „erhebt" (vgl. S. Uhlig, JSHRZ V/6, 707 [zu XCI,10^b], u. Varr.-Tabelle: D. C. Olson, Sequence, 80). Zur Verständnismöglichkeit des „Aufstehens *zu* weisem u. gerechtem Le-ben" in 92,3 vgl. jetzt G. W. E. Nickelsburg, 1 Enoch 1, 432.

34 Text u. Übers.: J. T. Milik / M. Black, Books, 260 (anders K. Beyer, Texte, 246; A. Scriba, Theophanie, 91). Nicht ganz unproblema-tisch ist die Rekonstruktion v. a. deswegen, weil J. T. Milik (a. a. O., 261) äthHen 92,3 heranzieht, was einen Zirkelschluss impliziert (zur Diskussion vgl. J. C. VanderKam, Studies, 373 Anm. 24).

35 „Danach wird ein [1. – 10.] שבוע erstehen [קום] ...", vgl. 4QEn^g ar 1 iv 15. Vgl. dazu die Textrekonstr. bei K. Koch, Sabbatstruktur, 52–57, der unter Zuhilfenahme der aram. Frgm. zeigen konnte, dass die *Zehn-wochenapokalypse* einem 10er-Schema und nicht dem Schema 7 + 3 folgt,

schnitten erwähnt. Damit zeigen die Tradenten des Textes an, dass sie eine der für die Auferstehungshoffnung wesentliche Wendung „neutral" an den Scharnierstellen ihrer „Apokalypse" gebrauchen.

Die entsprechenden Überschriften der Zeiteinteilung haben formelhaften Charakter. Hinzu kommt, dass gemäß äthHen 93,9 im „siebenten Siebent" ein „abtrünniges Geschlecht erstehen" wird (*ודר טעא יקום)[36], also auch an dieser Stelle die Wurzel קום unspezifisch Verwendung findet. Schließlich sprechen noch die mutmaßliche Verarbeitung von Traditionen aus äthHen 42,1–3, wo die Weisheit in der Drangsal der Endzeit (im Himmel) den Irdischen verborgen bleibt[37], und die „metahistorische"[38] Konzeption der *Zehnwochenapokalypse* insgesamt, die zur universalen Gerechtigkeit eines neuen Himmels führt (äthHen 91,16f; vgl. V.18f)[39],

---

sodass am Ende ein „neuer Himmel" nach dem Gericht ersteht. Es sind also zehn „Zeitsiebente" [שבוע] von je 490 Jahren (anders R. T. Beckwith, Calendar, 242–249, der die vorgestellte Zeitspanne auf unterschiedlich lange Perioden verteilt); gegen etwa M. Hengel, Judentum, 345, u. v. a. F. Dexinger, Zehnwochenapokalypse, 136–140, der mit der *achten Woche* (91,12) die Zeit des Verfassers beginnen sieht.

36 So der Vorschlag einer aram. Textrekonstr. bei K. Koch, Sabbatstruktur, 54, der (a. a. O., 55 Anm. 40) äthHen 91,10 als Orientierung ausweist (zur Sache: G. W. E. Nickelsburg, 1 Enoch 1, 447).

37 Vgl. Aḥiqar, Kol. IX,15 – X,1 (Text u. Übers.: I. Kottsieper, Sprache, 11f; ders., TUAT III/2, 335f; vgl. auch M. Küchler, Weisheitstraditionen, 46.388f):

IX,15 (182) הא זנה יקיר [קדם] שמש וזי ישח[ה] חמרא ולא
[ינ]יק

IX,16 (183) וחכמתה אברה [וייהד]נ[ח] מ[ן] חזה [מן] שמי[ן חנ]ינו
עממא [וחכמתהם] אליהא ה[ודא]ו

X,1 (184) אף לאלהן יקי[י]רה הי ע[נ]מה] ל[מראהם] מלכוחא
בש[מי]ן שימה הי כי בעל קדשן נשא[ה]

[IX,]15 Siehe, dies ist würdig [vor] Schamsch, aber der, der Wein trink[t], ohne [zu libieren],
[IX,]16 dessen Weisheit schwindet, und [er wird] das, w[as] er sah, [kun]dt[un. א].
X,1 Auch bei den Göttern ist sie gel[e]hrt; mi[t ihr zusammen] ist [ihrem Herrn] die Herrschaft. In den Hi[mme]l ist sie gesetzt; ja, der Herr der Heiligen hat [sie] erhöht.
So schwindet die nach Kol. X,1 in den Himmel erhöhte Weisheit (vgl. Hi 28,20f; Sir 24,4f; Weish 9,9f.16f; Bar 3,29; slHen 30,8).

38 So die Terminologie bei K. Koch, Sabbatstruktur, 66f.

39 Aram.: 4QEn^g ar 1 iv 23–26; 1 ii 17–20 nach der Rekonstr. bei J. T. Milik / M. Black, Books, 260.266.

ohne *in concreto* (Un-)Heilsgestalten oder auch nur Gott zu erwähnen, gegen eine prädizierte Auferstehungshoffnung. Vielmehr wird die Weisheit ihrem in apk Kontexten eigensten Funktionszusammenhang gerecht, nämlich der Hervorhebung eines endzeitlichen Offenbarungsmysteriums (s. auch äthHen 93,8 mit V.10).[40]

Interessant für das Weisheitsverständnis ist eine Gegenüberstellung von äthHen 93,8 [äth.] bzw. 93,10 [äth. u. aram.: 4QEn^g ar 1 iv 12f]:[41]

93,8: Und danach, in der sechsten Woche, werden die, die in ihr leben werden, alle verblendet sein, und die Herzen aller werden die Weisheit vergessen; und in ihr wird ein Mann auffahren, und an ihrem Ende wird das Haus der Herrschaft mit Feuer verbrannt werden, und in ihr wird das ganze Geschlecht der auserwählten Wurzel zerstreut werden.

93,10:	*4QEn^g ar 1 iv 12f*
An ihrem Ende werden die erwählten	[ועם סופה י]חבחרון
Gerechten	ב[חירי]ן
von der ewigen Pflanze der	לשהדי קשט מן נ[צבח]
Gerechtigkeit erwählt werden,	קשט על[מ]א
denen siebenfache Unterweisung über	די שבעה פ[עמי]ן חכמה
seine ganze Schöpfung zuteil werden soll.	ומדע תתיה]ב להון[

Im Gegensatz zur äth. Überlieferung macht also 4QEn^g ar 1 iv 12f zu 93,10 deutlich, dass in der siebten Woche, die wohl die Gegenwart der Tradenten repräsentiert, einem kleinen Kreis innerhalb der „Pflanzung der Gerechtigkeit" חכמה ומדע zukommt, worunter schon August Dillmann die „Henoch'sche Weisheit" verstand, und zwar als „Zeugen der Gerechtigkeit" (לשהדי קשט).[42] Zudem ist die Phrase קשט על[מ]א [נ]צבח] („ewige Pflanzung der Gerechtigkeit";

---

40 Vgl. dazu E. Brandenburger, Verborgenheit, 197–201; G. W. E. Nickelsburg, Nature, 95, u. zur Funktion der (personifizierten) Weisheit in apk Kontexten G. Schimanowski, Weisheit, 95–104.

41 Dt. Übers. der äth. Überlieferung in äthHen 98,3.10: S. Uhlig, JSHRZ IV, 712; aram. Rekonstr.: J. T. Milik / M. Black, Books, 265f; vgl. auch F. García Martínez / E. J. C. Tigchelaar, Study Edition, 444. Jetzt schlägt G. W. E. Nickelsburg, 1 Enoch 1, 434.436 [Textanm. 10b], die aram. Lesart שבעה פ[עמי]ן חכמה ומדע als „ursprünglichen" Text vor (s. ders. in ders./ J. C. VanderKam, 1 Enoch, 141 mit Anm. k).

42 S. A. Dillmann, Buch, 296; vgl. auch J. C. VanderKam, Man for All Generations, 68. Zu den genannten Abweichungen vgl. K. Koch, Sabbatstruktur, 55 [Textanm. 42.44].

s. u.) zu beachten, die wohl das gerechte Israel bezeichnet, aus dem
eine gesonderte Gruppe nochmals „erwählt" wird.[43]

Weiterhin betont die apk Weisheitslehre: Wie in den „kommenden Tagen" (syrBar 24,1; 31,5) das Entsetzen unter den
Menschen gewaltig sein wird, so soll ihr Hoffen und Suchen nichtig sein, da sich die Weisheit verbirgt (4Esr 5,1.
9b–12; vgl. syrBar 48,36; 70,5).

Auf der kompositorischen Ebene der Einarbeitung der
Zehnwochenapokalypse in die *Epistel* entstand dieses Weis-
heitskonzept offenbar durch sekundäre Verknüpfung zweier ursprünglich unabhängiger Traditionen. Auf der einen
Seite steht die Vorstellung von der „Auferstehung der Gerechten".[44] Auf der anderen Seite kommt die Eschatologie
aus äthHen 93,1–10; 91,11–17 zum Tragen, die auf eine transzendente Neuschöpfung in Sündlosigkeit hinzielt (äthHen
91,16f: s. FÜNFTES KAPITEL), deren Todesüberwindungs-
konzept aber zugleich frei von jeder Auferstehungshoffnung ist.[45] Die Kombination beider Eschatologien führt zur
beschriebenen Strategie einer „auferstehenden Weisheit"
in äthHen 92,1–5: Mit dem „neuen Himmel" bzw. der Neuschöpfung[46] werden nach dem „ewigen Gericht" die „Kräf-
te des Himmels siebenfach leuchten in Ewigkeit" (äthHen
91,16; vgl. Dan 12,3), worunter auch die Heilstat der (Wie-
der-)Erstehung der Weisheit subsumiert ist.[47]

---

43 Vgl. F. Dexinger, Zehnwochenapokalypse, 133–135; P. A. Tiller,
"Eternal Planting", 319–321; vgl. auch G. Reese, Geschichte, 60–62,
der die „Asidäer" identifiziert.

44 Vgl. äthHen 91,10 [äth.]* u. 4QEn^g ar 1 ii 13 [Rekonstr.: Milik; s.
o.]; 92,3* [äth.].

45 Vgl. K. Koch, Sabbatstruktur, 65–67, der die Eschatologie der
Zehnwochenapokalypse nicht mehr „apokalyptisch" nennen kann.

46 Vgl. äthHen 45,4–6; syrBar 32,6; 44,12; 57,2.

47 Das aram. Fragment 4QEn^g ar 1 iv 23–25 zu äthHen 91,16 stimmt
weitgehend mit dem äth. Wortlaut überein (Text u. Übers.: J. T. Milik / M. Black, Books, 266f; F. García Martínez / E. J. C. Tigchelaar,
Study Edition, 444f; anders K. Beyer, Texte, 248f); der Text wurde mit
PAM 42.238; 43.215 kollationiert:

ושמין קדמין בה יעברון ושמ]ין חדתין יתחזון וכול
שלטני] שמיא צ[הר]ין ודנחין לכול עלמי]ן שבעה פעמין

And the first heaven in it (end of the tenth Week) shall pass away,
and [a new] heaven [shall appear, and all the powers] of heaven shall
ri[se] and shine for all eternity [with sevenfold] brightness.

Zuletzt zeigen die beiden Schlussverse in äthHen 92,5 und 91,17 Übereinstimmungen:[48]

92,5: Und die Sünde wird für ewig in der Finsternis vertilgt

בח[ן]שוכא

werden, und sie wird nicht mehr erscheinen von jenem Tage an

מ[ן יומא ד]ן

bis in Ewigkeit.

91,17: Und danach werden viele Wochen – ohne Zahl – in

ש[בעין שגי]די לא [איחי סוף לכול מ]נינהון ...

Ewigkeit sein, in Glück (oder: Güte) und in Gerechtigkeit,

וקש[טא יעבדון ...

und die Sünde wird von da an nicht mehr erwähnt werden bis in Ewigkeit.

Auch wenn dem Erwählungsgedanken, ausgehend von der Menschheit insgesamt (äthHen 93,2) über Israel als „Pflanze der Gerechtigkeit" (93,5) zu den „erwählten Gerechten von der ewigen Pflanze der Gerechtigkeit" (93,10), in der *Zehnwochenapokalypse* eine ausgezeichnete Rolle eignet[49], vermeiden beide Belege die für die Auferstehungshoffnung typische *individuelle* Eschatologie. Entscheidend ist die Austilgung der Sünde.[50] In dieser Totalität, die ganze Erde und den Himmel (vgl. äthHen 91,16) betreffend und zugleich den

---

48 Zu beiden Belegen existieren neben den äth. Zeugen lediglich Frgm. aus Qumran. Zu 92,5: 4QEn^g ar 1 iii 16–18; zu 91,17: 4QEn^g ar 1 iv 25f (vgl. J. T. Milik / M. Black, Books, 263f.266; K. Beyer, Texte, 246. 248; F. García Martínez / E. J. C. Tigchelaar, Study Edition, 442.444). Der wesentliche Unterschied zwischen äth. u. aram. Text in 91,17 besteht in der persönl. Akzentuierung der Guttaten bei der aram. Fassung (vgl. F. Dexinger, Zehnwochenapokalypse, 115f.179: „Güte und Gerechtigkeit werden sie vollbringen ..."; s. G. W. E. Nickelsburg, 1 Enoch 1, 435. 437 [Textanm. 17a]). Die u. U. äthHen 92,5 zuzuordnenden griech. Buchstabenreste (GrCB: vgl. J. T. Milik / M. Black, Books, 264) können vernachlässigt werden. Zum nahezu gleichlautenden Schluss in 92,5 u. 91,17 vgl. auch F. Dexinger, Zehnwochenapokalypse, 107. – Dt. Übers. [äth.]: S. Uhlig, JSHRZ V/6, 710.715; aram. Text [4QEn^g ar]: F. García Martínez / E. J. C. Tigchelaar, Study Edition, 442.444.

49 Vgl. A. Dillmann, Henoch, 102; F. Martin, Livre, 26 (äthHen 10, 16); G. W. E. Nickelsburg, 1 Enoch 1, 444f; P. A. Tiller, "Eternal Planting", 316f: נ[צבח קושטא (4QEn^c ar [4Q204] 1 v 4) bezeichne „restored humanity". Vgl. dann zur *Zehnwochenapokalypse*: G. Reese, Geschichte, 64 (vgl. auch F. Dexinger, Zehnwochenapokalypse, 164–178; Tiller, a. a. O., 319–321).

50 Vgl. auch äthHen 91,14[.19] sowie 10,16.20; 4Q475 Z. 4; 4Q215a 1 ii 4 [s. u., FÜNFTES KAPITEL], ähnlich: ApkAbr 29,11 [17,14]: B. Philonenko-Sayar / M. Philonenko, JSHRZ V/5, 451.439.

Äonen-Dualismus voraussetzend, greift das Motiv auf die Noah-
bzw. Sintflut-Haggada zurück, die sich u. a. die Kombination der
Szene um die „Engelehen" (Gen 6,1–4) mit der Sintflut (Gen 6,5 –
9,17) zu eigen macht.[51] Das Ziel dieser Tradition findet man schließlich in der Neuschöpfung (äthHen 91,16; Jub 5,12f).

Die Verknüpfung der im Kontext von *Weisheit Henochs* und
Zehnwochenapokalypse herausgearbeiteten drei Traditionen
von *Auferstehung, Weisheitsoffenbarung* und *Sintflut-Haggada* zeigt, dass die fortschreitende Textüberlieferung erstere
Motivkonstellation zugunsten der beiden letzteren zurück-
gedrängt hat, um schließlich einer universalen Heilsvorstellung das Wort zu reden. In der (Wieder-)Erstehung der
Weisheit (sowie Neuschöpfung: äthHen 91,16) artikuliert
sich das Heil der gesamten Schöpfung Gottes. Zugleich betont die endzeitliche Weisheitsoffenbarung die besondere
Rolle Henochs als „Schreiber".[52] In der Person des Offen-
barungsträgers zeichnet sich also schon die dem geretteten
Kosmos endzeitlich zukommende Erkenntnis der ἔσχατα im
voraus ab. Bemerkenswert ist, dass die Kompositionen dabei sowohl in äthHen 93,1–10; 91,11–17 als auch in 92,1–5
völlig auf die Erwähnung Gottes oder seiner Epitheta verzichten konnten, ganz im Gegensatz etwa zur Sintflut-Haggada in 4Q370[53].

---

51 Vgl. allg.: J. L. Kugel, Traditions, 179–183.194–209, u. zu Qumran: F. García Martínez, Interpretations, 87–104. Zum Vergleich von
Gen 6 – 9* mit Jub 5f s. J. T. A. G. M. van Ruiten, Interpretation, 61–73;
ders., Flood Story, 72–85; ders., History, 181–256 (v. a. 195–197.212).
Zur Noah-Haggada vgl. außerdem: u., FÜNFTES KAPITEL.

52 Vgl. äthHen 92,1 (93,11); s. dazu A. J. Saldarini, Pharisees, 258f,
u. zu den Funktionen der „Schreiber" zur Zeit des Zweiten Tempels vgl.
die Zusammenfassung: a. a. O., 273–276.

53 Vgl. F. García Martínez, Interpretations, 95–99. Der v. a. in der
zweiten Kolumne leider nur noch sehr fragm. erhaltene Text mit der
Bezeichnung „Admonition Based on the Flood" verbindet *expressis ver-
bis* die Sintflut-Haggada mit der gottgewirkten Austilgung der Sünde.
Das Fragment zeigt darüber hinaus Verbindungen zu 4Q185 u. 11QPs[a]
26, wie C. [A.] Newsom, DJD 19, 89–92, gezeigt hat (Text u. Übers.:
Newsom, a. a. O., 90f.95f; vgl. F. García Martínez / E. J. C. Tigchelaar,
Study Edition, 732f; hier: 4Q370 i 6 u. ii 2–4):

עלכן נ[מחו] כלאשׁר בׁ[חרבה וי]מׁ[ח האדם וה]בהמה וכל [
צפר כל כנף והגׁ[בור]ים לוא נמלטו

Therefore everything whi[ch was on] dry ground was [wiped out,]
and humankind, and [beast and all] birds, every winged thing, d[ie]d.

Dass in der vollgültig erst auf der äth. Überlieferungsebene zu findenden Reinterpretation der „(sich) erhebenden Weisheit" weisheitl.-hellen. Einfluss möglich ist, zeigt sich an der weiten Verbreitung des Motivs vom „Aufstieg der Weisheit", wie sie im λόγος und in der σοφία erscheint.[54] Für das Bild der Weisheit in äthHen ergibt sich insofern eine Besonderheit, als die σοφία mit der φρόνησις gleichgesetzt wird.[55] Jedoch zeigen hellenist. Verweisstellen wie bei Philo (Agr 77) oder Josephus (Bell 1,376; 3,142f), dass nicht notwendig ein Bedeutungsunterschied zur σοφία bestehen muss, da die mit εγειρ-* gebildete Konstruktion die φρόνησις als Tugend ausweist (vgl. auch Philo Agr 73f). Für die Motivkonstellation des „Erhebens" der Weisheit zum Heil ist der späte Beleg in OdSal 33,5–8[.13][56] von Interesse. Analog mit äthHen 91,10; 92,3* „(er)steht" (קום; OdSal 33,5a [CNsyr]: ܡܩܡܐ) die Weisheit, die als „vollkommene Jung-

---

And the gi[an]ts, too, did not escape ...

2 יצדיק יהוה ש[| 3 ויטהרם מעונם] 4 רעתם בדעתם
בין טוב לרע

2. YHWH will declare innocent [. 3. And he will purify them from their iniquity [[,] 4. their evil in their knowing (how to distinguish) bet[ween good and evil [.]

Bezeichnet dieser Unterschied der ausdrücklichen Bezugnahme auf das sündige Erkennen (vgl. 4Q370 ii 4) zwischen dem ersten Sinnabschnitt der *Epistel* und 4Q370 das Differenzkriterium, das den Qumrantext als *Rewritten Bible* von der „Apokalypse" in äthHen 92,1ff trennt? Immerhin nimmt auch die Weisheitstradition aus Qumran, u. a. in 4Q-Instruction, Bezug auf das Wissen um Gut und Böse (4Q417 1 i 6: ואז חדע אמת ועול), allerdings positiv konnotiert (vgl. zum Text A. Lange, Weisheit, 45–92 [mit abw. Zählung: 4Q417 2 i 6]; J. Strugnell / D. J. Harrington, DJD 34, 157). Darüber hinaus werden die בני השמים im gleichen Traditionszusammenhang offenbar mit רוח בשר konfrontiert (vgl. 4Q416 1 12f [= 4Q418 2 4f] u. dazu Lange, a. a. O., 111; vgl. auch E. J. C. Tigchelaar, Learning, 197).

54 Wenngleich eine gewisse terminologische Unsicherheit bleibt, weil die Abschnitte in äthHen 91,10 u. 92,3 in den bekannten griech. Mss. fehlen. Zum Verhältnis von σοφία u. λόγος vgl. den terminolog. Übergang in Weish (v. a. 18,14f) u. dazu B. L. Mack, Logos, 96–107 (v. a. 100 Anm. 209).

55 Vgl. äthHen 32,3 [bis]. 6; 98,3; vgl. aber 5,8 u. 8,3 [GrS]: dazu S. Uhlig, JSHRZ V/6, 568 [zu XXXII,3ᵍ].

56 Zum Problem der Identifizierung der „Jungfrau" (OdSal 33,5) mit der Weisheit vgl. B. L. Mack, Logos, 100 Anm. 209; M. Lattke, Oden Salomos, 190 Anm. 6 (zur Datierung vgl. ausführlich a. a. O., 20–35).

frau"[57] chiffriert ist: Zum „Erstehen" von σοφία und λόγος
wären außerdem Spr 8,1f (LXX: ἔστηχεν), dann OdSal 12,5f
und im „paganen" Bereich späte Texte (vgl. Iamb. *Protr.*
115,24) zu beachten (vgl. auch Dionys. *D. H.* 10,24,3: ψυχαί).
Darüber hinaus wird die Funktion der „Richterin Weisheit"
(OdSal 33,11b–12) mit einer apk Zielsetzung konkretisiert:
Die auf den Wegen der Wahrheit wandeln, sollen „im neu-
en Äon Unvergänglichkeit besitzen". In OdSal 33 vereinigen
sich also die personifizierte Weisheit, ihr „Aufrichten" und
eine eschatologische Heilszusage.

> Dass dieses soteriolog. bzw. eschatolog. geprägte Erstehen von
> Weisheit hellenist. beeinflusst sein dürfte (vgl. auch Weish 6,17–21),
> zeigt sich nicht nur an der behandelten 33. Ode, die Motive der hel-
> lenist. Missions- und Bußpredigt enthält[58], sondern auch an der et-
> wa mit Philo Alexandrinus vergleichbaren Funktion der σοφία als ei-
> nem soteriolog. Mysterium.[59] Mahnt noch die platon. Skepsis ge-
> genüber der σοφία zugunsten der φιλοσοφία (s. *Smp.* 204a; *Sph.*
> 268b)[60], trotz aller Verweise, zur Zurückhaltung, wird die Weisheit
> endlich in der Stoa zum Lebensprinzip. Zwar behält sie in diesem

---

57 Folgende Beobachtungen sprechen für eine Identifikation: Mit
dem adversativen „aber" (vgl. M. Franzmann, Odes, z. St.) wird in Od-
Sal 33,5a die Rede der „vollkommenen Jungfrau" gegen das „Verderben" und damit gegen den Widersacher aus V.1–4 eingeleitet, deren
Ziel in V.8 formuliert ist: „... und euch weise machen in den Wegen der
Wahrheit" (Übers.: M. Lattke, Oden Salomos, 190). Gleichsam als Antwort auf diese Rede formuliert der Beter in OdSal 38,15 (Übers. nach
M. Lattke, Oden Salomos, 202 [Hervorheb. i. Orig.]): „Und weise wurde *ich*, da ich nicht fiel in die Hände der Verführer. Und ich freute mich
für mich selbst, denn es ging mit mir die Wahrheit." Zudem ist die in
der Bezeichnung „Jungfrau" deutliche Personifizierung der Weisheit
auch in OdSal 7,8 belegt. Schließlich beschreibt wohl das in Sir 51,
13–19 (vgl. 11QPs^a 21,11–17) belegte Liebeslied die Weisheit als eine
jugendliche Braut (so M. Hengel, Judentum, 281); vgl. außerdem Philo
Fug 49–51, wo die Weisheit „Bathuel" als „edle und jungfräuliche
Tochter" besungen wird: καὶ γνησία γε θυγάτηρ καὶ ἀειπάρθενος ... u.
im gnost. Kontext ActThom 6f.

58 Vgl. E. Norden, Agnostos Theos, 4–12.

59 Vgl. U. Wilckens, Weisheit, 145–157; vgl. zum Verhältnis von
ψυχή/νοῦς zu μυστήριον/σοφία Philo All 3,71f.100; Cher 48–50 mit Plato *Phlb.* 30c 9f; *Ti.* 46d. Im Munde des Sokrates sind „Weisheit" und
„Verstand" der „Seele" untergeordnet (Pl. *Phlb.* 30c 9f): Σοφία μὴν καὶ
νοῦς ἄνευ ψυχῆς οὐκ ἄν ποτε γενοίσθεν.

60 Zum Bruch Platos mit dem Verständnis der σοφία als τέχνη vgl.
W. Kraus, Wissenschaft, 79–82.

Schrifttum ihre soteriolog. Ausrichtung, doch bleibt die σοφία zugleich dem Transzendenten ganz enthoben, da sie in ethische Argumentationszusammenhänge mit dem Ziel der εὐδαιμονία (vgl. Stob. 2.77,16–27 [SVF 3.16]; 2.111,18 – 112,8 [SVF 3.548])[61] eingebunden erscheint, eben ein *Lebens*prinzip.

Es zeigt sich also, dass äthHen 91,10 und 92,3 mit ihrer Vorstellung der „erstehenden Weisheit" in der späteren gnostisierenden bzw. gnostischen (OdSal 33) Literatur[62] ein Pendant finden, das sowohl der soteriologischen als auch eschatologischen Funktion der σοφία Rechnung trägt, während der „pagan"-griech. Kontext jeweils nur einen der Aspekte bezeugt: einmal den eschatologischen (Plato), zum anderen den soteriologischen (Stoa).

2.3. Auferstehung in der *Epistel*

Gegenüber der *Zehnwochenapokalypse* gehen im weiteren Verlauf der *Epistel* äthHen 102 und 103 andere Wege. Sowohl das Motivinventar als auch die Einbindung der Motive in forensische Geschehensabläufe (äthHen 103,7; 104,3–5) stellen eine Verbindung zur letzten Danielvision in Dan 12, 1–3 (s. u.) her. Somit ergeben sich auf inhaltlicher Ebene Übereinstimmungen, während die Form beider Texte an einem zentralen Punkt abweicht: Im Unterschied zu Dan folgt das Gericht in der *Epistel* der vermeintlichen Auferstehung nach (vgl. äthHen 104,3–5). Zunächst ist also zu fragen, in welchen Textzusammenhängen die Idee der Todesüberwindung begegnet. Erst daraufhin wird sich zeigen, ob die Passage der *Epistel* überhaupt eine *Auferstehungs*hoffnung tradiert.

Innerhalb einer Drohrede gegen die Sünder (äthHen 98,2 – 102,3) steht, noch vor der Verfluchung der Sünder (äthHen 102,3), in 102,2f

---

61 Vgl. noch S. E. 11.7,150–157; Cic. *Tusc.* 5,81f (Text u. Übers. je: A. A. Long / D. N. Sedley, HP I,256; II,258; I,254f; II,255f; I,394; II,389; I,397f; II,394; zur Sache vgl. H. Reiner, Weisheit, 349–355). Anders argumentiert noch Plato, wenn er im *Symposion* einerseits die σοφία eng an den ἔρος bindet (*Smp.* 203e – 204b), der andererseits „zwischen Mensch und Gott" (*Smp.* 202e) stehend das Verlangen der Sterblichen nach dem Unsterblichen ist (vgl. *Smp.* 208b).

62 Weitere Motive der henoch. Literatur „auf dem Weg zur Gnosis" arbeitet G. W. E. Nickelsburg, Traditions, 526–539, heraus.

eine in altisraelit. bzw. antik-jüd. Überlieferung im Zusammenhang der Theophanie typische Schreckensreaktion, artikuliert im Beben von Himmel und Erde.[63] Besonders auffällig ist das Fehlen einer Theophanie, und eine verlässliche Textbasis ist kaum zu gewinnen.[64] Die Kontextanalyse vereint folgende Beobachtungen: An Hand der Signalwörter zeichnet sich ein erster Komplex von Wehe-Worten ab (äthHen 98,9 – 99,2 [GrCB]: Οὐαὶ ὑμῖν ...), der gerahmt wird durch den Verweis auf die *irdischen* Entstehungsbedingungen der Sünde (äthHen 98,4f) und die in besonderer Ausführlichkeit und Schärfe geschilderte Ankündigung des Gerichts an den Frevlern (äthHen 99,3–5 [9]). Wegen der Breite der Bezeugung von Wehe- und Gerichtsworten darf man dem Οὐαὶ ὑμῖν in doppelter Hinsicht eine *textinterne Pragmatik* zuweisen: Einerseits zementiert und konkretisiert es die weltimmanente Sünde, andererseits zeigt das wiederholte Deklamieren des „Wehe" (vgl. äthHen 99,11–15; 100,7–9) die eschatolog. Nähe des Gerichts (vgl. äthHen 100,4–6) an, wenngleich sein Vollzug erst mit äthHen 104 in Aussicht gestellt ist[65], eben *nach* der Auferstehung. Sowohl 100,4–6 als auch 99,10[66] unterbrechen jeweils die Wehe-Worte, indem sie auf das Los der „Gerechten" verweisen.[67] Beide Stellen führen zu äthHen 104, womit die „Verkehrung"

---

63 Vgl. Jl 2,10; 4,16; Ps 18,8; 97,4f; 104,32; äthHen 1,5–7; Sir 43,16f; Sib 3,675–686; TestLev 3,9 (vgl. Mk 13,24f) u. A. Scriba, Theophanie, 53–58 (zur Abgrenzung vgl. a. a. O., 55; anders G. W. E. Nickelsburg, 1 Enoch 1, 421).

64 Dies gilt für den äth. u. griech. Text [GrCB]: vgl. A. Scriba, Theophanie, 74. 77 mit Anm. 241; G. W. E. Nickelsburg, 1 Enoch 1, 505.

65 Vgl. äthHen 104,1b: „und eure Namen werden aufgeschrieben vor der Herrlichkeit des Großen." [Text nach S. Uhlig, JSHRZ V/6, 739; GrCB *vac.*, vgl. V.7b; aber V.10b ... καὶ τὰς γραφὰς ἀναγράφουσιν ἐπὶ τοῖς ὀνόμασιν αὐτῶν·] Vgl. weiterhin G. W. E. Nickelsburg, Resurrection, 114–120.125–129, der in äthHen 102,4 – 103,8 die Form der Disputation erkennen möchte, auf die erst Kap. 104 eine Antwort gebe (vgl. auch ders., Message, 318–322; ders., 1 Enoch 1, 516f).

66 Vgl. äthHen 99,10 [GrCB]: ... οἱ ἀκούσαντες φρονίμων λόγους καὶ μαθήσονται αὐτούς ... u. die soteriolog.-eschatolog. Bedeutung der Weisheit im Umfeld der *Zehnwochenapokalypse* (s. o.). Möglicherweise konsoziiert das Stichwort πλανάω die Thematik des *Astronomischen Buchs*. Schließlich deuten der Text in 100,4 u. die Wendung „großes Gericht" ein Universalgericht an, ähnlich dem der älteren Überlieferungsstufe im *Wächterbuch* (s. o., ZWEITES KAPITEL, 2.1.; vgl. G. W. E. Nickelsburg, Resurrection, 124 Anm. 52).

67 G. W. E. Nickelsburg, Resurrection, 112 Anm. 2, bemerkt, dass die „Gerechten" griech. οἱ δίκαιοι (viermal εὐσεβεῖς), äth. stets *ṣādeqān* bzw. die „Frevler" griech. οἱ ἁμαρτωλοί (dreimal ἄδικοι), äth. stets *ḥaṭe'ān* heißen. Zur Bezeichnung der „Gerechten" und „Frommen" als δίκαιοι und ὅσιοι (εὐσεβεῖς) erinnert Nickelsburg (vgl. ders., 1 Enoch 1,

der Gerichtshermeneutik, die besagt, dass „Frevler" Heil und „Gerechte" Unheil erlangen (vgl. äthHen 102,5; 103,5), schließlich wieder aufgehoben ist. Zuletzt dürfte auch 102,1–3 im Gefälle von äthHen 99,10; 100,4–6 eine *textpragmatische* Bedeutung zukommen: Feuerregen und Erdbeben sind die äußerlichen Zeichen für die dann im Gericht umgesetzte und bisher in den Wehe-Worten nur angedeutete *Verwirklichung* der *talio* i. S. einer Wiederherstellung der Gerichtshermeneutik. Zwar fürchten die Sünder den Höchsten (noch) nicht (äthHen 101,9 [GrCB: *vac.*]), doch wenn Himmel und Erde beben, werden die Frevler keine Ruhe finden.[68] Die *Pragmatik* göttlichen Handelns legt also den Akzent auf das Ergehen der Apostaten.

Die Auferstehungsmotivik selbst begegnet an zwei Stellen (äthHen 102,4–8; 103,2–4)[69], nämlich unmittelbar im Anschluss an die theophane Schreckensreaktion, vielleicht in der höhnenden Rede der Sünder (s. u.), und schließlich vor dem Gericht. Die Frage nach der Auferstehung wird von der Perikope in einer Art beantwortet, die sich von den bisher behandelten Vorstellungen unterscheidet: Wenn es zutrifft, dass die theophanen Elemente einer Schreckensreaktion sich primär gegen die „Ungerechten" wenden, um der *talio* wieder Raum zu geben, dann kann es nicht weiter verwundern, wenn die Auferstehung, oder das daran anklingende Vokabular, *vor* dem Gericht ihren Platz hat. Denn jenes Gericht, als *Straf*gericht verstanden, hat die „Frevler" im Blick, die „Gerechten" sind von ihm ausgenommen.[70]

Der erste Absatz (Kap. 102,4–8) zerfällt in eine Trostrede an und eine Spottrede über die „Gerechten", letzteres im Munde der „Frevler". Aus textgeschichtlichen Gründen bleibt jedoch fraglich, wie weit die Spottrede reicht, wobei

---

517f) Jes 57,1 u. die Unterscheidung in צדיק u. חסד אַנְשֵׁי. Während ersterer Begriff eher das Ethos betone, ziele letzterer auf die fromme Zuwendung zu Gott.

68 Vgl. G. W. E. Nickelsburg, Message, 324.

69 Zum griech. Text des *Chester Beatty Papyrus* vgl. F. G. Kenyon, Papyri, f.11. [recto/verso]; C. Bonner / H. C. Youtie, Chapters, 60f.62–65; M. Black, Apocalypsis, 41. Auch 7Q4 1; 7Q12; 7Q14 bieten äthHen 103,3f: vgl. É. Puëch, Notes, 594–597; ders., Fragments, 313–317; E. A. Muro, Fragments, 310f.

70 Für eine Unterscheidung in eine „geschichtliche Eschatologie" in der Tradition des „Tages JHWHs" (äthHen 98 – 101) u. eine „Jenseitseschatologie" mit Anleihen aus Weish 1 – 5, wie sie M. Reiser, Gerichtspredigt, 47–52, annimmt, gibt der Text m. E. keine Hinweise.

die Alternativen mit V.8 und V.11 zu benennen sind.[71] Während der äth. Text in V.8 Auferstehung und Ewigkeit der „Gerechten" in einer Frage ironisiert, reden die ἁμαρτωλοί (V.6) gemäß der griech. Überlieferung (GrCB) nur bis einschließlich V.7. Mit V.8 beginnt dann die Gegenrede des Schreibers mit Blick auf die „Gerechten".[72] Dabei ist als wesentliche Beobachtung festzuhalten, dass in einem frühen Rezeptionsstadium (s. Anm. 72) offenbar die „Auferstehung" der „Rettung" vorausgeht. Dies heißt aber, dass die „Seelen" (V.5 [GrCB]: αἱ ψυχαί ὑμῶν ...), auch der „Gerechten", in den Hades hinabsteigen und Leid zu erfahren haben, zugleich die „Auferstehung" per se (noch) keine soteriolog. Wirkung zeitigt, sondern ausschließlich die Bewegung aus der Unterwelt heraus beschreibt (vgl. auch 4Q418 69 ii 7)[73]. Allerdings ist das Ziel des ewigen Lebens im Munde der Frevler wohl negativ konnotiert (äthHen 102,8)[74]. Der Ewigkeitsaspekt ist in äthHen 103,4 [GrCB] gegenüber den äth. Mss. wiederum verkürzt ausgedrückt, wenn auf das „ewige Gedächtnis" (μνημοσύνη) vor dem Angesicht des „Größten" verwiesen wird. Notabene widerfährt dies nicht den ψυχαί, sondern dem πνεῦμα (anders: äthHen 98,7; 102,4f.11; 103,7f), womit offenbar beide Begriffe im Sinne der „dichotomischen Soteriologie" (s. u., VIERTES KAPI-

---

71 Vgl. dazu S. Uhlig, JSHRZ V/6, 735 [zu CII,7[b]].

72 Der griech. Text bietet gegenüber den äth. Mss. eine verkürzte Lesart, die in V.8b Motive aus V.8f [äth.] vermischt. Dabei weisen beide Vrss. Textverderbnisse auf: So dürfte etwa die äth. Lesung „von nun an sind wir ihnen gleich" in V.7b [äth.] auf die griech. Verbform ἰσώθημεν zurückgehen, welche wiederum eine Verlesung vom Verb σωθήσονται darstellt. Letzteres Verb stand also ursprünglich vor ἀναστήσονται und wurde erst in GrCB durch Vertauschung zur Lesung [ἀναστήτωσαν καὶ] σωθήτωσαν in äthHen 102,8a [GrCB]. Zum Text vgl. C. Bonner / H. C. Youtie, Chapters, 61 [App.], u. die Diskussion bei M. Black / J. C. VanderKam / O. Neugebauer, Book, 312f, sowie zu den Varianten im griech. Text von äthHen 102f vgl. die Liste a. a. O., 379f. G. W. E. Nickelsburg, Study, 123f; ders., 1 Enoch 1, 511.513, rekonstruiert einen kollationierten „Urtext".

73 Vgl. E. J. C. Tigchelaar, Learning, 210f, der in 4Q418 69 ii 7 gegenüber T. Elgvin keine körperl. Auferstehung, sondern ein „Aufstehen zum Gericht" (vgl. äthHen 100,4) postuliert.

74 Text [GrCB]: ... καὶ ὄψονται εἰς τὸν αἰῶνα ἡμᾶς φαγεῖν καὶ πεῖν.

TEL) zwischen prae- und postmortalem bzw. dem Gericht
überlassenem und gerettetem „Geist" unterscheiden.[75]

Der griech. Text in äthHen 102f ist deshalb von besonderem Gewicht,
weil er ein Auferstehungskonzept bietet, das in die zeitgeschichtli-
che, „pagan"-griech. Philosophie verweist (Seelenlehre) und damit
eine bisher nicht gekannte Kombination von Motivelementen schafft.
Zunächst ist die *resurrectio* dem Gericht vorgeordnet. Dies dürfte
seinen Grund in der Qualifikation des Gerichts als *Strafe* für die
„Frevler" finden, von der die „Gerechten" nicht betroffen sind, und
zugleich ein „neutrales" Verständnis der Auferstehung als Bewegung aus Scheol bzw. Hades zur Folge haben. Andererseits ist mit
der Auferstehung ein soteriolog. Konzept verbunden, das die „Gerechten" zum Subjekt hat (vgl. noch äthHen 91,10; 92,3 [s. o.]; Test-
Jud 25,3–5; vgl. auch Dan 12,2; äthHen 51,1f; 4Esr 7,32–44). In diese
Konstellation ist die anthropolog. Vorstellung der die hellenist. Philosophie erinnernden Unsterblichkeitsidee eingearbeitet, die, im
Unterschied zu zeitgenössischen philosophischen Konzepten[76],
nicht die Seele (ψυχή), sondern den Geist (πνεῦμα) zum Träger der
Todesüberwindung macht (vgl. äthHen 103,3f [GrCB]; 7Q4 1). Erst in
diesem Kontext erhält die Auferstehung in der *Epistel* ihre sonst geläufige transzendierende Bedeutung im Sinne der „axiologischen
Eschatologie" (s. o.). Und auch die Erwähnung der „Himmelslichter"
(äthHen 104,2) erfolgt erst im Anschluss an die Verschränkung der
Motive. Nicht zuletzt die zentrale Bedeutung der Seelenlehre bringt
es mit sich, dass man beim Aufenthalt der „Frevler" *und* der „Gerechten" im Hades (vgl. äthHen 102,5) kaum von einer Zwischen-
reich- oder chiliast. Vorstellung wird reden können.[77]

Die Deutung von äthHen 102f unterstreicht die von den Auferstehungskonzepten unabhängige Vorstellung von der Bestrafung der Seelen, die einen eigenen eschatologischen

---

[75] Diese Unterscheidung in ψυχή u. πνεῦμα nach äthHen 103,3f
[GrCB] wird durch die gewichtige Qumranlesart in 7Q4 1 zu diesen
Versen unterstützt (vgl. auch äthHen 106,17a [GrCB]; 108,11; Jub 23,31),
wo in Z. 3f ...]ΤΑ(ΙC) [ΨΥΧΑΙC ...] u. in Z. 6f ...]ΠΝΕΥ[ΜΑΤΑ ...] bezeugt ist: zur Text-Rekonstr. vgl. É. Puëch, Notes, 596 [fig. 1]; F. García Martínez / E. J. C. Tigchelaar, Study Edition, 1162f. Die dieses Bild
scheinbar durchkreuzenden Belege der *Epistel* (wie äthHen 98,3.10),
sind in den griech. Mss. nur rekonstruiert, oder aber sie bieten eine
andere Thematik („Götzenpolemik": vgl. äthHen 99,7.14).

[76] Der Wechsel in der Terminologie bei äthHen deutet möglicherweise eine bewusste Absetzung von philosophischen Anschauungen an
(s. u., VIERTES KAPITEL).

[77] Dagegen sammelte bereits P. Volz, Eschatologie, 20, Argumente.

Akzent setzt. Auferstehungs- und Seelenlehre zeigen aber
Entsprechungen: So steht die Unsterblichkeit der Seele der
resurrectio und das eschatologische Gericht der Bestrafung
der Frevler im Hades gegenüber.[78] Von hier aus lässt sich
der Bogen zurück zum Proömium der Komposition in äth-
Hen 1 – 5 schlagen: Denn durch ihre Stellung im Text hat die
Auferstehung, deren *Semantik* neutral als „Bewegung aus
der Unterwelt" beschrieben werden kann, eine konkrete
textinterne Pragmatik vorzuweisen. Sie lässt sich in zwei-
facher Weise charakterisieren, nämlich als Einschränkung
des folgenden Strafgerichts auf die „Frevler" und als Voraussetzung der Heilsmitteilung an die „Gerechten". Dies bedeutet aber, dass auch am Ende der henoch. Komposition
die Vorstellung vom universalen Strafgericht bekannt war,
der aber mit der spezifischen Kombination zweier Erlö-
sungskonzepte begegnet wurde. Für das Auferstehungsmo-
tiv in der *Epistel* hatte die beschriebene *Pragmatik* und die
Vermengung beider Motivkomplexe (*resurrectio*, Seelenlehre) nicht nur die ungewöhnlich anmutende Nachordnung
des göttlichen Gerichts zur Folge. Auch die Auferstehung
selbst wurde dadurch nahezu bis zur Unkenntlichkeit
„überformt", weswegen sie auch Heutigen nur noch in Ansätzen sichtbar wird.[79]

Nicht zuletzt an äthHen 102 und 103 erweist sich die *textexterne Pragmatik* der *Epistel*, die sowohl in den Formeln

---

78 Zu letzterer Gegenüberstellung vgl. S. Aalen, St. Luke's Gospel,
8f. Den Vergleich der *Epistel* mit Lk hat G. W. E. Nickelsburg, Riches,
v. a. 341–344, in Anknüpfung an Aalen weitergeführt.

79 Die in der Komposition der unterschiedlichen Motivkonstellationen begründeten Verständnisschwierigkeiten wiegen umso schwerer,
wenn man die in Form und Sprache deutliche Struktur von äthHen 102f
beachtet (vgl. dazu G. W. E. Nickelsburg, Message, 318–322, u. die
Zusammenfassung: ders., Riches, 326–332). Dies ist zumal zu bedenken, wenn Nickelsburg (a. a. O., 324–328; ders., 1 Enoch 1, 516) darin
zuzustimmen ist, dass äthHen 102 – 104 den abschließenden Höhepunkt
der Gesamtkomposition in äthHen 92 – 105 bilden. Dass der Abschnitt
der *Epistel* jedoch nicht nur im Blick auf die Frage nach der Auferstehung umstritten ist, zeigt die Auseinandersetzung um das „göttliche
Gericht" (vgl. v. a. äthHen 103,7 u. 98,10; 99,15; 100,4; 104,5), das einmal bereits auf die gottlosen Seelen in der „Scheol" (vgl. P. Volz,
Eschatologie, 18f) bezogen, andererseits als „großes Endgericht" verstanden wird (vgl. S. Aalen, Heilsverlangen, 23).

und Formen als auch unter Berücksichtigung der Rahmengattung deutlich wird: Zum einen die Wehe- (vgl. äthHen
94,6–8; 95,4–7; 103,5), zum anderen die Mahn-Worte (vgl.
äthHen 95,3; 96,1.3; 102,4f)[80], in Verbindung mit der wieder-
holten Trennung von „Gerechten" und „Frevlern", zeigen
an, dass sich Autor oder Tradenten als ausgezeichnete
Heilsträger in einer Situation höchster Bedrängnis verstehen[81]; in Annäherung an die Briefgattung (vgl. äthHen 92,1;
100,6 [GrCB]) wird der betroffenen Gruppe zugleich versi-
chernd und mahnend göttliches Heil *trotz des* bzw. *im* Welt-
geschehen(s) zugesprochen.

2.4. Ergebnis

Für die Frage nach der Auferstehung in äthHen bleibt festzuhalten: Im *Astronomischen Buch* fehlt zwar jeder terminologische Hinweis auf die *resurrectio*, doch begegnet eine
„Jenseitseschatologie", die sich u. a. in der Korrespondenz
von Kosmos und Ethos ausweist. Die in die *Epistel* integrierte *Zehnwochenapokalypse* kann nur unter Berücksichtigung ihrer Texteinbindung behandelt werden, auch wenn
eine endgültige Lösung des literarischen Problems kaum
möglich ist.[82] Zwar verwendet äthHen 93,1–10; 91,11–17 die
Wurzel קום[g] neutral (vgl. 4QEn[g] ar 1 iv 15), doch zeigen die
„metahistorische" Konzeption mit Blick auf die Schöpfung
eines neuen Himmels (äthHen 91,16) neben dem Fehlen Gottes oder weiterer Heilsgestalten, dass die *Zehnwochenapokalypse* die Auferstehungshoffnung zugunsten der „Weisheit" als des endzeitlichen Offenbarungsmysteriums (vgl.
äthHen 93,8.10) übergeht. Auf der redaktionellen Ebene der
Einarbeitung der *Zehnwochenapokalypse* in die *Epistel* wurde
jene Vorstellung dann modifiziert, indem sie in Verbindung
mit dem Motiv von der „Auferstehung des Gerechten" (vgl.
äthHen 92,3* [äth.]) zu einer „Auferstehung der Weisheit"

---

80 Vgl. G. W. E. Nickelsburg, 1 Enoch 1, 416–419 mit Tab. 8 u. 9.

81 Dabei zeigen etwa die zahlreichen Wehe-Worte die Verwurze-
lung in atl., nämlich prophet. u. weisheitl., Mitteilungsformen an (vgl.
G. W. E. Nickelsburg, Message, 326–328).

82 Zu inhaltl. Bezügen: J. C. VanderKam, Man for All Generations,
89–91.

mutierte. Dadurch kommt es nicht nur zu einer universalen Heilsvorstellung, die sich auf die gesamte Schöpfung erstreckt (vgl. äthHen 91,16)[83], sondern auch zu einem „Auferstehungskonzept", das offen ist für hellenistische Einflüsse der Zeitgeschichte (vgl. nur Philo, OdSal).

Die im *Astronomischen Buch* und in der *Zehnwochenapokalypse* festgestellte Eigentümlichkeit der *resurrectio* findet auch in den Texten der *Epistel* einen Widerhall. Zwar nehmen die Überlieferungen in äthHen 102 – 104 Motive der Lichtmetaphorik auf, wie sie auch in Dan 12,1–3 zu finden sind, doch geht die Motivkonstellation der Auferstehung in äthHen 102 und 103 schon dort über Dan 12 hinaus, wo die der dualistischen Weisheit entlehnte dicho- bzw. trichotomische Anthropologie in der Unterscheidung von ψυχή und πνεῦμα Eingang findet. Darin spiegelt sich zugleich eine dichotomische Soteriologie, insofern die Unterscheidung zwischen prae- und postmortalem „Geist" zur Geltung kommt. Die Heilsvorstellung greift dabei auf die Unterscheidung von „Gerechten" und „Frevlern" zurück, wie sie etwa auch in äthHen 22 begegnet. Sehr im Unterschied zum Aufbewahrungsort der Seelen (vgl. äthHen 22,9–13), der auch als „Zwischenreich" verstanden werden kann, haben die „Seelen der Gerechten" als πνεῦμα in äthHen 102 – 104 bereits die Unsterblichkeit erlangt (s. äthHen 103,3f [GrCB]; 7Q4 1), wenn ihre ψυχαί in den Hades hinabsteigen.[84] Da außerdem die Auferstehung dem Gericht vorausgeht, beschreibt sie eine neutrale Bewegung ohne unmittelbaren Heilsbezug.

Gegenüber der Theophanie kann die Motivkonstellation der Auferstehung Konturen annehmen, die ohne ausdrücklichen theologischen Bezug bleiben. Ein Handeln Gottes ist, zumindest in der ältesten Apokalyptik nicht notwendig mit der Auferstehung verbunden, geschweige denn eine Ausprägung göttlicher Offenbarung. Wo sich aber soteriologi-

---

83 Theologisch wird hier eine Tendenz greifbar, die in die spezielle Schöpfungstheologie der antik-jüd. Diaspora mündet, wie sie etwa in slHen 1 – 38 bezeugt ist (vgl. dazu C. Böttrich, Weltweisheit, 149–175).

84 So heißt es in äthHen 102,5 [GrCB] (Text: C. Bonner / H. C. Youtie, Chapters, 60f; M. Black, Apocalypsis, 41): καὶ μὴ λυπεῖσθε ὅτι κατέβησαν αἱ ψυχαὶ ὑμῶν εἰς ᾅδου μετὰ λύπης.

sche Auswirkungen mit der *resurrectio* verbinden, wie in Dan 12,1–3 (vgl. Ps 49: s. u.), ist schon durch die Bezeichnung des Subjekts der Auferstehung (הַמַּשְׂכִּ[י]לִים) eine theologische Akzentsetzung impliziert. Insoweit beschreiben die henoch. Belege nicht nur eine Differenz zur daniel. Überlieferung, sondern auch zum Motivkomplex der Theophanie insgesamt. Doch unabhängig von der näheren Ausgestaltung der Auferstehung im engeren Sinne, stets begegnet im kontextlichen Zusammenhang der Bezug zur postmortalen Heilshoffnung, und zwar recht gleichförmig in der Konkretisierung einer Jenseitshoffnung bzw. Todesüberwindungsstrategie. Hier nun zeigen sich Entsprechungen im Verständnis von „*theophania*" und „*resurrectio*".[85]

3. DIE AUFERSTEHUNG ALS TRADITION

Die eigentümlichen Auferstehungsvorstellungen in äthHen sind weder Höhe- noch Endpunkt eines linearen Traditionsprozesses, sondern eingestellt in eine vielgestaltige und heterogene Sammlung von Ansätzen der Todesüberwindung. Innerhalb dieser Sammlung ist allerdings Gemeinsames und Trennendes identifizierbar, sodass man auf eine Entwicklung schließen kann. Um diese Entwicklung angemessen nachzeichnen zu können, sollte nicht bei den Bele-

---

[85] Selbst dort, wo die Theophanie ursprünglich dem Universalgericht galt (äthHen 1,1–9*) und späterhin mit Hilfe der älteren Wächtertradition (äthHen 6 – 11) überarbeitet wurde, besteht diese Entsprechung. Denn die „Riesen" oder „Giganten" (aram.: גברין/א, נפילין/א: s. 4QEnGiants[a] ar [4Q203] 7 i 7; 4QEnGiants[b] ar [4Q530] ii 6.13.15; 4Q-EnGiants[c] ar [4Q531] Frgm. 5 2 u. ö.; griech.: γίγαντες [GrP]) leben nach dem Gericht der Flut bis zum „großen Gericht" weiter (vgl. äthHen 15,8f; 16,1 [GrS]; s. 10,1–22 u. L. T. Stuckenbruck, "Angels", 362–366 [v. a. 365f]), nämlich als πνεύματα der γίγαντες [GrP, GrS]. Ohne dass damit eine soteriolog. Komponente zum Ausdruck käme, zeigt doch die an die Unsterblichkeitsdoktrin erinnernde Geistleiblichkeit in der Verbindung mit einer strikten Trennung von „Himmlischem" und „Irdischem" gewisse Ähnlichkeiten mit den Komponenten der Auferstehungslehre in der *Epistel*. Als Beispiel vgl. äthHen 15,10 [GrP]:
πνεύματα οὐρανοῦ, ἐν τῷ οὐρανῷ ἡ κατοίκησις αὐτῶν ἔσται καὶ τὰ πνεύματα ἐπὶ τῆς γῆς τὰ γεννηθέντα, ἐπὶ τῆς γῆς ἡ κατοίκησις αὐτῶν ἔσται.

gen eingesetzt werden, die für das antike Judentum unumstritten eine Auferstehung bezeugen. Vielmehr muss mit den möglichen Vorstufen in den Überlieferungen Altisraels begonnen werden, die Hinweise auf ein postmortales Geschick des Einzelnen oder von Kollektiven liefern.

3.1. Die traditionsgeschichtlichen Vorgaben Altisraels

a. Die Inschrift von *Ḥirbet el-Kōm*
Der mutmaßlich älteste Beleg für die Vorstellung eines postmortalen Geschicks begegnet nicht im AT, sondern in einer althebr. Grabinschrift (Grab 2, Nr. 3: Kom[8]:3) aus *Ḥirbet el-Kōm* (sö von Lachisch, w von Hebron).[86] Der wohl aus der zweiten Hälfte des 8. Jh.s v. Chr. stammende Text besteht je nach Zählung aus drei bzw. sechs Zeilen und nennt neben dem nur (Siegel-)inschriftl. bezeugten אניהו (Z. 4, vgl. DCH 1,341b) den Toten des Grabes, der den geläufigen Namen אריהו (Z. 1f, vgl. DCH 1,165a) trägt.[87] Orthografische Schwierigkeiten, wie die Doppelschreibungen einzelner Buchstaben oder fehlende Worttrenner, und der undeutliche Schrifthintergrund machen diesen wohl eher der „Volksfrömmigkeit" entstammenden Text schwer entzifferbar.[88] Der auf das Problem weisende Abschnitt findet sich in Kom(8):3, Z. 1–3:[89]

Z. 1 כתבה : העשר : אריהו   'Ūrīyāhû, der Reiche, hat es schreiben (lassen).

Z. 2 ליהוה : אריהו : ברך   Gesegnet war 'Ūrīyāhû vor Jahwe.

---

86 Gar für das 9./8. Jh. v. Chr. verweist Z. Zevit, Religions, 242–247, auf ein Grab aus *Tel 'Eton* (s von *Ḥirbet el-Kōm*) mit einer Vogeldarstellung, der er eine mythisch-apotropäische Funktion, auch für das Leben nach dem Tod, abgewinnt – eine recht hypothetische Interpretation.

87 Die Frage, ob mit Z. 4 eine eigenständige Inschrift beginnt (so S. Mittmann, Grabinschrift, 144f), ist auf Grund des Befunds kaum zu entscheiden (vgl. dazu auch J. Renz, Inschriften I, 211 Anm. 1).

88 Eine ausführliche Diskussion findet sich bei J. Renz, Inschriften I, 202–211 [mit 199f: Lit.]; vgl. zum Text auch G. I. Davies, Inscriptions, 106 [Nr. 25.003].

89 Text-Transkr. u. Übers.: J. Renz, Inschriften I, 207–210 [Abb.: ders., Texte, Tfl. XX, 2; K. Jaroš, Inschriften, 179f]. Zur Lesung von Renz vgl. A. Lemaire, Inscriptions, 595–608, u. G. I. Davies, Inscriptions, 106 [Nr. 25.003]; O. Keel / C. Uehlinger, GGG⁴, 270f.

Z. 3   : לאשרתה : ומצריה   Und von seinen Feinden hat er ihn durch
                              seine Aschera
       הושע לה   errettet.

Besonders umstritten und doch für das Verständnis entscheidend
ist Z. 3. Vor allem die undeutlichen Doppelschreibungen und Schattierungen bei den ersten beiden Wörtern der Zeile gaben und geben
zu Alternativ-Lesarten Anlass.[90] Fest steht, dass mit dem ersten
Wort in Z. 3 die Gefährdung des 'Ūrīyāhû ausgedrückt werden soll.
In ומצריה liegt wahrscheinlich eine Nominalbildung von צרר II
[= „anfeinden"] vor.[91] Dieser Bedrängnis wirkt eine numinose Gestalt, JHWH oder „seine Aschera", entgegen. Zugleich stand oder
steht der Verstorbene, als einst Lebender oder Toter (?), unter dem
Segen JHWHs (Z. 2).

Auch wenn sich der Segen auf den Toten bezieht, was der
Grabinschrift nahezu jede Vergleichsbasis innerhalb des
Genres entzieht und eine Deutung erschwert[92], liefert der
erhaltene Text keinerlei Hinweise auf ein unmittelbares
Eingreifen Gottes in die Todessphäre. Zwar verweist das
Vokabular (צרר II, ישע Hi.) auf die Klage- bzw. Danklieder
(vgl. Ps 6,5−9; 34,7; 42,6−10; 116,1−10; 4Q381 Frgm. 31 2 u. 8),

---

90 So schlägt v. a. S. Mittmann (vgl. ders., Grabinschrift, 142−144;
Rekonstr. u. Übers.: a. a. O., 144; übernommen von K. Engelken, Art.
שרת, 497; ähnlich K. Spronk, Afterlife, 308) auf Grund der Doppelschreibungen in ומצריה (Identifizierung von ד, י und ה u. zweitem ל
bei (לא[ל]שרתה) folgenden Text vor (zur Kritik vgl. J. Renz, Inschriften I, 204.209f):
וממצר ידה לאל שרתה הושע לה [= und aus Bedrängnis heraus preist
er den Gott seines Dienstes, der ihm hilft].
91 S. HAL 984f.990f; J. Renz, Inschriften I, 209. S. Mittmann, Grabinschrift, 146, u. K. Spronk, Afterlife, 308, möchten allerdings von
מצר [= „Bedrängnis"] ableiten, also von der Verbalwurzel צרר I (vgl.
HAL 590.990).
92 Vgl. S. Mittmann, Grabinschrift, 148; K. Spronk, Afterlife, 308;
J. Renz, Inschriften I, 203f. Mittmann verweist auf zwei äg.-aram. Ste-
len-Inschriften aus dem 5.-4. Jh. v. Chr. (KAI, I, 267.269), Spronk auf
die Hadad-Inschrift Panammuwas I. aus Sam'al (KAI, I, 214: 8. Jh. v.
Chr.). Die hebr.-aram. Wurzel ברך ist in KAI 214 aber nicht bezeugt,
und das für den „Segen" reklamierte Nomen חלבבה (KAI 214,3.19) ist
nur hier belegt (vgl. KAI II, 217: „Gedeihen"). - Auch die in die Inschrift
integrierte Hand liefert keinen eindeutigen Hinweis auf ein Eingreifen
Gottes, da die Bildsemantik vieldeutig ist: Segnung, apotropäische
Funktion, Repräsentation des Betenden oder Bezeichnung einer Stele
(vgl. 2Sam 18,18; Jes 56,5): vgl. J. Renz, Inschriften I, 206. S. Mittmann,
Symbol, 19f.43−45, nennt gute Gründe für den Segen.

doch lässt die Inschrift offen, ob sich die Rettung des Beters auf sein irdisches und vergangenes Leben oder sein
postmortales und daher noch ausstehendes Geschick bezieht.[93] Letzteres wäre im Vergleich mit den bekannten
zeitgenössischen Dokumenten ein Novum. Ohne expliziten
Bezug auf eine Auferstehungshoffnung, die bestenfalls
durch den interpretatorischen Bezug der Inschrift zu ihrem
Auffindungskontext hervorgerufen wäre, thematisieren die
Zeilen das Eingreifen einer numinosen Gestalt zur *Bewältigung* des individuellen Todesgeschicks – in der vergangen-
irdischen oder zukünftig-jenseitigen Welt des Toten. Dabei
spielt das Vokabular auf aus der Gebetsliteratur bekannte
Sprachkonventionen an, die u. a. die Wortfelder „Feind"
und „Tod" zur Schilderung menschlicher Bedrängnis allego-
risierend einsetzen. Zugleich hofft der Beter aber auf eine
durch Gott herbeigeführte Bewältigung dieser Situation
(vgl. Jes 38,10–20; Ps 30,2–4; 143,7f). Aber damit nehmen
die Psalmen des *Tanach* eine (*textexterne*) *Pragmatik* in den
Blick, die jenseits der Intention der Grabinschrift aus *Ḫirbet el-Kōm* liegt, da die Bewahrung *vor* der Todessphäre in
den Psalmen der Rettung *des Toten* gegenübergestellt ist.[94]

b. Die vorapokalyptischen Belege im *Tanach*
Als vielleicht ältester biblischer Beleg wird Hos 6,1–3[95] diskutiert: Die möglicherweise im Munde der Hörer geführte,

---

93 Die Funktion des Segens in Z. 2 als Versetzung ʾŪrīyāhûs in die
„Segenssphäre" lässt eher an einen „biographischen" Rückblick denken (so J. Renz, Inschriften I, 203.208). Die These, Kom(8):3, Z. 1–3
ermögliche eine wörtl. Re-Lektüre der allegorisch gemeinten Todesüberwindung in den Pss (etwa Ps 116,3.6.8: so K. Spronk, Afterlife,
308f), dürfte die wenigen Zeilen überstrapazieren (vorsichtiger: S.
Mittmann, Grabinschrift, 147–149; B. Janowski, Konfliktgespräche,
49).
94 Vgl. C. Barth, Errettung, *passim*; B. Janowski, Konfliktgespräche, *passim*.
95 Der Text gehört in die Sprüchekomposition von Hos 5,8 – 7,16, die
den syr.-ephraimit. Krieg (733/732 v. Chr.) reflektiert, da Tiglatpileser
III. Gilead, das galil. Bergland und die Jesreelebene erobert hatte (vgl.
H. W. Wolff, Hosea, 139–143; B. Seifert, Reden, 151–155 mit 151f
Anm. 2). Zur Frage nach der „Auferstehung" in Hos 5f besteht durchaus eine Kontroverse; vgl. die Vertreter bei J. Day, Development, 246

aber vom Propheten formulierte Selbstaufforderung mit Begründung und Zielangabe[96] verweist mit den Stichwörtern טרף und רפא auf die „Wunden Ephraims und Judas" in 5,13f und expliziert offenbar 5,15b (בצר להם ישחרנני).[97] Wer die Termini in Hos 6,2 beachtet[98], könnte vorschnell den Eindruck einer Auferstehung ins Leben vor dem Hintergrund eines Kriegsgeschehens erhalten. Doch hat Hans Walter Wolff[99] חיה Pi. im Sinne von „am Leben erhalten" (vgl. Num 31,15; Jos 9,15; Jes 7,21) und das Aufstehen am dritten Tage auf das Krankenlager, und nicht auf den Todesschlaf oder die Scheol, gedeutet. Hinzu kommt die Fruchtbarkeitsterminologie[100] (V.3b: גשם, מלקוש: vgl. Jer 5,

---

Anm. 46f, der selbst (a. a. O., 246f) in Parallele zum ugarit. Baal-Mythos die „Auferstehung" präferiert.

96 So die formkritische Einordnung bei J. Jeremias, Hosea, 84, die sich gegen die in der Forschung häufig genannte Gattungszuweisung als „Bußlied" wendet (so etwa auch H. W. Wolff, Hosea, 138). Jeremias zufolge fehlen die Gattungsmerkmale „Klage", „Bitte" und „Schuldbekenntnis", während die Selbstaufforderung formal an die Rufe zur Wallfahrt (vgl. Jes 2,3; Mi 4,2; Ps 122,1) erinnert.

97 Vgl. H. W. Wolff, Hosea, 138; J. Jeremias, Hosea, 84 (vgl. auch die Wortassonanz mit Hilfe der Wurzel שחר [שַׁחַר = „Morgendämmerung"; שׁחר Pi. = „suchen nach"; vgl. HAL 1359f] in 5,15b u. 6,3aβ).

98 Diese sind חיה (Pi. u. Qal = ὑγιαίνω: LXX, ἀναζάω: α', σ') bzw. קום (Hi. = ἀνίστημι). Zur syntakt. Struktur vgl. M. L. Barré, Light, 129–132. Der Autor kann außerdem an Hand des akkad. Wortpaares balāṭu[m]/tebû[m] (vgl. AHw 99.1342f) in Parallele zu Hos 6,2 herausarbeiten, dass die in konstanter Reihenfolge („heilen"/„aufrichten") belegten hebr. bzw. akkad. Wortpaare einen Heilungsprozess benennen, dem sich eine zeitl. Prognose anschließt (vgl. a. a. O., 132–135.138f). Damit wäre auch das genannte Zeitmaß erläutert.

99 Vgl. ders., Hosea, 149f. J. Jeremias, Hosea, 79.85, schlägt „aufleben lassen" als Übersetzung für חיה Pi. vor.

100 Exkursartig betont J. Jeremias, Hosea, 85, dass V.2 u. 3 durchaus auf den Mythos des wieder auflebenden Vegetationsgottes anspielen könnten (ähnlich K. Spronk, Afterlife, 170.276f), doch finden sich Belege für das Aufleben am dritten Tage erst in späten Texten der Römerzeit (Plut., De Iside et Osiride, 13,356C–D; 39,366F; Luc., Syr.D., § 6: 1. bzw. 2. Jh. n. Chr.; vgl. C. Clemen, Schrift, 32; Jeremias, a. a. O., 85; M. L. Barré, Light, 137), u. die ugarit. „rp'um-Texte" bei Spronk (KTU 1.20 II,5–7 u. KTU 1.21 II,6f: vgl. a. a. O., 165f.169f) sprechen, abgesehen von ihrer Lückenhaftigkeit und Interpretationsbedürftigkeit, von der Ankunft der rp'um auf der Tenne als dem Ort der Geistervisitation und nicht von der Auferstehung eines Gottes am dritten Tage: Die ugarit. rp'um bezeichnen wohl die Totengeister privilegierter Einzelpersonen

24; Jl 2,23; Sach 10,1), die auf Lebens*erhaltung* abzielt. Schließlich wäre die Kontextfunktion der Wurzeln רפא[101] und חבשׁ in Rechnung zu stellen, die in einem synonymen Parallelismus[102] mit übergeordnetem Nominalsatz (Hos 6,1aβ.b: כי הוא) begegnen. Damit gestaltet sich aber das Verhältnis von V.1aβ.b zu V.2 wie das eines Merismus zu seiner Konkretisierung: JHWH ist ein Gott (כי הוא), der den Tod – im Sinne der kriegerischen Todesgefahr – und das Leben bewirkt (טרף, רפא bzw. נכה, חבשׁ) und dies auch in der konkreten historischen Situation des syr.-ephraimit. Krieges unter Beweis stellt.

Somit wären die zentralen Termini חיה und קום nicht anders als im Kontext von Hos 5,8 – 6,6 zu verstehen. Während die Wurzel חיה Pi. durch ihren durativen Aspekt auf Lebenserhaltung abzielt, verbindet sich mit קום ein restauratives Moment. Von einer Auferstehung der Toten zum Leben im Sinne einer Grenzüberschreitung kann also, trotz der prominenten Rezeption des Zeitmaßes im Neuen Testament (vgl. 1Kor 15,4), keine Rede sein.

Um exemplarisch, zeitlich und hinsichtlich der Textsorte das Paradigma zu wechseln, sei auf Ps 73 eingegangen. Der durch einen ausführlichen Ich-Bericht (V.2–17) und eine umfassende Feindschilderung geprägte Psalm wird neben Ps 37 und 49 häufig als weisheitliches Lehrgedicht bezeichnet.[103] Vor allem im Vergleich von Ps 49 und 73 kristallisieren sich für die Fragestellung zwei wichtige Gemeinsamkeiten heraus: einmal eine betonte Individualisierung[104],

---

(vgl. K. Spronk, Afterlife, 156.161; J. Aistleitner / O. Eißfeldt, Wörterbuch, 295 [Nr. 2527]: „Götterfürsten"; vgl. auch P. S. Johnston, Shades, 134–140). Zudem handelt der Abschnitt in Hos 5f nicht von einem *toten Gott*, sondern vom geschlagenen Volk (vgl. B. Seifert, Reden, 162).

101 Vgl. Hos 5,13; 7,1f; 11,3; 14,5 u. B. Seifert, Reden, 208–211.

102 Zu Beginn des zweiten Glieds in Hos 6,1aβ.b ist wohl ויר (Haplograph. des ו) zu lesen (vgl. zuletzt B. Seifert, Reden, 151).

103 Vgl. etwa G. von Rad, Weisheit, 263–266.

104 Trotz V.1 [*non cj.*, mit K. Spronk, Afterlife, 316 Anm. 4]: vgl. E. Würthwein, Erwägungen, 173, wonach der Einzelne das Kollektiv vertritt (i. S. der „corporate identity/personality": vgl. dazu etwa Lev 16; Sach 3,1–10; anders M. Witte, Weg, 21, der in Ps 73,1*.10.28b eine „*kollektivierende Überarbeitung*" vermutet). Zur theolog. Dimension vgl. Würthwein, a. a. O., 163–167: Der knappe Vers betone die dem Beter

dann die mit לקח angezeigte Entrückung (49,16; 73,24). Eine weitere Gemeinsamkeit tritt hinzu, beachtet man die Komposition. Während Ps 73 Bestandteil des Rahmens der Asaphpsalmen[105] ist, schließen Ps 49 und 88 – auch letzterer thematisiert ja die Todesnähe des Beters (vgl. V.11: קום) – die beiden Korach-Teilsammlungen jeweils ab.[106] Die Rahmentexte haben ein „weisheitlich-klagendes" Gepräge und stellen den einzelnen Beter vor Augen. Etwa in Ps 73 wird auch innertextlich die kompositorische Tendenz der Klage in der Bedrohung des Einzelnen (vgl. V.12.13–17) deutlich. Auf die Schilderung des Glücks der רשעים (V.4–12) und die Anfechtung des Beters (V.13–16) folgt in V.17 der Umschwung, der zudem mit dem Terminus אחרית eine „eschatologische Komponente" erhält[107].

Mit den „Heiligtümern Gottes" in V.17 verbindet sich ein inhaltliches Problem: Sollten wirklich „Tempel" oder der Jerusalemer Tempel (vgl. Lev 21,23; Ez 21,7; 28,18) gemeint sein? Oder darf man im übertragenen Sinne etwa an die „geheimen Ratschlüsse Gottes",die μυστήρια θεοῦ (Weish 2,22) denken?[108] Wenn man in V.24–26 semantisch und literarisch nicht eine Nachinterpretation identifizieren

---

aus der Geschichte *bekannte*, nicht *neue* Erkenntnis, dass JHWH gegenüber Israel gnädig handelt.

[105] Ps 73 – 83 in einer ersten (Ps 74 – 76) u. zweiten Teilsammlung (Ps 79 – 83): vgl. M. Millard, Komposition, 43f.89f.100.102f.

[106] Ps 42 – 49 und Ps 84 – 88: vgl. M. Millard, Komposition, 41f.63. 72–75.

[107] In V.17 liest man:

עד־אבוא אל־מקדשי־אל   Bis ich kommen werde zu den Heiligtümern Gottes,

אבינה לאחריתם   ich erkennen werde ihr „Danach".

Zu den Verbformen vgl. M. Millard, Komposition, 101 mit Anm. 172; vgl. auch M. R. Hauge, Sheol, 272f. Die (eschatolog.) Bedeutung von אחרית hebt auch K. Seybold, Psalmen, 282, hervor (vgl. H. Seebass, Art. אַחֲרִית, 227). Dann sind ואחר in V.24b (s. zur Grammatik D. Michel, Unsterblichkeit 169f; zuletzt M. Witte, Weg, 21) u. das „Jenseits des Todes" in V.26: וחלקי אלהים לעולם zu beachten (Michel, a. a. O., 174–177).

[108] Vgl. zur Deutung i. S. d. Tempels E. Würthwein, Erwägungen, 176; weitere Möglichkeiten bei E. Zenger ([in: F.-L. Hossfeld /ders.,] Psalmen 51 – 100, 343–347) u. D. Michel, Unsterblichkeit, 163–166, der die letztgenannte Variante bevorzugt (vgl. a. a. O., 173–177, u. M. Witte, Weg, 20 Anm. 18).

möchte[109], versteht sich V.17 im Gefälle von V.25 (מי־לי בשמים):
wohl i. S. himml. Stätten, nach denen sich der Beter im Anschluss an
die Zerstörung des Tempels sehnt.[110]

Berücksichtigt man weiterhin, dass die רשעים das „Wissen
beim Allerhöchsten" (V.11) in Abrede stellen und ihren
Mund an den Himmel setzen (V.9), wird deutlich, dass der
Psalm zwar keine Auferstehungshoffnung kennt, wohl aber
die unmittelbare Nähe Gottes zum Beter (vgl. V.23a.26b.
28a), die auch über die Todesgrenze hinaus in Geltung ist.[111]
   Für die Fragestellung ist festzuhalten, dass ähnlich wie
in Ps 49 und 88 ein Individuum seine Bedrohung als Todesnähe erfährt, woraus Gott ihn rettet. Speziell in Ps 73 wird
von den Gegnern die Grenzziehung von Himmel und Erde
wenigsten angetastet (V.9.11), die wiederum durch Gott im
Blick auf den Beter überschritten wird (V.23.24b.25). Doch
geschieht dies gerade nicht, indem ein „Transzendens" einer jenseits des Lebens bzw. der Mitwelt des Beters liegenden Wirklichkeit in Geltung gesetzt wird. Die Deutung der
מקדשים als „himmlische Heiligtümer" reicht für die Interpretation auf eine jenseitige Wirklichkeit jedenfalls nicht
aus. Vielmehr geht es dem Beter um das Festhalten an der
Gottesnähe in einem Bereich, dem dies nach überkomme-
ner Anschauung bisher nicht gelten konnte.[112] Nicht zuletzt
unter Berücksichtigung des eschatologischen Moments in
V.17b belegt Ps 73 eine vor der Auferstehungshoffnung[113] zu
situierende „Entrückung", die aber alle für den Funktionszusammenhang der Theophanie in der Apokalyptik wichtigen Strukturmomente enthält: *Gott* durchbricht die Grenze

---

109 So zuletzt aber M. Witte, Weg, 18–21.

110 So die Exegese bei M. Millard, Komposition, 101.

111 Vgl. B. Janowski, Konfliktgespräche, 281–283.342–344; C. Forster, Leben, 128–130.248. Ob V.23b auf das ao Königsritual anspielt,
um dem Beter eine Ehrenstellung zu verleihen, scheint fraglich. Wahrscheinlicher ist die Hoffnung auf konkrete göttl. Hilfe (so K. Spronk,
Afterlife, 324; vgl. Forster, a. a. O., 129 Anm. 239).

112 Vgl. auch D. Michel, Unsterblichkeit, 159–177. Ob man jedoch mit
M. R. Hauge, Sheol, 275–278, an Ps 73 die Biographie einer inneren
Wandlung des Beters ablesen kann, scheint eher zweifelhaft.

113 Vgl. dazu auch die tabellar. Auflistung bei B. Janowski, Konfliktgespräche, 340.

zwischen Himmel und Erde zum *Heil*. Die *Frevler* stellen jene Trennung zum *Unheil* in Frage. Deutliche Unterschiede sind jedoch im Hinblick auf das Ziel göttlichen Handelns markiert: Im Gegensatz zur Apokalyptik prädiziert Ps 73 „lediglich" die über die Todesgrenze hinausreichende Nähe des Beters zu Gott, *transzendiert* also an keiner Stelle sein eigenes (Todes-)Geschick.

Gegenüber Ps 73 lassen sich in Ps 49[114] Weiterentwicklungen deutlich machen:

Das weisheitlich geprägte Vokabular im Aufgesang (V.2–5: Aufmerksamkeitsruf, Lehreröffnung) drückt der Gesamtkomposition ihren Stempel auf (v. a. V.4f; vgl. auch V.21a[.13a nach 4QPs^c 13–15 i 26, vgl. LXX, Syr: וְאָדָם בִּיקָר בַּל יָבִין).[115] Während der bis zum ersten Kehrvers (V.13) reichende Abschnitt die vom Menschen nicht zu verhindernde Todesverfallenheit (V.9), die auch die Reichen trifft (vgl. V.12f), thematisiert, ist in V.14–20 jenes zum Tode Ausgeliefertsein der Reichen der Rettung des Beters (V.16) gegenübergestellt (V.9):

וְיֵקַר פִּדְיוֹן נַפְשָׁם וְחָלוֹד לְעוֹלָם

Und (zu) teuer ist das Lösegeld ihrer Seelen,
sodass man für ewig begraben bleibt.[116]

---

114 Neben den bekannten Zeugen (v. a. LXX, Syr) sind die Qumrantexte zu beachten: 4QPs^c [4Q85; vgl. PAM 43.156] u. 4QPs^j [4Q91; vgl. PAM 43.030], die auf Grund paläograph. Beobachtungen in die Mitte des 1. Jh.s n. Chr. datiert werden können. Vgl. zu den Texten sowie ihrem textkritischen Wert: P. W. Skehan / E. Ulrich / P. W. Flint, DJD 16, 56f.119f, u. dazu ausführlich P. W. Flint, Dead Sea Psalms Scrolls, 34f.90; ders., Variant Readings, 347f; A. Scriba, Psalm 49.

115 Vgl. C. Forster, Leben, 78–97 [v. a. 85–88]. Doch wird man konstatieren müssen, dass wesentliche Passagen in Ps 49 wenig oder nichts mit weisheitl. Denken zu tun haben: insoweit mit A. Scriba, Psalm 49, der den weisheitl. Charakter insgesamt bestreitet.

116 Gegen die griech. Mss., die mit וְיֵקַר [= „und der Preis"] einen Anschluss von V.9 an V.8b (כָּפֵר) voraussetzen, sollte in der Punktation MT beibehalten werden (vgl. auch Syr: ܘܚܕܠ). In V.9b liest MT וְחָדַל (vgl. 4QPs^c 13–15 i 22; חדל I: „er wird für immer davon Abstand nehmen"), was vielleicht eine dogmat. Korrektur des vom Part. pass. von חלד (vgl. M. Jastrow, Dictionary, 464) abzuleitenden und bei 4QPs^j 3–7 1 bezeugten וחלוד נפשם פד[יו]ן darstellt: das ewige Begrabensein der Toten (vgl. Ps 49,12a; vgl. P. W. Skehan / E. Ulrich / P. W. Flint, DJD 16, 119f, u. A. Scriba, Psalm 49, der וחלו[ם fragend rekonstruiert).

Der Vers verdeutlicht, dass der Mensch nach seinem Tod in einen dem Irdischen unzugänglichen Wirklichkeitsbereich gerät, aus dem es kein eigenmächtiges Entkommen gibt. Der Abschluss des ersten Abschnitts bestätigt dies (V.12):

קברם בתימו לעולם משכנחם לדר ודר
קראו בשמוחם עלי אדמות

Gräber sind die Häuser derer in Ewigkeit,
ihre Wohnungen von Generation zu Generation,
derer die da „Länder benannten mit ihrem Namen".[117]

Mit V.12 betont der Beter, dass die Reichen, die sich offensichtlich unrechtmäßig Land angeeignet hatten[118], auf ewig in ihren Gräbern, den „Häusern der Ewigkeit" (vgl. Koh 12,5)[119], bleiben, wodurch für sie über den Tod hinaus keine Hoffnung bleibt. In einem anderen Licht sieht sich allerdings der Beter selbst (V.16):[120]

אַךְ־אֱלֹהִים יִפְדֶּה נַפְשִׁי מִיַּד שְׁאוֹל כִּי יִקָּחֵנִי סֶלָה

Jedoch erlöst Gott meine Seele/mein individuiertes Leben[121],
aus der Macht der Unterwelt,
ja, wird er mich nehmen   Sela.

---

117 Übers. in Anlehnung an E. Jenni, Präpositionen 1, 168. Die Textrekonstruktion kann weitgehend MT beibehalten. Nur das erste Wort קרבם [MT] wäre mit LXX (καὶ οἱ τάφοι αὐτῶν) und Syr (ܩܒܪܝܗܘܢ) unter Annahme der Metathese von ר und ב zu verbessern (vgl. A. Scriba, Psalm 49; C. Forster, Leben, 69).

118 Zur Bedeutung von Ps 49,12b vgl. die feststehende Formulierung נקרא שם על in Jes 63,19aβ; Dan 9,18aβ.19bβ; 2Chr 6,33bβ.γ u. ö., die in die Rechtssprache verweist (vgl. K. Galling, Ausrufung, 65–70 [v. a. 69]; weitere Vertreter bei C. Forster, Leben, 70 Anm. 40). Hier sollen also solche mit dem unausweichlichen Todesgeschick konfrontiert werden, die sich unrechtmäßig Land aneigneten (A. Scriba, Psalm 49, spricht von „Großgrundbesitzern").

119 Dass בית עולם metonym. für „Grab" stehen kann, zeigen A. Schmitt, Entrückung, 234f, u. J. S. Park, Conceptions, 21–33 (zu Koh 12,5 u. dem Bedeutungsumfang der Phrase s. u., VIERTES KAPITEL).

120 Die Unterstreichung markiert die Buchstaben, die so auch in 4QPsᶜ 13–15 i 30f bezeugt sind u. MT bestätigen. Die Syntax des Verses ist vieldeutig. A. Schmitt, Entrückung, 218–222, nennt Gründe für eine Zuweisung von מִיַּד־שְׁאוֹל zu V.16b (so auch A. Scriba, Psalm 49): v. a. *parallelismus membrorum*, deiktisches כִּי, parallel. Aufbau von V.8a.16a: Subjekt – Verb (פדה) – Objekt (anders F.-L. Hossfeld [in: ders. / E. Zenger], Die Psalmen I, 302f).

121 Zur Übers. vgl. H. Seebass, Art. נֶפֶשׁ, 543–547; M. Witte, Gott, 556f (anders A. Schmitt, Entrückung, 229: als Personalpronomen).

In der durch die Partikel אַךְ betonten Kontrastierung zu V.8a (אַח
אִישׁ יִפְדֶּה פָדֹה־לֹא) räumt der Beter seinem Gott die Macht zur Errettung aus der Unterwelt ein.[122] Unabhängig von der Deutung der
Entrückungsaussage in V.12b wäre unter Voraussetzung einer inzwischen fast allgemein akzeptierten Spätdatierung des Psalms[123]
die gerettete נֶפֶשׁ durchaus im Sinne einer dichotomischen Anthropologie (vgl. Ψ 48,16a: πλὴν ὁ θεὸς λυτρώσεται τὴν ψυχήν μου) zu
deuten. Zwar findet Ps 49,16a in Hos 13,14a eine Parallele:

מִיַּד שְׁאוֹל אֶפְדֵּם מִמָּוֶת אֶגְאָלֵם

Aus der Macht der Scheol soll ich sie [i. e. Ephraim/Israel] loskau-
fen, vom Tod sie auslösen?

Doch im Unterschied zu Ps 49 begegnet das kontingente Rettungshandeln Gottes beim Propheten in einem Gerichtswort, das zudem
nicht den Einzelnen, sondern ein Kollektiv, nämlich Ephraim bzw.
Israel, zum Gegenstand hat.[124]

Der Gegenüberstellung von „Reichem" und Beter entspricht
der Vergleich des ewigen Todesgeschicks (vgl. V.9b.12a
[cj.]) jener „Reichen" mit der Entrückung des Beters (vgl.
V.8f mit V.16). Dabei greift Gott zwar in die Sphäre des Todes ein (V.15f), was jedoch noch kein hinreichendes Kriterium eines den Tod tranzendierenden Geschehens darstellt.[125] Nun wird auch von jenen, die den Tod in Ps 49 als
endgültig deuten und somit eine postmortale Rettungstat
Gottes vermuten, die Differenz der Entrückungsaussage
gegenüber Auferstehungsvorstellungen betont. So habe der
Beter aus Ps 49 keine Vorstellung davon, wie das nach dem
Tode „wirkliche" Sein in der Gottesgemeinschaft konkret

---

122 Vgl. M. Witte, Gott, 553f; A. Scriba, Psalm 49 (vgl. aber auch B.
Janowski, Sühne, 171–173; ders. Konfliktgespräche, 340 mit Anm. 140).

123 Datierung eher ptolem. denn pers. (vgl. M. Witte, Gott, 559; A.
Scriba, Psalm 49; C. Forster, Leben, 96f).

124 Vgl. H. W. Wolff, Hosea, 296f; J. Jeremias, Hosea, 166f mit Anm.
21 (C. Forster, Leben, 127, nennt noch Ps 89,49).

125 Vgl. nur Am 9,2 u. Ez 37,1–14 (s. u.). M. R. betont U. Kellermann,
Überwindung, 273, die Unterscheidung der Macht JHWHs über die
Scheol von Gottes Beziehung zu den Toten. In diesem Gefälle deuten
dann auch zahlreiche Exegesen den Psalm i. S. d. immanenten Rettung:
vgl. nur C. Barth, Errettung, 158–161; K. Seybold, Die Psalmen, 203.
Kellermann, a. a. O., 275f, bleibt in dieser Frage unentschieden (vgl. zu
den Forschungspositionen M. Witte, Gott, 549–554).

aussehe.[126] Doch trifft diese Behauptung nicht den Textbefund, wie V.20, wenn auch *ex negativo*, zeigt:[127]

יָבוֹא עַד־דּוֹר אֲבוֹתָיו עַד־נֵצַח לֹא יִרְאֶה־אוֹר

Aber er [i. e. der Reiche] kommt zum Geschlecht seiner Väter,
für immer soll er daher nicht das Licht sehen.

In der Tat steht dem Beter also eine Konkretisierung seines postmortalen Geschicks vor Augen, die zudem die im Motivzusammenhang der Auferstehung gut bezeugte astrale Lichtmetaphorik aufnimmt.[128] Jener Gebrauch von רָאָה אוֹר im Zusammenspiel mit sprachlichen Beobachtungen[129] macht überdies eine Datierung des Psalms in hellenistischer Zeit wahrscheinlich. Somit wird man nicht nur die Beeinflussung durch hellenistische Anthropologie im Sinne eines Leib-Seele-Dualismus (vgl. Ps 49,9.16), sondern auch ein erst in späteren Überlieferungen deutliches, verändertes Entrückungskonzept voraussetzen dürfen. Im Gegensatz zu Ps 73, wo das Mitsein Gottes stärker in den Vordergrund tritt, transzendiert Ps 49,16 in seinem Kontext das individuelle Todesgeschick zur Lösung der Theodizee-Problematik – ganz so wie es späterhin der Auferstehungs- bzw. Unsterblichkeitsmotivik zufallen sollte.[130]

Die nächste Entwicklungsstufe ist mit Ez 37,1–14 erreicht. Auch wenn in der Kombination von nationaler Res-

---

126 So etwa die Meinung bei F.-L. Hossfeld (in: ders. / E. Zenger), Die Psalmen I, 307, u. M. Witte, Gott, 554.

127 Die beiden durch Punktation angezeigten Abweichungen von MT folgen im ersten Fall dem Mehrheitstext der griech. Zeugen bzw. interpretieren den Plural יִרְאוּ (MT) als sekundäre Angleichung an אֲבוֹתָיו (vgl. A. Scriba, Psalm 49).

128 Vgl. nur Dan 12,1–3; äthHen 102,8; 104,2; 4Esr 7,97; PsPhok 103f u. dazu J. G. Griffiths, Verdict, 245–247; M. Mach, Entwicklungsstadien, 170–184. Vgl. auch J. S. Park, Conceptions, 158f, der (a. a. O., 159–164) jüd. Grabinschriften diskutiert. Insbesondere CIJ 788 (Epitaph aus Kilikien) u. die sog. „Regina-Inschrift" bieten Hinweise auf eine astrale Unsterblichkeitsidee (vgl. P. W. van der Horst, Epitaphs, 123f.138f, u. grundsätzlich: L. V. Rutgers, Heritage, 157–168).

129 Auf aram. Lehnwörter (חִידָה [V.5], יְקָר [V.13.21]), den absoluten Gebrauch von אַחַר (V.11) u. späte Formulierungen (V.20: עַד־נֵצַח) verweist A. Schmitt, Entrückung, 249–252.

130 Vgl. A. Schmitt, Entrückung, 243–252; M. Witte, Gott, 554–559; C. Forster, Leben, 125–130, u. den Exkurs bei A. Scriba, Psalm 49.

tauration und (Gottes) siegreichem Handeln über den Tod
eine Parallele zu Hos 6,1–3 erkennbar wird.[131] Im vorliegenden Visionsbericht scheinen zwei Vorstellungen bezeugt:
einmal die nahezu „anatomisch-medizinisch" dargestellte,
körperliche *restitutio ad integrum* (V.6.8) in Verbindung mit
der Verleihung der רוח (V.9f), zum anderen das „Herausfüh-
ren aus den Gräbern" (עלה מקבר [Hi.]) mit dem Ziel, Israel
in sein Land zurückzubringen (V.11–14).[132]

Umstritten ist nach wie vor die literarische Integrität der Episode:
Während v. a. Walther Zimmerli und Moshe Greenberg von ihrer
Einheitlichkeit ausgehen[133], nehmen die meisten Exegeten einen literarisch gewachsenen Text an. Als Ansatzpunkte können das re-
tardierende Element der Prophezeiung über den Lebensgeist (V.9),
die vermeintliche Unterscheidung eines Lebensgeistes (V.6.8–10)
vom Geist Gottes (V.14: רוחי) und die in der Deutung (V.11–14) andere Konzeption der Totauferweckung (gegenüber V.1f.8f) benannt werden.[134] Insbesondere letztere Auffälligkeit hat zu sehr
unterschiedlichen Auslegungen geführt: Während Walther Zimmerli keinen Grund zur literarischen Unterscheidung und in V.11 eine
Doppelfunktion[135] – ana- und kataphorisch – erkennt, will Jörg

131 Vgl. K. Spronk, Afterlife, 294; P. S. Johnston, Shades, 221–224.
132 Vgl. B. Lang, Street Theater, 312. W. Zimmerli, Ezechiel, 888,
begreift unter *formalem* Aspekt V.11–14 als „Deutung" (Disputationswort) zum „Bild" in V.1–10 In seinem Forschungsbericht stellt F. D.
Hubmann, Forschung, 112–116, die Bedeutung von V.11 heraus.
133 Vgl. W. Zimmerli, Ezechiel, 888.891–900; M. Greenberg, Ezekiel, 747–749, u. D. I. Block, Ezekiel, 370–383.
134 So betrachten R. Bartelmus, Verbform, 384–389; K.-F. Pohlmann, Ezechielstudien, 111; ders., Buch, 497 (vgl. dazu U. Kellermann,
Gotteslob, 36f), V.7a.8b–10a als Zusatz aus makk. Zeit, der den Eze-
chieltext als Totenauferstehungstext neu interpretiere. Zur Kritik an
Bartelmus vgl. D. I. Block, Ezekiel, 370f; M. Greenberg, Ezekiel, 749:
Bartelmus identifiziert in V.7.8.10 *wᵉqatal*-Formen, wo der Progress der
Handlung *wayyiqtol*-Formen verlange. Daher liege aramaisierender
Sprachduktus vor (so a. a. O., 370–375). Dagegen will R. Mosis, Auferweckung, 151–155, im ו der Verbformen kein Tempuszeichen sehen,
sondern findet mit Zimmerli (vgl. a. a. O., 886 [Textanm. 2a]) den „Akzent der Hypotaxe" gesetzt. Er datiert jedoch den gesamten Abschnitt
in V.4–10 in die Makk.-Zeit (vgl. Mosis, a. a. O., 169–171, u. zur Kritik:
F. D. Hubmann, Forschung, 125f).
135 Einmal wird das Bild aus V.1–10 auf Israel gedeutet (V.11), und
zugleich will V.11b zum Disputationswort (V.12–14) überleiten (vgl. W.
Zimmerli, Ezechiel, 888; M. Fishbane, Interpretation, 451f; D. I. Block,

Garscha[136] die unterschiedlichen Auferweckungskonzepte an den je verschiedenen literarischen Formen und Absichten festmachen. Schließlich ist die in der neueren Forschung weitgehende Einigkeit bei der Ablehnung eines wörtlichen Verständnisses der Auferstehungsthematik in Ez 37 durch die Annahme einer „Makkabäer-Überarbeitung" durchbrochen.[137]

Für die Fragestellung sind außerdem folgende Beobachtungen wichtig: In V.1–10 agiert Gott nur über seinen Mittler (vgl. V.8b.9a), den Propheten, indem er (vgl. V.5b–6) Lebensgeist „bringt" (בוא [Hi.]) und „gibt" (נתן [Qal]). Er wirkt damit zwar „belebend" im Blick auf ein Kollektiv, aber nicht in die Todessphäre hinein. Ganz anders in V.11–14: JHWH handelt in diesem Abschnitt *grenzüberschreitend* in eine Sphäre hinein, die sonst eher durch ihre Gottesferne gekennzeichnet ist.[138] Andererseits gehört die Wurzel רעש (V.7bα) in die Motivkonstellation der Theophanie (vgl. 1Kön 19,11f; Ez 3,12f; 38,19–22), womit die besondere Nähe Gottes auch im ersten Teil konsoziiert wäre. Zudem erinnern die „anatomischen" Aussagen in V.6.8 an Kenntnisse aus altäg. Pyramidentexten[139] und das „pseudo-dichotomische" Menschenbild aus V.1–10 auch an Gen 2,7.[140] Dann bedient

---

Ezekiel, 371f). M. Dijkstra, Valley, v. a. 120–124, zieht Ez 37,11 als Hinweis auf die Beschreibung der Gola-Identität heran.

136 Vgl. ders., Studien, 220–222: Die Vision erlaube keine Aufbewahrung der Gebeine in Gräbern, während die Rede von der Hineinführung ins Land als Ausgangsort dieser Führung ebensolche Gräber postuliere: V.13b–14 sei ein später Nachtrag (vgl. dazu K.-F. Pohlmann, Ezechielstudien, 113.115; R. Bartelmus, Verbform, 366–368).

137 Vgl. Bartelmus, Mosis (s. o., Anm. 134) u. E. Haag, Zeitalter, 245–247, die in der Überarbeitung die Auferstehung bezeugt finden.

138 Vgl. T. Krüger, Geschichtskonzepte, 434. Darüber hinaus wahrt die Kontexteinbindung in Ez trotz des „transzendierenden Handelns" JHWHs die auch sonst im AT vorherrschende Trennung zwischen den Sphären des Lebens u. des Todes (vgl. D. I. Block, Grave, 114–131).

139 Texte bei W. Zimmerli, Ezechiel, 894; J. Assmann, Tod und Jenseits, 434–440. Als Beispiel sei Spruch 373 zitiert (Übers.: Assmann, a. a. O., 434):
(1) Erhebe dich, Osiris NN!
Empfange dir deinen Kopf,
umfasse dir deine Knochen,
versammle dir deine Glieder,
Schüttle die Erde ab von deinem Fleisch!

140 Zum Einfluss von Gen 2,7 auf Ez 37 vgl. A. Lacocque, Death,

sich der zentrale V.11b der Sprache der Klage des Einzelnen oder der Volksklage.[141] Er umreißt damit die Befindlichkeit derer, die mit „Leben" versehen werden, als zuvor verzweifelt und daher an der Lebens*grenze* angelangt.

In Ez 37,1–14 stößt man also auf ein eigenartiges *corpus permixtum*. In V.1–10 heilt JHWH scheinbar distanziert (s. o., zu רעש) das Volk in der Verbannung. Und spätestens mit der als „Scharnier" fungierenden Klage (V.11b) verdeutlicht der Text, dass es ihm nicht um die Auferstehung von Toten, sondern um den Ruf derer, die sich an der Todes*grenze* wähnen, geht.[142] Doch die im Blick auf das Gottesverständnis eigentliche Pointe erfolgt erst in V.12–14, da JHWH dort die Todesgrenze, symbolisiert in den קברות, überschreitet.[143] Zugleich sorgt die Terminologie (עלה [Hi.]: Ex 32,4.8; 1Kön 12,28; Neh 9,18; 11QT 61,14) für eine „Entmythisierung". Und ganz im Sinne der bisher herausgearbeiteten *textpragmatischen* Erkenntnisse über Gott folgt erst im Anschluss an das grenzüberschreitende Handeln JHWHs das Heil für die Rückkehrer (V.14a).[144]

152f. Darüber hinaus erinnert A. Chester, Resurrection, 49–51, auch Gen 1,2 u. versteht רוחי in Ez 37,14aα als Bezeichnung des göttl., eschatolog. Geistes (vgl. Ez 36,26f; 39,29; Jl 3,1f).

141 Vgl. גזר: Ps 88,6; Jes 53,8; Klgl 3,54; תקוה: Klgl 3,29 (als Gegenbild: Ps 9,19); יבש: Ez 17,10; 19,12; Ps 90,6; 102,12.

142 Anders D. I. Block, Grave, 136–141 (vgl. ders., Ezekiel, 383–387), der in Ez 37 zwar keine individuelle Auferstehung, jedoch sehr wohl die Vorstellung einer (kollektiven) Existenz nach dem Tode vermutet (ähnlich B. Lang, Street Theater, 308f.313; K. Spronk, Afterlife, 294f, u. A. Chester, Resurrection, 52: „transformation of reality"). A. Lacocque, Death, 141–164 (vgl. auch P. Ricœur, Sentinel, 165–183) bietet folgende Interpretation: Der Text habe eine „wirkliche Auferstehung" vor Augen, da Israel in der Sicht des Ez im babylon. Exil wahrhaft starb, zu Staub wurde. Und nur der eine Gott Israels (*theozentrische* Perspektive) ist fähig, seinem Volk Gerechtigkeit widerfahren zu lassen, indem er es zurück in das Land seiner Väter bringt – Ez 37 ist so als „Genesis 1 – 2 *redivivum*" (A. Lacocque, Death, 157) zu verstehen. Damit mache der Prophet auf drastische Weise deutlich, dass die Heilsgeschichte mit dem Exil keine Fortsetzung fand (vgl. auch Ez 20).

143 Vgl. Hos 13,14; Ps 30,4; Jona 2,7; 1QHᵃ 11,19–23 u. H. F. Fuhs, Art. עָלָה, 99f.

144 Gegen K.-F. Pohlmann, Ezechielstudien, 115f, der die nachge-

3.2. Wege zur antik-jüdischen Auferstehungsvorstellung

Bei der Frage nach der Auferstehung führen unterschiedlich strenge Kriterien zu einer unterschiedlich breiten Quellen- bzw. Belegbasis.[145] Dabei wird die traditions- oder religionsgeschichtliche Fragestellung zumeist nur angedeutet, was auch in der Schwierigkeit begründet liegt, Entwicklungslinien nachzuzeichnen. Diese Aufgabe muss, zumal bei einer Beschränkung der Belege auf den Kanon des *Tanach*, weitgehend zum Scheitern verurteilt sein.[146] Allerdings erschweren mutmaßliche Einflüsse aus Zoroastrismus[147] oder griech. Denken[148] den klaren Blick auf Entwicklungslinien erheblich. Um einiges vielversprechender gestaltet sich der Zugang über „interne" Fortschreibungen, die in der Interpretation ein und desselben Textes auf Auferstehungsvorstellungen hinauslaufen. Auf Entwicklungslinien bei den vergleichbaren Vorstellungen in Ps 73 und 49 war bereits hingewiesen worden.

· Als „Paradebeispiel" darf der von Ez 37 [MT] ausgehende Fortschreibungsprozess bezeichnet werden. Er führt vom MT über die Ausgestaltung in Qumran, das „Ezechiel-Apokryphon" bis hin zur bildlichen Ausgestaltung an der Nordwand der Synagoge von Dura-Europos. Somit lassen sich über eine recht große Zeitspanne hinweg wesentliche Veränderungen an der Idee der „Auferstehung" innerhalb einer

---

stellte Geistverleihung als Spannung bewertet; vgl. aber auch T. Krüger, Geschichtskonzepte, 434f.

145 Vgl. die Maximalposition bei É. Puëch, Croyance, *passim*; M. Gilbert, Immortalité?, 271–297. Demgegenüber reduktionistisch verfährt J. J. Collins, Apocalypticism, 110–129; ders., Imagination, 171–174 (vgl. auch ders., Rez. *Émile Puëch*, 246–252).

146 Eine Einsicht, die man z. B. an der Interpretation von Dan 12,1–3 nachvollziehen kann, bei der Vergleiche mit Texten wie äthHen 102 – 104 unverzichtbar sind (s. u.).

147 Vgl. die nicht unumstrittenen Thesen bei M. Boyce, History, 192–194; dies./ F. Grenet, History, 365–368.404–406.433–436; N. Cohn, Cosmos, 96–99 u. 241 Anm. 45–51, u. die krit. Sicht von J. N. Bremmer, Rise, 47–50 u. 153–155 Anm. 35–65.

148 Vgl. dazu v. a. T. F. Glasson, Influence, 20–32. J. G. Griffiths, Verdict, v. a. 243–258, erläutert, dass auf antik-jüd. Eschatologie sowohl äg. als auch iran. u. griech. Traditionen eingewirkt haben (vgl. auch den Überblick bei J. N. Bremmer, Rise, 1–10. 134–139 [Anm.]).

Traditionslinie beobachten, die sich selbst auf *einen* Text und sein Verständnis zurückführt.

a. Die Auferstehung in den Fortschreibungen von Ez 37

α. Die *Pseudo-Ezechiel*-Texte aus Qumran

Eine wichtige Lesart der zu Ez 37 herausgearbeiteten Vorstellungen bieten die Fragmente der „*Pseudo-Ezechiel*"-Texte aus Qumran (4QpsEz). Innerhalb eines ganzen Konglomerats an „apokryphen" Quellen (4Q385–391)[149], das wahrscheinlich auch Passagen aus Jer bzw. aus „Mose-Texten" nacherzählt, finden sich neben der Merkabah- und Auferstehungsvision weitere Belege einer bisher nicht bezeugten Vita Ezechiels. Die Terminologie der meisten Texte zeigt sowohl qumranspezifische als auch aus der antik-jüdischen Apokalyptik (*Tierapokalypse*, syrBar, 4Esr) bekannte Phrasen, die kombiniert wurden.[150] Die visionären Elemente, die Verbindung von Vorhersagen und Ermahnungen verweisen zwar auf apk Texte, doch zeigt die dialogische Struktur zwischen Gott und dem Propheten Ezechiel, und nicht etwa einem Engel, biblischen Einfluss, der möglicherweise eine andere „religiöse" Haltung impliziert.[151]

Eine Art *Relecture* von Ez 37,1–14 bietet 4QpsEz[a] 2 5–9, nur dass ein dezidierter *Teil aus Israel* (Z. 2: רבים מישראל; vgl. Dan 12,1–3: s. u.), nämlich die Gottes Namen Liebenden und auf dem Weg Gottes Wandelnden, angesprochen ist (Z. 2f: אהבו את שמך וילכו בדרכין לבך]). Vom Text sind drei Kopien bezeugt: Neben dem gebotenen Frgm. 4Q385 2 5–9 sind noch 4Q386 1 i 4–10 [4QpsEz[b]] und 4Q388 [8] 7 7 [4QpsEz[d]] zu beachten:[152]

---

149 Einen Gesamteindruck bietet die Übers. bei J. Maier, Qumran-Essener II, 348–359; vgl. insgesamt F. García Martínez, Tradiciones, v. a. 304–306.

150 Vgl. J. Strugnell / D. Dimant, *4Q Second Ezekiel*, 46f; F. García Martínez, Tradiciones, 305f. D. Dimant, Light, 407–413, betont jedoch, dass 4QpsEz im Gegensatz zu 4QpsMos keinerlei qumranspez. Formulierungen bezeugt.

151 Vgl. dazu J. Strugnell / D. Dimant, *4Q Second Ezekiel*, 48.

152 Darauf verweisen J. Strugnell / D. Dimant, *4Q Second Ezekiel*, 52; É. Puëch, Croyance, 614.616 (gegen M. Kister / E. Qimron, Observations, 595 mit Anm. 3). Text: vgl. J. Strugnell / D. Dimant, *4Q Second Ezekiel*, 51; F. García Martínez / E. J. C. Tigchelaar, Study Edition,

5]ויאמר [בן אדם הנבה <u>על העצמות</u> ואמרת ויק° בו[^153] עצם
אל עצמו <u>ופרק</u>

6]אל פרקו ויה[יַ כן ויאמר שניח הנבא ויעלו <u>עליהם גדים</u>
<u>ויקרמו עור</u>[^154]

7]מלמעלה[^156] ויהי כן[ויאמר [^155]שוב אנבא <u>על ארבע רוחות</u>
השמים ויפחו רוח

8]בהרוגים ויהי כן[וי[ח]יו עם <u>רב אנשים</u> ויברכו את יהוה
צבאות אש[ר]

9]חים[*vacat*

(5) [Und er sprach (...):] „Menschensohn! Prophezeie über die Gebeine, sprich und es sollen sich verbinden Gebein mit seinem Gebein, Gelenk
(6) [mit seinem Gelenk!". Und es geschlah so. Und er sprach wiederum: „Prophezeie, dass Sehnen auf sie kommen und dass Haut

---

768.774.778. Die obige Rekonstr. folgt D. Dimant, DJD 30, 23. Die Unterstreichungen markieren 4Q386 1 i 4–10.

[^153] Zum Text vgl. D. Dimant, DJD 30, 23. M. Kister / E. Qimron, Observations, 597, schlagen an dieser (verderb.) Stelle die Lesart [נעו]וי (נגע) als Synonym zu קרב [Ez 37,7]) vor. J. Strugnell / D. Dimant, *4Q Second Ezekiel*, 53, wollen dagegen הקרבו lesen (vgl. auch F. García Martínez, Tradiciones, 313; ders./ E. J. C. Tigchelaar, Study Edition, 768; D. I. Block, Ezekiel, 368 Anm. 17). In Parallelbezeugung von 4Q-388 [8] 7 7 ist immerhin noch die Wortfolge ואמרת וי erhalten (vgl. D. Dimant, DJD 30,23; vgl. auch a. a. O., 26). Die „Vorlage" des MT in Ez 37,7bβ (ותקרבו) bezeichnet schon GesK § 60a Anm. 1 „als eine ungeschickte Korrektur des urspr. 'וַיִּק", die im Blick auf das Genus von עצמות auf ותקרבנה verweist (LXX liest καὶ προσήγαγε). Letztere Langform schließt die Beschaffenheit des Qumranfragments aber aus. Im MT wäre auch eine am Ugarit. orientierte 3. masc.-Form mit ת-Präfix denkbar (vgl. B. K. Waltke / M. O'Connor, Introduction, 31.1.1a Anm. 2; zum MT vgl. auch M. Greenberg, Ezekiel, 743).

[^154] In 4Q386 1 i 7f liegt vielleicht eine Doppelschreibung vor (vgl. M. Kister / E. Qimron, Observations, 597; F. García Martínez / E. J. C. Tigchelaar, Study Edition, 774). Anders vermuten J. Strugnell / D. Dimant, *4Q Second Ezekiel*, 53 mit Anm. 12, in 4Q385 eine Textauslassung gegenüber 4Q386 aufgrund von Haplographie (רוחות). So habe 4Q385 die Beschreibung der Gebeine ohne Geist (vgl. Ez 37,8f) ausgelassen. Zuletzt spricht D. Dimant, DJD 30, 27, nicht mehr von „Haplographie", sondern von „literary strategy of condensing details".

[^155] Zur Konstruktion von שוב אנבא vgl. D. Dimant, DJD 30, 27.

[^156] J. Strugnell / D. Dimant, *4Q Second Ezekiel*, 49.51; D. Dimant, DJD 30, 23.27, rekonstruieren hier in Anlehnung an Ez 37,8aβ: מלמעלה [= „above"].

(7) [über sie komme von oben!" Und es geschah so]. Und er sagte: „Ferner prophezeie über die vier Winde des Himmels, dass sie Wind blasen
(8) [in die Hingeschlachteten." Und es geschah so.] Und ein großes Volk von Menschen wurde le[ben]dig. Und sie priesen JHWH Zebaoth, de[r sie
(9) wiederbelebt hat].

In bis zur wörtlichen Wiederaufnahme reichenden Partien wird der erste, „anatomisch-anthropologische" Teil aus Ez 37,1-10 zusammengefasst: Die Ausführungsformel (Z. 7: כן ויהי) ersetzt einmal den Tatbericht (Ez 37,7f; vgl. V.10), andererseits wirkt JHWH ausschließlich über seinen Mittler, den Propheten, wie dies schon in Ez 37 zu beobachten war (s. o.). Das Einhauchen des lebendig machenden Windes vollzieht sich jedoch zum Lobpreis[157], in dessen Begründung unmittelbar Gott zum Akteur wird (Z. 8f: צבאות יהוה [חים אש]ר), jedenfalls unter Annahme der vorgelegten Textrekonstruktion. Letzteres war wohl im biblischen Text impliziert, allerdings nicht *expressis verbis* zum Ausdruck gebracht. Dagegen fehlt den Qumranfragmenten völlig die Vorstellung der Überschreitung der Todesgrenze durch Gott, und die dreimalige Aufforderung Gottes in Ez 37,4.9.12 mit den zwischengeschalteten Botenformeln und dem Ausführungsbericht ist in 4QpsEz[a] gleichsam zu einem (dreigliedrigen) Akt verschmolzen.[158]

Das Verhältnis von Ez 37,1-14 (bzw. V.1-10) zu 4QpsEz[a] erweist sich als exponiertes Lehrstück für die *textpragmatische* Fragestellung: Zwar fehlt noch beiden Texten das spezifisch apk Merkmal der raum-zeitlichen Transzendierung, doch erläutert 4QpsEz[a] 2 5-9 an der Schwelle von spätprophetischer zur apk Theologie ausgezeichnet die *innertextliche Pragmatik* der Gottesvorstellung. Denn das Ersetzen des Ausführungsberichts aus Ez 37,7f durch die ויהי־ כן-Formel im Qumrantext macht deutlich, dass den Späteren der göttliche Auftrag an den Propheten als *vollzogener Sprechakt* galt, der nicht näher erläutert, sondern nur noch bestätigt werden musste.[159] Resümierend kann 4QpsEz[a] am

---

157 Vgl. dazu U. Kellermann, Gotteslob, 37-46, mit dem Datierungsvorschlag: 4. Jh. v. Chr. (a. a. O., 44f).
158 Vgl. M. Philonenko, Qoumrân, 3; U. Kellermann, Gotteslob, 42.
159 Ob die aus dem ersten Schöpfungsbericht bekannte Formel jedoch eine Neuschöpfung anzeigt (so M. Philonenko, Qoumrân, 4; U.

Übergang zur apk Vorstellung stehend eingeordnet werden. Man vermisst zwar das „transzendierende Moment", doch könnte der Kontext[160] eine eschatologische Tendenz aufweisen und die Wurzel חיה (Z. 8) möglicherweise eine tatsächliche *Auferstehung* meinen.[161]

Zudem sei nochmals auf die eigentümliche Absonderung einiger Gottesfürchtiger aus Israel erinnert, wie sie offensichtlich erst in apk Texten begegnet (vgl. 4Q385 2 2; 4Q245 Frgm. 2 [4QpsDan^c ar][162]). Vor allem die Letztgenannten beleuchtet die *textexterne Pragmatik*, insofern auf die – wenn auch nicht bezeugte – Frage des Propheten Gott selbst die Antwort seines Erlöserhandelns (4QpsEz^a 2 1)[163] in der *re-*

Kellermann, Gotteslob, 42), scheint zweifelhaft. M. E. dürfte eher ihre rhetorische Funktion im Vordergrund stehen.

160 Vgl. dazu auch die eschatolog. Zeitauffassung in 4Q385 4 (*olim* Frgm. 3; v. a. Z. 4f; Text: M. Kister / E. Qimron, Observations, 598; vgl. D. Dimant, DJD 30, 37f): הלנני] גורד את הימים ואת השנים[ם . Zur Sache vgl. Dimant, a. a. O., 40–42.

161 So hat das Qumranfragm. die Näherbestimmung על־רגליהם aus Ez 37,10b bewusst ausgelassen, die dort noch für Eindeutigkeit, gegen ein Verständnis tatsächlicher Auferstehung im Kontext von Ez, sorgte (vgl. Ez 2,1f; 3,24). Zur Unterstützung von 4QpsEz^a ließe sich noch 4Q391 56 3f ([   ]מ עולה מרוחותיכם[ ] בית ישראל ; Text: M. Smith, DJD 19, 181f) anführen, wenn nicht auf Opferterminologie angespielt wird (i. S. d. *Sabbatopferlieder*; vgl. Smith, a. a. O., 182). Außerdem sei an dieser Stelle nochmals auf die Differenzen des Qumrantextes zu Ez 37 verwiesen: Die in der Entstehungszeit des Belegs (3./2. Jh. v. Chr.) bekannte Auferstehungsvorstellung ist wohl das „Plus", auch in religionsgeschichtl. Perspektive (vgl. dazu M. Kister / E. Qimron, Observations, 596 mit Anm. 10).

162 Dieses Frgm. kennt wohl die Unterscheidung zw. in Blindheit u. in Wahrheit Wandelnden, ohne die Auferstehung zu thematisieren (vgl. J. J. Collins / P. W. Flint, DJD 22, 163, gegen É. Puëch, Croyance, 569f).

163 Dass zu Beginn des Frgm. eine entsprechende Frage im Munde des Propheten zu erwarten war, zeigt die folgende Nachfrage Ezechiels in 4QpsEz^a 2 3 (מתי יהיו והיככה ישתלמו חסדם[= „... wann werden sie sein und wie wird ihnen ihre Verbundenheit vergolten werden?" Übers.: J. Maier, Qumran-Essener II, 349]); zur Sache vgl. M. Kister / E. Qimron, Observations, 596; A. Jack, Sign, 338; D. Dimant, DJD 30, 25; U. Kellermann, Gotteslob, 40f. Außerdem verweisen Kister/Qimron (vgl. a. a. O., 602) u. Kellermann (a. a. O., 41) auf die Frage Baruchs in syrBar 41,1–6 [V.1]: „Für wen und für wie viele wird dies geschehen? Oder wer ist würdig, in jener Zeit zu leben?" [Übers.: A. F. J. Klijn, JSHRZ V/2, 147] Vergleichbar ist außerdem die Dialogsituation zwischen Esra und Uriel nach 4Esr (vgl. 4,51 u. v. a. 7,75): „[...] Wenn

surrectio expliziert. Im Unterschied zum nach Ez 37 viru-
lenten Problem, nämlich dem des Schicksals des Gottes-
volks in nachexilischer Zeit, zielt jenes des „Pseudo-Ezechiel" auf ein Teil-Kollektiv von „Gerechten" im Erfah-
rungshorizont möglicherweise hellenist. „Repression", die,
stellt man die Situation der Makkabäerkonflikte und der
Qumraniten in Rechnung, durchaus auch in einem innerjüdischen Konflikt zum Tragen kommen konnte.

β. Ezechiel-Apokryphon und Dura-Europos
Die im theologischen Bannkreis der ezechiel. Prophetie
stehende pseudepigraphe Literatur kann die Fortschreibung des Auferstehungsgedankens weiter erhellen, vor allem hinsichtlich seiner konkreten Ausformung. Im Kontext
ist zunächst das Ezechiel-Apokryphon zu erwähnen, dessen Konzept nicht zuletzt an die ikonograph. Umsetzung
der „Auferstehungsszene" anklingt, wie sie durch die Darstellung an der Nord-Mauer der Synagoge von Dura-Europos bezeugt ist. Auch wenn beide Quellen hermeneutisch
zu unterscheiden sind[164], ist eine Konfrontation beider Zeugen wegen des gemeinsamen thematischen Bezugs möglich:

– *Dura-Europos, Bildbeschreibung:* An dem 244/45 n. Chr. erweiterten und geweihten jüd. Versammlungshaus von Dura-Europos, am
W-Ufer des Euphrat, gerade noch auf syr. Seite gelegen, sind
Wandmalereien (249/50 n. Chr.) erhalten, die wegen ihrer außerge-
wöhnlichen Darstellungen schon früh die These eines „normativen"
(früh-)rabbin. Judentums ins Wanken brachten.[165] Von besonderem

---

ich Gnade gefunden habe vor dir, Herr, zeige auch das deinem Knecht,
ob wir nach dem Tod, wenn nun jeder von uns seine Seele zurückgeben
muß, in Ruhe aufbewahrt bleiben, bis jene Zeiten kommen, in denen du
beginnst, die Schöpfung zu erneuern; oder ob wir sofort gepeinigt
werden." [Übers.: J. Schreiner, JSHRZ V/4, 352]

164 Die Wandmalerei aus Dura-Europos stellt einen „Überrest" dar,
das Ezechiel-Apokryphon eine rekonstruierte Textkomposition. Dabei
darf jedoch der Begriff „Überrest" nicht i. S. geschichtswiss. Quel-
len-Kategorien verstanden werden, da sich auch mit der Wandmalerei
selbstverständlich ein konkretes Überlieferungsinteresse verbindet.

165 Vgl. H. O. Thompson, Art. Dura-Europos, 242, der betont, dass
die Darstellung bibl. Gestalten eher kabbalist. denn talmud. Vorstellungen folgt. Zum histor. Hintergrund vgl. auch M.-H. Gates, Dura-Europos, 167f; F. Millar, The Roman Near East, 445–452.467–471. Eine
ausführliche Beschreibung der Ezechielszene findet sich bei D. I.

Interesse ist die bildhafte Umsetzung der ezechiel. „Auferstehungsvision" an der N-Wand (*Stratum* II). Die überwiegende Zahl ikonograph. Zeugnisse stammt wie die Heiligtümer (Mithraeum od. christl. Kapelle) aus der letzten röm. Bauphase der Stadt, kurz vor ihrer Zerstörung durch die Sassaniden in der Mitte des 3. Jh.s n. Chr. Die Darstellung im unteren Register der Nordwand wird gemeinhin von links nach rechts gelesen.[166] Die *dramatis personae* der Bildkomposition sind m. E. in zwei Gruppen zu unterscheiden. Die Größe und weitgehende „Front-Orientierung" (*Parthian frontality*), gleichsam *aus* der Darstellung *heraus* zum Betrachter hin, hebt die gleich sechsmal an zentralen Stellen[167] plazierte Figur in parth. bzw. hellenist. (χιτών, ἱμάτιον) Obergewändern von den kleiner dargestellten Figuren ab. Letztere sind zudem in der Bild-Horizontalen, eher von links nach rechts im „Erzählduktus" des Bildes, orientiert. Bereits der unterschiedliche Farbhintergrund in der Nachkolorierung verweist auf die qualitativ differierenden Situationen in den Sektionen, deren Zusammenhalt durch die beiden Hände Gottes[168] bzw. die Hände der mittleren Figur gewährleistet ist.[169] Gleich am linken Rand ruft die Darstellung Ez 37,1 in Erinnerung: „Und es kam über mich die Hand JHWHs [...], und sie [die Ebene] war angefüllt mit Gebeinen." Und der geteilte Berg mit dem

---

Block, Ezekiel, 390f; C. H. Kraeling, Excavations, 178–194, dem *final report* zu den Ausgrabungen, u. R. Hachlili, Art, 124–127.

166 Vgl. R. Wischnitzer-Bernstein, Conception, 43–55; C. Hopkins / B. Goldman, Discovery, 168f; H. Schreckenberg / K. Schubert, Historiography, 187; R. von Bendemann, Ezechielzyklus. Da die letzte Sektion wohl das Martyrium des Proph. Ez darstellt (s. P. Prigent, Judaïsme, 248; M. Philonenko, Qoumrân, 5; B. G. Wright, Talking with God, 305–307; anders A. M. Schwemer, Studien, 257f), ist sie für die vorausgehenden Szenen nicht von unmittelbarem Interesse.

167 Zu Beginn, im Zentrum u. am Ende der Sequenz begegnet die wegen der Darstellung ihres Kopfes wohl je identische Figur (s. M. Philonenko, Qoumrân, 5; anders: R. Wischnitzer-Bernstein, Conception, 48–50; U. Kellermann, Gotteslob, 55f Anm. 129). Vgl. zu den Kostümen B. Goldman, Dura Synagogue Costumes, v. a. 64–74, u. dazu J. Gutmann, Introduction, xii–xiv: Offenbar kann den unterschiedl. Kostümen keine darstellerische Intention nachgewiesen werden, da z. B. griech. wie parth. Gewänder *promiscue* verwendet werden.

168 Diese wurden in der Rezeption der christl. Ikonographie offensichtlich mit Christus identifiziert, wie insgesamt die bildliche Umsetzung von Ez 37,1–14 auf christl. Auferstehungsszenen gewirkt haben dürfte (vgl. P. Prigent, La main de Dieu, 146–154; zurückhaltender: F. C. Albertson, Model, 131, u. R. von Bendemann, Ezechielzyklus).

169 Vgl. dazu C. Hopkins / B. Goldman, Discovery, 169.

wankenden Gebäude am rechten Rand der ersten Sektion assoziiert
Ez 37,7: „Und da ich prophezeite [...], ein Geräusch, da ich prophezeite, siehe, ein Rauschen."

– *Ezechiel-Apokryphon, Textbeschreibung:* Schon der Name (*Epiphanius von Salamis* [ca. 315–403 n. Chr.]) zeigt an, dass die Quelle als
solche nicht überliefert ist, sondern nur noch in fünf Frgm.[170] rekonstruiert werden kann. Die aus sehr unterschiedlichen Werken
der Kirchenväter, der Midraschim und Talmudim (vom 1. – 15. Jh. n.
Chr.) zusammengetragene Kompilation zeigt zwar deutliche Sach-
bezüge zu Texten aus dem kanon. Ez, bietet jedoch an keiner Stelle
zusammenhängende Zitatenkomplexe des bibl. Buchs.[171] Thematisch erweisen die Frgm. in der Frage nach eschatolog. Gericht bzw.
Versöhnung einen gemeinsamen Bezugspunkt. Abgesehen von
Frgm. 1, das hebr. überliefert ist (vgl. WaR 4,5), existieren zu den
übrigen Texten griech., lat., syr. oder kopt. Zeugnisse. Für die ein-
leitungstechnischen Fragen ergibt sich durch den Befund folgendes
Bild: Zwar könnte das im „Apokryphon" gesammelte Material auch
einen Kommentar oder eine Homilie zu Ez darstellen, doch sprechen sowohl die textlich ebenfalls eigenständigen Funde aus
Qumran (vgl. v. a. 4QpsEz) als auch die in sehr unterschiedlichen
Literatursorten belegten Verweise auf *ein und dasselbe Literatur-
werk*, nämlich die ezechiel. Texte, für die Existenz eines selbständi-
gen, apokryphen Werkes.[172]
Mit Blick auf die folgenden Überlegungen interessieren die
Frgm. 1 u. 5: Frgm. 1 führt *Epiphanius von Salamis* mit einem Zitat
aus Jes 26,19 [LXX] und dem einleitenden Verweis auf das *Apokryphon Ezechiels* ein, welches in der „rätselhaften Rede vom Gericht

---

170 Zum Text: J. R. Mueller / S. E. Robinson, Apocryphon of Ezekiel,
492–495, die gegenüber K.-G. Eckart, JSHRZ V/1, 52–54, mit einem
fünften Fragment rechnen, bezeugt bei *Clemens Alexandrinus*, *Orige-
nes*, dem *manichäischen Psalter* und zugleich überliefert in den *Chester
Beatty Papyri* (vgl. Mueller/Robinson, a. a. O., 488, u. J. R. Mueller,
Fragments, 73–77; B. G. Wright, Talking with God, 292–296).

171 Die Untersuchung von J. R. Mueller, Fragments, 13, hebt hervor,
dass dies auch für das Verhältnis zur Textüberlieferung des Ez jenseits
des MT u. zu anderen apokr. Quellen gilt.

172 Es wird spätestens zum Ende des 1. Jh. n. Chr. existiert haben
(vgl. 1Clem 8,3 zu Frgm. 2), war wohl jüdischen Ursprungs, und seine
Nähe zu den Themen „Versöhnung" und „Gericht" dürfte der Rezeption
im frühen Christentum zuträglich gewesen sein (vgl. dazu J. R. Mueller, Fragments, 17–25.168–171). Ein vergleichbares Phänomen, ähnliche
Motive und Textsorten betreffend, findet man in der Danielüberlieferung. Auch hier entfaltete sich eine sog. pseudo-daniel. Literatur, die
bis ins Mittelalter reicht (vgl. F. García Martínez, Qumran, 137–161).

über die Gerechten in Leib und Seele"[173] bestehe. Es folgt das bekannte Gleichnis vom Blinden und vom Lahmen, die durch einen Kunstgriff gemeinsam in den Garten des Königs eindringen und von jenem schließlich auch gemeinsam ihrer Tat überführt werden. Das fünfte und letzte Fragment konsoziiert mit der Erwähnung des Lahmen (χωλός) Frgm. 1 und knüpft mit dem Verweis auf die Hirtenepisode in Ez 34 (vgl. V.14–16) an die ezechiel. Heilsüberlieferung an.[174] Wenngleich im wesentlichen durch *Clemens Alexandrinus* (gest. 215 n. Chr.) in seinem Werk Παιδαγωγός (1,9,84, 2–4) überliefert und dort auch ausdrücklich Ez zugeschrieben, findet gerade die genannte Anspielung auf den Hirten JHWH (Ez 34) in Pap. XII, Frgm. 1 [*verso*] der *Chester Beatty Papyri* eine fast wörtl. Entsprechung.[175] Dies ist nicht zuletzt deswegen erwähnenswert, weil ebenjener Papyrus Fragmente der *Epistel* aus äthHen überliefert, die eine spezifische Idee der Auferstehung tradiert haben (s. o.).[176]

– *Interpretation der Darstellung aus Dura-Europos und des Ezechiel-Apokryphon im Lichte von Ez 37,1–14 und 4QpsEz:* Alle genannten Quellen stimmen insofern überein, als sie anthropolog. und eschatolog. Einsichten miteinander verknüpfen, ohne den Topos der Auferstehung in den Mittelpunkt ihrer Darstellungen zu rücken.

---

173 Text nach A.-M. Denis, Fragmenta, 121, lautet [Πανάριον 64,70, 6 nach *Codex Marcianus*]: αἰνιγματωδῶς γὰρ διηγούμενος λέγει περὶ τῆς δικαίας κρίσεως ἧ κοινωνεῖ ψυχὴ καὶ σῶμα, ... „For speaking enigmatically, he [i. e. Ezechiel] refers to the righteous judgement, in which soul and body share: ..." [Übers. nach J. R. Mueller, Fragments, 82] Die Verbindung von Körper und Seele ist für *Epiphanius* an dieser Stelle der entscheidende Aspekt, da er sich gegen die „häretische" origen. Auferstehungslehre wendet, die die Auferweckung eines „Geist-Körpers" postuliert.

174 Ez 34,13 nimmt ausdrücklich Bezug auf die Restauration des Volkes (Übers.: W. Zimmerli, Ezechiel, 825f): „Und ich führe sie aus den Völkern heraus und sammle sie aus den Ländern und bringe sie in ihr Land und weide sie auf den Bergen Israels, in den Bachrinnen und an allen Wohnplätzen des Landes."

175 Vgl. die text-synoptische Anordnung bei A.-M. Denis, Fragmenta, 126, u. die ausführliche Aufarbeitung der Papyrus-Fragmente bei J. R. Mueller, Fragments, 149–156. Bezeichnend ist, wie *Clemens Alexandrinus* die Ez-Zitate verstand, nämlich als Hinweis auf die göttl. vermittelte Unsterblichkeit: Durch Ez bietet er einen σωτήριος ὑπογραμμός, ein „Heilsmodell", indem er das Fleisch mit Unsterblichkeit ankleidet (περιβαλὼν τὸν χιτῶνα τῆς ἀφθαρσίας), wodurch es in Unsterblichkeit überwechselt (οἱ διαβαίνοντες εἰς ἀφθαρσίαν; zum Text vgl. J. R. Mueller, Fragments, 157f).

176 Vgl. dazu C. Bonner / H. C. Youtie, Chapters, 10; J. R. Mueller, Fragments, 163.

Doch gerade durch die Modifikationen an Anthropologie und Eschatologie hält jenes theolog. Gepräge Einzug in die Fortschreibungen zu Ez 37, das die Motivkonstellation der Auferstehung auszeichnet. Außerdem zeigt sich im Vergleich der Quellen sehr rasch, dass auch dort, wo die Auferstehung *expressis verbis* zum Zuge kommt, eher Verdeutlichungen der beschriebenen Tendenz denn wirkliche Bedeutungsträger der hermeneutischen Neuerung erkennbar werden. So wird die Auferstehung nach dem Ezechiel-Apokryphon *verbatim* erst in christl. Überlieferung durch *Epiphanius* hinzugefügt (Frgm. 1), und in 4QpsEz[a] sowie an Hand des „Fresko" von Dura-Europos erschließt sich der einer *resurrectio* gleichkommmende Bedeutungsgehalt durch den Vergleich mit Ez 37,1–14 und die ausgeführte kontextuelle Deutung, auch wenn es nach 4QpsEz[a] 2 8, also zum Abschluss des fraglichen Abschnitts, heißt: ויֹ[ח]יו עם רב אנשים [= „... und eine große Menge von Menschen lebendig wurde ..."]. Anders gesagt: Das restaurative Element, das bei Ez 37,1–14 [MT] im Vordergrund stand, ist in allen Texten präsent, ob man nun die zehn Gestalten der rechten Bildhälfte aus Dura-Europos beachtet[177], ob man den Verweis auf die Hirten-Allegorie in Frgm. 5 des Ezechiel-Apokryphon mit der Feststellung Gottes: καὶ τὸπλανώμενον ἐπιστρέψω, heranzieht oder schließlich die Verbindung von Gebein und Gelenk in 4Q385 bzw. die Verbindung von Geist und Körper[178] nach Frgm. 1 aus dem Ezechiel-Apokryphon berücksichtigt. Wie auch immer die Veränderungen in der Rezeption von Ez 37,1–14 gegenüber dem hebr. Text zu beurteilen sind, keine der hier berücksichtigten Quellen verzichtet trotz ihrer je eindeutigen Lesarten im Sinne der *resurrectio* auf den real-restaurativen Aspekt aus dem Ezechielbuch.[179]

---

177 Die hellenist. gekleideten Personen werden gedeutet: auf die zehn verlorenen Stämme Israels (vgl. R. Wischnitzer-Bernstein, Conception, 46f; U. Kellermann, Elia Redivivus, 76), auf die liturgiefähige Versammlung einer synagog. Gemeinschaft (vgl. H. Schreckenberg / K. Schubert, Historiography, 188) od. auf die „Nation" Israel nach ihrer Rückkehr ins Land (vgl. C. H. Kraeling, Excavations, 193).

178 Interessanterweise assoziiert die Version in WaR 4,5 die Formulierung aus Frgm. 5, wenn es heißt, dass Gott die „Seele" (נשמה) in den „Körper" (גוף) versetzt, um beide zu richten (Text: M. A. Mirqin, מדרש רבה, Bd. 7, 48; Übers.: A. Wünsche, Wajikra Rabba, 28: s. u.).

179 Dies gilt auch für einen weiteren Text der Fortschreibung, nämlich für die *Pescher*-artige Kommentierung von Ez 37 in einem Ms. aus der Kairoer Geniza (Ms. 15a [verso]). Dort wird zwar in der Interpretation von Ez 37,11 auf die Hoffnung des Volkes auf Rettung verwiesen (ישע: Z. 80f), doch ist dies sogleich bezogen auf die Vertreibung aus bzw. Rückkehr nach Jerusalaem (Z. 81), und auch die Kommentierung zu V.7 führt die Wiederherstellung körperlicher Integrität aus (Z. 79f):

Darüber hinaus geben jedoch die narrative Bildfolge aus Dura-Europos und das Ezechiel-Apokryphon Hinweise auf eine Fortentwicklung der Motivkonstellation, die den gemeinsamen theologischen „Überschuss" gegenüber Ez 37, 1–14 deutlich werden lassen: Beide Quellen zeigen zum einen an, dass es im Zusammenhang des Heilsgeschehens nicht mehr nur um eine allgemeine Restauration Israels, sondern um einen eschatologischen Trennungsprozess geht. So macht das Register aus Dura-Europos in der unterschiedlichen Farbgebung seines Hintergrunds deutlich, dass die beiden Bildhälften qualitativ zu scheidende Wirklichkeiten symbolisieren. Und der rechte Bildrand bietet zudem verstreute Körperteile, was wohl unterstreichen soll, dass keineswegs *allen* ein Leben nach dem Tod zuteil wird.[180] Die Frgm. 1, 2 u. 5 des Ezechiel-Apokryphon bieten im Zusammenhang gelesen einen eschatologischen Akzent, der ebenfalls partikularistische Züge erkennen lässt. Dics zeigen die Themen „Gericht" (Frgm. 1) und „Buße" bzw. „Umkehr" (Frgm. 2) an[181], die nur einen Sinn ergeben, wenn die in Frgm. 5 durch den göttlichen Hirten Geheilten und Geretteten nicht als eine Gesamtheit („Israel" o. ä.) betrachtet werden können.

Eine zweite, wohl noch wichtigere Gemeinsamkeit gegen Ez 37 ist in der implizierten Anthropologie der bei „Pseudo-Ez" bezeugten Eschatologie erkennbar. Während nämlich Ez 37 in der Unterscheidung von עצם und רוח erst den Weg zu einer dichotomischen Anthropologie bereitet, spre-

---

Text u. Übers. finden sich bei N. DeLange, Texts, 228f. Der oben aufgewiesenen Tendenz steht eine breite Tradition von Midraschim und talmud. Belegen gegenüber, die v. a. Ez 37,14 zum Schriftbeweis für die Totenauferweckung im Kontext der Elia-Erwartung einsetzen (vgl. U. Kellermann, Elia Redivivus, 72–75; ders., Gotteslob, 46–54 u. 57–61).

180 So U. Kellermann, Elia Redivivus, 76 (vgl. ders., Gotteslob, 55f: Rückkehr der zehn Exilsstämme?); anders C. H. Kraeling, Excavations, 193 mit Anm. 758, der einen Verweis auf Ez 37,12f vermutet, wo der Prophet nochmals betont, dass die Körper aus den Gräbern hervorgebracht werden. Doch wenn dem so wäre, sollte man die Darstellung der Körperteile wohl links der Gruppe der „Geretteten" erwarten.

181 Zwar scheint die Phrase „seien sie nun gut oder böse" (τῶν ἔργων [τῶν] γεγενημένων εἴτε ἀγαθῶν εἴτε φαύλων) in Frgm. 1 bei *Epiphanius* dem zu widersprechen, doch erwähnt die vermeintlich ältere Bezeugung in WaR 4,5 am Ende gleich zweimal das göttliche Gericht.

chen die rezipierenden Quellen eine trichotomische Auffassung vom Menschen an. Weil die Anthropologie über Gestalt und Funktion eschatologischer Konzepte entscheidet, ist an dieser Stelle die Frage nach der Auferstehung bzw. Unsterblichkeit der Seele unmittelbar betroffen.[182] In der Darstellung aus Dura-Europos wird die Trichotomie am Übergang der beiden einander konfrontierten Szenen deutlich: Zwar spielen die vier engelartigen Wesen sicherlich auf die vier Winde aus Ez 37,9 an, doch fällt auf, dass eine der engelgleichen Gestalten durch ihre Größe hervorgehoben wird und zugleich vier vermeintlich „beseelende Engel" nur drei Körpern gegenüberstehen.[183] M. E. macht diese Szene dann Sinn, wenn man in der hervorgehobenen Gestalt ein die *Psyche* repräsentierendes Zwischenwesen erblickt, das der Wiederbelebung der Körper dient, in die schließlich die drei *Pneuma*-Wesen eingehen.[184] Damit ist ein Weiterleben in der „postmortalen Existenz" garantiert.

In analoger Weise zur bildlichen Umsetzung dieses gegenüber Ez 37 erweiterten Gedankens unterscheidet das Ezechiel-Apokryphon „Leib" (גוף), „Geist" (נפש) und „Seele" (נשמה: Frgm. 1 [WaR 4,5]). Im Midrasch folgt auf die Parabel vom Lahmen und vom Blinden eine eschatologisch qualifizierte Unterredung zwischen Gott, „Leib" (גוף) und

---

182 Zur trichotom. Anthropologie in der Spätantike vgl. M. Simon, Entstehung, 43–50.

183 Die Anzahl und Zuordnung der Engel spielt v. a. dann eine große Rolle, wenn man dieses Bild mit dem „Prometheus-Typ" der Vitalisierung in Verbindung bringt. Er besagt, dass die Psyche, die Schmetterlingsgestalt der *Chrysalide*, durch den Mund in den noch leblosen, von *Prometheus* geformten Körper eingeht, den *Athena* bereits zur Verleihung des göttlichen Pneuma am Kopf berührt hatte. Die zweite Möglichkeit besteht in der „Beatmung" (vgl. dazu C. H. Kraeling, Excavations, 186f mit Anm. 724, der eine Mischung beider Arten annimmt).

184 So die Deutung bei U. Schubert, Vorlage, 3–5.7f; H. Schreckenberg / K. Schubert, Historiography, 188 (anders zuletzt M. Philonenko, Qoumrân, 8f; D. I. Block, Ezekiel, 391). Etwa Philo (Som 1,135–145) übernimmt aus der griech. Philosophie die Idee, dass die ψυχαί im Menschen wie Winde in Bewegung bleiben (darauf verweist C. H. Kraeling, Excavations, 186 mit Anm. 720). Zur Übernahme der aristotel. Trichotomie bei *Philo Alexandrinus* vgl. M. Simon, Entstehung, 48. Für Josephus wäre auf Ant 1,34 zu verweisen (vgl. dazu U. Schubert, Vorlage, 3).

„Geist" (נפש), in der beide die „Sünde gegen Gott" von sich weisen. Schließlich bildet eine dritte Szene die Lösung, indem Gott nun nicht den „Geist", sondern die „Seele" (נשמה) in den Körper (גוף) zurückführt, um beide zu richten. Auch das Ezechiel-Apokryphon bezeugt also eine trichotomische Anthropologie mit Konsequenzen für die Eschatologie.[185] Ähnlich wie in der Bildaufteilung aus Dura-Europos sind zwei in der bekannten Weise streng zu scheidende Wirklichkeiten angesprochen:[186] Noch im Irdischen stehen sich גוף und נפש gegenüber, während der das Gericht gewärtigende עם die Konstituenten גוף und נשמה in sich vereint.

– *4Q385 3* [*olim Frgm. 12*] *und 1Clem 50,4 als Verbindungsglieder zwischen 4QpsEz und Ezechiel-Apokryphon?* Sowohl die *Pseudo-Ezechiel*-Literatur aus Qumran als auch das Ezechiel-Apokryphon belegen also eine Fortschreibung der Vision in Ez 37,1–14, die je unterschiedlich die „Apokalyptisierung" der biblischen Überlieferung erweist.[187] Eine erhebliche Stärkung der Argumentationsbasis ergäbe sich, wenn man die Verbindung beider Literaturen plausibel machen könnte.[188] Immerhin *möglich* wird der Konnex beider Traditionen, wenn man 1Clem 50,4 und 4Q385 3 miteinander vergleicht. Beide Texte bieten nämlich eine Zitatenkombination aus Jes 26,20 und Ez 37 (v. a. V.12), die Auferstehung betreffend.[189] Wenn man

---

185 Vgl. auch bSan 91a.b; bHag 12b; bMeg 14a u. dazu das *Postscriptum* von K. Schubert in: U. Schubert, Vorlage, 10. Nach bMeg 14a bringt Gott, im Gegensatz zum unvermögenden Menschen, „Geist u. Seele" (רוח ונשמה) beim Schöpfungsakt (יצר) in einen Körper. In bHag 12b ist die Vorstellung belegt, dass Gott die Toten mit Tau (= Pneuma) auferweckt, die dann beseelt werden (vgl. Schubert, a. a. O.; zu bSan 91b vgl. U. Kellermann, Gotteslob, 72–75).

186 Wichtig ist wiederum WaR 4,5 (Text: M. A. Mirqin, מדרש רבה, Bd. 7, 48; Übers.: A. Wünsche, Wajikra Rabba, 28): Gott ruft den Geist (נשמה) vom Himmel u. den Körper (גוף) aus der Erde zum Gericht (דין). *Transzendent* ist also der נשמה der Himmel zugewiesen, während גוף *immanent* der Erde zugehört.

187 Vgl. dazu D. Dimant, Interpretation, 31–52.

188 Vgl. dazu jetzt B. G. Wright, Talking with God, 299–303, der neben den (o., im Text) behandelten Quellen (vgl. a. a. O., 301f) auf die Verbindungen hinweist, die sich durch das Motiv der „Umkehr" in 1Clem u. Qumran sowie durch Zitate in Barn 12,1 und ApkPetr 4,7–9 aus 4QpsEz ergeben.

189 Während 4Q385 3 [*olim* Frgm. 12] 2 mit יהוה ויקומו כל העם [ ] (Text: D. Dimant, DJD 30, 29; vgl. F. García Martínez / E. J. C. Tigchelaar, Study Edition, 770) offensichtlich auf Ez 37,1–14 zurückblickt,

weiterhin berücksichtigt, dass *Clemens Romanus* ein zentraler Zeuge für das Ezechiel-Apokryphon ist, kann eine Kenntnis der pseudo-ezechiel. Fortschreibung beim Ezechiel-Apokryphon zumindest nicht ausgeschlossen werden.

Die Analyse der behandelten Zeugnisse zu Ez 37 lässt sich folgendermaßen zusammenfassen: Gegenüber Ez 37,1–14 erscheinen sämtliche der behandelten Texte als erweiternde Interpretationen.[190] Außerdem ist ihnen gemeinsam, dass sie trotz entsprechender Terminologie (vgl. 4QpsEz^a 2 8; 3 2; Ezechiel-Apokryphon, Frgm. 1: *Epiphanius*) die Auferstehung ausnahmslos durch „Midrasch"-Exegese erschließen (vgl. 4Makk 18,17–19). Gegenüber 4QpsEz^a erbrachten das „Fresko" aus Dura-Europos und das Ezechiel-Apokryphon drei den hebr. Text überbietende Gemeinsamkeiten, die den Weg zur apk Auferstehungsvorstellung weisen: Die konsequente Trennung zweier nicht miteinander vereinbarer Wirklichkeitsauffassungen, wie sie implizit in 4QpsEz^a vorzufinden ist. Die „Individualisierung" der Heilszusage ewigen Lebens, die auch in 4QpsEz^a 2 2f angedeutet wird. Schließlich die Betonung einer trichotomischen Anthropologie, die in 4QpsEz^a fehlt.

b. Auferstehung in Qumran?

In der neueren Forschung stehen sich vor allem die Positio-

---

nimmt 1Clem 50,4 mit καὶ ἀναστήσω ὑμᾶς ἐκ τῶν θηκῶν ὑμῶν Bezug auf Ez 37,12 (MT: והעליתי אתכם מקברותיכם עמי; vgl. LXX); vgl. B. G. Wright, Talking with God, 301 Anm. 28; ders., Qumran Pseudepigrapha, 186–192 (vgl. mit Textsynopse: 193).

190 Dass dies nicht selbstverständlich, ist zeigt die Tg.-Interpretation, die sowohl einen Ez 37 [MT] weitgehend folgenden als auch von MT stark abweichenden Texttyp bietet (vgl. S. Levey, Ezekiel, z. St., gegenüber A. Díez Macho, Fragmento, v. a. 205; vgl. auch G. Stemberger, Danielrezeption, 145f). Andererseits hat die frühchristl. Rezeption von Ez 37,1–14 deutlich gemacht, dass sie den Text im Sinne der Auferstehung neu interpretiert. Ez 37,10 [LXX]: καὶ εἰσῆλθεν εἰς αὐτοὺς τὸ πνεῦμα, καὶ ἔζησαν καὶ ἔστησαν ἐπὶ τῶν ποδῶν αὐτῶν; Offb 11,11: ... πνεῦμα ζωῆς ἐκ τοῦ θεοῦ εἰσῆλθεν ἐν αὐτοῖς, καὶ ἔστησαν ἐπὶ τοὺς πόδας αὐτῶν (vgl. U. B. Müller, Offenbarung, 218–221). Zudem sind die Zitate in ein endzeitl. Heilsschema integriert (vgl. die Abfolge der Ereignisse in Offb 19,11 (20,4) – 22,5 mit der in Ez 37 – 48: s. Müller, a. a. O., 343; J. Frey, Millennium, 33–50; R. von Bendemann, Ezechielzyklus).

nen von Émile Puëch und John J. Collins gegenüber:[191] Geht man mit Puëch von einer breiten Bezeugung der Auferstehung in Qumran aus, darf man von den Qumraniten als einer „apokalyptischen Gemeinschaft" sprechen, die auf eine in der *resurrectio* konkrete, jenseitige Heilsverwirklichung hoffte. Bezieht man jedoch die Position u. a. von Collins, bleibt eine Gemeinschaft, die zwar weiterhin „apokalyptisch" zu nennen wäre, die aber im Sinne des *Genres* keine „Apokalypse" selbst verfasst und lediglich in 4QpsEz[a.b] sowie 4QMessAp [4Q521] die Auferstehung bezeugt hätte. Nach obiger Analyse wird man 4QpsEz kaum unter die in Qumran komponierten Zeugnisse rechnen, und auch bei 4Q521 sind die Indizien äußerst schwach.[192] So wären die Qumraniten als eine apk Gruppierung mit eschatologischer Jenseitshoffnung, aber *ohne* „Apokalypsen" und „Auferstehung", zu umschreiben.

Neben 4QpsEz ist also 4Q521 als ein weiterer Text zu beachten. Auch in dieser z. T. sehr fragmentarischen Komposition finden sich Vorstellungen, die den Übergang von spät-prophetischer bzw. weisheitlicher Anschauung in apk Denken markieren, auch wenn die „Messianische Apokalypse" zeitlich sicher den älteren Daniel- bzw. Henochtexten nachzuordnen ist.[193] Leider lässt der Zustand des Textes kaum noch verlässliche Rekonstruktionen der Abfolge einzelner Fragmente zu, sodass über den Inhalt dieses Dokuments an vielen Stellen nur spekuliert werden kann.[194] Unbestritten ist jedoch, dass an zwei Stellen Auferstehungs-

---

191 Vgl. É. Puëch, Croyance, *passim* (vgl. auch ders., Necropolises, 21–36), u. J. J. Collins, Rez. *Émile Puëch*, 246–252 (vgl. auch É. Puëch, Messianism, 246–256; J. J. Collins, Apocalypticism, 115–129). Weitere Vertreter nennt H. Lichtenberger, Auferstehung, 79f mit Anm. 1–3. Lichtenberger selbst sieht die Auferstehung in Qumran zweifelsfrei nur durch 4Q521 bezeugt (vgl. a. a. O., 84f).

192 M. E. reichen die bei C. A. Evans, Qumran's Messiah, 137 Anm. 17, aufgezählten, rein begrifflichen Indizien für eine Zuweisung von 4Q521 zur Qumranliteratur nicht aus.

193 Paläograph. datiert 4Q521: 100–80 v. Chr., vgl. É. Puëch, DJD 25, 3–5.

194 Zum Text u. seiner Beschaffenheit vgl. É. Puëch, Apocalypse, 475–482; J. Zimmermann, Texte, 344–347.371f.

terminologie zitiert wird (4Q521 2 ii + 4 12 u. 7 + 5 ii 6):[195]

4Q521 2 ii + 4 12:

כי ירפא חללים ומתים יחיה ענוים יבשר

12. car Il guérira les (mortellement) blessés et les morts Il fera revivre, les humbles Il évangélisera

4Q521 7 + 5 ii 6:

‏[ויקי]ם המחיה את מתי עמו (vacat)

le Vivificateur [ressus]citera les morts de Son peuple. (vac)

Zwar bewegt sich die vor allem in 4Q521 2 iii belegte Anschauung mit dem Verweis auf חק חסד{י}ך (Z. 1) und die Rückkehr der Väter zu den Söhnen (Z. 2), die die Restauration Israels im Zusammenhang des wiederkehrenden Elia konsoziiert[196], hinter die Überlieferung aus 4QpsEz[a.b] zurück, hin zu Ez 37,1–14. Doch ist dies nur scheinbar ein Rückschritt: Denn zum einen gehören, gerade im Kontext der *Elia-Haggada*, restaurative und eschatologische Aspekte untrennbar zusammen.[197] Zum anderen zeigen ausgerechnet die Taten Gottes in beiden Fragmenten aus 4QpsEz und 4QMessAp Gemeinsamkeiten, sowohl hinsichtlich der Haltung gegenüber den „Gerechten und Gebeugten" (vgl. 4Q385 2 2f u. 4Q521 2 ii + 4 5–8)[198] als auch im Blick auf die vermittelnde Rolle einer prophetischen Gestalt.[199]

---

195 Text u. Übers.: É. Puëch, DJD 25, 10f.23f (vgl. ders., Apocalypse, 485f.501f; F. García Martínez / E. J. C. Tigchelaar, Study Edition, 1044.1046). Die Bedeutung der Lesart in 4Q521 1 ii 7 (וקימום od. ‏[ויקי]מום) ist umstritten (für erstere: É. Puëch, Apocalypse, 482–484; ders., DJD 25, 7.9; für letztere: J. Maier, Qumran-Essener II, 683 mit Anm. 649).

196 Vgl. Mal 3,24; Sir 48,10; Dtn 30,4 [TPsJ] u. J. J. Collins, Works, 102–106 (vgl. ders., Herald, 233–238; J. Zimmermann, Texte, 382–385).

197 Vgl. TestDan 5,11; 1Makk 2,49–68; 4,46; 14,41; äthHen 93,7f u. S. Beyerle, Erwägungen, v. a. 64–66; J. Zimmermann, Texte, 367–369, sowie É. Puëch, Remarks, 559–563.

198 Man vergleiche hierzu Ps 145,14; 146,8 und die Ausführungen bei É. Puëch, DJD 25, 14f (mit 15 Anm. 31).

199 Es bleibt jedoch weiterhin die Frage, ob die beiden Erwähnungen von משיח in 4Q521 2 ii + 4 1 u. in Frgm. 8 9 auf einen od. mehrere „Gesalbte" schließen lassen. Zwar ist משיחיה (Frgm. 8 9) eindeutig ein Pl., doch bleibt die Zuordnung des Numerus bei למשיחו (Frgm. 2 ii + 4 1) weiterhin offen. Die Parallelisierung mit den קדושים der folgenden

Die Gemeinsamkeiten gehen noch weiter, wenn man die Symbolik in 4QpsEz in Rechnung stellt. Es lassen sich nämlich Verbindungen zur Baummetaphorik in 4Q385 Frgm. 2 9f aufzeigen.[200] Diese bestehen insbesondere in den terminologischen Überschneidungen beim Vergleich mit 4Q521 2 ii + 4 8:[201]

4Q385 Frgm. 2 9f:

9 [*vacat*] ו[אמרה יהוה מתי יהיו אלה ויאמר יהוה אל]י עד[

10 [אש]ר ומקץ י[מים יכף עץ ויזקף] [

9. [... *vacat* and] I said: 'O Lord! when shall these things come to be?' And the Lord said to m[e: 'Until]
10. [after da]ys a tree shall bend and shall stand erect[ ]

4Q521 2 ii + 4 8:

8 מתיר אסורים פוקח עורים זוקף כפ[ופים]

8. libérant les prisonniers, rendant la vue aux aveugles, redressant les cour[bés].

In beiden Fragmenten stehen die Wurzeln זקף [= „aufrichten"][202]

Zeile kann aber u. U. als Hinweis dienen, eher „Messiasse" zu identifizieren (vgl. aber F. García Martínez, Erwartungen, 182f: „sein Messias", u. J. J. Collins, Scepter, 117f; J. Zimmermann, Texte, 385f). Möglich bleibt auch die Interpretation des Pl. in 4Q521 8 9 als Funktionsträger im Kult und von למשיחו (Frgm. 2 ii + 4 1) als Sing. unter Verweis auf den „prophet. Messias" Elia (vgl. G. Xeravits, King, 101f.108.110.218).

200 Die Verbindungen von 4Q385 2 und 4Q521 betonen v. a. M. Philonenko, Arbre, 402f, u. A. Jack, Sign, 340–344. Letzterer deutet den „gebundenen und aufrecht stehenden Baum" (4Q385 2 10) unter Verweis auf Ez 17,22–24; Gen 1 – 3 u. 4Makk 18,16f als eschatolog. Heilszeichen der Auferstehung od. „neuen Schöpfung" (vgl. auch die Baumsymbolik im „Fresko" aus Dura-Europos). Dass auf den „Baum des Lebens" der Paradieserzählung angespielt wird, kann jedoch bezweifelt werden (so D. Dimant, DJD 30, 29 Anm. 13).

201 Text u. Übers. (4Q385): D. Dimant, DJD 30, 23f (vgl. J. Strugnell /dies., *4Q* Second Ezekiel, 49.51; M. Kister, 4Q Second Ezekiel, 64; F. García Martínez / E. J. C. Tigchelaar, Study Edition, 768f); Text u. Übers. (4Q521): É. Puëch, DJD 25, 10f (vgl. auch F. García Martínez / E. J. C. Tigchelaar, Study Edition, 1044f).

202 Die Wurzel begegnet atl. nur noch in Ps 145,14; 146,8 (aram.: Esr 6,11; vgl. HAL 267.1702f; Ges[18] 310a; M. Jastrow, Dictionary, 409f). É. Puëch, DJD 25, 14, verweist noch auf 4QapocrLam B [4Q501], Z. 4, wo זקף in Kombination mit כפף steht (Rekonstr.; Text u. Übers.: F. García Martínez / E. J. C. Tigchelaar, Study Edition, 992–995):
[כפופים ואין זו]קף [...]
[those bent double, who no-one rai]ses up. [...]

und כפף [= „beugen"][203] im Zusammenhang eschatologischer Heils-
zusagen. Und das in 4Q385 erwähnte Baumsymbol soll offensichtlich, ähnlich wie 4Q521, als Zeichen der endzeitlichen Rettung der
„bedrückten Gerechten" die späten Psalmen 145 und 146 in Erinnerung rufen.[204]

Sodann belegt 4Q521 in der mehrdeutigen Verbindung von
„Auferstehung" und „Messias(se)" eine eigentümliche
eschatologische Ideologie, die, 4QpsEz oder der Darstellung aus Dura-Europos vergleichbar, „restaurative" und
„apokalyptische" Motive zusammenbindet. Hinzu kommt,
dass sowohl der Verweis auf die חסידים und צדיקים (4Q521
2 ii + 4 5) als auch die suffigierte Konstruktusverbindung מחי
עמו (4Q521 7 + 5 ii 6), die die Subjekte der Auferstehung benennt, ähnlich „Pseudo-Ezechiel" oder Dan 12 (V.1–3), einen ausgezeichneten Teil Israels vor Augen haben.[205]
Insgesamt ergeben die Gemeinsamkeiten zwischen der
„Messianischen Apokalypse" und der umfassenden Eze-
chielliteratur Hinweise auf die in Qumran *tradierte* Auferstehungskonzeption. Eine Entstehung der Lehre in Qumran
kann nicht bewiesen werden. Ja, sie ist wegen der in 4Q-
MessAp und 4QpsEz deutlichen Hermeneutik, die mit ihrer
Verbindung von restaurativen und apk Elementen Parallelen vor allem außerhalb der Qumrantexte besitzt, eher unwahrscheinlich.

c. Auferstehung in der „Jesaja-Apokalypse"?
Seit jeher umstritten ist der Text der „Jesaja-Apokalypse"
(Jes 24 – 27), und dies sowohl hinsichtlich seiner Gattung
als auch im Blick auf eine mutmaßliche Bezeugung der Auferstehung in Jes 25,6–8 bzw. 26,19. Die redaktionsge-

---

203 Vgl. atl. Ps 145,14; 146,8 (Qal), dann Ps 57,7 (69,11 [cj.]) u. Jes 58,5
(Ni. in Mi 6,6): s. HAL 469f; M. Jastrow, Dictionary, 661.

204 Leider sind präzisere Aussagen über die Funktion des Baumes in
4Q385 kaum möglich. Es fällt die nahezu wörtl. Übereinstimmung der
zitierten Phrase mit Barn 12,1 auf (vgl. M. Kister, 4Q Second Ezekiel,
64–67), die Barn jedoch kaum unmittelbar aus *Pseudo-Ezechiel* gewonnen haben dürfte (vgl. die Kommentierung u. Präzisierung bei F. R.
Prostmeier, Barnabasbrief, 433–435).

205 Insoweit mit F. García Martínez, Erwartungen, 183f, u. J. Zimmermann, Texte, 364; anders H. Kvalbein, Wunder, 113–115.119–121, der
ganz Israel angesprochen sieht.

schichtlichen Versuche zum Text sind nahezu so zahlreich wie die zu Jes 24 – 27 vorliegenden Veröffentlichungen. Weitgehend Einigkeit besteht bei der Ablehnung der *Genre*-Bezeichnung „Apokalypse", da die einzigen apk Motive des Gerichts und des Universalismus in ähnlicher Weise durch zahlreiche Formulierungen in den nachexilischen Propheten (vgl. Ez 38f; Hag 2,6f; Sach 1,11f) bezeugt sind[206] und zudem zur *Gattungs*bestimmung als „Apokalypse" nicht hinreichen. Ein Konsens zeichnet sich außerdem bei der literarischen Beurteilung als Zusatz ab, insofern in Jes 25,8; 26,19 die Auferstehung identifiziert wird.[207]

Jener Konsens ist von zwei Voraussetzungen geprägt, die zumeist nicht näher begründet werden: Einmal findet man in Jes 25,8aα und 26,19 die Auferstehung belegt. Zum anderen ist diese Vorstellung erst in der Spätzeit Altisraels zu erwarten. Der sich auf diese Voraussetzungen gründende Schluss später Ergänzungen in 25,8aα und 26,19 stellt also eine *petitio principii* dar. Denn weder die Gastmahlszene in 25,6–8 noch das „kollektive Klagegebet" in 26,7–21 beschreiben nach ihrem (proto-)masoret. Textbestand eine Auferstehung.[208] Der Text ist zwar in beiden Fällen problematisch, doch lässt sich durch die Bezeugung in Qumran und deren sporadische Bestätigung in der LXX relative Sicherheit erreichen:[209]

---

206 Vgl. G. W. Anderson, Isaiah xxiv – xxvii, 123f; R. Scholl, Thronrat, 283f (vgl. B. Otzen, Traditions, 200–204). P. L. Redditt, Prophecy, 38f, betont, dass Jes 24 – 27 weder eine „Apokalypse" noch „apokalyptisch" sei, und ordnet die Komposition in die nachexil. (eschatolog.) Prophetie ein, die die spätere Apokalyptik beeinflusst habe.

207 Vgl. die Referate zur lit. Schichtung in Jes 24 – 27 bei G. W. Anderson, Isaiah xxiv – xxvii, 119–122; R. Scholl, Thronrat, 4–34. Zu Jes 25,6–8 (bes. V.8aα) u. 26,19 als spätem Zuwachs vgl. nur B. Duhm, Jesaja, 181f [zu 25,8aα]. 187: 26,19 sei „abrupt" vorgetragen (zu Duhm s. P. Welten, Vernichtung, 143f); vgl. ferner O. Plöger, Theokratie, 77f. 81.85; O. Kaiser, Jesaja, 161 Anm. 3. 162; ders., Gott, Tl. 3, 308 mit Anm. 4; H. Seebass, Gott, 86; U. Kellermann, Gotteslob, 5–7 (anders H. Wildberger, Freudenmahl, 280–282; G. F. Hasel, Resurrection, 274f; D. G. Johnson, Chaos, 64; J. Day, Dependence, 366–368).

208 Vgl. etwa G. Fohrer, Geschick, 199; J. D. Levenson, Creation, 28–32; D. G. Johnson, Chaos, 65.75.80f; J. J. Collins, Afterlife, 120.

209 Zu Jes 25,[6–]8 vgl. D. W. Parry / E. Qimron, Isaiah Scroll, 41 [1QIsaª]; D. Barthélemy / J. T. Milik, DJD 1, 68 [1QIsaᵇ]; E. Ulrich, DJD 15, 59 [4QIsaᶜ]; zu Jes 26,19 vgl. D. W. Parry / E. Qimron, Isaiah Scroll, 43 [1QIsaª]; E. Ulrich, DJD 15, 33 [4QIsaᵇ, Bearb. P. W. Skehan / E. Ulrich]: späthasmon. bzw. herodian. Zu LXX vgl. J. Ziegler, SVTG XIV, 208.212 (vgl. U. Kellermann, Gotteslob, 16–19).

I. Jes 25,[6–]8: 1QIsa^a Kol. xx Z. 1–6; 1QIsa^b Frgm. 6 u. 4QIsa^c Frgm. 12 Kol. ii 14–15, 53 Z. 21.

II. Jes 26,19: 1QIsa^a Kol. xxi Z. 1–2; 4QIsa^b Frgm. 16 Kol. ii 17–20 Z. 14.

Am wenigsten angefochten ist der Text aus Jes 25,6–8: Während 1QIsa^b und 4QIsa^c zu V.8bα mit MT völlig konform gehen, weist 1QIsa^a neben der rein orthograph. *mater lectionis* ו in כול (V.6aα. 7aβ.b.8aβ.bα) u. מזוקקים (V.6bβ) bzw. הגואים א (V.7b) lediglich eine (markierte) Verschreibung in V.7aβ (פנו statt פני) aus. Die Verkürzung in Jes 25,7 [LXX], die passiv. Interpretation von בלע in V.8aα (Syr u. v. a. ϑ') sowie die Deutung von נצח im Sinne des aram. bzw. mischn.-hebr. ןצח[ו]/נצחא (α', ϑ': „Sieg", „siegreich": εἰς νῖκος)[210] weisen bereits den Weg zu einer *interpretatio Christiana* (vgl. 1Kor 15,54). Während Jes 25,8aα im Kontext des eschatolog. Gastmahls nach MT interpretiert werden kann, sind in 26,19 vor allem die Verbformen des MT anzuzweifeln: Nach Codex *Petropolitanus* folgen auf zwei Verben in Präformativ-Konjugation zwei imperat. Formen[211] Demgegenüber bezeugen die Mss. aus Qumran (v. a. 1QIsa^a Kol. xxi Z. 1–2) konsequent indikat. Präformativ-Bildungen, die von den futur. Verbformen der LXX bestätigt werden.[212] Neben den auch in diesem Vers nicht zu leugnenden Angleichungs- und Vereinfachungstendenzen dürfte die griech. Überlieferung, wo sie mit Qumran übereinstimmt, den ursprünglicheren Text bewahrt haben, da die Imperative als späte Korrektur nach V.20 verstanden werden können. Jes 26,19 wäre somit zu lesen:

יחיו מיתיך נבלתי[213] יקומון יקיצו וירננו שכני עפר כי טל אורת טלך וארץ רפאים תפיל

---

210 Vgl. M. Jastrow, Dictionary, 928. Zu den Varianten insgesamt vgl. H. Wildberger, Jesaja, 960. Syr, die in V.8aα einen Mischtext bietet, zeigt in Jes 25,6–8 insgesamt deutliche Spuren einer „christianisierenden" Lesart (so A. van der Kooij, Textzeugen, 273–277).

211 Daher nimmt man für die Verben חיה und קום in V.19a häufig jussiv. Bedeutung an (etwa O. Kaiser, Jesaja, 173).

212 Allerdings übersetzt die Mehrzahl der griech. Mss. wie in Jes 38,9 (vgl. auch Jes 39,1b [LXX] mit 1QIsa^a zu Jes 39,1b) חיה mit ἀνίστημι (gegenüber Jes 26,14a [LXX]). Zudem übergeht LXX die Suff. in V.19a u. fasst die sinnverwandten Wurzeln קום und קיץ (Jes 26,19a.bα) in einem Fut. pass. (ἐγερϑήσονται) zusammen (vgl. A. van der Kooij, Theologie, 23f, der auch für den griech. Text ein metaphorisches Verständnis der Auferstehung aufzeigen kann; anders U. Kellermann, Gotteslob, 18f).

213 Das Nomen dürfte als kollektiver Sing. aufgefasst werden, dem

Die Interpretation beider Texte hat stets den gemeinsamen altorientalischen Hintergrund hervorgehoben.[214] Doch ergibt sich ein Bezug von Jes 25,6–8 zur ugaritischen Thronbesteigung Baals oder zum mesopotamischen Pendant der Inthronisation Marduks nur durch die literarische Operation einer direkten Anknüpfung von Jes 25,6–8 an 24,21–23[215], und das Motiv des „Lichttaus" in 26,19b ist alleine nicht spezifisch genug. Damit entfällt die Möglichkeit der Einflussnahme durch das religionsgeschichtliche Motiv der „sterbenden und auferstehenden Götter". Daher ist zumindest aus rein religionsgeschichtlichen Erwägungen kaum die Auferstehungsvorstellung in der „Jesaja-Apokalypse" zu erweisen. Aber auch mit exegetischen Argumenten kann in 25,6–8; 26,19 die Idee einer Restitution des Volkes Israel der einer individuellen Auferstehung vorgezogen werden.[216]

Die Szene vom „eschatologischen Freudenmahl" in 25, 6–8 redet nicht von der Auferstehung, sondern setzt die

---

entsprechend ein plural. Verb zugeordnet werden kann (vgl. GesK § 145b u. c; K. Spronk, Afterlife, 299 Anm. 2; W. A. M. Beuken, »Deine Toten werden leben«, 141; B. K. Waltke / M. O'Connor, Introduction, 6.6b u. 7.2.1b): vgl. Gen 41,57; 48,6; Am 1,8. P. C. Schmitz, Grammar, 147f, versteht נבלתי als Gentil. in der Funktion einer adverb. Bestimmung: „Deine Toten sollen leben, (als) Leichen sollen sie aufstehen."

214 Vgl. H. Wildberger, Jesaja, 962f.996–998; J. J. Collins, Afterlife, 120, u. zuletzt W. Herrmann, Implikationen, 29f.

215 Dies gilt trotz der zweifachen anaphorischen Wendung בהר הזה (25,6aα.7aα; vgl. 24,23bα: בהר ציון; vgl. v. a. P. Welten, Vernichtung, 135f), weil das syndetische ו in 25,6aα (ועשה יהוה צבאות) zunächst eine Verbindung zum vorangehenden Psalm (25,1–5) herstellt. Eine Verbindung zur מלך־יהוה-Aussage in 24,21–23 ergibt sich erst aus der durch das Stichwort בהר הזה erreichten „doppelten Rahmung" in Jes 25,6aα[.7aα] und 25,10a, welche noch den folgenden Dankpsalm in 25,9–10a mit umschließt (ähnlich auch der Vorschlag bei D. G. Johnson, Chaos, 61, der Jes 25,6–10a abgrenzt).

216 Vgl. G. W. Anderson, Isaiah xxiv – xxvii, 126; J. J. Collins, Imagination, 24f. Anders: H. D. Preuß, „Auferstehung", 118.122; É. Puëch, Croyance, 66–73. Einen „dritten Weg" beschreitet R. Scholl, Thronrat, 145.219.228, der den Gegensatz von „Wiedererstehung Israels" und „individueller leiblicher Auferstehung" als „unsinnig" erachtet und zugleich auf die Trennung von „Frevlern" und „Gerechten" innerhalb Israels verweist. Alleine die „Gerechten Israels" würden „auferstehen" (vgl. auch W. A. M. Beuken, »Deine Toten werden leben«, v. a. 151; P. S. Johnston, Shades, 225).

Vernichtung der Trauer[217] symbolisierenden „Hülle" (לוט)
und „Decke" (מסכה), die „auf allen Völkern" ruhte, mit der
Vernichtung des Todes gleich (בלע המות: V.8aα). Der doppelte Gebrauch der Intensivform des Verbs בלע zielt dabei
offensichtlich auf eine resultative Bedeutungsnuance, die
durch die Adverbiale לנצח zudem verstärkt wird. Entsprechend übersetzt Hans Wildberger[218] V.8 auch mit: „'Und er
vernichtet' *für immer* den Tod." Im Unterschied zu Ez 37
und Jes 26 bezeugt die Überlieferung nicht einmal den metaphorischen Gebrauch der „Auferstehung". Der nähere
Kontext weiß, trotz der Assoziation mit Dan 12,2bβ (חרפה:
Jes 25,8bα), nichts von einer individuellen Todesüberwindung. Und auch die in 25,8aβ.b folgenden Bilder vom Abwi-
schen der Tränen und der Beseitigung der Schande geben
keine Hinweise auf eine transzendente Heilshoffnung. Vielmehr wird das – eschatologisch konnotierte – „Wiederer-
starken" Israels in der Völkerwelt hervorgehoben (vgl. Jes
49,7–13; 60,10; Sach 14,16 u. ö.). Daher kann das eng mit 25,
6–8 verknüpfte Danklied in V.9–10a den helfenden Retter-
gott JHWH besingen.

Schwieriger gestaltet sich die Deutung von Jes 26,19. Zunächst bleibt der Suffixwechsel erklärungsbedürftig (מיתיך,
נבלתי, טלך). Dann ist die Bedeutung der Wortfolge ארץ –
רפאים – נפל (V.19bβ) schwierig.[219] Außerdem kann für ein

---

217 Anders P. Welten, Vernichtung, 133–145; R. Scholl, Thronrat,
92f.112: Die Wegnahme der Hüllen ziele auf die theophane Gottesun-
mittelbarkeit (vgl. 1Kön 19,12f; Ex 24,9–11). S. aber P. L. Redditt, Prophecy, 39, der die Überbietung des theophanen Geschehens betont.

218 So ders., Jesaja, 959 [Hervorheb.: S. B.]. R. Scholl, Thronrat, 75,
übers.: „Er wird den Tod für immer verschlungen haben." Zur Bezeugung von לנצח im AT vgl. E. Jenni, Präpositionen 3, 275; zu weiteren
Belegen von בלע, v. a. aus Qumran (v. a. 1QpHab 11,15; 1QHᵃ 15,5) vgl.
DCH 2, 180a. Die Wurzel ist mehrdeutig (vgl. HAL 129; Ges¹⁸ 153; W.
Herrmann, Implikationen, 27). Schon die Intensivform kann in Anlehnung an die mutmaßliche Grundbedeutung auch das „Schlucken" meinen (Num 4,20). Doch dürfte sie in Jes 25 wie auch sonst häufiger metaphor. zu verstehen sein (vgl. Ps 21,10 [par. אכל]; 124,3; Belege bei
Herrmann, a. a. O., 27 Anm. 11). Metaphor. u. wörtl. Bedeutung verei-
nen sich späterhin in 1QpHab 11,14f, wonach der göttl. Zornesbecher
den Frevelpriester verschlingt (וכוס חמת [אל] תבלענו).

219 Vgl. die Diskussion bei P. S. Johnston, Shades, 112–114.

Verständnis im Sinne der Auferstehung auf die Parallelen in Dan 12,1–3 (קיץ, עפר, Lichtmetaphorik) verwiesen werden.

Beginnt man mit dem Personen-Wechsel der Suffixe (v. a. in V.19a), erweist sich die Klärung dieses Problems in direkter Abhängigkeit von der Gattungsbestimmung von Jes 26,7–21. Gemeinhin wird dieser Abschnitt als (Volks-)Klage bezeichnet, mit allerdings starken Modifikationen. Da V.19 dann als Antwort auf die Klage in V.16–18 i. S. eines Heilsorakels verstanden werden müsste[220], wird als Subjekt der Rede JHWH identifiziert.[221] Somit gelingt vielleicht noch eine Unterscheidung bei מיחיך und נבלתי in „Israels Tote" und „JHWHs Leichname". Jedoch wäre in V.19b ein Subjektwechsel zu postulieren, da mit dem Suffix der 2. Pers. Sing. nur Gott gemeint sein kann. Nun dürfte V.19 sowohl eine Reaktion auf die Anfechtung in V.16–18 als auch das Gegenbild zu V.14 bieten, was die in negativer Entsprechung formulierten Verben (קום, חיה) und die ihnen zugewiesenen Subjekte (רפאים, מתים) anzeigen. Zugleich lassen Elemente wie das Gottesverlangen (V.8–9a) bzw. -vertrauen (V.12f) weniger an die Form der Klage denn an einen Vertrauenspsalm (vgl. etwa Ps 16; 63; 125; 131) denken. Die schlecht bestreitbare Mischform widerrät einer eindeutigen Zuweisung zur (Volks-)Klage. Daraus folgt aber, dass das „wir" des Psalms (vgl. v. a. V.16–18) auch noch in V.19 das Subjekt der Rede darstellt. Ein Subjektwechsel würde damit unnötig, da nun im Munde der Beter „JHWHs Tote", „Israels Leichname" und schließlich „Gottes lichter (i. e. lebensspendender) Tau" zur Sprache kommen.

Auch wenn man ein Changieren von metaphorischem und wörtlichem Verständnis eingestehen muss: Auch im Kon-

---

220 Vgl. Jes 33,7–9 mit V.10–12; Jl 2,15–17 mit V.18–27; Ps 60,3–7 mit V.8–10.

221 Bereits H. Gunkel / J. Begrich, Einleitung 137f, verwiesen für Jes 26 auf die Kombination von Volksklage u. Heilsorakel. Vgl. die Kommentare z. St. (v. a. O. Kaiser, Jesaja, 169.173; H. Wildberger, Jesaja, 902.904.987.994f), dann: H. D. Preuß, „Auferstehung", 109f; D. G. Johnson, Chaos, 79f, sowie die bei R. Scholl, Thronrat, 132 Anm. 39, genannte Lit. F. J. Helfmeyer, Heilszusage, 247.254, behauptet wegen der postulierten Anordnung von göttl. Heilszusage (יחיו מ[ו]תיך), der bekenntnismäßigen Annahme der Zusage durch die Adressaten (נבלתי יקומון), des Aufrufs zum Jubel (הקיצו ורננו) u. der erneuten Zusage JHWHs (כי טל ארות טלך) gar einen doppelten Subjektwechsel (vgl. kritisch dazu: K. Spronk, Afterlife, 302f; zu weiteren Interpretationen vgl. die Übersicht bei H.-J. Fabry, Art. נָבֵל, 169; R. Scholl, Thronrat, 132f). Zuletzt modifiziert R. Scholl (vgl. a. a. O., 133f) Helfmeyers Ergebnis, indem er das Heilsorakel in JHWH-Rede (V.19a.b [bis עפר]) u. Annahme der Gemeinde (V.19b [כי טל ... חפיל]) unterteilt.

text von Jes 26,19 ist jedenfalls eine individuelle Auferstehungshoffnung auszuschließen.

Mit Rücksicht auf die Abfolge der Glieder in Jes 26,13–19 ergibt
sich folgendes Bild: In V.13 beklagt der Beter die Herrschaft anderer Herren als JHWH. Daraufhin wird jenen in Aufnahme der negativ gewendeten „Auferstehungsterminologie" aus V.19 die vollkommene Vernichtung angesagt (V.14). Schließlich wiederholt sich dieses Schema in V.16–18 und 19, wo jetzt allerdings die Not (צר) des
Volkes zunächst im Bild der Schwangeren, die רוח gebiert (V.18a),
kulminiert. In positiver Entsprechung zu V.13f wird darüber hinaus
das Heil Israels durch „Auferstehungsterminologie" (V.19) verdeutlicht. Der Aufbau der Passage in A (V.13) – B (V.14) – A' (V.16–18) –
B' (V.19) unterstreicht also die Korrespondenz der Fremdherrscher
mit dem Gottesvolk, wodurch eine wirkliche Auferstehung zugunsten einer Wiedererstehung des Volkes ausgeschlossen scheint.
Diese Beobachtung unterstützt auch der weitere Kontext, wenn die
je mit der Gottesanrufung einsetzende Gebetsreihe in V.11f(.13) die
Feindvernichtung JHWHs gegen die Schutz-Zusage an Israel stellt.
Zudem wirft die Kombination von רפאים und קום in V.14 (Ps 88,11;
vgl. Jes 14,9) ein Licht auf das Verständnis von V.19bβ. Die „Schat-
ten" als Bewohner der Totenwelt sollten ebenfalls eine gegenüber
V.14 gegenläufige Bewegung vollziehen, weshalb für נפל (Hi.) zu-
meist die Sonderbedeutung „gebären" angenommen wird (vgl.
V.18bβ).[222] Zuletzt unterstützt der bisher unbeachtet gebliebene
V.15 die vorgelegte Interpretation, wenn darin die Mehrung des Volkes verheißen wird, die mit der Erweiterung des Landes einhergeht.

Als Ergebnis wäre festzuhalten: Weder Jes 25,6–8 noch
26,19 sprechen von einer individuellen Auferstehung. Während die Freudenmahl-Szene schon terminologisch keinen
Anhalt bietet und in den Zusammenhang spätprophetischer
Eschatologie gehört, zeigt der Aufbau des Vertrauenslieds,
dass die Verben חיה, קום und קיץ eher für die Wiederer-
starkung von Volk bzw. Land in nachexilischer Zeit stehen,
auch wenn ein wörtliches Verständnis nicht ganz ausgeschlossen werden kann. Zwar ebnen die terminologischen
Entsprechungen (s. o.) den Weg zu Dan 12,1–3, und insofern
dürften Jes 25,6–8 und 26,19 vor allem gegenüber Ez 37,1–14

---

222 Vgl. HAL 671a. Zu den Ableitungsmöglichkeiten vgl. das ausführliche Referat bei H. Seebass, Art. נָפַל, 530, der die Sonderbedeutung
von נפל allerdings ablehnt. Zur Deutung der „Tau"-Metaphorik in V.
19bα vgl. J. Day, טַל אוֹרֹת, 265–269.

ein späteres Entwicklungsstadium repräsentieren, hin zum Auferstehungsglauben. Doch so wenig Jes 24–27 eine Apokalypse ist, so wenig bezeugt die Komposition die individuelle und auf „Transzendenz" abzielende Eschatologie der Auferstehungsvorstellung.

d. Auferstehung im *Wächter*- und im Danielbuch
Die Kapitel äthHen 22 und Dan 12 zählen zu den ältesten Belegen der Auferstehung im Kontext einer Apokalypse.[223] Beide Quellen bieten im Vergleich mit den zuvor behandelten die Motivik in ihrer ausgereiftesten Form. Sachlich lassen sich äthHen 22 und Dan 12 aufeinander beziehen.[224]

Mit Dan 12,1–3 hat man die Apokalyptik eingeholt. Hatten die obigen Beispiele neben dem Individuum (Ps 73 u. 49) auch Kollektive (Israel: Hos 6; Ez 37) im Blick, „aufersteht" zwar in Dan 12 ebenfalls eine Gruppe, deren semantische Umschreibung jedoch sehr umstritten ist.[225] Einerseits ist die Zuordnung der relativ unspezifischen Bezeichnungen (עם, רבים) problematisch. Andererseits assoziieren die genannten Verben *per se* noch keine Auferstehung. Während die Formulierung in V.1b (מלט I [Ni.])[226] für sich genommen noch ganz dem Diesseits verschrieben ist (vgl. Jer 38,18, Ps 22,6; 33,17 [cj.] u. ö.), damit scheinbar einen Rückschritt im Vergleich mit den bisher behandelten Texten darstellt, geben die Stichworte לחיי עולם (V.2bα) und זהר הרקיע (V.3aβ)

---

223 Vgl. zuletzt A. Bedenbender, Gott, 175–205; J. C. VanderKam, Introduction, 91–94.103.

224 S. u. sowie O. Kaiser, Gott, Tl. 3, 313–317.

225 Die Schwierigkeit besteht in dem ungeklärten Verhältnis der רבים (V.2a) zum עם (V.1bα): Ist ersterer Begriff inkludierend (ganz Israel) gemeint oder exkludierend (ein Teil Israels)? Bezieht sich רבים bei einem exkludierenden Verständnis auf die Märtyrer, etwa die in Dan 11,33–35; 12,3 genannten המשׂכ[י]לים], die jüngst Verstorbenen oder die Gerechten? – Vgl. das Referat der Forschungspositionen bei K. Koch / T. Niewisch / J. Tubach, Daniel, 241f. Auf das Problem wird im Anschluss an äthHen 22 zurückzukommen sein.

226 Das in 4QEnᶜ ar 1 v 5f [= äthHen 10,17] begegnende Synonym פלט erbringt nicht den Gegenbeweis: Zwar wird im Kontext (vgl. K. Beyer, Texte, 238) vom Gericht gegen die „Söhne Šemiḥazas" berichtet, doch die „Wahrhaftigen" (קשיטין) werden *innerweltlich* gerettet werden. Sie zeugen (tausend) Söhne, und ihre Tage werden wohlbehalten voll (ähnlich: Dan 11,41[.42]).

vermeintliche Hinweise auf einen der Welt gegenüber transzendierten Bereich. Allerdings begegnen beide Wendungen nach der bezeugten Kombination im AT ausschließlich in Dan 12[227] und erinnern eher die „Unsterblichkeit der Seele" (vgl. Weish 2,23; 3,4.7) denn „Auferstehung", auch wenn ausgeführte Unsterblichkeitsvorstellungen im hebr. Denken kaum zu erwarten sind.

Schließlich: Die in der Staub-Erde Schlafenden, d. h. die im Todesschlaf Verharrenden, werden zu ewigem Leben und zur Schande aufwachen (קיץ [Hi.]).[228] Zwar kann der Schlaf für den Tod und das „Erwachen" (קיץ) für die körperliche Auferstehung stehen[229], doch ist in Jes 26,19 sicherlich keine wörtliche Auferstehung gemeint.[230] Auch wenn Dan 12,1–3 keinen eindeutigen Verweis auf eine körperliche Auferstehung bietet, assoziiert die Unterscheidung (V.2b) von לחיי עולם und לחרפות bzw. לדראון עולם in Verbindung mit der Astralmotivik aus V.3 jedenfalls eine jenseitige Wirklichkeit. Zuletzt ist diese im visionären Kontext des apk Dan verbürgt.[231]

Die in Dan 12,2b erkennbare dichotomische Auffassung besitzt ihr Unterscheidungskriterium wohl in der Ausrichtung des irdischen Lebens an der Tora (vgl. PsSal 3,10–12; Sib 3,685–692; Lk 16,16f.28f.31).

---

227 J. J. Collins, Daniel, 392 mit Anm. 212, erwähnt Ps 133,3 (חיים עד) u. 1QS 4,7 (חיי נצח; vgl. CD 3,20; 6Q18 Frgm. 2 2). In 4Q418 69 ii + 60 12f u. 4Q181 1 4.6 sind es בני שמים u. עדת קודש, denen [חיי]ם עולם zukommt. Zudem begegnet in 4Q511 2 i 4 חיי נצח in Verbindung mit Lichtmetaphorik (אור).

228 Im Zusammenhang des Todesschlafs noch in den Drohworten gegen Babel (Jer 51,39.57) sowie in 2Kön 4,31; Jes 26,19 (vgl. auch Hi 14, 12; 1QpHab 8,14).

229 Zu Jes 26,19 [LXX] vgl. auch 1Thess 4,13–15; 1Kor 15,18 (κοιμηθέντες) u. die Motivik des „(süßen) Schlafs" in griech. Grabinschriften (vgl. J. S. Park, Conceptions, 98–121.184–186; I. Peres, Grabinschriften, 69–72.177–179).

230 S. o. Auch die zu Dan 12 etwa zeitgleichen Belege in äthHen 91,10 (4QEn^g ar [4Q212] 1 ii 13f) u. 92,3 sind ähnlich schemenhaft.

231 Vgl. S. Beyerle, Social Setting, 205–226. Dies gilt auch dann, wenn man in Dan 12,2 nur die Auferstehung der Gerechten findet (so zuletzt U. Kellermann, Gotteslob, 17f Anm. 31 [vgl. E. Haag, Auferstehung, 133f mit Anm. 3]; zur Syntax in Dan 12,2 vgl. auch 2Sam 2,13).

Wenngleich dies nicht mit דראון im atl. Sprachgebrauch belegt werden kann[232], macht die Erwähnung der חרפה in V.2bβ und der המשכלים in V.3 eine solche Vermutung wahrscheinlich. Während nach 1QH[a] 10,9f „Schmach (חרפה) und Spott" dem Frevler zufallen, während „Wahrheit und Einsicht" dem redlich Wandelnden zugehören, werden nach 1QLitPr [1Q34+1Q34bis] 3 i 1–7 die Frevler der Schmach (חרפה) bezichtigt, Gottes Namen nicht zu bekennen (vgl. außerdem 4QpHos[a] [4Q166] ii 13).[233] Zudem ergibt sich die Funktion der המשכלים aus V.3bα und dem Lehren des משכיל in Qumran (1QS 3,13; 9,12–19[234]; vgl. auch Dan 11,33a). Zuletzt verweist V.1b (כתוב בספר) auf eine Trennung von „Gerechten" und „Frevlern".[235]

Das Differenzkriterium der Ausrichtung des Lebens an der Tora im Hinblick auf Auferstehung findet späterhin seinen Reflex in der Literatur der hellenist. Weisheit. Auch wenn das sogenannte *eschatologische Buch* (Weish 1,1 – 6,21) keine „Auferstehungskonzeption" im wörtlichen Sinne darbie-

---

232 Während דראון nur noch in Jes 66,24 belegt ist, wird לחרפות als *lect. fac.* häufig zur erläuternden Glosse erklärt (vgl. etwa G. W. E. Nickelsburg, Resurrection, 19 Anm. 51).

233 Vgl. die „Ratschläge des Geistes der Wahrheitssöhne" gegenüber dem „Unrechtsgeist" in 1QS 4,6–14: Jene im „Wahrheitsgeist" Wandelnden finden „unendliche Freude in ewigem Leben" (4,7: ושמחת עולמים בחיי נצח), während die anderen „ewigen Schrecken und Schande" (4,12f: לזעות נצח וחרפת עד) zu gewärtigen haben (zum Text vgl. E. Qimron / J. H. Charlesworth, PTSDSSP 1, 16).

234 Vgl. v. a. Z. 14: להבדיל ולשקול בני הצדוק [„He shall separate and weigh the Sons of Righteousness"]; Z. 17: ולסתר את עצת התורה בתוך אנשי העול [„so that the counsel of the Torah might be concealed in the midst of the men of deceit"]: Text u. Übers. bei E. Qimron / J. H. Charlesworth, PTSDSSP 1, 40f, mit den Frgm. 4Q258 3 ii 2; 4Q259 1 iii 14f (vgl. a. a. O., 78f.88f). Zur Deutung vgl. G. W. E. Nickelsburg, Resurrection, 24 mit Anm. 67; J. J. Collins, Daniel, 393, die beide eine Parallele zum „Gottesknecht" in Jes 52f sehen.

235 Vgl. 4QDibHam[a] [4Q504] 1–2 vi 14; Dan 7,10; äthHen 81,1f; 82,1; Jub 23,32 oder TestLev 5,4 u. dazu J. J. Collins, Daniel, 390f; E. Haag, Auferstehung, 134f; weitere Belege bei S. Uhlig, JSHRZ V/6, 665 [zu LXXXI,1c]. – Ein völlig anderes Unterscheidungskriterium käme zum Tragen, wenn man mit den [ה]משׂכ[י]לים etwa Märtyrer identifizierte (so zuletzt J. Day, Development, 242f; Haag, a. a. O., 136f.139). Passender scheint da die Anmerkung K. Kochs (vgl. ders., Daniel, 44), der in den [ה]משׂכ[י]לים nach Dan 11,33.35; 12,3 „apokalyptische Lehrer" sieht, die das Volk „zu einem besonnenen und religiös unerschütterten Verhalten anleiten" (vgl. auch G. Dautzenberg, Seele, 192f; H. Hoffmann, Gesetz, 112–114). Zu den [ה]משׂכ[י]לים als Trägerkreise des apk Dan vgl. S. Beyerle, Social Setting, 205–226 [Lit.].

tet, orientiert sich die Idee der Unsterblichkeit (vgl. Weish 1,15; 3,4; 4,1 u. 8,13.17; 15,3) an der Ausrichtung des Lebens an der *sapientia* (vgl. 5,15; 8,17), wie das sich anschließende *Weisheitsbuch* (Weish 6,22 – 10,21) ganz unmissverständlich verdeutlicht.[236] Berücksichtigt man die in der späten Weisheit belegte Identifizierung von „Tora" und *sapientia* (vgl. etwa Sir 24,23–34), erschließt sich ein Entdeckungszusammenhang, der das in Dan 12,1–3 beobachtete Unterscheidungskriterium bestätigt.

Eine vergleichbare Differenzierung in Subjekte der Auferstehung ist zwar auch in äthHen 22 belegt, allerdings mit der Erweiterung, dass neben den Gerechten eine Gruppe vorgestellt wird (vgl. V.9f mit V.13 [GrP]: μέτοχοι τῶν ἀνόμων), die im Unterschied zu den in V.10f genannten Frevlern bereits im Leben Strafe für ihr Handeln erfuhr und daher ewig im Tod verfangen bleibt (vgl. Hi 14,12).[237] Insgesamt nennt der Text also mindestens drei Kategorien von Seelen der Toten: einmal die Gerechten (V.9), dann die Frevler, deren Gericht nicht zu Lebzeiten stattfand (V.10f), und schließlich die „Vollkommenen der Bosheit" (V.13).[238] Damit ließe sich Dan 12,1–3 im Kontext von äthHen 22 genauer fassen. Wären die רבים מישני אדמת־עפר in Dan 12,2 exkludierend zu verstehen, könnten die Gerechten und ungestraften Frevler aus äthHen 22,9.10f gemeint sein, da die μέτοχοι τῶν ἀνόμων nicht auferstehen (V.13). Somit erklärte sich schließlich auch die in Dan 12,2b getroffene Unterscheidung.[239]

236 Vgl. dazu J. J. Collins, Wisdom, 185–195 (v. a. 185–187).

237 Vgl. dazu ausführlich M.-T. Wacker, Weltordnung, 190–193.

238 Schwierigkeiten bereitet die Verteilung der von Henoch erfragten Räume auf die verschiedenen Gruppen der Seelen: Der äth. Text selbst nennt einmal vier (V.1: nach S. Uhlig, JSHRZ V/6, 555), einmal drei (V.9) Höhlen. Die genannten Gruppen lassen eher auf eine Dreiheit denn auf eine Vierheit schließen: hierzu u. zu weiteren Inkonsistenzen vgl. G. W. E. Nickelsburg, 1 Enoch 1, 302f, der sich dem traditionsgesch. Lösungsmodell von M.-T. Wacker, Weltordnung, weitgehend anschließt. Der griech. Text nach GrP zeigt allerdings durch die viermalige Phrase καὶ οὕτως ... eine Unterscheidung von vier Gruppen an (so auch P. Hoffmann, Die Toten in Christus, 107–109; H. C. C. Cavallin, Life, 41; J. C. VanderKam, Man for All Generations, 54f).

239 O. Kaiser, Tod, 73–75; ders., Gott, Tl. 3, 313–317, löst das Problem der in Dan 12,1–3 angesprochenen Subjekte der Auferstehung un-

Allerdings bedarf äthHen 22,13 einer näheren Hinsicht im Vergleich der Versionen:[240]

äth.: So ist (dieser Raum) auch für die Seelen der Menschen geschaffen worden, die nicht Gerechte, sondern Frevler waren, Vollkommene der Bosheit – und bei den Bösen, gleich ihnen, werden sie sein; und ihre Seelen werden nicht getötet werden am Tage des Gerichtes, noch werden sie von hier auferstehen.

griech. (GrP): καὶ οὕτως ἐκτίσθη τοῖς πνεύμασιν τῶν ἀνθρώπων, ὅσοι οὐκ ἔσονται ὅσιοι ἀλλὰ ἁμαρτωλοί, καὶ μετὰ τῶν ἀνόμων ἔσονται μέτοχοι. τὰ δὲ πνεύματα, ὅτι οἱ ἐνθάδε θλιβέντες ἔλαττον κολάζονται αὐτῶν, οὐ τιμωρηθήσονται ἐν ἡμέρᾳ τῆς κρίσεως, οὐδὲ μὴ μετεγερθῶσιν ἐντεῦθεν.

4Q205: [...] ן לֹא יתנזקון ביום דינא מן[... יתקימו]ן מן תנה]...[1

1 [...] they will [...] not be afflicted on the day of judgment away [from there and they will not be removed] away from there.

Der fragmentar. Qumrantext und die zahlreichen Abweichungen in GrP gegenüber dem Äthiopen[241] machen die Rekonstruktion eines

___

ter Verweis auf den Gerichtsort in äthHen 22, wo s. E. drei Gruppen genannt werden (vgl. auch K. Spronk, Afterlife, 340f; H. S. Kvanvig, Roots, 589f): 1. Die schon zu Lebzeiten bestraften Sünder, die in der Scheol verbleiben. 2. Die, welche das Gericht für ihre Frevel noch gewärtigen, und schließlich (3.) die Geister der Gerechten. Wegen der ersten Gruppierung stehen somit nur "רבים מישני רבים" aus dem Todesschlaf auf, und diese entweder zur ewigen Verdammnis oder zum ewigen Leben (vgl. auch M.-T. Wacker, Weltordnung, 267–281). Dagegen meint J. J. Collins, Daniel, 391 [mit Anm. 201f]. 392f, dass die Formulierung in Dan 12,1bβ alle „Gerechten" einschließt, also auch diejenigen, welche noch leben. Zwar assoziiere ספר die „geöffneten Bücher" (des Gerichts: 7,10), doch zeige die direkt folgende Auferstehung an, dass es sich um das „Buch des ewigen Lebens" handele. Und diese Auferstehung unterscheide nur zwei Gruppen, eben die „zum Glanz" und jene „zur Schmach" Aufstehenden (anders Jes 66,24).

240 Zur Übers. vgl. S. Uhlig, JSHRZ V/6, 558; griech. Text: M. Black, Apocalypsis, 34; aram. Text (4QEn^d ar [4Q205] 1 xi 1 [= 1 i 1l]) vgl. J. T. Milik / M. Black, Books, 218f; F. García Martínez / E. J. C. Tigchelaar, Study Edition, 420–423 (dort auch die Übers. [korr.]). Eine leicht abweichende Rekonstruktion bietet K. Beyer, Texte, 241.

241 Die wesentlichen Auffälligkeiten sind: GrP lässt die „Vollkommene[n] der Bosheit" aus, bietet jedoch einen im äth. Text nicht bezeugten Begründungssatz (ὅτι οἱ ἐνθάδε θλιβέντες ἔλαττον κολάζονται [αὐτῶν]). Zur Diskussion der Rezensionen und zu wichtigen Konjekturvorschläge vgl. M.-T. Wacker, Weltordnung, 75–83 (vgl. G. W. E. Nickelsburg, 1 Enoch 1, 300f), die nach sorgfältigem Abwägen fol-

Urtextes fast unmöglich. Für das restaurierte, durch den Vergleich mit der parallelen Verbform יתנזקון aber relativ sichere יתקימו[ן] (קום, Itpa.) ergibt sich keineswegs *per se* eine Hoffnung auf Auferstehung, da der aram. Wortstamm andere Bedeutungen aufweist.[242] Offenbar haben zunächst die griech. Übersetzer das hebr.-aram. Signalwort קום auf die Auferstehung gedeutet[243], bevor dieses Motiv auch in die äth. Überlieferung übernommen wurde. Weiterhin muss mit Blick auf die in äthHen 22 genannten Gruppierungen deren postmortales Geschick in Kap. 24 – 27 beachtet werden: Dort ist das Heil der Gerechten u. a. mit der Paradies- und Lebensbaum-Symbolik umschrieben.[244] Es kontrastiert mit dem Geschick der Verfluchten auf dem Berg bzw. im Tal ohne Vegetation (vgl. nur äthHen 26,5).[245] Über den Lebensbaum erklärt der Deu-

---

gende Rekonstr. bietet (a. a. O., 96.276):
Und diese ist für die Geister der Menschen gemacht, welche nicht fromm, sondern Sünder sein werden, die gottlos und mit den Gesetzlosen mitschuldig sein werden. Diesen Geistern aber – [weil die hienieden 'Bedrückten' weniger bestraft werden] – geschieht kein Unheil am Tag des Gerichts ⟨über sie⟩, aber sie werden sich auch nicht von hier erheben.

242 Zur Bedeutung i. S. v. „to restore, to remain lastingly" bzw. „bestätigt werden, bleiben" vgl. M. Jastrow, Dictionary, 1332a; J. T. Milik / M. Black, Books, 219; K. Beyer, Texte, 682; ders., Texte.Ergbd., 406 (vgl. auch M.-T. Wacker Weltordnung, 274f). J. Maier, Qumran-Essener II, 153, übersetzt z. St.: „[... von ihn]en nicht geschädigt werden am Tag des Gerichts außerhalb von [dort und werden nicht bestehen bleiben] außerhalb von dort."

243 Vgl. J. F. A. Sawyer, Hebrew Words, 218f.221–223, mit zahlreichen Beispielen, wie etwa die Wurzel קום in der späteren Rezeption „unverdächtiger" atl. Passagen als Signalwort für die Auferstehung fungiert.

244 Zur Baumsymbolik vgl. TestLev 18,11; VitAd 41,1 – 42,4 [s. gLAE 13,2–5]; ApkEl 39,10f [5,6] u. G. W. E. Nickelsburg, 1 Enoch 1, 314f.

245 Zum „kontrastiven Bild von Baumwuchs und Baumlosigkeit" sowie seiner Entsprechung von Segen und Fluch in äthHen 26f vgl. M.-T. Wacker, Weltordnung, 242–245 (zur Textrekonstruktion von äthHen 26,5: vgl. a. a. O., 237.249). M. E. besteht jedoch kein hinreichender Grund für eine Separierung der Paradies- bzw. Baumthematik in äthHen 24f; 32 von der Gerichtsvision in 26f (so aber M.-T. Wacker, a. a. O., 234). Zu deutlich sind die Entsprechungen zwischen Kap. 24f einerseits und 26f andererseits: Man vergleiche etwa die Zionstheologie in 25,3–6 mit der Jerusalem-Tradition in 26,2.4f (vgl. zur letzteren M.-T. Wacker, a. a. O., 245–253). Vielmehr wird man äthHen 21 – 27 und 28,1 – 32,2 unterscheiden müssen (so E. J. C. Tigchelaar, Eden, 41). Zu äthHen 24f; 32 vgl. auch insgesamt P. Grelot, Géographie, 33–69, sowie E. J. C. Tigchelaar, a. a. O., 38–47, wo Tigchelaar herausarbeitet, dass das *Wächterbuch* keineswegs Gen 2f als Vorlage benutzt hat, son-

te-Engel dem Henoch (25,5): „Seine Frucht [dient] den Erwählten zum Leben, zur Speise" [GrP]. Und (V.6): „... und ein längeres Leben werden sie auf der Erde fristen, als es deine Väter lebten" [GrP].[246] Die verwendeten Bilder, insbesondere der Lebensbaum, verdeutlichen das eschatologische Heil also keineswegs im *ewigen* Leben (vgl. aber Dan 12,2bα: לחיי עולם), sondern an der vorsintflutlichen Lebensdauer der Menschheit (vgl. Gen 5,3–31)[247]: Damit sollten die „Erwählten" wohl zu dem werden, der Henoch als Offenbarungsträger schon längst (wieder) war, nämlich zum Repräsentanten einer Menschheit jenseits der Gottlosigkeit und der Sünde (vgl. äthHen 92,5; 91,17). Bedenkt man weiterhin, dass in Dan 12 eine post-forensische Auferstehung bezeugt ist, während in äthHen 22,4[248] und 22,11.13 das Gericht der Totenseelen noch aussteht (vgl. 25,3f; 27,3f), verbleiben für den hier untersuchten Zusammenhang kaum noch Vergleichspunkte. Wahrscheinlich hatte die vor-griech. Textrezension eine (neutrale) Bewegung der Gerechten und Frevler hin zum endzeitlichen Gericht vorgestellt, jedenfalls keine heils- oder unheilskonnotierte Auferstehung zum ewigen Leben oder zu ewiger Schmach, wie sie in Dan 12 bezeugt ist.

Der Vergleich von Dan 12,1–3 mit äthHen 22,1–14 zeigt Gemeinsamkeiten sowie Unterschiede. Doch ist äthHen 22 nur bedingt mit Dan 12 in Parallele zu setzen, da äthHen 22 in der Idee eines nicht-terrestrischen, zudem in unterschiedliche Bereiche aufgeteilten Aufenthaltsortes der Seelen –

---

dern lediglich mit der Schöpfung-Sündenfall-Erzählung gemeinsame Traditionen verarbeitete.

246 Zur griech. Bezeugung von GrP vgl. M. Black, Apocalypsis, 35:
25,5: ὁ καρπὸς αὐτοῦ τοῖς ἐκλεκτοῖς εἰς ζωὴν εἰς βορ[ρ]ᾶν, ...
25,6: καὶ ζωὴν πλείονα ζήσονται ἐπὶ γῆς ἣν ἔζησαν οἱ πατέρες σου, ...
In 25,5 ist die Verwechslungsfähigkeit von βορρᾶν („Norden") βορᾶν („Speise") zu beachten (vgl. M. Black / J. C. VanderKam / O. Neugebauer, Book, 171; J. C. VanderKam, Man for All Generations, 57 mit Anm. 36).

247 Vgl. dazu die Kommentierung bei H. Seebass, Genesis I, 177–187; zur textgeschichtl. Problematik vgl. M. Rösel, Vollendung, 129–144. Unter den drei differierenden Zahlensystemen in MT, Sam u. LXX geben Rösel u. Seebass dem Sam den Vorzug, da sich danach eine Linie Adam, Henoch, Noah ergebe, die gegen die auf die Flut verweisende, gewalttätige Linie in Jered, Metuschelach u. Lemech stehe (vgl. Seebass, a. a. O., 182). Zum Autoritätsbezug der „Genealogie" innerhalb der allgemeinen Historiographie vgl. J. Le Goff, Geschichte, 186f.

248 Die Überlieferung bietet nach GrP: μέχρι τῆς ἡμέρας τῆς κρίσεως αὐτῶν [...] ἐν ᾧ ἡ κρίσις ἡ μεγάλη ἔσται ..., u. nach 4QEnᵉ ar [4Q206] 1 xxii 2f: עד יום די יתד[י] נן ... דינא רבא.

und möglicherweise auch in der Trennung von Leib und Seele – über Dan 12 hinaus verweist[249], ohne jedoch eine Verknüpfung mit der Lehre von der Unsterblichkeit der Seele zu liefern[250].

Da Jub 23,30f für die Kombination von Trennung in Leib und Seele sowie die Unsterblichkeitsidee einen möglichen frühen Beleg bietet und der Text zugleich problematisch scheint, ist eine genauere Sicht auf die Überlieferung nötig. Ob in Jub 23,24–31 gar die *Auferstehungsvorstellung* in einer Trennung von „Knochen" und „Geistern" belegt ist, wird diskutiert.[251] Für das Problem ist der hebr. Text zu Jub 23,30f aus Qumran (4QJub[i] [4Q176a] Frgm. 21) zu beachten:[252]

äth. (Übers.)	*hebr.*	*hebr. (Übers.)*
[*CSCO 511, 149*]	[*4Q176a Frgm. 21*]	
Then the Lord will heal	[...]	[...]
his servants. They will	[...]	[...]

---

249 Vgl. zu Unsterblichkeit u. Leib-Seele-Dualismus Weish 3,1–4; 5,5; 6,21; Philo, All 1,106f; Gig 13–15; VitMos 2,288.

250 Anders etwa G. Boccaccini, Essene Hypothesis, 175f, der in äthHen 22 die Vorlage für die Beschreibung der essen. Unsterblichkeitsdoktrin bei Josephus vermutet. Zu den Einflüssen einer dicho- oder trichotomischen Anthropologie in äthHen 22 vgl. M. Hengel, Judentum, 361f; J. C. C. Cavallin, Life, 41f. 49f Anm. 18.

251 So G. W. E. Nickelsburg, Resurrection, 31–33 (vgl. O. S. Wintermute, Jubilees, 102 Anm. p). Dagegen stellt K. Berger, JSHRZ II/3, 446 [zu XXIII,30[e]], dies in Abrede, wenn er die Knochen den Feinden, die Geister aber den Gerechten zuordnet. Ähnlich G. L. Davenport, Eschatology, 39f.46: Unter Anwendung von Literarkritik will Davenport die militär. wie polit. Restituierung des zur Tora zurückgekehrten Israel ausgedrückt finden. Doch sollten die in Jub 23 geschilderten eschatolog. Ereignisse nicht in einem zeitl. Nacheinander, sondern als inhaltl. Beschreibungen gleichzeitiger Geschehnisse verstanden werden (vgl. zu Jub 23,11–23: C. Münchow, Ethik, 54f).

252 Vgl. dazu M. Kister, Fragments, 534–536. Zum Text vgl. schon J. M. Allegro / A. A. Anderson, DJD 5, 65, wo das Frgm. noch zu 4QTanḥûmîm gezählt wird. Allerdings untermauern Schrift und Beschaffenheit der Frgm. 19–21 aus 4QTanḥûmîm die Zugehörigkeit zu 4QJub[f] [4Q221] (vgl. M. Kister, Fragments, 530.536; J. C. VanderKam, DJD 13, 64; J. Maier, Qumran-Essener II, 116f). An anderer Stelle äußerte VanderKam Zweifel an der Zuweisung von 4Q176a Frgm. 21 zu Jub 23,30f (vgl. ders., Book I, xf Anm. 5), die er später revozieren konnte (vgl. ders., Fragments, 638f.642f). Zu Text u. Übers. von Frgm. 21, Z. 1–5 vgl. M. Kister, Fragments, 534 [anders jetzt: J. F. Hobbins, Resurrection, 411 Anm. 28]; F. García Martínez / E. J. C. Tigchelaar, Study Edition, 362f, u. PAM 43.435; zu äth. Text u. Übers. vgl. weiterhin J. C. VanderKam, Book II, 14.

rise and see great peace.	[...]	[...]
He will expel his enemies.	[...]	[...]
The righteous will see	[...]	[...]
(this), offer praise, and be	[...]	[...]
very happy forever and	[...]	[...]
ever. They will see all	וראו ש[ונ]איהם את	[...] And [those who] h[ate them] will see
their punishments and	[כול משפטם]	[all their judgment]
curses on their enemies.	בכול קללח[ם]	in all [their] curse.
Their bones	וינוחו	[And their bones
will rest in	עצמותיהם	will rest in
the earth and their spirits	בארץ] ורוחותיהם	the earth] and their
will be very happy.	י]רבו שמחה	spirits will [re-joice exceedingly
They will know that the	[וידעו כיא	and they will know
the Lord is one who	יש אל	that] there is a God
executes judgment but	עושה [משפט	who performs [judg-
shows kindness to	ועושה חסד]	ment and shows mercy]
hundreds and thousands	ל[אלפי]ם ולר[בבות	to [thousand]s and to t[ens of thousands,
and to all who love him.	לכול אוהביו]	to all that love him]

Aus unterschiedlichen Gründen ist eine Aufteilung der עצמות bzw. רוחות auf „Frevler" bzw. „Gerechte" entsprechend Jub 23,24f bzw. 23,26–28 unwahrscheinlich: Einmal müsste ein Personenwechsel in den Suffixen bei עצמותיהם [rekonstr.] und רוחותיהם angenommen werden: vgl. die ו-Kopula in ורוחותיהם. Andererseits bezeugt der Qumrantext zu Jub 23,30, dass ein Kollektiv (וראו), nämlich die „Gerechten", „auf alle [ihre] Verfluchung[en]" (בכול קללח[ם]), nämlich die der „Frevler", sieht. Das von den „Gerechten" Geschaute ist gemäß V.31 [hebr.] eine Tat Gottes (Z. 4: יש אל עושה), wahrscheinlich seine Gerichtstat. Es wäre aber höchst ungewöhnlich, wenn das als Fluch konkretisierte Gericht Gottes an den „Frevlern" ausgerechnet in der „Ruhe" ihrer „Knochen" veranschaulicht würde. Man wird also für das Verständnis von Jub 23,30f auf eine endzeitliche Trennung von Leib und Seele schließen dürfen, die eine „Transzendierung" i. S. einer „axiologischen Eschatologie" wahrscheinlich macht.[253]

Ganz anders äthHen 22: Die in der aram. gegenüber der griech. Überlieferung fehlende Auferstehung in Verbindung mit Paradies- und Lebensbaumvorstellungen verweist für

---

253 Vgl. auch A. Yarbro Collins, Gospel, 126.

die „Urfassung" von äthHen 22 zudem auf eine Heilskonzeption, die für die Zeit nach dem noch ausstehenden Gericht ein Dasein der Gerechten in „vorsintflutlicher Gerechtigkeit" erwartete.

Für Dan 12 gilt: Im Unterschied zu Ps 73; 49 und Ez 37 erweisen isolierte Beobachtungen zur Terminologie keine eindeutige Assoziation himmlisch-irdischer Grenzüberschreitung.[254] Diese wird erst deutlich, wenn man die Perikope im Gefälle ihres Kontexts betrachtet (s. Dan 11,14 [Vision!]. 31–45). In einem visionären Geschehen, orientiert an Dan 7[255], hört Daniel die „Wahrheit" (11,2: אמח), die in der Entschlüsselung der Weltgeschichte von Kyros von Persien bis zu Antiochus IV. Epiphanes konkret wird (vgl. Dan 11,2–45). Gegenstand sind nicht nur die Auseinandersetzungen zwischen Ptolemäern und Seleukiden, in deren Vordergrund der „Gräuel der Verwüstung" unter Antiochus steht, sondern auch innerjüdische Auseinandersetzungen religionspolitischer Art.

In diesen Zeiten musste das nun auftretende „Paradox" des Tun-Ergehen-Zusammenhangs aufgearbeitet werden, das darin bestand, dass ausgerechnet die Tora-Fürchtigen ermordet wurden, während Apostaten am Leben blieben (vgl. 1Makk 1,54–64; 2Makk 6,1–11).[256] Die Bewältigung dieser Krise, nicht nur weisheitlichen Denkens, konnte ausschließlich durch eine Transzendierung der gewaltsam zu Tode Gekommenen erfolgen. Und einzig auf dieser historisierenden Ebene des Textverständnisses wird Dan 12 dem Kriterium der Auferstehungshoffnung gerecht. Erst unter Berücksichtigung jener „Kontext-Lesart" setzt sich Dan 12

---

254 Berücksichtigt man die Funktion Michaels in Dan 12,1, die nichts von einem *angelus interpres*, aber viel von einem militärischen *Beistand* hat (vgl. G. W. E. Nickelsburg, Resurrection, 14), dann begegnet in Dan 10,17–21 eine Parallele. V.20: der שׂר Michael kommt, um mit dem שׂר פרס zu kämpfen (לחם): Ähnlich wie in Ps 73 u. Ez 37 befindet sich der Protagonist an der Lebensgrenze, wenn es in V.17b heißt: „... und kein Lebensatem ist mehr in mir übrig" [נשׁארה־בי לא ונשׁמה]. Erst durch den Zuspruch des „Engel-Fürsten" wird Daniel wieder „stark" (V.19 [וחזק]).

255 Die Verbindung von Dan 12 mit Kap. 7 betont v. a. J. J. Collins, Eschatology, 85–88.

256 Vgl. dazu G. W. E. Nickelsburg, Resurrection, 19.

von den übrigen Perikopen, auch von äthHen 10 und 22, ab, wird auf diese Weise zu einem frühen Beleg von „post-forensischer"[257] Totenauferstehung.

3.3. Ergebnis

Eine Genese der Motivkonstellation „Auferstehung" lässt sich zwar nicht zweifelsfrei rekonstruieren, erhält aber durch die obigen Analysen gewisse Konturen. Die altisraelitische Konzeption eines Glaubens an JHWH, den Gott der Geschichte, belässt das glaubenskonstituierende Verhältnis Gottes zu seinem Volk Israel ganz in der Sphäre des Irdisch-Gegenständlichen.[258] Sowohl der Himmel als Ort JHWHs als auch die Scheol als Bereich der Toten und der gottfernen Verderbnis sind diesem Glauben weitgehend entzogen.[259] Zwar zeigt der frühe Beleg in Hos 6,1–3, dass Gott heilend eingreifen konnte, doch nur im Sinne der Lebenserhaltung, nicht zur Totenauferweckung in der Durchbrechung axiologisch getrennter Bereiche. Die Erfahrungen mit dem „Gott Israels in der Geschichte" nimmt Ps 73 auf, schildert aber zugleich, etwa durch seine Position in der Psalterkomposition, das Schicksal des Einzelnen. Dieser erfährt seine individuelle Bedrohung als Todesgefahr, der die göttliche Nähe entgegenwirkt (vgl. auch Weish 2,12–20; 4Makk 9,7f). In eine ähnliche Richtung zielt möglicherweise die Grabinschrift aus _Ḥirbet el-Kōm_, wobei der Bezug des Textes nicht eindeutig geklärt werden kann. Es bleibt also unklar, ob der inschriftliche Segenswunsch die vergangen-irdische oder eine zukünftig-jenseitige Welt im Blick hat.[260]

---

257 Vgl. auch G. W. E. Nickelsburg, Resurrection, 27, der in Dan 12, nicht zuletzt auf Grund formaler Erwägungen, eine Gerichtsszene identifiziert. Ohne Begründung deutet J. Ebach, Apokalypse, 43f, die _resurrectio_ in Dan 12 als eine Auferstehung zum Gericht.

258 Vgl. dazu H. Kessler, Sucht den Lebenden, 41–68; J. Assmann, Tod, 15f.47f. Die Spannung zwischen der Transzendenz Gottes u. seinem geschichtl. Handeln verlangt theolog. daher schon früh nach theophanen Traditionen (vgl. Ri 5; Ps 68; Dtn 33; Hab 3).

259 Die glaubende Todesbewältigung Altisraels vollzieht sich vorerst in der Theologie der Nachkommenschaft und des Namens.

260 Diese Problematik begegnet im Übrigen auch noch in den späten Grabinschriften der hellenistisch-römischen Zeit (vgl. dazu J. S. Park, Conceptions, _passim_; s. kritisch R. Deines, Rez. _Park_ ...,86–96).

Sowohl mit der Individualisierung, der expliziten Eschatologisierung als auch der Infragestellung einer Trennung von
Himmel und Erde treten neue Aspekte der Auferstehungshoffnung hinzu (vgl. Ps 73 u. 49). Annähernd als Kombination einer *restitutio ad integrum* (Hos 6) und der angedeuteten „Transzendierung" (v. a. in Ps 49) erscheint Ez 37,1–14,
wenn etwa Gott selbst in den Bereich der Scheol eingreift,
um Israel „herauszuführen" (V.12–14). Eine Entmythisierung
erreicht die ezechiel. Komposition dadurch, dass wiederum
ein Kollektiv vor Augen steht und die aktive Rettung Gottes
in der Terminologie (עלה [Hi.]) an *die* Geschichtstat JHWHs,
nämlich den Exodus, anklingt. In der Rezeption dieses
Textes ergänzt der Qumrantext (4QpsEz^{a.b}) die „individuali-
sierte" Auferstehung, während die Bildumsetzung aus Dura-Europos und das Ezechiel-Apokryphon Letzteres zwar
nicht *expressis verbis* thematisieren, jedoch mit Hilfe einer
dualistischen Wirklichkeitsauffassung in Verbindung mit
den Aspekten „Individualisierung" und „trichotomische
Anthropologie" den hebr. Text im Gefälle einer apk Aufer-
stehungsidee fortschreiben. Schließlich ist mit Dan 12 die
Durchbrechung der Todesgrenze[261] *in Verbindung mit* einer
eschatologischen Zeitauffassung erreicht, was sich aber
erst vollgültig durch die kontextuelle bzw. zeitgeschichtli-
che Interpretation ergibt. An diesem Text zeigt sich außerdem, dass die „postforensischen" Heilsverheißungen eines
Deuterojesaja oder Ezechiel in erneuter Krisenzeit nicht
mehr greifen konnten.

Die Souveränität Gottes war in der vermeintlich aus-
weglosen Situation der toragläubigen „Verständigen" an
neue, eschatologisch zugespitzte (Dan 12,1: עת ... ההיא ובעת
גוי מהיות לא־נהיחה ... צרה) und weisheitlich „überhöhte"
(Dan 12,3a) Lösungsmöglichkeiten gebunden.[262] Dabei wäre
es sicherlich zu einseitig, wollte man die „Krise" ausschließlich seleukid. Hellenisierungsbestrebungen oder gar
ausschließlich Antiochus IV. anlasten. Sowohl der Onia-

---

261 Vgl. dazu H. Kessler, Sucht den Lebenden, 54–68.

262 Vgl. M. S. Moore, Resurrection, 18.26.32–34, der jedoch insgesamt zu sehr die Trennung prophetischer (Auferstehungs-)Hoffnung
und weisheitlicher (Unsterblichkeits-)Erwartung betont (vgl. außerdem
G. F. Hasel, Resurrection, 281–284).

den-Tobiaden-Konflikt als auch schon die früheren Auseinandersetzungen um den zweiten Tempel (Hag, Sach) und
später dann die Abspaltung der Essener zeigen, dass zumindest *auch innerjüdische* Konflikte dem Krisenbewusst-
sein zuträglich waren. Hinzu kommt, dass der auch die
Spätzeit so stark bestimmende Tun-Ergehen-Zusammen-
hang der Weisheit[263] nicht mehr zur Lebensbewältigung
beitrug. Ebendies konnten etwa die Oniaden (vgl. Sib 3,
652–697) durch ihre Verstrickung in die Diadochenkriege
verspüren[264], und die Trägerkreise des Dan gestalteten in
Reaktion darauf ein Auferstehungskonzept, das neben dem
zentralen Aspekt der „transcendence of death" auch
Eschatologisches, Kosmologisches und zugleich Angelolo-
gisches zu vereinigen in der Lage war.[265]
	Die hier nachgezeichnete Kontur einer Genese der altis-
raelitischen Auferstehungshoffnung bis in antik-jüdische
Zeit vermag, ohne dass religionsgeschichtl. Einflüsse *a limine* ausgeschlossen werden können, einen inner-israelit.
Entstehungszusammenhang plausibel zu machen, der nicht
auf einseitige Stereotypen – wie die „Märtyrertheologie[266] –

---

263 Vgl. K. Schubert, Entwicklung, 188. Dies ist umso mehr wirk-
sam, wenn es richtig ist, dass in der älteren Weisheit die „Vergeltung"
auf göttl. Intervention hin vollzogen wurde (so B. Janowski, Tat, 186–
190).

264 Auffälligerweise löst die 3. Sibylle dieses Problem *nicht* durch
eine „Transzendierung", sondern (ähnlich äthHen 10; 2Makk 7; 4Makk
17,11f) durch Ausweitung bzw. Aufhebung der Lebensgrenze (anders:
Sib 4,172–189). Zur historischen Einordnung: Mit dem „7. König von
Ägypten" (vgl. Sib 3,192f.318.608) wird man Ptolemäus VI. Philometor
(180–164 u. 164–145 v. Chr.) gleichsetzen können, der nicht nur für seine grundsätzlich judenfreundliche Einstellung (Jos Ap 2,49) bekannt
war, sondern auch die Oniaden Onias (wohl: IV.) u. Dositheus nach
deren Flucht aufnahm und ihnen die Erlaubnis zum Bau eines Tempels
in Leontopolis (Jos Bell 7,427–430; Ant 13,65–68.70f) erteilte (vgl. J.
Frey, Temple, 186–194). Vieles spricht für die Abfassung der 3. Sibylle
durch einen Helfer des Onias (vgl. Sib 3,652–656). Zum Aufbau der
Oracula Sibyllinae und der Verbindung von Sib 3 zu oniad. Trägerkreisen vgl. J. J. Collins, Development, 421–459.

265 Dass sich diesem Krisenbewältigungskonzept bei weitem nicht
alle antik-jüdischen Trägerkreise u. Gruppierungen anschließen konnten, zeigen u. a. die Schriften der Qumran-Essener (vgl. dazu G. W. E.
Nickelsburg, Resurrection, 166f, u. ausführlich É. Puëch, Croyance,
v. a. 794–802).

266 Vgl. etwa U. Kellermann, Danielbuch, v. a. 58.

zurückzugreifen braucht. Zugleich wurde deutlich, dass die Vorstellung einer „Grenzüberschreitung" auch in diesem Motivkomplex zentral ist und außerdem eine endzeitliche Trennung in „Gerechte" bzw. „Frevler" – also die *Semantik* des Gerichts – erst in apk Traditionen begegnet. Zugleich lässt sich aus dem Ergebnis in *theo-* und zugleich in *anthropologischer* Sicht ein Sinn erheben. Das Kommen Gottes sowie das „Fortleben" des Menschen in einer transzendierten Wirklichkeit sind sinngebende Konstituenten der Lebensbewältigung, also zunächst menschlichen Lebens und erst dann postmortaler, mythischer Existenz, da sich an beiden „Bewegungen", dem Herabkommen Gottes wie dem Hinaufsteigen des Menschen, eine Trennung von Heil und Unheil vollzieht.[267] – Jedenfalls ist mit Blick auf die Auferstehungsvorstellung die Trostfunktion, unter Berücksichtigung der historischen Entstehungsbedingungen, zu benennen.

Die Entwicklung der Auferstehungshoffnung wirft ein Licht auf das Gottesbild der Apokalyptik, wobei durchaus Parallelen mit dem Gottesbild im Motivkomplex der Theophanie deutlich werden: Einerseits zeigt sich, dass die „Eschatologie", sei sie nun als Zeitmaß, axiologisch oder existentialistisch verstanden, nicht im Zentrum apk Redens vom Kommen Gottes oder von der Auferstehung zu finden ist. Andererseits verweisen die stets bedachte *Möglichkeit* der Theophanie und das über das „Ende" hinausreichende Transzendieren auf den „Gott der Geschichte", der sich nicht aus seiner Weltverantwortung „gestohlen" hat, sondern lediglich der verfallen(d)en Welt eine Absage erteilt, um den „Gerechten" auch in der „neuen" Welt beizustehen. Jedenfalls führt der Gedanke der individuellen Verantwortung zugleich zu einer Aufhebung des überkommenen Heil-Unheil-Schemas, wie es etwa noch das DtrG vertrat, wie es aber auch noch, wenn auch unter anderen Vorzei-

---

267 Über die Welt oder das Weltbild dieser Texte ist zu sagen, dass die geläufige Trichotomie in Himmel – Erde – Scheol in dieser statischen Geschlossenheit nie zutrifft. Vielmehr sind die einzelnen Bereiche „durchlässig" (vgl. O. Keel, Welt, 47f). Dies bedeutet zugleich, dass nicht die „Architektur" der Welt entscheidend ist, sondern das Verhältnis der Teile zueinander und die Frage nach der Möglichkeit bzw. den Kriterien des Hineinreichens des einen Teils in den anderen.

chen, in Ez 38f begegnet.[268] Wenn es zudem richtig ist,
dass in christl. Überlieferung bis hin zu Paulus (vgl. 1Thess
4,13–18; 1Kor 15) keine Veränderung im Verständnis der
Auferstehung erkennbar wird, dagegen „pagane" Einflüsse
auf die älteste Darstellung vom leeren Grab (Mk 16,1–8)
einwirkten[269], dann kommt dem bisher herausgearbeiteten
Gottesbild offenbar auch eine an der Beharrlichkeit der
Tradition ablesbare Dignität zu.

---

268 Vgl. dazu G. F. Hasel, Resurrection, 282f.

269 Erst in der griech.-röm. Mythologie, wenn man einmal von Gilgameš (Tfl. 11) absieht, ist Entrückung oder himml. „Übernahme" zur
Vergöttlichung belegt (vgl. das Material bei A. Yarbro Collins, Apotheosis, 92–96). Erst in diesen Texten wird die Frage nach der *physi-
schen Gestalt* des auferstandenen Leibes gestellt.

VIERTES KAPITEL

Heilserwartungen im Kontext
hellenistisch-jüdischer Anthropologie

1. FRAGESTELLUNG

In den bisherigen Darstellungen altisraelitischer und antik-jüdischer Anthropologie[1] überwiegt die Orientierung an Begriffen und ihren semantischen Profilen. Dies scheint insofern dem Befund angemessen, als das AT und seine Umwelt keine Anthropologie im Sinne einer „*Lehre* vom Menschen" liefert.[2] Darüber hinaus kristallisiert sich ein Konsens darüber heraus, dass das Alte Israel auch in den Termini נפש, בשׂר und רוח stets den Menschen „als ganzer und als Einheit"[3] meint. Insofern sperrt sich die atl. Anthropologie gegen eine di- oder gar trichotomische Auffassung vom Menschen.[4] Wenn dies richtig ist, dann müsste sich mit der antik-jüdischen Apokalyptik nicht nur im Blick auf die Eschatologie, sondern auch hinsichtlich des Menschenbilds ein radikaler Schnitt vollzogen haben: weg vom „hebräischen" Denken und hin zu einer „hellenistisch-synkretistischen" Anthropologie, weg von der Vorstellung des Menschen als psychosomatischer Einheit, hin zu einem nach

---

1 Der Begriff „Anthropologie" assoziiert unterschiedliche Wissenschaftsbereiche und ist schon deshalb gar nicht oder nur bedingt auf die Schriften Altisraels und des antiken Judentums anwendbar (vgl. H. Seebass, Beitrag, 41f; H. W. Wolff, Anthropologie, 13–18.365).

2 Vgl. neben H. W. Wolff, Anthropologie, v. a. 25–95; W. H. Schmidt, Begriffe, 79–91; O. Kaiser, Gott, Tl. 2, 278–318 (v. a. 290–301), auch die Einordnung der Lit. bei H. Lichtenberger, Studien, 47f (v. a. 48 mit Anm. 20), der betont, dass Wortuntersuchungen der Fragestellung nicht genügen.

3 Vgl. W. H. Schmidt, Begriffe, 79 (vgl. auch a. a. O., 88–90, sowie D. S. Russell, Method, 140f; H. Seebass, Art. נֶפֶשׁ, 537f.543–545, u. B. Janowski, Konfliktgespräche, 44). Zur anthropolog. Problematik von „Auferstehung" u. „Apokalyptik" vgl. G. Stemberger, Problem, 24–26.

4 Vgl. zuletzt B. Janowski, Konfliktgespräche, 8–10.

Körper und Seele (bzw. Geist) zusammengesetzten Humanum.

Doch scheint ein so konsequenter wie folgenreicher Schwenk aus mehreren Gründen fraglich: Zunächst zeigen antik-jüdische Jenseitskonzepte im Umfeld von Auferstehung und ewigem Leben äußerst vielgestaltige Vorstellungen von der „Konkretion" eschatologischen Heils:[5] Die Palette reicht von einer Hoffnung auf leibliche Auferstehung[6] über eine durch den individuellen Tod bewirkte Trennung von Leib und Seele[7] bis hin zu Aussagen, die keine eindeutige Entscheidung über die Frage einer leiblichen Auferstehung zulassen (vgl. Dan 12,1–3)[8] bzw. je nach Überlieferung unterschiedliche Lösungsansätze liefern (vgl. äthHen 22; 102 – 104).

Besonders in späteren Belegen wie slHen (ca. 1. Jh. n. Chr.)[9] kann sogar die hellenist. beeinflusste Vorstellung von der Präexistenz und Unsterblichkeit der Seele mit der Idee leiblicher Auferstehung kombiniert werden. In slHen 23,4f [J] spricht der *angelus interpres* zu Henoch:[10]

---

5 Für die Bereiche „Apokalyptik", „Qumran" und „Apokryphen bzw. Pseudepigraphen" sei auf die Überblicke bei J. J. Collins, Afterlife, 119–137; P. R. Davies, Death, 189–210; É. Puëch, Necropolises, 21–34; G. W. E. Nickelsburg, Judgment, 141–161, verwiesen. Zur Frage der Todesüberwindung jenseits der Auferstehung vgl. U. Kellermann, Überwindung, 266–282.

6 Vgl. syrBar 49,1 – 51,16 [49,2f u. 50,2; 51,10] u. Dura-Europos.

7 Vgl. Jub 23,30f; LAB 44,10; TestHiob 52,1–12; TestAbr A 20,9–12; gLAE 32,4; ApkEsr 7,3; ApkSedr 16,5 u. Ezechiel-Apokryphon.

8 Vgl. hierzu etwa die Diskussion um die Frage einer leiblichen Auferstehung in Dan 12,1–3 zwischen J. J. Collins, Daniel, 393f (vgl. auch ders., Afterlife, 125–127; A. Yarbro Collins, Gospel, 125f; D. Bauer, Buch, 214f) u. L. F. Hartman / A. A. Di Lella, Book, 310 (vgl. auch P. R. Davies, Daniel, 117f; E. Haag, Zeitalter, 245–251), bzw. Collins, Daniel, 392 mit Anm. 210, u. U. Kellermann, Danielbuch, 69f.

9 Zu Entstehungszeit u. -ort (äg. Diaspora) bzw. Adressatenkreis (gebildete, wohlhabende Juden Alexandriens): C. Böttrich, Weltweisheit, 143f.190–192; ders., JSHRZ V/7, 807–813. Prinzipiell können die Einleitungsfragen zu slHen nur grob und näherungsweise begründet werden, etwa mit dem Verweis auf eine vor 70 n. Chr. zu datierende Tieropfer-Praxis (vgl. v. a. slHen 59,1–5 [J u. A], u. C. Böttrich, Weltweisheit, 198–202).

10 Die folgenden Übers. sind F. I. Andersen, 2 (Slavonic Apocalypse of) Enoch, 140.168, entnommen. Das im AT vorherrschende ganzheitli-

[...] »These things, whatever I have taught you, whatever you have learned, and whatever we have written down, you sit down |and| write – all the souls of men, whatever of them are not yet born, and their places, prepared for eternity. For all the souls are prepared for eternity, before the composition of the earth.«

Während die zitierte Passage die Präexistenz mit der Unsterblichkeit der Seele verbindet, spielt slHen 42,5 [J] auf die leibliche Auferstehung an:

When the last one arrives, he will bring out Adam, together with the ancestors; and he will bring them in there, so that they may be filled with joy; just as a person invites his best friends to have dinner with him and they arrive with joy, and they talk together in front of that man's palace, waiting with joyful anticipation to have dinner with delightful enjoyments and riches that cannot be measured, and joy and happiness in eternal light and life[.]

In Anbetracht dieses Befunds (s. slHen 65,6–10[.11: J u. A]; PsPhok 103–115: s. u.) könnte man geneigt sein, mit John B. Cobb[11] von einer

---

che, „synthetisch-stereometrische" Denken (H. W. Wolff, Anthropologie, 23f; B. Janowski, Konfliktgespräche, 13–21) begegnet nach Ansicht von U. Fischer, Eschatologie, 64–67, u. C. Böttrich, Weltweisheit, 171, auch in der kürzeren Rez. von slHen 30,6; 58,4; 61,1. Der slav. Begriff für ψυχὴ ζῶσα entspreche der hebr. Wendung נֶפֶשׁ חַיָּה (vgl. Gen 2,7), die für das „ganze Lebewesen" stehe.

11 Vgl. ders., Resurrection, 213–227, der (a. a. O., 225–227) sogar eine Verbindung zu Paulus (1Kor 15) hergestellt wissen möchte (vgl. die theol. „Gegengewichte" K. Barth, Auferstehung, passim; R. Bultmann, Karl Barth, v. a. 51–64). Immerhin bricht innerhalb des Corpus Paulinum ein ähnliches Problem auf, wenn der Apostel einerseits von einem „Sein σὺν Χριστῷ" unmittelbar nach dem individuellen Tode (Phil 1,23), andererseits von der Auferstehung im Zusammenhang der Parusie (Phil 3,11) spricht. Während P. Hoffmann zur Erklärung auf die palästin.-jüd. Apokalyptik (Bilderreden: äthHen 38f; 70f) und die bereits dort belegte Kombination eines eschatolog. Zwischenzustands mit der Auferstehungshoffnung verweist (s. ders., Die Toten in Christus, 313–318), möchte U. B. Müller die traditionsgeschichtlichen Wurzeln von Phil 1,23 in der antik-jüd. Märtyrer-Überlieferung (vgl. 2Makk 7; 4Makk 17f) lokalisieren (vgl. ders., Brief, 60–70). Schließlich leugnet W. Schenk für die Situation des Briefs jede Widersprüchlichkeit und unterstellt Paulus eine verkürzte Redeweise, die aber die oben genannte Differenz als Konstrukt der modernen Forschung entlarve. Der Apostel habe unmittelbar mit der Parusie gerechnet, sodass postmortales „Sein σὺν Χριστῷ" und „Auferstehen" keinen Widerspruch darstellten (vgl. ders., Philipperbriefe, 154–158; ähnlich A. Scriba, Kriterien, 153f).

„Auferstehung der Seele" zu sprechen, auch wenn sich die Begrifflichkeit bei Cobb auf den systematisch-theologischen Diskurs bezieht.

Da die genannten Belege sowohl vor als auch nach Dan 7 –
12 datieren, folgt daraus, dass über den gesamten Entste-
hungszeitraum antik-jüdischer Apokalyptik (ca. 200 v. Chr.
bis 100 n. Chr.) unterschiedlich starke Einflussnahmen des
„hellenistischen" Leib-Seele-Dualismus zu verzeichnen
sind. Außerdem scheint eine Ausgrenzung dieser Einflüsse
im hebr. Kanon äußerst unwahrscheinlich. Schließlich vereint auch das hebr. AT eine nicht zu unterschätzende Zahl
an Schriften und Traditionen, die mit relativer Sicherheit
hellenistisch datiert werden können.

Für die weitere Untersuchung bleibt Folgendes zu beachten: Trotz der scheinbar fehlenden expliziten Verweise
auf eine di- oder trichotomische Anthropologie im hebr.
Kanon lassen es die zeitlichen Rahmenbedingungen geraten
sein, Spuren des „hellenistischen" Menschenbilds[12] auch im
Tanach und seinem Umfeld zu suchen. Um die Legitimation
der Frage abschließend nochmals vom bisherigen Befund
her abzusichern, sei betont: Wo die antik-jüdische Apokalyptik nebst ihrem Umfeld in so divergierender Weise
griech. Anthropologie *voraussetzt*, sollte auch nach den
mutmaßlichen Wurzeln dieses Einflusses gefragt werden.

---

12 Zu den Wandlungen der griech. Seelenlehre vgl. die knappen Zusammenfassungen bei B. L. van der Waerden, Wissenschaft, 216–22;
E. Jüngel, Tod, 57–74; G. Sauter, Einführung, 191–200 [Lit.], sowie
A. F. Segal, Ascent, 1343–1351; immer noch hilfreich: E. Rohde, Psyche
II, v. a. 263–335 (Platon, hellenist. Philosophie); weiterhin: P. Hadot,
Philosophie, 125–135. Zum archaischen bzw. klassischen Griechentum
vgl. B. Uhde, Psyche, 108–118; J. N. Bremmer, Concept, 6–10 [For-
schung]. 70–124. Insgesamt zum Griechentum vgl. A. Dihle in: ders.
u. a., Art. ψυχή κτλ., 605–614; P. Hoffmann, Die Toten in Christus,
26–57. Für die Trennung von Seele und Leib im Tod des Menschen beachte man die rhetorische Frage, ob denn der Tod etwas anderes sei
als ebendiese Trennung (Pl. *Phd.* 64c: Ἆρα μὴ ἄλλο τι ἢ τὴν τῆς ψυχῆς
ἀπὸ τοῦ σώματος ἀπαλλαγήν;). Zur „Unsterblichkeit der Seele" in der
griech. Philosophie sind v. a. die prominenten Belegen bei Platon (vgl.
Phd. 70c ff.; 105e; 106c–e; *Men.* 81b–c.86b; *Ti.* 43a.69c) u. Aristot. (vgl.
de An. 405a; *MM* 1183b) zu beachten. Für die hellenist. Philosophie vgl.
Sextus Empiricus (S.E. *M.* 7.234; zitiert nach A. A. Long / D. N. Sedley,
HP I,315; II,313): ὅταν γὰρ εἴπωμεν συνεστάναι τὸν ἄνθρωπον ἐκ ψυχῆς

2. ANTIK-JÜDISCHE ANTHROPOLOGIE

Die folgenden Überlegungen beschreiten einen Weg jenseits apk Textzusammenhänge. Und dennoch ist dieser Weg auch für ein theologisches Verständnis der Apokalyptik von Bedeutung. Denn offensichtlich ergaben sich mit dem Einfluss hellenistischen Denkens, dem sich auch die antik-jüdische Apokalyptik nicht entziehen konnte, einschneidende Änderungen im Blick auf das Menschenbild. Will man also die immer wieder zum Kern apk Denkweisen erklärte „individuelle Eschatologie" näher verstehen, muss man sich zunächst den Verstehensvoraussetzungen zuwenden, wie sie hauptsächlich in der späten Weisheit verankert sind.

2.1. Späte Weisheitstraditionen

Die Spurensuche kann in der späten Weisheit beginnen – mit ihren dualistischen Denkformen[13], welche wiederum mit an der Soteriologie orientierten Polarisierungen, wie „Gerechter – Frevler", „Gott – Mensch" oder „Himmel – Erde", über einen reinen „Fleisch – Geist"-Gegensatz hinausgehen und mit ihren mutmaßlichen Schattierungen „philosophischen" Gedankenguts zahlreiche Anhaltspunkte einer

---

καὶ σώματος, ἢ τὸν θάνατον εἶναι χωρισμὸν ψυχῆς ἀπὸ σώματος, ... [= „For when we say that man is a compound of soul and body, or that death is separation of soul and body, ..."].

13 Vgl. die Überblicke bei D. Winston, Philo, 127–135; D. M. Hay, Psychology, v. a. 888–896.902–907; dann E. Brandenburger, Fleisch, *passim*, u. dazu die rezente Kritik bei J. Frey, Antithese, 49–53, der den paulin. „Fleisch – Geist"-Dualismus nicht aus der hellenist.-jüd. Weisheit, sondern aus dem kosmisch-ethischen Dualismus des palästin. Judentums herleiten möchte (vgl. 4QInstruction u. das Motiv vom „Fleisch-Geist" [רוח בשר]: vgl. 4Q417 2 i [jetzt: 1 i] 14–18; 4Q416 Frgm. 1 11–13; 4Q418 Frgm. 81 1–3), traditions- bzw. formgeschichtlich (vgl. a. a. O., 63–67). Der für die antik-jüd. Anthropologie wesentliche weisheitliche Dualismus verweist zwar primär in die hellenist. Kultur, erlaubt jedoch keine grundsätzliche Ausgrenzung palästin.-jüd. Traditionen. Neben den im Folgenden behandelten Zeugen wäre noch auf 4Makk (14,5f; 18,23) oder JosAs (8,9; 21,21 mit Sir 24,19–22 [v. a. V.20]) zu verweisen (vgl. auch R. Goldenberg, Nations, 75–78 u. 152f Anm. 87; J. J. Collins, Athens, 234–236; sowie E. S. Gruen, Heritage, 89–99). Außerdem äußert zuletzt E. J. C. Tigchelaar, Learning, 186–188, Kritik an Freys These: רוח בשר sei nicht Bestandteil einer anthropolog. Qualifizierung, sondern bezeichne generell „Lebewesen".

sich ändernden „Anthropologie" liefern.[14] Dabei müssen die Hinweise nicht ausschließlich von ausdrücklichen Bezeugungen herrühren. Sie können sich auch in Markierungen einer kritischen Auseinandersetzung der Weisheit mit dichotomischer Anthropologie wiederfinden lassen (s. u.).

a. Zur Anthropologie im Koheletbuch
Das Koheletbuch datiert wahrscheinlich in die früh-hellenistische Zeit (zw. 250 u. 200 v. Chr.).[15] Es vereint darüber hinaus Anspielungen und Denkbewegungen, die mindestens eine Auseinandersetzung mit den politisch-ökonomischen Lebensumständen im Hellenismus oder doch sogar eine Beeinflussung durch die hellenistische Popularphilosophie wahrscheinlich machen.[16]

---

14 Zum Problem einer dicho- bzw. trichotomischen Anthropologie im Kontext bibl. Zeugnisse vgl. N. Füglister, Anthropologie, v. a. 173–189. Darüber hinaus fasst D. S. Russell, Method, 145–153, Kontinuitäten und Diskontinuitäten beim Vergleich „alttestamentlicher" und „apokalyptischer Anthropologie" zusammen. Vgl. außerdem A. F. Segal, Observations, 392–394, der bei analoger Fragestellung nach den Entwicklungsstadien eines Glaubens an das ewige Leben jedoch strikt zwischen „Auferstehung" und „Unsterblichkeit der Seele" sowie entsprechenden Trägerkreisen im antiken Judentum trennt. Während letztere Vorstellung in Kreisen der gebildeten Oberschicht vorherrschend war, verbindet sich die Auferstehungslehre mit der antik-jüd. Martyrologie (vgl. die entsprechende Deutung zu Dan 12,1–3; 2Makk 7,9.14.23.36 bei A. F. Segal, Ascent, 1369f; U. Kellermann, Danielbuch, 51–74). Diese These nimmt neuerlich J. Davies, Death, v. a. 84–124, auf und fügt als weiteren Aspekt die „historische Situation" kriegerischer Auseinandersetzung hinzu, indem er neben den literar. Quellen auch Begräbnisriten untersucht.

15 Vgl. die bei N. Lohfink, melek, 71 Anm. 1, genannten Vertreter. Lohfink selbst ergänzt weitere Argumente, wenn er etwa in Koh 10, 16f.20 alexandrin. Verhältnisse der frühen Ptolemäerzeit widergespiegelt findet (vgl. a. a. O., 77), bzw. grundsätzlich den מלך auf die Fremdherrscher und מושל, שליט auf die Herrschaftsform im (königslosen) Jerusalem bezogen sieht (vgl. auch D. Michel, Qohelet, 114). Die Identifizierung des נער mit Ptolemäus V. Epiphanes, der 204 v. Chr. als 5jähriger auf den Thron kam (vgl. N. Lohfink, melek, 77, u. zu den histor. Umständen G. Hölbl, Geschichte, 119; T. Krüger, Kohelet, 39–42), geht schon auf die Datierung F. Hitzigs (vgl. ders., Prediger, 193, u. Michel, Qohelet, 113) zurück. Eine Datierung in pers. Zeit (5./4. Jh. v. Chr.) befürwortet jetzt wieder C. L. Seow, Ecclesiastes, 38.

16 Die These einer Reflexion hellenist. „Kultur" in Koh ist in der Forschung weitgehend akzeptiert. Darüber waren Parallelen aus dem

Wie insgesamt im AT ist des „Predigers" Menschenbild eng an das Gottesbild geknüpft. Bei Kohelet steht der göttlichen Allwirksamkeit die menschliche und unerfüllte Forderung nach irdischer Gerechtigkeit gegenüber. Beide bleiben unausgeglichene Gegensätze (vgl. nur Koh 3,10–15 mit 3,16; 5,1b; 6,10f).[17] Bei aller Unvergleichlichkeit des „Predigers" in Sprache und Denken, die immer wieder beschworene „Radikalität der Skepsis" eingeschlossen, bleibt sein Nachsinnen eingebunden in das fundamentale Strukturmoment, das da besagt: Die Aussagen über den Menschen, so auch über das „Ich" des Weisheitslehrers selbst, sind nur möglich im Horizont des göttlichen „Du", auch wenn am Ende die Erkenntnis aus Koh 8,17aα stehen sollte:[18]

[D]a betrachtete ich (also) das Tun Gottes in seiner Ganzheit: fürwahr, nicht kann der Mensch herausfinden das Werk, das unter der Sonne geschieht [...].

Wo also Kohelet den Menschen in Augenschein nimmt, steht dieser als Teil von Schöpfung und Mitwelt stets seinem Schöpfer gegenüber. Während jedoch das Scheitern des Tun-Ergehen-Zusammenhangs benannt wird (Koh 7, 15; 8,12–14), ist die Theodizee bestenfalls angedeutet, in Koh 6,10b mithin abgelehnt: „...nicht kann er [i. e. der Mensch] rechten mit dem, der stärker ist als er [i. e. Gott]" (vgl. Hi 9,16–24; 13,3; 16,20f). Dem „Prediger" liegt jedenfalls jede Anklage, etwa eines Hiob oder des (Vierten) Esra, völlig fern. Er findet sich vielmehr mit dem fernen, dem

---

ao. u. äg. Kontext häufig unberücksichtigt geblieben (vgl. jedoch C. Uehlinger, Qohelet, 155–162; T. Krüger, Kohelet, 43f). Worüber beim „Philosophen" Kohelet weiterhin Uneinigkeit besteht, ist die Frage, ob sich im „Prediger" ein wirklicher Einfluss hellenist. Popularphilosophie erkennen lässt. Oder verweisen die Anspielungen lediglich auf einen gemeinsamen „kulturellen Nährboden"?

17 Vgl. M. Hengel, Judentum, 219; R. Braun, Kohelet, 169f; F. J. Backhaus, Zeit, v. a. 352–389; T. Zimmer, Tod, 183. Explizit wird die Diastase von Göttlichem u. Menschlichem auch im Erkenntnisproblem: vgl. A. Schellenberg, Erkenntnis, *passim*. Auch in der neuzeitl. system. Theologie findet die Verknüpfung von Gottes- und Menschenbild in der Beachtung der „anthropologischen Relevanz" der Theologie v. a. durch R. Bultmann Beachtung (vgl. ders., Sinn, 26–37; vgl. in neuerer Zeit W. Krötke, Eschaton, v. a. 135–141, u. N. Luhmann, Religion, 110–112).

18 Übers. nach D. Michel, Qohelet, 156.

Menschen unerreichbaren Gott ab, indem er das Menschliche mit der göttlich gewirkten Welt konfrontiert. So resultieren die Grenzen menschlichen Seins und Erkennens nicht einmal unmittelbar in Gott selbst, sondern lediglich mittelbar im Weltganzen, wenn es etwa in Koh 3,11 heißt:

> Alles hat er schön gemacht zu seiner Zeit, auch den *ʿōlām* (עלם) hat er in ihr Herz gegeben, ohne dass der Mensch das Werk, welches Gott gewirkt hat, herausfindet, von Anfang bis zum Ende.

Im Sinne der explizierten Trias von Mensch, Welt und Gott schränkt der Vers das menschliche Erkenntnisvermögen ein, wodurch menschliches מצא (vgl. 7,14.24) und göttliches נתן ... לב[19] (vgl. 7,2.21) antithetisch aufeinander bezogen sind. So wie Gott das „All" (הכל) gut macht *in* seiner Zeit, verfügt er über den *außerhalb* individuell-irdischer Zeitstrukturen befindlichen עלם. Weiterhin bilden also עת und עלם Antonyme im Sinngefüge. Wenn die mit עת umschriebene Zeit aber wegen des Rückbezugs von Koh 6,10 auf 3,1–8 den lebenszeitlichen καιρός anzeigt, kann der עלם nur das irdisch-empirische Zeitvorgaben sprengende Quantum im Sinne der „Weltzeit" meinen.[20] Ein zweiter gesicherter Beleg für den so verstandenen ע(ו)לם findet sich in Koh 12,5b, wonach der אדם sich auf dem Weg zum „Haus seiner Ewigkeit" (בית עולמו) befindet. Das Verständnis dieser Zeugnisse erhellt m. E. die „theoretischen" Voraussetzungen einer Anthropologie in Koh: Die Rahmenbedingungen göttlicher Schöpfung schließen nicht nur das Ziel jenes Schaffens ein, vielmehr sorgt der Schöpfer selbst für die erfolgreiche Übereignung dieses Zieles (vgl. auch *P. Insinger* 29,9–11)[21]. Es kann also keine Rede davon sein, dass

---

19 Insgesamt überwiegt beim Nomen לב der rational-noetische und voluntative Aspekt (so T. Zimmer, Tod, 15–17; vgl. auch D. Michel, Untersuchungen, 62; H. W. Wolff, Anthropologie, 77–90).

20 Vgl. D. Michel, Untersuchungen, 60–65; R. E. Murphy, Ecclesiastes, 34f; L. Schwienhorst-Schönberger, Glück, 102–108; C. L. Seow, Ecclesiastes, 49.163.172f; H.-P. Müller, Das Ganze, 150; ders., Wirklichkeit, 130f mit 130 Anm. 31, gegenüber R. Braun, Kohelet, 114, der die „Lebenszeit" favorisiert (zur Forschung vgl. a. a. O., 111–114). – Zu einem Beitrag von ע(ו)לם zum theolog. Verstehen von „Ewigkeit" vgl. jetzt M. Hüttenhoff, Ewiges Leben, 867–872.

21 Übers. nach H.-J. Thissen, TUAT III/2, 313: „9 Gott ist es, der den

Koh auf jede Form der Eschatologie verzichtet.[22] Es setzt die Endzeit als notwendigen Bestandteil der Urzeit vielmehr voraus, und zwar konkret anthropologisch, im Blick auf das Geschick des Menschen, selbst wenn die Erkenntnis das Scheitern aller Bemühungen zu konzedieren hat.[23]

Der Entwurf eines Menschenbilds beim „Prediger" ist also mit sowohl theologischen als auch kosmologischen Einsichten verknüpft, wie sie unmittelbar im ersten Sinnabschnitt (Koh 1,3–11)[24] zum Tragen kommen.[25] Dort steht sogleich die Gegenüberstellung von Mensch und Gott bzw. Welt im Zentrum des Nachsinnens. Ein Antagonismus, der das irdische Dasein in seiner Vereinzelung begreifen will und das Volksganze, also Israel o. ä., nahezu völlig ausblendet.[26] In der thematischen Überschrift (Koh 1,3) heißt es (vgl. 2,22; 3,10; 6,11b): „Was für einen Gewinn hat der Mensch bei all seinem Mühen, mit dem er sich abmüht un-

---

Weg durch die Lehre der Lebenweise [sic!] zeigt. 10 Er ist (auch), der den Gottlosen gehen und kommen läßt, ohne (daß er) eine feste Bleibe (hat). 11 Das Schicksal und der Zufall, die eintreten – Gott ist es, der sie sendet." Der aus ptolem. Zeit stammende äg. Weisheitstext entwirft ein mit Koh durchaus vergleichbares Menschenbild (vgl. auch *P. Insinger* 2,20; 5,11; 7,19; 30,15f; 31,9–17; s. J. L. Crenshaw, Wisdom, 214f; C. Uehlinger, Qohelet, 226–228).

22 Vgl. auch die Gerichtsvorstellung in Koh 3,16f; 11,9b: A. Lauha, Kohelet, 204f.208f, u. D. Michel, Qohelet, 166f, halten letzteren Teilvers für eine Glosse des zweiten Epilogisten; anders zuletzt: C. L. Seow, Ecclesiastes, 40.166.175.371.

23 Zu dieser Beobachtung fügt sich die These von J. L. Crenshaw, Shadow, 205–216, die bei Koh einen zwiespältigen u. Entwicklungen unterliegenden Umgang mit dem Thema „Tod" herausarbeitet (vgl. nur Koh 6,1–6 mit 9,7–10; vgl. auch T. Zimmer, Tod, 56–58; S. Burkes, God, 76–78). Zu den Schattierungen einer Eschatologie in Koh vgl. T. Krüger, Dekonstruktion, 151–172; ders., Kohelet, 48–50.

24 Zur umstrittenen Abgrenzung des Textes nach vorne vgl. T. Krüger, Dekonstruktion, 153 Anm. 11; anders N. Lohfink, Wiederkehr, 97, der zwar zwischen Koh 1,3 und V.4 den sprachl.-inhaltl. Bruch sieht, jedoch den Beginn der Einheit in V.2 fest macht (vgl. auch L. Schwienhorst-Schönberger, Glück, 12–22; T. Zimmer, Tod, 34).

25 Hierzu wären auch die äg. „Harfnerlieder" zu vergleichen (s. J. Assmann, Stein, 215–217; C. Uehlinger, Qohelet, 214f).

26 Zur Tendenz eines „Subjektivierungsprozesses" in Koh bzw. der Weisheit insgesamt vgl. E. (J.) Bi(c)kerman(n), Four Strange Books, 154–156; D. Michel, Qohelet, 78–81; T. Zimmer, Tod, 48–50; P. Höffken, EGO, 124–127; H.-P. Müller, Wirklichkeit, 135–138.

ter der Sonne?" Grundsätzlich beschreibt das zumeist determinierte Lexem אדם das einzelne Exemplar, stellvertretend für *die* Menschheit im Kontext der übrigen Schöpfung,
wie es sich zu seiner Mitwelt, also etwa den Tieren (3,18–
21), oder, auch immanent, zu den „Sündern" (2,26; 9,3; vgl.
8,9) bzw. „Reichen" (6,1–9) stellt. Der Begriff אדם fungiert
somit nicht nur als Gattungsbezeichnung, sondern spiegelt
zugleich die Spannung[27] zwischen Universalismus und Indi-
vidualismus in Koh, wobei die Betonung des Subjekts etwa
am häufigen Gebrauch des Pronomens אני deutlich wird
(vgl. 1,12; 2,1.11; 3,18; 7,25f). Hierzu passt das Hervortreten
der individuellen Heilssuche in den „Religionen" des „Hellenismus".[28]

Kehrt man zum „Prolog" in Koh (1,3–11) zurück, könnte
man der Idee verfallen, in der abermaligen Konfrontation
von „Mensch" und „Kosmos" sei zumindest die *Möglichkeit*
des Menschen zur Partizipation an der Ewigkeit ausgedrückt.[29] Dies scheint vor allem dann deutlich, wenn man
die Verse 4 und 8 in direkter Abfolge liest:

> 4 Eine Generation geht, eine Generation kommt,
> (aber) die Erde (be)steht für die Ewigkeit.
> 8 Alle Dinge/Worte mühen sich ab, ein Mensch kann nicht reden:
> Ein Auge wird nicht satt vom Sehen, ein Ohr wird nicht voll vom Hö-
> ren.

Der Sinn beider Sentenzen besteht darin, die Stellung des
Menschen als Individuum im Weltganzen auszudrücken:
Wiederum ist damit das übergeordnete Thema des „Predigers" angesprochen, nämlich die menschliche Unfähigkeit
zur Erfassung des Sinns dieser Welt, wie sie am (ו)עלם Anteil hat und damit auf Gott verweist, auch wenn אלהים erst
ab Koh 1,13b begegnet.[30] Wie dann V.9–11 deutlich machen,

---

27 Vgl. hierzu L. Wilson, Ambiguity, 358–361.

28 So H.-J. Gehrke, Geschichte, 2 (vgl. R. Bohlen, Kohelet, 249–
251); T. Zimmer, Tod, 49f, verweist im Zusammenhang des „Subjektivierungsprozesses" bei Koh auf Epikur. Außerdem sei für die späte
Stoa (Marc Aurel) die Analyse von P. Hadot, Burg, 163–180, genannt.

29 Mit dieser Tendenz: N. Lohfink, Wiederkehr, 124.

30 Dabei spielt für die Anthropologie an dieser Stelle keine Rolle,
ob der Text insgesamt ein Kreislaufgeschehen zum Aufzeigen der
herrlichen Ewigkeit des Kosmos (so N. Lohfink, Wiederkehr, v. a.

kann der Mensch durch die ihm eigene Beschränktheit nur etwas als „neu" wahrnehmen (V.10), weil er selbst zum Subjekt wie auch Objekt des Vergessens (אין oder לא זכרון: V.11) geworden ist. Auf diese Weise „dekonstruiert" das Gedicht gleichsam die deutero- bzw. tritojesajanische Botschaft von der Neuschöpfung (vgl. Jes 43,18f; 65,17).[31]

Schon der „Prolog" in Koh formuliert also wichtige Aussagen zur Anthropologie. Die Unterscheidung von „Mensch als Individuum" und „Mensch als Kollektiv oder Spezies" in Erinnerung, wird der Wahrnehmung des *Einzelnen* zwar ein Bezug zum ע(ו)לם abgesprochen, eine eschatologische und vielleicht sogar apk Erwartung, zumal der *Menschheit*, jedoch keineswegs geleugnet, sondern gerade vorausgesetzt.[32] Welche Konsequenzen dieses Zwischenergebnis für die Frage nach einem dichotomischen Menschenbild bei Kohelet hat, lässt sich abschließend an zwei Belegen (Koh 3,16–21; 12,5–7) darstellen.

Bei den genannten Belegen handelt es sich ausnahmslos um Verweise auf ein Dasein nach dem Tode, die, gemäß der Entsprechung von Eschatologie und Protologie, ein Licht auf die Verfassung des Menschen werfen. Besonders deutlich redet Koh 12,7: „Und der Staub kehrt zur Erde zurück, wie er war, und der Geist (רוח, LXX: πνεῦμα) kehrt zu Gott

---

123f; L. Schwienhorst-Schönberger, Kohelet, 160–181) oder die Betonung der Ziellosigkeit empirischer Welterschließung durch den Menschen (vgl. R. Braun, Kohelet, 56–66; D. Michel, Untersuchungen, 5; F. J. Backhaus, Zeit, 54–56; C. L. Seow, Ecclesiastes, 114–117) beabsichtigt, also eine prinzipiell eher positive oder negative Intention verfolgt (L. Wilson, Ambiguity, 357–365, unterstellt dem Text beide Intentionen). Entscheidend ist, dass sich der Mensch am Versuch der noetischen Erfassung des gottgewirkten Kosmos verfehlt.

31 Vgl. T. Krüger, Dekonstruktion, 153–158; ders., Kohelet, 120–122 (vgl. dazu L. Schwienhorst-Schönberger, Kohelet, 175f).

32 Zur eschatolog. Interpretation des „Prologs" vgl. die Aufnahme von Koh 1,2f in der Weisheitsschrift aus der Kairoer Geniza (1,4; vgl. auch 7,15; Text u. Übers.: H. P. Rüger, Weisheitsschrift, 22.42f.81; vgl. auch K. Berger, Weisheitsschrift, 86.92–95): עולם הז(ה) הבל הוא (הבל הז(ה) הוא) ועולם הבא יתרון הוא [= „Diese Welt ist eitel, aber die kommende Welt ist Gewinn."] Darauf verweist T. Krüger, Dekonstruktion, 154 Anm. 16. Allerdings darf dieser Zeuge nicht für die *frühe* „Korrektur" von Koh in Anspruch genommen werden, da er nicht in das 1. Jh. n. Chr., sondern in die Zeit zwischen dem 7. u. 12. Jh. n. Chr. zu datieren ist (so Rüger, a. a. O., 3–15, gegen Berger, a. a. O., 76–78).

zurück, der ihn gab." Die moderne Exegese kann diesen Vers, jenseits aller dichotomischen Spekulationen, in den gut atl. Zusammenhang der Vorstellung von Gott als Lebensspender stellen, der auch die Rückkehr des Toten zum Staub kennt.[33] Letzteres Motiv mag auch noch Koh 3,20b erläutern, doch hat man damit nur die „halbe Wahrheit" des in Koh 3 und 12 überlieferten Textmaterials erfasst.

Sowohl für das Einhauchen des πνεῦμα (bzw. von נְשָׁמָה od. רוּחַ) als auch für das Rückkehr-Motiv wären Zeugen der hellenist. Philosophenschulen bzw. zeitgenössische Grabinschriften zu benennen: So beschreibt der antike Arzt Galenos (2. Jh. n. Chr.) folgende stoische Anschauung (nach Gal. *In Hipp. Ep.*, VI 270,26–28 [= SVF 2. 782]):[34]

ὅσοι γὰρ οἴονται τὴν ψυχὴν εἶναι πνεῦμα διασῴζεσθαι λέγουσιν αὐτὴν ἔκ τε τῆς ἀναθυμιάσεως τοῦ αἵματος καὶ τοῦ κατὰ τὴν εἰσπνοὴν ἑλκομένου διὰ τῆς τραχείας ἀρτηρίας εἴσω τοῦ σώματος ⟨ἀέρος⟩.

Everyone who supposes that the soul is breath says that it is preserved by exhalation both of the blood and of the ⟨air⟩ drawn into the body by inhalation through the windpipe.

Weiterhin bezeugt ein Epigramm auf einer Stele des 3. Jh.s v. Chr.

---

33 Zu Gott als Lebensspender s. Gen 2,7aβ; Dtn 32,39b; 1Sam 2,6a; Jes 42,5b; Ez 37,9f; Sach 12,1bβ; Hi 33,4; Weish 16,13 vgl. auch Koh 5,17. Zum Rückkehr-Motiv s. Ps 104,29f; Hi 34,14f; vgl. auch Gen 3,19; Sir 40,11 [LXX]; 1QH^a 20,26f. Zu den Belegen s. S. Tengström / H.-J. Fabry, Art. רוּחַ, 407–410. Unter Verweis auf die atl. Stellen würde man innerhalb des monist. Menschenbilds verbleiben: so etwa F. J. Backhaus, Zeit, 314f; L. Schwienhorst-Schönberger, Glück, 230.332; N. Füglister, Anthropologie, 178f; T. Zimmer, Tod, 53.148; (vgl. auch H. Seebass, Genesis I, 106f.128). A. Lauha, Kohelet, 214f, u. D. Michel, Qohelet, 167, wollen 12,7b bzw. den ganzen Vers 7 wegen eines angeblichen Widerspruchs zu Koh 3,21 als Glosse streichen (vgl. dagegen F. J. Backhaus, Zeit, 300–302; L. Schwienhorst-Schönberger, Glück, 230; T. Krüger, Dekonstruktion, 164 Anm. 65; ders., Kohelet, 183. 356 Anm. 38).

34 Text u. Übers.: A. A. Long / D. N. Sedley, HP I,315; II,312f. Allerdings trennt die Stoa zwischen unterschiedlichen „Seelen", die etwa Gegenstände, Tiere und Menschen differenzieren helfen (vgl. bei Gal. *Intr.* 14.726,7–11: A. A. Long / D. N. Sedley, HP I,284; II,284 [= SVF 2. 716]), was weder zur atl. noch im besonderen zur Vorstellung bei Koh passt (vgl. dazu auch J. G. Gammie, Stoicism, 175; L. Schwienhorst-Schönberger, Glück, 120). Zudem ist den Stoikern offensichtlich die Idee der *Unsterblichkeit* der Seele fremd.

aus Eretria das Rückkehr-Motiv:[35]

[εἰ] θεός ἐσθ' ἡ γῆ, κἀγὼ θεός εἰμι δικαίως·
ἐκ γῆς γὰρ βλατὼν γενόμην νεκρός, ἐκ δὲ νεκροῦ γῆ.

Wenn die Erde ein Gott ist, bin auch ich mit Recht eine Gottheit;
denn aus Erde entsprossen, bin ich ein Leichnam geworden und
    aus dem Leichnam Erde.

Aus der Zeit dieses Epigramms stammt auch die der ptolem. Epoche
zugewiesene und demotisch überlieferte äg. Weisheitslehre des
P. Insinger, wo es in 30,6 und 32,1 heißt:[36]

(30,6) Was aus der Erde hervorgeht,
kehrt wieder zu ihr zurück.
(32,1) Er [i. e. Gott] hat die Erde geschaffen,
die Millionen (Geschöpfe) hervorbringt,
(sie) verschlingt und wieder hervorbringt.

Greift das Rückkehr-Motiv im Epigramm aus Eretria nur auf das
postmortale Geschick des menschlichen *Körpers* zurück, dann verbindet das Epitaph der Arsinoë (2./1. Jh. v. Chr.) aus Leontopolis
die unterschiedlichen Wege von Körper *und* Seele nach dem Tod:[37]

καὶ τάφος ἐν κόλπος κρύπτει τὸ ἐμὸν δέμας οὗτος ἀγνοτραφές, ψυχὴ
δ' εἰς ὁσίους ἔπετε.

Now this grave hides in its bosom my chastely-nurtured body, but
my soul has flown to the holy ones.

Schließlich findet man in einem Chrysippos-Fragment (Nr. [836]
839) des Euripides (5. Jh. v. Chr.) die Verbindung des Rückkehr-

---

35 Text u. Übers.: H.-P. Müller, Deutungen, 88. Vgl. auch I. Peres,
Grabinschriften, 72–75, der auf den göttl. Anteil der Erde hinweist,
was wiederum zur Vergöttlichung des Menschen beitrage.
36 Übers.: H.-J. Thissen, TUAT III/2, 313.315. *P. Insinger* 32,1 übersetzt H. Brunner abweichend (ders., Papyrus Insinger, 343):
    Er hat die Erde geschaffen, die Millionen Wesen
        gezeugt, sie wieder verschluckt und erneut
        geschaffen hat.
37 Text u. Übers.: W. Horbury / D. Noy, Inscriptions, 69f [Nr. 33 =
CIJ 1510]. Zur Deutung vgl. J. S. Park, Conceptions, 154f. Zur Integration des Motivs der Vergöttlichung in die Seelenlehre vgl. ein Gold-
blättchen aus Thurioi (4./3. Jh. v. Chr.) u. hierzu sowie zur Ethisierung
der Trennung von Körper u. Seele bzw. zum Seelenaufstieg I. Peres,
Grabinschriften, 204f.218f.

Motivs mit der Überwindung des Todesgeschicks, wenn es heißt:[38]

τὰ μὲν ἐκ γαίας φύντ' εἰς γαῖαν,
τὰ δ' ἀπ' αἰθερίου βλαστόντα γονῆς
εἰς οὐράνιον πάλιν ἦλθε πόλον·
θνῄσκει δ' οὐδὲν τῶν γιγνομένων,
διακρινόμενον δ' ἄλλο πρὸς ἄλλου
μορφὴν ἑτέραν ἀπέδειξεν.

Was aber aus Erde (...) entstanden ist,
    geht wieder in die Erde (...) zurück,
und was dem Äther entstammt,
    kehrt wieder zu den Höhen des Himmels zurück.
Was entsteht, stirbt nicht,
    sondern löst sich in seine Bestandteile auf
und zeigt sich in neuer Gestalt.

Ohne eine konkrete Abhängigkeit des „Predigers" von einer der genannten Traditionen postulieren zu können, zeigen die zitierten Beispiele doch zumindest, dass der palästin. Überlieferung im 3. Jh. v. Chr. bei der Verhältnisbestimmung von Anthropologie und Eschatologie kein Widerspruch zwischen hebr. und griech. Weisheitsdenken entstehen musste. Außerdem bleibt der Textbefund in Koh wenigstens ambivalent. Er schließt also Deutungen im Sinne einer Trennung von Körper und Seele nicht von vornherein aus. Otto Kaiser[39] hat zudem, unter Verweis auf zahlreiche aristotelische und stoische Belege, die Möglichkeit eingeräumt, in Koh 12,7b die Auflösung der menschlichen Seele bezeugt zu finden.

Sodann fragt Koh 3,21, ob der Geist des Menschen (רוח בני האדם) auf- und der der Tiere (רוח הבהמה) hinabsteigt, wenn auch in Erwartung einer negativen Antwort (vgl. 3,18f).

---

38 Text: A. Nauck, [TGF¹ 836] TGF² 839; Übers.: H.-P. Müller, Deutungen, 94f (vgl. auch M. Hengel, Judentum, 269).. Es wären Sir 40,11 [hebr.: Ms. B; vgl. R. Smend, ספר, 39; P. C. Beentjes, Book, 69.159] u. aus der äg. Weisheit das *Gespräch eines Mannes mit seinem Ba* 150ff zu vergleichen. Allerdings ist die äg. Weisheitslehre deutlich älter (ca. 3. Jtsd. v. Chr.), u. die hier bezeugte Vorstellung vom Ba (ḅ) kann nicht mit der griech. ψυχή gleichgesetzt werden. Äg. *Ba* steht für den ganzen Menschen (vgl. L. V. Žabkar, Art. Ba, 588–590; vgl. auch J. Assmann, Tod und Jenseits, 120–131, u. zur äg. Anthropologie: a. a. O., 156–159). Weitere griech. Quellen zu Koh 3,21; 12,7 bieten M. Hengel, Judentum, 228f; R. Braun, Kohelet, 105 Anm. 318; L. Schwienhorst-Schönberger, Glück, 120; ders., Kohelet, 284.

39 Vgl. ders., Judentum, 143 (vgl. auch L. Schwienhorst-Schönberger, Kohelet, 285f).

Hierzu vermutet Franz Josef Backhaus[40] eine Kritik am hellenistisch-jüdischen Synkretismus von der רוח als unpersönlichem, göttlichem Lebensprinzip mit der Idee einer individuellen Seele. Denn es fällt auf, dass 3,21 im Gegensatz zu 12,7 mit der „auf-" (עלה) bzw. „absteigenden" (ירד) רוח gerade nicht auf altisraelitische Schöpfungsterminologie (vgl. שוב, עפר etc.) anspielt.

Kehrt man von hier aus zu Koh 12 zurück, heißt es in V.5b zunächst:

> Denn es geht der Mensch zu seinem Ewigkeitshaus, [ernden.]
> und es wandeln auf der Straße die (um den Verstorbenen) Trau-

Auch wenn mit der im AT singulären Formulierung אל־בית עולמו keine Jenseitsvorstellung, sondern das Grab bezeichnet sein sollte[41], wird man gerade dann für Koh 12,7 eine postmortale Trennung in Leib und Seele annehmen dürfen. Denn nur bei dieser Lesart wäre der sonst deutliche Widerspruch zwischen dem in der Ewigkeit befindlichen ganzen אדם (12,5b) einerseits und der bei Gott an dieser Ewigkeit partizipierenden רוח (12,7) andererseits aufgehoben. Auch wenn der Sinnabschnitt in Koh 11,9 – 12,7 selbst mehrdeutig erscheint[42], soll wohl die Todesnähe im Blick auf den einzelnen Menschen (12,3f) und den Kosmos (12,2), zwar nach dem Gericht (11,9b; vgl. 3,16f), metaphorisch betont werden.

---

40 Vgl. ders., Zeit, 140, im Anschluss an M. Hengel, Judentum, 228f (vgl. auch J. C. H. Lebram, Martyrologie, 115). Anders: A. Schoors, Koheleth, 300–302; A. A. Fischer, Kohelet, 347–353.

41 Der Verweisungszusammenhang der Motiv-Konstellation, mit äg. Wurzeln des Lexems בית עולם (vgl. die „Lehre des Anchscheschonqi" 8,10; 17,19), umfasst kanon. (Ps 49,12 [cj.]; Jes 33,14 [LXX]; 2Kor 5, 1), deuterokanon. (Tob 3,6: s. B. Ego, JSHRZ II/6, 937 [zu 3,6ᶜ]), pseudepigraph. (äthHen 12,4 [GrP]; PsPhok 112f) u. inschriftl. Belege (vgl. nur Inschriften aus *Deir 'Allā* od. Bithynien: s. J. Hoftijzer, TUAT II/1, 145 [mit Anm. zu II/6ᶜ] u. I. Peres, Grabinschriften, v. a. 150–155). V. a. in der Spätzeit assoziieren die Belege auch Jenseitshoffnungen (vgl. L. Schwienhorst-Schönberger, Buch, 541–543; ders., Kohelet, 534f.538. 540; S. Beyerle, Everlasting Home).

42 Vgl. dazu T. Krüger, Dekonstruktion, 163–167; ders., Kohelet, 349–359. Zu den unterschiedl. Zuweisungen u. Deutungsmöglichkeiten in der Forschung (Begräbnis, Alter, Tod, Sturm etc.) vgl. J. L. Crenshaw, Wisdom, 136 Anm. 23 [Lit.]; C. L. Seow, Ecclesiastes, 372–374.

Die ausführliche Aufarbeitung der Frage nach einer dichotomischen Anthropologie in Koh ergab bei allen Schwierigkeiten Anklänge an griech. Denken. Dafür sprechen nicht
nur die in vielen Themenbereichen des Koh notierten Entdeckungszusammenhänge aus der griech. Antike, sondern
auch das theologische Konzept des „Predigers". Indem das
Weisheitsbuch nämlich den Menschen vor der Welt und
Gott betrachtet, zum ersten Mal im AT die „Existentiale"
„Zeit" und „Individualität" („Selbst") problematisiert und
den Tod zur sinnstiftenden Kategorie erklärt, schafft es ein
geistiges Milieu, das zumindest Affinitäten zur hellenistischen Philosophie in Kauf nimmt. Zwar sind die Hinweise
durch den schwer verständlichen Text partiell verdeckt,
doch wird man selbst bei den oben konzedierten Ambiva-
lenzen die Ansätze eines dualistischen Weltmodells kaum
leugnen können.[43]

b. Philo Alexandrinus

Der in Koh nur angedeutete Dualismus kommt in den antik-jüdischen Schriften der späten Weisheit (Qumran,
Weish, PsPhok) sowie bei Philo Alexandrinus zu voller Blü-
te. Philo ist von besonderem Interesse, weil er in seinem
umfassenden Opus die Traditionen der LXX als Bestandteile eines platonischen, pythagoreischen bzw. stoischen
Weltbilds allegorisiert. Die dabei vom Alexandriner ver-
folgte Tendenz beschreibt John R. Levison[44] in fünf Aspekten, u. a. „the allegory of the soul, the ethical theory, a
Greek perspective on anthropology".

Hinzu kommt, dass Philo selbst Anhaltspunkte zur Klassifizierung seines Œuvres liefert. So unterteilt man gemeinhin in die beiden Hauptwerke der „Auslegung der mosaischen Gesetze"[45] und die Sammlung der „exegetischen

---

43 Zur Ambivalenz atl. Aussagen über „Fleisch und Geist" vgl. auch
J. Barr, Garden, 36–47.

44 So ders., Portraits, 65.

45 Der *expositio legis* werden Op, Abr, Jos, Dec, SpecLeg, Virt u.
Praem zugeordnet. Sie ist nochmals in drei Hauptabschnitte zu gliedern: „Schöpfung", „Geschichte" u. „Gesetz" (vgl. Praem 1–3). Als Be-
gleitwerk wird zudem VitMos charakterisiert (vgl. P. Borgen, Art. Philo
of Alexandria, 334f).

Kommentare"[46]. Die übrigen Schriften werden thematischen Einzelfragen zugeordnet (etwa Prov).[47] Da Philo kein systematischer Philosoph oder Theologe, sondern „Kommentator" und „Prediger"[48] war, sind die genannten Aspekte sowie die den literarischen Hauptwerken zugeordneten Einzelschriften nicht voneinander zu trennen, sondern greifen ineinander, auch wenn im Folgenden der Schwerpunkt auf Philos Vorstellungen vom Menschen liegen wird.

Die Anthropologie bei Philo ist zweifellos dichotomisch: Man vergleiche nur die Deutung von Gen 2,7 [LXX] in All 1, 31–42 oder die Exegese von Gen 3,19 [LXX] in Quaest in Gn 1,51. Dabei lassen sich sowohl platonische als auch stoische Einflüsse feststellen.[49] In seinem Traktat über die Schöpfung differenziert der Alexandriner in die *creatio* eines nicht-körperlichen, geschlechtsindifferenten und unzerstörlichen אדם nach dem Bild Gottes (Gen 1,26f [LXX]) und die Schöpfung eines in Mann und Frau zur Sterblichkeit geschaffenen Menschen (Gen 2,7 [LXX]), der aus Körper und Seele zusammengesetzt ist.[50] In der Unterscheidung von ideenhaftem auf der einen und sinnlich wahrnehmbarem Menschen auf der anderen Seite spiegelt sich die Trennung in κόσμος νοητός und κόσμος αἰσθητός wider. Ihr entspricht

---

46 Vgl. v. a. All, Conf, Her, Gig, Post, Quaest in Gn, Quaest in Ex.

47 Vgl. dazu P. Borgen, Philo, 233–252.

48 Zu dieser Funktion Philos vgl. D. Winston, Philo, v. a. 124–126. 135–142.

49 Vgl. P. Borgen, Art. Philo of Alexandria, 339. Ders., Philo, 266f, verweist außerdem noch auf Einflussnahme des pers. Dualismus u. erwähnt rabbin. Parallelen (vgl. a. a. O., 266 Anm. 192).

50 Vgl. etwa Op 134f u. All 1,31f; Det 79–95; SpecLeg 4,123; Quaest in Gn 1,4 u. dazu P. Hoffmann, Die Toten in Christus, 82f; R. A. Horsley, Pneumatikos, 273.276–279.288; T. H. Tobin, Creation, v. a. 20–35. 108–112.126–128.162–172 (s. K. M. Hogan, Background, 4–8); J. R. Levison, Portraits, v. a. 69–75; J. L. Kugel, Traditions, 80.108. Insbesondere T. H. Tobin (vgl. a. a. O., 20–134) u. K. M. Hogan (vgl. a. a. O., 4–8) arbeiten heraus, dass sich mit den platon. u. stoischen Elementen in Philos Auslegung von Gen 1 – 3 ältere Interpretationsstrata der philon. Schöpfungslehre verbinden: die „anti-anthropomorphe" Tendenz (vgl. Op 69), „single creation" (vgl. Op 24f; Det 83) und „double creation" (Op 134f).

eine strikte Differenzierung in „Prototyp" und „Protoplast" bei der Menschenschöpfung.[51] So hält Philo fest (Op 135):[52]

Διὸ καὶ κυρίως ἄν τις εἴποι τὸν ἄντρωπον θνητῆς καὶ ἀθανάτου φύσεως εἶναι μεθόριον ἑκατέρας ὅσον ἀναγκαῖόν ἐστι μετέχοντα καὶ γεγενῆσται θνητὸν ὁμοῦ καὶ ἀθάνατον, θνητὸν μὲν κατὰ τὸ σῶμα, κατὰ δὲ τὴν διάνοιαν ἀθάνατον.

Darum kann man eigentlich sagen, dass der Mensch auf der Grenze steht zwischen der sterblichen und unsterblichen Natur, da er an beiden soviel, wie nötig ist, teilhat, und dass er zugleich sterblich und unsterblich geschaffen ist, sterblich in Bezug auf seinen Körper, unsterblich hinsichtlich seines Geistes.

Zu terminologischen Überschneidungen sowie hermeneutischen Besonderheiten führt ein Dualismus im Menschenbild bei Philo, der neben dem σῶμα eine Dreiteilung in πνεῦμα, νοῦς und ψυχή vornimmt. Hinzu tritt die Metapher der sterbenden Seele.[53] Letztere, mit offensichtlichen Anleihen bei der platonischen bzw. pythagoreischen Denktradition, dient dem Alexandriner zur Ethisierung seines anthropologischen Ansatzes: Nur wer sich dem tugendhaften Leben zuwendet, vermag die Seele dem Tod und damit dem Körper zu entfremden.[54] Deutlicher geht der Bezug der Unsterblichkeit zum Ethos aus einem Vergleich von Sacr 5–7 mit 4Makk 7,18f hervor:[55]

---

51 Vgl. dazu H. Braun, Art. πλάσσω κτλ., 259f; U. Früchtel, Vorstellungen, 27–40; T. H. Tobin, Creation, 102–134; K. M. Hogan, Background, 6f. Eine alternative Interpretation versteht die beiden ἄνθρωποι als Repräsentanten für die rationalen und nicht-rationalen Bestandteile im Menschen (vgl. dazu die Diskussion bei J. R. Levison, Portraits, 69f.81f. 213 Anm. 65).

52 Text: R. Arnaldez, De opificio mundi, 232; Übers.: J. Cohn in: L. Cohn, Philo von Alexandria I, 75.

53 Vgl. dazu P. Borgen, Art. Philo of Alexandria, 339, u. D. Zeller, Life, 19–55.

54 Vgl. D. Zeller, Life, v. a. 49–55. In Praem 47f.61–65.80–82.125 u. 158–161 begegnet zudem eine Ethisierung, die der Alexandriner möglicherweise bewusst gegen die Propaganda in Sib 3 u. 5 stellte (vgl. T. H. Tobin, Philo, 99.102f).

55 Text u. Übers. von Sacr 5–7: A. Méasson, De sacrificiis Abelis et Caini, 66.68; H. Leisegang, in: L. Cohn, Philo von Alexandria III, 215–217. Text u. Übers. von 4Makk: A. Rahlfs, Septuaginta I, 1168; H.-J. Klauck, JSHRZ III/6, 721. Zur Verbindung von Anthropologie u. Ethik bei Philo vgl. Quaest in Gn 1,44.56 (s. J. R. Levison, Portraits, 84f).

(*Sacr 5–7*) [5] Προσθεὶς οὖν ὁ θεὸς τῇ ψυχῇ καλὸν δόγμα τὸν Ἄβελ ἀφεῖλεν αὐτῆς δόξαν ἄτοπον τὸν Κάιν. Καὶ γὰρ Ἀβραὰμ ἐκλιπὼν τὰ θνητὰ «προστίθεται τῷ θεοῦ λαῷ» (Gen. 25, 8), καρπούμενος ἀφθαρσίαν, ἴσος ἀγγέλοις γεγονώς· [...] ὅ τε ἀσκητὴς τὸν αὐτὸν τρόπον Ἰακὼβ λέγεται προστίθεσθαι τῷ βελτίονι (Gen. 49, 33), ὅτε ἐξέλιπε τὸ χεῖρον. [6] Ὁ δὲ αὐτομαθοῦς ἐπιστήμης ἀξιωθεὶς Ἰσαὰκ ἐκλείπει μὲν καὶ αὐτὸς ὅσον σωματοειδὲς αὐτοῦ τῇ ψυχῇ συνύφαντο, προστίθεται δὲ καὶ προσκληροῦται οὐκέθ' ὡς οἱ πρότεροι λαῷ «γένει» δὲ, καθάπερ φησὶ Μωυσῆς (Gen. 35, 29)· [...] [7] [...] οἱ δὲ ἀνθρώπων μὲν ὑφηγήσεις ἀπολελοιπότες, μαθηταὶ δὲ εὐφυεῖς θεοῦ γεγονότες, τὴν ἄπονον ἐπιστήμην ἀνειληφότες, εἰς τὸ ἄφθαρτον καὶ τελεώτατον γένος μετανίστανται κλῆρον ἀμείνω τῶν προτέρων ἐνδεδεγμένοι, [...].

(*Sacr 5–7*) [5] Nachdem Gott also der Seele die gute Anschauung, den Abel, zugelegt hatte, nahm er von ihr den törichten Wahn, den Kain. Denn auch Abraham wurde, als er das Irdische verliess, 'dem Volke Gottes zugesellt' (1 Mos. 25,8) und geniesst, den Engeln gleich geworden, Unsterblichkeit. [...] Und von dem in gleicher Weise tugendeifrigen Jakob heisst es, er werde dem Besseren zugesellt (1 Mos. 49,33), nachdem er das Schlechtere aufgegeben hatte. [6] Isaak ferner, der für würdig befunden wurde, sich aus eigener Kraft Erkenntnis zu erwerben, verlässt zwar auch alles Körperähnliche, das mit seiner Seele erworben war, wird aber nicht wie die Vorigen dem Volke, sondern, wie Mose sagt (1 Mos. 35,29), 'dem Geschlecht' zugesellt und zuerteilt. [...] [7] [...] Die aber, die auf die Unterweisungen von Menschen verzichtet haben und wohlgebildete Schüler Gottes sind, gehen, nachdem sie die mühelose Erkenntnis aufgenommen haben, zu dem unsterblichen und vollkommensten Geschlecht über, wodurch sie ein besseres Los als die Vorigen erlangt haben, [...].

(*4Makk 7,18f*) [18] ἀλλ' ὅσοι τῆς εὐσεβείας προνοοῦσιν ἐξ ὅλης καρδίας, οὗτοι μόνοι δύνανται κρατεῖν τῶν τῆς σαρκὸς παθῶν [19] πιστεύοντες ὅτι θεῷ οὐκ ἀποθνῄσκουσιν, ὥσπερ οὐδὲ οἱ πατριάρχαι ἡμῶν Αβρααμ καὶ Ισαακ καὶ Ιακωβ, ἀλλὰ ζῶσιν τῷ θεῷ.

(*4Makk 7,18f*) 18 Aber alle, die aus ganzem Herzen für die Frömmigkeit Sorge tragen, sie (und nur sie) allein können die Leidenschaft des Fleisches beherrschen, 19 im festen Glauben, daß sie – wie auch unsere Patriarchen Abraham, Isaak und Jakob – für Gott nicht sterben, sondern für Gott leben.

Wenngleich eingebunden in Philos Auslegung zu Gen 4,1–16[56], greift der Alexandriner an dieser Stelle auf die Antagonisten Kain und Abel zurück, um die Seelenteile des καλὸν δόγμα von jenen der ἄτοπος δόξα zu unterscheiden (Sacr 5). Die damit eingeführten ethischen Qualitäten der ψυχή sind zugleich mit der Unsterblichkeitsvorstellung verknüpft, wenn in beiden Texten die Vorbildfunktion der Väter Israels betont wird (vgl. hierzu 4Makk 7,19 mit Philo Sacr 5f).[57] Auf diese Weise ermöglicht die dichotomische Anthropologie, die man auf Grund der Unterscheidung bei Philo auch trichotomisch nennen darf, eine Rückbindung des individuellen Todesgeschicks an das gegenwärtige, irdische Dasein. Eine Problematik, die etwa auch im Zusammenhang von 4Esr zum Tragen kommt.[58]

Von besonderem Interesse und zugleich höchst umstritten ist ein weiterer Aspekt in der Exegese Philos zu Gen 2,7 [LXX] nach All 1,31–42:[59] Durch die einen Selbstwiderspruch (vgl. Sacr 8: νοῦς ἀθάνατος [txt. crrpt.]) bei Philo provozierende Charakterisierung des νοῦς als ursprünglich irdisch und vergänglich (All 1,32: ὁ δὲ νοῦς οὗτος γεώδης ἐστὶ τῷ ὄντι καὶ φθαρτός ...) wird eine Hierarchisierung innerhalb der Dreiheit von πνεῦμα, νοῦς und ψυχή deutlich. So verhält sich der νοῦς zur ψυχή wie die ψυχή zum σῶμα

---

56 Vgl. zur Auslegungsgeschichte J. L. Kugel, Traditions, 146–169; zu Philo: K. M. Hogan, Background, 11–15.

57 Während Philo expressis verbis von der „Unsterblichkeit" spricht, ist jener Gedanke in 4Makk 7 nur aus dem zumal textkritisch umstrittenen V.19 (vgl. H.-J. Klauck, JSHRZ III/6, 721 [zu 7,19ᵃ]; U. Fischer, Eschatologie, 86f Anm. 10. 90 Anm. 25, hält V.19 für eine Interpolation) zu erschließen. Literarisch erscheint V.19 im Gefälle von 4Makk (vgl. 5,37; 18,23 u. dazu J. M. G. Barclay, Jews, 373f) und als bewusste Absetzung von der Auferstehungsvorstellung in 2Makk 7 (anders U. Fischer, Eschatologie, 87) plausibel (vgl. P. Hoffmann, Die Toten in Christus, 87f; J. J. Collins, Athens, 206f; vgl. aber auch die relativierenden Anmerkungen bei U. Fischer, Eschatologie, 89–100).

58 Vgl. C. Münchow, Ethik, 76–95, u. S. Beyerle, Richter, 315–337. Wesentliche Einsichten zu 4Esr verdanke ich Karina M. Hogan.

59 Vgl. dazu auch die Überblicke bei J. Behm, Art. νοέω κτλ., 954f; A. Dihle, in: ders., Art. ψυχή κτλ., 632f, u. P. Hoffmann, Die Toten in Christus, 81f; H. C. C. Cavallin, Life, 135–140; ders., Leben, 288–292; ferner: T. H. Tobin, Creation, 111. Kritisch zu Tobin äußert sich D. T. Runia, Philo, 334–338.471.556–559 (vgl. D. Zeller, Life, 24f).

und θεός zum νοῦς wie der νοῦς zur ψυχή. Daher kann der
νοῦς als „Seele der Seele" (ψυχὴ ψυχῆς: vgl. Op 66; Her 55)
bezeichnet werden, dessen Funktion jedoch wiederum
durch die göttliche Gabe von der Schöpfung abhängig ist.[60]
Zudem identifiziert Philo das πνεῦμα mit der von den Tieren unterschiedenen Vernunftseele des Menschen (vgl. Det
80–84), wodurch der Alexandriner eine Anthropologie andeutet, die – nicht nur – stoische Anschauung erinnert[61],
sondern auch gegen das Menschenbild in Koh polemisiert
(vgl. Koh 3,16–21). Trotz der terminologischen Überschneidungen, die eine klare Differenzierung von πνεῦμα, νοῦς
und ψυχή nicht immer möglich machen, zeigt die Seelenlehre bei Philo nicht nur durch ihre Anleihen bei Platon oder in
der hellenistischen Philosophie, sondern auch in der an der
allegorischen Auslegung von Gen 2,7 [LXX] deutlichen Nähe des Göttlichen zur menschlichen Seele eine vehemente
Überbietung der in der spät-israelitischen Weisheit nur angedeuteten Anthropologie. Die Gemeinschaft mit Gott ist
zudem der Grund für ein bereits *im Irdischen* verwirklich-
tes Leben in der Unsterblichkeit (vgl. Quaest in Ex 2,39).

Damit spielt Philo auf die platon. ὁμοίωσις θεῷ (Pl. *Theaet.* 176b) an.
Aber auch die etwa zeitgleiche Vorstellung von der „Vergöttlichung" der Gestorbenen in PsPhok 104 (ὀπίσω δὲ θεοὶ τελέθονται)
darf erinnert werden (vgl. auch die *Exagoge Ezechiels*, Z. 68–82).
Außerdem ist auf die Existenz קדושים עם בגורל in 1QH[a] 19,11f (vgl.
1QH[a] 11,19–23) oder das Los der „Seelen der Gerechten" in Weish
3,1; 6,17–19 zu verweisen.[62]

Selbst die Morphologie der Seele zeigt eine gewisse Unausgeglichenheit, denn auch die Bestandteile der ψυχή werden

---

60 Vgl. J. Behm, Art.νοέω κτλ., 954; W. Bieder, in: H. Kleinknecht u.
a., Art. πνεῦμα κτλ., 372; D. Zeller, Life, 24f.

61 S. Seneca d. J. *Ep.* 76,9f [SVF 3.200a]; Epict. *Diss.* 1,6,12–22. So
heißt es bei Seneca d. J.: „*in homine quid est optimum? ratio: hac an-
tecedit animalia, deos sequitur.*" Zu Text u. Übers. vgl. A. A. Long / D.
N. Sedley, HP I,395f; HP II,391f. Vgl. auch J. R. Levison, Portraits, 66f
[mit 208 Anm. 20].

62 Zu Philo vgl. D. Zeller, Life, 39f, und zu Weish die Bemerkungen
bei M. Kolarcik, Ambiguity, 166. Zu den *Hodayot* vgl. H. Lichtenberger,
Studien, 224–227; J. J. Collins, Apocalypticism, 119–123.

bei Philo unterschiedlich bestimmt.[63] Einerseits schließt sich der Alexandriner der platonischen Dreiteilung (All 3, 115) an, wonach die ψυχή durch die drei Aspekte des λογιστικόν, des θυμικόν und des ἐπιθυμητικόν bestimmt ist (vgl. SpecLeg 4,92).[64] Andererseits nähert sich Philo mit der Vorstellung einer siebenteiligen Seele (Op 117; Her 232) stoischen Ansichten[65], die zudem in weiteren jüdisch-hellenistischen Schriften aufgenommen wurden[66]. Bei allen Distinktionen, wesentlich scheint die ontologische Grundunterscheidung von „vernunftbezogen" und „ohne Vernunft" – Agr 139: καὶ τὰ μὲν λογικά, τὰ δ' ἄλογα·[67] Und jene Differenz wirkt sich direkt auf die theologische Anthropologie aus, insofern Gottes Schöpfung ausschließlich auf den vernünftigen Seelenteil bezogen ist.

c. Sapientia Salomonis

Die bisher skizzierten Modelle antiker Menschenbilder in Koh und bei Philo konvergieren annähernd in der Unterscheidung von Individualität und Kollektivität. Und in diesem Kontext wäre dann auch das mit Philo ungefähr zeitgleiche Buch der *Sapientia* zu beachten. Für den „Prediger" wurde bereits auf die Spannung verwiesen, die zwischen dem einzelnen Menschen und seiner Spezies besteht. Zunächst greift Philo auf diese Unterscheidung zurück, wenn

---

63 Vgl. zu Philo P. Frick, Divine Providence, 154f. Zu Platon vgl. T. A. Szlezák, Platon lesen, 102–105, sowie zur Stoa A. A. Long / D. N. Sedley, HP I,319–323.

64 Vgl. Pl. *Rep.* 435a–441c; *Ti.* 69a–71a; vgl. auch *Phdr.* 270d. 271d.

65 Vgl. Aet. *prooem.* 4,21,1–4 [= SVF 2.836]: zu Text u. Übers. vgl. A. A. Long / D. N. Sedley, HP I,315f; II,314f.

66 Vgl. TestRub 2,3 – 3,2 u. Aristob. Frgm. 5, 12.15 [= Eus. *Praep. Ev.* XIII,12] Bei TestRub 2,3 – 3,2 handelt es sich wohl um einen sek. Einschub (vgl. J. Becker, JSHRZ III/1, 33 [zu II,3ᵃ], u. die Kommentierung bei H. W. Hollander / M. de Jonge, Testaments, 93f). Die Frage, ob Aristobulos mit der Wendung ἕβδομος λόγος auf die stoische Seelenlehre oder aber auf kosmolog. Phänomene anspielt, wird in der Forschung neuerdings i. S. d. zweiten Alternative beantwortet (vgl. die Diskussion bei C. R. Holladay, Fragments III, 230–232 Anm. 142. 236f Anm. 160).

67 Diese Ansicht gilt in der Philoforschung als *communis opinio*: vgl. D. T. Runia, Philo, 303; P. Frick, Divine Providence, 156; vgl. auch P. Hoffmann, Die Toten in Christus, 81f.

er sich dem Problem stellt, dass Adam und Eva nicht am selben Tag starben, als sie vom Baum der Erkenntnis gegessen hatten (vgl. All 1,105–108).[68] Die „Lösung" dieser Inkonsistenz ergibt sich in Anspielung auf die *figura etymologica* (vgl. Fug 54f) in Gen 2,17b (מות תמות, LXX: θανάτῳ ἀποθανεῖσθε) aus der Unterscheidung zwischen dem Tod der gesamten Menschheit und dem der individuellen Seele. Tod oder Unsterblichkeit der ψυχή werden zudem der Trennung von „Frevlern" und „Gerechten" zugeordnet (vgl. Quaest in Gn 1,16), sodass der „natürliche Tod" eine Ambiguität in sich trägt.[69]

Jene Ambiguität kommt vergleichbar im dualistischen Denken der *Sapientia* zum Tragen.[70] Auch im Weisheitsbuch wird die Lehre der Unsterblichkeit in der Schöpfungsgeschichte der Genesis verankert, wenngleich die bei Philo vorfindliche, an Gen 1,26f; 2,7 [LXX] orientierte Lehre von der „zweifachen menschlichen Schöpfung" als „Prototyp" bzw. „Protoplast" (s. o.) im Weishheitsbuch keinen Niederschlag gefunden hat.[71] In Weish 2,23f stehen Unvergäng-

---

68 So Philos Auslegung im Anschluss an Gen 2,17b [LXX] u. unter Berufung auf Heraklit [vgl. FVS 1, Frgm. 62].

69 Vgl. D. Zeller, Life, 25–27; K. M. Hogan, Background, 11–15.

70 Vgl. zum Folgenden H. C. C. Cavallin, Life, 130.132f; M. Kolarcik, Ambiguity, v. a. 76–81.159–190; J. J. Collins, Wisdom, v. a. 185–193; K. M. Hogan Background, 1–3.15–24.

71 So der Hinweis bei K. M. Hogan, Background, 23. Der Terminus πρωτόπλαστος begegnet in Weish 7,1b u. 10,1a, einmal im Munde Salomos, dann für Adam (vgl. auch Jub 3,28 [griech.]; TestAbr A 11,9–11; 13,2.5; grBar 4,9; ApkSedr 4,4: s. D. C. Allison, Testament of Abraham, 250, u. bei Philo: Quaest in Gn 1,32 [gr. Frgm.]; Quaest in Ex 2,46 [gr. Frgm.]), und eine Interpretation i. S. d. „weisheitlich-dualistischen Theologie" (E. Brandenburger, Mensch, 213) wäre möglich: Könnte man doch Salomos Rede in Weish 7,1–6 als Verweis auf den irdisch-vergänglichen „Adam-Anthropos" (vgl. 7,1a: εἰμὶ μὲν κἀγὼ θνητὸς ἄνθρωπος ἴσος ἅπασιν; 7,6: μία δὲ πάντων εἴσοδος εἰς τὸν βίον ἔξοδός τε ἴση), dagegen die Bezeichnung des durch die Weisheit vom Fall (παράπτωμα) geretteten Adam in Weish 10,1f als „Herrschender über Alles" (V.2: κρατῆσαι ἁπάντων; vgl. gLAE 39,2f) im Sinne einer Anspielung auf das himmlische Abbild (εἰκών; Gen 1,26f [LXX]; vgl. gLAE 20,1f) Gottes verstehen (vgl. dazu Brandenburger, a. a. O., 213 u. 219f). Immerhin verbindet auch Philo die Ebenbildlichkeit des Menschen mit seiner Herrscherfunktion (VitMos 2,65; vgl. auch Weish 9,2f: so J. L. Kugel, Traditions, 80–82). Doch würde man damit dem Befund der Fortschreibung von Gen 1,26f [LXX] u. 2,7 [LXX] in Weish

lichkeit und Ebenbildlichkeit in Parallele.[72] Somit bilden ἀφθαρσία (vgl. auch Weish 6,18f) und ἀθανασία (Weish 3,4; 4,1; 8,13.17; 15,3) die Verbindung des Menschen zu Gott. Im Gegensatz zu Sirach (vgl. Sir 17,1; 41,4) schuf Gott den Menschen nicht zum Tode (Weish 1,13). Damit ist der endgültige Tod gemeint, der zur völligen Lösung und anhaltenden Trennung von Gott führt (vgl. Weish 3,1 mit 5,5.15), der aber von der natürlichen Sterblichkeit des Menschen unterschieden werden muss.[73] Zugleich verdeutlicht Pseudo-Salomo in 1,12–15, dass der Tod auf der Seite der Ungerechtigkeit steht: Die Gerechten werden nur scheinbar sterben, sind in Wirklichkeit unsterblich (vgl. Weish 1,15: δικαιοσύνη γὰρ ἀθάνατός ἐστιν). Das bedeutet: Ursprünglich war der Mensch zur Unvergänglichkeit geschaffen, und nach Weish 6,18f ist es offenbar dem Gerechten möglich, dies erneut zu erreichen (vgl. auch 3,4; 4,2; 8,13.17; 15,3).[74] Ähnlich wie bei Philo hat also auch die Weisheitsschrift den Tod als doppeldeutiges Ereignis verstanden und darüber hinaus, wiederum dem Alexandriner vergleichbar, mit ethischen Anliegen verbunden.

Eine Verbindung zwischen Kohelet und Pseudo-Salomo erschließt sich bei der Betrachtung der „Lobrede auf die Weisheit", dem zweiten Hauptteil der Weisheitsschrift. Dort kombiniert der Abschnitt in Weish 9,13–17 die „skepti-

---

kaum gerecht werden: Einmal wäre neben „Herrschaft/Ebenbildlichkeit" u. „Unsterblichkeit" noch die mythische Deutung von Gen 2f zu nennen (vgl. v. a. Weish 2,22–24, u. dazu: Brandenburger, a. a. O., 212f), die auf die Zweideutigkeit des Todes abzielt (s. o.). Andererseits ist in Weish 10,1f keineswegs von der himmlisch-unsterblichen Adamsgestalt die Rede, und die Ebenbildlichkeit in Weish 10 kann nur indirekt über das Herrschermotiv erschlossen werden (vgl. J. R. Levison, Portrait, 58.61).

72 S. o., zu Philo; J. R. Levison, Portraits, 50f, weist darauf hin, dass die Verbindung von Ebenbildlichkeit u. Unsterblichkeit epikuräische Anschauungen bekämpfe.

73 Vgl. M. Kolarcik, Ambiguity, *passim*. Zum Einfluss unterschiedlicher Konzeptionen auf die Todesvorstellung in Weish vgl. S. Burkes, God, 182–191.

74 A. Schoors, Koheleth, 302, vermutet, dass sich Kohelets Kritik in Koh 3,21; 12,7 gegen die Vorstellung von der individuellen Unsterblichkeit in Weish richtet.

sche Weltsicht"[75] des „Predigers" (vgl. Koh 8,16f; 11,5b) mit einer dichotomischen Anthropologie, die starke Anleihen bei Platon besitzt, wenn es heißt (Weish 9,13.15):[76]

(13) τίς γὰρ ἄνθρωπος γνώσεται βουλὴν θεοῦ;
ἢ τίς ἐνθυμηθήσεται τί θέλει ὁ κύριος;

Denn welcher Mensch wird Gottes Beschluss verstehen?
Oder wer wird ergründen, was der Herr will?

(15) φθαρτὸν γὰρ σῶμα βαρύνει ψυχήν,
καὶ βρίθει τὸ γεῶδες σκῆνος νοῦν πολυφρόντιδα.

Denn der vergängliche Leib beschwert die Seele,   [sinnt.]
und es bedrängt das irdische Zelt den Verstand, der viel nach-

Pseudo-Salomo übernimmt mit dem Motiv von der Beschwernis der ψυχή durch das σῶμα (vgl. Philo Gig 31; All 1,107; 3,152; Det 16; Her 267–276) eine anthropolog. Anschauung, die in den Motivkonstellationen des „Gefängnisses" oder des „Grabes der Seele" im Körper (s. Jos Bell 2,154f) auf orph.-platon. (φρουρά, δεσμωτήριον, σωφρονιστήριον) bzw. pythagor. (δεσμωτήριον u. σῆμα: vgl. Hippolyt, *Ref.* VI,25,4; V,8,22) Wurzeln zurückgehen dürfte. Vermittelt wurde diese Konzeption wahrscheinlich durch eine Renaissance des orph.-platon. bzw. pythagor. Dualismus im stoischen Denken des 1. Jh.s v. Chr., das insbesondere auf den Motivzusammenhang des Leibes als „Gefängnis der Seele" rekurrierte, wie v. a. Belege aus Pseudo-Platon (1. Jh. v. Chr.)[77] verdeutlichen (vgl. [Ps-]Pl. *Ax.* 365e mit [Ps-]Pl. *Ax.* 365a; vgl. Pl. *Phd.* 62b.82e):[78]

(365e) Ἡμεῖς μὲν γὰρ ἐσμεν ψυχή, ζῷον ἀθάνατον ἐν θνητῷ καθειργμένον φρουρίῳ·

Car nous sommes une âme, animal immortel enfermé dans une prison mortelle.

---

75 So die Terminologie bei E. Brandenburger, Fleisch, 108, mit Blick auf Weish 9 und die *Hodayot.*

76 Zu Platon vgl. *Grg.* 493a; *Phd.* 62b.66b–d.81c–d.82d–83b; *Cra.* 400c; *Phdr.* 247b.250c. Zum Text vgl. J. Ziegler, SVTG XII/1, 124f; zur Übers. vgl. K. Siegfried, Weisheit, 492f; H. Hübner, Weisheit, 121.130. Zur Sache vgl. neben den Komm. z. St. H. C. C. Cavallin, Life, 131 (mit 134 Anm. 28); J. J. Collins, Wisdom, 185f.205–209; J. L. Crenshaw, Wisdom, 170f (vgl. auch T. F. Glasson, Influence, 26).

77 Zur umstrittenen Datierung des ps-platon. Dialogs „Über den Tod" vgl. die Diskussion bei J. Souilhé, Platon, 131–136.

78 Text u. Übers.: J. Souilhé, Platon, 138f (die Verweise auf Platon finden sich a. a. O., 139 Anm. 2).

(365a) ... καὶ τῷ σώματι ῥωμαλέον, ἀσθενῆ δὲ τὴν ψυχήν[.]

... robuste de corps, mais d'âme faible.[79]

Die spät-israelitische und antik-jüdische Weisheitsüberlieferung hat durch ihre bereits dem *Tanach* bekannte, dualistische Anthropologie den Boden für die Bewältigung des Theodizee-Problems in der Zeit des Zweiten Tempels mit bereitet. Der Einfluss hellenistischer Philosophie ist dabei augenscheinlich, wenngleich alle genannten Fallbeispiele zeigen, dass die Philosophie lediglich in Adaptionen verarbeitet wird und nie den jeweiligen Autor zum „Philosophen" macht. Auch Postulaten literarischer Abhängigkeiten wird man mit größter Zurückhaltung begegnen müssen.

Während Pseudo-Salomo sich eher der *Formen* als der *Inhalte* antiker Philosophie bzw. Rhetorik bedient[80], zielt Philos Œuvre auf Integration altisraelitischer Tradition in griech. Denken, wobei dem „Kommentator" stets der „Prediger" Philo zur Seite steht.[81] Das 4. Makkabäerbuch beschränkt seinen griech. Einfluss, Pseudo-Salomo vergleichbar, auf sprachliche und formale (Diatribe) Phänomene, auch wenn der Autor selbst seinen Gegenstand als „hoch philosophisch" (4Makk 1,1: φιλοσοφώτατον λόγον ἐπιδείκνυσθαι μέλλων)

---

79 Vgl. noch Seneca d. J., *Ep.* 65,16f; 79,12; 102,22–30. Zur Sache vgl. E. Brandenburger, Fleisch, 154–164; D. Winston, Philo, 130; J. J. Collins, Wisdom, 185f. Außerdem verweist D. Zeller, Life, 32f.41f, auf die Entgegensetzung von „Körper – Tod der Seele" und „Seele – Tod des Körpers" bei Philo (Quaest in Gn 4,152). Zur Verbindung beider Motive vgl. schon Platon (*Grg.* 493a), dann Philo, All 1,108 (dazu: P. Courcelle, Art. Gefängnis [der Seele], 294–301; ders., Art. Grab der Seele, 455–458, sowie Zeller, a. a. O., 44f). J. N. Bremmer, Rise, 13 mit 140 Anm. 21–22, betont, dass die pythagor. Anschauung des Leibes als „Grab der Seele" sehr viel pessimistischer sei als die orph. vom „Gefängnis", wie sie v. a. bei Platon rezipiert wurde. Ob die Lehre auf den Pythagoräer Philolaos von Kroton (Mitte 5. Jh. v. Chr.) zurückgeht (vgl. FVS I,413f: Philolaos B 14), ist umstritten. Zur Diskussion des bei *Clemens Alexandr.* zitierten Passus vgl. C. A. Huffman, Philolaus of Croton, 404–406. – Grundsätzlich dürfte die Parallelisierung des Antagonismus „Seele – Leib" mit der Gegenüberstellung „Gott – Mensch" den Alexandriner zu seinem ebenfalls weisheitl. Erkenntnisskeptizismus veranlasst haben (vgl. U. Früchtel, Vorstellungen, 157–160), wenn auch auf eine völlig andere Weise als bei Kohelet.

80 Vgl. J. J. Collins, Wisdom, 180–182.229–231 (vgl. aber auch J. L. Crenshaw, Wisdom, 170f).

81 Vgl. D. Winston, Philo, 124–142.

kennzeichnet.[82] Das Koheletbuch setzt sich deutlich von der dichotomischen Anthropologie der Griechen ab, bezeugt aber damit sogleich seine Kenntnis dieser Theorie. Ähnliches ist im Blick auf die
Kritik des „Predigers" an der älteren Weisheit zu sagen.[83]

Dennoch ermöglicht die späte dualistische Weisheit das
Nachzeichnen von Entwicklungen, ohne dass man von hier
aus auf direkten Einfluss dieser Traditionen, insbesondere
aus dem Koheletbuch oder Qumran (4QInstruction), auf die
Apokalypsen und apk Texte des spät-israelitischen bzw.
antik-jüdischen Schrifttums schließen dürfte.[84]

2.2. Im Umfeld apokalyptischer Belege

In Erinnerung der Ergebnisse zur Entwicklung der Auferstehungsvorstellung ergeben sich Parallelen zur Anthropologie. Sowohl die Auferstehung als auch die dichotomischen Anthropologien lassen sich bis in spät-israelitische
Zeit hinein zurückverfolgen, ohne dass beide im *Tanach*
wirklich ausgeformt wären. Zudem reflektieren sie jüdi-
sches Denken, auch wenn ihre jeweiligen Konstituenten
nicht ohne Einfluss von außen denkbar sind. Dichotomische
Ansätze zum Menschenbild sind nun nicht nur in der dualistischen Weisheit des antiken Judentums bezeugt. Auch die
Apokalyptik ist seit ihren Anfängen betroffen. Egon Brandenburger[85] dürfte, zumal in der Betonung der theologischen Konsequenzen, zuzustimmen sein:

> Wie auch immer es mit dieser religionsgeschichtlichen Frage ste-
> hen mag, die entscheidende Voraussetzung für die apokalyptische
> Differenzierung von erdenstofflich-fleischhaftem Leib und tod-
> überdauernder Geist-Person und die dabei möglicherweise vollzo-

---

82 Vgl. J. J. Collins, Athens, 204–206.

83 Vgl. J. L. Crenshaw, Wisdom, 116–128. 133–138 [Anm.: Lit.].

84 Anders A. Lange, Weisheit, v. a. 301–306, der auf Grund der
Weisheitstexte aus Qumran wieder auf die These von Rads rekurriert.
Allerdings konnte D. J. Harrington, Wisdom, 146–151, an Hand eines
Vergleichs mit Sir zeigen, dass 4QInstruction durchaus mit den Themen der älteren Weisheit vertraut ist, selbst wenn man der Komposition die kosmisch-eschatolog. Perspektive kaum absprechen kann (so
auch D. J. Harrington, Wisdom Texts, 41.55; J. J. Collins, Wisdom,
126f; zu 4QInstruction s. u.: FÜNFTES KAPITEL).

85 Ders., Fleisch, 64.

gene Aufnahme fremden Gedankengutes ist auf jeden Fall eine wichtige theologische Neuorientierung.

Nicht zuletzt in der für die Entwicklung von individueller Eschatologie und postmortaler Heilsgewissheit zentralen (ps-)ez Überlieferung fand der Leib-Seele-Dualismus ebenso seinen Niederschlag (s. o.). Es dürfte daher der weiteren Klärung dienen, wenn Spuren einer di- oder gar trichotomischen Anthropologie im zeitlichen und textlichen Umfeld der Apokalyptik benannt und erläutert werden könnten.[86]

Hierzu sei im Rückgriff auf das Problem der Eschatologie in der *Epistel* (vgl. äthHen 102 – 104) verwiesen (s. o., DRITTES KAPITEL). Ist nämlich auf einer bestimmten Stufe der Textüberlieferung mit den die Auferstehung konnotierenden Begriffen in der *Epistel* lediglich eine *Bewegung* impliziert, könnte mit der in äthHen 102 – 104 vermuteten Dichotomie in Seele und Geist[87] eine neue, *qualitative* Dimension hinzukommen, ganz im Sinne der konstatierten, transzendenten Interpretation von Auferstehung.[88] Im Folgenden wäre also zunächst nach „Entdeckungszusammenhängen" einer semantischen Trennung von πνεῦμα und ψυχή und damit nach der grundsätzlichen Berechtigung einer solchen Differenzierung zu fragen.

Gemeinhin wird ein Gebrauch von „Geist" und „Seele" für das „todüberdauernde Ich" seit dem apk Schrifttum angenommen (vgl. ApkEl 36,17 – 37,1 [= 4,25f]; ApkAbr 10,2f).[89] Erst hier zeigt sich die ausdrückliche Trennung von Irdischem und Himmlischem (s. o., ZWEITES KAPITEL), womit ein mehr oder weniger ausgeformter Dualismus in πνεῦμα

---

86 So betont etwa G. Dautzenberg, Seele, 194, dass die anthropolog. Voraussetzungen der polymorphen Auferstehungkonzeptionen im antiken Judentum nur sehr undeutlich hervortreten.

87 Vgl. nur äthHen 102,5 [GrCB]: αἱ ψυχαί ὑμῶν ... mit 103,4 [GrCB]: τὰ πνεύματα αὐτῶν ...

88 Theolog. entpräche diesem transzendenten Moment der grundsätzlich „*spekulative*" Charakter apk Offenbarungsverständnisses, wie er von M. E. Stone herausgearbeitet wurde (vgl. ders., Lists, v. a. 399f.403; gegen E. Brandenburger, Fleisch, 76.78).

89 So etwa schon W. Bousset / H. Gressmann, Religion, 400 [mit Anm. 1], dann E. Brandenburger, Fleisch, 61; H. C. C. Cavallin, Leben, 254 Anm. 102, u. R. A. Horsley, Pneumatikos, 271f [mit Anm. 8].

und ψυχή einhergeht. Im Horizont der *Epistel* ist dieses Resultat durch die nachstehende Untersuchung zu modifizieren bzw. auszuweiten. Denn die sich ausbildende Dichotomie betrifft auch die postmortale Existenz, wenn die gerichteten bzw. zu richtenden „Seelen" von den geretteten „Geistern" im Jenseits unterschieden werden.[90] Somit deutet die „qualitative Trennung" ihre Gültigkeit auch in *anthropologischer* Perspektive an. Auf diese Weise schafft sich eine im Menschen disponierte, also anthopologisch relevante Differenzierung Gehör, die im *Irdischen* bereits angelegt ist, doch Auswirkungen auf sein (potentielles) *himmlisches* Dasein besitzt und *vor* der Trennung in Sünder und Gerechte verortet wird.

a. Die frühe Bezeugung

Aus chronologischen Gründen kann mit zwei eng verwandten Belegen aus den sogenannten deuterokanonischen Danieltexten begonnen werden, die gemeinhin zu den ältesten Zeugnissen eines trichotomischen Menschenbilds gerechnet werden dürfen.[91] Daneben sind für die älteren Zeugen innergriechische Textabweichungen zum *Wächterbuch* in Augenschein zu nehmen. Zwar datieren die Mss. des *Codex Panopolitanus* (GrP: 5./6. Jh. n. Chr.) und des Chronographen *Synkellos* (GrS: 9. Jh. n. Chr.[92]) einige Zeit später als die äl-

---

90 Religionsgeschichtlich bemerkenswert ist die Verbindung der „Auferstehung der Gerechten" mit dem „Anziehen des Licht-Gewandes" in iran. Texten. Dabei ist das „Kleid" Sinnbild für den die Seele umschließenden Körper (vgl. G. Widengren, Iran, 118–120).

91 Für beide Gebete wird wegen ihrer sek. Kontexteinbindung allgemein angenommen, dass sie ursprünglich selbständig umliefen. K. Koch, Zusätze II, 70; ders., "Märtyrertod", 77; J. J. Collins, Daniel, 200.203; I. Kottsieper, Zusätze, 222f; M. A. Knibb, Book, 24f, datieren das „Gebet des Asarja" u. a. wegen Dan 3,32 und V.38–40 [LXX, ϑ'] in die Zeit der „Religionsverfolgungen" unter Antiochus IV. Während Kottsieper für den „Hymnus der drei Männer im Feuerofen" einen pro-makk. Autor der Mitte des 2. Jh.s v. Chr. vermutet (kritisch: Knibb, a. a. O., 25 Anm. 33), schlägt Koch (vgl. ders., Zusätze II, 140) ein Datum um die Wende von 2. zum 1. vorchristl. Jh. vor. Vorsichtig verweist Collins (a. a. O., 207) auf das Jahr 100 v. Chr. als ungefähren *terminus ante quem* der griech. Übersetzung des Dan.

92 Allerdings dürfte *Synkellos* auf der Basis chronograph. Werke des Pandorus u. Annianus aus dem 5. Jh. n. Chr. entstanden sein (vgl. G. W. E. Nickelsburg, 1 Enoch 1, 12).

testen aram. Fragmente aus Qumran, doch ist damit noch
keine abschließende Aussage über das Alter der darin bezeugten Überlieferung getroffen.[93]

α. Deuterokanonische Danieltexte
In den Zusätzen zu Dan wird die Unterscheidung von πνεῦ-
μα und ψυχή gleich an zwei Stellen greifbar, nämlich im
„Gebet des Asarja" (Dan 3,26–45 [LXX, ϑ' = Od. 7]; hier:
V.39) sowie im „Hymnus der drei Männer im Feuerofen"
(Dan 3,52–90 [LXX, ϑ' = Od. 8]; hier: V.86).

Da schon in der voraufgehenden Darlegung deutlich wurde, dass
neben der griech. Terminologie auch das Hebr. bzw. Aram. Hinweise auf eine di- oder trichotomische Konzeption zu geben vermag[94],
ist für die hier zu behandelnden Zusätze zu Dan neben dem griech.
Text (LXX: Pap. 967, Ms. 88, Sy^h; ϑ')[95] die aus der mittelalterl.
„Chronik des Jerachmeel" stammende aram. Vrs. der Stücke zu beachten (Ms. *Bod. Oxf. heb.d.11*).[96] Die weiteren Zeugen der Syr und
Vg. können hier einmal auf sich beruhen.[97] Zu dem bereits Ende des
19. Jh.s von Moshe Gaster edierten aram. Text konnte Klaus Koch,

---

93 Vgl. schon J. Barr, Notes I, v. a. 184–193; ders., Notes II, v. a. 191,
der die griech. Übers. zu äthHen in die Nähe des griech. Dan rückt.
Vgl. neuerdings auch G. W. E. Nickelsburg, 1 Enoch 1, 12f.18.21 (vgl.
auch die Glossare zum aram. u. griech. Text bei L. T. Stuckenbruck,
Revision, 13–48). Von Interesse könnten auch die griech. Fragmente
aus Höhle 7 (7Q4 1; 7Q12; 7Q14: vgl. É. Puëch, Notes, 594–597; ders.,
Fragments, 313–317) in Qumran sein, insofern sie auf die *Epistel* zu beziehen sind (skeptisch zuletzt allerdings Nickelsburg, a. a. O., 14 Anm.
49). Zu weiteren detaillierten Textvergleichen des Äth. mit dem Griech.
s. auch G. W. E. Nickelsburg, Study, v. a. 135f.149.152–156.

94 Es sei an das Ez-Apokryphon, Frgm. 1, insbes.: WaR 4,5 u. die
Unterscheidung von „Leib" (גוף), „Geist" (נפש) und „Seele" (נשמה),
erinnert (s. o., DRITTES KAPITEL: 3.2.a.β).

95 Vgl. K. Koch, Zusätze I, 80–95.98–129; J. Ziegler / O. Munnich,
Susanna, 270–285.

96 Der aram. Text ist in einer Sammlung des rhein. Rabbiners Ele-
asar ben Ascher ha-Levi (um 1325 n. Chr.) enthalten, die in der Bod-
leian Library (Oxf.) aufbewahrt ist (vgl. K. Koch, Zusätze I, 19–21;
ders., Daniel, 316f). Zum Text vgl. neben Koch (s. ders., Zusätze I,
80–95.98–129) auch ders./ M. Rösel, Polyglottensynopse, 314–317.

97 Die ausführliche Textdiskussion der Zusätze zu Dan bei K. Koch
(vgl. ders., Zusätze I u. II, *passim*) hat zumal beide Texte berücksichtigt. Zu Bedeutung u. Stellenwert der Syr vgl. jetzt M. Henze, Madness, 143–215 (v. a. 143–147 [Lit.]), dem Dan 3,31 – 4,34 als Beispieltext
seiner Analyse dient.

nach einer längeren Phase der Bestreitung seines textkritischen Wertes[98], in seiner detaillierten Einzelanalyse der Mss. die (Teil-) Rekonstruktion eines semit. (aram.) „Urtextes" zu LXX, ϑ' und Syr wahrscheinlich machen.[99] Neuere Kommentare bestreiten wiederum den Wert der Jerachmeel-Chronik, indem v. a. die häufig geleugnete Abhängigkeit *zum* ϑ'-Text zugunsten einer Abhängigkeit *von* dieser griech. Überlieferung bestritten wird.[100] Die Fragestellung erlaubt an dieser Stelle keine erneute Aufarbeitung der Problematik. Doch sollen im Folgenden die aram. Termini aus Ms. *Bod. Oxf. heb.d.11* auch unabhängig vom textkritischen Wert berücksichtigt werden, da sie, auch wo sie mutmaßlich einen sekundären und späteren Text repräsentieren, zur Klärung beitragen können.[101]

Zunächst ist auf das „Gebet des Asarja" einzugehen.[102] Der durch dtr Diktion geprägte Abschnitt in Dan 3,39–43 [LXX, ϑ'], der die wahre Rückkehr zu Gott gerade jenseits der Opferpraxis verortet (vgl. Ps 51,18f), bietet in V.39.42:[103]

---

98 Vgl. dazu K. Koch, Zusätze I, 23–27; J. J. Collins, Daniel, 199.

99 Vgl. v. a. die allgemeine Charakterisierung bei K. Koch, Zusätze I, 61 (dazu: S. Beyerle, Wiederentdeckung, 52f; vgl. auch R. G. Kratz, Translatio, 74.112f).

100 Vgl. dazu I. Kottsieper, Zusätze, 220, u. insgesamt etwas differenzierter u. vorsichtiger: J. J. Collins, 199.202.204f.410f; A. Wysny, Erzählungen, 148.

101 Abgesehen von dieser grundsätzlichen Entscheidung dürften die am Textdetail begründeten Ergebnisse von K. Koch durch die recht allgemeinen Urteile seiner Kritiker noch nicht *ad absurdum* geführt sein.

102 Gattungskritisch wird der Text gemeinhin als „Bußgebet des Volkes" oder „kollektives Klagegebet" (vgl. auch Dan 9,4–19; Neh 9,5–37; Bar 1,15 – 3,8) angesprochen: vgl. J. J. Collins, Daniel, 202f; D. Bauer, Daniel, 99f; I. Kottsieper, Zusätze, 222f.231f. So ließe sich etwa der Verweis auf die Nichteinhaltung des Gesetzes in Dan 3,30 [LXX, ϑ'] mit Dan 9,11 vergleichen. Diese Vergehen lassen sich mit der Beschreibung der Situation unter Antiochus IV. gemäß 1Makk 1,41–43 (vgl. 2Makk 6,1) in Einklang bringen, wonach Israel seine eigenen göttl. Bestimmungen zugunsten der Erlasse des Fremdherrschers aufgab (vgl. dazu P. L. Redditt, Daniel 9, 245; I. Kottsieper, Zusätze, 233).

103 Da sich LXX u. ϑ' in beiden Versen nur an einer Stelle unerheblich unterscheiden (V.39: τεταπεινωμένῳ [LXX] u. ταπεινώσεως [ϑ', Sy^h, Od. 7]) kann die griech. Textwiedergabe LXX folgen. Die nur im Kölner Teil zu Pap. 967 belegte Stelle weist darüber hinaus in V.39 gegenüber Ms. 88 u. Sy^h die Lesart τετριμμένη (statt συντετριμμένη: vgl. J. Ziegler / O. Munnich, Susanna, 274) aus, die wohl eine sek. Angleichung an das folgende τεταπεινωμένῳ darstellt (so K. Koch Zusätze I, 88 [Anm. zu 63:4 ⑤]). Vgl. zum Text Ziegler/Munnich, a. a. O., 274f; Koch, a. a.

(V.39) ἀλλὰ ἐν ψυχῇ συντετριμμένῃ καὶ πνεύματι τεταπεινωμένῳ προσδεχθείημεν·

But may we be accepted with contrite soul and a spirit of humility[.]

(V.42) μὴ καταισχύνῃς ἡμᾶς, ἀλλὰ ποίησον μεθ’ ἡμῶν κατὰ τὴν ἐπιείκειάν σου καὶ κατὰ τὸ πλῆθος τοῦ ἐλέους σου.

Do not put us to shame, but do unto us according to your kindness and according to the multitude of your mercy[.]

Daneben steht die aram. Fassung nach Ms. *Bod. Oxf. heb.d.11* zu beiden Versen:[104]

V.39 אילהין בנפשא נכאה ורוחא חבירא נתקבל כעלוון
[ ][105] דיכרין ותורין וכאלפין אימרין פטימין

Doch mit zerschlagenem Leben und zerbrochenem Geist mögen wir angenommen werden wie Brandopfer von Widdern und Stieren und wie Tausende von fetten Lämmern.

V.42 אילהין תעביד עימנא כרחמנונך ובסגי טיבוחך

Und wir erbeten von Dir[,] daß Du uns nicht zuschanden machst[,] sondern an uns übst nach Deiner Gnade und der Fülle Deiner Güte.

Der aram. Text zu V.42 ist mit der griech. Fassung weitgehend identisch, während er in V.39 mit seiner auf V.40 [LXX, ϑ'] vorausgreifenden Opferterminologie offensichtlich den Beter in seiner Selbsthingabe als Sühnopfer beschreibt (vgl. auch V.40; s. o.: ZWEITES KAPITEL). Aber auch der griech. Text liefert keinerlei Hinweise auf ein transzendierendes Verständnis von ψυχή und πνεῦμα. Nach beiden Versionen sollen die Vokabeln nichts anderes als das Lebensganze umschreiben (vgl. auch Bar 3,1).[106] Diese Einsicht unterstreicht zuletzt auch der die folgende Errettungsbitte einleitende V.42, der in traditioneller Gebets-

---

O., 88f; Übers.: J. J. Collins, Daniel, 195f; zum Kontext s. o., ZWEITES KAPITEL: 3.4.c [169 Anm. 408].

104 Zum Text vgl. K. Koch, Zusätze I, 88.90; ders., "Märtyrertod", 70 (V.39); ders./ M. Rösel, Polyglottensynopse, 315. Text u. Übers. folgen der Rekonstr. bei K. Koch, Zusätze II, 208f.

105 Das an dieser Stelle in der Handschrift erwähnte „Schlachtopfer" (ניכ[ו]סין) scheidet K. Koch, Zusätze II, 55, aus syntakt. Gründen aus.

106 So schlägt K. Koch, "Märtyrertod", 73, für נפשא die Übers. „Lebenskraft" vor.

sprache (vgl. Dan 9,17–19)[107] den Bestand Israels einfordert. Nichts im „Gebet des Asarja" verweist auf eine Jenseitshoffnung, die wiederum Anhaltspunkte für eine di- oder trichotomischen Anthropologie lieferte.

Auf den ersten Blick gilt dies auch für den „Hymnus der drei Männer im Feuerofen". Er ruft zum Gotteslob auf, indem er die „Geister und Seelen der Gerechten" anspricht (Dan 3,86a):[108]

LXX/ϑ': εὐλογεῖτε, πνεύματα[109] καὶ ψυχαὶ δικαίων, τὸν κύριον·

Aram.   בריכו רוחין ונשמי צדיקיא

Im aram. Text wirkt die eigentümliche, kombiniert indeterminiert-determinierte Formulierung „Geister und die Seelen der Gerechten" durch die fehlende leibliche Bestimmung des Menschen höchst auffällig.[110] Hinzu kommt die im unmittelbaren Kontext (V.88) belegte Terminologie der Todesüberwindung, die ein Eingreifen Gottes in die Welt des Hades bzw. der Scheol vorsieht, wobei die Unterwelt abschließend mit dem Feuerofen gleichgesetzt wird:[111]

---

107 Vgl. zuletzt P. L. Redditt, Daniel 9, 244f.

108 Zum griech. Text vgl. K. Koch, Zusätze I, 118f; J. Ziegler / O. Munnich, Susanna, 284f. Der aram. Text orientiert sich wiederum an Ms. *Bod. Oxf. heb.d.11*: vgl. den Text bei K. Koch / M. Rösel, Polyglottensynopse, 317; die Synopse bei K. Koch, Zusätze I, 118f, u. die Rekonstruktion: ders., Zusätze II, 211.

109 Pap. 967 [CB], fol. 71 *verso*, Z. 16 liest den Sing. (vgl. F. G. Kenyon, Papyri, 18; J. Ziegler / O. Munnich, Susanna, 284 [App. I]). Außerdem stellt Pap. 967 V.86 hinter V.87.

110 Daher liest K. Koch u. a. ein explikat. ו in רוחין ונשמי צדיקיא: „Geister, nämlich Seelen der Gerechten" (ders., Zusätze II, 118) und deutet den fehlenden „Leib" als Hinweis auf „verstorbene Gerechte" (vgl. a. a. O., 117). Dagegen liest J. J. Collins „Geister *und* Seelen" und betont, dass im Unterschied zu äthHen 22 der Kontext auf lebende Gerechte verweist (s. ders., Daniel, 206f; vgl. auch D. Bauer, Daniel, 108).

111 Der griech. Text wird nach LXX zitiert (vgl. J. Ziegler / O. Munnich, Susanna, 284, u. Pap. 967 [CB], fol. 71 *verso*, Z. 19–27: vgl. F. G. Kenyon, Papyri, 18). Zu den geringfügigen Abweichungen in ϑ' u. Vrss. vgl. K. Koch, Zusätze I, 120. Die Übers. folgt J. J. Collins, Daniel, 197f. Aram. Text u. Übers. orientieren sich an der auf Ms. *Bod. Oxf. heb.d.11* (vgl. K. Koch, Zusätze I, 120f; ders./ M. Rösel, Polyglottensynopse, 317) beruhenden Rekonstruktion bei K. Koch (Zusätze II, 211), der V.88 als literarischen Zusatz beurteilt (vgl. ders., Zusätze II, 125–129; so auch D. Bauer, Daniel, 108); zuletzt beurteilt I. Kottsieper, Zusätze,

εὐλογεῖτε, Ανανία, Αζαρία, Μισαηλ, τὸν κύριον·
ὑμνεῖτε καὶ ὑπερυψοῦτε αὐτὸν εἰς τοὺς αἰῶνας,
ὅτι ἐξείλατο ἡμᾶς ἐξ ᾅδου καὶ ἔσωσεν ἡμᾶς ἐκ χειρὸς θανάτου
καὶ ἐρρύσατο ἡμᾶς ἐκ μέσου καιομένης φλογὸς
καὶ ἐκ τοῦ πυρὸς ἐλυτρώσατο ἡμᾶς.

Hananiah, Azariah, Mishael, bless the Lord;
laud and highly exalt him forever,
because he rescued us from the netherworld and saved us from the
hand of death,
and snatched us from the midst of the burning flame,
and snatched us from the midst of the fire.

בריכו חנניא עזריא ומישאל אלהין הללוהי ורוממוהו בעלמא
דהא שיזבנא משאול ופריק יתנא מידא דמותא דהא שיזיבנא
[מ]נורא יקידתא ומ[גוא] [ ]‏[112‏ שלהובין יציל יתנא

Lobsegnet[,] Hanania, Azaria und Misael[,] Gott[,] preist ihn und
erhebt ihn in der Weltzeit, weil er uns errettet hat aus der Scheol
und uns erlöst aus der Hand des Todes, weil er uns errettet hat
[aus] dem brennenden Ofen und aus [der Mitte] [ ] der Flammen uns
herausgerissen.

Die enge Verbindung von Dan 3,39 und V.86f, die sich aus
der Begrifflichkeit ergibt[113], markiert offensichtlich mehr
als eine bloße Wiederaufnahme bereits formulierter Gedanken zur redaktionellen Einbindung des Hymnus. Vielmehr scheint eine „apokalyptische" Fortschreibung am
Werke zu sein. Die genannten Eigentümlichkeiten, die Todesüberwindung sowie die Geist-Seele-Fokussierung, un-
terstützen die Deutung auf eine himmlische Szenerie, und
die zuvor angesprochenen „Kultfunktionäre"[114] verweisen
auf die Parallelisierung des irdischen und himmlischen
Kults, wie sie auch in Dan 8,11f, den *Texten vom Neuen Jerusalem*, den *Sabbatopferliedern*[115] und in Offb 6,9–11 be-

---

240, V.86–89 als redakt. Einschub. – Zur Scheol-Konzeption im *Tanach*
vgl. P. S. Johnston, Shades, 69–85.

112 K. Koch, Zusätze II, 120, hält מנור für Verschreibung von מגו
und דליק für eine sekundäre Betonung.

113 Vgl. dazu zuletzt I. Kottsieper, Zusätze, 234 Anm. 100 u. 247.

114 Vgl. V.84f nach der aram. Fassung: בריכו כהניא דיי od. עבדיא
דיי, u. nach der griech. Version (ϑ'/LXX): εὐλογεῖτε, ἱερεῖς, δοῦλοι
κυρίου bzw. δοῦλοι.

115 Vgl. 4Q400 1 i 1–8; 4Q405 18 1–6; 4Q405 23 ii 1–13.

zeugt ist.[116] Da sowohl im griech. als auch im aram. Text die
Verben der göttlichen Rettung (Dan 3,88b) in der Vergan-
genheitsform stehen, spielte sich die Führung aus dem hier
zur Unterwelt (שאול) mutierten Feuerofen noch vor Erfül-
lung der apk anmutenden Weltzeit (עלמא) ab. Damit wird
man in diesem Textbeispiel die Auferstehung nicht als endzeitliche Zeichenhandlung deuten dürfen, was sich jedoch
in Offb 6,9–11 nahe legt. Eher vergleichbar sind die Sabbat-
gesänge aus Qumran.

> Vor allem der Vergleich mit dem nahezu inflationären Gebrauch der
> רוחות in den *Sabbatopferliedern* (vgl. 4Q403 1 i 37f; 4Q403 1 ii 3–10;
> 4Q404 5 1–5; 4Q405 14–15 i 1–6) konsoziiert auch bei Dan 3,86 den
> himmlischen Geist, etwa als Teil des Heiligtums (vgl. 4Q405 6 7
> [4Q404 5 5f]):[117]

> בכו[ל מקדש]י [פלא רוחות אלוהים סביבה למעון מלך אמת
> ו[צדק

> ... in allen wunderbaren Heiligtümern. Geister der Göttlichen (sind)
> ringsumher um den Ort des *Königs* der Treue und Gerechtigkeit.

Damit wäre nicht nur Gott als Ermöglichungsgrund von Gerechtigkeit in der himmlischen Sphäre betont, wohingegen
irdische צדקה bekanntlich an Ethos und Gesetz orientiert
ist. Zugleich antizipiert die Unterscheidung von Geist und
Seele nach Dan 3 eine Vorstellung, die dem Geist (רוח) im
Himmel eine andere Qualität verleiht als im Kontext bisher
erörterter Konzepte einer trichotomischen Anthropologie.

β. Innergriechische Textabweichungen im *Wächterbuch*
Dass die benannten anthropologischen Differenzierungen
darüber hinaus im Traditionszusammenhang der griech.
Übersetzung in äthHen eine wichtige Rolle spielen, zeigen
die innergriech. Textabweichungen[118] zu äthHen 9,1–11. Im

---

116 Vgl. K. Koch, Zusätze II, 118. Dies führt Koch zu dem Schluss
(ebd.): „Der Absatz atmet also apokalyptischen Geist."

117 Zum Text vgl. C. A. Newsom, PTSDSSP 4B, 68.80, u. die Rekonstruktion bei A. M. Schwemer, Gott, 102; die Unterstreichung markiert
die Rekonstruktion nach 4Q404 5 6. Übers.: Schwemer, a. a. O., 102
[Hervorheb. i. Orig.].

118 S. GrP u. GrS$_1$, GrS$_2$; XQpapEnoch zu äthHen 8,4 – 9,3, textl. an-
geblich nahe bei GrS, war noch nicht zugänglich (Ed.: E. u. H. Eshel).

Kontext der *Azazel*-Tradition[119] (s. äthHen 8,4; 9,6f) schreien die Seelen der (toten) Menschen angesichts des irdischen Unrechts (vgl. äthHen 9,3.10). Der bereits festgestellten Tendenz entsprechend gibt ein Manuskript (GrP) zu äthHen 9,3[.10] den Verweis auf jene Seelen mit ... αἱ ψυχαὶ τῶν ἀνθρώπων ... wieder.[120] Demgegenüber erläutern die einem späteren Stadium der Textüberlieferung angehörenden Handschriften GrS_1 und GrS_2 zu V.3: Τὰ πνεύματα καὶ αἱ ψυχαὶ ..., während zu V.10, nun ausschließlich in GrS_2, folgende Lesart zu finden ist: ... τὰ πνεύματα τῶν ψυχῶν τῶν ἀποθανόντων ἀνθρώπων ...[121] Texthermeneutisch bedeutet die notierte Auffälligkeit, dass ein älteres „Stratum" (GrP) die todverfallene Seele (ψυχή) der Menschen zum Himmel klagen lässt[122], wie bereits in V.2 die Stimmen bis zum Him-

---

119 Damit sei eine Motivkonstellation innerhalb der nur noch überlieferungsgeschichtl. zu lösenden Problematik um die *Šemiḥaza*- u. *Azazel*-Episoden in äthHen 6 – 11 angesprochen: vgl. G. W. E. Nickelsburg, 1 Enoch 1, 171f; D. R. Jackson, Enochic Judaism, v. a. 22f.25.27.88–93.

120 Zur aram. Vrs. bleibt zu sagen, dass äthHen 9,10 nach 4QEn-Giants[b] ar [4Q530] 6 i 4 an entsprechender Stelle nur rekonstruiert werden kann (vgl. J. T. Milik / M. Black, Books, 230; K. Beyer, Texte. Ergbd., 120 [Text u. Übers.]; F. García Martínez / E. J. C. Tigchelaar, Study Edition, 1064 [Text]):

נפשח קטי[לין קבלן על קטליהון ומזעקן]...

[... die Seelen] Getöteter erheben Anklage gegen ihre (= der Getöteten) Mörder und rufen um Hilfe.
Zu äthHen 9,10 [GrP]: ... αἱ ψυχαὶ τῶν τετελευτηκότων ... vgl. M. Black / J. C. VanderKam / O. Neugebauer, Book, 132, wo eine ursprgl. aram. Lesart נפשח מיותיא [= „Seelen der Sterblichen"] angenommen wird, die in נפשח מיחיא [= „Seelen der Verendeten"] verlesen worden sei. Im Unterschied zu V.10 zeigen die Textausgaben zu V.3 keine Einigkeit, insofern J. T. Milik / M. Black, Books, 171, נפש[ח als eingeschränkt lesbar angibt, jedoch K. Beyer, Texte, 237, eine Lücke kennzeichnet. Während zu V.3 bei 4QEn[a] ar 1 iv 11 der Text lückenhaft ist, bezeugt die Kopie 4QEn[b] ar 1 iii 11 durchaus die Vokabel נפש (vgl. auch F. García Martínez / E. J. C. Tigchelaar, Study Edition, 402.406); zu den textl. Schwierigkeiten im Umfeld vgl. auch G. W. E. Nickelsburg, 1 Enoch 1, 203 [Textanm. 3a–c].

121 Der äth. Text hat seiner grundsätzlichen Tendenz folgend vereinheitlicht: *nafās/n^efāsāta* (vgl. dazu J. T. Milik / M. Black, Books, 385).

122 Anders G. W. E. Nickelsburg, 1 Enoch 1, 205 [Textanm. 10a], der GrS_2 gegenüber GrP für den älteren Text hält und die πνεύματα in GrS_2 als sek. Zusatz anspricht. Letzteres muss spekulativ bleiben, und der ausgeführte Parallelismus in GrS_2 deutet eher auf eine spätere Ausarbeitung an.

mel tönen. Demgegenüber nahm ein späterer Interpretation das πνεῦμα hinzu (GrS₁, GrS₂), da nach dieser Version zwar in Blut, Unrecht und Gottlosigkeit sich wiederfindende, aber auf *Leben* hoffende Menschen[123] um die κρίσις baten.[124] Damit behält sich der *Synkellos*-Text in der Hinzufügung von πνεῦμα auch in anthropologischer Perspektive eine Wendung zum Heil vor.

Außerdem knüpft die griech. Überlieferung (GrP, GrS) zu äthHen 16,1 (aram. *vac.*) an die soeben erläuterten eschatologischen Anthropologie an. In einem textlich schwierigen Passus[125] wird Zerstörung in den Tagen vor dem „Gericht" angesagt, die durch „(mörder.) Schlachtung" (σφαγή), „Ver-

---

123 Vgl. auch die Interpretation der Mss. GrS₁ u. GrS₂ in V.2 gegenüber GrP u. dem äth. Text (griech. Text [GrP, GrS₁]: M. Black, Apokalypsis, 23 [App.]; Übers. des äth. Textes: E. Isaac, 1 [Ethiopic Apocalypse of] Enoch, 16):
(GrP) καὶ εἶπαν πρὸ[ς] ἀλλήλους φωνὴ βοώντω[ν] ἐπὶ τῆς γῆς μέχρι πυλῶν τοῦ οὐρανοῦ.
Und sie [i. e. die Erzengel, S. B.] sprachen zueinander: „Es dringt das Geschrei von der Erde bis zum Eingang des Himmels."
(GrS₁) καὶ θεασάμενοι αἷμα πολὺ ἐκκεχυμένον ἐπὶ τῆς γῆς καὶ πᾶσαν ἀσέβειαν καὶ ἀνομίαν γενομένην ἐπ' αὐτῆς (GrS₂: ... ἀνομίαν καὶ ἀσέβειαν γινομένην ἐπ' αὐτῆς).
Und sie [i. e. die Erzengel, S. B.] sahen das Blut vieler ausgegossen auf der Erde, und auf ihr geschieht jede Gottlosigkeit und Gesetzeslosigkeit.
(äth.) And they [i. e. die Erzengel, S. B.] said to one another, 'The earth, (from) her empty (foundation), has brought the cry of their voice unto the gates of heaven.'
Im Gegensatz zu GrP u. der äth. Vrs. (V.2) verzichten GrS₁ u. GrS₂ auf die Vorstellung vom zum Himmel dringenden Geschrei der Menschen und beschränken sich auf die Beschreibung der Erde als gott- und gesetzeslos (vgl. äthHen 9,1b [GrP, äth.]).

124 Zudem wird diese Bitte nicht aus dem Blickwinkel der Betroffenen, sondern im Munde der in äthHen 9,1 genannten Engel referiert, die dort nach GrS₁ u. GrS₂ (anders GrP, äth.) ausdrücklich *auf die Erde* schauen (nach M. Black, Apokalypsis, 23 [App.]): ... ἀρχάγγελοι [...] παρέκυψαν ἐπὶ τὴν γῆν ἐκ τῶν ἁγίων τοῦ οὐρανοῦ (zur Bedeutung von παρακύπτω vgl. Liddell/Scott 1315a u. Bauer/Aland 1251a). Dass die Erde in ihrer Verwüstung als „leer" bezeichnet wird, vermerkt nur der äth. Text. Die fragmentarische aram. sowie die griech. Fassungen lassen diesen Passus aus.

125 Vgl. dazu die Diskussion bei G. W. E. Nickelsburg, 1 Enoch 1, 268f [Textanm. 16,1a–d]. Zum Kontext vgl. auch D. R. Jackson, Enochic Judaism, 92.

nichtung" (ἀπώλεια) und „Tod" (θάνατος) charakterisiert sind. Sowohl der äth. Text[126] als auch GrS[127] kennzeichnen die „Geister" (πνεῦμα), die die „Seelen" (ψυχή) wie das „Fleisch" (σάρξ) verlassen, als Geister der „Giganten". Insbesondere der Vergleich mit äthHen 19,1 und der Kontext in 15,11f legen eine Interpretation der πνεύματα als „böse Geister" nahe.[128] Allerdings bietet GrP zu äthHen 16,1 nicht nur den kürzeren Text, ohne eine ausdrückliche Erwähnung der „Giganten", sondern lässt die „Geister" (πνεῦμα) aus den „Seelen" (ψυχή) ihres „Fleisches" (σάρξ) herausgehen.[129] Dadurch soll offensichtlich nicht nur eine „hierarchische Reihung" innerhalb der trichotomischen Anthropologie „Geist" – „Seele" – „Fleisch" entstehen, vielmehr wird auch der Bezug auf jene möglich, die bis zum „Gericht" als „Geister" ausharren – jedenfalls ist kein eindeutiger Hinweis auf die „Giganten" und den „bösen Geist" mehr gegeben. Allerdings mit einer hypothetischen Belastung, so ließe sich doch festhalten: In äthHen 16 impliziert die Trichotomie aus σάρξ, πνεῦμα und ψυχή eine Heilshoffnung, wenngleich unter einem „eschatologischen Vorbehalt", da das „Gericht" (κρίσις) noch aussteht.

Zwei weitere Textbeispiele entstammen dem *Wächterbuch*[130] und der textlich allerdings umstrittenen Kurzversi-

---

126 Der äth. Text in äthHen 16,1 liest (nach der Übers. bei E. Isaac, 1 [Ethiopic Apocalypse of] Enoch, 22 [Hervorheb.: S. B.]):
From the days of the slaughter and destruction, and the death *of the giants* and the spiritual beings of the spirit, and the flesh, from which they have proceeded forth, which will corrupt without incurring judgment, they will corrupt until the day of the great conclusion, until the great age is consummated, until everything is concluded (upon) the Watchers and the wicked ones.

127 Der *Synkellos*-Text liest (nach M. Black, Apokalypsis, 30 [App.; Hervorheb.: S. B.]):
Καὶ ἀπὸ ἡμέρας καιροῦ σφαγῆς καὶ ἀπωλείας καὶ θανάτου τῶν γιγάντων ναφηλείμ, οἱ ἰσχυροὶ τῆς γῆς, οἱ μεγάλοι ὀνομαστοί, τὰ πνεύματα τὰ ἐκπορευόμενα ἀπὸ τῆς ψυχῆς αὐτῶν, ὡς ἐκ τῆς σαρκὸς ἔσουται, ἀφανίζοντα χωρὶς κρίσεως·

128 So die Deutung bei G. W. E. Nickelsburg, 1 Enoch 1, 269f.273f.

129 Der *Panopolitanus*-Text liest (nach M. Black, Apokalypsis, 30):
ἀπὸ ἡμέρας σφαγῆς καὶ ἀπωλείας καὶ θανάτου, ἀφ' ὧν τὰ πνεύματα ἐκπορευόμενα ἐκ τῆς ψυχῆς τῆς σαρκὸς αὐτῶν ἔσται ἀφανίζοντα χωρὶς κρίσεως·

130 Hier sind nicht innergriech., sondern Abweichungen der Vrss.

on (B) von TestAbr. Darüber hinaus wären aus dem hellenistisch-jüdischen Umfeld weitere Nachweise zu beachten:
Neben äthHen 22,3–5 (GrP, 4QEnᵉ ar [4Q206])[131], wo wiederum eine trichotomische Anthropologie angedeutet ist,
unterscheidet TestAbr B 13,7 das göttliche πνεῦμα von der
menschlichen σάρξ. Zwar sind darüber hinaus der נפש bzw.
רוח entsprechenden LXX-Terminologie für die Fragestellung keine eindeutigen Belege zu entnehmen, doch bleibt
im näheren Kontext henoch. Literatur die Betonung der
„ewig lebenden" πνεύματα τοῦ οὐρανοῦ (äthHen 15,1–12:
V.7.10 [GrP]), die eine deutliche Trennung von Himmlischem
und Irdischem zum Ziel hat[132].

b. Die späte Bezeugung
α. Die Sentenzen des Pseudo-Phokylides
Von besonderem Interesse ist außerdem ein Abschnitt aus
einem dem griech. Poeten Phokylides (Milet, 6. Jh. v. Chr.)
zugeschriebenen, nach daktylischen Hexametern angeordneten „Mahngedicht".[133] Seine im Wechsel von Imperativ-

---

(äth., griech. u. aram.) gemeint. Ob jene, die wie „brennendes Feuer"
sind (äthHen 17,1 [GrP: ὡς πῦρ φλέγον]), göttl. oder gestorbene Seelen
darstellen, ist ungewiss (s. K. C. Bautch, Study, 47–49).

131 Grundsätzlich gilt: Zwar übersetzt LXX נפש meist mit ψυχή und
רוח mit πνεῦμα, doch eignen sich die teilweise fest in der älteren atl.
Anthropologie verankerten Vokabeln kaum, um dem vorliegenden Befund gerecht zu werden. Dass aber auch im Blick auf die hebr. bzw.
aram. Terminologie spezifische Modifikationen zu verzeichnen sind,
ergibt sich aus 4QEnᵉ ar i xxii [4Q206 2 ii 1–7] zu äthHen 22,3–5: Die
Henoch gezeigten Hohlräume sind für die כל בני אנשא [נפשח] (V.3),
und, vergleichbar mit äthHen 9,10, drückt GrP das Potential eines
transzendenten Lebens in der „Auferstehung" in V.3a mit … τὰ πνεύματα τῶν ψυχῶν τῶν νεκρῶν (4Q206: vacat) aus, übersetzt dann [נפשח]
in V.3b mit ψυχή. In der aram. Fortsetzung (V.5: … תמן חזית רוח) wird
zwar רוח von GrP (V.5: τεθέαμαι ἀνθρώπους νεκροὺς …) übergangen,
doch dürfte in V.6f griech. πνεῦμα auf רוח zurückgehen (zur Rekonstruktion vgl. J. T. Milik / M. Black, Books, 292f; zurückhaltender: K.
Beyer, Texte, 241; F. García Martínez / E. J. C. Tigchelaar, Study
Edition, 424). Also auch in der Bezeichnung des auf Ausgleich bedach-
ten Totengeistes Abels (V.7) kommt das „Potential der Auferstehung
bzw. der Unsterblichkeit" zum Tragen, wodurch schon für die aram.
Überlieferung die semant. Unterscheidung von πνεῦμα und ψυχή in רוח
und נפש erkennbar ist.

132 Vgl. auch E. Brandenburger, Fleisch, 66–68.
133 Datierung: zw. 30 v. Chr. u. 40 n. Chr. Zu den Einleitungsfragen

und Indikativ-Blöcken angeordneten Sentenzen vermengen altisraelitische bzw. antik-jüdische mit hellenistischen Anschauungen.[134]

Eine der „»Einlagen«, die jeweils an bestimmte Sentenzen angehängt wurden"[135] (vgl. V.97–115), die aber durch die imperativische Formulierung in V.109f selbst paränetische Züge trägt, thematisiert das „Zum-Licht-Kommen der Reste der Verschiedenen". Die in V.103f beschriebene, möglicherweise leiblich zu verstehende Auferstehung gipfelt in dem umstrittenen Satz:[136] ὀπίσω δὲ θεοὶ τελέθονται (V.104b).

---

vgl. U. Fischer, Eschatologie, 125–128; N. Walter, JSHRZ IV/3, 182–193; P. W. van der Horst, Sentences, 81–83; ders., Pseudo-Phocylides, 567; W. T. Wilson, Mysteries, 2–8; J. J. Collins, Wisdom, 158f; ders., Athens, 168. Die Deutungen zu diesem Text sind sich weitgehend darüber einig, dass ein exponiertes Beispiel für die Vermengung von Unsterblichkeits- und Auferstehungsvorstellungen im antik-jüd. Denken vorliegt (vgl. G. Dautzenberg, Seele, 195 mit Anm. 41; W. T. Wilson, Mysteries, 109–111; J. J. Collins, Athens, 169f, u. zuletzt die Diskussion zw. J. J. Collins, Life After Death, 75–86, u. P. W. van der Horst, Afterlife, 70–75: v. a. 73f).

134 Vgl. dazu die ausführliche Darlegung bei M. Küchler, Weisheitstraditionen, 286–301 (zum Wechsel von Imperat. u. Indikat. vgl. a. a. O., 266–271), der jede der genannten Traditionen gleichberechtigt in PsPhok verarbeitet findet. Berücksichtigt man jedoch stärker den Gedichtrahmen in V.1f.228–230, dann ergibt sich eine deutliche Einbindung der Dichtung in den Kontext der antik-jüd. Weisheitslehre, wie W. T. Wilson, Mysteries, 146–177, gezeigt hat.

135 So die Terminologie bei N. Walter, JSHRZ IV/3, 190. Die Gliederung dieses Abschnitts wie der ganzen Sammlung von Sentenzen ist umstritten. W. T. Wilson, Mysteries, 9–13, stellt unterschiedliche Ansätze vor und betont den engen Konnex zwischen Gliederung und Form in PsPhok (vgl. auch J. J. Collins, Wisdom, 160f). Wilson (vgl. a. a. O., 63; vgl. auch 42–59) selbst unterteilt das Gedicht nach den vier Kardinaltugenden: V.9–54 (δικαιοσύνη), V.55–96 (σωφροσύνη), V.97–121 (ἀνδρεία), V.122–131 (σοφία); in V.132–227 folgen Ermahnungen im Blick auf die unterschiedl. Lebenszusammenhänge des Einzelnen (dazu: J. J. Collins, Wisdom, 162–166). Den oben behandelten Abschnitt (PsPhok 97–121) gliedert Wilson in drei Segmente: I. V.97f, II. V.99–113 u. III. V.114–121 (vgl. Wilson, a. a. O., 103–105.108).

136 Vgl. U. Fischer, Eschatologie, 129 Anm. 25. N. Walter, JSHRZ IV/3, 207, übersetzt den Satz, indem er seine Anstößigkeit belässt (ähnlich J. J. Collins, Wisdom, 165): „... danach sind sie dann Götter." Vgl. die Diskussion bei Walter [zu V.104ᵃ], dann H. C. C. Cavallin, Life, 154 Anm. 10, der auf 4Makk 18,3 (... ἀλλὰ καὶ θείας μερίδος κατηξιώθησαν) verweist, u. P. W. van der Horst, Sentences, 186–188; J. M. G.

Die folgende Begründung dieser Aussage (V.105–107), formal dreigliedrig als „anaphoric thematic progression"[137] gestaltet (ψυχαὶ γὰρ ... πνεῦμα γάρ ... σῶμα γὰρ ...), findet ihren Höhepunkt in der Charakterisierung des Geistes als „Leihgabe und Abbild Gottes" und ist im Sinne einer trichotomischen Anthropologie gestaltet.[138] Während also der „Leib" des Menschen zur Erde bzw. zum Staub zurückkehrt (vgl. V.99.103–104a.107–108a), die „Seele" jedoch (zumindest vorerst) beim Toten bleibt (vgl. V.105), ist der „Geist" bei *Gott* verortet (V.106.108b).[139]

Die hier vorgelegten Thesen orientieren sich zunächst am engeren Kontext in PsPhok 97–108. Zugestanden werden muss, dass die Vorstellung vom „Verbleiben der Seelen in den Verblichenen" (V.105) mit der von der „Unsterblichkeit der Seelen" (V.115) in unausgeglichener Spannung steht.[140] Das „Herrschen Gottes über die Seelen" (V.111b) ließe sich immerhin noch mit V.105–108 in Einklang bringen, insofern man von einer göttlichen Herrschaft zum Gericht ausgeht.[141]

Barclay, Jews, 341 mit Anm. 12f; J. J. Collins, Athens, 172; ders., Life After Death, 79f.

137 So die Terminologie bei W. T. Wilson, Mysteries, 109 Anm. 126.

138 Vgl. dazu F. Christ, Leben, 144f; U. Fischer, Eschatologie, 132f; s. zuletzt die Diskussion zw. J. J. Collins, Life After Death, 81–85, u. P. W. van der Horst, Afterlife, 73f.

139 Vgl. Ψ 103,29; Koh 3,20f; 12,5–7 [LXX: s. o.]; Weish 12,1 [τὸ γὰρ ἄφθαρτόν σου πνεῦμά ἐστιν ἐν πᾶσιν.]; Sib 3,771 [νοῦς ἀθάνατος αἰώνιος]. Dass mit dem Aufstieg des „Geistes" und dem Abstieg des „Leibes" eine auch sonst im Griechentum bekannte Vorstellung aufgenommen wird, unterstreichen die bei P. W. van der Horst, Sentences, 191, u. U. Fischer, Eschatologie, 137 Anm. 46, genannten Belege. Zwischen ψυχή u. πνεῦμα soll also unterschieden werden (anders P. W. van der Horst, Sentences, 189; W. T. Wilson, Mysteries, 109 Anm. 125). F. Christ, Leben, 145, betont, dass sich Geist, Seele u. Leib zwischen Tod u. Auferstehung in zu differenzierenden „Zwischenzuständen" befänden (ähnlich P. Derron, Pseudo-Phocylide, 25).

140 Zum Problem vgl. J. J. Collins, Wisdom, 165f, der unter den in PsPhok 97–115 genannten Konzeptionen endzeitl. Heils v. a. antik-jüd. Vorstellungen annimmt. Lediglich die Idee der unsterbl. Seele in V.115 zeige eher griech. Denken (vgl. auch ders., Life After Death, 81–85).

141 So erwogen bei N. Walter, JSHRZ IV/3, 208 [zu 111b]; anders zuletzt P. W. van der Horst, Afterlife, 74, der ausschließt, dass Gott einerseits über die „Seelen" herrschen (V.111b) kann und andererseits der „Geist" im „Luftreich" (V.108b) aufgenommen ist.

In PsPhok 108b ist der Aufenthaltsort des πνεῦμα näher charakterisiert: ἀὴρ δ' ἀνὰ πνεῦμα δέδεκται. Die Deutung ist zwar umstritten[142], doch sollte man das Verständnis dieses Logions in seinem näheren Kontext beachten (V.105–108). Die Zeile in V.108b greift mit dem Stichwort πνεῦμα auf V.106 innerhalb des durch ψυχή, πνεῦμα und σῶμα strukturierten Triptychons in V.105–107 (s. o.) zurück. Da die *Seelen* ἐν φθιμένοισιν (V.105) bleiben (μίμνω), der *Körper* zur Erde zurückkehrt (V.107–108a), war noch der postmortale Ort der *Geister* (V.108b) nachzutragen, da V.106 das πνεῦμα lediglich als „Darlehn" und „Bild Gottes"[143] *umschrieben* hatte. Und mehr als diese „Lokalisierung" vermag der Satz ἀὴρ δ' ἀνὰ πνεῦμα δέδεκται in V.108a nicht zu leisten. Damit bleibt zwar noch ein Widerspruch zwischen der Seele ἐν φθιμένοισιν (V.105) und der ψυχὴ δ' ἀθάνατος (V.115: s. o.)[144], der sich aber durch die Vermengung altisraelitischer bzw. antik-jüdischer und hellenistischer „Eschatologien" erklären lässt. Die „griechische" Idee der Unsterblichkeit der Seele und die „hebräische" des Gott zugeordneten Geistes stehen in PsPhok 97–115 unverbunden nebeneinander.[145]

β. Das 4. Esrabuch und Josephus Flavius
Wahrscheinlich nur unwesentlich später als Pseudo-Phokylides, nämlich um 100 n. Chr., trifft man im 4. Esrabuch auf vergleichbare Vorstellungen: Innerhalb des fünften Ge-

---

142 Während H. C. C. Cavallin, Life, 155 Anm. 22, die griech. Vorstellung vom αἰθήρ vermutet, stellt P. W. van der Horst, Sentences, 191–193; ders., Afterlife, 74, dem entgegen, dass die PsPhok zeitgenöss. Quellen ἀήρ mit Ἅιδης identifizieren.

143 S. dazu die Interpretation von Gen 1,27 [LXX] bei Philo Alexandrinus: o., Abschnitt 2.1.b.

144 Anders J. J. Collins, Life After Death, 81, der in V.105 u. 115 eine Aussage über die Unsterblichkeit der Seele identifiziert und die „Verblichenen" als die Toten im Hades interpretiert.

145 Immerhin ist die Phrase ἀθάνατος καὶ ἀγήρως bei Homer bezeugt, worauf P. W. van der Horst, Sentences, 195, verweist, der aber zugleich betont, dass das Motiv der unsterblichen Seele alleine nicht ausreiche, um griech. vom hebr. Denken zu unterscheiden. Insofern will die obige Unterscheidung in griech. u. hebr. Denken lediglich Tendenzen angeben.

sprächsgangs von *visio* 3 (7,75–101)[146] wird hinsichtlich der postmortalen Existenz zwischen den Funktionen von „Geist" (*inspiratio*) und „Seele" (*anima*) unterschieden. Die Thematik begegnet eingebettet in eine vielschichtige Gerichtsszene, die ausdrücklich die „Verächter" (V.79–87) von den „Gerechten" (V.88–99) scheidet. Doch bevor diese Differenzierung zum Tragen kommt, konstatiert eine „Phänomenologie des Todes", dass der „Geist" (*inspiratio*) sich vom Körper trennt um zu dem, der ihn gegeben hat, gesandt zu werden (V.78; vgl. Koh 12,7), nämlich Gott. Die „Seelen" (*anima*) dagegen werden nach der jeweiligen Gruppierung gesondert, da die „Gerechten" Ruhe finden (V.91; vgl. V.85.95.99), während diejenigen der „Verächter" umherirren (V.80.93).[147] Allerdings ergibt der Befund, dass eine rein terminologische Unterscheidung in *anima* und *inspiratio* der hier vorgenommenen Differenzierung nicht ganz gerecht wird.[148] So bleibt auch insgesamt die Frage nach einer di- oder trichotomischen Anthropologie in 4Esr umstritten.

In die Zeit des Pseudo-Phokylides datiert außerdem eine eher historiographischen Interessen genügende Quelle. Innerhalb der Aufzeichnungen des Josephus sind vor allem die „Sekten"- bzw. darin die „Essener"-Berichte für die Frage nach der Anthropologie von Interesse.[149] Der antike „Historiker" beschreibt dort idealisierend eine antik-jüdische Gruppe, die er selbst Ἐσσηνοί nennt (vgl. Bell 2,119)

---

146 Die Zählung der Gesprächsgänge orientiert sich an E. Brandenburger, Verborgenheit, 143 Anm. 167 (gegen W. Harnisch, Prophet, 491, der den sechsten Gesprächsgang zählt). Hinsichtlich der Versabgrenzung setzt M. E. Stone, Fourth Ezra, 237–239.250, bei V.99 den Einschnitt und rechnet V.100f zum folgenden Gesprächsgang. Zur Deutung vgl. auch P. Hoffmann, Die Toten in Christus, 143–149.

147 Mit den „Kammern" sind die Orte des Zwischenzustands der Seelen (lat. u. a. *promptuarium* [אוצרות]; vgl. 4Esra 4,35.41f; 7,32.80.85. 101; syrBar 21,23; 30,2; äthHen 39,4f), noch ohne entsprechende Unterscheidung in „Gerechte" u. „Sünder", gemeint (gegen W. Harnisch, Verhängnis, 125 Anm. 2; vgl. M. E. Stone, Fourth Ezra, 96.99).

148 Etwa 4Esr 7,80 erwähnt statt der *anima* die *inspiratio* (vgl. auch zur allg. Beurteilung der Anthropologie in 4Esr P. Hoffmann, Die Toten in Christus, 149f; H. C. C. Cavallin, Life, 82. 85 Anm. 9).

149 Vgl. Jos Ant 13,171–173; 18,18–22; Bell 2,119–161; dann auch Philo (Quod omnis probus 75–91).

und die auf Grund ihrer Lebensweise häufig mit den Qumraniten gleichgesetzt wird.[150] Unter anderem seien sie nach Josephus durch eine eigene „Seelenlehre" (vgl. Bell 2,154–158; Ant 18,18) charakterisiert, die die ψυχή als „unsterblich" (ἀθάνατος) kennzeichnet (vgl. Bell 2,154; Ant 18,18). Die essenische Seelenlehre besagt weiterhin, dass die ψυχή im Irdischen im Leib „gefangen" bleibt (δουλεία: Bell 2,155) und nach dem Tod von ihm gelöst wird, entweder „jenseits des Ozeans" (... ὑπὲρ ὀκεανὸν ...) zu ewigem Fortleben oder im „Hades" zu dauernder Strafe (vgl. Bell 2,156). Diese Vorstellung wird als ... ὁμοδοξοῦντες πασὶν Ἑλλήνων ... qualifiziert, also in Übereinstimmung mit (zeitgenössischen?) griechischen Ideen gesehen (vgl. Bell 2,155; vgl. aber Ant 18,20).[151]

Wesentlich scheint, dass Josephus, etwa sehr im Unterschied zur Essener-Darstellung des Hippolytus (vgl. *Ref.* IX,27), bei den Essenern keinerlei Hinweise auf die Auferstehung vermutet.[152] Unabhängig von der Frage nach der Herkunft der bei Josephus bezeugten essenischen Lehre zeigt der antike Schriftsteller, im Unterschied zu den übrigen Belegen, kein Interesse an einer *dichotomischen* Seelenkonzeption. Zugleich wird im Blick auf eine Ethisierung etwa durch die an der „radikalisierten Tora-Observanz" orientierten Trennung von „Frevlern" und „Gerechten" deutlich, dass Josephus unabhängig von seinen anthropologischen Anschauungen ein *qualitatives* Unterscheidungskriterium für die Vorstellung postmortaler Existenz gerade außer Betracht lässt.[153] So ist zwar den „schlechten See-

---

150 Vgl. dazu J. J. Collins, Art. Essenes, 620f.622–625, der sowohl die „Essener-Quellen" als auch das Verhältnis zu den Qumraniten diskutiert (vgl. auch S. Beyerle, Gott, 283–288).

151 Wenngleich Qumrantexte wie CD 2,5f; 3,20; 1QS 3,7f; 4,12f einen in diesem Falle jüd. Hintergrund der Lehre von der Unsterblichkeit der Seele nicht völlig ausschließen (vgl. G. W. E. Nickelsburg, Resurrection, 156–167; J. J. Collins, Art. Essenes, 624).

152 Vgl. G. W. E. Nickelsburg, Resurrection, 167–169; R. Bergmeier, Essener-Berichte, 62–64; J. N. Bremmer, Rise, 43–47. 151–153 [Anm.]. Zum Text bei Hippolyt vgl. P. Wendland, GCS 26, 260f.

153 Dies gilt wohl auch für die verbleibenden Belege einer Unsterblichkeitslehre bei Josephus (vgl. H. C. C. Cavallin, Life, 141–147; G. Delling, Bewältigung, 62f).

len" (Bell 2,155: ταῖς δὲ φαύλαις ...) ein Dasein in „dunkler und winterlicher Schlucht", dem Hades (Bell 2,156), zuge-sprochen. Doch grundsätzlich gilt in Analogie zu „griechi-schem" Denken (Bell 2,156):[154]

πρῶτον μὲν ἀιδίους ὑφιστάμενοι τὰς ψυχάς, ἔπειτα εἰς προτροπὴν ἀρετῆς καὶ κακίας ἀποτροπήν.

So setzen sie erstlich die Lehre von der ewigen Dauer der Seelen voraus, und spornen dann damit die Menschen zur Tugend und zur Abwehr des Schlechten an.

3. ERGEBNIS

Das zuletzt angeführte Josephus-Zitat vermag auf das the-ologische Problem des voranstehenden Kapitels zurückzu-führen. Die Unsterblichkeit der Seele wird man nach Auf-fassung des Josephus zunächst im Sinne eines ontischen Merkmals der ψυχή verstehen dürfen (vgl. auch Philo: Op 135; Quaest in Gn 3,52)[155]. Das bedeutet: Die ψυχή ist *per se* ἀθάνατος. „Unsterblichkeit" wird keineswegs vom „Ge-rechten" im irdischen Leben „erworben", lediglich *ex post* erstrebt.[156] – Hierzu wäre auch auf den „kosmisch-ethi-schen" Dualismus in der „Zwei-Geister"-Lehre (1QS 3,13 – 4,26) und auf die „angelologische" Eschatologie in 4Q-Instruction zu verweisen.[157] – Eine Ethisierung erfolgt erst

---

154 Text u. Übers.: O. Michel / O. Bauernfeind, De Bello Judaico 1, 212f.

155 Anders Jub 23,31; äthHen 108,2f; Weish 1 – 5; 4Makk 14,6; 18,23. Vgl. H. C. C. Cavallin, Life, 135f. Philo unterscheidet in Quaest in Gn 3,52 offenbar die generische, unsterbliche ψυχή von der individuellen, sterblichen Seele (vgl. D. Zeller, Life, 33f.37).

156 Vgl. aber Weish 3,1–4; TestAss 1,6; 5,1f; 6,5f mit der Paränese in 3,1f u. dazu die Erklärungen bei H. W. Hollander / M. de Jonge, Testa-ments, 343f.354.356f; vgl. dazu auch die Auseinandersetzung mit Os-car Cullmann bei G. W. E. Nickelsburg, Resurrection, 179.

157 Vgl. zu 1QS 3f: 3,25: ‏והואה ברא רוחות אור וחושך ועליהון‎ ‏ושמחת עולמים בחיי נצח וכליל כבוד‎ u. 4,7: ‏יסד כול מעשה‎ (Text: E. Qimron / J. H. Charlesworth, PTSDSSP 1, 16). Zu den anthropolog. Implikationen der Eschatologie in 4QInstruction vgl. ausführlich M. J. Goff, Wisdom, 168–215 (s. u.).

in der Differenzierung der Aufenthaltsorte der Seele (vgl. PsPhok, 4Esr). Damit zeigt sich, dass die „anthropologische Entsprechung" in „Fleisch – Leib" und „Geist – Seele" zur Differenz von „Erde" und „Himmel" durchaus abhängig ist von der im Judentum der hellenistischen Zeit und eben auch in der *Epistel* des äthHen zu findenden dichotomischen Seele-Geist-Auffassung, wie sie dann in eine trichotomische Anthropologie (Körper – Seele – Geist) eingebettet ist.[158] Auch insofern kommt der Anthropologie im antik-jüdischen Schrifttum ein spezifisch theologischer Gehalt zu. Entsprechend betont Egon Brandenburger:[159]

> An den theologischen Voraussetzungen liegt es andererseits, daß der vom Fleisch/Leib differenzierten Geist-Seele nicht eo ipso, nicht von ihrer Substanz her Unsterblichkeit beigemessen wird, obgleich schon von der Tradition her Fleisch und Geist durchaus *ontologisch* der Erd- und Himmelssphäre zugeordnet erscheinen.

Den spät-weisheitlichen und apk Traditionen inner- und außerhalb des *Tanach* gelang in der Unterscheidung von ψυχή und πνεῦμα, der damit verbundenen qualitativen Differenz im Sinne einer Ethisierung und nicht zuletzt in der Anknüpfung an das hebräische Wortfeld רוח, נשמה durch die griechische Terminologie (πνεῦμα) ein offenbar bewusster Rückverweis auf anthropologische Vorstellungen aus Altisrael, ohne dass diese wirklich nochmals zu Entfaltung gekommen wären. Vielmehr hatte das griechische Denken der antik-jüdischen Anthropologie ein für allemal den Stempel aufgedrückt und damit nicht zuletzt die Basis für frühchristliche Anschauungen, etwa des Paulus (vgl. nur 1Kor 15), geschaffen.

---

158 In seinem Versuch der Rekonstruktion eines „Enochic Judaism" unterscheidet D. R. Jackson drei „Paradigm Exemplars", die er an den *Šemihaza*- u. *Azazel*-Motiven (also: „Engelehen" u. „Geheimnisoffenbarung") sowie an einem kalendarisch-kosmischen Sinngefüge orientiert (vgl. ders., Enochic Judaism, v. a. 21–28.214–217). Der Unterscheidung liegt aber die basale Trennung von „Gerechten" und „Frevlern" zu Grunde, wie sie schon in äthHen 1 – 5 erscheint (vgl. a. a. O., 3f). Wenn Jackson in seiner Durchführung so unterschiedliche Texte wie Jub, TestXII oder 4Esr heranzieht, dann verkennt die Thesenbildung eben jene anthropolog. Differenzierungen, wie sie oben etwa in den Beobachtungen zu ethischen u. ontischen Dualismen erarbeitet wurden.

159 Ders., Fleisch, 65 [Hervorheb.: S. B.].

FÜNFTES KAPITEL

Die Ambivalenz göttlicher Nähe

1. VORBEMERKUNG

Kehrt man nochmals zu den einzelnen Komponenten in Theophanie und Auferstehung zurück, bleibt festzuhalten: Die breite Behandlung des Motivkomplexes „Theophanie" mag angesichts der quantitativen Ausbeute in apk Texten verwundern. Hier konnten jedoch die kompositorischen Beobachtungen zum *Wächterbuch*, dem *Astronomischen Buch* und der umfassenden Danielüberlieferung möglichen Vorurteilen auf Grund eines oberflächlichen Blicks auf die Belegdichte begegnen. Denn die Rede vom Kommen Gottes erwies sich als in textfunktionaler wie theologischer Hinsicht zentral. In diesen Zusammenhang gehören auch die Fragen nach einer Definition von „Apokalyptik" und „Apokalypsen" (s. o., ERSTES KAPITEL, 2.1.), womit der wesentliche Aspekt der *„Offenbarungs*literatur" zum Tragen kommt, der in der Theophanie seinen ausgezeichneten Ort besitzt.[1] Und *summa summarum* erweist sich in der Offenbarung des Gottes Israels, der nicht zuletzt im Zusammenhang seines theophanen Wirkens leicht zum „Weltengott" gemäß apk Überlieferung werden konnte[2], die *differentia*

---

1 Bei allen Definitionsschwierigkeiten und sehr unterschiedlichen Umschreibungen von „Apokalyptik" und „Apokalypsen" besteht die letztlich selbstevidente gemeinsame Basis im Verweis auf den Offenbarungsbegriff unter Berücksichtigung des griech. Grundwortes απο-καλ-. In dieser Hinsicht stimmen auch die ansonsten stark voneinander abweichenden Ansätze in der neueren Forschung überein: vgl. nur W. R. Murdock, Geschichte, 395–402; M. E. Stone, Lists, 377–418; M. Smith, History, 9–19; R. A. Argall, *1 Enoch*, 1f; S. L. Cook, Prophecy, 20–25; J. Vermeylen, L'Émergence, 336–338; G. W. E. Nickelsburg, Nature, 92–101.114–119; P. Abadie, Racines, 211–245. Ausdrücklich zum entscheidenden Bedeutungsträger wird die „Offenbarung" in der Pannenberg-Gruppe sowie bei Jean Carmignac (vgl. ders., Description, 163–166) u. Hartmut Stegemann (vgl. ders., Bedeutung, 526–528): vgl. dazu A. Bedenbender, Gott, 53–56.

2 Vgl. dazu auch die interessanten Vergleiche mit dem hebr. Psalter

specifica eines antik-jüdischen „Monotheismus" in seiner Unterschiedenheit vom „Kosmotheismus"[3], etwa der Stoa[4]. Doch sei sogleich auf eine Einschränkung hingewiesen, um Missverständnissen zu begegnen: Denn weder die Offenbarungsterminologie selbst, etwa hebr.-aram. גלה/א bzw. griech. ἀποκαλύπτω, noch die damit verbundenen und sehr unterschiedlichen Vorstellungen bezeichnen ein suffizientes Merkmal apk Literatur im Diskurs einer auch innerjüdischen Abgrenzung. Zwar fungiert die „Offenbarung", als Offenbarung des „Einen" in der Geschichte, im Sinne einer *differentia specifica* gegenüber außerjüdischen Zeugnissen. Doch kann jenes Kriterium innerjüdisch und mit Blick auf die übrige Literatur aus der Zeit des Zweiten Tempels nicht bestehen, wie z. B. der Vergleich mit Texten der Weisheit zeigt (vgl. 4QInstruction[5]). Im Gegenteil: Die antik-jüdische Apokalyptik verbindet, ähnlich den späten Weisheitsüberlieferungen, den aus dem *Tanach* bekannten „Gott Israels" als „Gott der Geschichte" mit der Vorstellung vom universalen Weltenherrscher, wodurch strenggenommen der offenbarungs*geschichtliche* Aspekt, wie er etwa noch in der Väter- und Exodustradition deutlich war, wiederum zurücktritt. Zwar werden die Offenbarungskonzepte in der hellenistisch-jüdischen Apokalyptik und Weisheit je mit der Geschichtlichkeit Gottes verbunden:

Man vergleiche die Geschichtsschau in Dan 11,2b–35[.45], in der *Tierapokalypse* (äthHen 85 – 90), der *laus patrum* bei Sir (Sir 44 – 49 [50]) und der hymnischen Erinnerung an den Exodus in Weish (Kap. [10] 11 – 19[6]). Es bedarf keiner näheren Begründung, dass die ge-

---

bei S. L. Cook, Apocalypticism, 85–87.91–98.

3 Zu der durch Lamoignon de Malesherbes im 18. Jh. eingeführten Terminologie („Kosmotheismus") vgl. J. Assmann, Moses, 141–143 mit 251 Anm. 147f. Zur Bedeutung einer Unterscheidung von „Kosmotheismus" (Ägypten, Griechenland) u. „politischem Monotheismus" (Israel) vgl. J. Assmann, Monotheismus, 11–13 (vgl. auch ders., Ägypten, 464–469; ders., Moses, 55.119–121.217).

4 Vgl. dazu etwa *Diog. Laert.* 7,135f [SVF 1.102 = HP I,275; II,272] u. die Skizze bei S. Beyerle, Lob, 124–139, sowie P. Schäfer, Judeophobia, 34–54. 224–233 [Anm.].

5 Vgl. dazu jetzt ausführlich M. J. Goff, Wisdom, *passim* (s. u.).

6 Zu den Abgrenzungsfragen vgl. U. Schwenk-Bressler, Sapientia Salomonis, 44–48.115–120.

nannten Beispiele höchst unterschiedliche Absichten verfolgen und daher ganz divergierende Geschichtsauffassungen repräsentieren, was bereits innerhalb der genannten „Apokalypsen" gilt: Während Dan 11 Israels Geschick in die Seleukidengeschichte einbindet, greift die *Tierapokalypse* auf die Geschichtsüberlieferungen Altisraels selbst zurück, um eine Struktur im Blick auf die Endzeit zu erlangen. Man vergleiche zu Dan bereits die von der eschatologisch ausgerichteten Kommentierung des Hieronymus zu unterscheidenden historisierenden Zitate des Neuplatonikers Porphyrius.[7] Unter Rekurs auf eine ältere These Arnaldo Momiglianos[8] hat jüngst Paul Niskanen[9] Einflussnahmen des griech. Geschichtsschreibers Herodot auf Dan postuliert und dabei die These von der vermeintlichen „Geschichtsvergessenheit"[10] der antik-jüd. Apk zu überwinden gesucht. Abgesehen von Anfragen an eine Vergleichbarkeit von Dan und Herodot[11] leugnet Niskanen in problematischer Weise dabei die apk Eschatologie in Dan, auch wenn seiner Kritik grundsätzlich zuzustimmen ist.[12]

Eingedenk jener „Geschichte" zeigt das Gottesbild des antiken Judentums in seiner Nähe zum „Hellenismus" doch deutlich „kosmotheistische" Züge.

Dennoch steht die Frage nach dem Eigensten apk Theologie weiterhin im Raume. Und im Anschluss an das Aus-

---

7 Vgl. G. S. Oegema, Hoffnung, 104f; dann R. J. Clifford, History, 23–26; Z. Stevanovic, Links, 122–127: mit der problemat. Voraussetzung eines *einheitlichen* Dan; F. Millar, History, 89–104; P. L. Redditt, Sociohistorical Setting, 463–474). Zu äthHen 85 – 90 vgl. P. A. Tiller, Commentary, 15–20, u. zur Geschichtsauffassung der Apk insgesamt s. G. Reese, Geschichte, 119–122, sowie die theolog. Erwägungen zum Verhältnis von „Offenbarung" u. „Geschichte" in den Beiträgen bei W. Pannenberg, Offenbarung (v. a. U. Wilckens, Offenbarungsverständnis, 44–50) u. in Auseinandersetzung damit: W. R. Murdock, Geschichte, v. a. 379–393.

8 Vgl. ders., Daniel, 29–35.

9 Vgl. ders., Human, v. a. 104–125.

10 Vgl. nur M. Noth, Geschichtsverständnis, 272f (vgl. auch G. von Rad, Theologie 2, 334–338; W. Schmithals, Apokalyptik, 13f.61f).

11 Zwar lassen sich in der Antike die Spuren des wohl herodot. Drei-Weltreiche-Schemas in seiner Erweiterung zum Vier-Reiche-Schema nachvollziehen, allerdings zeigt der Gedanke der *translatio imperii* jener Quellen keinen unmittelbaren Einfluss auf das Danielbuch (vgl. J. Wiesehöfer, Weltreiche-Theorie, v. a. 80f).

12 Vgl. P. Niskanen, Human, 112–114; zur Kritik an der These von der apk „Geschichtslosigkeit" vgl. auch S. Beyerle, Vision, 26–28, u. die Darlegung bei K. Koch, Universalgeschichte, 16–34.

scheiden der Gottesvorstellung im engeren Sinne als Differenzkriterium bleibt man darüber hinaus auf das hauptsächlich am *Wächterbuch* und dem Motivkomplex von „Auferstehung" bzw. „Leben nach dem Tode" erarbeitete Strukturmerkmal der „axiologischen Eschatologie"[13], im Sinne einer betonten Trennung von Irdischem und Himmlisch-Jen-
seitigem, angewiesen.[14] Und nicht zuletzt eine Spannung,
hervorgerufen durch das scheinbare Entgegenwirken Gottes in einer theophanen Aufhebung jener Transzendenz,
macht Bedeutung und Brisanz dieses Motivzusammenhangs
im Umfeld der Gottesfrage in apk Texten aus.

2. ZUR THEOLOGISCHEN DEUTUNG DES EXILS

Gottes Nähe ist ambivalent, auch und gerade dort wo sie in
den theophanen Erscheinungen des Numinosen ganz konkret zu werden vermag. Unmittelbare Gotteserfahrung
kann gleichermaßen Heil und Unheil bewirken.[15] In den apk
Schriften Altisraels und des antiken Judentums tritt dies in
besonderer Schärfe hervor, insofern sich gerade an dem
Motivkomplex der Theophanie gezeigt hat, dass immer wieder Themen und Begriffe aus den ältesten Überlieferungen

---

13 Zur Begrifflichkeit u. ihrem Verständnis bei Paul Althaus s. o.
ERSTES KAPITEL, 3.2.a. bzw. G. Oblau, Gotteszeit, 5–7 (vgl. auch U.
H. J. Körtner, Weltangst, 22).

14 Hierzu: Eine wichtige Differenz zwischen apk u. weisheitl.
Schrifttum betrifft die *textexterne Pragmatik*, die R. A. Argall, *1 Enoch*,
8, am Vergleich von Sir u. äthHen umschreibt [Hervorheb. i. Orig.]: „In
simple terms, ben Sira may be described as an advocate for the *status
quo*, while the authors of *1 Enoch* anticipate the collapse of the *status
quo*." Vgl. auch J. J. Collins, Wisdom Reconsidered, 267. Zu weiteren
Differenzen zwischen Weisheit u. Apk vgl. A. Lange, Weisheit, 301–
306; M. J. Goff, Wisdom, *passim*. Letzterer setzt sich a. a. O., 8–13,
kritisch mit Lange auseinander.

15 Vgl. Dtn 33,2f.27–29 neben Ri 5,4f u. Ps 68,8f mit Mi 1,3–5; Jes
35,4f u. dazu B. A. Levine, Presence, 73–76, u. allg. jetzt H. Spieckermann, Gott, 115–132. Ob man aus obigen Beobachtungen auf ein Ent-
wicklungsschema der Theophanie durch Zeit u. Gattungen hindurch
schließen kann, scheint fraglich. So aber S. L. Cook, Apocalypticism,
86f, der 1. das Gericht gg. die Feinde Israels (Ri 5), 2. das kommende
Gericht gg. Israel (Mi 1) und 3. das Universalgericht (Ps 97) als pragmatische Aspekte der Theophanie unterscheidet.

des *Tanach* aufgenommen werden und ein eschatologischer Heilsautomatismus im Sinne des Schemas „Heil für Israel und Unheil für die Völker" keineswegs vorherrscht.[16] In exilisch-nachexilischer Zeit kommt nun, bereits vor-apokalyptisch, eine Verlagerung des Problems zum Vorschein, die durch die kollektive Defiziterfahrung des Exils bewirkt ist und stets um die Gefahr von Gottes Entfernung aus Tempel, Land und Volk (vgl. etwa Ez 8,12) kreist.

Durch das im antiken Judentum längst als Schuld empfundene Fernsein Gottes war auch den „Apokalyptikern" nicht nur eine der Theophanie gegenläufige „Theo-Logie", sondern zugleich ein Interpretament zur eigenen Identitätsfindung anheim gestellt: Man konnte sowohl das Kommen Gottes als Prolepse zum Gericht verstehen (vgl. äthHen 1,3b–9*; vgl. Dan 7,13f: s. o.), und damit die oben angesprochene Ambivalenz der Theophanie wahren, als auch das Exil als andauernde Zeit der Drangsal verarbeiten, wobei mit der Exilierung, sehr im Unterschied zur theologischen Deutung der Prophetie, zugleich die Abwesenheit des Gottes Israels konsoziiert wurde.[17]

Die Verbindung von Exil und Gottesabwesenheit kommt in Jub 1,13f zum Ausdruck. Zur Verdeutlichung sei der wesentliche und zudem hebr. überlieferte Vers 13 zitiert (4QJub^a [4Q216] ii 14f):[18]

---

16 Vgl. äthHen 1,3b–9* od. 22,1–14; Dan 12,1–3.

17 Vgl. die *Zehnwochenapokalypse*: äthHen 93,8.9–10; 91,11; *Tierapokalypse*: äthHen 89,68–72a bzw. 89,72b–73.74f (zur Deutung der Belege vgl. G. W. E. Nickelsburg, 1 Enoch 1, 393–395.447f). Vgl. zur Thematik M. Hengel, Judentum, 328f; F. Dexinger, Zehnwochenapokalypse, 130–135; M. A. Knibb, Exile, 257–259; J. C. VanderKam, Exile, 95–100; zur umstrittenen Stelle in äthHen 89,72b–73 vgl. P. A. Tiller, Commentary, 38–40.336–340, der den möglichen Grund für die negative Beurteilung auch des Zweiten Tempels in Divergenzen des Kultes und bei Kalenderfragen vermutet. Hilfreich ist die Aufteilung in drei unterschiedliche Verstehensweisen des Exils in apokalyptischen Kontexten bei J. C. VanderKam (vgl. ders., Exile, 91): Exil als 1. begrenzte historische Epoche (vgl. Dan 9; Sib 3), 2. als andauernder und bis zum Endgericht reichender Zustand (vgl. noch TestLev 16f) und 3. als Interpretament für das Gottesverhältnis (vgl. syrBar; 4Esr).

18 Text u. Übers.: J. C. VanderKam / J. T. Milik, DJD 13, 8f (vgl. F. García Martínez / E. J. C. Tigchelaar, Study Edition, 460f). Zum Text vgl. außerdem J. C. VanderKam / J. T. Milik, Manuscript, 243–246. 250f, u. dies., DJD 13, 1–4.11 [zu 4QJub^a allg. u. weitere atl. Parallelen].

14 [...]ואסתי[ר פנ]י מהם ונח[ת]י אותם ביד הגוי[ם לש]בי[
15 ולמ[שמות] ולאכל והסירותי אתם מתוך הארץ ו]אפיצם בכל
הגוי[ם]

14. I will hid[e] my [face] from them, and [I] will gi[ve] them into
the hand of the nation]s for cap[tivity,]
15. [de]vastation, [and devouring. I will remove them from amid
the land, and] I will disperse them among all the nation[s.]

Der Gott Israels selbst wird als Handelnder dargestellt, der sich von
seinem Volk abwendet, um es in Gefangenschaft zu schicken (vgl.
PsSal 9,2; Sib 3,271).[19] Die hier zusammengestellten Anspielungen
könnten ein durchaus beabsichtigtes Florilegium des Autors widerspiegeln, der auch an anderer Stelle innerhalb von Jub 1 – 2 Stich-
wortkombinationen und -assoziationen vorgab.[20] Dabei fällt auf,
dass der „Midrasch" einen Schwerpunkt seiner eigenen Theologie
in den späten dtr, prophetischen und psalmistischen Überlieferungen findet. Hierzu passt dann auch das vielfältig bezeugte Sündenbewusstsein „Israels", das sich v. a. an Vergehen gegen das erste
und zweite Gebot orientiert und etwa auch in den *Pseudo-Daniel*-
Fragmenten aus Qumran belegt ist.[21] Es nimmt darum kaum Wunder, wenn apk Texte die Hoffnung auf Rückkehr aus dem „Exil" ar-
tikulieren[22], das zudem im Bewusstsein bestimmter Kreise als an-

---

19 Zur Formulierung נתן ביד הגוים [Z. 14] vgl. 2Kön 21,14; Ps 106,41;
Neh 9,30; zu סתר פני [יהוה] מהם [Z. 14] vgl. Dtn 31,17f; 32,20; Jub
21,22 [4QJub^d ii 26: Teilrekonstr.; 4QJub^f 1 2: Teilrekonstr.]; vgl. auch
4Q390 1 7–10; TR 59,7; zu לשבי [Z. 14] vgl. Jer 15,2; 43,11; Ps 78,61 (vgl.
außerdem Dtn 28,41; Ez 12,11; Klgl 1,5); zu פוץ בכל הגוים [Z. 15] vgl.
Dtn 28,64; Ez 20,23; 22,15. Zum Bezug auf das Exil vgl. die Deutung
bei J. C. VanderKam, Exile, 103f.

20 Wobei v. a. Dtn und Ps 106 betroffen sind: vgl. dazu G. J. Brooke,
Strategies, 49–53.

21 Vgl. 4QpsDan^a ar [4Q243] 13 1–4 in Kombination mit 4QpsDan^b ar
[4Q244] 12 1–4 u. der Heilszusage in 4QpsDan^c ar [4Q245] 2 1–6. Vgl.
M. G. Abegg, Exile, 118–121; vgl. auch J. M. Scott, Exile, 188, der auf
das CD äthHen, slHen, hebrHen, Bar, TestXII, 4Esr u. syrBar gemeinsame Verständnis einer andauernden Exilssituation hinweist. Zu *Pseudo-Daniel* vgl. J. J. Collins / P. W. Flint, DJD 22, 106f.129f.162f, u. zum
Textzusammenhang vgl. a. a. O., 142.147; F. García Martínez / E. J. C.
Tigchelaar, Study Edition, 488–493.

22 Vgl. äthHen 90,33; 91,12f (4QEn^g ar [4Q212] 1 iv 15–18); 57,1–3 od.
4Esr 13,12–13a.39–47 (vgl. auch TR 59,9–13; Bar 4,36f). Zu äthHen 90,
33 ist auf die Verbindung von Auferstehungserwartung mit der Hoffnung auf eine Restauration des Volkes Israel in Jerusalem zu verweisen (vgl. P. A. Tiller, Commentary, 380f; G. W. E. Nickelsburg, 1 Enoch
1, 405f). Dass in der auf die achte Woche der *Zehnwochenapokalypse*

dauernd empfunden wurde. Nicht zuletzt das Edikt Antiochus' III. (vgl. Jos Ant 12,138–144) bietet zudem einen historiographisch auswertbaren Anhalt für jenes Phänomen der Heilshoffnung.[23]

Wie bereits im ZWEITEN KAPITEL beobachtet, stehen Gottes Kommen und die Motivkonstellationen von Entrükkung und Himmelsreise ohne jede Andeutung möglicher Widersprüchlichkeiten unverbunden nebeneinander. Und zu den „Antipoden" von Gottes Nah- bzw. Fernsein in der Epiphanie lassen sich ganz ähnliche Beobachtungen machen: Das scheinbare Paradox einer Verquickung von göttlicher Nähe und Ferne in der Theophanie selbst mit der ausschließlich Gottes Abwesenheit betonenden Exilstypologie[24] findet seine „Auflösung" wohl in der zu den Belegstellen jeweils herausgearbeiteten *textinternen Pragmatik* des Kommens Gottes. Diese unterstreicht nämlich, wie gesehen, die strikte Trennung der himmlischen und irdischen Sphären. Ja, die Theophanie kann sogar, ähnlich etwa der Neuschöpfungsvorstellung, gänzlich im Himmlischen verbleiben oder rekurriert auf eine gottbeauftragte Heilsgestalt (s. Dan 7; OrHyst: Lact. *Div. Inst.* VII,17,1; Vergil, 4. Ekloge)[25] bzw. gehört in den Kontext des endzeitlichen Gerichts (vgl. äthHen 14; 4Esr 13).

---

bezogenen Wiederherstellung des Tempels (91,13; vgl. 4QEn^g ar 1 iv 18; Text u. Übers.: F. García Martínez / E. J. C. Tigchelaar, Study Edition, 444f):

ויחבנא היכל [מ]ל[ל]כ[ו]ת רבא ברבות זוה לכול דרי עלמין

and there will be built the temple of the [k]in[g]ship of The Great One, in his glorious greatness, for all eternal generations[.]
mehr als nur die makk. Wiedereinweihung des Jerusalemer Heiligtums zum Tragen kommt, betont etwa F. Dexinger, Zehnwochenapokalypse, 139–141. Zudem wäre mit H. Roose, Teilhabe, 59.70, auf die Tradition vom JHWH-Krieg zu verweisen, die für äthHen 91,12 u. Jub 1,13 angenommen werden kann.

23 Vgl. S. Beyerle, Attitudes; dann J. M. Scott, Exile, 209–213.

24 So jedenfalls die theologische Hermeneutik im antik-jüdischen Schrifttum (vgl. dazu v. a. M. A. Knibb, Exile, 253–272).

25 In den rekonstr. u. kaum verlässlich datierbaren OrHyst heißt es bei Lact. (Text: S. Brandt in: ders./ G. Laubmann, CSEL 19, 638):
[...] *Imminente iam temporum conclusione propheta magnus mittetur a deo, qui convertat homines ad dei agnitionem, et accipiat potestatem mirabilia faciendi.*
Vgl. zu den OrHyst allg. auch J. Bidez / F. Cumont, Mages I, 215–222; J.-D. Gauger, Weissagungen, 416–418.

Die v. a. in Ez und Sach deutliche Kombination von Volks- und Tempelrestauration bzw. JHWHs Rückkehr in den Tempel verweist auf äthHen 91,12f (anders: äthHen 89,72–74[26]). Möglicherweise reflektieren die divergierenden Haltungen der *Zehnwochenapokalypse* und der *Tierapokalypse* zum nachexil. Tempel zugleich unterschiedliche Einflussnahmen der nachexilischen Prophetentraditionen auf die frühe Apokalyptik[27], nämlich „tempelfreundliche" und „tempelkritische", wenn nicht beide Belege im Sinne eines völlig neuen, eben „himmlischen" Tempelkults zu interpretieren sind. Zu unterscheiden wäre dann lediglich das Verhältnis der Texte zum Tempel. Während die *Zehnwochenapokalypse* in positiver Wendung auf die noch ausstehende Errichtung des himml. Heiligtums vorausschaut, blickt die *Tierapokalypse* zurück auf den ird. Tempelkult.

Eine weitere Dimension des Paradox wird durch den auf Gott bezogenen Lebensbereich deutlich: So war doch die Rückkehr JHWHs, sein Festhalten am Gottesvolk in der exilisch-nachexilischen Prophetie[28] sicher von einer anderen Qualität als die Ausweitung göttlicher Macht auf die Fremdvölker, wie sie das Danielbuch, allerdings schon in seiner „novellistischen" Überlieferung, dann aber auch 4Esr (13,12–13a)[29], das *Wächter-* und das *Astronomische*

Vgl. auch die 4. Ekloge des Vergil (70–19 v. Chr.; Text: Gauger, a. a. O., 226; Erläuterung: W. Clausen, Commentary, 120–122.131f):
iam redit et Virgo, redeunt Saturnia regna,
iam nova progenies caelo demittitur alto.
tu modo nascenti puero, quo ferrea primum
desinet ac toto surget gens aurea mundo,
casta fave Lucina: tuus iam regnat Apollo.

26 Vgl. dazu G. W. E. Nickelsburg, 1 Enoch 1, 394f (mit Textemend. u. abw. Abgrenzung: vgl. a. a. O., 387. 389 [Textanm. a] u. 394).

27 Anders der sozio-historische Ansatz bei P. D. Hanson, Dawn, v. a. 209–279, der ganz grundsätzlich eine „ideologisch-hierokratische" (Ez 40 – 48; Sach 1 – 8) von einer „utopisch-prophetischen" (Jes 40 – 66; Sach 9 – 14), späterhin „apokalyptischen", nachexil. Bewegung unterscheidet. Zum Verhältnis von Sach u. Ez vgl. S. L. Cook, Prophecy, 148–153; zu den nachexil. Sonderüberlieferungen im Blick auf den Restaurationsgedanken, wie etwa in Ez 44, vgl. auch S. L. Cook, Interpretation, v. a. 195f.201f.204.207f.

28 Vgl. nur Ez 20,40f; Jes 35,10; 60,4; 66,20; Sach 1,16f; Ez 40 – 48.

29 Die „Sammlung der friedlichen Menge" (4Esr 13,12: *multitudinem aliam pacificam*) umfasste offenbar sowohl Juden als auch Heiden (vgl. H. Gunkel, Buch, 395; U. B. Müller, Messias, 118f; J. Schreiner, JSHRZ V/4, 395 [zu XIII,13[b]], u. differenziert: M. E. Stone, Fourth Ezra, 148. 387; anders: B. W. Longenecker, 2 Esdras, 71.80f.105).

Buch belegen: JHWH, der Gott Israels, wurde zum „Weltengott".[30] Und ebendies konnte in der apk Überlieferung „gedacht" werden, da sich der Gott Israels zugleich, und para-
doxerweise, durch das noch andauernde Exil von seinem
Volk zurückgezogen hatte, im gleichen Atemzug aber seine
Herrlichkeit den Fremdherrschern wie Nebukadnezzar
(vgl. Dan 2,47; 3,31–33) oder Nabonid (4QOrNab ar [4Q242]
4 1f) als „Geheimnis" offenbaren konnte.

3. Das Paradox apokalyptischer Theophanie in der Neuschöpfung

Ein letztes und zugleich auf das Folgende verweisendes Paradox knüpft sich an den Motivkomplex der Theophanie
und bedingt auch an den der Auferstehung, wenn man die
Übernahme eines in den zeitlich vorausgehenden atl. Überlieferungen prominenten Traditionsstücks in Rechnung
stellt: Es werden vorgegebene Motivzusammenhänge auf-
gegriffen und modifiziert.[31] Dies geschieht im Umfeld der
„Apokalypse" jedoch solcherweise, dass etwas völlig Neues entsteht. Hierzu wären theologische Muster der Sinnstiftung zu beachten. Unter diesen treten hervor „Schöpfung"[32], „Bund"[33], „Erwählung"[34], „Gericht"[35], „Königtum

---

30 Ein Zwischenglied auf dem Weg zum apk Universalismus könnte
in der Abfolge von Ez 37 u. 38 – 39 vorliegen (vgl. auch A. Lacocque,
Death, 141–164). Näheres weist die Textgeschichte aus, da die griech.
Überlieferung des Pap. 967 die Abfolge der Kapitel im Sinne eines „apk
Dramas" arrangiert hat: Ez 38f [Pap. 967]: „Sieg über Gog"; Kap. 37:
„Restauration und Auferstehung" sowie Kap. 40 – 48: „Erwartung des
neuen Jerusalem (Israel)". Vgl. dazu auch J. Lust, Manuscript, 529–
532, der allerdings in Pap. 967 die ursprüngliche, durch spätere (phari-
säische) Kreise korrigierte Reihenfolge erblickt.

31 Wandlungen der Motivkonstellation „Theophanie" hat A. Scriba,
Theophanie, *passim*, bis in frühchristl. Zeit hinein nachgezeichnet.

32 So äthHen 75,3; 82,7f; 90,29; 101,1–9; slHen 33,1f [J]; ApkAbr 7,7;
9,2; 21,1–9 (s. u.).

33 Vgl. CD 1,3–5a; AssMos 3,8f; ApkEsr 2,4.

34 Vgl. äthHen 40,5; 89,14; 4Esr 5,23–32; ApkAbr 14,1f; 17,8–18.

35 Vgl. 1QH^a 25,4–14 [4Q428 12]; äthHen 13,8; 67,4 – 69,25; 89,54–67;
AssMos 10,1–10; syrBar 1,1–5; 85,9–15; ApkAbr 8,5 [vgl. 10,13] (vgl. dazu auch J. G. Griffiths, Verdict, *passim*).

Gottes"[36]. Es ließe sich für jedes der genannten Themen eine deutliche und fundamentale „Brechung" zwischen apk und nicht-apk Traditionen herausarbeiten, und dies sehr im Unterschied zu den Übernahmen auf genrespezifischer Ebene.[37] Auch wenn die „Apokalypse" als Endprodukt eine eigene Gattung konstituiert und damit auf spezifische Trägerkreise schließen lässt, erweist sich ihre Eigenheit *zunächst* auf inhaltlicher bzw. motivkritischer Ebene. Beispielhaft sei hierfür die Verbindung von „Schöpfung" und „Neuschöpfung" herausgegriffen[38], nicht zuletzt wegen der auch in ihr zentralen Verknüpfung von Protologie und Eschatologie.

3.1. Kosmologische und anthropologisch-ontologische Neuschöpfung

Die Verbindung von „Schöpfung" und „Neuschöpfung" berührt gleich mehrere zentrale Theologumena apk Denkens: das Verhältnis von Protologie und Eschatologie bzw. Kosmologie und Anthropologie sowie das Zwei-Äonen-Schema. Traditionsgeschichtlich erhebt sich die Frage, wie etwa ältere apk Belege (vgl. äthHen 72,1; 91,15f; Jub 1,29) von prophetischen Aussagen (vgl. Jes 11,6–8; 43,19; 65,17f; 66, 22) zu unterscheiden wären. Weiterhin ist *innerhalb* des Traditionsgefüges die Idee der *renovatio mundi* von der Erneuerung des *Menschen* strikt zu trennen.[39] Während die

---

36 Vgl. MasShirShabb ii 1–26; 1QHᵃ 18,8–10; Dan 2,44; 4,31; syrBar 73,1 (vgl. auch H. Roose, Teilhabe, v. a. 77f).

37 Vgl. etwa „Vision", „Orakel", „Klage" od. „Weheruf". H. Roose, Teilhabe, 30–34, beobachtet z. B., dass im „Handlungsmodell Gott" bei Apk gegenüber anderen antik-jüd. Traditionen das Mitwirken des Gottesvolkes im eschatolog. JHWH-Krieg nur selten bezeugt ist.

38 Vgl. dazu schon P. Volz, Eschatologie, 338–340; W. Bousset / H. Gressmann, Religion, 280–282; dann J. Behm, Art. καινός κτλ., 450–456; G. Schneider, ΚΑΙΝΗ ΚΤΙΣΙΣ, *passim*; ders., Neuschöpfung, v. a. 35–43; H. Schwantes, Schöpfung, v. a. 43–52; E. Rau, Kosmologie, 174–183; A. Vögtle, Zukunft, 47–66; M. Black, New Creation, 13–21; R. North, Art. חָדָשׁ, 771–778; U. Mell, Neue Schöpfung, 113–178; J. [T. A. G. M.] van Ruiten, Influence, 161–166. Zur Fortentwicklung des Motivkomplexes in frühchristl. Tradition vgl. A. P. O'Hagan, Re-Creation, *passim*.

39 Was U. Mell, Neue Schöpfung, *passim*, u. G. K. Beale, Peace, v. a. 211–219, in ihren Analysen m. E. übergehen. Zudem wäre innerhalb

anthropologisch-ontologische Nuancierung, religionsgeschichtlich durch den äg. *P. Chester Beatty* IV[40] verbürgt,
auch in der Vorstellung von der Entrückung in ein himm-
lisch-ewiges Dasein in den *Hodayot* aus Qumran begegnet[41],
verweisen die apokalyptischen Texte zumeist in den Bereich der Kosmologie (s. u.). Eine mit den *Hodayot* vergleichbare *anthropologisch-ontologische* Vorstellung der
menschlichen „Erneuerung", allerdings ohne Entrückungs-
terminologie o. ä., findet sich in JosAs 8,9[-11]; 15,4f.12; Vit-
Ad 39,2 – 41,2; Philo Ebr 67–73 und Ps-Philon, De Jona 96.
184. Während diese Zeugnisse mehrheitlich in den Zusammenhang der (hellenistisch-jüdischen) Bekehrungstheologie
einzuordnen sind, beziehen sich die der Apokalyptik zuzu-

---

der anthropolog.-ontolog. Neuschöpfungsidee zu differenzieren: nämlich zwischen einer rabbin. „Neuschöpfung" i. S. d. Neugeburt eines
Menschen u. der eschatologischen Neuschöpfung des sündenfreien
Menschen (vgl. äthHen 90,38; Jub 5,12: s. u.), wie v. a. H.-W. Kuhn (vgl.
ders., Enderwartung, 75–78) betont. Die anthropolog.-ontolog. Bedeutung der „Neuschöpfung" (חדשה בריה [„neues Geschöpf"]) lässt
sich im rabbin. Judentum allerdings erst seit dem 3. Jh. n. Chr. belegen
(so Kuhn, a. a. O., 50 Anm. 2). Zur „Neuschöpfung" im tannait. Judentum vgl. E. Sjöberg, Wiedergeburt, 53–77.
40 Zu *P. Chester Beatty* IV vgl. E. Brandenburger, Mensch, 223 Anm.
26; J. Assmann, Tod und Jenseits, 243f (Z. 238–241.274–278.300–302;
Übers.: J. Assmann, Hymnen, 436–438 [Nr. 195]):
Wie stark bist du, wie stark bist du,
unsere Sonne, wie stark bist du!
Du leitetest die Unterwelt, ließest ihre Bewohner aufleben,
indem du die Bitten der «Müden» erfülltest, die in ihr sind.
[...]
Wie schön bist du, wenn du aufgehst im Lichtland!
Wir leben wieder von neuem,
nachdem wir eingetreten waren in den NUN
und er einen verjüngt hat zu einem, der zum erstenmal jung ist;
der [alte Mensch] wird abgestreift, ein neuer angelegt.
[...]
Seht, ihr habt den Tag verbracht, bei ihm zu weiden.
Er hat alles Böse vertrieben,
wenn er im Frieden in seinem Lichtland ist [.]
Allerdings birgt die hier reflektierte „Anthropologie" auch einen
kosmischen Aspekt, insofern die erwähnte „Regeneration" i. S. d.
„verjüngenden Kreisläufigkeit der kosmischen Zeit" (Assmann, Tod
und Jenseits, 244) schon beim Lebenden gedeutet werden kann.
41 Vgl. 1QH^a 5,17–19.22–24; 14,29–35; 19,10–14 u. dazu E. Sjöberg,
Neuschöpfung, 131–136; H.-W. Kuhn, Enderwartung, 107–116.176–188.

weisenden Stellen auf Lösungsmuster einer transzendent-dualistischen Eschatologie, die letztlich die Erneuerung des ganzen Kosmos vor Augen hat.[42]

Zweierlei fällt auf: Einmal entsprechen den verschiedenen Motivkonstellationen nicht nur differierende Traditionsgefüge, sondern auch unterschiedliche Lebenszusammenhänge, nämlich die das Individuum betreffende Bekehrungssituation jenseits aller Glaubensanfechtung, andererseits die Konkretisierung der „transzendenten" Heilshoffnung im Kontext eines durchaus „fundamentaltheologischen" Konflikts. Außerdem verstrickt sich die Apokalyptik zumindest scheinbar in einen Selbstwiderspruch, den Egon Brandenburger[43] folgendermaßen umschreibt:

> Doch läßt sich die Apokalyptik in der ständigen Auseinandersetzung mit der Skepsis zunehmend in eine dualistische Position drängen: Verheißungstreue und Gerechtigkeit Gottes triumphieren zwar im Eschaton, aber doch schließlich so, daß diese gegenwärtige, geschichtliche Welt trotz des Festhaltens am Schöpfungsgedanken aufgegeben wird.

In apk Denkzusammenhängen negiert die Überlieferung folglich in letzter Konsequenz durch die Vorstellung von der „Neuschöpfung" die eigenste, notwendige Voraussetzung dieser Idee, nämlich die „Schöpfung" selbst.

Die erwogenen Distinktionen werden gleich in doppelter Hinsicht durch einen längst bekannten, jedoch erst neuerlich edierten Qumrantext relativiert. Die auf Grund ihrer Orthographie aus früh-herodian. Zeit stammende Abschrift

---

42 Zur sachlichen Unterscheidung u. den Belegen vgl. E. Brandenburger, Auferstehung, 141–150; J. J. Collins, Apocalypticism, 119–123; A. Scriba, Art. Religionsgeschichte des Urchristentums, 606; C. Breytenbach, Art. Schöpfer/Schöpfung III. Neues Testament, 288–291; zum traditionsgeschichtl. Hintergrund der Belege bei *Pseudo-Philon* vgl. F. Siegert, Predigten II, 165–167.207.

43 Ders., Auferstehung, 148 [Hervorheb. i. Orig.]. U. a. der angesprochene Selbstwiderspruch veranlaßt zu zahlreichen „metaphorischen" od. „allegorischen" Deutungen der apk Idee der Neuschöpfung, etwa bei der Exegese der Vision vom „Neuen Jerusalem" (Offb 21,1–22,5; vgl. 6,12–17); so bei U. B. Müller, Offenbarung, 173f.349: nicht die kosmologische Bedeutung interessiere in Offb 21f (vgl. auch U. Mell, Neue Schöpfung, 131).

eines „apokalyptisierenden" Weisheitstextes in 4Q475 1–9[44] verbindet nämlich die anthropologisch-ontologische mit der kosmologischen Erneuerungsidee und verzichtet, zumindest in den noch lesbaren Passagen, auf konkrete Schöpfungsterminologie. Sie spielt zwar auf eine universale göttliche Erneuerung, bekannt vor allem aus spätprophetischer Überlieferung (vgl. Jes 2,2–5; 45,22; 66,18–22 u. Ps 102,27), an, doch bleibt die Verbindung einer Restitution der „ganzen Erde" mit einer die anthropologische Dimension durchaus erinnernden Aufhebung der „Schuld" (אשם, vgl. 1QH[a] 14,30; 19,10f) ohne direkte Parallele (4Q475 4–6 [= PAM 40.991]):[45]

4 כ]ול תבל ולוא יהיה עוד אשמות בארץ ולוא יה]יה עוד(?)

5 [והיו(?) מש]חית וכול משטם והיתה כול תבל כעש וכול יש]בי
בה כציץ השדה(?)]

6 ו]שקטה הארץ לעולמים וידרשו(?)](?)[יושב]יה

(4) [a]ll the earth,
and there will no longer be any guilt in the land,
and there will not b[e any more(?)
(5) [There will be(?) destruc]tion and great envy,
all the earth will be like moth,
and all who li[ve there like the grass of the field(?)]
(6) [ ]
the land will be quiet for ever,
and those who live[there] will seek(?)[

Der Abschnitt kombiniert die Erneuerung des Menschen (vgl. auch äthHen 62,13–16), betont durch die Abwesenheit von אשם/מה (Z. 4; vgl. zur anthropolog. Dimension von אשמה auch Lev 4,3; 5,24–26;

---

44 Bereits in den 60er Jahren publizierte P. A. Spijkerman eine Fotografie (vgl. ders., Chronique, 324f). Neuestens liegt eine *editio major* durch T. Elgvin, DJD 36, 464–473, vor, der (a. a. O., 464f; vgl. auch ders., Renewed Earth, 590) eine Entstehung des Frgm. im 2. Jh. v. Chr. vermutet (zum Text vgl. auch F. García Martínez / E. J. C. Tigchelaar, Study Edition, 956f).

45 Text u. Übers.: T. Elgvin, DJD 36, 466f; ders., Renewed Earth, 577–579 (PAM 40.991 wurde kollationiert: E. Tov / S. J. Pfann, Dead Sea Scrolls, Fiche 18). In Z. 5 gibt es für die Lesung כעדן (F. García Martínez / E. J. C. Tigchelaar, Study Edition, 956) statt כעש keinen Anhalt. Zur Lesung in Z. 6 vgl. T. Elgvin, Renewed Earth, 578.586, der die folgende Rekonstr. vorschlägt (zurückhaltender in ders., DJD 36, 466): וידרשו[יושב]יה[תורת יהוה [= „and those who live [there] will seek [the teaching of the Lord"].

Ps 69,6)[46], mit der Erneuerung des Erdkreises (חבל), deutlich an
der Gegenüberstellung von Z. 5 (כעש חבל כול: vgl. Jes 50,9; 51,8)
und Z. 6 (לעולמים האר[ץ השקטה ו: vgl. Jes 14,7; Sach 1,11; Ps 76,9).
Das Tempus in Z. 5 (ו-cons.; vgl. die Rekonstruktion in Z. 6),
לעולמים in Z. 6, die Parallele in 4QpsDanᶜ ar [4Q245] 2 2 sowie die
vergleichbaren Vorstellungen in äthHen 10,22 (4QEnᵃ ar [4Q201] 1 vi
4–6) und in 107,1 (4QEnᶜ ar [4Q204] 5 ii 27–29) machen einen apk
Hintergrund der vorliegenden Überlieferung wahrscheinlich. Leider
ist der Text zu fragmentarisch, um nähere Aussagen über seine
Entstehungszusammenhänge treffen zu können. Sein apk Gepräge
lässt allerdings eine Einarbeitung antik-jüd. Bekehrungstheologie
in den Kontext apokalyptisch-kosmischer Heilshoffnung als nahe
liegend erscheinen.

Bevor die Frage nach möglichen Gründen einer solchen
Verschmelzung im apk Überlieferungskontext beantwortet
werden kann, bedürfen die beiden „Muster" eines *kosmologischen* bzw. *anthropologisch-ontologischen* Erneuerungs-
denkens, die sich zeitlich zwischen Jes 65,17 und 2Petr 3,13
bzw. zwischen Ez 11,19 (vgl. 18,31; 37,10) und Gal 6,15 bewe-
gen und somit innerhalb der jüdisch-christlichen Kanonsgrenzen rangieren, einer näheren Hinsicht. Da jedoch die
Apokalyptik fast ausschließlich auf das kosmologische
Muster zurückgreift, konstituiert jene Problemstellung Beginn und Schwerpunkt der Darlegungen.[47]
    Indem die *Zehnwochenapokalypse* in äthHen 91,16f aus-
schließlich auf den „neuen Himmel" rekurriert, wandelt sie

---

46 Vgl. dazu D. Kellermann, Art. אֶשָׁם, v. a. 472. Zum Motiv wären
auch 1Q/4QMysteries u. 4Q215a zu vergleichen (s. T. Elgvin, Priestly
Sages?, 76f, u. Å. Justnes, Context, 141–161).
47 Gegen, G. Schneider, Neuschöpfung, 39–43. Zumal die anthropolog.-ontolog. Variante kaum ohne Einflussnahmen des Dualismus
jüd.-hellenist. Weisheit denkbar ist und damit auf die Adam-Anthro-
pos-Thematik verweist: Vgl. E. Brandenburger, Adam, 139–145; ders.,
Fleisch, 45–57.197–216; ders., Mensch, 218–220.231–236.242f, der gut
begründet drei unterschiedliche Konzepte jener Thematik herausarbeitet: 1. „Alter und neuer Mensch"; 2. „Wie in Adam, so auch in Christus"; 3. „Erster und letzter Adam-Anthropos". Auffällig ist, dass im
Unterschied zur Gegenüberstellung von „erstem" und „letztem" bzw.
„kommendem Adam" der Antagonismus „alter" und „neuer Adam" ntl.
nie im Zusammenhang eschatologischer, die Auferstehung betreffender
Aussagen, sondern im Kontext der (deutero-)paulin. Tauftheologie
(vgl. Röm 6,6; dann Kol 3,9–11; Eph 4,22–24 u. dazu JosAs 14,15f) begegnet (vgl. ders., Mensch, 221f).

bereits Aussagen über den „neuen Himmel und die neue Erde" aus Jes 65f zugunsten einer die Transzendenz betonenden, apk Offenbarungsvorstellung ab. Ähnlich wird das
Astronomische Buch in äthHen 72,1 nach seinem äth. Textbestand eingeführt, wonach der Engel Uriel dem Henoch
alles „Geschriebene" über die *Himmels*lichter zeigte, „[...]
bis gemacht wird das neue Werk, das bleibt bis in den
Olam"[48]. Auch hier nimmt der Motivkomplex der Neuschöpfung also exklusiv Bezug auf die himmlische Sphäre. Ein
weiterer Zug apk Offenbarungstheologie wird deutlich,
wenn man die Funktion des Engels in äthHen 72,1 beachtet,
der gegenüber Henoch als Mittler des Offenbarungswis-
sens vorgestellt wird. Ein Zug, der auch in äthHen 93,2
(4QEn[g] ar [4Q212] 1 iii 20–22), der mutmaßlichen und wohl
sekundären Überschrift zur *Zehnwochenapokalypse*, zum
Tragen kommt, wo gleich drei Offenbarungsquellen, nämlich die Vision selbst neben der Rede der Engel und den
himmlischen Tafeln, genannt werden:[49]

20 [...] אנה הוא 21 חנוך אחזי]ח אנה כלא בחזוי[50] שמין ומן] ממר
עירין וקדישין 22 אנה כלא ידעת [ובלוחת שמיא אנה כל]א קר]ית
ואתבוננ[ת

'(...) I Enoch, I have been shown [everything in a heavenly vision,
and from] the word of the Watchers and Holy Ones I have known
everything; [and in the heavenly tablets I] have read everything [and
understoo]d'.

---

48 Übers. nach E. Rau, Kosmologie, 506 (vgl. S. Uhlig, JSHRZ V/6,
638; G. W. E. Nickelsburg / J. C. VanderKam, 1 Enoch, 96).

49 Auch wenn die Ursprünglichkeit des Passus in äthHen 93,2 umstritten ist, fungiert der Vers im vorliegenden Kontext als Überschrift
(dazu u. zur Sache vgl. P. G. R. de Villiers, Secrets, 54; S. B. Reid,
Enoch, 39f; F. Dexinger, Zehnwochenapokalypse, 107–109, u. M.
Frenschkowski, Offenbarung, 324f). Zu 4QEn[g] ar u. seiner Bedeutung
für die *Zehnwochenapokalypse* vgl. M. Black, Apocalypse of Weeks,
464–469; F. García Martínez, Qumran, 79–96; D. C. Olson, Sequence,
72–77. Zu Text u. Übers. vgl. J. T. Milik / M. Black, Books, 264f [mit
Tfl. XXII]; K. Beyer, Texte, 247; K. Koch Sabbatstruktur, 52f [mit App.:
52 Anm. 5–8]; F. García Martínez / E. J. C. Tigchelaar, Study Edition,
442f, u. die Diskussion bei G. W. E. Nickelsburg, 1 Enoch 1, 435 [Text-
anm. c]. 442. Die Textrekonstr. folgt der von Milik/Black bzw. Koch.

50 So die wohl korrekte aram. Form gegenüber dem hebr. בחזית bei
J. T. Milik / M. Black, Books, 264 (vgl. M. Sokoloff, Notes, 200.211.
222 Anm. 107; K. Koch, Sabbatstruktur, 52 Anm. 6).

Der in diesem Vers vorgestellte Modus des Offenbarungs-
empfangs erinnert an das *Jubiläenbuch*, wonach Henoch
sein Wissen durch eine Traumvision (Jub 4,19) und durch
Engel (Jub 4,18b.21) erlangte (vgl. 4QpsJub^c [4Q227] 2 1–4).
Dadurch wurde er zu einem „Typus" des ausgezeichneten
Offenbarungsempfängers für bzw. wie Mose.[51] Ein weiterer
Text aus der *Epistel* verknüpft den visionären Offenba-
rungsempfang mit der „Neuschöpfung": äthHen 106,13.

Exkurs zum Text von äthHen 106,13:
Die komplexe Überlieferung bietet abweichende Lesarten im aram.,
griech., lat. u. äth. Text.[52] Zunächst zu den einzelnen Zeugen:

4QEn^c ar [4Q204] 5 ii 16–18[53]

16 [באדין ענית אנה חנוך אמר]
17 בל יח]דת מריא לדחה על ארעא כלקובל די חזית ואחוית
לך ברי די]ביומי ירד א]בי[
18 עברו]מלת מריא מן אוריח(?) שמיא   [...]

[Then I Enoch answered saying]: 'Truly [the Lord] will restore
[His Law on the earth, according as I saw and told you my son
that] in the days of Jared my father (Watchers) transgressed [the
Word of the Lord (and departed) from the covenant of Heaven.']

GrCB f. 13 verso Z. 19–24 [vgl. F. G. Kenyon, Papyri][54]
τότε ἀπεκρίθην λέγων, ἄναξ[ ]καινίσει ὁ κύριος πρόσταγμα ἐπὶ τῆς
γῆς, καὶ τὸν αὐτὸν τρόπον τέκνον τεθέαμαι καὶ ἐσήμανά σοι· ἐν γὰρ
τῇ γενεᾷ Ἰάρεδ τοῦ πατρός μου παρέβησαν τὸν λόγον κυρίου ἀπὸ
τῆς διαθήκης τοῦ οὐρανοῦ.

Dann antwortete ich, indem ich sprach: »Der Herr wird ein Gebot
auf Erden erneuern; und in dieser Weise, Sohn, habe ich geschaut

---

51 G. W. E. Nickelsburg, 1 Enoch 1, 442, benennt als engste Parallelen äthHen 1,2f u. 81,1f.

52 Die Textausg. liefern häufig eine Diskussion der Lesarten: vgl.
M. R. James, Fragment, 146–150; C. Bonner / H. C. Youtie, Chapters,
81f Anm.; J. C. VanderKam, Base, 394; J. T. Milik / M. Black, Books,
211; M. Black / J. C. VanderKam / O. Neugebauer, Book, 320f.383; M.
Knibb / E. Ullendorff, Book II, 39f.245f; S. Uhlig, JSHRZ V/6, 746 [zu
CVI,13^a–h]; G. W. E. Nickelsburg, 1 Enoch 1, 538 [Textanm. 13a–f].

53 Text (Rekonstr.) u. Übers.: J. T. Milik / M. Black, Books, 209f;
vgl. auch K. Beyer, Texte, 250f; F. García Martínez / E. J. C. Tigchelaar, Study Edition, 420f.

54 Zum Text vgl. C. Bonner / H. C. Youtie, Chapters, 81; M. Black,
Apocalypsis, 44.

und dir verkündigt: Denn in der Generation Jareds, meines Vaters, übertraten sie das Wort des Herrn vom Bund des Himmels.«

BM Ms. 5 E. xiii, f. 80 13–15[55]
et dixit enoc. Nontiatum est mihi, fili, quia post quingentos annos mittet deus cataclismum aquae ut deleat omnem creaturam

Und es sprach Henoch: »Mir ist verkündet, Sohn, weil nach fünfhundert Jahren Gott eine Wasserflut schicken wird und jedes Geschöpf vertilgt.«

TS [Ṭānāsee 9], Co2 [EMML 2080][56]
Und ich, Henoch, antwortete und sprach zu ihm: »Der Herr wird neue Dinge auf Erden schaffen, und dies habe ich bereits in der Vision geschaut und es dir verkündet, denn in der Generation meines Vaters (Jared) hat man das Wort des Herrn aus der Verordnung des Himmels übertreten.«

Gleich die Einleitung zur Henochrede ist umstritten: Der äth. Text nennt „ich, Henoch" (אנה הנוך; vgl. 1QapGen ar [1Q20] 5,3), was auf eine Verschreibung des griech. ἄναξ, „Herr", in Ἀνωχος, aram. בל (= be'l) interpretierend, zurückgehen dürfte und im lat. Fragment verkürzt wurde.[57] Dann bietet die äth. Version im Blick auf die Doppeldeutigkeit des πρόσταγμα („Anordnung", aber auch „Angelegenheit", „Sache": vgl. GrCB) eine Interpretation von דחא als מלחא, womit aram. יחלדת מריא מלחה statt יחלדת מריא לדחה (4QEnᶜ ar 5 ii 17) zu rekonstruieren wäre. Der Textvorschlag bei James Barr geht von der Bedeutung „etwas erneuern" aus (vgl. Jes 43,19: עשׂה חדשׁה), die aram. jedoch durch עבד zum Ausdruck kommt (vgl. Jes 43,19 TJ: עביד חדתא).[58] Der lat. Text spart die „Erneuerung" aus und schließt mit *quia* V.15 an, was die beiden Über-

55 Zum lat. Kurztext (8./9. Jh. n. Chr.) M. R. James, Fragment, 148 (vgl. J. T. Milik / M. Black, Books, 80; S. Uhlig, JSHRZ V/6, 483. 746 [zu CVI,13ᵍ]).

56 Zum äth. Text u. Übers.: A. Dillmann, Buch, 78f.327; E. Isaac, 1 (Ethiopic Apocalypse of) Enoch, 87; M. Knibb / E. Ullendorff, Book I, 413 [App.]; dies., Book II, 245; S. Uhlig, JSHRZ V/6, 746.

57 Vgl. J. T. Milik / M. Black, Books, 211; gegen K. Beyer, Texte, 250, der כל liest. Anders auch C. Bonner / H. C. Youtie, Chapters, 81 Anm. zu Z. 20; M. Knibb / E. Ullendorff, Book I, 413 [App.]; M. Black / J. C. VanderKam / O. Neugebauer, Book, 320, die eine Verlesung von ἀνακαινίσει annehmen.

58 Vgl. J. Barr, Notes II, 181f, gegenüber M. Black / J. C. VanderKam / O. Neugebauer, Book, 321.

setzungsmöglichkeiten der äth. Partikel[59] auf einen kausalen Anschluss hin vereindeutigt. Schließlich erklärt sich die Konstruktion
mit doppeltem Objekt in GrCB (παρέβησαν τὸν λόγον κυρίου ἀπὸ
τῆς διαθήκης τοῦ οὐρανοῦ) durch die Verschreibung eines ursprünglichen קימא ("Satzung", "Verordnung", "Bund"; vgl. GrCB,
äth. Mss.: διαθήκη, emšer'āta) in קומיהא ("Höhe"; vgl. v. a. TS, Co2:
emmal'elta).[60] Die Texttradition von äthHen 106,13 offenbart zwar
große Schwierigkeiten bei der Rekonstruktion einer ursprünglichen
Überlieferung, zeigt jedoch zugleich, dass der äth. „Mehrheitstext"
(Mss. TS, Co2) weitgehend Angleichungen auf Grund von Verlesun-
gen und Doppeldeutigkeiten bietet. Der „Urtext" kann nur noch in
Annäherung ermittelt werden. Sicher scheint dabei, dass es dieser
Überlieferung um die Erneuerung des „Bundes" bzw. der „Satzung"
nach dem Engelfall (vgl. äthHen 6 – 16) zu tun war, die Tradition
dieser Notiz also eher an Jer 31,31–34 denn an Jes 65,17 oder 66,22
anschließt. Im Ergebnis ist äthHen 106,13 für die Motivkonstellation
der „Neuschöpfung" nicht auswertbar.

a. Zur Neuschöpfung in der *Zehnwochenapokalypse*
Lenkt man den Blick auf äthHen 93,1–10; 91,11–17, insbesondere auf das „zehnte Siebent" (vgl. äthHen 91,15–17 und v. a.
4QEn^g ar [4Q212] 1 iv 22–26), wird eine wesentliche Differenz der apk Neuschöpfungsidee gegenüber der späten
Prophetie deutlich. Der Aufbau der *Zehnwochenapokalypse*
orientiert sich an zehn Siebener-Einheiten, wobei die ersten sechs Siebente die Vergangenheit des Gottesvolkes beleuchten, während die „Wochenabschnitte" acht bis zehn
die Zukunft inaugurieren. Der Verfasser selbst verortet
sich in der siebenten „Woche" (s. auch Sib 4,18–20).[61] Nachdem das „Gericht der Weltzeit und ein Ende des großen

---

59 Vgl. etwa den Übersetzungsvorschlag bei A. Dillmann, Buch,
79 [Hervorheb.: S. B.]: „... *dass* in dem Zeitalter meines Vaters Jared
..." (vgl. auch M. Knibb / E. Ullendorff, Book II, 245 [App.]).

60 So M. Knibb / E. Ullendorff, Book II, 39f; S. Uhlig, JSHRZ 5/6,
746 [zu CVI,13^h]; anders C. Bonner / H. C. Youtie, Chapters, 81f Anm.
zu Z. 22; M. Black / J. C. VanderKam / O. Neugebauer, Book, 321; G.
W. E. Nickelsburg, 1 Enoch 1, 538 [Textanm. f]. Zur Bedeutung von
διαθήκη (äth. šer'at) vgl. K. C. Bautch, Study, 290: „... a heavenly covenant violated by the watchers."

61 Vgl. J. C. VanderKam, Studies, 377f; G. W. E. Nickelsburg, 1
Enoch 1, 438–441 (vgl. auch die Beobachtungen bei D. R. Jackson,
Enochic Judaism, 96–99).

Gerichts" (V.15 [4QEn^g ar 1 iv 23]: רבא דינא וקץ עלמא דין)
vollzogen sind, erscheint der „neue Himmel" (V.16) und die
שבעין haben danach kein Ende. Der interessierende V.16
lautet nach der aram. Überlieferung (4QEn^g ar 1 iv 23–25):[62]

23 [...] ושמין 24 קדמין בה יעברון ושמן חדתין יחזון וכול
שלטני] שמיא 25 צ]הר]ין ודנחין לכול עלמין] שבעה פעמין [...]

In it, the first heaven will pass away and [there will appear a new]
hea[ven and all the forces of] heaven will ri[se] and shine throughout
all eternity, [seven times more. ...] [...]

Bei einem Vergleich mit den deutero- und tritojesajani-
schen Aussagen zur Neuschöpfung (vgl. Jes 43,19; 65,17;
66,22) ist der Modus des Schaffens, wie er in den finiten
Verbformen (יעברון, יחזון [Rekonstr.]) zum Ausdruck
kommt, zu beachten. Während in Jes neuer Himmel und
neue Erde durch JHWH „geschaffen" (65,17) bzw. „gemacht" (66,22; s. 43,19aα) sind[63], „vergeht" und „erscheint"
der neue Himmel gemäß der *Zehnwochenapokalypse* und
wird so dem Seher zum handelnden Subjekt innerhalb seiner Vision. Damit fügt sich die Rolle Gottes (*textinterne
Pragmatik*) bei der Neuschöpfung zu den bereits für die
Theophanie festgestellten Paradoxa, wenn im zehnten Siebent der Apokalypse das Numen als handelndes Subjekt
völlig zurücktritt (vgl. aber äthHen 45,5) und keine unmittelbare Funktion bei der Heilszueignung übernimmt (vgl.
auch Offb 21,1, dann aber: V.3f.5).

---

62 Text u. Übers.: F. García Martínez / E. J. C. Tigchelaar, Study
Edition, 444f (Textrekonstr.: J. T. Milik / M. Black, Books, 266; K.
Koch, Sabbatstruktur, 56f, der die zahlreichen Abweichungen bei K.
Beyer, Texte, 248, notiert).

63 Vgl. Jes 65,17a: חדשה וארץ חדשים שמים בורא הנני כי־ (vgl.
auch 1QS 4,25: חדשה ועשות נחרצה קץ עד אל שמן בבד בד כיא) gegenüber Jes 65,17a [LXX]: ἔσται γὰρ ὁ οὐρανὸς καινὸς καὶ ἡ γῆ καινή.
In Jes 66,22a (vgl. auch LXX u. 43,19aα) heißt es: השמים כאשר כי
יהוה־נאם לפני עמדים אני עשה אשר החדשה והארץ החדשים. Vgl.
außerdem 4QBer^b [4Q287] 3 4 u. 4Q215a 2 2. In letzterem Text lesen E.
Chazon / M. E. Stone, DJD 36, 182, לחד]וש בראם („He created them to
ren[ew "), wobei das unsichere ד nach T. Elgvin / Å. Justnes, Appendix, 169f, als ז zu lesen ist, was zu dem Vorschlag לחזק] בראם („he
created them in order to strengthen[") führt.

Darüber hinaus haben die Weltzeiten der Neuschöpfung in der Apokalyptik ewige Geltungsdauer (vgl. äthHen 91,16f; 72,1), wozu in Jes nichts zu finden ist (vgl. aber Jes 65, 20).[64] Zuletzt reden Jes 65,17 und 66,22 nicht von einer Neuerschaffung im Sinne der Ersetzung des alten Kosmos (vgl. Ps 102,26), sondern von einer Neueinrichtung der vorfindlichen Welt. Dabei rangieren Himmel und Erde auf gleicher Ebene, zur Beschreibung des Alls, während die *Zehnwochenapokalypse* in äthHen 91,16 (vgl. 4QEn^g ar 1 iv 25) mit der Formulierung ורנחין לכול עלמין שבעה פעמין mindestens den *Schwerpunkt* auf das himmlische Heil legt und an die die „astrale Eschatologie" konnotierenden Zeugnisse aus äthHen 104,2[.4.6]; 108,15 und Dan 12,3 erinnert.[65]

Vorläufig kann festgehalten werden: Die kosmologischen Konzepte der Neuschöpfung in den henoch. Überlieferungen unterscheiden sich von ihrem spätprophetischen Pendant im *Tanach* hinsichtlich ihres eschatologischen Gepräges (Modus und Dauer), im Blick auf den „ausgezeichneten" Offenbarungsempfang als post-prophetische Legitimation durch visionäre bzw. Engeloffenbarung und schließlich durch ihre Fokussierung auf die transzendente Him-

---

64 Vgl. G. Schneider, Neuschöpfung, 35f. Entscheidend für das Verhältnis von Schöpfung u. Neuschöpfung ist der Begriff ע(ו)לם, der die durch den göttl. Schöpfer intendierte Einheit von Raum u. Zeit zum Ausdruck bringt und der für *Astronomisches Buch* u. *Zehnwochenapokalypse* große Bedeutung hat (vgl. K. Koch, Sabbatstruktur, 73; M. Albani, Astronomie, 103f; für die späteren Apokalypsen 4Esr u. syrBar vgl. W. Harnisch, Verhängnis, 90–106: v. a. 98). Einen weiteren Unterschied zwischen Jes 65,17 und der Apokalyptik notiert C. Westermann, Buch, 324 (vgl. auch M. Black, New Creation, 15; A. Vögtle, Judasbrief, 243), wenn er Neuschöpfung in Jes als „Erneuerung" und nicht als Vernichtung des alten Kosmos versteht (vgl. auch demgegenüber יעברון in äthHen 91,16 [4QEn^g ar 1 iv 24]). Doch wäre zu fragen, ob Jes 65,17b diese Vernichtung nicht voraussetzt (vgl. auch Jes 41,18; 51,6). Dass in bibl.-theolog. Sicht der „neue Mensch" keine Anti-Schöpfung darstellt, gilt andererseits für die anthropolog.-ontolog. Variante der Neuschöpfung (vgl. dazu H. Seebass, Gott, 174–176).

65 G. W. E. Nickelsburg, 1 Enoch 1, 450, verweist noch auf Jes 30, 26. – Zur Unterscheidung von „Erneuerung" u. „Neuschöpfung" vgl. C. Houtman, Himmel, 179–181; zur Betonung der himml. Neuschöpfung in äthHen 91 vgl. J. [T. A. G. M.] van Ruiten, Influence, 164–166 (ähnlich: U. Mell, Neue Schöpfung, 124, der jene Differenzierung im Blick auf die spätere Apokalyptik [syrBar, 4Esr etc.] allerdings leugnet).

melssphäre[66]. Zwischen den beiden apk Stellen in äthHen 91,16 und 72,1 besteht weiterhin insofern eine Differenz, als die *Zehnwochenapokalypse* die Neuschöpfung in direkte Nähe zum Gericht stellt, dem sie nachgeordnet erscheint (vgl. äthHen 91,12f u. V.14 mit V.15–17).

Eine weitere Eigentümlichkeit sei festgehalten: Obzwar das Motiv der Neuschöpfung in der exegetischen Literatur unter den aufgezählten Merkmalen der Apokalypik an vorderer Stelle rangiert[67] und die Welt- wie Menschenschöpfung zahlreich begegnet[68], ist jene Idee der „neuen Schöpfung" in den literarischen Apokalypsen der Zeit vor der Zerstörung des Zweiten Tempels nur durch das *Astronomische Buch* (äthHen 72,1) und die *Zehnwochenapokalypse* (äthHen 91,16) ausgewiesen. Denn es können äthHen 106,13 und Jub 1,29 aus textgeschichtlichen (s. o.: Exkurs) bzw. semantischen Gründen nicht für die Motivkonstellation in Anspruch genommen werden.[69]

b. Zur Neuschöpfung in Sabbatopferliedern und TR
Doch sind obige Beobachtungen nur bedingt von heuristischem Wert, weil das hermeneutisch als „apokalyptisch" zu bezeichnende Motiv durch seine Prominenz in der Literatur aus der Zeit des Zweiten Tempels auch jenseits der literarischen Gattung „Apokalypse" begegnet und damit die enge Verbindung von Kosmologie und Eschatologie als prominentes Theologumenon dieser Epoche verbürgt. Dies sei am fünften *Sabbatopferlied* verdeutlicht:[70]

---

66 Vgl. auch 2Petr 3,10.12: nur Himmel u. Himmelskörper lösen sich in Feuer auf, gegenüber V.13: neuer Himmel u. neue Erde.

67 Vgl. G. Schneider, ΚΑΙΝΗ ΚΤΙΣΙΣ, 17; U. Mell, Neue Schöpfung, 114; J. B. Doukhan, Allusions, 286–289.291, der, allerdings sehr umfassend, Schöpfungstraditionen im hebr.-aram. Dan identifiziert (anders dann R. G. Kratz / H. Spieckermann, Art. Schöpfer/Schöpfung II. Altes Testament, 277).

68 Vgl. äthHen 5,1f; 14,1–4; 18,1; 101,1–9; s. auch Sach 12,1; Dan 14,5 [Βηλ]. Nach G. Reese, Geschichte, 63f, wird das eschatolog. Denken der *Zehnwochenapokalypse* vom Schöpfungsglauben her entwickelt.

69 Jub 1,29 redet eher von einer *Erneuerung* (äth.; vgl. auch 4Esr 7, 75; syrBar 32,6; 57,2 [anders: 44,12]; ApkAbr 9,9; 17,14). Der Bezug zum zumal rekonstr. Frgm. in 4QpsJub^a [4Q225] Frgm. 1 (Z. 7: עד הבריאה [...אש החדש [יום הבריאה) ist sehr unsicher.

70 Bezeugung: 4QShirShabb^c [4Q402] Frgm. 4 10–15; MasShirShabb

פלא עשה אלה כ[ו]ל [א]פל חדשות מעשי[ ] 11 [ ]והיתהה [...] 10
נחיו דעת מאלוהי כיא דעת דברי כול[ ] 12 [71]חסדובל במזמת
עולמים תעודות כול היו חיו[ומזמו]חיו ומדעתו עד הוי כול
ואין למועדיהם 14 ואחרונות חיהם[לעתו]חיהם ראישונות עשה
ישכילו לא ובעשותו עשוחו לפני [להבין] [פלא] נגלי בידעים
לפני [המ]ה כבודו ממעשי כיא יזום מה [72]אלהי[ם]ואל[15 כול
חו[ממחשב] היותם

10. [...] and it will be [ ] 11. [ ] wondr[ous] new works. A[ll] these
things He has done wondrous[ly]. His gracious plan, not ... 12. all
the words of knowledge.]For from the God of knowledge came into
being everything [which exists forever. And from His knowledge]
13. and His purposes have come into existence all the things which
were eternal[ly [appointed.] He makes the fo[rm]er things [in their
seasons and the latter things] 14. in their due times. And there are
none among those who have knowledge who] can discern [His wondrous revelations] before [He] ac[ts. And when he acts, (even) the
god-like ones cannot comprehend 15. that which He purposes. For
th[ey are [part of His glorious works;] before[even they existed,
they were part of His plan.

Die Termini עשה bzw. מעשי, פלא, עחות, מועדים, כבוד, דעת
und שכל deuten eine weisheitlich geprägte Schöpfungstheologie an, die aber auch die deutero- bzw. tritojesanianische
Motivik erinnert (Jes 42,9; 45,7; 48,6; 66,2), ohne sie wörtlich zu zitieren.[73] Zudem bezeugt 4Q402 Frgm. 4 in Z. 10
(אלוהים במלחמת שחקים), dass die Szene als göttliches
Kriegsgeschehen im Himmel verortet wird, was diesen Text
wie die übrigen *Sabbatopferlieder* zwar noch nicht zu einer
„Apokalypse" macht, jedoch die Erfahrungen des Beters
mit denen etwa des Henoch während seiner Himmelsreisen

[Mas1k] i 1–7 u. 4QShirShabb[g] [4Q406] Frgm. 11f. Zu Text u. Übers. vgl.
C. A. Newsom, DJD 11, 228f.231–233.240–243; dies. u. a., PTSDSSP
4B, 42f.110f.132f.152f (vgl. C. A. Newsom, Songs, 154.156.159–162.168–
171; F. García Martínez / E. J. C. Tigchelaar, Study Edition, 804f.814f).
Die Zählung orientiert sich an 4Q402 Frgm. 4. Überschneidungen mit
Mas1k sind durch Unterstreichung gekennzeichnet.

71 Die Haplographie in Mas1k i 1 ist nach חסדו <ו>בל aufzulösen: so
C. A. Newsom u. a., PTSDSSP 4B, 152 mit Anm. 6.

72 Der Schreiber von 4Q406 Frgm. 12 schrieb אלהים in palaeo-
hebr. Schrift (C. A. Newsom u. a., PTSDSSP 4B, 152 Anm. 9).

73 Vgl. C. A. Newsom, Songs, 159; dies., DJD 11, 231; A. M. Schwemer, Gott, 85; A. Caquot, Cantiques, 9.

gleichsetzt.[74] Hierzu passt schließlich, dass in 4Q402 Frgm.
4 14 [Mas1k i 4f] auch denjenigen, die über ausgezeichnetes
Wissen verfügen, keine Offenbarung eignet, bevor Gott die
„ersten" und die „letzten Dinge" geschaffen hat (vgl. Mas1k
i 3). Damit betont das fünfte Lied die auch aus Apokalypsen
bekannte Doppelung von temporaler und axiologischer
Eschatologie (s. o.): Während sich zwischen ראישונות und
אחרונות, als „eschatologischem Maß" (vgl. Jes 41,4b; 44,6b;
48,12b; CD 2,9f; 1QS 3,15), Gottes Neuschöpfung ereignet,
verweist die „mystisch" anmutende Handlung wie auch in
den übrigen Liedern auf die Himmelssphären (vgl. äthHen
91,16). Ähnlich wie in der *Zehnwochenapokalypse* kommt
weiterhin in der Doxologie des Liedes die durch den göttlichen Schöpfer intendierte Einheit von Raum und Zeit mit
Hilfe der hebräischen Vokabel ע(ו)לם[75] zum Ausdruck. Es
zeigt sich, dass die Kosmologien von 4Q402 bzw. Mas1k und
äthHen 91,16 in vielerlei Hinsicht verwandtschaftliche Züge
besitzen: Raum-Zeit-Einheiten (עלמים) in der Obhut und
Verfügung des einen Schöpfers, die das „Neue" für den
himmlischen Bereich erwarten und damit einem Merkmal
apk Denkens im Umfeld der Motivkonstellationen von Theophanie und Auferstehung, nämlich der strikten Trennung
von Himmel und Erde, Nachdruck verleihen.

Die Kombination von kosmologischer und anthropolo-
gisch-ontologischer Neuschöpfung vermag eine theologische Nuance zum Tragen zu bringen, die in Apokalypsen
nur eine untergeordnete Rolle innehat: die Reue Gottes im
Horizont menschlicher Umkehr.[76] Neben Belegen aus den
Bilderreden, der *Elia-Apokalypse* und bei *Pseudo-Philo* ist der
älteste Zeuge mit der *Tempelrolle* zu benennen (TR/Tᵃ [11Q-
19] 29,7-10 [= Z. 19-22]):[77]

---

74 Vgl. J. J. Collins, Apocalypticism, 141.

75 Vgl. 4Q402 Frgm. 4 13; Mas1k i 3; s. Mas1k ii 26. Zu ע(ו)לם in den
Sabbatopferliedern vgl. C. A. Newsom, Songs, 435f.

76 Zu evtl. positiven Konsequenzen einer kosmischen Soteriologie
der Apk in der Neuzeit vgl. S. L. Cook, Reflections, 13f.

77 Text u. Übers.: F. García Martínez / E. J. C. Tigchelaar, Study
Edition, 1250f, u. Y. Yadin, The Temple Scroll II u. III, 128f u. Tfl. 44
(vgl. auch M. O. Wise, Thunder, 162f; J. Maier, Tempelrolle, 131f; A.
Steudel, Texte, 58f). Nach der von Steudel, a. a. O., 3f.58, errechneten
tatsächlichen Zeilenzahl handelt es sich in Kol. 29 um die Z. 19-22.

7 [...] והיו לי לעם ואנוכי אהיה להם לעולם ושכנתי 8 אתמה
לעולם ועד ואקדשה [את מ]קדשי בכבודי אשר אשכין 9 עליו
את כבודי עד יום הבריה[78] אשר אברא אני את מקדשי
10 להכינו לי כול הימים כברית אשר כרתי עם יעקוב בבית
אל

7 [...] They shall be for me a people and I will be for them for ever; and I shall dwell 8 with them for ever and always. I shall sanctify my [te]mple with my glory, for I shall make my glory reside 9 over it until the day of creation, when I shall create my temple, 10 establishing it for myself for all days, according to the covenant which I made with Jacob at Bethel.

Zwar ist nicht ausdrücklich von einer Neuschöpfung Gottes die Rede, doch bleibt das „apokalyptisierende", mindestens in die Zukunft weisende Gepräge dieser Passage augenscheinlich.[79] Zudem ergeben sich durch die Vokabeln עולם, ברא, בריה Stichwort-Verbindungen zu den behandelten Texten der Neuschöpfung. Und dies gilt, auch wenn man dem sicherlich utopischen Tempelentwurf in TR sonst keinerlei eschatologische oder gar apokalyptische – etwa im Sinne eines „himmlischen Heiligtums" – Bedeutung beimisst.[80] Die Interpretation dieses Textes erschließt sich durch seine palindromische Anordnung, in deren Zentrum die Aussage zur בריה steht:

A ואקדשה [את מ]קדשי בכבודי אשר אשכין עליו את כבודי
B עד יום הבריה אשר אברא אני את מקדשי להכינו לי כול הימים
A' כברית אשר כרתי עם יעקוב בבית אל

---

78 Y. Yadin, The Temple Scroll II, 125.129, liest עד יום הברכה u. möchte den Ausdruck eschatolog. verstehen. Yadin räumt jedoch die Lesung עד יום הבריה (nach E. Qimron) als Möglichkeit ein (vgl. Yadin, The Temple Scroll I, 412, u. zuletzt A. Steudel, Texte, 58).

79 Vgl. die w^eqatal-Formen והיו, ושכנתי, ואקדשה. Zur Beurteilung des Abschnitts als sekundärer Einschub in TR vgl. H. Burgmann, Sadducean *Torah*, 257f; M. O. Wise, Covenant, 49 mit Anm. 3; ders., Thunder, 163; J. Maier, Tempelrolle, 131.

80 Vgl. die Positionen von F. García Martínez, Qumran, 205; U. Mell, Neue Schöpfung, 104–110, u. J. J. Collins, Scepter, 107–111 (Unterscheidung des eschatolog. Gottes- vom „vorletzten" Menschentempel in TR), gegenüber der bei B. Z. Wacholder, Dawn, 21–30; M. O. Wise, Thunder, 161–168.184, und J. Kampen, Temple(s), 95–97, zu findenden Auffassung (Identifizierung des Gottes- u. Menschentempels).

Während Abschnitt A' auf die *vergangene* Jakobsverheißung rekurriert[81], manifestiert Teil A die Anwesenheit des göttlichen כבוד beim Heiligtum, möglicherweise als die Umschreibung des in 11QT[a] vorgestellten מקדש. Der Abschnitt in 11QT[a] 29,7f fungiert in der Zusage göttlichen Heils לעולם ועד (vgl. 11QT[a] 47,3–5) als Überschrift und formuliert in Anspielung auf das Bundesformular[82] die „Rahmenbedingung" der Neuschöpfung JHWHs (s. 4Q475 Z. 7 [Rekonstr.]:): nämlich das im Bund mit Jakob „verbürgte" und zugleich „ewige" Mitsein Gottes mit seinem Volk (vgl. Ez 37,27f: לעולם).[83] Dieser Passus verknüpft also die drei Zeitebenen, die Vergangenheit des Jakob-Bundes (A'), die Gegenwart Gottes im idealen Tempel (A) und die Zukunft der Neuschöpfung (B). Jene Zukunft des göttlichen Tempels markiert einen Neubeginn, der im Unterschied zu Jer 31,31–33[84] gerade keine „Erneuerung" im Sinne der ברית חדשה (V.31b) repräsentiert. Der Rückgriff auf den „vorexilischen" Jakob betont die Radikalität des Neubeginns im göttlichen Tempel, allerdings ohne die Verschuldung des Gottesvolkes zu übergehen. Der Hinweis auf jenes Schuldbewusstsein ergibt sich durch Vorverweis von 11QT[a] 29,2–10 auf 11QT[a] 59,2–13,

---

Zur Problematik u. weiteren Qumranbelegen vgl. auch H. Roose, Teilhabe, 173–183.

81 Vgl. Gen 28,13–15.19–22; 35,7.9–15; Ex 2,24b; Lev 26,42; Jub 27, 24–27; 31,1.24; 32,16–19; vgl. außerdem 5QRègle [5Q13] Frgm. 2 6. Der Text in Gen 28 bietet allerdings keine ברית Gottes mit Jakob, sondern ein Gelübde Jakobs im Kontext einer Land- und Mehrungsverheißung bzw. Kultortentdeckung, auch wenn in V.20bα.21b Anklänge an die Bundesformel vorkommen (analog: Jub 27; 31; zum Befund: H. Seebass, Genesis II, 319–321; J. Maier, Tempelrolle, 132 Anm. 356 [Lit.]). Allerdings nennt CD 3,3f Jakob neben Isaak ברית (י)בעל, und zwar „für ewig" (לעולם), während 4QDibHam[a] [4Q504] Frgm. 1–2 v 7–9 von der ברית Gottes mit „dem Samen Jakobs und Israels" spricht (so wohl auch der verderbte Text in 4QpapDibHam[b] [4Q505] Frgm. 124 4–6; vgl. 4QPrFêtes[b] [4Q508] Frgm. 3 2–4 u. 4QapocrJoseph[b] [4Q372] Frgm. 3 9: zum Text vgl. D. D. Swanson, Covenant, 279 Anm. 13).

82 S. Lev 26,12[; Dtn 26,16–19]; Jer 31,33b; Ez 37,23bβ; 11QT[a] 59,13.

83 Zu den Schriftbezügen in diesem Abschnitt vgl. D. D. Swanson, Covenant, 277. Vgl. auch C. H. T. Fletcher-Louis, Glory, 64–67, der weitere antik-jüd. Belege zur Verbindung von „Tempel" u. „Schöpfung" beizieht.

84 Der Vergleich von Jer 31,32aα mit 11QT[a] 29,10 unterstreicht die Gegensätzlichkeit beider Konzepte (so D. D. Swanson, Covenant, 280).

einen Abschnitt aus dem „Königsgesetz".[85] Dort wird ausdrücklich auf Bundesbruch und Umkehr des Volkes verwiesen (11QTª 59,8–10 [= Z. 15–17]):[86]

‏8 [...] אשר הפרו בריתי 9 ואת תורתי געלה נפשמה עד יאשמו‎
‏כול אשמה אחר ישובו 10 אלי בכול לבבה ובכול נפשמה‎
‏ככול דברי התורה הזואת‎

8 [...] for they broke my covenant 9 and their soul loathed my law, so that they became guilty of all wrong-doing. Afterwards they shall come back 10 to me with all their heart and with all their soul, in agreement with all the words of this law.

Der Abschnitt schließt dann mit der Wiederaufnahme des Bundesformulars in 11QTª 59,13 (vgl. 11QTª 29,7f). Wenn nun die beiden Texte der *Tempelrolle* aufeinander bezogen werden dürfen, so bedeutet dies, dass der in Kol. 29 benannte Neubeginn unter Verweis auf den väterlichen Bund mit Jakob zwar die Zeit der Verschuldung Israels *überspringt*, jedoch keineswegs *übergeht* oder *ignoriert*. Also war der Überlieferung an der Sühnung menschlicher Schuld in der Umkehr gelegen. Somit kommt neben der *kosmischen*, den himmlischen Tempel betreffenden *creatio*, die *anthropologische* bzw. *ontologische* Neuschöpfung zum Tragen. In 11QTª wird diese Verbindung, anders als in 4Q475, erst unter Berücksichtigung der Komposition deutlich. Theologisch gesprochen, und dies zeigen die älteren Quellen wie 4Q475 und 11QTª, liegt das Movens der Verknüpfung beider Traditionen zur Neuschöpfung in der Soteriologie. Die „apokalyptische" Idee der kosmischen Neuschöpfung mit ihren die Ausschließlichkeit der Transzendenz betonenden Implikationen war außerhalb des literarischen Genres „Apokalypse" nicht suffizient, um dem Problem menschlicher Verschuldung angemessen zu begegnen. Es bedurfte der Hinzunahme der weisheitlich geprägten Vorstellung von der Neuschöpfung des Menschen (vgl. auch Weish 11,23f).

---

85 Zu den Interpretationen von 11QTª 56 – 60 vgl. J. Maier, Tempelrolle, 236–239: Forschungsüberblick. Auf eine Verbindung von 11QTª 29 mit 11QTª 59 verweist auch B. Z. Wacholder, Dawn, 24–27.

86 Text u. Übers.: Y. Yadin, The Temple Scroll II u. III, 267f u. Tfl.

3.2. Die Verknüpfung von Weisheit und Apokalyptik

Ganz jenseits der Diskussion um die These Gerhard von Rads, ob der Ursprung der Apokalyptik in der Weisheit zu verorten sei, steht der gegenseitige Einfluss von Apokalyptik und Weisheit außer Zweifel. Etwa spät-weisheitliche Traditionen in der *Sapientia Salomonis* oder 4QInstruction erlangen ihr eigenes Gepräge gerade durch die Rezeption eschatologischer Motive, die Topoi der Apokalypsen in Erinnerung rufen.[87]

Die Differenzierung in kosmologische und anthropologische Neuschöpfung im Hintergrund, kann der Bezug auf den Menschen nur hinreichend erhellt werden, wenn der in der antik-jüdischen Weisheit bezeugte Dualismus berücksichtigt wird, der seit den bahnbrechenden Arbeiten von Egon Brandenburger wieder in die Diskussion geraten ist.[88] Der folgende Durchgang setzt zunächst bei zwei späten apk Texten, der „Kleinen Apokalypse" in *Pseudo-Philo* und der Elia-Apokalypse, ein. Im Anschluss folgen mit der *Vita Adae et Evae* und 4QInstruction ebenfalls späte, jedoch eher weisheitliche Texte.

a. Pseudo-Philo und die Elia-Apokalypse
Zunächst wäre der Beleg in LAB 3,10 zu beachten, der sowohl lat. als auch hebr. überliefert ist. In der Übersetzung des Lat. Textes heißt es:[89]

74; F. García Martínez / E. J. C. Tigchelaar, Study Edition, 1280f (vgl. auch J. Maier, Tempelrolle, 259; A. Steudel, Texte, 130f).

  87 Vgl. J. J. Collins, Eschatologizing, 62f; S. Beyerle, Everlasting Home [Lit.].

  88 Vgl. E. Brandenburger, Fleisch, *passim*; ders., Mensch, 209–250, u. die Kritik bei J. Frey, Antithese, 45–77.

  89 Übers.: C. Dietzfelbinger, JSHRZ II/2, 107f. Der lat. Text (D. J. Harrington, Liber Antiquitatum biblicarum, 566; ders./ J. Cazeaux, Pseudo-Philon, 72) lautet:
  Cum autem completi fuerint anni seculi, tunc quiescet lumen et extinguentur tenebre, et vivificabo mortuos et erigam dormientes de terra. Et reddet infernus debitum suum, et perditio restituet paratecem suam, ut reddam unicuique secundum opera sua et secundum fructus adinventionum suarum, quousque iudicem inter animam et carnem. Et requiescet seculum et extinguetur mors, et infernus claudet os suum. Et non erit sine fetu terra, nec sterilis habitantibus in se; et non coinquinabitur ullus qui in me iustificatus est. Et

Wenn aber die Jahre der Welt erfüllt sein werden, dann wird das
Licht aufhören und die Finsternis vertilgt werden, und ich werde die
Toten lebendig machen und die Schlafenden aus der Erde aufrichten. Und die Unterwelt wird das, was sie schuldet, zurückgeben,
und das Verderben wird seinen Teil zurückerstatten, damit ich ver-
gelte einem jeden nach seinen Werken und nach den Früchten seiner Einfälle, bis ich richte zwischen Seele und Fleisch. Und die
Welt wird aufhören und der Tod vertilgt werden und die Unterwelt
wird ihren Rachen schließen. Dann wird die Erde nicht ohne Frucht
sein noch unfruchtbar für die, die auf ihr wohnen; und keiner wird
sich beflecken, der durch mich gerechtfertigt worden ist. Und es
wird eine andere Erde sein und ein anderer Himmel, eine ewige
Wohnung.

Die breiten Ausführungen bilden einen Exkurs zur Frage
nach Gericht und Auferstehung und nehmen damit zugleich
Bezug auf die Fluterzählung (vgl. LAB 3,9 mit Gen 8,20–
22), wobei henoch.-noachit. Themen in LAB sonst keine
Rolle spielen. Der Text zeigt zahlreiche Anknüpfungen an
apk Motive wie „Auferstehung", „Gericht", „Vergehen von
Licht und Finsternis".[90] Daneben bewirkt der umfängliche
Bezug auf das Richterbuch in LAB 25 – 49 und die sich anknüpfende Verarbeitung des Schemas „Sünde – (göttl.) Gericht – Umkehr – Heil" eine Prädisposition der vorliegenden
Überlieferung für den anthropologisch-ontologischen As-

---

erit terra alia et celum aliud, habitaculum sempiternum.
Wahrscheinlich stellt der lat. Text die Übers. einer griech. Vorlage
dar, die wiederum auf ein hebr. Original zurückgeht (vgl. aber M. Delcor, Art. Philon [Pseudo-], 1369; L. H. Feldman, Prolegomenon, XXV–
XXVII), wobei der hebr. Text der Chronik des Jerachmeel (Ms. Bod.
Oxf.heb.d.11: vgl. D. J. Harrington, Fragments, 14) eher eine Rückübers.
aus dem Lat. bietet, die dennoch punktuell Informationen über ältere
Sprachkonventionen enthält (vgl. D. J. Harrington, Fragments, 2–7;
G. W. E. Nickelsburg, Bible, 110 mit Anm. 120). Im Folgenden wird ne-
ben dem lat. Text auch Ms. Bod. Oxf.heb.d.11 berücksichtigt. Die Be-
zeichnung „Noahs" oder „Kleine Apokalypse" für LAB 3,10 (vgl. L. H.
Feldman, Prolegomenon, LXXI; U. Mell, Neue Schöpfung, 137) ist unter
Berücksichtigung literar. Kriterien problematisch. So wird z. B. das
Schema einer jenseitigen Offenbarung nicht hinreichend deutlich.

90 Generell fällt eine gewisse Nähe von LAB zu 4Esr u. syrBar auf:
s. die Übersicht bei C. Perrot / P.-M. Bogaert, Pseudo-Philon, 89; H.
Jacobson, Commentary, 323; allg.: M. R. James, Antiquities, 7; M. Delcor, Art. Philon [Pseudo-], 1370; L. H. Feldman, Prolegomenon, LIVf.

pekt des Neuschöpfungsmotivs.[91] Bereits Anlage und Intention dieser Schrift verweisen daher auf die Möglichkeit Israels zur Umkehr. Diese unmittelbare Verknüpfung kosmischer und anthropologischer Neuschöpfung erinnert an die zeitlich LAB vermutlich nahestehenden *Bilderreden*, wo es in äthHen 45,4f heißt (vgl. auch äthHen 51,1–5):[92]

> 4 An jenem Tage werde ich meinen Erwählten unter ihnen wohnen lassen, und ich will den Himmel verwandeln und ihn zum Segen und Licht für ewig machen. 5 Und ich werde das Festland umwandeln und es zum Segen machen und werde meine Auserwählten auf ihm wohnen lassen; aber die, die Sünde und Unrecht tun, werden es nicht betreten.

Auch wenn der Beginn der zweiten *Bilderrede* (vgl. äthHen 45,1) wie LAB die kosmische Neuschöpfung[93] mit der Sündenlehre verbindet, unterscheidet sich dieser Text von LAB 3,10 hinsichtlich der Gattung („Thronvision": vgl. äthHen 45,3). Damit verbindet sich die auch textliche Schwierigkeit, inwiefern der Abschnitt von einem „Erwählten" als „messianische" Gestalt oder von *den* „Erwählten" als Gegenüber zu den Sündern redet. Allerdings deutlich und an dieser Stelle zunächst bedeutsam ist, dass ähnlich wie in LAB 3,10 nicht alle Menschen bzw. Israeliten an der Neuschöpfung Anteil haben werden.

Bleibt die *Bilderrede* im Kontext einer anthropologisch-ontologischen Neuschöpfung eher schemenhaft, ist der Bezug in LAB 3,10 durch den Hinweis auf die Auferstehung explizit. Zu Beginn des Abschnitts steht ein für den Motivkomplex der Neuschöpfung wesentlicher Terminus (s[aleculum), der auf griech. αἰών bzw. hebr. עולם (Ms. *Bod. Oxf.heb.d.11*) zurückgeht. Da jener עולם auch endzeitliche Handlungsschemata wie Auferstehung oder Gericht umfasst, ist er entsprechend der *Zehnwochenapokalypse* als Raum und Zeit umgreifende „Weltzeit" zu verstehen. Allerdings unterscheidet LAB 3,10 zwei Äonen: Des ersten עולם Vollendung manifestiert sich in der Auferstehung zum Gericht (anders

---

91 Vgl. auch LAB 13,10; 19,2–5 u. O. H. Steck, Israel, 173–176; L. H. Feldman, Prolegomenon, XXXIIIf; U. Mell, Neue Schöpfung, 136.138; G. W. E. Nickelsburg, Bible, 107–109.

92 Übers.: S. Uhlig, JSHRZ V/6, 586.

93 Vgl. den Kommentar bei M. Black / J. C. VanderKam / O. Neugebauer, Book, 205.

LAB 51,5; Dan 12,1–3), wodurch die *resurrectio* nicht selbst die anthropologische Neuschöpfung füllt, sondern ähnlich wie die „Umkehr" als *Voraussetzung* der menschlichen Erneuerung fungiert. Am Ende steht der zweite עולם als neue Erde und neuer Himmel[94], während der erste „zur Ruhe kommt". Daher beschreibt die Neuschöpfung wie im *Astronomischen Buch* (vgl. äthHen 72,1) die „eschatologische Grenze der Schöpfungsordnung" – auch dort markiert עולם eine raum-zeitliche Grenzsetzung.[95] Während aber äthHen 72,1 die Neuschöpfung semantisch nicht näher füllt, verweist LAB 3,10 auf die Fruchtbarkeit des Landes und die „Reinheit" seiner Einwohner.[96]

Dies hat auch Konsequenzen für die *textinterne Pragmatik,* da in beiden Quellen nicht vorrangig Gott agiert (vgl. aber LAB 16,3: *quousque rememorabor seculi et ero innovans terram*)[97], sondern das „Neue" jeweils als Zustand zum Tragen kommt (s. o.). Der für den anthropologisch-ontologischen Aspekt der Neuschöpfung wesentliche Passus findet sich in *et non coinquinabitur ullus qui in me iustificatus est.* Dass mit der göttlichen Rechtfertigung auch der Mensch als Subjekt angesprochen ist, zeigt die in der latein. Überlieferung mit Jub 22,12b parallele Formulierung, wo Abraham Jakob segnet, indem er seinen und seiner Nachkommen Weg als für die Zukunft „gerecht" (*iustificare,* Pass.)[98] qualifiziert (vgl. 4Esr 10,16; 12,7). Die Rechtmä-

---

94 Lat.: *erit terra alia* [Ms. *Bod. Oxf.heb.d.11*: האָרֶץ חדשה] *et celum aliud* [וׁשמים חדשים]. Die ungewöhnliche Wiedergabe von hebr. חדשׁ mit lat. *alius* ist auch in LAB 9,1 bezeugt: *surrexit rex alius* geht wohl auf ויקם מלך־חדשׁ (Ex 1,8a) zurück (anders Ex 1,8a Vg.: *rex novus,* LXX uneinheitl.; vgl. H. Jacobson, Commentary, 326.400).

95 Vgl. dazu E. Rau, Kosmologie, 175–183; M. Albani, Astronomie, 101–104.132.

96 Somit ist das Dasein der Gerechten nach Auferstehung und Gericht nicht anders vorgestellt als noch im ersten, irdischen Äon; vgl. dazu H. Jacobson, Commentary, 247; F. J. Murphy, Pseudo-Philo, 35, der (a. a. O., 35 Anm. 24) Parallelen für die „Rechtfertigung" durch Gott aufzählt: vgl. LAB 32,17; 49,4; 51,2.

97 Vgl. dazu C. Perrot / P.-M. Bogaert, Pseudo-Philon, 56f; F. J. Murphy, Pseudo-Philo, 256f; H. Jacobson, Commentary, 247–250.323f.

98 Vgl. den Befund zum Lemma *iustificare*: A.-M. Denis, Concordance, 280, u. zum lat. Text in Jub 22,12: H. Rönsch, Buch, 32; A. M.

ßigkeit der „Wege" Jakobs und seiner Kinder ist mittels der Partikel *tunc* an die Paränese[99] in V.12a gebunden. Somit zeichnen sich die von Gott als „gerecht" (bzw. „heilig") Erklärten durch angemessenes Handeln aus. Auch die „Kleine Apokalypse" in LAB 3 unterstreicht diesen Zusammenhang, wenn es in konzeptioneller Anspielung auf Ez 18,30 heißt: *ut reddam unicuique secundum opera sua et secundum fructus adinventionum suarum.* Pseudo-Philo verbindet die Idee eines neuen Kosmos mit ethisch verankerten Aussagen über die Nutznießer von neuem Himmel und neuer Erde. Die Welt der „Neuschöpfung" ist mit der Welt der durch Gott „Gerechtfertigten" oder „Gerechten" gleichzusetzen (vgl. auch Ps 104,35; 4Q475 u. ApkAbr 17,14).

Schließlich bietet ApkEl 43,11–15 [5,37f] als Abschluss der *Elia-Apokalypse*, die eher als „eschatologische Prophezeiung" anzusprechen ist, eine wenn auch späte Bestätigung der vorgelegten Interpretation:[100]

> Er [i. e. der König-Messias, S. B.] verbrennt die Erde und verbringt tausend Jahre
> auf ihr, weil die Sünder auf ihr geherrscht haben.
> Er wird einen neuen Himmel schaffen
> und eine neue Erde, und kein Teufel
> … ist unter ihnen.[101]

Ceriani, Fragmenta, 26 [ND]; ders., Liber Jubilaeorum, 556 (vgl. J. C. VanderKam, Book I, 277; ders. Book II, 130 [Textanm.]. 346).

99 C. Münchow, Ethik, 52, erkennt in Jub 22,11b–25 die „Ausweitung der Paränese zu einer Gerichtsparänese".

100 Arbeiten zur schwierigen Textüberl. listet J.-C. Haelewyck, Clavis Apocryphorum, 121f [Nr. 167]. Zum kopt. Text vgl. A. Pietersma / S. T. Comstock / H. W. Attridge, Apocalypse of Elijah, 64f; Übers.: W. Schrage, JSHRZ V/3, 273f (zur Textauslassung s. folg. Anm.). Zur Charakterisierung der *Elia-Apokalypse* als „eschatolog. Prophezeiung" vgl. J.-M. Rosenstiehl, L'apocalypse d'Élie, 25, u. präziser: Schrage, a. a. O., 203; D. Frankfurter, Apocalypticism, 420.435 (vgl. ders., Cult, 25; O. S. Wintermute, Art. Elijah, Apocalypse of, 467f).

101 Zum Textausfall: J.-M. Rosenstiehls Vorschlag (vgl. ders., L'apocalypse d'Élie, 116: „ni Diable [ni] mort") wird aus grammat. Gründen abgelehnt (vgl. W. Schrage, JSHRZ V/3, 274 [zu 42,15¹]; O. S. Wintermute, Apocalypse of Elijah, 753 Anm. r3), wobei die Rekonstruktion von O. S. Wintermute („No deadly devil will exist in them") noch die größte Plausibilität beansprucht. Gegenüber Schrage und Frankfurter beziehen Rosenstiehl und Wintermute den Kausalsatz in ApkEl 43,

Während die kosmologische Neuschöpfung in der Schaffung eines neuen Himmels und einer neuen Erde ganz vordergründig zum Ausdruck kommt, wiederum ohne göttliches Subjekt prädiziert, jedoch in der Hand eines göttlichen Mandatars, ist der anthropologisch-ontologische Aspekt nur indirekt im Verweis auf die Abwesenheit des Teufels greifbar.[102]

Außerdem liefern das Motiv des „Weltenbrands" (vgl. ApkEl 40,14, 18 – 41,1[5,22–24]) und der Motivkomplex des „Chiliasmus" in ApkEl 43,11f [5,37f] weitere Hinweise.[103] Ersteres Motiv ist häufiger Bestandteil des endzeitl. Gerichts, in den späteren apk Überlieferungen die ursprünglich stoische *Ekpyrosis*-Lehre entfernt erinnernd, wobei nicht notwendig eine vollständige kosmische Zerstörung gemeint ist.[104] Immerhin existiert die verwandte Vorstellung eines besonderen Feuer-Strafortes. So schildern einige antik-jüdische Quellen den Feuertod der Sünder und die *Hodayot* (vgl. 1QH[a] 11, 29–34) eine von Belial erwirkte Bedrohung durch Feuer und Flut, die jedoch lediglich ein eschatologisches Präludium zum göttlichen Endgericht darstellt.[105]

---

12 [5,38a] auf die folgende Zeile; Wintermute übersetzt: „Because the sinners prevailed over it, he will create a new heaven and a new earth."

102 Vgl. Jub 23,29; TestSim 6,6; TestJud 25,3; AssMos 10,1: s. H. W. Hollander / M. de Jonge, Testaments, 125, u. zur Sache W. Bousset, Antichrist, *passim*; G. C. Jenks, Origins, v. a. 117–192; L. J. Lietaert Peerbolte, Antecedents, v. a. 292f (zu einer „Sozialgeschichte" des Satans E. Pagels, Satans Ursprung, v. a. 67–101 mit 263–267 [Anm.: Lit.], ausgearbeitet in: dies., History, 105–128).

103 Zum Weltenbrand vgl. P. Volz, Eschatologie, 318f; W. Bousset / H. Gressmann, Religion, 279; R. Mayer, Vorstellung, v. a. 114–125; F. G. Downing, Eschatology, 99–109; J.-D. Gauger, Weissagungen, 426. Zum Chiliasmus vgl. O. Böcher, Art. Chiliasmus, v. a. 724–726, u. zur millenarist. Bewegung im Äg. des 3. Jh.s n. Chr. als „Nährboden" der ApkEl vgl. D. Frankfurter, Elijah, 265–298; ders., Apocalypticism, 434.

104 Vgl. Zef 1,18; 3,8; Jes 66,15f; äthHen 1,6f; 102,1–3; *Pseudo-Sophokles*, Frgm. 2; Sib 3,84–87; 4,173–178; ApkAd 5,10–14; sowie die *Orakel des Hystaspes*: vgl. J. Bidez / F. Cumont, Mages I, 219; dies., Mages II, 361.373 (Justin, *Apol.* 1,20,1), dann *Alexander Lycopolis* 19,2–4 u. Plutarch *Comm. not.* 1075D [SVF 1.510] (A. A. Long / D. N. Sedley, HP I, 276f; II,275f); vgl. dazu auch Philo, Aet 76f (s. A. A. Long / D. N. Sedley, HP I,277; II,276f). Vgl. auch P. W. van der Horst, Elements, v. a. 277–285, der betont, dass eine völlige endzeitl. Zerstörung des Kosmos nur in den sibyllin. Texten auszumachen ist.

105 So die Interpretation bei P. W. van der Horst, Elements, 280f. Als weitere Belege vgl. Dan 7,11; äthHen 10,6; 18,11; 90,25; CD 2,5–7; 1QS

Sowohl die sich einer exakten Kategorisierung entziehen-
den, weil polymorphen Motivkonstellationen von „Antichrist" bzw. „Teufel", „Satan" und „Weltenbrand" als auch
die mit der Chiliasmusvorstellung in ApkEl 43,8 – 44,2 [5,
36–39] „merkwürdig"[106] abbrechende Eschatologie machen
eine Interpretation der zitierten Passage im Sinne der
Kombination kosmologischer mit anthropologisch-ontolo-
gischer Neuschöpfung zwar problematisch, jedoch nicht
unmöglich. Wie u. a. Elaine Pagels[107] überzeugend darge-
legt hat, „emanzipierte" sich die Figur des Satans erst im
antiken Judentum zum himmlischen Funktionsträger für
menschliche Schuld. Im Kontext dualistischer Anschauungen wurde er so zum Widerpart Gottes, während der שׂטן
im *Tanach* als Glied des göttlich-himmlischen Hofstaats
fungiert (vgl. Hi 1f; Sach 3,1f).[108] So zeigen Texte wie etwa
das *Wächter-* oder das *Jubiläenbuch* die unmittelbare Verknüpfung jüdischen Sündenbewusstseins und metaphysi-
scher *intercessio* durch einen Widersacher. Und auch die in
ihrem Grundbestand jüdischer Tradition verpflichtete
Elia-Apokalypse reiht sich hier ein.

So unterstreicht gleich die Eingangsparänese die Sündhaftigkeit
„dieses Volkes", also Israels (vgl. ApkEl 19,1–6 [1,1]), um anschlie-
ßend Teufel und Weltende anzuführen (ApkEl 19,6–9 [1,2]):[109]

[…] Liebt nicht die Welt
noch, was in der Welt ist, denn

2,7f; ApkEsr 4,13f.20; VisEsr 29; ApkZef 10,6; ApkSedr 4,1; (gegenüber
9,1; 12,1–6).

106 Vgl. das Diktum bei W. Schrage, JSHRZ V/3, 206: „Merkwürdig
ist nämlich z. B., daß auf das mit dem neuen Himmel und der neuen Erde kombinierte Millenium kein neuer Äon folgt …"

107 Vgl. dies., Satans Ursprung, 67–101.

108 Während S. L. Cook, Prophecy, 130, in Sach 3,1f den Satan als
„actual enemy of God" begreift, betont H. Delkurt, Nachtgesichte, 158
mit Anm. 60, seine Rolle als Ankläger vor Gott.

109 Übers.: W. Schrage, JSHRZ V/3, 231. Zur Auflösung von Himmel
u. Erde vgl. noch ApkEl 24,15 [2,1]; 37,11f [4,28b] u. Schrage, a. a. O.,
214. 263 [zu 37,11fʲ], der gnost. Einfluss für *möglich* hält. ApkEl 19,1–6
[1,1] ist weitgehend identisch mit ApkPaul 3, was auf eine beiden
Schriften gemeinsame Vorlage schließen lässt (zumindest zu Beginn
von ApkEl: vgl. D. Frankfurter, Elijah, 28f.301f, u. zur *Visio sancti Pauli*
[3. Jh. n. Chr.] s. E. Dassmann, Paulus, v. a. 120–124).

der Ruhm der Welt ist des Teufels sowie ihre Auflösung.

Zudem werden auch die Gerechten durch „irreführende Verführer"
gefährdet werden (vgl. ApkEl 21,14 [1,13]; 22,8 [1,14]). An anderer
Stelle schelten die Auferstandenen den „Antichrist", indem sie wiederum auf die Verführung des Volkes durch den „Sohn der Gesetz-
losigkeit" zu sprechen kommen (ApkEl 35,1–6 [4,15]), und im Kontext des eschatolog. Kampfes der guten gegen die bösen Mächte
bekennen die Sünder weinend (ApkEl 40,14,5–8 [5,19]):[110]

[…] Die
Sünder werden weinen
und sprechen: »Du hast
uns Gott gegenüber zu Feinden gemacht.« […]

Die apokopierte Redeweise in ApkEl 43,13–15 [5,38] kann
also durch die in der apk Literatur bezeugte Entsündigung
des Menschen im Eschaton erläutert werden, wobei für die
ältere Apokalyptik insbesondere auf die „Sintflut-" bzw.
„Noah-Haggada" zu verweisen ist, der sich der folgende
Abschnitt zuwendet.

b. „Noah-Haggada" und *Vita Adae et Evae*
In äthHen, Jub und 1QapGen ar sind Materialien zur Sint-
flut- bzw. Noah-Erzählung verstreut.[111] Die folgenden Belege gehören zumindest in den Kontext jener „Noah-Haggada": Während Jub 5,12 nur in der äth. Textfassung überliefert ist, kann der Textbefund zu äthHen 10,6f.16f nach
griech. (GrP, GrS) und vor allem aram. Zeugen (äthHen 10,
16f par. 4QEn[c] ar [4Q204] 1 v 3–6) gedeutet werden.[112]

---

110 Übers. (nur sahid.): W. Schrage, JSHRZ V/3, 269; vgl. auch die
Synopse bei D. Frankfurter, Elijah, 325.

111 Vgl. J. P. Lewis, Study, v. a. 10–41.74–77; J. C. VanderKam, A Man
for All Generations, 31–49.94–101.110–121; J. T. A. G. M. van Ruiten, Interpretation, 59–74; ders., Flood Story, 66–85; J. L. Kugel, Traditions,
188–190.199f; G. W. E. Nickelsburg, 1 Enoch 1, 541f. Ob die Texte den
Schluss auf ein apokr. „Noah-Buch" zulassen (vgl. F. García Martínez,
Qumran, 24–44), bleibt fraglich (vgl. jetzt auch D. R. Jackson, Enochic
Judaism, 41–54).

112 Zum Zusammenhalt beider Beleggruppen vgl. J. T. A. G. M. van
Ruiten, Interpretation, 72f. Zu den Quellen vgl. K. Berger, JSHRZ II/3,
351 [mit Anm. zu Jub 5,12[b]]; J. T. A. G. M. van Ruiten, History, 187
(Übers. zu Jub 5,12); S. Uhlig, JSHRZ V/6, 527f.530 (dt. Übers. des äth.

Jub 5,12: And He made a new and righteous creation for all His work, so that they would not sin in their whole creation, all days. Everyone will be righteous, each according to his kind, for all time.

äthHen 10,6f.16f (äth. [Übers.]): 6 Und am großen Tag des Gerichtes soll er [i. e. *Azāz'ēl,* S. B.] in die Feuerglut gestoßen werden. 7 Und heile die Erde, die die Engel verdorben haben, und kündige die Heilung der Erde an, daß sie die Erde heilen, so daß nicht alle Menschenkinder umkommen durch das Geheimnis all dessen, was die Wächter ⟨kundgemacht⟩ und ihre Söhne gelehrt haben. [...] 16 Und vernichte alle Gewalttat von der Erdoberfläche, und jedes Werk der Bosheit soll ein Ende nehmen; und die Pflanze der Gerechtigkeit

---

Textes zu äthHen 10,6f.16f; vgl. auch die Anm. bei E. Isaac, 1 [Ethiopic Apocalypse of] Enoch, 17f); J. T. Milik / M. Black, Books, 189–191 [Rekonstr.], u. F. García Martínez / E. J. C. Tigchelaar, Study Edition, 414f (aram. Text zu äthHen 10,16f mit Übers.); M. Black, Apocalypsis, 25f, u. A. A. Mosshammer, Georgii Syncelli Ecloga Chronographica, 25, Z. 21–25 (griech. Text nach GrP bzw. GrS zu äthHen 10,6f.16f); vgl. auch die Anm. zur Überlieferung bei M. Black / J. C. VanderKam / O. Neugebauer, Book, 134f.139.

Zum griech. u. aram. Text in äthHen 10,6f.16f:

äthHen 10,6f (griech. nach GrP): 6 καὶ ἐν τῇ ἡμέρᾳ [τῆς μεγάλης: *vac.* GrS] τῆς κρίσεως ἀπαχθήσεται εἰς τὸν ἐνπυρισμόν [ἐμπυρισμὸν τοῦ πυρός: GrS]. 7 καὶ ἰαθήσεται ἡ γῆ [ἴασαι τὴν γῆν: GrS], ἣν ἠφάνισαν οἱ ἄγγελοι [ἐγρήγοροι: GrS], καὶ τὴν ἴασιν τῆς γῆς [πληγῆς: GrS] δήλωσον, ἵνα ἰάσωνται τὴν πληγήν, ἵνα [καὶ: GrS] μὴ ἀπόλωνται πάντες οἱ υἱοὶ τῶν ἀνθρώπων ἐν τῷ μυστηρίῳ ὅλῳ [*vac.*: GrS] ᾧ ἐπέταξαν [ὃ εἶπον: GrS] οἱ ἐγρήγοροι καὶ ἐδίδαξαν τοὺς υἱοὺς αὐτῶν [τῶν ἀνθρώπων: GrS].

äthHen 10,16f (griech. nach GrP [GrS vac.]): 16 καὶ ἀπόλεσον τὴν ἀδικίαν πᾶσαν ἀπὸ τῆς γῆς, καὶ πᾶν ἔργον πονηρίας ἐκλειπέτω, καὶ ἀναφανήτω τὸ φυτὸν τῆς δικαιοσύνης καὶ τῆς ἀληθείας εἰς τοὺς αἰῶνας· μετὰ χαρᾶς φυτευθήσεται. 17 Καὶ νῦν πάντες οἱ δίκαιοι ἐκφεύξονται, καὶ ἔσονται ζῶντες ἕως γεννήσωσιν χιλιάδας, καὶ πᾶσαι αἱ ἡμέραι νεότητος αὐτῶν, καὶ τὰ σάββατα αὐτῶν μετὰ εἰρήνης πληρώσουσιν.

4QEnᶜ ar [4Q204] 1 v 3–6:

3 ואכרת עולה מן [אנפי ארעא וכול
עובד באישותא] 4 [ויעדא ותתחזא נ]צבת קושטא ותהוא ברכה
ועובדי קושטא לעולם בחדוה יתנצבו[ן] 5 [וכען כול קש]יטין
יפלטון ולהון [חיין עד די יולידון אל]פין וכול יומי 6
[וילדותכון ו]שיבחכון בשלם יח]מליון   *vacat*

16 And destroy iniquity from [the face of the earth, and let every deed of wickedness disappear; and let] the plant of righteousness [appear]; and it shall become [a blessing, and deeds of righteousness shall be plant]ed [forever with joy. 17 And now all] the righteous shall escape and they shall be [alive until they beget] thousands; and all the days [of your youth and] of your old age shall be completed in peace.

und der Wahrheit soll erscheinen, und sie wird zum Segen gerei-
chen –; das Werk der Gerechtigkeit und Wahrheit soll mit Freuden
gepflanzt werden in Ewigkeit. 17 Und dann werden alle Gerechten
entkommen und werden am Leben bleiben, bis sie 1000 (Kinder) ge-
zeugt haben; und alle Tage ihrer Jugend und ihres ⟨Alters⟩ werden
sie in Frieden vollenden.

Jenseits aller Probleme um eine „ursprüngliche" oder auch nur zu-
verlässig identifizierbare Textversion in äthHen 10[113] springen die
mit der *Elia-Apokalypse* gemeinsamen Motive ins Auge: Jeweils ist
die Rede vom „Tag des großen Gerichts" (äthHen 10,6 [GrP]; ApkEl
37,3 [4,26]; vgl. 40,14,30 [5,24]), vom entsündigenden Feuer (äthHen
10,6 [GrS]; ApkEl 43,11 [5,37]; vgl. 40,14,23–29 [5,22f]), von dem[n]
Widersacher[n] als Ursache der menschlichen Verderbnis (äthHen
10,7 [v. a. GrS]; ApkEl 43,14 [5,38]) sowie vom Gericht gegen jene
Figur[en] zur Tilgung der Sünde (4QEn^c ar [4Q204] 1 v 3f; äthHen
10,16 [GrP]; ApkEl 43,14f [5,38]; vgl. Jub 5,10–12). Zudem ergibt sich
aus dem Beleg in Jub 5,12[114] eine Verbindung der in äthHen und
ApkEl hervorgehobenen Entsündigung mit der Neuschöpfung.[115]

Erst die Sühnetheologie trägt den anthropologisch-ontolo-

---

113 Zu einigen Auffälligkeiten (vgl. G. W. E. Nickelsburg, 1 Enoch 1,
217f): In äthHen 10,7 ist der Halbsatz „dass sie die Erde heilen" wohl
auf Textverderbnis zurückzuführen (GrP u. GrS: πληγή, „Wunde" statt
„Land"; vgl. S. Uhlig, JSHRZ V/6, 528 [zu X,7^d]). Gleiches gilt für das
Verb „töten" nach äth. und GrP (πατάσσω; sachl. richtig, aber interpretierend wohl GrS: ὃ εἶπον; vgl. M. Knibb / E. Ullendorff, Book 2, 88; S.
Uhlig, JSHRZ V/6, 528 [zu X,7^e]; anders Nickelsburg, a. a. O., 217
[Textanm. 7g]). Die aram. Formulierung אתחזא קושטא [וצבח] ותתחזא (4QEn^c
ar 1 v 4) erweiterte GrP zu V.16 um das Element der „Wahrheit", wobei
die zweimalige Nennung von „Pflanze" bzw. „Werke der Gerechtigkeit
[und Wahrheit]" im griech. Text zu einer Auslassung (*Homoiotel.*) führte: Möglicherweise bezeugt das äth. Ms. K-9 (Tana 9) das älteste Textstratum („und die Pflanze der Gerechtigkeit wird erscheinen, und Er
wird ewige Wahrheit und Freude pflanzen"; vgl. E. Isaac, Manuscript,
199). Schließlich ist die Wendung „alle Tage [...] *ihres Sabbats*" (nach
äth. u. GrP: τὰ σάββατα αὐτῶν) seit J. Wellhausen (vgl. ders., Zur apokalyptischen Literatur, 241 Anm. 1. 260; vgl. auch J. T. Milik / M. Black,
Books, 191; M. Knibb / E. Ullendorff, Book 2, 90) als Verlesung aus
aram. ושבההון (so Wellhausen, jetzt nach 4QEn^c ar 1 v 6: ו[שיבחכון])
erkannt (vgl. auch Isaac, a. a. O., 197).
114 Vgl. Übersicht u. Erläuterung bei J. T. A. G. M. van Ruiten, History, 181f.195–197, der eine direkte Abhängigkeit der Belege in äthHen
u. Jub ablehnt.
115 G. W. E. Nickelsburg, 1 Enoch 1, 226f, vergleicht zu äthHen 10,16f
etwa Jes 65,17; 66,22 (vgl. auch äthHen 10,22).

gischen Aspekt in das Heilskonzept der Neuschöpfung ein und erweitert somit letzteres, das in apk Kontexten ursprünglich ganz auf die Neuerschaffung des Kosmos ausgerichtet war. Zuletzt bestätigt also auch die in ihrer Endgestalt späte *Elia-Apokalypse* (3. Jh. n. Chr.) die bereits für 4Q475 4–6 festgehaltene Vermutung einer in apk Überlieferungen ursprünglich rein kosmologischen Orientierung der Motivkonstellation „Neuschöpfung".[116]

Im Blick auf die lebensweltlichen bzw. theologischen Gründe jener Erweiterung wurde bereits die Vermutung ausgesprochen, dass die Radikalität der kosmischen Neuschöpfung in den späteren Generationen apk Trägerkreise nicht mehr ausreichte, um der Heilsgewissheit Nachdruck zu verleihen. Zunächst waren es Einflüsse einer weisheitlich geprägten Bußtheologie, die den Blick auf den Menschen lenkten. Wenngleich der frühen Apokalyptik bekannt, stehen sie nicht in unmittelbarer Verbindung mit dem Neuschöpfungsmotiv. Die *Elia-Apokalypse* bietet insofern einen Sonderfall, als sie Entsündigung und Neuschöpfung mit einer christlich-außeralexandrinischen Märtyrertheologie verbindet (vgl. ApkEl 37,11–13 [4,28b–29]), die durch ihren äg. Nährboden eigene Entstehungsbedingungen ausweist und eher mit Vorstellungen des *Töpferorakels* vergleichbar ist.[117]

Näher an genuin apk Themen reicht die „Sintflut-" bzw. „Noah-Haggada", wie sie durch Jub 5f, aber auch ansatzweise in LAB 3,10 repräsentiert ist. Es dürfte kein Zufall sein, dass die im weiteren Sinne apk Literatur[118] endzeitli-

---

116 Dies besagt jedoch nicht, dass die anthropolog.-ontolog. Neuschöpfung im Ganzen eine erst späte Entwicklung antik-jüd. Theologie darstellt. Dagegen sprechen nicht nur die *Hodayot* (vgl. H.-W. Kuhn, Enderwartung, *passim*), sondern auch die aufgezeigten Bezüge des ontolog. Aspekts der Neuschöpfung in ApkEl 43,11–15 [5,37f] zum *Wächterbuch*.

117 Vgl. D. Frankfurter, Elijah, 141–155; ders., Cult, 26–32. Frankfurter (vgl. ders., Elijah, 148f) arbeitet insbesondere die soziale bzw. „soziologische" Funktion der Martyrologie im Endzeitgeschehen heraus, bei der die Heilshoffnung auf ein postmortales, im Himmel verortetes Geschick eine zentrale Rolle innehat („*exhortatio ad martyrum*").

118 Für beide Überlieferungszusammenhänge in Jub u. LAB gilt, dass sie mehr (Jub) oder weniger (LAB) apk Motive verarbeiten, ohne dass sie im gattungstechnischen Sinne als „Apokalypsen" gelten könn-

che Heilshoffnung in anthropologischer und kosmologischer Perspektive ausgerechnet in ihrer Auslegung des
Sintflutberichts (Gen 6 – 9) artikuliert hat. Stellten doch die
Kombination von kreatürlicher bzw. menschlicher Verfehlung (vgl. Gen 6,5.11f; Jub 5,2f) mit kosmischer Katastrophe
(vgl. Gen 6,7.13; 7,4.11f.19–23; Jub 5,4.10f.15f) und die Hervorhebung Noahs als Günstling Gottes (vgl. Gen 6,8f; Jub 5,5)
einen idealen Rahmen dar, um die anthropologische Dimension der Verschuldung im Zusammenhang von Schöpfung,
als Teil der „Urgeschichte", und eschatologischem Ergehen
der Menschheit, in der Erwartung des „großen Gerichtes",
darzustellen. Und zwar derart, dass der sündige *Anthropos*
in seinem endzeitlichen Geschick als den kosmischen Kräften ausgesetzt vorgestellt wurde.[119] Um so strahlender
steht jenem der „gerechte Noah" (s. Ez 14,14; Jub 5,19; Hebr
11,7) gegenüber, der als „Urbild" der gesühnten Menschheit
gelten kann.

Die Rolle des Noah führt zur Adam-Typologie, wie sie
den „ersten Adam" der Schöpfung mit dem „zweiten Adam"
der Endzeit konfrontiert. Das antike Judentum konnte diesen „ersten Adam" als Bezugspunkt einer eschatologischen
Heilshoffnung sehr unterschiedlich akzentuieren, wobei die
Motivkonstellation nicht auf die ältere apk Überlieferung
enggeführt werden darf. Etwa in der Sammelüberlieferung
der *Vita Adae et Evae*[120] verweist der im (griech.) gLAE 13,
2–4[.5] gegenüber der lat. Überlieferung in VitAd 41,1 – 42,4
fehlende christliche Einfluss, in VitAd (lat.) parallel zum
Nikodemus-Evangelium (EvNic 19)[121], auf ein älteres, jüdi

ten (zur Eschatologie in LAB vgl. F. J. Murphy, Pseudo-Philo, 256f; zu
Jub vgl. G. L. Davenport, Eschatology, *passim*, mit allerdings weit reichenden literar. Hypothesen, und die Zusammenfassungen bei C. Rowland, Heaven, 51f; J. J. Collins, Imagination, 79–84).

119 Mit Blick auf Gen 6 und Jub 5 vgl. J. T. A. G. M. van Ruiten, Interpretation, 71–73.

120 Eine Frühdatierung des gLAE scheint plausibel: ca. 1 Jh. n. Chr.
(vgl. T. Knittel, Studien, 62f; anders M. de Jonge / J. Tromp, Life, 75–
77: 2.–4. Jh. n. Chr.). L. Rosso Ubigli, Considerazioni, v. a. 326–329,
begründet durch einen Vergleich des Konzepts vom Sündenursprung in
4Esr, syrBar einerseits u. Röm (vgl. 5,19) andererseits mit gLAE 27
(vgl. V.2) eine Datierung der griech. Überlieferung in die zweite Hälfte
des 1. Jh.s n. Chr.

121 Vgl. auch armen., georg. u. slav. Vrss. (zur Synopse u. Exegese

sches Traditionsgut, wenn es im Munde des Erzengels Michael heißt:[122]

13,2 [...] Σήθ, ἄνθρωπε τοῦ θεοῦ, μὴ κάμῃς εὐχόμενος ἐπὶ τῇ ἱκεσίᾳ ταύτῃ περὶ τοῦ ξύλου ἐν ᾧ ῥέει τὸ ἔλαιον ἀλεῖψαι τὸν πατέρα σου Ἀδάμ, 3 οὐ γενήσεταί σοι νῦν. (Ἀλλ' ἐπ' ἐσχάτων τῶν ἡμερῶν. Τότε ἀναστήσεται πᾶσα σὰρξ ἀπὸ Ἀδὰμ ἕως τῆς ἡμέρας ἐκείνης τῆς μεγάλης ὅσοι ἔσονται λαὸς ἅγιος. 4 Τότε αὐτοῖς δοθήσεται πᾶσα εὐφροσύνη τοῦ παραδείσου καὶ ἔσται ὁ θεὸς ἐν μέσῳ αὐτῶν 5 [...]).

13,2 [...] Seth, Mensch Gottes, mühe dich nicht betend ab, um dieser Bitte willen bezüglich des Baumes, in welchem das Öl fließt, deinen Vater Adam zu salben, (3) es wird dir jetzt nicht zuteil werden. ([A]ber in den letzten Zeiten[, d]ann wird alles Fleisch von Adam an bis zu jenem großen Tag auferstehen, alle, die ein heiliges Volk sein werden. [4] Dann wird ihnen jede Freude des Paradieses gegeben werden und Gott wird in ihrer Mitte sein. [5] [...]).

Der sicherlich älteren Überlieferung in der *Tierapokalypse* (zu äthHen 90,37f: s. u.) vergleichbar wird beim Adam-Typos auch in gLAE 13,2–4 ein messianisches Verständnis gerade ausgeschlossen (gLAE 13,2: μὴ κάμῃς ... ἀλεῖψαι τὸν πατέρα σου Ἀδάμ). „Adam" steht vielmehr für die auferstehende Menschheit „am Ende der Tage" (so gLAE 28,4; s. auch 9,3; 41,2; 43,2):[123]

---

vgl. T. Knittel, Studien, 235–239).

122 Text: M. Nagel, Vita Adae et Evae, 815. Zur Textüberlieferung vgl. G. A. Anderson / M. E. Stone, Synopsis, 33f; T. Knittel, Studien, 224–226 (dort Übers.). Die Klammer in Text u. Übers. deutet an, dass Abschnitte nur von einigen Mss. geboten werden (zum Befund vgl. die App. bei K. von Tischendorf, Apocalypsis Mosi, 6f; Knittel, a. a. O., 224f Anm. 199, u. M. de Jonge / J. Tromp, Life, 18f.33f.50f; O. Merk / M. Meiser, JSHRZ II/5, 822 [zu ApkMos XIII,2f]). G. W. E. Nickelsburg, Traditions, 517.524, bezeichnet diese Stelle als „Kerygma" des gLAE. Allerdings ist jene „kleine Apokalypse" sicherlich nachträglich hinzugesetzt, auch wenn in ihr „ältere antik-jüdische, apokalyptische Vorstellungen" (Merk/Meiser, a. a. O., 822 [zu ApkMos XIII,3ᵃ]) begegnen. Inwiefern auch *literarische* Ursprünglichkeit der griech. überlieferten gLAE 13,2–5 gegenüber der lat. bzw. armen. Vrss. der VitAd angenommen werden kann, ist strittig (s. Nickelsburg, a. a. O., 521 Anm. 7; M. E. Stone, History, 37.57f, u. Knittel, a. a. O., 233.236–238).

123 Text: G. A. Anderson / M. E. Stone, Synopsis, 56; T. Knittel, Studien, 272f; Übers.: Knittel, a. a. O., 273. Zur Sache vgl. Knittel, a. a. O., 144.191.256f. 260: „... Einklammerung der Gegenwart durch eine ideale Urzeit und eine heilvolle Endzeit ...", sowie 276–279.288.296f.

[...] ἀναστάσεως πάλιν γενομένης, ἀναστήσω σε [i. e. Ἀδάμ, S. B.] καὶ δοθήσεταί σοι ἐκ τοῦ ξήλου τῆς ζωῆς καὶ ἀθάνατος ἔσει/η εἰς τὸν αἰῶνα.

[...] werde ich dich, wenn die Auferstehung abermals geschehen ist, auferwecken. Und es wird dir vom Holz des Lebens gegeben werden, und du wirst in Ewigkeit unsterblich sein.

Möglicherweise einen weiteren Baustein der Tradition bietet TestSim 6,5 in seinem weitgehend nach dem Oxford-Ms. *a* rekonstruierten älteren Textstratum:[124]

τότε Σὴμ ἐνδοξασθήσεται, ὅτι κύριος ὁ θεὸς μέγας τοῦ Ἰσραήλ, φαινόμενος ἐπὶ γῆς '[...]' καὶ σῴζων 'ἑαυτῷ' τὸν Ἀδάμ.

Dann wird Sem verherrlicht werden, denn Gott, der Herr, der Große Israels, wird auf Erden erscheinen '[...]' und 'selbst' Adam retten.

Offenbar fungiert der „Adam" auch in TestSim 6,5 stellvertretend für die gesamte Menschheit, wie V.6b (καὶ ἄνθρωποι βασιλεύσουσι τῶν πονηρῶν πνευμάτων) deutlicht macht (trotz gLAE 28,3f; vgl. aber 41,2).[125]

Die „kleine Apokalypse" innerhalb des *griech. Lebens Adams und Evas* unterstreicht also auch in ihrer Eschatologie ein Interesse am supra- oder praelapsarischen Adam. Protologie und Eschatologie, Schöpfung und endzeitliches Heil sind dabei nicht nur aufeinander bezogen, sondern entsprechen einander, auch wenn Adam im *plot* von gLAE „Schmerz" (πόνος), „Krankheit"(νόσος) und den Tod zu gewärtigen hat.[126] Ließe sich die benannte Entsprechung zu-

---

124 Zum Text vgl. M. de Jonge, Testaments, 21; J. Becker, JSHRZ III/1, 45 [zu TestSim VI,5ᵇ]; A. Scriba, Theophanie, 46 Anm. 155. Nach Ms. *a* wäre ὡς ἄνθρωπος nach ἐπὶ γῆς als christl. Zusatz zu streichen und statt der Lesart ἐν αὐτῷ, die zwei Personen voraussetzt, ist ἑαυτῷ nach σῴζων zu lesen.

125 Vgl. M. de Jonge / J. Tromp, Life, 50–52. Unentschieden hinsichtlich der Frage einer Auferstehung Adams (vgl. TestSim 6,7: τότε ἀναστήσομαι ἐν εὐφροσύνῃ) oder der metonymischen Deutung auf die ganze Menschheit bleibt A. Scriba, Theophanie, 106f.

126 Vgl. J. R. Levison, Primacy, 1–16, v. a. 16 [Hervorheb. i. Orig.]: „It is, then, pain and disease which provide entrée in the Greek *Life of Adam and Eve* to the nature of sin and obedience, to the character of intercession and divine refusal of relief, and to the mystery of divine pardon and the hope of resurrection."

letzt in ein Schema „narrativer Anthropologie"[127] für die Komposition des *griech. Lebens Adams und Evas* einzeichnen, wäre auch für die mutmaßlich älteste Variante der Vit-Ad insgesamt der Rahmen der protologischen und eschatologischen Unsterblichkeit bzw. Todesüberwindung maßgebend.[128]

c. Die Adam-Typologie in Qumran

Auch die Qumranliteratur greift auf den Adam-Typos zurück: So betont die „Zwei-Geister-Lehre" mit Blick auf die kommende Herrlichkeit Gottes, u. a. konkretisiert in einer „Neuschöpfung" (1QS 4,25: ועשות חדשה), dass die im ewigen Bund Erwählten (בחר [...] לברית עולמים) an der „Herrlichkeit Adams" (כבוד אדם) partizipieren (1QS 4,22f). Dass im Kontext ein eschatologisches Maß angesprochen ist, zeigt der Verweis auf die „Zeit der Heimsuchung" (1QS 4,18f).[129] Im antiken Judentum hat das Motiv vom כבוד אדם dann auch in die Weisheitsliteratur Eingang gefunden, wie die in Qumran entdeckte Weisheitsschrift 4QInstruction zeigt.[130]

---

127 So T. Knittel, Studien, 101–299, u. die Zusammenfassung: 302f.

128 Parallelen weist der „thronende Adam" der frühchristl. Ikonographie auf, wie er in einer Bodenmosaik-Darstellung der Nordkirche von Ḫuarte (Syrien) begegnet (vgl. die Deutung bei R. Wisskirchen, Adam, 137–152 mit Tfl. 4–5).

129 Zum כבוד אדם vgl. 4QDibHamᵃ [4Q504] Frgm. 8 4 [rekonstr.]; CD 3,20; 1QHᵃ 4,15; Sir 49,16b [hebr.: Ms. B] (vgl. 4QpPsᵃ [4Q171] iii 1f): s. A. Golitzin, Glory, 279f. Allerdings bleibt die Frage, ob die Zeugen die Menschheit od. den ersten Menschen meinen (s. R. Scroggs, Last Adam, 26f mit Anm. 29). Späte Belege für die „Herrlichkeit des ersten Adam" (od. ihren Entzug) bzw. das „Bekleidetsein Adams und Evas mit Glanz": ApkAd 1,2.5f; gLAE 20,2; 21,2.6 [vgl. G. A. Anderson / M. E. Stone, Synopsis, 46–48]; grBar 4,16; slHen 30,11. Vgl. E. Brandenburger, Adam, 111 Anm. 4; J. L. Sharpe III, Second Adam, 43; J. L. Kugel, Traditions, 114–120; C. H. T. Fletcher-Louis, Glory, 91–97; C. Böttrich, Weisheitstraditionen, 306f. Zum Verhältnis von ApkAd, gLAE (VitAd) u. äthHen vgl. G. W. E. Nickelsburg, Traditions, 524–538.

130 Neben 4QSap Work A u. 4QMûsār lᵉ Mēvîn (למבין; מוסר; vgl. J. Strugnell, Sapiental Work, 595; ders. u. a., DJD 34) hat sich diese Bez. durchgesetzt. Die Rekonstr. der über 425 Frgm. ist umstritten: vgl. 1Q26; 4Q415–418, 423 (vgl. T. Elgvin, Reconstruction, 563–580; E. J. C. Tigchelaar, Learning, *passim* [dazu: M. J. Goff, Wisdom, 17f]). Wie Strugnell, Sapiental Work, 598–608, in einem umfassenden lexikal. Vergleich zeigt, ist 4QInstruction, wie 4QDibHam, 11QPsᵃ, kein Produkt der Qumraniten. Nach ausführlicher Diskussion des Motivin-

Zwar fehlt das Syntagma in den Fragmenten, doch ist die Sache getroffen, wenn es in 4Q423 Frgm. 1 i 1–6 heißt:[131]

1 [...]ל[ ]הלוא גן נ[עים] 2 [הוא ונחמד[132] ל[ה]שכיל מ[וא]דה ובו
המשילכה לעבדו ולשמרו vac גן נא[ו]ח 3 [ ] הא[דמה] קוץ
ודרדר תצמיח לכה וכוחה לא תתן לכה [ ] 4 [ ] במועלכה
[ ]vacat [ ] 5 [ ] ילדה וכל רחמי הור[ות ל[ו] ה ש] וחה
[...][כל אוטכה[133] 6 [ ] בכל חפציכה כי כל תצמיח[ן לכה][...]

1. [...] Is [it] not a ga[rden of pastu]re 2. [and pleasant]to[gi]ve great knowledge? He set you in charge of it to till it and guard it. An [enjoya]ble g[arden] 3. [the earth,] thorns and thistles will it sprout forth for you, and its strength it will not yield to you, [ ] 4. [ ] in your being unfaithful [ ] 5. [ ] her child, and all the compassion of her that is pregna[nt]you [...]ed all your resources 6. [ ] in all your business, for everything it causes to sprout[forth for you] [...]

Wenngleich Adam in diesem Text nicht ausdrücklich genannt wird, so kann doch nur er mit dem Suffix (2. Pers. Sing.) in המשילכה[134] gemeint sein. Möglicherweise unterstreicht der Weisheitstext Adams freie Wahl von Gut und Böse, wenn er in Z. 1 auf die Notwendigkeit u. a. der Bäume der Erkenntnis und der Früchte des גן bzw. des ganzen

---

ventars kommt Goff, a. a. O., 219–228, zu einem ähnlichen Ergebnis. Stärker die Nähe zum „Essenismus", also vor-qumran. Zirkeln, betont Elgvin, Reconstruction, 561; ders., Wisdom and Apocalypticism, 246: „ideological circles preceding the *yahad*" (vgl. auch C. H. T. Fletcher-Louis, Glory, 113).

131 Text u. Übers.: T. Elgvin, DJD 34, 507f (*olim*: 4Q423 2 i 1–6; vgl. auch PAM 43.520 u. E. J. C. Tigchelaar, Learning, 141); zur Übers. vgl. auch J. J. Collins, Wisdom, 125.

132 Die Rekonstr. zu Beginn von Z. 2 ist davon abhängig, welchen Raum das ebenfalls fehlende erste Wort in Z. 1 einnahm (vgl. dazu T. Elgvin, DJD 34, 508).

133 In Z. 5–6 konstatiert E. J. C. Tigchelaar, Learning, 141, Schwierigkeiten bei der Identifikation der Lesarten Elgvins u. verzichtet auf die Lesung כל אוטכה חה . [וחה כל אוטכה.

134 Vgl. C. Werman, *Book of Hagu*, 133f. T. Elgvin, DJD 34, 508–510, meint, dass das Suff. in המשילכה auf eine Verbindung zw. Adam und dem/n Adressaten von 4QInstruction hinweise (vgl. 4Q418 81 3; a. a. O., 510). „Therefore המשילכה could have a double meaning in the text discussed here; referring both to Adam and the Garden of Eden as well as to the elect 'son of Adam' in his relation to the end-time community and inheritance." Ähnlich votiert M. J. Goff, Wisdom, 100.

Gartens (Z. 1f) für das Wissen abhebt:[135]

]‏ [וכל פרי תנובה וכל[136] עץ נעים נחמד להשכיל

[ ]and every fruit that is produced and every tree which is good, pleasing to give knowledge.

Jedenfalls betont der wiederholte Gebrauch von נעים, נחמד und להשכיל die enge Verbindung der Auszeichnung dieses Ortes mit der „Wissens"-Vermittlung. Ganz im Gegensatz zu Gen 2f wird diese „Frucht" offenbar gerade nicht mit dem Bann belegt (vgl. Gen 2,17; 3,5.22; wahrscheinlich anders: 4Q422 i 1 9f), auch wenn der noch erhaltene Text ab Z. 3 (קוץ ודרדר תצמיח לכה; vgl. Gen 3,18a) eine radikal veränderte Situation voraussetzt, was nach Z. 4 (במועלכה) der Untreue (Adams?) angelastet werden kann (vgl. CD 1,3; 10, 8f; 1QS 9,4; 10,23).[137]

Einen Entdeckungszusammenhang für die protologische Übereignung der Erkenntnis von „Gut" und „Böse" an den Menschen liefert der Schöpfungshymnus in Sir 16,24 – 17, 14.[138] In Sir 17,7 heißt es, dass der Herr den ἄνθρωπος mit Wissen ausstattete und ihm „Gut" und „Böse" zeigte (vgl. 15,14–17).[139] Auch in diesem Textzusammenhang ist von einem „Erkenntnisverbot" keine Rede. Allerdings verzichtet Sir 17 im Unterschied zu 4QInstruction völlig auf die Erwähnung der Sünde Adams. Zudem greift der Siracide im Gegensatz zu 4QInstruction nur konzeptionell und nicht wörtlich auf die „Paradies"-Motivik aus Gen 2f zurück und vermeidet darüber hinaus jeden Hinweis, der die angeführte Protologie mit einer eschatologischen Komponente ver-

---

135 Vgl. 4Q300 [4QMyst^b] Frgm. 3 2; 4Q305 ii 3; in 4QInstruction: 4Q-417 Frgm. 1 i 8 u. 17f [olim 4Q417 2 i]; 4Q418 Frgm. 2 7; 4Q423 Frgm. 5 6: השכל[ ]ל ה[טוב עם הרע; dazu Gen 2,9; 3,6.

136 Nach T. Elgvin, DJD 34, 507f, stand supralinear ein zweites וכל, das nur noch mit dem Mikroskop zu erkennen ist.

137 Zum Motivinventar in 4Q423 1 i 1–6 s. M. J. Goff, Wisdom, 100–103.

138 Vgl. zur (Menschen-)Schöpfung in Sir: G. von Rad, Weisheit, 327–339; L. Alonso Schökel, Vision, 235–244; J. R. Levison, Portraits, 35–38.47f. 198f Anm. 14–26; R. A. Argall, *1 Enoch*, 135–164; ders., Reflections, 343–346.

139 Vgl. J. R. Levison, Portraits, 37f; R. A. Argall, *1 Enoch*, 136–138; J. J. Collins, Wisdom, 58–60.83.

binden könnte.[140]. Vielmehr wird in Sir 17 der Konnex von „Schöpfung" und „Gesetz" betont (vgl. V.11b: καὶ νόμον ζωῆς ἐκληροδότησεν αὐτοῖς), was insbesondere an der Disposition des Sinnabschnitts in Sir 16f deutlich wird, wenn thematisch im Anschluss an die „Schöpfung" ([16,26] 17,1–10) der „Sinai" (17,11–14) folgt.[141]

Durch die Identifizierung der Mose-Tora mit dem „Naturgesetz" ist dem Menschen von Anbeginn der Schöpfung Erkenntnis, d. h. Weisheit, verliehen. Dass dies bei der Unterscheidung in „Gut" und „Böse" auch in 4QInstruction impliziert wird, ist jedoch auf Grund der problematischen Textüberlieferung zumindest momentan nicht zu belegen. Möglicherweise greifen 4QInstruction und Sir 16f auf die Verbindung der Unterscheidung von „Leben" (חיים) und „Tod" (מות) bzw. „Gut" (טוב) und „Böse" (רע) mit der sich durch die Bewahrung der göttlichen Gebote äußernden Liebe zu JHWH in Dtn 30,15–20 zurück.[142]

Unter Beachtung eines weiteren Abschnitts aus 4QInstruction kommt schließlich auch der typisch spät-weis-

---

140 Und dies gilt trotz des Verweises auf die Herrlichkeit Adams im hebr. Text der *laus fratrum* (Sir 49,16b). Die Überlieferung bezeugt (s. E. J. C. Tigchelaar, Seth, 178):
Griech.: καὶ ὑπὲρ πᾶν ζῷον ἐν τῇ κτίσει Αδαμ.
Hebr. [Ms. B]: ועל כל חי תפארת אדם
Dem Problem einer angemessenen Übers. von Sir 49,16 [Ms. B] widmet sich u. a. J. K. Aitken, Semantics, 4–10.20: Das Nomen תפארת bezeichne den hohepriesterl. Glanz in seinem Ornat. Somit beziehe sich die Rede von der über alle Menschheit erhobenen „Herrlichkeit Adams" in Sir 49 nicht auf die eschatolog. Funktion des ersten Menschen, sondern auf seinen priesterl. Status (ähnlich Tigchelaar, a. a. O., 181f.185). Wenn Aitken Recht hat, ist Sir 49,16b als Zeuge einer endzeitl. „Herrlichkeit Adams" zu streichen (zum Kontext vgl. C. H. T. Fletcher-Louis, Glory, 72–84).

141 Vgl. dazu L. Alonso Schökel, Vision, 240–242; M. J. Goff, Wisdom, 118f. J. Marböck, Weisheit, 136, schlägt folgende Gliederung vor: Sir 16,24–28 (Schöpfung im Himmelskosmos); 16,29 – 17,10 (irdische Schöpfung unter Menschen); 17,11–14 (irdische Schöpfung im auserwählten Volk).

142 Vgl. L. Alonso Schökel, Vision, 239f. Ganz anders Gen 2f: Dort wird die Tradition vom „Baum der Erkenntnis" sexuelle Assoziationen geweckt haben, wobei es der Mythe auch im Endtext weniger um ein Delikt als um dessen (theolog.) Voraussetzungen gegangen sein wird (vgl. H. Seebass, Genesis I, 134–140 [Lit.]).

heitliche Dualismus mit eschatologischer Komponente zum Zuge (4Q417 1 i 8f [4Q418 Frgm. 43–45 i 5f]):[143]

8 [...]ואז תדע בין [טו]ב ל[ו]רע כ[מעשי]הם [כיא אל הדעות סוד
אמת וברז נהיה 9 פרש את אושה[144] [...]

8. [...] Then thou shalt discern between *the* [goo]d and [evil according to their] deeds. For the God of knowledge is the *foundation* of truth And *by/on* the mystery that is to come 9 He has *laid out* its (= truth's) *foundation* [...]

Der eschatologische Bezug ergibt sich m. E. aus dem Verweis auf רז נהיה. Während allerdings Armin Lange das Kompositum an dieser Stelle als Anspielung auf die präexistente Ordnung des Seins und damit auf die Verknüpfung von „Tora" und „Weisheit" deutet, meint Torleif Elgvin in רז נהיה den Hinweis auf die endzeitliche Gottesgemeinschaft derer, die das Gute gewählt haben, entdecken zu können.[145] Letzterer betont auch für 4Q423 1 i 6–8, dass eine auf das Eschaton orientierte Gemeinschaft geheimes Offenbarungswissen vernimmt, wenn T. Elgvin etwa in Z. 7 das Wort ובמטע als מטעה עולם versteht.[146] M. E. bilden die in רז נהיה vermuteten Aspekte der Präexistenz bzw. Schöp-

---

143 Text u. Übers. (*olim*: 4Q417 2 i 8f): J. Strugnell / D. J. Harrington, DJD 34, 151.154 (Hervorheb. i. Orig.); vgl. E. J. C. Tigchelaar, Learning, 52.86. Deutung: J. J. Collins, Wisdom, 122.125f; M. J. Goff, Wisdom, 54–66.69–73: zu A. Lange, Weisheit, 62–64; T. Elgvin, Wisdom, 452f.

144 J. Strugnell / D. J. Harrington, DJD 34, 151.153.158; E. J. C. Tigchelaar, Learning, 52.86, lesen statt אישה ein אושה, was graph. möglich ist. Für פרש müsste man dann die Bedeutung „ausbreiten" annehmen: „er breitet ihr [= der Wahrheit] Fundament aus" (so M. J. Goff, Wisdom.Diss., 290f; J. J. Collins, Wisdom, 122 mit Anm. 44; anders: A. Lange, Weisheit, 50. 62 Anm. 82; J. Maier, Qumran-Essener II, 440).

145 Vgl. A. Lange, Weisheit, 62f; anders T. Elgvin, Wisdom, 452. 457; ders., Wisdom and Apocalypticism, 232–240 [v. a. 236 Anm. 32]. Vgl. D. J. Harrington, Wisdom Texts, 54; M. J. Goff, Wisdom, 69–73.

146 Vgl. nur 4Q418 Frgm. 81 13f; 1QS 11,8f; äthHen 93,5.10 u. dazu T. Elgvin, DJD 34, 509.511f; ders., Wisdom and Apocalypticism, 242–244: zur Deutung von מטעה עולם bei Elgvin s. auch L. T. Stuckenbruck, 4QInstruction, 250–257. Weiterhin spricht T. Elgvin, Eschatology, 137.144, von „realized eschatology" in 4QInstruction, an der die durch Gottes Offenbarung Erleuchteten – wie auch am כבוד אדם – partizipierten (vgl. ders., Priestly Sages?, 69.78f.82f). J. J. Collins, Wisdom, 125f, kritisiert, dass die zitierten Texte (4Q417 1 i 8f; 4Q423 1, i 1–6) keinen endgültigen Heilszustand beschreiben, sondern Adam wie in

fung und der Eschatologie keinen Gegensatz, sondern ergänzen sich, indem sie das Syntagma als kosmische Größe
qualifizieren. Wie jene Größe zu verstehen ist, verdeutlichen zwei weitere Abschnitte aus der Weisheitsschrift: ein
allerdings durch größere Auslassungen in seinem Verständnis mehrdeutiger Abschnitt, der bei der Frage nach dem
Beginn der Komposition diskutiert wird: 4Q416 Frgm. 1.[147]
Dort festigt Gott als Schöpfer die Gerechtigkeit im Blick
auf das wahrscheinlich endzeitliche Gericht und konfrontiert damit die „Fleischeskreatur" (בשר [יצר]) des Menschen. Wobei es für das Verständnis des בשר [יצ]ר entscheidend ist, dass er in Opposition zum Subjekt des משפ[ט],
also Gott, steht. Die Frage, ob יצ[ר] nun „Schöpfung" oder
„Trieb" meint, ist dabei von nur untergeordneter Bedeutung.[148] Der Text aus 4Q416 1 14–16 (par. 4Q418 2 7f) lautet:[149]

14[...] [ ] [ל]150[
15 להכון[152] צדק בין טוב לרע ל[ן]ר[151 כל משפ]ט   [א]

Sir 17 vor die Wahl zwischen „Gut" und „Böse" stellen (vgl. auch ausführlich M. J. Goff, Wisdom, 168–215).

147 Zur Disposition von 4QInstruction, insbesondere von 4Q416 vgl.
T. Elgvin, Reconstruction, v. a. 563.566f.579, der im Gegensatz zu J.
Strugnell / D. J. Harrington, DJD 34, 8.18f, 4QInstruction jedoch nicht
mit 4Q416 Frgm. 1 beginnen lässt (vgl. Elgvin, a. a. O., 566f Anm. 20).
E. J. C. Tigchelaar, Learning, 119.161.168–171, setzt mutmaßlich 4Q418
Frgm. 238 an den Beginn der Komposition.

148 Vgl. dazu T. Elgvin, Eschatology, 148 mit Anm. 57, der unter Hinweis auf die Rosch-Ha-Schana-Liturgie auf „Schöpfung" plädiert, während J. Strugnell / D. J. Harrington, DJD 34, 83, den „Trieb" präferieren. Zeitlich und hinsichtlich des Kontextes ist beides möglich.

149 Text u. Übers.: J. Strugnell / D. J. Harrington, DJD 34, 81.83 (Hervorheb. i. Orig.; vgl. E. J. C. Tigchelaar, Learning, 43f.75). Zum apk
Hintergrund der Zeilen vgl. T. Elgvin, Eschatology, 150–153.

150 T. Elgvin, Eschatology, 146, rekonstruiert: אל ?ויופיע[ל (vgl. auch
die Mutmaßung bei E. J. C. Tigchelaar, Learning, 193).

151 Während T. Elgvin, Eschatology, 146, להכי]ר (Inf. Hi., נכר I) rekonstruiert, lassen J. Strugnell / D. J. Harrington, DJD 34, die Lücke
offen. E. J. C. Tigchelaar, Learning, 44, erwägt auch finales מ für ר.

152 Die Parallelüberlieferung in 4Q 418 (Frgm. 2–2c) liest in Z. 7 (s. J.
Strugnell / D. J. Harrington, DJD 34, 225): להבין צדיק בין טוב לרע].
J. Strugnell / D. J. Harrington, DJD 34, 87f, stellen drei Möglichkeiten
zur Auswahl: 1. „for the righteous to distinguish/to understand the difference between (להבין) good and evil" bzw. „for Him [i. e. God] to
make the righteous understand ..." (= 4Q418); 2. „to establish (להכין) a

16 [י]צר בשר הואה [...]

14. [...] [   ] 15. So that *the righteous may distinguish* (?) between good and evil, *So that ...* every *judgem[ent the creator
of]* 16. [the in]clination of flesh is He (?) [...].

Außerdem könnte ein weiterer Ausschnitt aus 4Q417 andeuten, wer im protologischen Sinne mit dem צדק aus 4Q416 1
15 angesprochen ist. So heißt es in einem zwar textlich wenig, dafür interpretatorisch um so stärker umstrittenen Absatz (4Q417 1 i 16–18 [olim: 4Q417 2 i 16–18]):[153]

16 [...]וינחילנו[154] לאנוש עם ^{עם} רוח כ[י]א 17 כתבנית קדושים
יצרו ועוד לוא נתן הגוי לרוח בשר כי לא ידע בין 18 [טו]ב
לרע כמשפט [ר]וחו [   ] *vacat*

16. [...] He bequeathed it to אנוש together with a spiritual people,
be[cau]se 17. he fashioned him according to the likeness of the holy
ones. Moreover, he did not give Hagu to the fleshly spirit because it
did not distinguish between 18. [go]od and evil according to the
judgment of its [sp]irit.

---

right measure between good and evil" (nach 4Q416 zu lesen; vgl. auch
T. Elgvin, Eschatology, 146); 3. „for a right measure to be established
(*Nip'al* להכון) between good and evil". Inhaltlich füge sich die *lectio
difficilior* (3.) am besten in den Kontext. E. J. C. Tigchelaar, Learning,
190, fügt als weitere Variante „for the [the sage] to make the righteous
understand ..." (vgl. 1QS 3,13) hinzu. Offenbar will 4Q418 (להבין) gegenüber 4Q416 (להכון) betonen, dass die Unterscheidung von „Gut" u.
„Böse" nicht „gegründet", sondern „gelehrt" wird (vgl. M. J. Goff,
Wisdom, 206).

153 Die Zweitbezeugung findet sich in 4Q418 Frgm. 43, 44, 45 i 13f
(so J. Strugnell / D. J. Harrington, DJD 34, 256; E. J. C. Tigchelaar, Learning, 87: Z. 12–14), allerdings mit nur wenigen Buchstaben- bzw.
Wortresten. Zum Text vgl. Tigchelaar, a. a. O., 52.54 (vgl. Strugnell/
Harrington, DJD 34, 151; M. J. Goff, Wisdom.Diss., 293; ders., Wisdom, 84). Die Übers. findet sich bei M. J. Goff, Wisdom, 84. Zur Interpretation vgl. J. J. Collins, Wisdom, 123; Goff, Wisdom, 83–116).

154 J. Strugnell / D. J. Harrington, DJD 34, 163, lesen וינחילונו als
Korrektur der Lesung וינחילה durch die erste Hand (vgl. aber E. J. C.
Tigchelaar, Learning, 54 Anm. zu Z. 16: וינחילנו). Damit wäre zwar die
Genus-Inkongruenz mit den vorausgehenden Bezugsvokabeln ספר u.
חזון aufgehoben (insofern nicht aramaisierendes Suff. ה- vorliegt), allerdings das Subjekt im Plur. schwer zu deuten. Wenn aber das problematische ו zw. den Radikalen ל u. נ nicht zu identifizieren ist, bleibt es
beim Sing. und die Mutmaßung über eine qumranspez. *mater lectionis*
(so M. J. Goff, Wisdom.Diss., 301f; ders., Wisdom, 87) erübrigt sich,

Für den Bezug zur Adam-Typologie ist die Identität der Begriffe אנוש bzw. עם רוח von Bedeutung, wobei sich die Gattungsbezeichnung „Mensch(heit)" und der Eigenname des Sethsohnes Enosch in der Interpretation dieses Textes anbieten. Während John J. Collins[155] den ersten אדם als Repräsentanten der vorsintflutlichen Menschheit favorisiert und damit eine weitere Alternative benennt, präferiert Armin Lange[156] unter Verweis auf die בני שיח in 4Q417 1 i 15 den Eigennamen „Enosch". Nun ist „Enosch" in der biblischen wie außerbiblischen Überlieferung durchaus zwiespältig beurteilt: Einerseits als Vorreiter der Generation, in der man begann לקרא בשם יהוה.[157] Andererseits wird die Generation Enoschs (דור אנוש) der Idolatrie bezichtigt.[158] Nun zeigt gerade die Gegenüberstellung von עם רוח (4Q-417 1 i 16) und רוח בשר (4Q417 1 i 17) in der Verbindung des עם רוח mit אנוש, dass לאנוש in diesem Weisheitstext positiv konnotiert ist, während die בני שיח offenbar Objekt göttlicher (Straf-)Bestimmungen sind.[159] Daher wird der generische Gebrauch vorzuziehen sein, der ja einen Hinweis auf den urzeitlichen „Adam" nicht ausschließen muss.

---

auch wenn Tigchelaar, a. a. O., 52.54, die Lesung von נו- in וינחילנו als unsicher angibt (anders wieder B. G. Wold, Aspect, 153).

155 S. ders., Likeness, 611f (u. ders., Wisdom, 124f; C. H. T. Fletcher-Louis, Glory, 115–118; modifiziert: B. G. Wold, Aspect, 153–155).

156 Vgl. ders., Weisheit, 53 [mit Anm. 43]. 87f, u. J. Frey, Antithese, 62f (s. zur Diskussion J. Strugnell / D. J. Harrington, DJD 34, 164f, u. die Kritik bei M. J. Goff, Wisdom, 90–92).

157 Vgl. nur Gen 4,26b [non cj.]; vgl. Jub 4,12; Sir 49,16; Philo Abr 7–16 u. dazu H. Seebass, Genesis I, 172–174. Philo orientiert sich in seinem „Midrasch" zu Gen 4,26 an der LXX-Fassung von V.26b (οὗτος [i. e. Ενως] ἤλπισεν ἐπικαλεῖσθαι τὸ ὄνομα κυρίου τοῦ θεοῦ: vgl. J. Gorez, De Abrahamo, 24f Anm. 2), indem er die mit Enosch verbundene ἐλπίς betont (vgl. v. a. Abr 15f). Zu einem möglichen Reflex der Tierapokalypse (vgl. äthHen 85,3–10) auf auch in später Überlieferung bezeugte positive Beurteilungen Enoschs vgl. A. F. J. Klijn, Creation, 156.158f.

158 Vgl. Tg zu Gen 4,26b [CN]; hebrHen 5,7–9 u. zur Fortschreibung der Enosch-Tradition P. Schäfer, Götzendienst, 134–152; A. Lange Weisheit, 88 [mit Anm. 164]; S. D. Fraade, Enosh, passim; ders., Enosh and His Generation, 59–83; J. J. Collins, Likeness, 610f; J. L. Kugel, Traditions, 194f.266; J. Frey, Antithese, 63 Anm. 102.

159 So 4Q417 1 i 15; vgl. auch Num 24,17bβγ. M. J. Goff, Wisdom, 84, übersetzt in 4Q417: „because engraved is that which has been ordained by God against all the in[iquities of] the sons of Seth."

Neben dem gegen die Sethiten gerichteten Schreiben ist auch von einem ספר זכרון ‏(vgl. Mal 3,16bβ, CD 20,19) und dem rätselhaften חזון ההגוי die Rede (4Q417 1 i 15f), die beide möglicherweise von ersterem zu unterscheiden sind. Jedenfalls dürfte in allen drei Bezeichnungen auf die auch sonst in apk Kontexten begegnenden „himmlischen Tafeln" bzw. „Bücher" verwiesen sein.[160] Die Intention von 4Q417 1 i ist es, den „Menschen" durch Übereignung göttlicher Geheimnisse (4Q417 1 i 16: וינחילני לאנוש‏) als עם רוח vom רוח בשר zu unterscheiden[161] und ihn auf diese Weise am „Wissen von Gut und Böse" (4Q417 1 i 17f) teilhaben zu lassen. Mit diesem אנוש ‏(4Q417 1 i 16) oder צד[י]ק ‏(4Q416 1 15: s. o.) dürfte aber zugleich der „erste Adam" konsoziiert sein.[162]

Die in 4QInstruction auf vielfältige Weise explizierte Gegenüberstellung von „erstem" und „zweitem Adam" reflektiert das in – nicht nur – apk Texten prominente Ur-

---

160 Vgl. äthHen 81,1; 93,2; 103,2; 108,7; Jub 6,35; TestLev 5,4 [Ms. *b*]; 4Esr 6,20 u. ö. In welcher Beziehung ספר זכרון und חזון ההגי stehen, ist nicht endgültig zu klären. Der Nominalsatz in 4Q417 1 i 16 lautet: והואה חזון ההגי לספר זכרון‏, wobei das ל auch explikativ verstanden werden kann (vgl. D. J. Harrington, Wisdom Texts, 53; vgl. auch J. Strugnell / D. J. Harrington, DJD 34, 155; M. J. Goff, Wisdom, 92f): „And that is the vision of meditating (or, Hagu) on a book of memorial." Dem ל-Gebrauch noch am nächsten kommen Gen 41,19b u. Jes 8,1b (vgl. B. K. Waltke / M. O'Connor, Introduction, 11.2.10d; E. Jenni, Präpositionen 3, 71: *Lamed inscriptionis*). Auf die „himmlischen Tafeln" verweisen in diesem Zusammenhang A. Lange, Weisheit, 69–79.83–85; Harrington, a. a. O., 55, u. J. Frey, Antithese, 60 Anm. 82. 62 (vgl. auch E. Rau, Kosmologie, 345–377; H. S. Kvanvig, Roots, 239–242; M. Albani, Astronomie, 134–142; F. García Martínez, Tablets, 243–260). Dagegen mahnen Strugnell/Harrington, a. a. O., 165, zur Zurückhaltung. Offensichtlich findet sich auch in 4Q417 1 i die Verknüpfung der „himmlischen Tafeln" mit der Autorisation durch visionäre Elemente, die v. a. E. Rau (vgl. a. a. O., 354–359) herausgearbeitet hat. Jedenfalls war schon in der älteren Apokalyptik, wie etwa die *Zehnwochenapokalypse* in äthHen 93,2 (vgl. 4QEnᵍ ar [4Q212] 1 iii 19–22) zeigt, die Offenbarung an den Seher sowohl visionär (4QEnᵍ ar 1 iii 20f: אנה הוא חנוך ... אחז[ית]‏) als auch durch die „himmlischen Tafeln" (4QEnᵍ ar 1 iii 22: ‏ובלוחת שמיא אנה כל[א] קר[ית] ...‏) vermittelt (zu Text u. Rekonstr. vgl. J. T. Milik / M. Black, Books, 263–265).

161 Zu dieser Differenzierung vgl. J. Frey, Antithese, 57–67.

162 Vgl. J. J. Collins, Likeness, v. a. 615–618, der in 4Q417 1 i sogar Anspielungen auf die in der *Zwei-Geister-Lehre* bzw. bei Philo bezeugten „doppelten Schöpfung" findet.

zeit-Endzeit-Schema, wie es auch in einem weiteren eschatologischen Text aus Qumran bezeugt ist.[163] Der aus vier Fragmenten bestehende und paläographisch in die späthasmonäische oder früh-herodianische Epoche zu datierende Beleg 4QTime of Righteousness [4Q215a], häufig dem hebräischen *Testament Naftalis* zugewiesen[164], stellt eine eigenständige Komposition dar, die nicht nur das eschatologische Urzeit-Endzeit-Schema aufnimmt, sondern auch eine Verwandtschaft mit 4QInstruction zeigt. Ähnlich wie dort ist auch hier ein qumranischer Ursprung möglich, doch eher unwahrscheinlich.[165] Die Fragmente 1 ii, 2 und 3 beschreiben das Eintreffen der Endzeit, die als „Zeit der Gerechtigkeit" qualifiziert wird (עת הצדק: 4Q215a 1 ii 5). Als Folge werden Lobpreis und Proskynese vor Gott (4Q215a 1 ii 7f) sowie die völlige Erneuerung der Erde durch Gott (4Q215a 3 1) benannt. Für die Interpretation sind die Fragmente 1 ii 1–5, 2 1f und 3 1–3 zu beachten (vgl. auch PAM 43.245 u. 41.915):[166]

4Q215a 1 ii 1–5

```
                                                                    ]1
]ל[ ]oooo [ הוד]oo[ ]ol[ ]ol[

]י [o כור/ב[ ]בב[ ]o עולה[ ]ו [o א] לב אדם] א ]2

3 וצרתמציק ונסוי שחת ויצרופו בם לבחירי צדק וימח כול
                                                          פ/רשעם[167]
```

---

163 Vgl. E. G. Chazon, Mistaken Identity, 113–115; dies./ M. Stone, DJD 36, 174; M. Philonenko, Marc 1,15a, 215–217.

164 So etwa noch M. Wise / M. Abegg / E. Cook, Schriftrollen, 277f. Vorsichtiger äußert sich G. W. Nebe, Qumranica I, 316, der zwar von einer gemeinsamen Hand ausgeht (vgl. auch a. a. O., 319), jedoch an der Zusammengehörigkeit von 4Q215 u. 4Q215a zweifelt (vgl. dazu Å. Justnes, Context, 141f).

165 Vgl. die ausführliche Charakterisierung der Fragmente bei E. G. Chazon, Mistaken Identity, 110f; dies./ M. Stone, DJD 36, 172–178. Neben den bei Chazon/Stone, a. a. O., 184 Tfl. 1, aufgelisteten Parallelen bietet Å. Justnes, Context, 144–160, eine ausführliche Diskussion der Traditionen.

166 Zählung, Text u. Übers. orientieren sich an T. Elgvin / Å. Justnes, Appendix, 162–170; E. Chazon / M. Stone, DJD 36, 179–183 (vgl. auch die vorläufige Edition von Frgm. 1 ii bei E. G. Chazon / M. E. Stone, *4QTime of Righteousness*, 124f) u. G. W. Nebe, Qumranica I, 319–322.

167 G. W. Nebe, Qumranica I, 319, liest statt רשעם am Ende der Zeile פשע, was durchaus möglich scheint, da das Schluss-*Mem* in רשעם sehr unsicher ist und die für das ר stehende obere *Keraia* auch auf ein

4 בעבור חס[ד]יו כיא שלם קצהרשע וכול עולה ח[ן]ּ[ו]יו[^168] [כיא]

5 באה עת הצדק ומלאה הארץ דעה וחהלת אל בו[^169]ּ ּ[ ]

1[^170] — —   — —

2 — — Herz Adams[^171] [ ] Bosheit/Taten [ ] in (?) [ ] Ofen/Grube (?)

3 Und Not (des) Bedrängers und Prüfung(en)[^172] der Grube, und sie läutern unter ihnen Erwählte der Gerechtigkeit, und er vertilgt alle Frevler (jedes Vergehen),

4 um seiner Gnad[en]erweise willen. Denn vollendet ist die Zeit des Frevels[^173], und alle Bosheit wird [ ]. [Denn]

פ hindeuten könnte (vgl. E. Chazon / M. Stone, DJD 36, 180). T. Elgvin / Å. Justnes, Appendix, 162.164, lesen פשעם [„ihre Vergehen"] u. identifizieren das פ unter dem Mikroskop.

[^168]: Die von E. Chazon / M. Stone, DJD 36, 179, u. G. W. Nebe, Qumranica I, 319, vorgeschlagene Lesung ח[ובע]ור [„wird ver[gehe]n" ist problematisch (vgl. T. Elgvin / Å. Justnes, Appendix, 162.164).

[^169]: Bei Vertauschungsfähigkeit von י u. ו und unter Berücksichtigung weiterer Buchstabenreste nach בוּ (vgl. E. Chazon / M. Stone, DJD 36, 180) werden auch die Lesungen בימ[ו]י (so G. W. Nebe, Qumranica I, 319) und ביפ]יו (T. Elgvin / Å. Justnes, Appendix, 162.164) vorgeschlagen.

[^170]: Der größere Zeilenabstand zwischen Z. 1 u. 2 zeigt möglicherweise an, dass Z. 1 später eingefügt wurde. T. Elgvin / Å. Justnes, Appendix, 162f, identifizieren folgende Buchstabenfolge:
[   ]ooo[ ]o[   ]o[ ]הורדוּ[ם]ּo[ם]ּ[כ][ ]oo לּ[   ]

[^171]: Auch an dieser Stelle begegnet das Problem, ob אדם als *nomen proprium* oder als „Mensch" zu verstehen ist (s. o., zu אונש in 4Q417 1 i 16). Während E. Chazon / M. Stone, DJD 36, 180, mit „human heart" übersetzen, versteht G. W. Nebe, Qumranica I, 319, den Text als Verweis auf den אדם. Allerdings ist der von Nebe vermutete Urzeit-Endzeit-Bezug kaum gegeben, da die Fotografie die Lesung עולה [= „Bosheit"] statt עולם in Z. 2 unterstützt (so E. Chazon / M. Stone, DJD 36, 179). Möglich ist auch פעולחם (vgl. Z. 9: zum Vergleich s. T. Elgvin / Å. Justnes, Appendix, 163). Unwahrscheinlich ist dagegen die Rekonstr. von עונ[י] בכור [= „im Schmelzofen des Elends"] nach Jes 48, 10 (so aber übereinstimmend E. Chazon / M. Stone, DJD 36, 179.181; G. W. Nebe, Qumranica I, 319f; anders Elgvin/Justnes, a. a. O., 163).

[^172]: Die Sing.-Form נסוי (vgl. 4QDibHam^a [4Q504] 1–2 v 18; 1–2 vi 7; 4QBéat [4Q525] 5 3) ist auf Grund der folgenden Plur.-Formen in ויצרופו u. בם in einen (ursprüngl.) Plur. (נסויי) zu verwandeln (vgl. E. Chazon / M. Stone, DJD 36, 181). Zur Verbindung von (צרה,) נסויי u. מציק vgl. auch 4QDibHam^a [4Q504] 1–2 v 17f (Text u. Übers.: D. T. Olson, PTSDSSP 4A, 132f):
17 [...] ונבואה בצרות 18 [ונגי]עים ונסויים בחמת המציק [...]
17 [...] We came into anguish, 18 [afflict]ions, and trials in the wrath of the oppressor. [...]

[^173]: Zu קץ הרשע s. 1QpHab 5,7f; CD 6,10.14; 12,23; 15,7; 4QMyst^c (?)

5 es ist die Zeit der Gerechtigkeit gekommen[174], da die Erde von
Wissen erfüllt sein wird und Lobpreis Gottes in [

4Q215a 2 1f

]₀[ו]ש[175]ל[   ]ל[ן קודשו יסדם ל
                                        2 בראם לחזק[ן]176

1 seine Heiligkeit. Er gründete sie zu/für[   ] [
2 Er erschuf sie, um stark zu machen (?) [

4Q215a 3 1–3

]ל[ההחרים ארץ בחרונו ולחד[ש]₀[1
                    2]₀ב[חת]]ל[ן מ[קור דע]וח[ם]177 כי]ן
                                                        3]₀ולים[

1 Um Land (die Erde?) völlig zu vernichten [in] seinem Zorn, um es
(sie) zu erneuern[
2 Q]uelle ihrer Erken[nt]nis, denn[
3   – –   – –

In 4Q215a 1 ii 4f stehen sich באה עת קצ]הרשע וכול עולה und
הצדק gegenüber, bezeichnen jedoch dieselbe Epoche, nämlich die Endzeit, da der Frevel vertilgt (vgl. 4Q475 4–6:
s. o., 3.1.) und das Wissen die Erde heimsuchen wird. Fragment 3 hat offenbar, mit äthHen 1,7.9* durchaus vergleich-

---

[4Q301] 3 8; 4QPrFrêtes[c] [4Q509] Frgm. 205 2; 4QShir[b] [4Q511] 3 3 (vgl.
auch 4Q511 10 3; D. T. Olson, PTSDSSP 4A, 96f). Zum Bedeutungsumfang von קץ in Qumran vgl. S. Talmon, Art. קֵץ, 89–92; E. G. Chazon,
Mistaken Identity, 114 Anm. 11 (vgl. auch M. Philonenko, Marc 1,15a,
215f). Belege für das Ende bzw. die Ausrottung des Frevels als Zeichen
endzeitl. Heils begegnen im apk Zusammenhang etwa in 4QpsDan[c] ar
[4Q245] 2 2: למסף רשעא u. weisheitl. in 4Q416 Frgm. 1 13: וכל עולה
תחם. Weitere Stellen nennen E. G. Chazon, Mistaken Identity, 119 mit
Anm. 23; T. Elgvin, DJD 36, 469 mit Anm. 14 (s. o., 3.1.: zu 4Q475).

174 Zum Tempus: T. Elgvin / Å. Justnes, Appendix, 167 mit Anm. 92.
175 Die Buchstabenfolge]₀ש[ ] identifizieren T. Elgvin / Å. Justnes,
Appendix, 169, u. schlagen die Lesung ושמ]ים vor.
176 G. W. Nebe, Qumranica I, 321, u. E. Chazon / M. Stone, DJD 36,
182, lesen לחד]ש [„um zu erneuern"]. Allerdings ist unter dem Mikroskop ein ז zu erkennen, sodass sich לחז' ergibt; der letzte Buchstabe
könnte ש, ע od. eben ק (l.]לחזק) sein: so T. Elgvin / Å. Justnes, Appendix, 169.
177 G. W. Nebe, Qumranica I, 322, liest מ]קור דעה und verweist
u. a. auf 1QS 10,12; 11,3 (vgl. auch F. García Martínez / E. J. C. Tigchelaar, Study Edition, 456). Zur vorgeschlagenen Lesart vgl. E. Chazon / M. Stone, DJD 36, 183; T. Elgvin / Å. Justnes, Appendix, 170.

bar (s. o., ZWEITES KAPITEL: 2.1.), ein universales Strafgericht vor Augen. Wenn mit ארץ wirklich die Erde insgesamt gemeint sein sollte, wäre die offenbar ganz und gar
Gott zugewiesene Neuschöpfung in ihrer Radikalität kaum
zu überbieten. Offensichtlich ist dieser neue Äon u. a.
durch דעת (Frgm. 3 2) ausgezeichnet, was mit den Texten
aus 4QInstruction korreliert. Dazu würde auch ein Verständnis von אדם (Frgm. 1 ii 2) im Sinne des für die eschatologische Heilsgemeinschaft stehenden „Adam" passen.

Diese Frage und die Bedeutung von ונסוי[י] שחת (Frgm. 1
ii 3) bedürfen abschließend noch einer näheren Hinsicht.

Bezeichnet das Primärnomen שַׁחַת schon in den älteren Überlieferungen des *Tanach* die Unterwelt (vgl. Jes 38,17; Ez 28,8; Ps 16,10;
30,10; 49,10; 103,4 u. ö.), entspricht diese Bedeutung auch weitgehend dem Gebrauch in dem in Qumran gefundenen Schrifttum: Die
Assoziation der „Grube" mit der Scheol weist auf die Todesgrenze
hin. Zugleich findet dies häufig eine bildhafte Ausschmückung
durch die vielfältigen Konstruktusverbindungen, die שחת eingeht.[178] Auch wenn die Wendung ונסוי[י] שחת ohne Vergleich
bleibt, zeigt doch die Dreierkette ונסוי, וצדרח|מציק und ב/כור
(4Q215a 1 ii 2f), dass auch ihr letztes Glied zur Qualifizierung der
„Zeit des Frevels" (Z. 4: ק[צ|ה]רשע) dient.

Die Wendungen „Ofen" bzw. „Grube" und „Not (des) Bedrängers" unterstreichen, dass der Mensch für die in der
Todesgefahr gipfelnde Zeit der Drangsal verantwortlich
zeichnet, während Gott allein als Initiator der Heilszeit
gelten darf. Und zur Überwindung des individuellen Todesgeschicks ist offenbar ein radikaler Einschnitt „kosmischen" Ausmaßes, nämlich die Neuschöpfung (vgl. 4Q215a 3
1; vgl. auch Frgm. 2 1f), gefordert.

Die Deutung des „Adam" wird erheblich durch den lük-
kenhaften Text in 4Q215a 1 ii 1f erschwert. Neben dem weiteren Kontext, der die Lesart eines Eponyms אדם zwar

---

178 Vgl. HAL 1365f; L. Wächter, Art. שַׁחַת, 1247f. Die *Hodayot* kennen
„Fallstricke" (1QH^a 10,21: מוקשי שחת; vgl. auch 4Q228 1 i 8; 4Q267
[4QD^b] 9 v 5 zu CD 14,2), „Pfeile" (1QH^a 11,16: חצי שחת), „Wogen"
(1QH^a 11,12: משברי שחת), „Tore" (1QH^a 11,18: דלתי שחת) u. „Fallen der
Grube" (1QH^a 11,26: פחי שחת). Darüber hinaus trifft man auf „Plagen"
oder „Krankheiten" (4Q184 1 5: נגועי שחת), „Pfade" (4Q270 [4QD^e] 2 ii
20: נתיבות שחת) u. auf „Fasten(zeiten) der Grube" (4QBéat [4Q525]
15 7: צומי שחת).

nicht unmittelbar befördert, aber auch nicht ausschließt, ist allein das Syntagma לב אדם sprechend. Es begegnet zwar nicht mehr in den Schriften aus Qumran, findet sich aber in ganz unterschiedlichen Traditionen des *Tanach* (Gen 8,21 [vgl. 6,5]; 1Sam 17,32; Spr 16,9; 27,19). Abgesehen von 1Sam 17,32 (vgl. LXX, VL) bezeichnet לב אדם das Denkvermögen, das alle Menschen betrifft.[179] Legt sich von den Texten des *Tanach* her eine kollektive Deutung nahe, so kommt durch 4Q215a, die Verbindung von לב אדם mit עולה, die Erkenntnis (דעה) als Kennzeichen der Heilszeit, das Endzeit-Urzeit-Schema und nicht zuletzt durch den Neuschöpfungsgedanken die Nuance der Gegenüberstellung von „erstem" und „letztem Adam" zum Tragen. Immerhin gibt die erhaltene Überlieferung keinerlei Hinweis auf Gen 3, sondern greift mit ihrem Vokabular (vgl. 4Q215a 1 ii 3f) Motive auf, die auch in der Qumranliteratur (vgl. 1QpHab, 1QS, 1QH[a]: s. o.) vorkommen.

Insgesamt ist 4QTime of Righteousness als „eschatologischer Psalm" mit stärkeren Anleihen in der Apokalyptik denn in der Weisheit zu bezeichnen. Insofern die Fragmente auf die Adam-Typologie anspielen, daneben aber auch die, kosmologische wie anthropologische, Neuschöpfung im Zusammenhang eines universalen Weltgerichts Gottes erwähnen, steht 4QTime of Righteousness näher bei 4QRenewed Earth [4Q475] als bei 4QInstruction.[180]

Trotz der durch die problematische Textüberlieferung bedingten vielfältigen Verständnisschwierigkeiten bezeugen 4QInstruction und 4QTime of Righteousness eine Anthropologie, die in ihrem Rückgriff auf den „praelapsarischen" אדם nicht nur ontische bzw. ontologische[181], sondern auch kosmische-kosmologische Nuancen beinhaltet.

---

179 Dass der Ausdruck in Gen 8,21 die Gattung „Mensch" meint, wird schon am folgenden plur. Ausdruck את־כל־חי deutlich. Zur Exegese vgl. H. Seebass, Genesis I, 220–222.

180 In einem luziden Beitrag vergleicht M. Kister, Wisdom Literature, 13–47, Ausschnitte aus 4QTime of Righteousness auch mit Test-Lev 18 u. 1QMysteries [1Q27] Kol. i (vgl. a. a. O., 38–43) u. problematisiert die Frage nach „Weisheit" als Gattung bzw. „weisheitl. Einfluss".

181 Vgl. zu diesem Aspekt antik-jüd. bzw. frühchristl. Anthropologie den jedoch problemat. Aufsatz von P. Stuhlmacher, Erwägungen, 1–35.

Dadurch rücken die beschriebenen Vorstellungen in die Nähe des zu 4QRenewed Earth Gesagten. Die kosmologischen
Anspielungen verweisen wiederum auf die enge Verknüpfung von Protologie und Eschatologie überhaupt, die für
den Motivkomplex der „Neuschöpfung" sinntragend ist. Jedoch lässt der Text in 4Q215a offen, ob אדם kollektiv oder
im Sinne eines *nomen proprium* zu verstehen ist. Sowohl
der Verweis auf מ[קור דעולח]ם (4Q215a 3 2) als auch das An-
füllen der Erde mit Wissen (ומלאה הארץ דעה :4Q215a 1 ii 5)
sprechen, zumal im Zusammenhang der weisheitlichen Traditionen von 4QInstruction gelesen, für die Interpretation
als „Adam". Zudem stellen die Fragmente aus 4Q215a nicht
nur eine Verbindung mit dem Neuschöpfungsmotiv her,
sondern verweisen darüber hinaus durch die „apokalyptisierende" Eschatologie (v. a. 4Q215a 3 1: להחרים ארץ) auf die
Apokalyptik selbst. Insgesamt ergibt sich aus den Weis-
heitstexten von 4QInstruction und aus dem „eschatologischen Psalm" in 4Q215a eine enge Verknüpfung von Adam-
Typologie und καινὴ κτίσις.

d. Der „neue Adam" in der *Tierapokalypse*
Dass die Adam-Typologie durchaus auch außerhalb der
„Weisheit" begegnen kann, zeigt ein prominenter Beleg in
der *Tierpapokalypse* (äthHen 90,37f):[182]

> 37 Und ich schaute, wie ein weißer Bulle mit großen Hörnern gebo-
> ren wurde, und alle wilden Tiere und alle Vögel des Himmels fürch-
> teten ihn und flehten fortwährend zu ihm. 38 Und ich schaute, bis
> alle ihre Arten (oder: Generationen) verwandelt und sie alle weiße
> Bullen wurden. Und das erste unter ihnen wurde ein ⟨Stier⟩, und
> dieser Stier war ein großes Tier, und (es hatte) an seinem Kopf gro-
> ße schwarze Hörner. Und der Herr der Schafe freute sich über ⟨ihn⟩
> und über alle Bullen.

Da bereits in der ersten Generation der Menschheit der
„weiße Bulle" mit אדם identifiziert wurde (vgl. äthHen 85,3;
s. auch V.8–10), eine messianische Deutung wegen der Bild-

---

182 Übers.: S. Uhlig, JSHRZ V/6, 704; K. Koch, Messias, 249 mit
Anm. 47–49; zum Text vgl. P. A. Tiller, Commentary, 217f mit 217 Anm.
5–28 u. 218 Anm. 1.

logik entfällt (vgl. äthHen 89,45–48)[183] und schließlich ein Kollektiv vor Augen steht[184], wird man an eine Neuschöpfung des Menschen nach dem Gericht als „zweiter Adam" zu denken haben.[185] Im Gegenüber zu den durch LAB 3 und Jub 5f (vgl. äthHen 10) aufgewiesenen Noah-Bezügen überspringt die *Tierapokalypse* ausgerechnet die sündige Generation, indem sie unmittelbar auf den „ersten Adam" zurückgreift. Die Sündenfall-Erzählung ist ganz ausgelassen worden, indem die Begründung der Verfehlungen der Urzeit-Menschen auf die Interpretation des Engelsturzes in Gen 6,1–4 bzw. des Kain-Abel-Mythos in Gen 4,1–16 nach dem Vorbild des *Wächterbuchs* beschränkt bleibt (vgl. äthHen 85,4–7; 86,1–6; 88,1–3).[186] Und so gibt der Text keinerlei Anhaltspunkte für ein Verständnis Adams als Typos der Versündigung (vgl. aber 4Esr 3,21; syrBar 17,2f; 23,4; 48,42f u. ö.; dann 1Kor 15,21f; Röm 5,14–19), sondern betont durch die Bildsemantik („weiß")[187] in der ersten wie in der eschatologischen, letzten Generation die Reinheit und Sündlosigkeit des die Menschheit repräsentierenden „Bullen" (vgl.

---

183 Da der Messias aus Israel kommen sollte, müsste er als „Schaf" eingeführt werden: so K. Koch, Messias, 249 (vgl. auch J. C. Vander-Kam, Enoch, 168; anders U. B. Müller, Messias, 68–72 [„messian. Glosse" in äthHen 90,37–39]; A. F. J. Klijn, Creation, 150, u. B. Lindars, Bull, 485, der noch auf äthHen 89,45 [GrV] verweist: ἄρνα). Zwischenpositionen eines auch messian. zu verstehenden „zweiten Adam" bzw. einer „messian. Menschheit" nehmen M. Black / J. C. VanderKam / O. Neugebauer, Book, 279f; P. A. Tiller, Commentary, 384.386–389, u. G. W. E. Nickelsburg, 1 Enoch 1, 406f, ein.

184 Vgl. nur den Wechsel vom Sing. in den Plur. in V.37f.

185 So die Deutung seit J. Pedersen, Erklärung, 419 (1926); dann: J. T. Milik / M. Black, Books, 45; M. Black / J. C. VanderKam / O. Neugebauer, Book, 280; K. Koch, Messias, 249f. Ein Deutehinweis liegt in der späten Kompilation des „Buches der Geheimnisse des Himmels und der Erde" vor, wo Adam mit dem Bullen bzw. Kalb identifiziert wird (Text u. Übers.: J. Perruchon, Livre, 33; vgl. dazu S. Uhlig, JSHRZ V/6, 679 [zu LXXXV,3ᵈ]; zum Werk vgl. M. E. Stone, History, 92 mit 92f Anm. 36).

186 Vgl. zur Auslassung von Gen 3 in der *Tierapokalypse* J. C. Vander-Kam, A Man for All Generations, 73–78 (vgl. auch zu äthHen 85f; 88 P. A. Tiller, Commentary, 234–243.251–255; G. W. E. Nickelsburg, 1 Enoch 1, 370–372).

187 Vgl. etwa Ps 51,9; Dan 11,35; 12,10; äthHen 85,3; 87,2; 89,9; 90,6. 31–33; Offb 7,14 (vgl. auch gLAE 37,3).

äthHen 90,37 mit 85,3), der folglich den supralapsarischen (oder: „praelapsarischen") Adam als Bezugspunkt hat.[188] Zwar bezeichnet die Farbe „weiß" in der *Tierapokalypse* zunächst ganz grundsätzlich das „Erwähltsein", jenseits aller Sündlosigkeit, doch ergibt die zu Beginn und am Schluss der *Tierapokalypse* erwähnte Identifizierung Adams mit dem „weißen Bullen" eine klare Verbindung zum proto- bzw. eschatologisch sündlosen Adam.

Die Beispiele aus dem Umfeld der in Qumran bezeugten dualistischen Weisheit können deutlich machen, dass die *Tierapokalypse* durch ihren Rückgriff auf den „ersten Adam" als Figuration des Heils antik-jüdisches Traditionsgut aufnimmt, das auch außerhalb der apk Weltorientierung seinen Platz innehatte. Literarisch bzw. chronologisch sollte man aber keine Abhängigkeiten konstruieren, auch wenn etwa 4QInstruction, 4QTime of Righteousness und die *Tierapokalypse* ungefähr gleichzeitig entstanden sein dürften[189]. Da die älteste Apokalyptik die Tora-Frömmigkeit der späten Weisheit nicht oder nur sehr am Rande berücksichtigt und man in 4QInstruction sowohl eschatologische Anleihen als auch Bezüge zu älteren Weisheit (Spr, vgl. Sir) feststellen kann, scheint eine Einflussnahme der Apokalyptik auf die Weisheit wahrscheinlicher als umgekehrt.[190] Und am Beispiel der *Tierapokalypse* lassen sich noch weitere Gründe festmachen, die die Annahme einer direkten Einflussnahme apk auf weisheitliche Texte unwahrscheinlich machen.

Ergibt die Interpretation der Schlussszene aus der *Tierapokalypse* in äthHen 90,37f also das Vorkommen einer unabhängig von allen kosmischen Spekulationen begegnenden anthropologisch-ontologischen Neuschöpfung auch für

---

188 S. zur Adam-Typologie: E. Brandenburger, Adam, 110–117; ders., Mensch, 212f; H. Hoffmann, Gesetz, 169; J. R. Levison, Portraits, 13–31.

189 1. Hälfte d. 2. Jh.s v. Chr.: Zur Entstehungszeit von 4QInstruction vgl. A. Lange, Weisheit, 46f; J. Strugnell / D. J. Harrington, DJD 34, 21f; T. Elgvin, Priestly Sages?, 67.83f; zu 4QTime of Righteousness vgl. Å. Justnes, Context, 151.161. Zur Datierung von äthHen 85 – 90 s. u.

190 Vgl. J. J. Collins, Wisdom, 226–229; ders., Eschatologizing, 58–63; S. Beyerle, Everlasting Home.

„Apokalypsen"?[191] Dies wird man mit guten Gründen ausschließen können: Denn mit der hier bezeugten „Neuschöpfung" dürfte keine Heils*hoffnung* zum Ausdruck kommen,
weil die textexterne Pragmatik der Endfassung der *Tierapokalypse*, sehr im Unterschied etwa zum Daniel- oder auch
zum *Wächterbuch*, auf die Zeit *nach* der Überwindung der
Antiochus-Krise zu beziehen ist (s. u.), wodurch sich eine
grundverschiedene Problemlage für das „Lösungskonzept"
in der lebensweltlichen Wahrnehmung der *Tierapokalypse*
herauskristallisiert.[192]

Zur Begründung der aufgezeigten Hermeneutik ist die
Datierung von äthHen 85 – 90 näher zu beleuchten: Relative
Sicherheit erreicht bei der *Tierapokalypse* die Festlegung eines *terminus ad quem* mit Hilfe des aram. Qumranfragments 4QEn[f] ar [4Q207], das in die Zeit zwischen 150 und
125 bzw. 100 v. Chr. datiert.[193] Problematischer ist dagegen
die Bestimmung eines *terminus a quo*, wofür, abgesehen
von dem nur vagen Hinweis auf die Verarbeitung von äth-
Hen 6 – 11 in 88,1 – 89,1 und 90,20–24[194], keine äußeren
Merkmale zur Verfügung stehen. Als einziger Anhaltspunkt
dient der Abschnitt in äthHen 90,6–19, der von einem
„Schaf mit sprossendem Horn" (vgl. 90,9) spricht, das mit

---

191 Vgl. etwa R. Scroggs, Last Adam, 29.

192 Vgl. G. Wied, Auferstehungsglaube, 90f; J. J. Collins, Imagination, 67.69f; G. C. Jenks, Origins, 161f; P. A. Tiller, Commentary, 61–79
(anders G. Reese, Geschichte, 37–39: ohne genauere Differenzierung
wird der Autor der *Tierapokalypse* der makk. Bewegung z. Z. des Judas
Makkabäus zugeordnet; vgl. auch U. B. Müller, Messias, 66f).

193 Zur Textbeschaffenheit des Frgm., das äthHen 86,1–3 enthält,
vgl. J. T. Milik / M. Black, Books, 244f; F. García Martínez / E. J. C.
Tigchelaar, Study Edition, 428f; vgl. K. Beyer, Texte, 228; P. A. Tiller,
Commentary, 61 (s. J. C. VanderKam, Enoch, 161; G. W. E., Nickelsburg, 1 Enoch 1, 10).

194 Vgl. hierzu die detaillierte Gegenüberstellung bei P. A. Tiller,
Commentary, 83–96 (vgl. J. C. VanderKam, A Man for All Generations,
74–78; G. W. E. Nickelsburg, 1 Enoch 1, 359f). Dagegen ist der bei H.
H. Rowley (vgl. ders., Apokalyptik, 76; vgl. auch VanderKam, a. a. O.,
85–88) zu findende Vergleich der 70 *Hirten* in äthHen 89,59 mit den 70
Jahrwochen in Dan 9,24–27 sehr zurückhaltend zu beurteilen. Der Befund vermag die Beweislast einer Abhängigkeit der *Tierapokalypse* von
Dan nicht zu tragen. Man wird vielmehr von einer beiden Texten gemeinsamen Tradition zur Zahl 70 ausgehen müssen (zu weiteren Belegen vgl. Tiller, a. a. O., 54–60; Nickelsburg, a. a. O., 392).

Judas Makkabäus identifiziert wird.[195] In der Abfolge der vier Weltreiche[196] ist der Autor bzw. Redaktor der *Tierapokalypse* also in der letzten, seleukid. Epoche zu verorten, genauer: in der Zeit der makk.-seleukid. Kriege unter Judas Makkabäus (166–160 v. Chr.).

Gerade die beiden Schlusskapitel in der *Tierapokalypse* zeigen zahlreiche Widersprüche, Spannungen und Doppelungen:[197] Während bereits nach äthHen 90,18 das epiphane Zornesgericht Gottes die „wilden Tiere und die Vögel des Himmels" in der Erde verschwinden lässt, fliehen diese in V.19 vor den mit dem Schwert betrauten „Schafen". Oder in äthHen 90,34f werden den „Schafen" die Augen geöffnet, was offensichtlich die Weiterexistenz „verblendeter Schafe" voraussetzt (vgl. 89,32), die nach dem Strafgericht in äthHen 90,20–27 nicht mehr existieren dürften (vgl. V.26f).[198] Sodann sind inhaltl. Übereinstimmungen in äthHen 90,6 und V.9b–10a, V.11 und V.13, V.13 und V.16, V.14 und V.17 sowie in V.15 und V.18 zu verzeichnen. Zwar wird man angesichts der metaphorischen Sprache und allegorischen Hermeneutik in äthHen 85 – 90 bei literar. Eingriffen grundsätzlich Zurückhaltung üben müssen, doch bestehen Anzeichen für die Annahme einer Überarbeitung von äthHen

195 Vgl. S. B. Frost, Old Testament Apocalyptic, 174; M. Hengel, Judentum, 320 [mit Anm. 442]. 342; G. Reese, Geschichte, 38; K. Müller, Apokalyptik, 59f.137; P. A. Tiller, Commentary, 78f; L. Renner, Ende, 8–12.21; J. C. VanderKam, A Man for All Generations, 83f. Auch G. W. E. Nickelsburg, 1 Enoch 1, 400, verweist auf Judas Makkabäus, versteht jedoch wegen seiner Frühdatierung der *Tierapokalypse* (Ende 3. Jh. v. Chr.: a. a. O., 360f) äthHen 90,9b–10 als spätere Interpolation.

196 Babylonien: 89,68–72a; Persien: 89,72b – 90,1; alexandr. „Hellenismus": 90,2–5; seleukid. „Hellenismus": 90,6–19 (zur Abgrenzung vgl. G. W. E. Nickelsburg, 1 Enoch 1, 387f).

197 Vgl. dazu schon G. Beer, Das Buch Henoch, 296 [Anm. o], u. F. Martin, Livre, 228, dann G. Reese, Geschichte, 39f; U. B. Müller, Messias, 67; P. A. Tiller, Commentary, 63–72; L. Renner, Ende, 2–6.12–15. Demgegenüber bestätigt J. C. VanderKam, Enoch, 162f, zwar die Parallelen in äthHen 90,13–15 u. 2Makk 11,6–12, sieht aber weder Doppelungen, die eine umfassende Literarkritik in äthHen 90 rechtfertigten, noch Anzeichen, die eine „exakte" Datierung der *Tierapokalypse* im Anschluss an die Schlacht von Bet-Zur (so etwa Milik/Black: s. u.) begründeten (vgl. ders., A Man for All Generations, 83f mit 84 Anm. 25).

198 So L. Renner, Ende, 4f. K. Müller, Apokalyptik, 63f, löst diesen Widerspruch, indem er äthHen 90,33 als Hinweis auf die Auferstehung der Schafe deutet (mit K. Schubert, Entwicklung, 192). Selbst wenn ein Beleg für die Auferstehung vorläge, erfolgte sie zum endzeitl. Heil u. nicht zum Gericht (vgl. dazu P. A Tiller, Commentary, 380; G. W. E. Nickelsburg, 1 Enoch 1, 405f).

90,16–18 in V.13–15. Patrick A. Tiller hebt zur Begründung die stärkere Konsistenz in V.16–18 sowie den für die Form der *Tierapokalypse* notwendigen V.17 hervor (vgl. V.20: das Öffnen der Bücher beim Gericht), der den Übergang vom gegenwärtigen zum kommenden Äon markiere:[199]

Und ich schaute jenen Mann, der das Buch nach dem Spruch des Herrn führte, bis er dieses Buch der Vernichtung öffnete, die jene letzten zwölf Hirten angerichtet hatten ...

Weiterhin verweist Tiller auf die in V.13–15 bezeugten „historisierenden" Lesarten mit ihrem Bezug zu den Makkabäer-Kämpfen und vor allem auf die in äthHen 90,14 gegenüber V.17 betonte transzendente Hilfe, die bereits ein Licht auf die Funktion von V.15 und die redaktionelle Absicht des Zusatzes werfe (s. u.).[200]

Mit den zuletzt genannten Argumenten hat man das Datierungsproblem erneut zu bedenken: Eine exaktere Zeitbestimmung erlauben die Anspielung auf Judas' Sieg gegen Apollonius bzw. gegen Seron bei Bet-Horon (166 od. 165 v. Chr.; vgl. 1Makk 3,10–26) in äthHen 90,12 und die Parallele der Beschreibung der Schlacht von Bet-Zur (164 v. Chr.) in 1Makk 4,29–35; 2Makk 11,6–12 zu äthHen 90,13–15.[201] Dabei setzt die letztere Auseinandersetzung mit Lysias chronologisch möglicherweise bereits die Wiedereinweihung des Jerusalemer Tempels voraus.[202] Ohne Zweifel nach der Überwin-

---

199 Übers.: S. Uhlig, JSHRZ V/6, 700 (vgl. dazu P. A. Tiller, Commentary, 72.364; G. W. E. Nickelsburg, 1 Enoch 1, 396–398, der die Parallelen in äthHen 90,6–19 alternativ tabellar. auflistet, weitere Lösungsansätze referiert u. sich gegen die Spätdatierung Tillers wendet).

200 Vgl. P. A. Tiller, Commentary, 71–78.360–364 (insoweit auch G. W. E. Nickelsburg, 1 Enoch 1, 397.400). Demgegenüber spricht L. Renner (vgl. dies., Ende, 14f) bei V.16–18 von einer „etwas ungeschickte[n] Umarbeitung" (a. a. O., 15) von V.13–15.

201 Vgl. F. Martin, Livre, 227; J. T. Milik / M. Black, Books, 44 (vgl. auch P. A. Tiller, Commentary, 74f). Tiller erwähnt neben den Gemeinsamkeiten zwischen 2Makk 11,6–12 u. äthHen 90,13b–14 auch die von 2Makk 12,20–23 [v. a. V.22] und äthHen 90,15. Letzterer Beleg würde einen Bezug der *Tierapokalypse* zur Schlacht bei Karnion/Karnain (163 v. Chr.) herstellen (s. o., im Text). Zu den histor. Umständen der Makkabäer-Kriege u. zu Judas Makkabäus vgl. O. Plöger, Feldzüge, 138f.142–145; B. Bar-Kochva, Judas Maccabaeus, 207–218.275–290. 403–409.508–515 (mit teilweise starkem Vertrauen in die histor. Verlässlichkeit der Dokumente in 1/2 Makk); D. Mendels, Rise, 126–131. 164–174; J. Sievers, Hasmoneans, 41–72; D. Gera, Judaea, 231–234. 145–253.

202 Vgl. 1Makk 4,61: *txt. crrp.* u. die Reihenfolge der Ereignisse nach 2Makk 11. S. zur chronolog. Nachordnung der Schlacht bei Bet-Zur et-

dung der Tempelschändung datiert die in äthHen 90,15 konnotierte
Schlacht bei Karnion/Karnain (vgl. 2Makk 12,22 [vgl. auch 1Makk
5,40–44]: 163 v. Chr.). Beiden Belegen in äthHen und 2Makk ist der
Verweis auf das epiphane Eingreifen Gottes gemeinsam, wodurch
zugleich die Intention der redaktionellen Nacharbeitung in äthHen
90,13–15 deutlich wird: Die theologische Verankerung der endzeitl.
Geschehnisse im Geschichtsaufriss kurz vor dem hereinbrechenden
Gericht.[203] Jenseits der chronologischen Probleme der Makkabäer-Kriege kann so für den Endredaktor von äthHen 85 – 90 mit relativer Sicherheit die Zeit nach der Wiedereinweihung des Zweiten
Tempels angenommen werden.

Kehrt man zum Textzusammenhang zurück, wird deutlich:
Durch die Datierung der *Tierapokalypse* wird der Rückgriff
auf den „ersten Adam" zum Komplement einer Wiederherstellung der Tempel- und zugleich der „Gottes"-Ordnung in
Jerusalem (vgl. nur äthHen 89,70–73; 90,28f), die dem Endredaktor bereits konkret und damit verwirklicht erscheint.
Eine Interpretation, die sich mutmaßlich auch an der kompositorischen Vorordnung der Sintflutvision (äthHen 83f)
vor die *Tierapokalypse* im redaktionellen Aufbau des *Traumbuchs* bewahrheitet.[204] Zudem erlangt der Abschnitt in äth-
Hen 90,37f erst in seiner Bezugnahme auf die voranstehen-
de Perikope sein rechtes Verständnis. Dort ist von der Ge-
richtstheophanie die Rede (äthHen 90,20–27). Und jenes
Vorausgehen des Gerichts innerhalb der *Tierapokalypse*
kann nun im Horizont der Verbindung von Adam-Typologie
und „Auferstehung", wie sie durch gLAE 13,2–4 bezeugt
wird, interpretiert werden: Mit dem im „weißen Bullen"
symbolisierten „Adam" begegnet erst im Kontext der Auf-

---

wa J. Sievers, Hasmoneans, 44f; anders O. Plöger, Feldzüge, 144f mit
Anm. 11; B. Bar-Kochva, Judas Maccabaeus, 276–282. Zum Text von
1Makk 4,61, der wenigstens eine Dittographie (αὐτὸ τηρεῖν) aufweist,
vgl. W. Kappler, Maccabaeorum liber I, 74; K.-D. Schunck, JSHRZ I/4,
317 [zu IV,61ª].

203 Vgl. P. A. Tiller, Commentary, 74–78.361f. Tillers Stärke der Argumentation besteht darin, dass er eine theolog. Begründung für die
Redaktion in äthHen 90,13–15 nach V.16–18 geben kann und nicht von
einem historisierenden Zusatz ausgeht (so L. Renner, Ende, 16–21).

204 Zum Aufbau der Komposition vgl. etwa 83,2: „Zwei Visionen habe ich geschaut ..." (s. dazu G. W. E. Nickelsburg, 1 Enoch 1, 348f).

erstehung eine völlig neue und eben nicht erneuerte oder wiederhergestellte Figuration des „Menschen".[205]

Doch darf dies, etwa im Unterschied zu Jes 65f, für die Mehrzahl der behandelten apk Belege zur Neuschöpfung gelten, wird man jene Motivverbindung zugleich für äthHen 85 – 90 ausschließen müssen, und dies nicht nur, weil der *Tierapokalypse* ein eindeutiger Hinweis auf die Auferstehung fehlt.[206] Die Tiervision deutet den Erneuerungsgedanken vielmehr im Verweis auf den Tempel an, dessen Bestand bzw. Zerstörung in der wechselhaften Geschichte des Gottesvolkes als Interpretament dient, das je zum Anlass apk Krisenbewältigung werden konnte.[207] Und als „himmlischer Tempel" war das Jerusalemer Heiligtum von gottgegebenem und ewigem Bestand (vgl. äthHen 90,28 mit syrBar 4, 1–8: Adam-Typologie!).

Aus dieser Perspektive erklärt sich auch die tempelkritische Tendenz der Tiervision, die sich auf den nachexilischen Tempel bezieht.[208] Dabei repräsentieren die Begriffe für „Haus" (äth. *bēta*) und „Turm" (äth. *māxfad*) unterschiedliche Wirklichkeiten israelitischer Geschichtserfahrung: einmal Israel bzw. Jerusalem, zum anderen den Tem-

---

205 Zu dieser Nuance innerhalb der frühchristl. Vorstellungen vgl. S. B. Marrow, ΑΘΑΝΑΣΙΑ, v. a. 580f.585, der allerdings den Befund verkennt, wenn er für AT wie NT jeglichen hellenist.-philosoph. Einfluss der „Unsterblichkeitslehre" leugnet; zur Einbindung der Unsterblichkeits- bzw. Auferstehungsproblematik in die „Adam-Eva-*narratio*" vgl. J. Barr, Garden, 94–116.

206 Zwar könnte der Verweis auf die „Umgekommenen und Zerstreuten, die sich in jenem Haus versammeln" (äthHen 90,33) die Totenauferstehung assoziieren (so G. Wied, Auferstehungsglaube, 85–94; P. A. Tiller, Commentary, 380; L. Renner, Ende, 3; G. W. E. Nickelsburg, 1 Enoch 1, 405f; anders J. A. Goldstein, I Maccabees, 42 Anm. 13), doch wäre auch dann das eigentliche Ziel der *Tierapokalypse*, die *Restauration* des Gottesvolkes, noch nicht aus dem Blickfeld (vgl. J. J. Collins, Imagination, 70).

207 S. o., zur Deutung des Exils u. J. J. Collins, Hellenization, 1–20. In besonders geraffter Weise macht diesen „Zeitenwechsel", orientiert am Geschick des Tempels, die Deutung der „Wolkenvision" in syrBar (vgl. v. a. 62,1 – 68,8) deutlich (vgl. H. Hoffmann, Gesetz, 283–291).

208 Man vergleiche die Metaphern „Haus" bzw. „Turm" in äthHen 89, 36.40.50.56 u. V.66f mit 72b–73 (vgl. G. Reese, Geschichte, 19.36f; P. A. Tiller, Commentary, 36–51; G. W. E. Nickelsburg, 1 Enoch 1, 381f. 384f.393–395).

pel selbst. Auch die aram. Terminologie kann divergieren, wie äthHen 89,36 nach der in Qumran bezeugten Überlieferung zeigt (4QEn^c ar [4Q204] 4 10; vgl. PAM 43.199):[209]

וחזית בחלמא דן עד די א[מר]א[ל] דן אתהפך והוא אנוש ועבד
מ[ן]דר למרא ענא ואקים לכול ענא במדר דן

[And I watched in this dream until] that sheep was changed and was a man and made a h[ouse for the owner of the flock, and he made all the flock stand in that house].

In der von der *Tierapokalypse* beschriebenen vorexilischen Epoche steht das „Haus" (מד[ו]ר)[210] sowohl für die Lade bzw. das Lager in der mosaischen Wüstenzeit als auch, in den auf äthHen 89,36 folgenden Belegen, einschließlich der Rekonstruktionen nach 4QEn^c ar, für das (königliche) Jerusalem (vgl. auch äthHen 89,50). Im aram. Text verschmelzen also die durch die äth. Überlieferung betonten Differenzen, nämlich die Trennung in ethnisch-topographische (aram. [א]ח[י]ב*: „Israel", „Jerusalem") und „kultische" Angaben (aram. [א]לד[ו]מ*: „Tempel") bzw. deren Chiffren, in einem Begriff, nämlich מד[ו]ר („Lade", „Israel"; anders 4QEn^a ar [4Q201] 1 i 5 [äthHen 1,3]; vgl. 4QMyst^a [4Q299] Frgm. 53 9: [-- ובשמים מדור]ו [א]ל).

In der *Tierapokalypse* verbindet sich mit dem „neuen Adam" also keineswegs ein neuer, himmlischer Tempel. Vielmehr will zumindest die Endredaktion von äthHen 85 – 90 den realen, wiedereingeweihten Tempel in Jerusalem, dann allerdings befreit von der Verunreinigung (äthHen 89,73)[211], mit der „Erneuerung" verknüpfen, die sich hinter

---

209 Textrekonstr. u. Übers.: P. A. Tiller, Commentary, 178f.291. J. T. Milik liest statt מד[ר ein מש[כן u. ändert entsprechend den Versschluss (zur Rekonstr. vgl. ders./ M. Black, Books, 205; F. García Martínez / E. J. C. Tigchelaar, Study Edition, 418; ähnlich K. Beyer, Texte, 245); zur Diskussion vgl. Tiller, a. a. O., 41.296f.

210 Vgl. zu מדר auch HAL 1733, und die Erläuterungen bei P. A. Tiller, Commentary, 40–45.296 (unter Hinweis auf D. Dimant, ירושלים, 177–193; vgl. aber J. C. VanderKam, A Man for All Generations, 80).

211 Zur Interpretation des exil.-nachexil. Tempels in der *Tierapokalypse* vgl. M. A. Knibb, Exile, 256–258; J. C. Vanderkam, Enoch, 164 mit Anm. 67. Scheinbar im Widerspruch zur oben formulierten Folgerung steht der „Turm [= Tempel], [der] höher als die Erde [ist]", zu dem Henoch von drei der sieben weiß gekleideten Engeln gebracht wird

der Adam-Typologie verbirgt (vgl. auch 90,28f): Der neue Tempel steht also für das neue „Volk Israel", das zwar noch für die Heilszeit zu erwarten ist, als dessen „Vorbote" aber bereits jetzt der Jerusalemer Tempel gelten kann.

Die angeführten Beobachtungen würden dann in letzter Konsequenz das *Genre* der „Apokalypse" für äthHen 85 – 90

(äthHen 87,2f). Da Text u. Interpretation umstritten sind (vgl. P. A. Tiller, Commentary, 248), sei knapp auf die äth. u. griech. (*P. Oxy.* XVII 2069, Frgm. 1 u. 2, *verso*, Z. 3–13) überlieferte Quelle eingegangen. Der Oxyrhynchus-Papyrus (Erstveröffentl.: A. S. Hunt, OxyPap 17, 7f) datiert aus dem späten 4. Jh. n. Chr. u. ist nur sehr fragmentarisch erhalten (griech. Text: J. T. Milik, Fragments, 329f; M. Black / J. C. Vander-Kam / O. Neugebauer, Book, 421; vgl. auch P. A. Tiller, Commentary, 156f; Übers. des griech. bzw. äth. Textes: Tiller, a. a. O., 244):

P. Oxy. XVII 2069	*Übers. (griech.)*
2 [Καὶ πάλιν ὢ]ν ἀναβλέ-ψας [τοῖς ὀφθαλμοῖς μου] εἰ[ι]ς τὸν οὐρανὸν [καὶ ἐθεώρουν ἐν τῷ ὁ]ρά-ματι *vac.* Καὶ ἰ[δοῦ εἶδον ἐξερχόμενο]ν ἐκ τοῦ οὐρα-νοῦ [ὡς ὁμοιώματα ὅμοια τοῖς ἀ]νθ[ρώπ]οις [λευκοῖς καὶ οἱ τέσσαρες ἐξ]ώδε[υ-σαν ἐκεῖθεν καὶ οἱ τρεῖς μετ' αὐτούς. 3 Καὶ οἱ τρεῖς οἳ]ἦ[σ]α[ν] ἐ[ξ]ερχό[μενοι ὕστερον ἐκράτησαν] τῆς χειρός μ[ου καὶ ἐπῆράν με ἀπὸ τῶν] υἱῶν τῆς [γῆς] [ ].ατ[ ]	2 [And again as I w]as look-ing up [with my eyes] to[wa]rd heaven [I saw in the v]i-sion, and be[hold I saw descendin]g from heav-en [as it were likeness like white] m[e]n; [and four de]par[t-ed from there and three with them. 3 And the three that h[a]d co[me] fo[rth later seized] m[y] hand [and lifted me up away from the] sons of the [earth ... *(äth.)* and they raised me up on a lofty place and showed me a tower higher than the earth, and all the hills were smaller.

Aus V.2 wird deutlich, dass Henoch in einer Vision (zur Formulierung vgl. J. T. Milik, Fragments, 325) Engelwesen sieht, deren weiße Farbe u. U. Himmelspriester konnotiert (vgl. Tiller, a. a. O., 245; G. W. E. Nickelsburg, 1 Enoch 1, 374). Sie entrücken Henoch von den „Erdensöhnen" (V.3). Dabei wird es sich nicht um eine *endzeitliche* Verortung im „Paradies", sondern um die (temporäre) Entfernung Henochs von der Erde handeln: vgl. Henochs Rückkehr in äthHen 90,31 u. die folgende Sintflut in 89,1–8 (so mit J. C. VanderKam, A Man for All Generations, 76, gegen M. Black / J. C. VanderKam / O. Neugebauer, Book, 261; Tiller, a. a. O., 248). Der Ort der Entrückung wird als Heiligtum vorgestellt, das aber nichts mit einem eschatolog., himml. Tempel zu tun hat, der zudem seinen Platz in der Beschreibung des messianischen Reiches hätte (vgl. äthHen 90,28–38).

in Frage stellen. Wäre es doch immerhin möglich, die Neu-
gestaltung Israels bzw. Jerusalems und des Tempels als *renovatio* idealtypischer Verhältnisse aus vorvergangenen
Zeiten der Geschichte Israels mit seinem Gott zu verstehen. Nicht so, stellt man die grundsätzlich kritische Haltung der *Tierapokalypse* gegenüber dem Jerusalemer Tempel
in Rechnung und konfrontiert sie mit der nahezu unver-
gleichlichen Eschatologie dieser Vision.[212] Ein Blick auf die
Gerichtsszene liefert nämlich weitere Anhaltspunkte zum
Verständnis der eigentümlichen „Neuschöpfungsmotivik" in
der *Tierapokalypse*: Der leider ausschließlich durch die äth.
und späte Übersetzungen[213] überkommene Abschnitt in äth-
Hen 90,20–27 schildert das endzeitliche Gericht in einer
Thronratszene (vgl. äthHen 90,20 mit 47,3; 62,2f). Der dadurch angedeutete formale Typus der Gerichtskonzeption
bedingt auch konkrete inhaltliche Eigentümlichkeiten, die
Egon Brandenburger[214] herausgearbeitet hat: Neben einem
geregelten Verfahren, das nur der Wahrheit entsprechende
Tatbestände zulässt (vgl. äthHen 62,3), dem Aufzählen der
Verfehlungen und der schriftlichen Fixierung geht es um
die Vernichtung aller Gott widerstehenden Mächte. Da
auch hierbei die Reinstitutionalisierung des „Tun-Ergehen-
Zusammenhangs" im Vordergrund steht, werden im Unterschied zum universalen Strafgericht ausschließlich die
„Frevler" im Gerichtsgeschehen bedacht. Somit beziehen
sich Inhalt, Form und Intention des hier umschriebenen Gerichts auf das Diesseits.[215] Folglich ist zwar die mit äthHen
90,37f artikulierte Heilshoffnung keineswegs im Sinne der
axiologischen Eschatologie zu verstehen, doch bleibt auf
der Zeitebene ein noch ausstehendes Szenario, das Henoch
in den vorausgegangenen Visionen offenbart wurde. Auch

---

212 Vgl. dazu die Zusammenfassungen bei J. C. VanderKam, Enoch,
167f; ders., A Man for All Generations, 84f; G. W. E. Nickelsburg,
1 Enoch 1, 403f.

213 Der auch nach der äth. Version teilweise korrupte Text wird ausführlich bei P. A. Tiller, Commentary, 367–372, diskutiert.

214 Vgl. ders., Gerichtskonzeptionen, 312–314 (u. dazu K. Müller,
Gott, 39.41).

215 Vgl. G. W. E. Nickelsburg, 1 Enoch 1, 403f, u. zu äthHen [90,26;]
27,2f a. a. O., 319.

wenn die visionären Ereignisse nicht samt und sonders als *vaticinia ex eventu* zu beschreiben sind[216], verleihen die Struktur der göttlichen Offenbarung und der Fingerzeig auf noch eintretende Ereignisse der Tiervision den Anstrich einer „Apokalypse". Am Ende der Visionen gesteht dann auch der Seher (äthHen 90,41):[217]

> Und danach weinte ich (mit) großem Klagen, und meine Tränen standen nicht still, bis ich es nicht (mehr) aushalten konnte, vielmehr rannen sie herab über das, was ich sah; denn alles wird kommen und sich erfüllen; und alle Taten der Menschen sind mir jeweils der Reihe nach gezeigt worden.

Ist die zwar auch sonst bei Traumoffenbarungen bekannte, hier aber besonders heftige Reaktion des Visionärs deshalb so ausgeschmückt, weil ein Teil der Offenbarungen bereits durch die Wirklichkeit eingeholt worden waren?

Um diese Frage beantworten zu können, müssten die Trägerkreise der *Tierapokalypse* exakter bestimmt werden, als das gegenwärtig möglich ist. Angesichts der vorgelegten Interpretation würde sich eine Identifizierung mit den „Asidäern" (1Makk 2,42; 7,12–14; 2Makk 14,6) nahelegen.[218] Da aber einerseits über die „Asidäer" sehr wenig bekannt ist, andererseits vor allem die Tempelkritik der *Tierapokalypse* den Zielen jener Gruppierung widerspricht, sollte man von einer Identifizierung der Tradenten von äthHen 85 – 90 mit den „Frommen" absehen. Und die bereits erwähnte Tempelkritik der Visionen stellt auch einen gewissen Abstand zum makk. Aufstand her.[219] Allerdings dürften

---

216 Insofern sich die Heilshoffnung in der Wiedereinweihung des Tempels bereits (teil)verwirklicht hat. Dass Apokalypsen auf andere Weise auch in der Spätzeit mit *vaticinia sine eventibus* operieren, zeigt D. Frankfurter, Elijah, 195–238, an Hand der Motivkonstellation der Chaosbeschreibung in ApkEl auf.

217 Übers.: S. Uhlig, JSHRZ V/6, 704f.

218 So spricht G. Reese, Geschichte, 50–53, unter Bezug auf O. Plöger u. O. H. Steck von „dtr-levitischen Kreisen", denen auch die „asidäische Bewegung" zugeordnet werde (dazu: A. Bedenbender, Gott, 138). Zur *Tierapokalypse* u. den „Asidäern" vgl. noch K. Müller, Apokalyptik, 64; ders., Pseudepigraphie, 213–218; G. W. E. Nickelsburg, 1 Enoch 1, 361–363; vgl. auch ausführlich u. kritisch P. A. Tiller, Commentary, 101–126.

219 Vgl. dazu G. Boccaccini, Hypothesis, 82f.

die Umbrüche und Konflikte in den sechziger Jahren des 2. Jh.s v. Chr. auch unter den Trägerkreisen der *Tierapokalypse* zu Hoffnungen und Einsichten geführt haben, die durch die Endredaktion des Buches (ca. 163 v. Chr.: s. o.) wieder relativiert werden mussten.[220]

4. ERGEBNIS

Eine eingehende Beschäftigung mit der Thematik der „Neuschöpfung", die sowohl die traditionsgeschichtlich und theologisch gebotene Differenzierung in den kosmologischen bzw. anthropologischen Aspekt als auch das vor allem weisheitlich geprägte Umfeld der antik-jüdischen Apokalyptik beachtet, kann der Motivkonstellation nicht den Stellenwert beimessen, den ihr die Apokalyptikforschung bereits seit langem zugesprochen hat.[221] Die Neuschöpfung spielt in den älteren Apokalypsen nur eine sehr untergeordnete Rolle. Dennoch ist sie von Bedeutung, weil sie die Zukunftserwartung in Richtung auf eine axiologische Eschatologie konkretisiert. Dies wird vor allem in der *Zehnwochenapokalypse* deutlich, die die Neuschöpfung auf den Himmel einschränkt (äthHen 91,16). Man trifft also auch bei dieser Motivkonstellation auf ein Phänomen, das bereits

---

220 Zu weiteren Anhaltspunkten einer redaktionellen Überarbeitung im *Traumbuch* vgl. P. A. Tiller, Commentary, 98–100 (dazu: A. Bedenbender, Gott, 134).

221 Der Topos kommt dort zum Tragen, wo die Unterscheidung von „individueller" und „kosmischer" oder „politischer Eschatologie" an Bedeutung gewinnt (vgl. dazu J. J. Collins, Introduction, 14f; ders., Apocalypses, 37–43). Eine Differenzierung, die in der Apokalyptikforschung als „altbewährt" gelten kann: vgl. B. Stade / A. Bertholet, Theologie 2, 457–469, mit der Trennung in eine „nationale" u. „transzendente Vorstellungsreihe" zum „Heilszustand". Letztere ist auf den Äonendualismus gegründet und zielt auf eine „transzendental-universalistische" Neuschöpfung (vgl. auch a. a. O., 436f). Unter den neueren Zugängen ist die dezidiert theologische Deutung der Apokalyptik bei U. H. J. Körtner, Weltangst, 167–191 (v. a. 182–188), zu beachten, die im Äonendualismus bzw. der Neuschöpfungsidee Bewältigungsstrategien gegenüber der apk Katastrophenangst erblickt. Noch stärker kommt die Neuschöpfung in dem Kapitel über „Kosmische Eschatologie" bei J. Moltmann, Kommen, 285–349, zur Geltung.

zur Theophanie beobachtet wurde: Wenngleich quantitativ unterrepräsentiert, ist ein Deutungszusammenhang angesprochen, der zentrale Theologumena von „Apokalyptik" wie „Apokalypsen" widerspiegelt.

Im engeren Sinne theologisch signifikant ist die Neuschöpfung deswegen, weil in ihr der universale Anspruch Gottes als Weltengott deutlich wird. Nun ist gerade in der Spätzeit Altisraels eine stärkere Tendenz zum Universalismus zu verzeichnen (vgl. Sach 8,22f; 14,16; Jes 56,6f)[222], doch auch ältere Traditionen, etwa der Tora (vgl. nur Gen 12,1–3), haben universalistische Züge, zumal der Erwählungsgedanke nur in seiner engen Beziehung zur „Toleranz" gegenüber dem Fremden (vgl. Lev 19,34) erst recht verständlich wird.[223] Der also auch in den der Apokalyptik vorausgehenden Überlieferungen zu verzeichnende universalistische Zug altisraelitischer Theologie stellt daher kaum ein suffizientes Differenzkriterium apk „Gotteslehre" dar. Zumal die *textinterne Pragmatik* ein Zurückweichen göttlichen Handelns ausweist, was schon in Jes 65,17 [LXX] gegenüber dem masoretischen Text und vor allem in äthHen 91,16 deutlich wird (vgl. auch ApkEl 43,11–15 [5,37f]). Viel signifikanter ist vielmehr der mutmaßlich in der späteren Apokalyptik begegnende „soteriologische Vorbehalt" gegenüber einer rein kosmologisch ausgerichteten Neuschöpfungsidee. Ein Vorbehalt der in apk Traditionen wie 4QRenewed Earth [4Q475], gLAE 13,2–4 oder TestSim 6,5 [Ms. a] (vgl. auch 4Esr u. syrBar) greifbar wird. Irgendwann war der antik-jüdischen Heilshoffnung der *stillschweigende* Rekurs auf eine anthropologische Erneuerung, wie er bis *dato* in der späten dualistischen Weisheit stets *ausdrücklich* betont wurde, nicht mehr hinreichend.[224] Und die in apk Kontexten von Alters her bekannte „Sintflut-" bzw. „Noah-Haggada" (s. o.: 3.2.b.) diente u. a. zur Vermittlung einer Süh-

---

222 Vgl. dazu J. D. Levenson, Horizon, 162–164.
223 Zu Gen 12,1–3 vgl. H. Seebass, Genesis II, 12–17.20–22; zur Erwählung vgl. ders., Art. בָּחַר, 603, u. J. D. Levenson, Horizon, 151–161.
224 S. 4QInstruction u. Sir 49,16 [griech. Mss.]; vgl. auch 1QH[a], JosAs u. Pseudo-Philo.

netheologie, die den anthropologisch-ontologischen Aspekt in das Heilskonzept der *renovatio mundi* eintrug.[225]

Eine Sonderstellung nimmt in diesem Zusammenhang die *Tierapokalypse* ein. In einer durch alle „Verästelungen" hindurch für moderne Leser nicht immer eindeutig lesbaren Allegorie[226] hat eine Redaktion wahrscheinlich der „*realized eschatology*" gewehrt, die um die Zeit der Wiedereinweihung des Zweiten Tempels (ca. 164/163 v. Chr.) im Rekurs auf den supra- bzw. praelapsarischen Adam bereits das anbrechende endzeitliche Heil verwirklicht sah (vgl. äthHen 90,37f). So kann jedenfalls der „weiße Bulle" eingeordnet werden, wenn eine messianische Deutung auf Grund der Bildsemantik ausscheidet.[227] Insbesondere jene Adam-Typologie zeigt eine deutliche Nähe zu den mutmaßlich später entstandenen Weisheitstraditionen des in Qumran aufgefundenen Textes 4QInstruction. Nun übergeht die *Tierapokalypse* zwar Gen 3, erinnert aber sehr wohl mit dem Hinweis auf den überlebenden Noah (äthHen 89,8f: vgl. 4QEn^e ar [4Q206] 4 ii 1–4)[228] die „Sintflut-Haggada" und sieht die in der Zeit der Reichsteilung aufkommenden „siebzig Hirten" auch unter den Seleukiden noch agieren (vgl. äthHen 90,6–12 mit V.13 [äth.]).[229] Die vor allem im letztgenannten Phänomen klare Konstanz allegorischer Geschichtsdeutung zeigt, dass sich die Tradenten der *Tierapokalypse* im noch andauernden „Exil" wähnen. Damit ist eine Vorstellung angesprochen, die nicht nur in der antik-jüdischen

---

225 Ähnliches wäre zur Funktion von Dan 9 im Rahmen der apk Vision von Kap. 7 – 12 zu sagen (vgl. P. L. Redditt, Daniel 9, 236–249).

226 Zur allegor. Form der *Tierapokalypse* vgl. schon A. Dillmann, Buch, xxxv; dann S. B. Reid, Enoch, 61f, u. P. A. Tiller, Commentary, 21–28.

227 Vgl. auch die Deutung bei G. S. Oegema, Der Gesalbte, 68–70, der den „Stier/Adam" als „Figur der Heilszeit" beschreibt u. nicht als „Richter" bzw. „Befreier der Endzeit" (i. e. „Messias"). Ebenfalls ablehnend äußert sich J. J. Collins, Scepter, 34.

228 Zum Text vgl. J. T. Milik / M. Black, Books, 240f; P. A. Tiller, Commentary, 164f, u. F. García Martínez / E. J. C. Tigchelaar, Study Edition, 426f, die als 4QEn^e ar 5 ii zählen (zur Sache vgl. G. W. E. Nickelsburg, 1 Enoch 1, 375f).

229 S. J. C. VanderKam, A Man for All Generations, 75f.81–83; ders., Introduction, 105f, u. zu den „siebzig Hirten" vgl. P. A. Tiller, Commentary, 51–60, u. den Exkurs bei G. W. E. Nickelsburg, 1 Enoch 1, 391.

Literatur insgesamt starke Verbreitung gefunden hat[230], sondern die schon in der späten Prophetie reflektiert wird (vgl. nur Sach 1,12[231]).

Insgesamt spiegeln sich in der Exilsdeutung wie in der Motivkonstellation der Neuschöpfung Ambivalenz und Paradox göttlicher Nähe. Denn im Kommen Gottes als Prolepse zum Gericht (äthHen 1,3–9*: ZWEITES KAPITEL) ist in der Andeutung des Strafgerichts bereits in den ältesten Apokalypsen die aus der Sicht der Trägerkreise deutliche Ambivalenz gewahrt. Und die für das „Exil" charakteristische *Abwesenheit* Gottes nimmt diese Ambivalenz auf, wenn in der Wirklichkeitswahrnehmung jener Trägerkreise vergangene und gegenwärtige „Welt" vollkommen der Drangsal anheimfallen. Dass sich die Apokalyptik mit diesen Deutungsmustern engstens an Überlieferungen knüpft, die im *Tanach* kanonisch werden sollten, zeigt Jub 1,13–15, vor allem aber der hebr. Text nach 4QJub[a] [4Q216] ii 14f: ואסתיר] מהם פנ[י . An der Neuschöpfung konnte jedoch zugleich gezeigt werden, dass die umschriebene Ambivalenz ihre Auflösung in der völlig der Transzendenz verschriebenen Wahrung göttlicher Anwesenheit findet (vgl. LAB 3,10; TR [11QT[a]] 29,7–10) oder aber im ausgezeichneten Offenbarungsmodus[232] aufgehoben ist.

Zuletzt ist auf den bereits verhandelten Topos des „Weltengottes" zurückzukommen: Denn, wie gesehen, ist der theologische Universalismus *als solcher* kein hinreichendes Differenzkriterium apk Denkens. Vielmehr bedarf es der Einbindung jenes Universalismus in eine spezifische Weltdeutung, die sich dann erst als „apokalyptisch" entpuppt. Sind doch nämlich die überkommenen altisraelitischen Weltdeutungsmuster wie „Bund" (s. Gen 15; Jer 31), Gottes Mitsein (s. Ex 3,14), „Gesetz" (s. Dtn 12 – 26*), „Weisheit" (s. Sir 24), „Zion" (s. Jes 2,2–4; Mi 4,1–3) nicht mehr suffizient.[233] Der epiphane Gott sollte als neu schaffendes Nu-

---

230 Vgl. wiederholt M. A. Knibb, Exile, 253–272.

231 Vgl. dazu H. Delkurt, Nachtgesichte, 75–61.

232 Man vergleiche hierzu die literar. Formen von „Orakel" u. „Vision" sowie Offenbarungsträger wie Henoch oder Adam.

233 Vgl. dazu die Bearbeitung des Weltverständnisses in äthHen bei U. Luck, Weltverständnis, 294–297.

men der vorfindlichen irdischen Welt eine radikale Absage erteilen.

SECHSTES KAPITEL

Ergebnis und Ausblick

1. VORBEMERKUNG

In einem dem Dekonstruktivismus[1] und Jacques Derrida verpflichteten Essay erklärt der amerikanische Theologe Thomas J. J. Altizer[2] den tranzendenten Gott als in seinem Namen wie auch in Geschichte und menschlichem Bewusstsein für inexistent. Auf den ersten Blick scheint diese Behauptung die Essenz allen Theologisierens in apk Deutezusammenhängen darzubieten:[3] Da ist einerseits das althergebrachte und doch noch nicht aus der Diskussion eliminierte Vorurteil der „Geschichtslosigkeit" des apk Gottes; oder im „verkehrten" und vielleicht präziseren Sinne: der Schluss auf die Gottlosigkeit der apk (Welt-)Geschichte. Andererseits wird Gottes Transzendenz betont, was wiederum auf das in den voranstehenden Kapiteln stets neu reflektierte Gottesprädikat hinführt.

Doch trügt der Schein: Denn zunächst mag der Dispens vom Namen Gottes „dekonstruktivistisch", jedenfalls „modern" sein, altisraelitisch wie antik-jüdisch ist er gleichermaßen unsachgemäß: Kommt doch im Namen das *Wesen* Gottes zum Ausdruck.[4] Ähnliches wäre zur Verabschiedung Gottes aus der Geschichte zu sagen, selbst wenn die vorliegende Untersuchung Eigentümlichkeiten einer apk Theologie aufzeigen konnte, die mit den Begriffen „Transzen-

---

1   Was immer damit gemeint sein mag. Eine äußerst ansprechende wie logisch stringente Untersuchung zweier Naturwissenschaftler entlarvte kürzlich die „Un-Logik" und, bisweilen, den „Un-Sinn" postmodern-dekonstruktivistischer Eskapaden (vgl. A. Sokal / J. Bricmont, Eleganter Unsinn, *passim*).

2   Vgl. ders., History, 158. S. auch die Analyse apk Denkens in Philosophie u. Theologie des 20. Jh.s: ders., Modern Thought, 345–356.

3   So ist Altizers Essay auch programmatisch mit dem Titel „History as Apocalypse" überschrieben (vgl. auch ders., a. a. O., 174–176).

4   Vgl. H. Gese, Name, 75–89; H. Seebass, Gott, 35f.42–44.

dierung" und „Verborgenheit im Weltgeschehen"[5] durchaus angemessen umschrieben sind.

Aber auch fundamentaltheologisch greift das Zitat Altizers zu kurz. Mit Gerhard Sauter gesprochen, haben biblische Überlieferung und Kirche als „Positivität" im Sinne der Mitteilungen (Gottes) an den Menschen eine herausgehobene wie unverzichtbare Bedeutung.[6] Und die in dieser Studie methodisch eingebrachte historische Fragestellung[7] impliziert, dass jene „Positivität" über den alttestamentlich-kanonischen und damit primär kirchlich rezipierten Anteil an der Offenbarung hinaus Gültigkeit verbürgt. Beispielhaft kann die teilweise explizite Bezugnahme des Neuen Testaments auf außer-kanonische, antik-jüdische Überlieferungen erinnert werden.[8] Zuletzt setzen Transzendenz und Verborgenheit Gottes gleichermaßen seine Existenz gerade voraus[9], da sie eine Dialektik begründen, die aus anthropologischer wie kosmologischer Sicht die reine Selbstbezogenheit des menschlichen Daseins bzw. weltlichen Seins aufhebt: Noch vor aller Sag- oder Denkbarkeit Gottes sind Mensch und Welt nicht aus sich selbst heraus ergründbar.

Weiterhin ist Altizers Negation göttlicher Identität im Namen zu beachten. Abgesehen von zahlreichen neueren Studien, die sich einer Namenstheologie annehmen[10], ver-

---

5   Um den Buchtitel von E. Brandenburger aufzunehmen.

6   So G. Sauter, Reden, 145f. Terminologisch greift Sauter mit dem Begriff „Positivität" auf F. D. E. Schleiermacher zurück, nicht ohne den Sachgehalt zu problematisieren (vgl. a. a. O., 149 Anm. 23).

7   Hiervon wäre insbesondere die *pragmatische* Dimension der Sinnerschließung der Quellen betroffen.

8   Insgesamt finden sich im NT zahlreiche Anspielungen auf Formulierungen und Motive aus den sog. „Apokryphen" und „Pseudepigraphen" der Zeit des Zweiten Tempels bzw. aus den in Qumran gefundenen Schriften. Erinnert sei die Aufnahme von äthHen 1,7*.9 [GrP] in Jud 14f oder die Verarbeitung von Motiven aus äthHen 5,4 [GrP] in Jud 16 (vgl. G. W. E. Nickelsburg, 1 Enoch 1, 83–87, u. die Zusammenfassung in ders., Roots, 342f). Man vergleiche außerdem die Antithese „Vom Schwören" (Mt 5,33–37) mit der in Jos Bell 2,135; CD 9,8–12; 15, 1–5 bezeugten Einschränkung der Schwurpraxis bei den „Essenern".

9   Zur Verborgenheit Gottes vgl. G. Sauter, Reden, 142; E. Jüngel, Gott, 64–66.

10 Vgl. für den *Tanach* M. Rösel, Adonaj, v. a. 174–176.206–221, für

folgt die vorliegende Untersuchung einen alternativen Zugang, der die „Funktionalisierungen"[11] Gottes im Gesche-
hensablauf der antiken Kontexte und im Lebenszusammen-
hang ihrer, sofern noch rekonstruierbaren, historischen
Umstände zu begreifen sucht. Streng genommen wäre also
der von Altizer genannte Aspekt einer „negativen Theologie" für die behandelte Thematik gar nicht von Belang.
Doch gerade weil mit dem „Namen" Sinnstiftung einhergeht, die eine Beziehung setzt zwischen Offenbarer und
Offenbarungsempfängern, kann das oben angesprochene
Problem theologisch nicht unbeachtet bleiben. Schließlich
wird vom christlichen Standpunkt aus argumentiert. Und
Jon D. Levenson[12] zufolge macht es wenig Sinn, einen
„überkonfessionellen" Standpunkt einzunehmen:

> ... biblical scholars, including, I must stress, even the most antireli-
> gious among them, must face this paradoxical reality: the vitality of
> their rather untraditional discipline has historically depended upon
> the vitality of traditional religious communities, Jewish and Chris-
> tian. Those [...] – [...] who assiduously place the Bible in the ancient
> Near Eastern or Greco-Roman worlds – have depended for their
> livelihood upon those who not only rejoice that the Bible survived
> those worlds but who also insist that it deserved to survive because
> its message is transhistorical.

Levenson geht es also um den Aufweis, dass jede Untersuchung im Umfeld *religiöser* Quellen auch dann, wenn sie
vorgibt *rein historisch* vorzugehen, gar nicht anders kann,
als einen theologischen bzw. religiösen Kontext wenigstens
in Rechnung zu stellen, weil eben jene Quellen „kanonisch"
wurden, und dies nicht aus primär historischem Interesse.
Den sich daraus ergebenden Schwierigkeiten für die Interpretation religiöser Überlieferung begegnet Levenson an
anderer Stelle durch den Verweis auf die Eigenheiten von
Buchreligionen überhaupt. Diese könnten nämlich den Interpreten instand setzen, neben der „historischen" auch die

---

Jub C. Böttrich, Gottesprädikationen, 221–241, u. für die antik-jüd. Lit.
insgesamt H. J. Wicks, Doctrine, *passim*; D. Riemensperger, Gottesbild, 205–212.

11 Zur „Funktionalisierung" Gottes vgl. auch die kritischen Anmerkungen bei G. Sauter, Reden, 131–135.

12 Ders., Historical Criticism, 110.

„literarische", also „kanonische" Dimension des Textes zu beachten.[13] Somit ist also auch das christliche „Alte Testament" eingebunden in einen literarischen Kontext, der „Vor-" und „Nachgeschichte" dieses Textes markiert.[14] Ohne den Anspruch der Einlösung obiger Anforderungen erheben zu können, versucht die vorgelegte Analyse literarisches Umfeld wie historische Situationen apk Quellen zu berücksichtigen.[15]

Und zuletzt: Jede theologische Rückbesinnung auf Gott selbst mit Hilfe altisraelitischer und antik-jüdischer Zeugnisse hat sich der Kontingenz ihres Vorgehens bewusst zu sein. Diese betrifft zwei Ebenen, erstere auf den Charakter der Quellen, letztere auf die Verbindlichkeit ihres theologischen Gehalts bezogen. Trotz der notwendigen Reflexion über fundamentaltheologische Fragen bleibt festzuhalten, dass biblische wie außerbiblische Texte nur sehr mittelbar zur Gotteslehre beitragen, da sie bestenfalls *von*, nicht jedoch *über* Gott reden. Dass damit die sich destillierenden Vorstellungen und theologischen Ergebnisse kontingent sind, ergibt sich schlicht aus der Geschichtlichkeit der Überlieferung. Aus ähnlichen Gründen hat auch die Beobachtung Bestand, dass die Geschichtlichkeit der Kanonwerdung zwar nicht den Inhalten, jedoch den Formen und damit auch den Trägerkreisen jener Inhalte als Offenbarung eine gewisse Kontingenz verleiht.[16]

2. DIE THEOLOGISCHE BEDEUTUNG DES GOTTES DER APOKALYPTIK

Die Ergebnisse dieser Arbeit sollen in dem gerade eröffneten theologischen Horizont diskutiert werden. Dabei wird

---

13 Vgl. J. D. Levenson, Hebrew Bible, 1–6.28–32.

14 Die sich mit obigen Anmerkungen verbindende Herausforderung ist aus christl. Sicht m. W. bisher nur angedeutet worden (vgl. B. S. Childs, Biblical Theology, *passim*). Aus jüd. Sicht wird die Einbindung des *Tanach* in seine antik-jüd. Nachgeschichte neuestens in dem monumentalen Werk von J. L. Kugel, Traditions, *passim*, nachvollzogen.

15 Vgl. zu Dan neuerdings auch M. Henze, Narrative Frame, 5–24.

16 Gemessen an den Inhalten der Offenbarung wäre zu fragen, aus

es zunächst um die literarischen und historischen Verstehenszusammenhänge (2.1.), sodann um den Rückgriff auf
die in der Einleitung formulierten Problemstellungen (s. o.,
ERSTES KAPITEL, 1.1.) gehen (2.2.).

2.1. Literarische und historische Hermeneutik

Der Differenzierung in literarische und historische Verstehenszusammenhänge versucht die vorliegende Studie durch
die diversen Zugangsweisen zum Problem gerecht zu werden.[17] Damit ist weniger die im ERSTEN KAPITEL (vgl. 3.)
erläuterte Methode gemeint. Vielmehr sind die unterschiedlichen Motivkonstellationen in Verbindung mit den diversen
Fragen an die Quellentexte angesprochen. Im Kontext theologischer Problemstellungen heißt dies:
– Gottes Gottsein ist durch die unmittelbaren literarischen
Bezeugungen seines Handelns betroffen (*Semantik, textinterne Pragmatik*) in *theophania, resurrectio* und *renovatio*.
– Gottes Gottsein ist betroffen in den literarischen Bezeugungen seiner „Verborgenheit im Weltgeschehen" (*Semantik, textinterne Pragmatik*). Diese Verborgenheit kommt gra-
duell zum Vorschein: in der sich ausbildenden Angelologie,
der selbst wiederum Fortentwicklungen unterliegenden
Menschensohngestalt[18], im Messianismus[19] oder in der hellenistisch beeinflussten antik-jüdischen Anthropologie.[20]

---

welchen Gründen eine Apokalypse wie 4Esr nicht kanonisch wurde.

17 Dies geschieht in dem Bewusstsein, dass nur exemplarisch vor-
gegangen werden konnte. Zahlreiche weitere Motivkonstellationen wären denkbar, um der „Theologie der Apokalyptik" nachzuspüren. Einige sind im FÜNFTEN KAPITEL (vgl. 3.) genannt.

18 Vgl. dazu zuletzt S. Beyerle, Untersuchungen, 1–52.

19 M. Pietsch, Sproß, 163–256, stellt zuletzt die verschiedenen Verstehensweisen der Davidsverheißung in der antik-jüd. Tradition dar.

20 Vgl. zuletzt auch W. Speyer, Voraussetzungen, 11–38. Theologisch geradezu paradigmatisch wäre die Vorstellung vom „ewigen Leben" zu beachten. Hierzu formuliert E. Jüngel thesenhaft (ders., Thesen, 84 u. 80 [Hervorheb. i. Orig.]; vgl. auch a. a. O., 81–83): „Ewigkeit
ist die *Konzentration und Intensität* göttlichen Lebens und Seins. [...]
Dem Menschen ist ewiges Leben zwar *verheißen*, aber menschliches
Leben ist als solches und von sich aus nicht ewiges Leben. Ewigkeit
kommt ihm nur zu, insofern Gott ihm an seiner Ewigkeit Anteil gibt."

– Gottes Gottsein ist betroffen in den mittelbaren[21] historischen Bezeugungen der vormakkabäischen und makkabäischen Zeit (*textexterne Pragmatik*).[22]

Die Apokalyptik wird häufig mit der „Religionsverfolgung" unter Antiochus IV. oder vergleichbaren Anfechtungen einer wie auch immer gearteten jüdischen Orthodoxie
in Verbindung gebracht. Wobei weder die historischen Umstände[23] noch die theologische Basis antik-jüdischer Gottesvorstellungen[24] hinreichend entsprechende Anfechtungen zu erklären wissen. Und doch schildert das Danielbuch
Antiochus IV. als blasphemischen Herrscher (s. nur Dan 7f).
Umso mehr findet man im hebr.-aram. Dan einen Gott, der
ganz jenseitig vorgestellt ist, auch in seinem Handeln als
Richter (vgl. Dan 7,9f.13f). Ganz ähnliche Beobachtungen
lassen sich zum Verhältnis von *textexterner* und *-interner
Pragmatik* im henoch. Schrifttum machen. Auch hier reflektieren in Sonderheit theologisch qualifizierte Themen wie
Kalenderfragen (s. *Astronomisches Buch*, v. a.: 4QEnastr[a.b]
ar) oder die Durchbrechung der Trennlinie zwischen Himmel und Erde (s. *Wächterbuch*, v. a. 4QEn[a–c] ar) Konflikte in
der Lebenswelt der Tradenten, ohne dass ein konkreter
„Sitz im Leben" auszumachen wäre. In beiden ältesten apk
Traditionen stehen also die Lebenszusammenhänge der

---

21 Mit dem Attribut der Mittelbarkeit ist der Umstand in Rechnung
gestellt, dass auf Grund der Quellenbasis das histor. Umfeld in den
konkreten Lebenszusammenhängen jeweils nur noch rekonstruiert
werden kann. Außerdem findet die Tatsache Berücksichtigung, dass
der Lebensvollzug je ein Spiegel des Glaubensvollzugs ist und damit
der Gottesvorstellung.

22 Ein Fall konkreter Auswirkung der göttl. „Handlungsweise" auf
die *textexterne Pragmatik* liegt etwa in der Interpretation der Weltsituation durch apk Trägerkreise vor, konkret: in der Chaosbeschreibung.
Hermeneutisch-literarisches Medium ist das *vaticinium ex eventu* (vgl.
O. Böcher, Strukturelement, 19–30), das jedoch ausnahmsweise auch
in Abwandlung begegnet, sodass ein konkreter Lebensbezug in der
Vergangenheit fallweise nicht mehr ermittelt werden kann (*vaticinium
sine eventibus*: so etwa die Chaosbeschreibung in ApkEl: vgl. D. Frankfurter, Elijah, 195–200).

23 Vgl. nur die sehr unterschiedlichen Motivierungen der Religions-
krise nach den Darstellungen bei Josephus (Bell 1,31–40) und in 1Makk
1,41–53 (vgl. dazu zusammenfassend A. Blasius, Unabhängigkeitsbestrebungen, 63–67).

24 Vgl. dazu die Skizze bei S. Beyerle, Lob, 121–140.

Trägerkreise und ihre theologische Spiegelung in keiner unmittelbaren Verbindung, wenn auch aus ganz unterschiedlichen Gründen: Während im Danielbuch Typisierungen[25] die Skepsis gegenüber der Darstellung schüren[26], sind die Bestandteile der henoch. Komposition auf Grund ihres generellen *Mangels* an historischen Anspielungen nicht näher einzuordnen[27].

Vorerst bleibt festzuhalten: Unter theologischen Vorzeichen scheinen sich die literarischen und historischen Verstehenszusammenhänge in den älteren Apokalypsen (äthHen, Dan) nicht zu berühren. Doch der Schein trügt. Denn eine zumindest in Dan äußerst konkrete Verbindung von literarischer und historischer Konzeption findet sich in der Deutung des Exils. Die antik-jüdische Apokalyptik interpretiert das Exil als noch andauernden Zustand der Gottesferne.[28] Zwar bieten *Astronomisches Buch* und *Wächterbuch*

---

25 Vgl. dazu ausführlich M. Henze, Narrative Frame, 5–24.

26 So griff Antiochus IV. wohl nie unmittelbar religionspolitisch in Jerusalem ein (s. u., im Text).

27 Sowohl die These von G. W. E. Nickelsburg, das *Wächterbuch* spiegele in den Gigantenkämpfen die Auseinandersetzungen der „Diadochen" (vgl. ders., Apocalyptic, 391, u. 1 Enoch 1, 65.118f.170, u. Anthropology, 76), als auch der Vorschlag D. Suters, äthHen 6 – 16 als Versuch der Abgrenzung gegenüber der etablierten Jerusalemer Priesterschaft in hellenist. Zeit zu lesen (vgl. ders., Angel, v. a. 134f u. Revisiting, 137–142, sowie J. P. Sisson, Intercession, v. a. 380f; vgl. die Kritik bei E. J. C. Tigchelaar, Prophets, 196–198), bleiben bestenfalls Plausibilitäten ohne Beweiskraft. Die bereits zu *Wächterbuch* u. *Astronomischem Buch* diskutierten östl. Einflüsse (ostjordan. Gebiet bzw. babylon. Astronomie) mögen außerdem zur Klärung der lokalen Herkunft dieser Traditionen beitragen (vgl. Nickelsburg, 1 Enoch 1, 238–247, u. die Kritik bei E. u. H. Eshel, Midrash, 116–120), einen Verweis auf die Konfliktsituation bieten sie nicht. Und auch die These von P. S. Alexander, Enoch, 230–242, im *Astronomischen Buch* den perserzeitl. Beginn jüd. Interesses an der „Wissenschaft" zu finden, bleibt bestenfalls von allg. geistegeschichtl. Interesse. Ähnliches gilt auch für die interessante Diskussion des sozio-kulturellen Milieus in äthHen im Kontext einer ländlich-antimonarchischen Kultur bei I. Gruenwald, Setting, 213–223.

28 Vgl. dazu M. A. Knibb, Exile, 253–272; J. C. VanderKam, Exile, 89–109; insoweit zu Dan u. verwandten Texten vgl. R. G. Kratz, Translatio, 261–267; ders., Propheten, 112f (vgl. auch O. Plöger, „Siebzig Jahre", 67–73). Im Übrigen gilt diese Deutung auch für die nach der Zerstörung des Zweiten Tempels entstandenen Apokalypsen (vgl. 4Esr,

keine expliziten Hinweise auf das Exil, doch gehören beide
Apokalypsen in den Bannkreis babylonischer Kultur.[29] Ihre
Tradenten dürften also auch die Exilserfahrung im „kultu-
rellen Gedächtnis" verarbeitet haben.

Es entsteht folgendes Bild: In der henoch. Apokalyptik
fehlen bislang die Mittel, um die *literarischen* Gottesbilder
an konkrete Lebensumstände in befriedigender Weise
rückzubinden. Und für Dan gilt, dass sich die in der *Literatur* niederschlagende Gottesvorstellung kaum mit den *historischen* Lebenszusammenhängen verknüpfen lässt: Hat
doch Antiochus IV. wenn überhaupt nur mittelbar, durch
seinen Mysarchen, religionspolitisch in Jerusalem einge-
griffen. Er dürfte damit kaum Anlass zu einer Reaktion gegeben haben, wie sie Dan – und auch die *Tierapokalypse* –
verarbeiten. Es bleibt dann der vor allem seit der Rekonstruktion von Elias Bi(c)kerman(n) plausible *inner-jüdische*
Konflikt, der an der durch die zahlreichen Fremdwahrneh-
mungen antik-jüdischen Gottesglaubens verbürgten „Theo-
krasie" umso mehr Anstoß nahm.

Der Gott, der nunmehr auf den Plan trat, war wirklich
ein „ganz anderer". Ein Gott des Weltgerichts (äthHen 1;
90,20–27; Dan 7), der seine verborgenen Offenbarungen
nur einzelnen Auserwählten wie dem „Siebten auf Adam",
nämlich Henoch, zuteilt (äthHen 72 – 82), der theophan im
Jenseits wirkt (Dan 7,13f) und als Wächter über die Trennung von Himmel und Erde (äthHen 6 – 11) fungiert, dessen
Wirken im weltlichen „Jetzt" durch Statthalter, also Engel,
erst möglich wird. Kurz: Als in der religiösen Erfahrung
des unmittelbaren Umfelds apk Trägerkreise jede „Unter-

syrBar, grBar: s. P. M. Bogaert, Ruine, 128.131–135; J. Riaud, Réflexions, 93).

29 Zum *Wächterbuch* ist etwa die Verbindung von „Theophanie" u.
„Himmelsreise" zu beachten, die auch in der babylon. Beschwörungs-
serie *bīt mēseri* begegnet (zu Textrekonstr. u. Übers. vgl. R. Borger,
Beschwörungsserie, 192; vgl. auch J. C. VanderKam, Enoch, 48–50; H.
S. Kvanvig, Roots, 197–213). Dann zeigen sich in der kosm. Reise He-
nochs nach äthHen 17 – 19 Anklänge an die babylon. *mappa mundi* (vgl.
P. Grelot, Géographie, 33–69, u. die Korrekturen bei J. C. VanderKam,
Map, 271–278; K. C. Bautch, Study, *passim*; M. A. Knibb, Use, 165–
178). Zum *Astronomischen Buch* sei der astronom. Text ᵐᵘˡAPIN erinnert
(vgl. M. Albani, Astronomie, v. a. 261–272).

scheidung" verloren zu gehen drohte, wurde Gott zum Offenbarer im Verborgenen und damit zum wahren „Himmelsgott", ganz der Transzendenz verpflichtet.

Das sich so formierende Gottesbild ist nun keineswegs mehr mit den Göttern der Umwelt vergleichbar, auch wenn die Fremdwahrnehmung des jüdischen Gottes hier und da diesen Eindruck erwecken möchte.[30] Zugleich wurde deutlich, dass die beschriebene Eigenheit der „apokalyptischen Theo-Logie" nur dann wirklich erkennbar wird, wenn literarische und historische Hermeneutik in einen Dialog treten.[31] Die sich auf diese Weise erschließende Gottesvorstellung ist dann aber zumindest methodisch von einem Teil der zuvor skizzierten fundamentaltheologischen Probleme dispensiert. Denn *auf welche Weise* der Gott der Apokalyptik verstanden wird, entscheidet sich nicht in den beliebigen Lebenszusammenhängen ihrer Rezipienten, sondern in der Aufnahme bereits legitimierter Offenbarungen (Exil, Theophanie, Schöpfung etc.), die in der Lebenswelt apk Trägerkreise nach wie vor Geltung haben, jedoch situativ neu verstanden werden.[32]

Der legitimatorische Aspekt gibt zuletzt Hinweise auf den „Sitz im Leben" der Gattung „Apokalypse". M. E. ist es viel weniger der Trost, den diese Literatur verfolgt. In einer verschlossenen Weltsituation hätte die Hoffnung auf eine alle vorfindliche Wirklichkeit negierende Neuschöpfung eher *Ver*tröstung denn Trost bedeutet. Und darüber

---

30 Zumal sich in der zweiten Hälfte des 1. Jh.s v. Chr. Parallelen zwischen „paganen" und antik-jüd. Religionsformen aufweisen lassen: etwa die grundsätzliche Tendenz zum Monotheismus oder das Aufkommen einer Angelologie (vgl. J. Teixidor, God, 13–17 u. 26–29.122–126).

31 Es ist das Verdienst der Vertreter eines *„story"*-Konzepts für die Apokalyptik, diese Verbindung gewürdigt zu haben (vgl. dazu B. McGinn, Antichrist, 10–22, u. zuletzt M. Wolter, „Offenbarung", 175–194). Einzuschränken wäre allerdings die Betonung der Trostfunktion apk Literatur, die Wolter betont (vgl. a. a. O., v. a. 185.194), die aber m. E. eine bestenfalls untergeordnete Rolle spielt (s. u., im Text).

32 Die Neuinterpretation von Offenbarung im Blick auf einen Zukunft erschließenden, aber im Jenseits verborgenen Gott bildet den wesentlichen Unterschied zu den der Apokalyptik zeitgenössischen weisheitlichen Überlieferungen wie Sir oder 4QInstruction, die in Schöpfung u. Geschichte Gottes Plan erschlossen sehen (vgl. dazu J. K. Aitken, Apocalyptic, 190).

hinaus entspricht die strikte Transzendenz der Heilshoffnung der theologischen Tendenz eines im Hier und Jetzt
verborgen handelnden Gottes. Zwar war es immer möglich,
dass der Mensch auch als „Gerechter" am Ziel dieses Gottes scheiterte, was etwa die *Epistel* andeutet und späterhin
4Esr zum Thema macht (vgl. Weish 1 – 6). Und die Heilsgewissheit daniel. oder henoch. Kreise erreichte nie jenen
Grad, den etwa die „*realized eschatology*" einer apk Gemeinschaft wie der der Qumraniten widerspiegelt (vgl.
1QH^a 11,19–23; 14,29–33; 19,10–14).[33] Insbesondere die ältesten Apokalypsen wie die Danielvisionen, das *Wächterbuch*
oder das *Astronomische Buch* zeigen trotz ihres verdeckten
Torabezugs kaum Hinweise auf eine Verarbeitung der Vorstellung vom „Sinai-Gott" (s. o., ZWEITES KAPITEL, 2.
2.).[34] Ohne den ethisch-eschatologischen Rigorismus etwa
der Qumraniten konnte sich eine apk Gemeinschaft der
„Orthodoxie" ihrer theologischen Einsichten und der damit
verbundenen Soteriologie nie sicher sein. Doch ebendiese
Sicherheit müsste bei einer primär tröstenden Funktion gerade vorausgesetzt sein.[35] Demgegenüber wird den „Apokalyptikern" eher die Legitimation ihrer „Gotteslehre" ein
Anliegen gewesen sein.[36] Schließlich befand man sich noch
in *dieser* Welt und musste sich – mit Niklas Luhmann ge-

---

33 Vgl. dazu wiederholt J. J. Collins, Apocalypticism, 119–123 (vgl.
auch ders., Powers, 23f). Die v. a. in den oben genannten Stellen der
Hodayot betonte Gemeinschaft mit den Himmelswesen weist Collins als
Spezifikum qumran. Apk aus und charakterisiert sie, da sie häufig einen präsent. Bezug habe, als „*realized eschatology*".

34 Offenbar orientierte sich das Ethos eher an allgemeingültigen
Bestimmungen, vergleichbar der Gesetzeshermeneutik in 4Esr (vgl.
dazu ausführlich S. Beyerle, Richter, 315–337).

35 M. E. ist auch die stärkere „Transzendierung" und, damit einher-
gehend, deutlichere Trennung von ird. u. himml. Welt, wie sie in den
späteren christl. überarbeiteten Apokalypsen zu verzeichnen ist, ein
Indikator der beschriebenen Unsicherheit. So stehen kosmologisch die
Konzepte von drei und sieben Himmeln nebeneinander, in TestLev 2f
gar in unterschiedlichen Rezensionen derselben Quelle (vgl. die divergierende Textüberlieferung in den griech. Mss. von 2,7–9: s. M. de Jonge, Testaments, 26 [App.] u. zur Sache: A. Yarbro Collins, Cosmology,
25–30; J. Riaud, Réflexions, 91f.96f).

36 Vgl. hierzu auch H. Stegemann, Bedeutung, 506f.526–528 (vgl.
zu äthHen zuletzt G. W. E. Nickelsburg, Nature, 92–101).

sprochen – fragen, „wie […] man in der Immanenz die Unterscheidung Gottes von anderen Unterscheidungen unterscheiden"[37] konnte. Es waren zudem schriftgelehrte „Eliten"[38], insofern vergleichbar den Trägerkreisen der gelehrten (Listen-)Weisheit[39], die nach Selbstvergewisserung ihrer eigenen theologischen Ansichten strebten, da der Gott Israels im Weltgeschehen nicht mehr zu vernehmen war.

2.2. Die theologischen Problemstellungen

Gleich zu Beginn dieser Studie wurden drei theologische Probleme angesprochen[40], die noch einmal im Rückblick auf die Textanalysen und deren Ergebnisse zu bedenken sind. Die erste Aporie betrifft die Sagbarkeit Gottes im Horizont christlicher Rede von Gott als trinitarisch oder offenbarungstheologisch[41] verstandener Selbstvergewisserung. Implizit begegnet dieser Schwierigkeit ein zentrales Strukturmoment apk Theologien: Wo fundamentaltheologisch Gottes Wesen zunächst nur in der Welt und durch menschliches Sagen vernehmbar wird, wo es in der Überlieferung Altisraels dezidiert im Handeln Gottes mit seinem erwählten Volk, eben in der Geschichte, zum Tragen kommt, setzt das Strukturmoment von Gottes Verborgenheit angesichts der verschlossenen Weltsituation sowohl der Geschichtlichkeit als auch der Bedingung der Möglichkeit jener Sagbarkeit ein Ende. Überspitzt könnte man formulieren: Gott negiert sich zum Heil der Auserwählten selbst. Auch wenn darin ein Entdeckungszusammenhang abendländischer Christologie gegeben sein mag, darf dieses Strukturmoment nicht christlich-theologisch eng ge-

---

37 So N. Luhmann, Unterscheidung, 242.

38 Vgl. zu Henoch bzw. Daniel: S. B. Reid, 1 Enoch, 147–156; ders., Enoch, 132–135; J. J. Collins, Pseudepigraphy, 44–48; S. Beyerle, Social Setting, 205–226 (mit den Präzisierungen bei M. Henze, Narrative Frame, v. a. 18–24).

39 Vgl. J. Z. Smith, Wisdom, 154; M. E. Stone, Lists, 377–418.

40 S. o., ERSTES KAPITEL, 1.1.: S. 1–3.

41 Hier wären insbesondere jene Vertreter zu nennen, die gegen die Verknüpfung von Theologie und Religion mit der Offenbarung Gottes argumentieren; so etwa in der frühen Phase der dialektischen Theologie: Karl Barth; vgl. dazu kritisch U. Barth, Religion, 3f.8–10.

führt werden, schlicht deswegen, weil der in dieser Studie entfaltete Befund die Apokalyptik als *religiöses* Phänomen ausgezeichnet hat. Zugleich wäre der nahe liegenden Gefahr einer „negativen Theologie" zu wehren. Der Gott der Apokalyptik ist also ein „Gott auf der Grenze".

Das zweite Problem betrifft die Selbstevidenz der Rede von der Offenbarung Gottes in apk Verstehenszusammenhängen: Nun ist die Apokalyptik aber gerade nicht an einer solchen Selbstevidenz interessiert. Ganz im Gegenteil: Da sie einerseits auf bereits erfolgte Offenbarungen rekurriert[42], andererseits nach dem Ende der Prophetie (Sach 13[43]) diese aktuelle, den auserwählten Frommen der Vorzeit (Henoch, Abraham, Mose etc.) zukommende *revelatio* als *mysterium* qualifiziert[44], bleibt sie zeitlich der Aktualität und räumlich dem je Neuen und Transzendenten verpflichtet. Anders gesagt: „Apokalypse" ist zwar Offenbarung, die aber ihre Eigenart erst im Zusammenhang ihrer literarischen Kontexte und historischen Lebenszusammenhänge deutlich macht. Regelrecht zugespitzt wird sie dort, wo sie die Voraussetzungen für den Offenbarungsempfang umreißt, wie etwa in der „Auferstehung der Weisheit" im Umfeld der *Zehnwochenapokalypse*.

Die dritte Aporie zielt auf die determinierte Geschichtsauffassung der Apokalyptik, wonach sich alles Göttliche bereits längst aus der Welt zurückgezogen habe. Dem wird man zunächst ganz grundsätzlich entgegenhalten dürfen, dass sich in der Theophanie Gottes als Strukturprinzip, etwa in *Wächterbuch* und *Astronomischem Buch*, eine gegenläufige Tendenz festmacht. Im besonderen ist das Verhältnis der Apokalyptik zum „Messianismus" zu bedenken, der

---

42 So I. Willi-Plein, Geheimnis, 162f: „Der apokalyptische Schriftsteller versucht nun, den Verankerungspunkt der von ihm erlebten und erarbeiteten Geschichtsdeutung innerhalb der Zeit der direkten Offenbarung an Israel zu finden." Vgl. auch M. N. A. Bockmuehl, Revelation, 29–31.

43 Mit den „Propheten und dem unreinen Geist" (Sach 13,2) geht möglicherweise auch die prophet. Inspiration insgesamt zu Ende (vgl. R. G. Kratz, Propheten, 100f.104f).

44 Vgl. dazu M. N. A. Bockmuehl, Revelation, 24–41 (vgl. auch G. W. E. Nickelsburg, Nature, 91–119).

generell in älteren Apokalypsen nicht begegnet.[45] Gottes Unmittelbarkeit bleibt also zunächst gewahrt. Da darüber hinaus die Unüberwindbarkeit von Diesseits und Jenseits trotz aller „Transzendenz zukünftiger Heilsverwirklichung" nur in Gott selbst vorstellbar war, ist von einer Verabschiedung jenes Gottes in der Geschichte nicht die Rede. Im Gegenteil: Erst der apk Himmelsgott wird als universal handelnd dargestellt. Die sich damit verbindende Ambivalenz lässt sich abschließend beispielhaft an Dan 7 verdeutlichen: Wie seit langem erkannt, spielt dieses Kapitel eine zentrale Rolle im Aufriss des Danielbuchs. Darüber hinaus konnte vor allem Paul R. Raabe[46] auf die hervorgehobene Bedeutung der Theophanie (vgl. V.9f.13f) innerhalb von Dan 7 verweisen. Dies bedeutet aber, dass der in diesem Kapitel inaugurierte Geschichtsverlauf keineswegs „jenseits von Gott", wohl aber „jenseits der Welt", sich vollzieht.

Der erneute Blick auf die theologischen Probleme im Horizont der Einzelanalysen zeigt also insgesamt Lösungsmöglichkeiten auf, ohne dabei jene Aporien wirklich *aufzulösen*. Lediglich die Tatsache, dass die ermittelten theologischen Tendenzen partiell auf jene Aporien reagieren, verdeutlicht, wie sehr die im Einleitungskapitel aufgezeigten Probleme, so „modern" theologisch-aufklärerisch sie auch bleiben mögen, den antik-jüdischen Texten und ihrem religionsgeschichtlichen Umfeld entsprechen.

3. DIE SEMANTIK UND PRAGMATIK APOKALYPTISCHER GOTTESVORSTELLUNGEN

Vorab und grundsätzlich ist vor allen Spezifizierungen dem Urteil von John J. Collins[47] hinsichtlich einer „Theologie der Apokalyptik" zuzustimmen:

---

45 Zum umstrittenen Beleg in der *Tierapokalypse* (äthHen 90,37f) s. o., FÜNFTES KAPITEL, 3.2.d. Vgl. auch den Überblick bei J. C. VanderKam, Messianism and Apocalypticism, 193–226.

46 Vgl. ders., Daniel 7, v. a. 270f.

47 Ders., Apocalypticism, 154.

Apocalypticism is primarily concerned with a metaphysical framework, within which various theologies and ideologies can find
meaning. What is crucial to an apocalyptic community is the belief
that its way of life is in accordance with the angels in heaven, that it
will be vindicated in a final judgment, and that it will lead its mem-
bers to everlasting life.

Wichtig ist: Es gibt nicht *die* apk Theologie, sondern ganz
verschiedene, sich in Apokalypsen und apk Literatur spie-
gelnde Gottesvorstellungen. Ihre Konvergenzen erlauben
es jedoch, das Gemeinsame herauszustellen, ähnlich wie
dies die moderne atl. Wissenschaft zu den Geschichtswer-
ken, der Prophetie oder Weisheit praktiziert. Weiterhin
bringt Collins in seiner Beschreibung apk Heilshoffnung
zwei auch in dieser Studie immer wieder betonte Aspekte
„apokalyptischer Eschatologie" zur Geltung: Das „ewige
Leben" kann paradigmatisch für die *zeitliche*, das „engel-
gleiche Leben" beispielhaft für die *räumliche Transzendenz*
stehen.

3.1. Die Theophanie in der Apokalyptik

Im Mittelpunkt der Untersuchung zur Theophanie stehen
Texte aus dem *Wächterbuch*, dem *Astronomischen Buch* sowie dem Danielbuch: Beim *Wächterbuch* zeigte sich, dass
die literarische Funktion des über das gesamte Buch hinweg prominenten, vielgestaltigen Gerichtsgeschehens[48] im
Kontext der Theophanien (vgl. äthHen 1,1–9; 25,3) einer primär ätiologisch-semantischen Intention folgt: Apokalyptische Interpretation vorfindlicher Wirklichkeit begegnet,
indem die geschichtliche Situation durch die Tradenten als
eine Verfallserscheinung hin auf dem Weg zum Gericht
(vgl. äthHen 10,2.13.20–22) gelesen wird, und dies ohne jeden Hinweis oder Ansatz eines historischen Rückblicks,
wie er andernorts auch in der Apokalyptik bezeugt ist.
Demgegenüber erweist die Theophanie ihren *pragmatischen*
Bezug im Kontext (v. a. von äthHen 1,1–9), wenn sie eben
das Gerichtshandeln einführt. Letzterem wurde zunächst in
einer vergleichenden, textgeschichtlichen Studie zu äthHen
1 nachgegangen, um den Charakter der Gerichtshandlung

---

48 Vgl. dazu auch G. W. E. Nickelsburg, Tobit and Enoch, 59.

näher zu bestimmen: Dabei ergab sich ein rekonstruierter Grundtext, der ursprünglich ein allgemeines Strafgericht thematisierte.[49]

Bei der Umschreibung der theophanen Eröffnung als „proleptische Periphrase"[50] steht die Frage nach den Bezügen von äthHen 1 zu Kap. 6 – 16 bzw. 17 – 36 im Mittelpunkt, indem der „logische" Widerspruch von Theophanie und Entrückung bzw. Himmelsreise (Henochs) untersucht wird: Auf der Endtext-Ebene zeichnet sich Kap. 1 dadurch aus, dass es vorweg das zukünftige Gericht Gottes in seinem theophanen Hinabkommen umschreibt, indem zugleich Frevler und Gerechte unterschieden werden (vgl. äthHen 1,1.5f.8), zuvor aber Henoch als Empfänger bzw. Vermittler eschatologischer Geheimnisse eingeführt wird (vgl. V.2a). Hierzu „genügte" der prophetisch-irdische Henoch als Repräsentant der vorsintflutlichen Generation. Erst mit der Einbindung Henochs in die „Fallgeschichte" der Wächter (vgl. äthHen 14) wurde eine Entrückung notwendig. Denn durch die in der Wächterepisode erfolgte Aufhebung der Trennung von Himmel und Erde (vgl. äthHen 6,6; 14,5) durfte das Vermitteln göttlicher Geheimnisse nicht mehr an Gottes Theophanie gebunden sein. Besteht nun das Rationale der scheinbar widersprüchlichen Kombination von Theophanie und Entrückung in der Bewahrung der Trennung von Himmel und Erde, dann dürfte der mit der Theophanie zum Heil in äthHen 25,3 erreichte Umschwung auf äthHen 36,4 voraus weisen. Denn die Schlussdoxologie be-

---

49 Gegenüber E. Brandenburger, Gerichtskonzeptionen, 308f (mit 309 Anm. 41), der äthHen 1,3f u. a. als Beleg für den Gerichtstyp „Erlösungs- und Heilsgericht" anführt, die Konzeption des „universalen Weltgerichts" dagegen ganz derjenigen „urchristlichen Gerichtskonzeption, die den Horizont der Missionspredigt zumindest der hellenistisch-jüdischen Kreise des Urchristentums abgibt", zuschreibt (so a. a. O., 314). Als Belege für das „universale Weltgericht" nennt Brandenburger: Röm 2,5–11; Offb 20,11–15; Mt 16,27; Joh 5,28f; Hebr 6,2.

50 Eine auf literar. Ebene ähnliche Funktion wird man der sog. „genealogischen Vorhalle" in 1Chr 1 – 9 im Verhältnis zu den beiden Chronikbüchern, vielleicht sogar mit Blick auf das gesamte ChrG, zuschreiben dürfen. So bezeichnet M. Oeming, Israel, 217f, auch die ersten neun Kapitel in 1Chr als *proleptisches Summarium* und vergleicht es mit den „'Mottovers[en]' als antizipatorische[n] Überschriften" in der hebr. Prosa (a. a. O., 217 [Hervorheb. i. Orig.]).

nennt die einzig angemessene Begegnung des Menschen mit dem „Herrn der Herrlichkeit", die im Preisen seiner wunderbaren Schöpfungswerke zu finden ist – wodurch mit Gottes Größe also der Ausdruck des im Verhältnis zum Menschen „Ganz-Anderen" gewahrt wäre.[51]

Zum *Astronomischen Buch* folgten den textgeschichtlichen Untersuchungen Erörterungen über die Einheitlichkeit von äthHen 72 – 82, die die in der Literatur häufig vertretene Beurteilung von Kap. 80f als redaktionellem Anhang ablehnen.[52] Die Ordnung der Sterne spiegelt das in den paränetischen Passagen reflektierte menschliche Verhalten. Die enge Verbindung von „astronomisch-astrologischen" und „ethischen" Passagen findet zudem (*ex post*) in der Rezeption des *Astronomischen Buchs* durch das Jubiläenbuch und die Fragmente des *Pseudo-Eupolemos* eine Bestätigung. Das zentrale Leitwort in diesem Zusammenhang ist das des „Bewegens" bzw. „Umherirrens", also die im griech. Wortstamm πλαν- zum Ausdruck kommende Handlung. Die im „paganen" Umfeld (vgl. *Archimedes, Pseudo-Eudoxos*) bekannte Beschreibung der Sonne als nicht umherirrender Himmelskörper findet im *Astronomischen Buch* dort eine Parallele, wo von der durch Gott gewirkten, verlässlichen Ordnung der Gestirne (vgl. auch 1QH^a 9,9–13; 20,4–11; 4QEnastr^b ar [4Q209] 7 iii 1f) die Rede ist. Hinzu kommen die soeben edierten aram. Fragmente aus Qumran, die keine Entsprechung im äth. Text haben und offenbar einer am Mondlauf orientierten Synchronisierung von Mond und Sonnenlauf das Wort reden (s. 4QEnastr^a ar [4Q208] Frgm. 5 1–5). Diese bestätigen schon in ihrer formelhaften Sprache das Ziel einer kosmischen Wohlordnung. Darüber hinaus verwendet jene Formelsprache ein Vokabular, das in aram. Quellen zur Kennzeichnung theophaner Ereignisse gebraucht wird. Dem widerstreitet jedoch die in der insgesamt kürzeren äth. Überlieferung belegte Theophanie nach äthHen 77,1, da sie im „Kommen Gottes aus dem Süden" de-

---

51 Man vergleiche auch die Gottesbezeichnung „der große Heilige" (äthHen 1,3; 10,1; 14,1 [nach GrP bzw. GrS]; 97,6; 98,6 [nach GrCB]).

52 Zur Diskussion vgl. die ausführliche Arbeit von M. Albani, Astronomie, *passim* (vgl. S. Beyerle, Wiederentdeckung, 54–56).

zidiert älteste Traditionen des *Tanach* übernimmt, die keinerlei Hinweise auf ein astronomisches Interesse bieten.
Ein Sachverhalt, der etwa auch noch für die spätere Weisheit gilt. Während die *innertextliche Pragmatik* der Theophanie im *Wächterbuch* erst durch die Beachtung des überlieferungsgeschichtlichen Wachstums deutlich wurde, zeigt
sich in äthHen 72 – 82 bereits an der Komposition des
zweiten Buchabschnitts (Kap. 77 – 80) die von Anbeginn auf
die Trennung von Gerechten und Frevlern angelegte Pragmatik der „Eröffnung" in äthHen 77,1.

Die erste Bestandsaufnahme zum Theophaniemotiv setzte bei der ältesten Henochüberlieferung an und führte zu
einem recht überraschenden Ergebnis: Zwar ist das Kommen Gottes *quantitativ* in apk Texten eher unterrepräsentiert, doch erweist es zugleich in den gewichtigen und gemeinhin älter als das Danielbuch datierten Kompositionen
des *Wächter-* und des *Astronomischen Buchs* seine hervorgehobene Stellung. Man darf also schon an dieser Stelle
den Schluss ziehen, dass der Theophanie als ausgezeichne-
tem Modus der Offenbarung[53] eine in der „Offenbarungsliteratur" der Apokalyptik angemessene Position zukommt.
Außerdem bleibt zu beachten, dass der Befund die zeitliche
Dimension der Eschatologie, eines Zeitmaßes überhaupt,
offensichtlich fast völlig zu Gunsten einer räumlichen oder
„axiologischen" Eschatologie verdrängt.[54] Der Hauptton
liegt auf der Raum- und nicht auf der Zeitebene: Dort wo
die Trennung zwischen Himmel und Erde durchbrochen
wird, droht Unordnung und damit zugleich Unheil, es sei
denn Gott selbst oder ein durch Gott ausgezeichneter Offenbarungsempfänger, als Entrückter oder Himmelsreisender, hebt die Unterscheidung von Himmel und Erde auf.

Von besonderer Bedeutung ist die theophane Motivik für
das Danielbuch. Kompositorisch sind Dan 4 und 7 hervorgehoben: Dan 4 durch seine Stellung in der Mitte des kon-

---

53 Vgl. auch M. Frenschkowski, Offenbarung, 130–145.323–326.

54 Mit Blick auf die *Zehnwochenapokalypse* oder Belege wie Dan 9
bzw. 2 u. 7 darf dieses Urteil allerdings nicht verabsolutiert werden. In
der Tendenz wird in den späteren Apokalypsen wie syrBar oder 4Esr
das Zeitmaß wieder stärker hervorgekehrt (vgl. dazu auch L. DiTommaso, Eagle Vision, 3–38; N. Roddy, End, 3–14).

zentrisch angelegten hebr.-aram. Dan[55], und Dan 7 augenscheinlich, indem es den Visionenteil der biblischen Apokalypse eröffnet. Zu Dan 4 ist festzuhalten, dass die Transzendenz Gottes bereits an der Terminologie deutlich wird,
wenn die eine „politische Theologie"[56] konnotierende Vokabel שְׁלִיט (Dan 4,14; vgl. 5,21), die sonst stets das weltliche
Herrschertum bezeichnet (Dan 2,10.15; 5,29; Esr 4,20; 7,24),
nunmehr den „Höchsten" benennt. Bereits im legendarischen Teil wird die Betonung der Jenseitigkeit Gottes deutlich, wenn sogar die Fremdherrscher gegenüber dem „wahren" שְׁלִיט, dem Gott Israels, erniedrigt werden. Das zweimal (Dan 4,10.20) erwähnte Herabsteigen „eines Wächters
und Heiligen" begegnet am Übergang zur „Geschehnisvi-
sion"[57], sodass auch die visionäre Handlung des Fremdherrschers dem „Himmelskönig" über die Vermittlung der Zwischenwesen unterstellt ist. Schließlich besteht nach Dan
4,14 die Aufgabe der „Wächter und Heiligen" in der Beglau-
bigung des Gerichts, womit semantisch ein Bezug zur Theophanie in äthHen 1 hergestellt wird. Nur dass in Dan nicht
unmittelbar Gott, sondern Mittlerwesen agieren. Und
schließlich betont die griech. Überlieferung (vgl. Pap. 967,
Ms. 88, Sy[h]) die Bindung an den höchsten Gott noch stärker, als es der masoretische Text vermag.
    Die Analyse von Dan 7 ging zunächst auf die Gestalt des
„Menschensohns" und die u. a. religionsgeschichtlich zu erläuternden Theophaniemotive ein[58], um in einem ausführlichen Vergleich mit 4Q246 (*Son of God*-Text), den *Bilderreden* und 4Esr 13 bzw. äthHen 14 sowie dem *Gigantenbuch*, in
Gemeinsamkeiten und Differenzen, die Charakteristik der
daniel. „Menschensohn"-Vision bzw. der darin enthaltenen
Erscheinungsweisen des Göttlichen näher zu bestimmen.
Im Vergleich ergeben sich vier Gemeinsamkeiten, die den
„Menschensohn" einmal als Rettergestalt mit andererseits

---

55 Vgl. auch A. Lenglet, Structure, 171–187; W. H. Shea, Daniel 4,
193–202.

56 Vgl. dazu K. Koch, Herrschaft, 120–124.

57 Vgl. hierzu die Klassifizierung von Visionen bei F. Horst, Visionsschilderungen, 193–205.

58 U. a. ist der ugarit. Baalmythos angesprochen (s. ausführlich J. J.
Collins, Sea, 139–155); vgl. auch S. Beyerle, Untersuchungen, 1–52.

universalistischen Herrscherattributen auszeichnen, der, zum dritten stets dem einen Gott untergeordnet, schließlich in eschatologische Handlungen (Gericht, Restauration, Auferstehung) verstrickt ist. Die beiden zuletzt genannten Charakteristiken überschneiden sich auffällig mit denen der „Wächtertheophanie" in Dan 4.

Die bisherigen Analysen zum „Gott des Daniel" sahen einen Wechsel in der Umschreibung des „Höchsten", insbesondere was seine mehr oder weniger ausgebildete Intransigenz betrifft. Und mit diesem Wechsel sind zugleich zwei Ebenen der kritischen Auseinandersetzung mit den Quellen angesprochen, nämlich einerseits das textgeschichtliche und andererseits das kompositorische Stratum: So kann man den Gott des griech. Danieltextes als einen sich den Fremdherrschern wie Nebukadnezzar öffnenden „Weltengott" beschreiben, dessen immanentes Handeln an Daniel, Mesach, Sedrach und Abed-Nego der Bekehrung jenes babylonischen Königs dient. Dagegen ist der aram.-hebr. Text ganz auf einen die Universalherrschaft durchsetzenden Gott hin angelegt.[59] Beachtet man zudem die deutliche Zentrierung auf Israel im Visionenteil gegenüber Dan 1–6 mit der damit einhergehenden Vernichtungsterminologie im Hinblick auf die Fremdherrscher, ließe sich die benannte Tendenz zugleich auf die Makro-Gattungen des Dan aufteilen. Da sich die Differenz sowohl im Längsschnitt der Textgeschichte als auch im Übergang von den „Legenden" zu den „Visionen" aufweisen lässt, ist in Dan 7 weniger ein völliger Neueinsatz, als vielmehr eine weitere Steigerung belegt:[60] von der gegenüber Fremdherrschern „toleranten" Bekehrungs- (Dan 1–6* [Pap. 967, Ms. 88]) zur intransigenten Herrschaftstheologie (Dan 1–6 [MT]), die schließlich einem apk Gerichtsschema weicht (Dan 7–12). In diese Entwicklung fügt sich die im Vergleich mit 4Esr 13 (vgl. 4Q246; äthHen 37–71) beobachtete Tendenz der be-

---

59 Vgl. dazu mit unterschiedlichen Akzenten R. Albertz, Gott, 19–76; ders., Setting, 171–202; L. M. Wills, Jew, 87–121, u. zurückhaltender zuletzt M. Henze, Madness, 23–49.

60 Vgl. auch den jüngsten Versuch bei R. Albertz, Setting, 171–202, eine aram. Danielapokalypse in Dan 2–7 zu erweisen (anders R. G. Kratz, Tranlatio, *passim*; ders., Propheten, 106–109).

tonten Unterordnung des Mandatars („Menschensohn") unter den höchsten Gott sowie die Beschränkung der Theophanie auf den himmlischen Bereich. Letzterem korrespondiert im weiteren Verlauf der Visionen die wiederholte Engelepiphanie (Dan 10,5f), der sich eine himmlisch-eschatologische Kriegsszene anschließt unter Aufnahme weltpolitischer „Geschichtsschreibung"[61] (Dan 10f; vgl. Dan 4).

Waren in der mutmaßlich älteren Überlieferung des *Wächterbuchs* und des *Astronomischen Buchs* die theophanen Erscheinungen einmal durch die Gerichtspragmatik zu Beginn (vgl. äthHen 1,3–9*) und zum anderen durch die das Gericht konsoziierenden „Ethisierungen" (s. äthHen 77,1 u. Kap. 80f) gekennzeichnet, dann zeigt die „Menschensohn"-Theophanie des Danielbuchs eine Weiterentwicklung: Im Blick auf die *textexterne Pragmatik* ist zwar das Gericht dem seleukid. Fremdherrscher sicher, doch vollzieht dies nicht *Gott allein*, sondern ein ihm nachdrücklich untergeordneter Mandatar ist beteiligt. Vielleicht jener, der späterhin auch zum Heil wirkt (vgl. Dan 12,1–3), wenn nämlich der „Menschensohn" mit Michael identifiziert werden darf.[62] Weitere Aspekte der *textinternen* wie *-externen Pragmatik* ließen sich bei Beachtung der „tritokanonischen"[63] Danielliteratur aus Qumran (4QOrNab ar u. 4Qps-Dan ar)[64] herausarbeiten: Dabei verdeutlicht das *Gebet des Nabonid* die bereits konstatierte Differenz Gottes gegenüber den Fremdherrschern in Daniellegenden und -visionen. Schließlich erlauben Vergleiche mit der pseudo-daniel. Literatur Rückschlüsse auf die *textexterne Pragmatik*, insofern dort möglicherweise eine anti-seleukid. Haltung deutlich wird, die wiederum einen Entdeckungszusammenhang für die inner-jüdischen Auseinandersetzungen der „kanonischen" Danielapokalypse liefert.

---

61 Vgl. dazu v. a. F. Millar, History, 89–104.

62 Zu dieser Identifizierung vgl. J. J. Collins, Daniel, 304–310, gegen zuletzt W. Schenk, Ich-Idiom, 31–35.

63 Vgl. zur Terminologie K. Koch / T. Niewisch / J. Tubach, Buch, 23–28.

64 Vgl. die abwägende Übersicht bei J. J. Collins, Light, 180–196.

3.2. Die Auferstehung und ihre anthropologischen Voraussetzungen

Mit der Auferstehung ist jene Motivkonstellation angesprochen, die i. S. d. „*apokalyptischen* Eschatologie" als Kernmotiv der Gattung qualifiziert ist. Phänomenologisch begegnet in der Auferstehung, oder allgemeiner: der Todesüberwindung, eine der Theophanie gegenläufige Bewegung. In Theophanie und Auferstehung ist zugleich die Aufhebung göttlicher Transzendenz angezeigt, was ein gemeinsames und zugleich wesentliches theologisches Strukturmoment der Apokalyptik darstellt. Die vorliegende Studie hat zudem die anthropologischen Grundlagen der Motivkonstellation der „Auferstehung" untersucht und traditionsgeschichtlich eingeordnet.

Die Analyse hat zunächst eine Genese der Auferstehungsvorstellung vom *Tanach* bis hin zu den pseudepigraphen Texten des antiken Judentums nachgezeichnet und arbeitete drei Gemeinsamkeiten heraus:

1. die konsequente Trennung zweier nicht miteinander vereinbarer Wirklichkeitsauffassungen;
2. die Individualisierung der Heilszusage ewigen Lebens und schließlich
3. die Betonung einer trichotomischen Anthropologie, wie sie in der dualistischen Weisheit in hellenistischer Zeit einen Entdeckungszusammenhang besitzt.

Nach der knappen Erörterung zu äthHen 81,4, wo bestenfalls implizit eine Auferstehungsvorstellung belegt ist, rückte die *Zehnwochenapokalypse* bzw. ihr unmittelbares textliches Umfeld in den Mittelpunkt (äthHen 92,3–5 [vgl. 91,10]). Trotz einer soteriologisch und axiologisch ausgerichteten Eschatologie findet man hier jedoch keine Auferstehungshoffnung. Als „Platzhalter" fungiert die in den äth. Versionen zu findende Idee der Auferstehung der Weisheit, die in der apk Literatur zur Hervorhebung eines endzeitlichen Offenbarungsmysteriums dient.[65] Eigenheiten der in äthHen 102 – 104 nach der griech. Überlieferung belegten Motive wie etwa die Unterscheidung von „Geist" und

---

65 Vgl. auch E. Brandenburger, Verborgenheit, 197–201; G. Schimanowski, Weisheit, 95–104; G. W. E. Nickelsburg, Nature, 95.

„Seele" [nach GrCB] verweisen zudem auf die erarbeiteten anthropologischen Konzepte im hellenistischen Judentum. Die Besonderheit des in der *Epistel* gebotenen Motivinventars besteht nun in der Verbindung altisraelitisch bzw. antik-jüdisch bezeugter Auferstehungshoffnung mit der aus dem Hellenismus bekannten Seelenlehre: Die Vorordnung der Auferstehung vor das Gericht impliziert wohl ein Verständnis der „neutralen" Bewegung aus der Unterwelt. Und während die „Seelen" der Gerechten *und* Frevler in die Scheol bzw. den Hades hinabsteigen, wird nach der „Auferstehung" der „Geist" zum Träger der Unsterblichkeit.

Unabhängig von der Tatsache, dass der rahmende Aspekt der Auferstehung – und der Theophanie – natürlich erst auf der Ebene des äth. Textes in äthHen vollgültig zum Tragen kommt[66], fand sich die Motivkonstellation stets an

---

66 Es bleibt zu beachten, dass bereits die älteste Bezeugung der Qumranfragmente (ca. 3.–1. Jh. v. Chr.) durch ihre Aufteilung der Texte deutlich macht, dass schon in dieser Zeit zumindest Abschnitte der späterhin durch die kritische Forschung als eigenständige Apokalypsen identifizierten Kompositionen gemeinsam überliefert wurden. So bezeugt 4QEn^c ar [4Q204] Textsegmente aus dem *Wächterbuch*, dem *Traumbuch* u. der *Epistel* (letztes Drittel d. 1. Jh.s v. Chr.: so J. T. Milik / M. Black, Books, 178). Die Zusammengehörigkeit von 4QEn^c ar [4Q204] mit 4QEnGiants^a ar wird dabei neuerdings mit Skepsis betrachtet (s. o., ZWEITES KAPITEL, 2.: S. 57f Anm. 28). Dann unterstreicht 4QEn^g ar [4Q212], dass die *Zehnwochenapokalypse* schon früh in den Übergang vom *Visionenbuch* zur *Epistel* eingebunden war (vgl. auch G. W. E. Nickelsburg, 1 Enoch 1, 10). Wenn auch durch eine hohe Hypothetik belastet, sprechen zudem orthograph., paläograph. u. allg. papyrolog. Argumente gegen eine Identifizierung der griech. Textfragmente mit ntl. Belegen (vgl. É. Puëch, Fragments, 570–584; M.-É. Boismard, 7Q5, 585–588, u. P. Grelot, Note, 589–591). Wäre einer Identifizierung von 7Q5 mit äthHen 15,9f (vgl. V. Spottorno, Limits, 75–77) und von 7Q Frgm. 4, 8, 11–14 mit äthHen 100; 103 u. 105 (vgl. F. García Martínez / E. J. C. Tigchelaar, Study Edition, 1162f [Lit.], aber auch die Skepsis zu 7Q4 bei Nickelsburg, 1 Enoch 1, 14 Anm. 49) gerechtfertigt, ergäbe sich auch für den griech. Henoch eine gemeinsame Bezeugung von *Wächterbuch* u. *Epistel*. Schließlich sind in diesem Zusammenhang die Thesen G. W. E. Nickelsburgs zu bedenken, der die Botschaft der *Epistel* u. a. in Abhängigkeit zu den Offenbarungen des *Wächterbuchs* sieht (vgl. ders., Message, 309–328, u. 1 Enoch 1, 422f) und obendrein die Gemeinsamkeiten der apk Weltsicht des „henoch. Pentateuch" als „Testament" in seiner Gesamtheit betont (vgl. ders., Construction, 51–64, u. 1 Enoch 1, 21–28, sowie die Kritik bei M. A. Knibb, Reflections, 439–442).

„Schnittstellen". Neben den Gemeinsamkeiten im Einzelnen
zeigte sich die grundsätzliche Übereinstimmung der Pragmatik einer Separierung, ob von Himmlischem und Irdischem oder von Frevlern und Gerechten. Es mag einem Paradox gleichkommen: Die *prima vista* auf Überwindung der
Transzendenz ausgerichteten Motivkomplexe verfolgen in
der apk Literatur gerade den entgegengesetzten Zweck,
nämlich die Betonung des Trennenden zwischen „Hier" und
„Dort".[67] Zugleich fällt wiederum die Divergenz von (Quan-
tität der) Bezeugung und Bedeutung auf.

3.3. Schöpfung und Neuschöpfung

Durchaus vergleichbar mit dem Messianismus ist das Motiv
der Neuschöpfung in der älteren Apokalyptik kaum bezeugt. Wo das Motivinventar begegnet, hat es stets einen
kosmischen Bezug und betont insbesondere die jenseitigen
Wirklichkeitssphären (vgl. nur äthHen 91,16). Vergleichbar
mit der Theophanie bzw. der Auferstehung ist die Neuschöpfung zwar quantitativ unterrepräsentiert, tradiert jedoch zugleich ein zentrales Theologumenon apk Theologie,
nämlich die enge Verbindung der Heilserwartung mit der
vor allem räumlich transzendierten Wirklichkeit („axiologische Eschatologie": s. o.). Der bereits ausführlich dargeleg-
te Aspekt der Verborgenheit Gottes verschafft sich hier in
eigentümlicher Weise Raum. Ist doch gerade im Vergleich
mit der tritojes Bezeugung ein Zurückweichen Gottes als
Handlungsträger zu beobachten.[68]

Außerdem lassen sich die antik-jüdischen Traditionen
zum Motiv „Neuschöpfung" in einen anthropologisch-ontologischen und einen kosmologischen Aspekt unterscheiden.
Innerhalb der Motivkonstellation kommt es allerdings nur
vereinzelt zu Überschneidungen dieser beiden Aspekte
(vgl. 4QRenewed Earth [4Q475]), auch wenn die apk Anth-

---

67 Demgegenüber besitzen die aus den atl. Texten bekannten Theo-
phaniekonzepte zumeist einen immanent-geschichtstheolog. Bezug:
vgl. dazu den Überblick bei A. Scriba, Theophanie, *passim*.

68 Vgl. Jes 65,17 [MT] mit Jes 65,17 [LXX] und äthHen 91,16 (s. auch
ApkEl 43,11–15 [5,37f]).

ropologie[69] in ihrem dualistischen Denken stets menschliches Sündenbewusstsein reflektiert.

In der Deutung des Exils als fortdauernder Zustand der Gottvergessenheit in der Welt und in der die Transzendenz Gottes betonenden Neuschöpfung spiegeln sich zudem Ambivalenz bzw. Paradox göttlicher Nähe.[70] Gottes Gottsein ist zwar in der Welt vergessen, in seiner endzeitlichen Offenbarung jedoch, und jetzt nicht nur den ausgezeichneten Offenbarungsträgern wie Henoch, Mose oder Daniel, unmittelbar gegenwärtig. Während diese Gottesgegenwart den einen zum Heil gereicht, bewirkt sie bei den „Gegnern" das Gericht.

4. AUSBLICK

Dieser umfassende Einblick in theologische Fragestellungen zur Apokalyptik hat an zahlreichen Stellen Neuland betreten, sodass weiterführende Fragestellungen am Ende der Studie noch einmal gebündelt werden sollen. Jene lassen sich m. E. auf drei unterschiedliche Ebenen verteilen: eine *quellenkritische*, eine *methodische* und schließlich eine im engeren Sinne *theologische* Ebene.

Quellen: Die Studie konnte auf zahlreiche Quellentexte zurückgreifen, die erst kürzlich einer wissenschaftlichen Standards genügenden Edition zugeführt wurden. Insbesondere die Qumrantexte zum Danielbuch sowie zum *Astronomischen Buch* (4QEnastr[a] ar) sind betroffen. Was die Auswertung dieser Quellen betrifft, ist die Forschung erst am Anfang, wobei naturgemäß Interpretation und Philologie bzw. editorische Erkenntnisse letztlich zusammenwirken werden. Ein ganz eigenes Feld erschließt die nunmehr

---

69 Vgl. dazu nur G. W. E. Nickelsburg, Anthropology, 75–88, u. so ausführlich wie hypothetisch D. R. Jackson, Enochic Judaism, *passim*.

70 Das Paradox *göttl.* Nähe besitzt, zumindest in äthHen, ein *anthropolog*. Pendant. So wird die Menschheit einerseits pauschal als „sündig" charakterisiert, andererseits jedoch in „Frevler" u. „Gerechte" unterteilt (vgl. nur äthHen 1,3–9*: s. o., ZWEITES KAPITEL, 2.1.). G. W. E. Nickelsburg, Anthropology, 79–82, der auch die Theophanie in äthHen 1–5 behandelt, spricht daher ausdrücklich von einem „evident paradox" (vgl. auch a. a. O., 83f).

in ihrer Gesamtheit zugängliche Weisheitsliteratur aus Qumran (s. 4QInstruction, 4QTime of Righteousness [4Q-215a]), die durch ihre Eschatologie die Frage nach den Beziehungen zwischen Weisheit und Apokalyptik erneut aufkommen lässt.[71] Die theologische bzw. religionsgeschichtliche Fragestellung wird auch in Zukunft die Erweiterung des Primärbefunds um diese Quellentexte kaum vermeiden können.

Methode: Der Schriftsteller Jack Miles hat in seinem Roman, einer biographischen Annäherung an Gott, eine interessante Beobachtung gemacht: Abgesehen von den Chronikbüchern, die Reden aus den Samuel- und Königebüchern bisweilen wörtlich wiederholen, schweigt Gott vom Ende des Hiobbuchs bis zum Abschluss des *Tanach*.[72] Für das Danielbuch und Dan 7 – 12 heißt dies, dass Offenbarung als „Apokalypse" auch dort vernehmbar wird, wo Gott wesentlich schweigt (vgl. auch 1Kön 19,12b). Methodisch wird man sich dann aber davor hüten müssen, Theo-Logie nur dort zu ergründen, wo Gott in der apk Literatur handelt, schafft, redet oder auch im Namen ergründbar wird.

Theologie: Theo-Logie der „Apokalypse" als radikale Abkehr vom irdischen und Hinwendung zum neuen, ganz anderen und jenseitigen Kosmos, sagbar nur als Offenbarung Gottes in seiner Verborgenheit, beleuchtet auch bedeutende Theologumena des frühchristlichen Kerygma, und dies nicht nur in der Vorgabe wichtiger Motive und Themenstellungen[73]. Sie überliefert darüber hinaus Denkansätze und Wirklichkeitsdeutungen, die unmittelbar in christliche Konzepte zur „Weltbewältigung" Eingang fanden.[74] In gegenwärtigen Ansätzen einer „Biblischen Theologie" spielt die

---

71 Ohne dass man deswegen die Alternative: „Prophetie oder Weisheit als Ursprung der Apokalyptik" erneut beleben müsste: eine sinnlose Alternative.

72 Vgl. J. Miles, Gott, 379.

73 Wie etwa Menschensohn, Gericht, Neue Schöpfung, Auferstehung, Reich Gottes, Angelologie etc.

74 Vgl. etwa die 25. der „Unzeitgemäßen Thesen zur Apokalyptik" von J. B. Metz, Glaube, 171, in der sich Metz zur Christologie äußert: „Christologie ohne Apokalyptik wird zur Siegerideologie. Mussten das nicht gerade jene leidvoll genug erfahren, deren apokalyptische Traditionen das Christentum allzu sieghaft verdrängte: die Juden?"

antik-jüd. Apokalyptik zumeist jedenfalls eine nur untergeordnete Rolle.[75] Will man aber dem Programm Jon D. Le-
vensons (s. o.) nur annähernd gerecht werden, wird der
„*canonical approach*" schnell an seine Grenzen stoßen.[76]

Schließlich: Die apk Theologie ohne den Blick auf die
Historie durchmessen zu wollen, ist zum Scheitern verurteilt.[77] Ausgerechnet der Theologe als Fundamentaltheologe
mahnt:

> Apokalyptik, religionsgeschichtlich: Wo sie sich in Zahlenspielen
> und heilsgeschichtlich-idealistischen Vorausberechnungen er-
> schöpfte, war sie freilich bereits erschöpft und degeneriert. Apo-
> kalyptik war mystische Entsprechung zu einer erfahrenen politi-
> schen Wirklichkeit.[78]

Die Darstellung einer Theologie der Apokalyptik wird auch
in Zukunft die ihr voraufgehenden „politischen Wirklichkeiten" analysieren, und dabei noch stärker die religiös-
kulturelle Verschmelzung von „Ost und West" im hellenistischen Zeitalter berücksichtigen müssen.

---

75 Ausnahmen sind im deutschsprachigen Raum H. Gese, Anfang,
202–230; H. Seebass, Gott, v. a. 81–100.135f, sowie die Arbeiten von
K. Koch u. E. Brandenburger. Für den syst.-theolog. Bereich wäre U.
H. J. Körtner zu nennen.

76 Vgl. dazu auch die polemische Auseinandersetzung mit B. S.
Childs' Ansatz an Hand des Danielbuchs bei J. J. Collins, Inspiration,
29–38.

77 Zur wichtigen Vorgeschichte der makk. Erhebung vgl. demnächst
auch S. Beyerle, Attitudes.

78 So J. B. Metz wiederum in seinen „Unzeitgemäßen Thesen zur
Apokalyptik": ders., Glaube, 170 [These 23].

Literatur

Die folgenden Werke werden in der Arbeit grundsätzlich mit Verfassernamen u. Kurztitel zitiert, wobei zumeist das erste Hauptwort des Titels als Orientierung dient. Die biblischen, apokryphen und pseudepigraphen Bücher sind nach den gängigen Konventionen abgekürzt. Die übrigen Werke antiker Lit. orientieren sich am Abk.verz. bei Liddell/Scott/Jones. Die Zählung bei Josephus Flavius u. Philo Alexandrinus ist die der *Loeb Classical Library*. Qumrantexte werden möglichst nach *editio major* in *Discoveries in the Judaean Desert* angegeben. Die *Hodayot* (1QH^a) sind ausschließlich nach der von H. Stegemann u. É. Puëch vorgeschlagenen Zählung zitiert (zur Zählung bei E. L. Sukenik, אוצר המגילות הגנוזות, vgl. J. Maier, Qumran-Essener 1, 45f). Sämtliche Abkürzungen orientieren sich an S. Schwertner (Hg.), Internationales Abkürzungsverzeichnis für Theologie und Grenzgebiete, Berlin/ New York ^{2}1992 [vgl. TRE-Abkürzungsverzeichnis ^{2}1994], mit den folgenden Ergänzungen:

ABD	The Anchor Bible Dictionary, hg. v. D. N. Freedman u. a., New York u. a.
ABG	Arbeiten zur Bibel und ihrer Geschichte, Leipzig
ABRLib	Anchor Bible Reference Library, New York u. a.
ARG	Archiv für Religionsgeschichte
BBR	Bulletin of Biblical Research
BibIS	Biblical Interpretation Series, Leiden u. a.
BibRS	The Biblical Resource Series, Grand Rapids /Cambridge
CEJL	Commentaries on Early Jewish Literature, Berlin/ New York
DCH	The Dictionary of Classical Hebrew, hg. v. D. J. A. Clines u. a., Sheffield
DNP	Der Neue Pauly: Enzyklopädie der Antike, hg. v. H. Cancik u. a., Stuttgart u. a.
FrGrH	F. Jacoby (Hg.), Die Fragmente der griechischen Historiker I–III in 16 Bde., Berlin/Leiden 1923–69
Ges[18]	W. Gesenius, Hebräisches und Aramäisches Handwörterbuch über das Alte Testament, hg. v. R. Meyer, H. Donner u. U. Rüterswörden, Berlin u. a.
GesK	W. Gesenius / E. Kautzsch / G. Bergsträßer, Hebräische Grammatik, ND, Darmstadt ^{7}1995 [^{28}1909]
HBS	Herders biblische Studien / Herder's Biblical Studies, hg. v. H.-J. Klauck u. E. Zenger, Freiburg i. Br. u. a.
HeCuSo	Hellenistic Culture and Society, Berkeley/ Los Angeles /Oxford

HGI	K. Brodersen / W. Günther / H. H. Schmitt (Hg.), Historische griechische Inschriften in Übersetzung, 3 Bde., (TzF 59, 68 u. 71) 1992, 1996 u. 1999
HP	A. A. Long / D. N. Sedley, (Hg.), The Hellenistic Philosophers, 2 Bde., Cambridge u. a. ^{5}1995
HThK.AT	Herders Theologischer Kommentar zum Alten Testament
LDSS	The Literature of the Dead Sea Scrolls, London/ New York
NBL	Neues Bibel-Lexikon, hg. v. M. Görg u. B. Lang
PTSDSSP	The Princeton Theological Seminary Dead Sea Scrolls Project: The Dead Sea Scrolls, Hebrew, Aramaic, and Greek Texts with English Translations, hg. v. J. H. Charlesworth u. a., Tübingen/Louisville
RBL	Review of Biblical Literature [www.bookreviews.org, Stand: Okt. 2004]
RechInt	Recherches Intertestamentaires, Paris
SDSSRL	Studies in the Dead Sea Scrolls and Related Literature, Grand Rapids /Cambridge
S.JSHRZ	Studien zu den JSHRZ, Göttingen
SVF	J. von Arnim (Hg.), Stoicorum Veterum Fragmenta, 4 Bde. (Sammlung wissenschaftlicher Commentare), ND, Stuttgart 1978–79 [1903–24]
TGF	A. Nauck (Hg.), Tragicorum graecorum fragmenta, Supplementum continens nova fragmenta euripidea et adespota apud scriptores veteres reperta adiecit Bruno Snell, ND, Hildesheim 1964
ThLZ.F	Theologische Literaturzeitung: Forum, Leipzig
VWGT	Veröffentlichungen der Wissenschaftlichen Gesellschaft für Theologie

1. QUELLEN

Altes Testament

hebräisch
Kittel, R. (Hg.), Biblia Hebraica, Stuttgart ^{3}1950 [BHK]
Elliger, K. / Rudolph, W. / Rüger, H. P. (Hg.), Biblia Hebraica Stuttgartensia, Stuttgart ^{2}1984 [BHS]
Schenker, A. u. a. (Hg.), Biblia Hebraica quinta editione cum apparatu critico novis curis elaborato, Bd. 18: Megilloth, Stuttgart 2004

aramäisch
Díez Macho, A., Un segundo fragmento del Targum Palestinense a los Profetas, Bib. 39 (1958) 198–205

- Neophyti 1, Targum Palestinense Ms de la Biblioteca Vaticana, 5 Bde. (Genesis – Deuteronomium, Apendices), TECC 7–11.20, 1968–1979
- Biblia Polyglotta Matritensia, Series IV, Targum Palaestinense in Pentateuchum, 5 Bde. (Genesis – Deuteronomium), Madrid 1977–1988
Levey, S. (Hg.), The Targum of Ezekiel (The Aramaic Bible 13), Wilmington 1987
Sperber, A. (Hg.), The Bible in Aramaic, Based on Old Manuscripts and Printed Texts, Bd. 1: The Pentateuch According to Targum Onkelos, Leiden 1959
- The Bible in Aramaic, Based on Old Manuscripts and Printed Texts, Bd. 3: The Latter Prophets According to Targum Jonathan, Leiden 1962
Tal, A. (Hg.), The Samaritan Targum of the Pentateuch, 3 Bde. (TSHLRS 4–6) 1980–1983

griechisch
Geißen, A. (Hg.), Der Septuaginta-Text des Buches Daniel, Kap. 5 – 12, zusammen mit Susanna, Bel et Draco sowie Esther, Kap. 1,1a – 2,15 (PTA 5) 1968
Hamm, W. (Hg.), Der Septuaginta-Text des Buches Daniel, Kap. 3 – 4, Nach dem Kölner Teil des Papyrus 967 (PTA 21) 1977
Kenyon, F. G. (Hg.), The Chester Beatty Biblical Papyri: Descriptions and Texts of Twelve Manuscripts on Papyrus of the Greek Bible, Fasc. VII: Ezekiel, Daniel, Esther: Text, London 1937
Rahlfs, A. (Hg.), Septuaginta, Id est Vetus Testamentum Graece iuxta LXX interpretes, 2 Bde., Stuttgart 1935
Roca-Puig, R., Daniele. Due semifogli del codice 967, P. Barc. inv. nn. 42 e 43, Aeg. 56 (1976) 3–18
Ziegler, J. (Hg.), Duodecim prophetae (SVTG XIII) [3]1984
- Isaias (SVTG XIV) [3]1983
- Ezechiel (SVTG XVI/1) [2]1977
- Susanna – Daniel – Bel et Draco (SVTG XVI/2) 1954
Ziegler, J. / Munnich, O. (Hg.), Susanna – Daniel – Bel et Draco (SVTG XVI/2) [2]1999

lateinisch
Weber, R. (Hg.), Biblia Sacra iuxta Vulgatam versionem, 2 Bde., Stuttgart [2]1975
Biblia Sacra iuxta Latinam Vulgatam versionem, Tom. 16, Danihel, Rom 1981

syrisch
Gelston, A. / The Peshiṭta Institute (T. Sprey: Hg.), Dodekapropheton – Daniel and Bel and the Dragon (OTSy III,4) 1980

Alter Orient und Ägypten

allgemein
Hallo, W. W. / Younger, K. L. (Hg.), The Context of Scripture: Canonical Compositions, Monumental Inscriptions and Archival Documents from the Biblical World, Bd. 1: Canonical Compositions from the Biblical World, Leiden/ New York /Köln 1997
– The Context of Scripture: Canonical Compositions, Monumental Inscriptions and Archival Documents from the Biblical World, Bd. 2: Monumental Inscriptions from the Biblical World, Leiden/Boston/ Köln 2000
Jaroš, K., Inschriften des Heiligen Landes aus vier Jahrtausenden, Mainz 2001 [CD-Rom]

Ägyptische Hymnen
Assmann, J. (Hg.), Ägyptische Hymnen und Gebete: Übersetzt, kommentiert und eingeleitet (OBO.Sonderbd.) ²1999

Aḥīqar
Kottsieper, I., Die Sprache der Aḥiqarsprüche (BZAW 194) 1990
– Die Geschichte und die Sprüche des weisen Achiqar (TUAT III/2) 1991, 320–347
Lindenberger, J. M. (Hg.), Ahiqar, in: J. H. Charlesworth (Hg.), The Old Testament Pseudepigrapha 2 (ABRLib) 1985, 479–507

Althebräische und -aramäische Inschriften
Davies, G. I. u. a. (Hg.), Ancient Hebrew Inscriptions, Corpus and Concordance, Cambridge u. a. 1991
Donner, H. / Röllig, W. (Hg.), Kanaanäische und aramäische Inschriften, 3 Bde., ²1966–1969 [Bd. 1: 5. erw. u. überarb. Aufl. 2002]
Fitzmyer, J. A. / Harrington, D. J. (Hg.), A Manual of Palestinian Aramaic Texts (Second Century B. C. – Second Century A. D.), BiOr 34, 1978
Renz, J. / Röllig, W. (Hg.), Handbuch der althebräischen Epigraphik, 3 Bde. i. 4, Darmstadt 1995 u. 2003

Beschwörungsserie bīt mēseri
Borger, R., Die Beschwörungsserie *bīt mēseri* und die Himmelfahrt Henochs, JNES 33 (1974) 183–196

Deir 'Allā-Inschrift
Hoftijzer, J. / van der Kooij, G., Aramaic Texts from Deir 'Alla (DMOA 19) 1976
Müller, H.-P., Die aramäische Inschrift von Deir 'Allā und die älteren Bileamsprüche, ZAW 94 (1982) 214–244
Hoftijzer, J. (Hg.), Die Inschrift von Deir 'Alla (TUAT II/1) 1986, 138–148
Levine, B. A. (Hg.), The Deir 'Alla Plaster Inscriptions, in: W. W. Hallo / K. L. Younger (Hg.), The Context of Scripture: Canonical Compositions, Monumental Inscriptions and Archival Documents from

the Biblical World, Bd. 2: Monumental Inscriptions from the Biblical World, Leiden/Boston/Köln 2000, 140–145

Haran-Inschrift(en)
Gadd, C. J., The Harran-Inscriptions of Nabonidus, AnSt 8 (1958) 35–92

Grabinschrift aus Ḥirbet Bēt Layy (BLay[7] :1)
Lemaire, A., Prières en temps de crise: les inscriptions de Khirbet Beit Lei, RB 83 (1976) 558–568
Renz, J. (Hg.), Die althebräischen Inschriften, Tl. 1: Text und Kommentar (Handbuch der althebräischen Epigraphik 1), Darmstadt 1995, 245–246

Grabinschrift aus Ḥirbet el-Kōm (Kom[8] :3)
Davies, G. I. u. a. (Hg.), Ancient Hebrew Inscriptions: Corpus and Concordance, Cambridge u. a. 1991, 106 [Nr. 25.003]
Lemaire, A., Les inscriptions de Khirbet el- Qôm et l'Ashérah de Yhwh, RB 84 (1977) 595–608
Renz, J. (Hg.), Die althebräischen Inschriften, Tl. 1: Text und Kommentar (Handbuch der althebräischen Epigraphik 1), Darmstadt 1995, 202–211
– Texte und Tafeln (Handbuch der althebräischen Epigraphik 3), Darmstadt 1995, 17 u. Tfl. XX
McCarter, P. K. (Hg.), Khirbet El-Qom, in: W. W. Hallo / K. L. Younger (Hg.), The Context of Scripture: Canonical Compositions, Monumental Inscriptions and Archival Documents from the Biblical World, Bd. 2: Monumental Inscriptions from the Biblical World, Leiden/Boston/Köln 2000, 179

Lachisch: Ostrakon 6 (Lak[6] :1.6)
Renz, J. (Hg.), Die althebräischen Inschriften, Tl. 1: Text und Kommentar (Handbuch der althebräischen Epigraphik 1), Darmstadt 1995, 425–427

Sefire
Fitzmyer, J. A. (Hg.), The Aramaic Inscriptions of Sefire (BiOr 19/A) ²1995

Ugarit
Dietrich, M. / Loretz, O. / Sanmartín, J. (Hg.), Cuneiform Alphabetic Texts from Ugarit, Ras Ibn Hani and Other Places: KTU (Abhandlungen zur Literatur Altsyrien-Palästinas und Mesopotamiens 8), Münster ²1995

Antik-jüdische Literatur und Verwandtes

allgemein
Charlesworth, J. H. (Hg.), The Old Testament Pseudepigrapha, 2 Bde.

(ABRLib) 1983 u. 1985

Dupont-Sommer, A. / Philonenko, M. (Hg.), La Bible: Écrits intertestamentaires I (Bibliothèque de la Pléiade), Paris 1987

Kautzsch, E. (Hg.), Die Apokryphen und Pseudepigraphen des Alten Testaments, 2 Bde., Tübingen 1900 [ND, Darmstadt ⁴1975]

Rießler, P., Altjüdisches Schrifttum außerhalb der Bibel, Freiburg i. Br. /Heidelberg 1928 [ND, Darmstadt ²1966]

Josephus

Niese, B. (Hg.), Flavii Josephi Opera, 7 Bde., ND, Berlin 1955

Thackeray, H. S. J. u. a. (Hg.), Josephus, With an English Translation, 10 Bde. (LCL), London/ Cambridge (MA) 1961–1996

Michel, O. / Bauernfeind, O. (Hg.), De Bello Judaico – Der Jüdische Krieg, 3 Bde., Darmstadt 1959, 1963 u. 1969

Philo

Arnaldez, R. (Hg.), Introduction générale – De Opificio Mundi (Les œuvres de Philon d'Alexandrie 1), Paris 1961

Colson, F. H. u. a. (Hg.), Philo, With an English Translation, 12 Bde. (LCL), London/ Cambridge (MA) 1953–1962

Gorez, J. (Hg.), De Abrahamo (Les œuvres de Philon d'Alexandrie 20), Paris 1966

Méasson, A. (Hg.), De sacrificiis Abelis et Caini (Les œuvres de Philon d'Alexandrie 4), Paris 1966

Mercier, C. (Hg.), Quaestiones et solutiones in Genesim, I et II et versione armeniaca (Les œuvres de Philon d'Alexandrie 34a), Paris 1979

Mercier, C. / Petit, F. (Hg.), Quaestiones et solutiones in Genesim, III – IV – V – VI, Complément de l'ancienne version latine (Les œuvres de Philon d'Alexandrie 34b), Paris 1984

Cohn, L. (Hg.), Philo von Alexandria, Die Werke in deutscher Übersetzung, 6 Bde., Berlin ²1962

– Philo von Alexandria, Die Werke in deutscher Übersetzung, Bd. 7: Mit einem Sachweiser zu Philo, Berlin 1964

Qumran und Verwandtes

Baillet, M. (Hg.), Textes des grottes 2Q, 3Q, 6Q, 7Q à 10Q, in: ders./ J. T. Milik / R. de Vaux (Hg.), Les 'petites grottes' de Qumrân: Exploration de la falaise, Les grottes 2Q, 3Q, 6Q, 7Q à 10Q, Le rouleau de cuivre (DJD III/1) 1962, 43–164

Beyer, K. (Hg.), Die aramäischen Texte vom Toten Meer samt den Inschriften aus Palästina, dem Testament Levis aus der Kairoer Genisa, der Fastenrolle und den alten talmudischen Zitaten, Göttingen 1984

– Die aramäischen Texte vom Toten Meer, Ergänzungsband, Göttingen 1994 [Neuaufl. ²2004]

Brooke, G. [J.] (Hg.), 252. Commentary on Genesis A, in: ders. u. a. (Hg.), Qumran Cave 4, Bd. 17, Parabiblical Texts: Part 3 (DJD 22) 1996, 185–207

Broshi, M. / Eshel, E. (Hg.), 48. 4QHistorical Text A, in: S. J. Pfann u. a. (Hg.), Qumran Cave 4, Bd. 26, Cryptic Texts, Miscellanea: Part 1 (DJD 36) 2000, 192–200

Charlesworth, J. H. u. a. (Hg.), The Dead Sea Scrolls: Hebrew, Aramaic, and Greek Texts with English Translation, Bd. 1: Rule of the Community and Related Documents (PTSDSSP 1) 1994

– The Dead Sea Scrolls: Hebrew, Aramaic, and Greek Texts with English Translation, Bd. 2: Damascus Document, War Scrolls, and Related Documents (PTSDSSP 2) 1995

– The Dead Sea Scrolls: Hebrew, Aramaic, and Greek Texts with English Translation, Bd. 4A: Pseudepigraphic and Non-Masoretic Psalms and Prayers (PTSDSSP 4A) 1997

– The Dead Sea Scrolls: Hebrew, Aramaic, and Greek Texts with English Translation, Bd. 4B: Angelic Liturgy: Songs of the Sabbath Sacrifice (PTSDSSP 4B) 1999

– The Dead Sea Scrolls: Hebrew, Aramaic, and Greek Texts with English Translation, Bd. 6B: Pesharim, Other Commentaries, and Related Documents (PTSDSSP 6B) 2002

Chazon, E. / Stone, M. (Hg.), 215a. 4QTime of Righteousness, in: S. J. Pfann u. a. (Hg.), Qumran Cave 4, Bd. 26, Cryptic Texts, Miscellanea: Part 1 (DJD 36) 2000, 172–184

Discoveries in the Judaean Desert, Oxford 1955ff: D. Barthélemy / J. T. Milik (Hg.), Qumran Cave I (DJD 1) 1955; M. Baillet / J. T. Milik / R. de Vaux (Hg.), Les 'petites grottes' de Qumrân: Exploration de la falaise, Les grottes 2Q, 3Q, 6Q, 7Q à 10Q, Le rouleau de cuivre (DJD III/1 + 2) 1962; J. M. Allegro / A. A. Anderson (Hg.), Qumrân Cave 4, Bd. 1, 4Q158 – 4Q186 (DJD 5) 1968; E. Qimron / J. Strugnell u. a. (Hg.), Qumran Cave 4, Bd. 5, Miqṣat Maʻaśe Ha-Torah (DJD 10) 1994; E. Eshel u. a. (Hg.), Qumran Cave 4, Bd. 6, Poetical and Liturgical Texts: Part 1 (DJD 11) 1998; H. Attridge u. a. (Hg.), Qumran Cave 4, Bd. 8, Parabiblical Texts: Part 1 (DJD 13) 1994; E. Ulrich u. a. (Hg.), Qumran Cave 4, Bd. 10, The Prophets (DJD 15) 1997; E. Ulrich u. a. (Hg.), Qumran Cave 4, Bd. 11, Psalms to Chronicles (DJD 16) 2000; J. M. Baumgarten u. a. (Hg.), Qumran Cave 4, Bd. 13, The Damascus Document (4Q266–273), DJD 18, 1996; M. Broshi u. a. (Hg.), Qumran Cave 4, Bd. 14, Parabiblical Texts: Part 2 (DJD 19) 1995; G. [J.] Brooke u. a. (Hg.), Qumran Cave 4, Bd. 17, Parabiblical Texts: Part 3 (DJD 22) 1996; É. Puëch (Hg.), Qumrân Grotte 4, Bd. 18, Textes hébreux (4Q521 – 4Q528, 4Q576 – 4Q579), DJD 25, 1998; D. Dimant (Hg.), Qumran Cave 4, Bd. 21, Parabiblical Texts: Part 4 (DJD 30) 2001; J. Strugnell u. a. (Hg.), Qumran Cave 4, Bd. 24, Sapiential Texts: Part 2, 4QInstruction (Mûsār lᵉ Mēvîn): 4Q415 ff. (DJD 34) 1999; S. J. Pfann u. a. (Hg.), Qumran Cave 4, Bd. 26, Cryptic Texts, Miscellanea: Part 1 (DJD 36) 2000

Elgvin, T. (Hg.), 423. 4QInstructionᵍ (Mûsār lᵉ Mēvîn), in: J. Strugnell, u. a. (Hg.), Qumran Cave 4, Bd. 24, Sapiential Texts, Part 2, 4QInstruction (Mûsār lᵉ Mēvîn): 4Q415 ff. (DJD 34) 1999, 505–533

– 475. 4QRenewed Earth, in: S. J. Pfann u. a. (Hg.), Qumran Cave 4, Bd. 26, Cryptic Texts, Miscellanea: Part 1 (DJD 36) 2000, 464–473

Elgvin, T. / Justnes, Å., Appendix: 4Q215a, Frgs. 1, 2, 3, and 4 – Text and Notes, in: J. J. Collins / G. E. Sterling / R. A. Clements (Hg.), Sapiential Perspectives: Wisdom Literature in Light of the Dead Sea Scrolls (StTDJ 51) 2004, 162–170

Fitzmyer, J. A., The Genesis Apocryphon from Qumran Cave I (BiOr 18A) 1966 [²1971]

Fitzmyer, J. A. / Harrington, D. J. (Hg.), A Manual of Palestinian Aramaic Texts (Second Century B. C. – Second Century A. D.), BiOr 34, 1978

García Martínez, F. (Hg.), The Dead Sea Scrolls Translated, Leiden/ New York /Köln 1994

García Martínez, F. / Tigchelaar, E. J. C. (Hg.), The Dead Sea Scrolls Study Edition, 2 Bde.: 1Q1 – 4Q273 u. 4Q274 – 11Q31, Leiden/ New York /Köln 1997 u. 1998

Maier, J., Die Qumran-Essener: Die Texte vom Toten Meer, 3 Bde., München/Basel 1995–1996

– Die Tempelrolle vom Toten Meer und das »Neue Jerusalem«, 11Q19 und 11Q20; 1Q32, 2Q24, 4Q554–555, 5Q15 und 11Q18: Übersetzung und Erläuterung, Mit Grundrissen der Tempelhofanlage und Skizzen zur Stadtplanung, München/Basel ³1997

Nebe, G.[-]W., Qumranica I: Zu unveröffentlichten Handschriften aus Höhle 4 von Qumran, ZAW 106 (1994) 307–322

Newsom, C. [A.], Songs of the Sabbath Sacrifice: A Critical Edition (HSS 27) 1985

– C. Shirot 'Olat Hashabbat, in: E. Eshel u. a. (Hg.), Qumran Cave 4, Bd. 6, Poetical and Liturgical Texts: Part 1 (DJD 11) 1998, 173–401

Parry D. W. / Qimron, E. (Hg.), The Great Isaiah Scroll (1QIsaᵃ): A New Edition (StTDJ 32) 1999

Puëch, É., 521. 4QApocalypse messianique, in: ders. (Hg.), Qumrân Grotte 4, Bd. 18, Textes hébreux (4Q521 – 4Q528, 4Q576 – 4Q579), DJD 25, 1998, 1–38

Schuller, E. M., Non-Canonical Psalms from Qumran: A Pseudepigraphic Collection (HSS 28) 1986

Steudel, A. u. a. (Hg.), Die Texte aus Qumran II: Hebräisch/Aramäisch und Deutsch, Darmstadt 2001

Strugnell, J. / Harrington, D. J., A. Instruction, in: J. Strugnell, u. a. (Hg.), Qumran Cave 4, Bd. 24, Sapiential Texts, Part 2, 4QInstruction (Mûsār lᵉ Mēvîn): 4Q415 ff. (DJD 34) 1999, 1–503

Sukenik, E. L., אוצר המגילות הגנוזות, Jerusalem 1954

Tov, E. / Pfann, S. J. (Hg.), The Dead Sea Scrolls on Microfiche, Leiden/ New York /Köln 1993

Wacholder, B. Z. / Abegg, M. G. (Hg.), A Preliminary Edition of the Unpublished Dead Sea Scrolls: The Hebrew and Aramaic Texts from Cave Four, Fasc. 1–3: Texts, Washington, D. C. 1991–1995

Wacholder, B. Z. / Abegg, M. G. / Bowley, J. (Hg.), A Preliminary Edition of the Unpublished Dead Sea Scrolls: The Hebrew and Aramaic Texts from Cave Four, Fasc. 4: Concordance of Fasc. 1–3, Washington, D. C. 1996

Wise, M. / Abegg, M. / Cook, E. (Hg.), Die Schriftrollen von Qumran: Übersetzung und Kommentar, Mit bisher unveröffentlichten Texten, Augsburg 1997
Yadin, Y. (Hg.), The Temple Scroll, 3 Bde. u. Suppl., Jerusalem 1977 u. 1983
Yardeni, A. / Broshi, M. (Hg.), 468e. 4QHistorical Text F, in: S. J. Pfann u. a. (Hg.), Qumran Cave 4, Bd. 26, Cryptic Texts, Miscellanea: Part 1 (DJD 36) 2000, 406–411

Apokalypse Abrahams
Philonenko-Sayar, B. / Philonenko, M. (Hg.), Die Apokalypse Abrahams (JSHRZ V/5) 1982

Apokalypse Adams (NHC V,5)
Morard, F. (Hg.), L'apocalypse d'Adam (NH V, 5), Texte établi et présenté (BCNH.T 15) 1985
MacRae, G. [W.] (Hg.), The Apocalypse of Adam, in: J. H. Charlesworth (Hg.), The Old Testament Pseudepigrapha 1 (ABRLib) 1983, 707–719
MacRae, G. W. / Parrott, D. M. (Hg.), The Apocalypse of Adam (V,5), in: J. M. Robinson (Hg.), The Nag Hammadi Library in English, New York 1990 [Leiden ³1988], 277–286

Apokryphon Ezechiels
Denis, A.-M. (Hg.), Fragmenta Pseudepigraphorum quae supersunt Graeca, in: Black, M. /ders. (Hg.), Apocalypsis Henochi Graece / Fragmenta Pseudepigraphorum quae supersunt Graeca (PVTG 3) 1970, 121–128
Eckart, K.-G. (Hg.), Das Apokryphon Ezechiel (JSHRZ V/1, 45–55) 1974
Mueller, J. R. / Robinson, S. E. (Hg.), Apocryphon of Ezekiel, in: J. H. Charlesworth (Hg.), The Old Testament Pseudepigrapha 1 (ABRLib) 1983, 487–495

(Pseudo-)Aristobulos
Holladay, C. R. (Hg.), Fragments from Hellenistic Jewish Authors, Vol. 3: Aristobulus (SBL.TT 39) 1995 [Fragments III]
Walter, N. (Hg.), Fragmente jüdisch-hellenistischer Exegeten: Aristobulos, Demetrios, Aristeas (JSHRZ III/2) ²1980, 257–299
Yarbro Collins, A. (Hg.), Aristobulus, in: J. H. Charlesworth (Hg.), The Old Testament Pseudepigrapha 2 (ABRLib) 1985, 831–842

Assumptio Mosis
Ceriani, A. M. (Hg.), Fragmenta Parvae Genesis et Assumptionis Mosis ex Veteri Versione Latina, in: ders. (Hg.), Monumenta Sacra et Profana ex Codicibus praesertim Bibliothecae Ambrosianae Opera Collegii Doctorum ejusdem, Tom. 1: Fragmenta Latina Evangelii S. Lucae, Parvae Genesis et Assumptionis Mosis. Baruch, Threni et Epistola Jeremiae, Versionis Syriacae Pauli Telensis cum Notis, et initio

Prolegomenon in integram ejusdem Versionis Editionem, Mailand 1861, 55–62. [Nachträge: 64]

Tromp, J., The Assumption of Moses: A Critical Edition with Commentary (SVTP 10) 1993, 6–24

– Assumptio Mosis, in: A.-M. Denis (Hg.), Concordance latine des pseudépigraphes d'Ancien Testament (CChr.Thesaurus Patrum Latinorum Suppl. 1) ND, Turnhout 1993, 599–601

Brandenburger, E. (Hg.), Himmelfahrt Moses (JSHRZ V/2, 57–102) 1976

Laperrousaz, A.-M. (Hg.), Testament de Moïse, in: A. Dupont-Sommer / M. Philonenko (Hg.), La Bible, Écrits intertestamentaires I (Bibliothèque de la Pléiade), Paris 1987, 993–1016

Baruch

Tov, E. (Hg.), The Book of Baruch also Called I Baruch (SBL.PS 8/6) 1975

Ziegler, J. (Hg.), Ieremias, Baruch – Threni – Epistula Ieremiae (SVTG XV) 1957, 450–467

Gunneweg, A. H. J. (Hg.), Das Buch Baruch (JSHRZ III/2, 165–181) ²1980

Baruch-Apokalypse, griechische

James, M. R. (Hg.), ΑΠΟΚΑΛΥΨΙΣ ΒΑΡΟΥΧ, in: ders. (Hg.), Apocrypha Anecdota II (TaS V/1) 1897, 83–94

Picard, J.-C. (Hg.), Apocalypsis Baruchi Graece, in: S. P. Brock /ders. (Hg.), Testamentum Iobi / Apocalypsis Baruchi Graece (PVTG 2) 1967, 61–96

Hage, W. (Hg.), Die griechische Baruch-Apokalypse (JSHRZ V/1, 1–44) ²1979

Riaud, J. (Hg.), Apocalypse grecque de Baruch, in: A. Dupont-Sommer / M. Philonenko (Hg.), La Bible, Écrits intertestamentaires I (Bibliothèque de la Pléiade), Paris 1987, 1141–1164

Baruch-Apokalypse, slavische

Hage, W. (Hg.), Die griechische Baruch-Apokalypse (JSHRZ V/1, 1–44) ²1979

Morfill, W. R. (Hg.), The Apocalypse of Baruch, in: M. G. James, Apocrypha Anecdota II (TaS V/1) 1897, 95–100

Baruch-Apokalypse, syrische

Ceriani, A. M. (Hg.), Apocalypsis Baruch, Olim de Graeco in Syriacum, Et nunc de Syriaco in Latinum translata, in: ders. (Hg.), Monumenta Sacra et Profana ex Codicibus praesertim Bibliothecae Ambrosianae Opera Collegii Doctorum ejusdem, Tom. 1: Fragmenta Latina Evangelii S. Lucae, Parvae Genesis et Assumptionis Mosis. Baruch, Threni et Epistola Jeremiae, Versionis Syriacae Pauli Telensis cum Notis, et initio Prolegomenon in integram ejusdem Versionis Editionem, Mailand 1861, 73–98

Dedering, S. (Hg.), Apocalypse of Baruch (OTSy 4,3) 1973

Hadot, J. (Hg.), Apocalypse syriaque de Baruch, in: A. Dupont-Sommer / M. Philonenko (Hg.), La Bible, Écrits intertestamentaires I (Bibliothèque de la Pléiade), Paris 1987, 1471–1557

Klijn, A. F. J. (Hg.), Die syrische Baruch-Apokalypse (JSHRZ V/2, 103–191) 1976

Daniel-Handschriften

Asmussen, J. P., A Judeo-Persian Daniel Apocalypse, in: K. Jeppesen / K. Nielsen / B. Rosendal (Hg.), In the Last Days: On the Jewish and Christian Apocalyptic and Its Period (FS B. Otzen), Aarhus 1994, 38–40

Mainz, E., Le livre de Daniel en judéo-persan, in: S. Shaked (Hg.), Irano-Judaica 1, Jerusalem 1982, 148–179

Medina-Lechtenberg, R. / Berger, P.-R., Eine späte Theodotion-Tradition vom Danielbuch?, in: D.-A. Koch / H. Lichtenberger (Hg.), Begegnungen zwischen Christentum und Judentum in Antike und Mittelalter (FS H. Schreckenberg), SIJD 1, 1993, 303–311

Daniel-Synopse

Koch, K. / Rösel, M. (Hg.), Polyglottensynopse zum Buch Daniel, Neukirchen-Vluyn 2000

Daniel-Zusätze

Koch, K., Deuterokanonische Zusätze zum Danielbuch: Entstehung und Textgeschichte, 2 Bde. (AOAT 38/1+2) 1987

Plöger, O. (Hg.), Zusätze zu Daniel (JSHRZ I/1, 63–87) [2]1977

Ryssel, V. (Hg.), Die Zusätze zu Daniel, in: E. Kautzsch (Hg.), Die Apokryphen und Pseudepigraphen des Alten Testaments 1, ND, Darmstadt [4]1975, 172–193

Danielliteratur aus Qumran

Collins, J.[J.] (Hg.), 242. 4QPrayer of Nabonidus ar, in: G. [J.] Brooke u. a. (Hg.), Qumran Cave 4, Bd. 17, Parabiblical Texts: Part 3 (DJD 22) 1996, 83–93

– *Pseudo-Daniel* Revisited, RdQ 65–68,17 (1996, FS J. T. Milik) 111–135

Collins, J. [J.] / Flint, P. [W.] (Hg.), 243. – 245. 4Qpseudo-Daniel[a–c] ar, in: G. [J.] Brooke u. a. (Hg.), Qumran Cave 4, Bd. 17, Parabiblical Texts: Part 3 (DJD 22) 1996, 95–164

Cross, F. M., Fragments of the Prayer of Nabonidus, IEJ 34 (1984) 260–264

Fitzmyer, J. A., The Aramaic "Son of God" Text from Qumran Cave 4 (4Q246), in: ders., The Dead Sea Scrolls and Christian Origins (SDSSRL) 2000, 41–61

Flint, P. W., *4Qpseudo-Dan ar[c]* (*4Q245*) and the Restoration of the Priesthood, RdQ 65–68,17 (1996, FS J. T. Milik) 137–150

– *4QDaniel[d]* (*4Q115*): A Preliminary Edition with Critical Notes, RdQ 65–68,17 (1996, FS J. T. Milik) 37–71

Levine, B. A. / Robertson, A., The Prayer of Nabonidus (*4QPrNab*), in: W. W. Hallo / K. L. Younger (Hg.), The Context of Scripture: Canonical Compositions, Monumental Inscriptions and Archival Documents from the Biblical World, Bd. 1: Canonical Compositions from the Biblical World, Leiden/ New York /Köln 1997, 285–286

Puëch, É. (Hg.), 246. 4QApocryphe de Daniel ar, in: G. [J.] Brooke u. a. (Hg.), Qumran Cave 4, Bd. 17, Parabiblical Texts, Part 3 (DJD 22) 1996, 165–184

– La prière de Nabonide (4Q242), in: K. J. Cathcart / M. Maher (Hg.), Targumic and Cognate Studies (FS M. McNamara), JSOT.S 230, 1996, 208–227

Ulrich, E., Daniel Manuscripts from Qumran, Part 1: A Preliminary Edition of 4QDan[a], BASOR 268 (1987) 17–37 [Manuscript I]

– Daniel Manuscripts from Qumran, Part 2: Preliminary Editions of 4QDan[b] and 4QDan[c], BASOR 274 (1989) 3–26 [Manuscript II]

– Daniel, in: ders. u. a. (Hg.), Qumran Cave 4, Bd. 11, Psalms to Chronicles (DJD 16) 2000, 239–289

Elia-Apokalypse

Frankfurter, D., Elijah in Upper Egypt: The Apocalypse of Elijah and Early Egyptian Christianity (Studies in Antiquity and Christianity), Minneapolis 1993, 299–328

Pietersma, A. / Comstock, S. T. / Attridge, H. W. (Hg.), The Apocalypse of Elijah Based on P. Chester Beatty 2018 (SBL.TT 19) 1981

Rosenstiehl, J.-M., L'apocalypse d'Élie: Introduction, traduction, et notes (TEHJI 1), Paris 1972

– Apocalypse d'Élie, in: A. Dupont-Sommer / M. Philonenko (Hg.), La Bible, Écrits intertestamentaires I (Bibliothèque de la Pléiade), Paris 1987, 1797–1824

Schrage, W. (Hg.), Die Elia-Apokalypse (JSHRZ V/3) 1980

Steindorff, G., Die Apokalypse des Elias: Eine unbekannte Apokalypse und Bruchstücke der Sophonias-Apokalypse (TU 17,3a) 1899.

Wintermute, O. S. (Hg.), Apocalypse of Elijah, in: J. H. Charlesworth (Hg.), The Old Testament Pseudepigrapha 1 (ABRLib) 1983, 721–753

4. Buch Esra

Bensly, R. L. / James, M. R. (Hg.), The Fourth Book of Ezra: The Latin Version Edited from the Mss (TaS III/2), ND, Nendeln/Wiesbaden 1967

Bidawid, R. J. (Hg.), 4 Esdras (OTSy 4,3) 1973

Ceriani , A. M. (Hg.), Liber Esdrae Quartus, De Syriaco translatus, Servata Quatenus licuit Veteri Latina Versiona, in: ders. (Hg.), Monumenta Sacra et Profana ex Codicibus praesertim Bibliothecae Ambrosianae Opera Collegii Doctorum ejusdem, Tom. 1: Fragmenta Latina Evangelii S. Lucae, Parvae Genesis et Assumptionis Mosis. Baruch, Threni et Epistola Jeremiae, Versionis Syriacae Pauli Telensis cum Notis, et initio Prolegomenon in integram ejusdem Versionis Editionem, Mailand 1861, 99–124

Klijn, A. F. J. (Hg.), Der lateinische Text der Apokalypse des Esra, Mit einem *Index grammaticus* von G. Mussies (TU 131) 1983

Outtier, B., Un fragment syriaque inédit de *IV Esdras*, Apocrypha 4 (1993) 19–23

Rubinkiewicz, R., Un fragment grec du IVe livre d'Esdras (chapitres XI et XII), Muséon 89 (1976) 75–87

Violet, B. (Hg.), Die Esra-Apokalypse (IV. Esra), 1. Teil: Die Überlieferung (GCS 18) 1910

Weber, R. (Hg.), Apocalypsis IV Esdrae, in: A.-M. Denis (Hg.), Concordance latine des pseudépigraphes d'Ancien Testament (CChr.Thesaurus Patrum Latinorum Suppl. 1) ND, Turnhout 1993, 601–617

Geoltrain, P. (Hg.), Quatrième livre d'Esdras, in: A. Dupont-Sommer / M. Philonenko (Hg.), La Bible, Écrits intertestamentaires I (Bibliothèque de la Pléiade), Paris 1987, 1393–1470

Gunkel, H. (Hg.), Das vierte Buch Esra, in: E. Kautzsch (Hg.), Die Apokryphen und Pseudepigraphen des Alten Testaments 2, ND, Darmstadt [4]1975, 331–401

Klijn, A. F. J. (Hg.), Die Esra-Apokalypse (IV. Esra): Nach dem lateinischen Text unter Benutzung der anderen Versionen übers. u. hg. (GCS) 1992

Metzger, B. M. (Hg.), The Fourth Book of Ezra, in: J. H. Charlesworth (Hg.), The Old Testament Pseudepigrapha 1 (ABRLib) 1983, 517–559

Schreiner, J. (Hg.), Das 4. Buch Esra (JSHRZ V/4) 1981

Violet, B. (Hg.), Die Apokalypsen des Esra und des Baruch in deutscher Gestalt: Mit Textvorschlägen für Esra und Baruch von H. Gressmann (GCS 32) 1924

Esra-Apokalypse, griechische
James, M. R. / Barnes, W. E. (Hg.), The Testament of Abraham, The Greek Text Now First Edited with an Introduction and Notes, With an Appendix Containing Extracts from the Arabic Version of the Testaments of Abraham, Isaac and Jacob (TaS II/2), ND, Nendeln/Wiesbaden 1967, 64–70

Wahl, O. (Hg.), Apocalypsis Esdrae – Apocalypsis Sedrach – Visio beati Esdrae (PVTG 4) 1977, 25–35

Müller, U. B. (Hg.), Die griechische Esra-Apokalypse (JSHRZ V/2, 85–102) 1976

Stone, M. E. (Hg.), Greek Apocalypse of Ezra, in: J. H. Charlesworth (Hg.), The Old Testament Pseudepigrapha 1 (ARBLib) 1983, 561–579

(Pseudo-)Eupolemos oder „*Anonymus Samaritanus*"
Denis, A.-M. (Hg.), Fragmenta Pseudepigraphorum quae supersunt Graeca, in: Black, M. /ders. (Hg.), Apocalypsis Henochi Graece / Fragmenta Pseudepigraphorum quae supersunt Graeca (PVTG 3) 1970, 179–186

Holladay, C. R. (Hg.), Fragments from Hellenistic Jewish Authors, Vol. 1: Historians (SBL.TT 20) 1983, 157–187 [Fragments I]

Mras, K. (Hg.), Eusebius – Werke, Bd. 8: Die Praeparatio Evangelica (GCS 43,1+2) 1954+1956

Schroeder, G. / des Places, É. (Hg.), Eusèbe de Césarée, La Préparation Évangélique, Livres VIII - IX - X (SC 369) 1991

Walter, N. (Hg.), Fragmente jüdisch-hellenistischer Historiker (JSHRZ I/2, 137–143) [2]1980

Exagoge des Tragikers Ezechiel
Denis, A.-M. (Hg.), Fragmenta Pseudepigraphorum quae supersunt Graeca, in: Black, M. /ders. (Hg.), Apocalypsis Henochi Graece / Fragmenta Pseudepigraphorum quae supersunt Graeca (PVTG 3) 1970, 207–216
Holladay, C. R. (Hg.), Fragments from Hellenistic Jewish Authors, Vol. 2: Poets, The Epic Poets Theodotus and Philo and Ezekiel the Tragedian (SBL.TT 30) 1989, 301–529 [Fragments II]
Robertson, R. G. (Hg.), Ezekiel the Tragedian, in: J. H. Charlesworth (Hg.), The Old Testament Pseudepigrapha 2 (ARBLib) 1985, 804–819
Vogt, E. (Hg.), Tragiker Ezechiel (JSHRZ IV/3, 113–133) 1983

Gebet Jakobs (= PGM XXIIb [Z. 1–26])
Preisendanz, K. / Henrichs, A. (Hg.), Papyri Graecae Magicae: Die griechischen Zauberpapyri, Bd. 2, Stuttgart ²1974, 148–149
Charlesworth, J. H. (Hg.), Prayer of Jacob, in: ders. (Hg.), The Old Testament Pseudepigrapha 2 (ABRLib) 1985, 715–723

Gebet Josephs
Smith, J. Z. (Hg.), Prayer of Joseph, in: J. H. Charlesworth (Hg.), The Old Testament Pseudepigrapha 2 (ABRLib) 1985, 699–714

Gebet Manasses
Baars, W. / Schneider, H. (Hg.), Prayer of Manasseh (OTSy IV,6) 1972
Metzger, M. (Hg.), Les constitutions apostoliques I, Livres I et II (SC 320) 1985
Rahlfs, A. (Hg.), Psalmi cum Odis (SVTG X) ³1979
Vööbus, A. (Hg.), The Didascalia Apostolorum in Syriac I (Chapters I – X), CSCO 401, 1979 [Didascalia 1]
– The Didascalia Apostolorum in Syriac I (Chapters I – X), CSCO 402, 1979 [Didascalia 2]
Charlesworth, J. H. (Hg.), Prayer of Manasseh, in: J. H. Charlesworth (Hg.), The Old Testament Pseudepigrapha 2 (ARBLib) 1985, 625–637
Oßwald, E. (Hg.), Das Gebet Manasses (JSHRZ IV/1, 15–27) ²1977
Ryssel, V. (Hg.), Das Gebet Manasses, in: E. Kautzsch (Hg.), Die Apokryphen und Pseudepigraphen des Alten Testaments 1, ND, Darmstadt ⁴1975, 165–171

Henoch, äthiopischer / Giganten-Bücher
Black, M. (Hg.), Apocalypsis Henochi Graece, in: ders./ A.-M. Denis (Hg.), Apocalypsis Henochi Graece / Fragmenta Pseudepigraphorum quae supersunt Graeca (PVTG 3) 1970, 20–43
Bonner, C. / Youtie, H. C. (Hg.), The Last Chapters of Enoch in Greek (StD 8), ND, Darmstadt 1968
Hunt, A. S. (Hg.), The Oxyrhynchus Papyri, Bd. 17, London 1927 [OxyPap], 6–8
James, M. R. (Hg.), A Fragment of the Book of Enoch in Latin, in: ders. (Hg.), Apocrypha Anecdota: A Collection of Thirteen Apocryphal Books and Fragments (TaS II/3), ND, Nendeln/Wiesbaden 1967, 146–150

Kenyon, F. G. (Hg.), The Chester Beatty Biblical Papyri – Descriptions and Texts of Twelve Manuscripts on Papyrus of the Greek Bible, Fasc. VIII: Enoch and Melito, London 1941

Knibb, M. / Ullendorff, E. (Hg.), The Ethiopic Book of Enoch, A New Edition in the Light of the Aramaic Dead Sea Fragments, Bd. 1: Text and Apparatus, Oxford 1978 [Book 1]

– The Ethiopic Book of Enoch, A New Edition in the Light of the Aramaic Dead Sea Fragments, Bd. 2: Introduction, Translation and Commentary, Oxford 1978 [Book 2]

Milik, J. T., Fragments grecs du livre d'Hénoch (P. Oxy. XVII 2069), CÉg 46 (1971) 321–343

Milik, J. T. / Black, M. (Hg.), The Books of Enoch: Aramaic Fragments of Qumrân Cave 4, Oxford 1976

Mosshammer, A. A. (Hg.), Georgii Syncelli Ecloga Chronographica (BSGRT) 1984

Muro, E. A., The Greek Fragments of Enoch from Qumran Cave 7 (7Q4, 7Q8, & 7Q12 = 7QEn gr = Enoch 103:3–4, 7–8), RdQ 70,18 (1997) 307–312

Puëch, É., Notes sur les fragments grecs du manuscrit 7Q4 = 1 Hénoch 103 et 105, RB 103 (1996) 592–600

– Sept fragments grecs de la Lettre d'Henoch (1 Henoch 100, 103 et 105) dans la grotte 7 de Qumrân (= 7QHéngr), RdQ 70,18 (1997) 313–323

Stuckenbruck, L. T., The Book of Giants from Qumran: Text, Translation, and Commentary (TSAJ 63) 1997

– 201 2–8. 4QEnoch[a] ar, in: S. J. Pfann u. a. (Hg.), Qumran Cave 4, Bd. 26, Cryptic Texts, Miscellanea: Part 1 (DJD 36) 2000, 3–7

– 203. 4QEnochGiants[a] ar, in: S. J. Pfann u. a. (Hg.), Qumran Cave 4, Bd. 26, Cryptic Texts, Miscellanea: Part 1 (DJD 36) 2000, 8–41

– 206 2–3. 4QEnochGiants[f] ar, in: S. J. Pfann u. a. (Hg.), Qumran Cave 4, Bd. 26, Cryptic Texts, Miscellanea: Part 1 (DJD 36) 2000, 42–48

– (Appendices 1–4), 23., 24., 26., 8. 1QEnochGiants[a–b] ar, 2QEnochGiants ar, 6QpapGiants ar (Re-edition), in: S. J. Pfann u. a. (Hg.), Qumran Cave 4, Bd. 26, Cryptic Texts, Miscellanea: Part 1 (DJD 36) 2000, 49–94

Tigchelaar, E. J. C. / García Martínez, F. (Hg.), 208. – 209. 4QAstronomical Enoch[a–b] ar, in: S. J. Pfann u. a. (Hg.), Qumran Cave 4, Bd. 26, Cryptic Texts, Miscellanea: Part 1 (DJD 36) 2000, 95–171

Wilkens, J., Neue Fragmente aus Manis Gigantenbuch, ZDMG 150 (2000) 133–176

Beer, G. (Hg.), Das Buch Henoch, in: E. Kautzsch (Hg.), Die Apokryphen und Pseudepigraphen des Alten Testaments 2, ND, Darmstadt [4]1975, 217–310

Black, M. / VanderKam, J. C. / Neugebauer, O. (Hg.), The Book of Enoch or I Enoch: A New English Edition (SVTP 7) 1985

Caquot, A. (Hg.), Hénoch, in: A. Dupont-Sommer / M. Philonenko (Hg.), La Bible, Écrits intertestamentaires I (Bibliothèque de la Pléiade), Paris 1987, 463–625

Charles, R. H. (Hg.), The Book of Enoch: With an Introduction by W. O. E. Oesterley, London [14]1974 [[1]1917]

Dillmann, A. (Hg.), Das Buch Henoch, Leipzig 1853

Hammerschmidt, E., Äthiopische Handschriften vom Tânâsee, Wiesbaden 1973

Isaac, E. (Hg.), 1 (Ethiopic Apocalypse of) Enoch, in: J. H. Charlesworth (Hg.), The Old Testament Pseudepigrapha 1 (ABRLib) 1983, 5–89

Martin, F. u. a. (Hg.), Le livre d'Hénoch traduit sur le texte éthiopien (Documents pour l'étude de la Bible), Paris 1906 [ND 1975]

Neugebauer, O., Appendix A: The 'Astronomical' Chapters of the Ethiopic Book of Enoch (72 to 82), Translation and Commentary, With Additional Notes on the Aramaic Fragments by M. Black, in: M. Black / J. C. VanderKam /ders. (Hg.), The Book of Enoch or I Enoch: A New English Edition (SVTP 7) 1985, 386–419

Nickelsburg, G. W. E. / VanderKam, J. C. (Hg.), 1 Enoch: A New Translation, Based on the Hermeneia Commentary, Minneapolis 2004

Uhlig, S. (Hg.), Das äthiopische Henochbuch (JSHRZ V/6) 1984

Henoch, hebräischer

Schäfer, P. / Schlüter, M. / von Mutius, H.-G. (Hg.), Synopse zur Hekhalot-Literatur (TSAJ 2) 1981

Alexander, P. [S.] (Hg.), 3 (Hebrew Apocalypse of) Enoch, in: J. H. Charlesworth (Hg.), The Old Testament Pseudepigrapha 1 (ABRLib) 1983, 223–315

Schäfer, P. / Herrmann, K. (Hg.), Übersetzung der Hekhalot-Literatur, Bd. 1: §§ 1–80 (TSAJ 46) 1995

Henoch, slavischer

Andersen, F. I. (Hg.), 2 (Slavonic Apocalypse of) Enoch, in: J. H. Charlesworth (Hg.), The Old Testament Pseudepigrapha 1 (ABRLib) 1983, 91–213

Böttrich, C. (Hg.), Das slavische Henochbuch (JSHRZ V/7) 1995

Vaillant, A. / Philonenko, M. (Hg.), Livre des secrets d'Hénoch, in: A. Dupont-Sommer / M. Philonenko (Hg.), La Bible, Écrits intertestamentaires I (Bibliothèque de la Pléiade), Paris 1987, 1165–1223

Joseph und Aseneth

Burchard, C. (mit C. Burfeind, U. B. Fink: Hg.), Joseph und Aseneth (PVTG 5) 2003

– Joseph und Aseneth (JSHRZ II/4) 1983

Jubiläenbuch

Denis, A.-M. (Hg.), Fragmenta Pseudepigraphorum quae supersunt Graeca, in: Black, M. /ders. (Hg.), Apocalypsis Henochi Graece / Fragmenta Pseudepigraphorum quae supersunt Graeca (PVTG 3) 1970, 70–102

Ceriani, A. M. (Hg.), Fragmenta Parvae Genesis et Assumptionis Mosis ex veteri versione latina, in: ders. (Hg.), Monumenta Sacra et Profana ex Codicibus praesertim Bibliothecae Ambrosianae Opera Collegii Doctorum ejusdem, Tom. 1: Fragmenta Latina Evangelii S. Lucae, Parvae Genesis et Assumptionis Mosis. Baruch, Threni et Epistola Jeremiae, Versionis Syriacae Pauli Telensis cum Notis, et initio Pro-

legomenon in integram ejusdem Versionis Editionem, Mailand 1861, 9–54 [Nachträge: 63–64]
– Liber Jubilaeorum, in: A.-M. Denis (Hg.), Concordance latine des pseudépigraphes d'Ancien Testament (CChr.Thesaurus Patrum Latinorum Suppl. 1), ND, Turnhout 1993, 552–565
Rönsch, H. (Hg.), Das Buch der Jubiläen oder die kleine Genesis: Unter Beifügung des revidirten Textes der in der Ambrosiana aufgefundenen lateinischen Fragmente sowie einer von A. Dillmann aus zwei äthiopischen Handschriften gefertigten lateinischen Übertragung, ND, Amsterdam 1970
VanderKam, J. C. (Hg.), The Book of Jubilees, A Critical Text (CSCO [510].Ae 87) 1989
– The Book of Jubilees, Translated by J. C. V. (CSCO [511].Ae 88) 1989
– The Jubilees Fragments from Qumran Cave 4, in: J. Trebolle Barrera / L. Vegas Montaner (Hgg.), The Madrid Qumran Congress (StTDJ 11,2) 1992, 635–648
VanderKam, J. C. / Milik, J. T., The First *Jubilees* Manuscript from Qumran Cave 4: A Preliminary Publication, JBL 110 (1991) 243–270
– 4QJub[f] (4Q221): A Preliminary Edition, HAR 14 (1994) 233–261
– 216. – 228. 4QJubilees[a–g], 4QpapJubilees[h], 4Qpseudo-Jubilees[a–c], 4Q-Text with a Citation of Jubilees, in: H. Attridge u. a. (Hg.), Qumran Cave 4, Bd. 8, Parabiblical Texts: Part 1 (DJD 13) 1994, 1–185
Woude, A. S. van der, Fragmente des Buches Jubiläen aus Qumran Höhle XI (11 Q Jub), in: G. Jeremias / H.-W. Kuhn / H. Stegemann (Hg.), Tradition und Glaube: Das frühe Christentum in seiner Umwelt (FS K. G. Kuhn), Göttingen 1971, 140–146
Berger, K. (Hg.), Das Buch der Jubiläen (JSHRZ II/3) 1981
Wintermute, O. S. (Hg.), Jubilees, in: J. H. Charlesworth (Hg.), The Old Testament Pseudepigrapha 2 (ABRLib) 1985, 35–142

Magische Texte (Kairoer Geniza)
DeLange, N. (Hg.), Greek Jewish Texts from the Cairo Genizah (TSAJ 51) 1996
Schäfer, P. / Shaked, S. (Hg.), Magische Texte aus der Kairoer Genizah, 3 Bde. (TSAJ 42, 64 u. 72) 1994, 1996 u. 1999

Makkabäerbücher
Hanhart, R. (Hg.), Maccabaeorum III (SVTG IX/3) [2]1980
Kappler, W. (Hg.), Maccabaeorum liber I (SVTG IX/1) [3]1990
Kappler, W. / Hanhart, R. (Hg.), Maccabaeorum liber II (SVTG IX/2) [2]1976
Anderson, H. (Hg.), 3 Maccabees, in: J. H. Charlesworth (Hg.), The Old Testament Pseudepigrapha 2 (ABRLib) 1985, 509–529
– 4 Maccabees, in: J. H. Charlesworth (Hg.), The Old Testament Pseudepigrapha 2 (ABRLib) 1985, 531–564
Habicht, C. (Hg.), 2. Makkabäerbuch (JSHRZ I/3) [2]1979
Klauck, H.-J. (Hg.), 4. Makkabäerbuch (JSHRZ III/6) 1989
Schunck, K.-D. (Hg.), 1. Makkabäerbuch (JSHRZ I/4) 1980

Pseudo-Philo: Antiquitates Biblicae (Liber Antiquitatum Biblicarum)
Harrington, D. J. (Hg.), Liber Antiquitatum biblicarum, in: A.-M. Denis (Hg.), Concordance latine des pseudepigraphes d'Ancien Testament: Concordance, Corpus des textes, Indices (CChr.Thesaurus Patrum Latinorum Suppl. 1) ND, Turnhout 1993, 565–598
– The Hebrew Fragments of Pseudo-Philo's *Liber Antiquitatum Biblicarum* Preserved in the *Chronicles of Jerahmeel* (SBL.TT 3) 1974
Harrington, D. J. / Cazeaux, J. (Hg.), Pseudo-Philon, Les antiquités bibliques, Bd. 1: Introduction, texte critique et traduction (SC 229) 1976
Dietzfelbinger, C. (Hg.), Pseudo-Philo: Antiquitates Biblicae (Liber Antiquitatum Biblicarum), JSHRZ II/2, 1975
Hadot, J. (Hg.), Livre des antiquités bibliques, in: A. Dupont-Sommer / M. Philonenko (Hg.), La Bible, Écrits intertestamentaires I (Bibliothèque de la Pléiade), Paris 1987, 1225–1392
Harrington, D. J. (Hg.), Pseudo-Philo, in: J. H. Charlesworth (Hg.), The Old Testament Pseudepigrapha 2 (ABRLib) 1985, 297–377
James, M. R. / Feldman, L. H. (Hg.), The Biblical Antiquities of Philo: Now First Translated from the Old Latin Version, Prolegomenon by L. H. Feldman (LBS) 1917 [ND, New York 1971]
Perrot, C. / Bogaert, P.-M., Pseudo-Philon, Les Antiquités Bibliques, Bd. 2: Introduction littéraire, commentaire et index (SC 230) 1976

(Pseudo-)Philon
De Jona
Siegert, F., Drei hellenistisch-jüdische Predigten: Ps.-Philon, „Über Jona", „Über Simson" und „Über die Gottesbezeichnung ,wohltätig verzehrendes Feuer', Bd. 1: Übersetzung aus dem Armenischen und sprachliche Erläuterungen (WUNT 20) 1980
– Drei hellenistisch-jüdische Predigten: Ps.-Philon, „Über Jona", „Über Jona" (Fragment) und „Über Simson", Bd. 2: Kommentar nebst Beobachtungen zur hellenistischen Vorgeschichte der Bibelhermeneutik (WUNT 61) 1992

(Pseudo-)Phokylides
Denis, A.-M. (Hg.), Fragmenta Pseudepigraphorum quae supersunt Graeca, in: Black, M. /ders. (Hg.), Apocalypsis Henochi Graece / Fragmenta Pseudepigraphorum quae supersunt Graeca (PVTG 3) 1970, 149–156 [Text: D. Young]
Derron, P. (Hg.), Pseudo-Phocylide, Sentence: Texte établi, traduit et commenté, Paris 1986
Horst, P. W. van der, The Sentences of Pseudo-Phocylides: With Introduction and Commentary (SVTP 4) 1978
– Pseudo-Phocylides, in: J. H. Charlesworth (Hg.), The Old Testament Pseudepigrapha 2 (ABRLib) 1985, 565–582
Walter, N. (Hg.), Pseudepigraphische jüdisch-hellenistische Dichtung: Pseudo-Phokylides, Pseudo-Orpheus, Gefälschte Verse auf Namen griechischer Dichter (JSHRZ IV/3, 182–216) 1983

Samaritanische Quellentexte (deutsch)
Zangenberg, J. (Hg.), ΣAMAPEIA, Antike Quellen zur Geschichte und Kultur der Samaritaner in deutscher Übersetzung (TANZ 15) 1994

Sedrach-Apokalypse, griechische
Wahl, O. (Hg.), Apocalypsis Esdrae – Apocalypsis Sedrach – Visio beati Esdrae (PVTG 4) 1977, 37–48

Agourides, S. (Hg.), Apocalypse of Sedrach, in: J. H. Charlesworth (Hg.), The Old Testament Pseudepigrapha 1 (ABRLib) 1983, 605–613

Sibyllinenorakel
Gauger, J.-D. (Hg.), Sibyllinische Weissagungen: Griechisch – deutsch, Auf der Grundlage der Ausgabe von A. Kurfeß (Sammlung Tusculum), Düsseldorf/Zürich 1998

Geffcken, J. (Hg.), Die Oracula Sibyllina (GCS 3,8) 1902 [ND 1979]

Collins, J. J. (Hg.), Sibylline Oracles, in: J. H. Charlesworth (Hg.), The Old Testament Pseudepigrapha (ABRLib) 1983, 317–472

Merkel, H. (Hg.), Sibyllinen (JSHRZ V/8) 1998

(Jesus) Sirach
Beentjes, P. C. (Hg.), The Book of Ben Sira in Hebrew: A Text Edition of All Extant Hebrew Manuscripts and a Synopsis of All Parallel Hebrew Ben Sira Texts (VT.S 68) 1997

Smend, R. (Sen.: Hg.), Die Weisheit des Jesus Sirach: Hebräisch und Deutsch [עם עברית בלשׁון סירא בן אלעזר בן ישׁוע חכמת ספר והעתקה אשׁכנזית], Berlin 1906

Vattioni, F. (Hg.), Ecclesiastico, Testo ebraico con apparato critico e versioni greca, latina e siriaca (Pubblicazioni del Seminario di Semitistica 1), Neapel 1968

Ziegler, J. (Hg.), Sapientia Iesu Filii Sirach (SVTG XII/2) ²1980

Sauer, G. (Hg.), Jesus Sirach (JSHRZ III/5), 1981

(Pseudo-)Sophokles
Attridge, H. (Hg.), Fragments of Pseudo-Greek Poets, in: J. H. Charlesworth (Hg.), The Old Testament Pseudepigrapha 2 (ABRLib) 1985, 825–827

Sophonias-Apokalypse
(Clem. Strom. 5,77,2)
Stählin, O. / Früchtel, L. (Hg.), Clemens Alexandrinus, Bd. 2: Stromata Buch I–VI (GCS 52) ³1960, 377

Steindorff, G. (Hg.), Die Apokalypse des Elias: Eine unbekannte Apokalypse und Bruchstücke der Sophonias-Apokalypse (TU 17,3A) 1899, 169–170

Diebner, B. J. (Hg.), Zephanjas Apokalypsen (JSHRZ V/9) 2003

Wintermute, O. S. (Hg.), Apocalypse of Zephania, in: J. H. Charlesworth (Hg.), The Old Testament Pseudepigrapha 1 (ABRLib) 1983, 497–515

Testament Abrahams

James, M. R. / Barnes, W. E. (Hg.), The Testament of Abraham: The Greek Text Now First Edited with an Introduction and Notes, With an Appendix Containing Extracts from the Arabic Version of the Testaments of Abraham, Isaac and Jacob (TaS II/2), ND, Nendeln/Wiesbaden 1967

Schmidt, F. (Hg.), Le Testament grec d'Abraham: Introduction, édition critique des deux recensions grecques, traduction (TSAJ 11) 1986

Janssen, E. (Hg.), Testament Abrahams (JSHRZ III/2, 193–256) 1980

Sanders, E. P. (Hg.), Testament of Abraham, in: J. H. Charlesworth (Hg.), The Old Testament Pseudepigrapha 1 (ABRLib) 1983, 871–902

Testament Hiobs

Brock, S. P. (Hg.), Testamentum Jobi, in: A.-M. Denis / Y. Janssens (Hg.), Concordance grecque des pseudépigraphes d'Ancien Testament: Concordance, corpus des textes, indices, Louvain-la-Neuve 1987, 875–879

Schaller, B. (Hg.), Das Testament Hiobs (JSHRZ III/3) 1979

Spittler, R. P. (Hg.), Testament of Job, in: J. H. Charlesworth (Hg.), The Old Testament Pseudepigrapha 1 (ABRLib) 1983, 828–868

Testamente der XII

Jonge, M. de u. a. (Hg.), The Testaments of the Twelve Patriarchs, A Critical Edition of the Greek Text (SVTP 1,2) 1978

Hollander, H. W. / Jonge, M. de (Hg.), The Testaments of the Twelve Patriarchs: A Commentary (SVTP 8) 1985

Becker, J. (Hg.), Die Testamente der zwölf Patriarchen (JSHRZ III/2) ²1980

Tobit

Hanhart, R. (Hg.), Tobit (SVTG VIII/5) 1983

Wagner, C. J. (Hg.), Polyglotte Tobitsynopse: Griechisch – Lateinisch – Syrisch – Hebräisch – Aramäisch, Mit einem Index zu den Tobit-Fragmenten vom Toten Meer (AAWG.PH 258 = MSU 28) 2003

Weeks, S. u. a. (Hg.), The Book of Tobit: Texts from the Principal Ancient and Medieval Traditions: With Synopsis, Concordances, and Annotated Texts in Aramaic, Hebrew, Greek, Latin, and Syriac (Fontes et Subsidia ad Bibliam pertinentes 3), Berlin/ New York 2004

Ego, B. (Hg.), Buch Tobit (JSHRZ II/6) 1999

Löhr, M. (Hg.), Das Buch Tobit, in: E. Kautzsch (Hg.), Die Apokryphen und Pseudepigraphen des Alten Testaments 1, ND, Darmstadt ⁴1975, 135–147

Visio beati Esdrae

Wahl, O. (Hg.), Apocalypsis Esdrae – Apocalypsis Sedrach – Visio beati Esdrae (PVTG 4) 1977, 49–61

– Vier neue Textzeugen der Visio Beati Esdrae, Selasianum 40 (1978) 583–589

Mueller, J. R. / Robbins, G. A. (Hg.), Vision of Ezra, in: J. H. Charlesworth (Hg.), The Old Testament Pseudepigrapha (ABRLib) 1983, 581–590

Vita Adae et Evae
Anderson, G. A. / Stone, M. E. (Hg.), A Synopsis of the Books of Adam and Eve (SBL.EJL 5), 1994 [²1999]
Bertrand, D. A. (Hg.), La vie grecque d'Adam et Ève: Introduction, texte, traduction et commentaire (RechInt 1) 1987, 1765–1796
Meyer, W. (Hg.), Vita Adae et Evae (ABAW.PP 14,3) 1878, 187–250
Nagel, M. (Hg.), Vita Adae et Evae, in: A.-M. Denis / Y. Janssens (Hg.), Concordance grecque des pseudépigraphes d'Ancien Testament: Concordance, corpus des textes, indices, Louvain-la-Neuve 1987, 815–818
Tischendorf, K. von (Hg.), I. Apocalypsis Mosi, in: ders. (Hg.), Apocalypses Apocryphae, Mosis, Esdrae, Pauli, Iohaniis, item Mariae dormitio, additis Evangeliorum et actuum Apocryphorum supplementis, Leipzig 1866 [ND, Hildesheim 1966], 1–23
Bertrand, D. A. (Hg.), La vie grecque d'Adam et Ève, in: A. Dupont-Sommer / M. Philonenko (Hg.), La Bible, Écrits intertestamentaires I (Bibliothèque de la Pléiade) Paris, 1987, 1765–1796
Merk, O. / Meiser, M. (Hg.), Das Leben Adams und Evas (JSHRZ II/5) 1998

Vitae Prophetarum
Schwemer, A. M. (Hg.), Synopse zu den *Vitae Prophetarum*, in: dies., Studien zu den frühjüdischen Prophetenlegenden, Bd. 2 (TSAJ 50) 1996, 1*–76* [= Beiheft]
Schwemer, A. M. (Hg.), Vitae Prophetarum (JSHRZ I/7) 1997

Weisheit Salomos
Ziegler, J. (Hg.), Sapientia Salomonis (SVTG XII/1) ²1980
Georgi, D. (Hg.), Weisheit Salomos (JSHRZ III/4) 1980
Siegfried, K. (Hg.), Die Weisheit Salomos, in: E. Kautzsch (Hg.), Die Apokryphen und Pseudepigraphen des Alten Testaments 1, ND, Darmstadt ⁴1975, 476–507

Die Weisheitsschrift aus der Kairoer Geniza
Berger, K., Die Weisheitsschrift aus der Kairoer Geniza: Erstedition, Kommentar und Übersetzung (TANZ 1) 1989
Rüger, H. P., Die Weisheitsschrift aus der Kairoer Geniza: Text, Übersetzung und philologischer Kommentar (WUNT 53) 1991

Neues Testament

Aland, B. u. a. (Hg.), Novum Testamentum Graece (post E. et E. Nestle), Apparatum criticum novis curis elaboraverunt B. et K. Aland, Stuttgart ²⁷1993 u. 1995 [Nestle/Aland²⁷]

Aland, K. (Hg.), Synopsis Quattuor Evangeliorum, Locis parallelis evangeliorum apocryphorum et patrum adhibitis, Stuttgart [15]1997

Inschriften und Papyri

Sammelwerke

Brodersen, K. / Günther, W. / Schmitt, H. H. (Hg.), Historische griechische Inschriften in Übersetzung, 3 Bde. (TzF 59, 68 u. 71) 1992, 1996 u. 1999

Frey, J.-B. [B. Lifshitz] (Hg.), Corpus Inscriptionum Iudaicarum: Recueil des inscriptions juives qui vont du IIIe siècle avant Jésus-Christ au VIIe siècle de notre ère [Corpus of Jewish Inscriptions – Jewish Inscriptions from the Third Century B. C. to the Seventh Century A. D.], Vol. 1: Europe (SSAC 1), ND, New York 1975 [CIJ I]

– Corpus Inscriptionum Iudaicarum: Recueil des inscriptions juives qui vont du IIIe siècle avant Jésus-Christ au VIIe siècle de notre ère, Vol. 2: Asie – Afrique (SSAC 3) 1952 [CIJ II]

Horbury, W. / Noy, D. (Hg.), Jewish Inscriptions of Graeco-Roman Egypt: With an Index of the Jewish Inscriptions of Egypt and Cyrenaica, Cambridge 1992

Merkelbach, R. (Hg.), Abrasax: Ausgewählte Papyri religiösen und magischen Inhalts, Bd. 3: Zwei griechisch-ägyptische Weihezeremonien (Die Leidener Weltschöpfung – Die Pschai-Aion-Liturgie), PapyCol 17,3, 1992

Merkelbach, R. / Totti, M. (Hg.), Abrasax: Ausgewählte Papyri religiösen und magischen Inhalts, Bd. 1–2: Gebete (PapyCol 17,1–2) 1990 u. 1991

Antik-jüdische Grabinschriften aus Rom

Leon, H. J., The Jews of Ancient Rome, With a New Introduction by C. A. Osiek, Peabody [2]1995, 263–346.379–388

Die Lehre des Anchscheschonqi (P. BM 10 508)

Brunner, H. (Hg.), Die Spruchsammlung des Anch-Scheschonki, in: ders., Altägyptische Weisheit, Darmstadt 1988, 257–291

Thissen, H.-J. (Hg.), Die Lehre des Anchscheschonqi, TUAT III/2 (1991) 251–277

Leiden Papyrus J 395 (= PGM XIII [Z. 732–1056])

Merkelbach, R. / Totti, M. (Hg.), Abrasax: Ausgewählte Papyri religiösen und magischen Inhalts, Bd. 1: Gebete (PapyCol 17,1) 1990, 179–222

Preisendanz, K. / Henrichs, A. (Hg.), Papyri Graecae Magicae: Die griechischen Zauberpapyri, Bd. 2, Stuttgart [2]1974, 120–130

Smith, M., in: Betz, H. D. (Hg.), The Greek Magical Papyri in Translation, Including the Demotic Spells, Chicago/London 1986, 189–195

Leidener Weltschöpfung (Leidener Papyrus J 395 = PGM XIII [Z. 1–734])
Merkelbach, R. (Hg.), Abrasax: Ausgewählte Papyri religiösen und magischen Inhalts, Bd. 3: Zwei griechisch-ägyptische Weihezeremonien (Die Leidener Weltschöpfung – Die Pschai-Aion-Liturgie), PapyCol 17,3, 1992, 94–153
Smith, M., in: Betz, H. D. (Hg.), The Greek Magical Papyri in Translation, Including the Demotic Spells, Chicago/London 1986, 172–189

Papyrus Insinger (P. Insinger)
Brunner, H. (Hg.), Die Lehre des Papyrus Insinger, in: ders., Altägyptische Weisheit, Darmstadt 1988, 295–349
Thissen, H.-J. (Hg.), Die Lehre des P. Insinger, TUAT III/2 (1991) 280–319

Töpferorakel
Koenen, L., Die Prophezeiungen des „Töpfers", ZPE 2 (1968) 178–209 [Prophezeiungen I]
– *Nachträge zu:* Die Prophezeiungen des „Töpfers", ZPE 3 (1968) 137 [Prophezeiungen II]
– Bemerkungen zum Text des Töpferorakels und zu dem Akaziensymbol, ZPE 13 (1974) 313–319
Lobel, E. / Roberts, C. H. (Hg.), The Oxyrhynchus Papyri, Bd. 22, London 1954 [OxyPap], 89–99
Koenen, L. / Blasius, A., Die Apologie des Töpfers an König Amenophis oder das Töpferorakel (Tafel I–III), in: A. Blasius / B. U. Schipper (Hg.), Apokalyptik und Ägypten: Eine kritische Analyse der relevanten Texte aus dem griechisch-römischen Ägypten (OLA 107) 2002, 139–187 u. Tfl. I–III

Zauberpapyri
Betz, H. D. (Hg.), The Greek Magical Papyri in Translation, Including the Demotic Spells, Chicago/London 1986
Preisendanz, K. [/ Henrichs, A.] (Hg.), Papyri Graecae Magicae: Die griechischen Zauberpapyri, 2 Bde., ND, Stuttgart ²1973, 1974 [PGM]

Rabbinische Quellen

Midrasch Rabba
Mirqin, M. A. (Hg.), מדרש רבה, 11 Bde., Tel Aviv 1985–1987
Wünsche, A. (Hg.), Der Midrasch Schemot Rabba: Das ist die allegorische Auslegung des zweiten Buches Mose, Mit Noten und Verbesserungen von J. Fürst u. O. Straschun (Bibliotheca Rabbinica, Lfg. 12, 15, 17 u. 18), ND, Hildesheim 1967
– Der Midrasch Wajikra Rabba, Das ist die haggadische Auslegung des dritten Buches Mose, Mit Noten und Verbesserungen von J. Fürst (Bibliotheca Rabbinica, Lfg. 22, 24 u. 26), ND, Hildesheim 1967

Talmud Bavli
Goldschmidt, L. (Hg.), Der babylonische Talmud mit Einschluß der vollständigen Mišnah, hg. nach der ersten zensurfreien Bomberg-schen Ausgabe (Venedig 1520–23), nebst Varianten der späteren, von S. Lorja, J. Berlin, J. Sirkes u. aa. revidirten Ausgaben und der Münchener Talmudhandschriften, möglichst sinn- und wortgetreu übersetzt und mit kurzen Erläuterungen versehen, 9 Bde., Haag 1933ff.

Frühe christliche Quellen

Apokryphen und Pseudepigraphen des Neuen Testaments

Apokalypse des Paulus
Duensing, H. / Santos Otero, A. de (Hg.), Apokalypse des Paulus, in: W. Schneemelcher (Hg.), Neutestamentliche Apokryphen in deut-scher Übersetzung, Bd. II: Apostolisches, Apokalypsen und Ver-wandtes, Tübingen [5]1989, 644–675

Clemens Romanus
Fischer, J. A. (Hg.), Der Klemens-Brief, in: ders. (Hg.), Die Apostoli-schen Väter (SUC 1) [9]1986, 1–107
Schneider, G. (Hg.), Clemens von Rom: Epistola ad Corinthios, Brief an die Korinther (FChr 15) 1994

Oden Salomos
Franzmann, M. (Hg.), The Odes of Solomon: An Analysis of the Poeti-cal Structure and Form (NTOA 20) 1991
Lattke, M. (Hg.), Oden Salomos (FChr 19) 1995

Nikodemus-Evangelium
Scheidweiler, F. (Hg.), Nikodemusevangelium, Pilatusakten und Höl-lenfahrt Christi, in: W. Schneemelcher (Hg.), Neutestamentliche Apokryphen in deutscher Übersetzung, Bd. I: Evangelien, Tübingen [5]1987, 395–424

Thomasakten
Klijn, A. F. J., The Acts of Thomas (NTS 5) 1962, 1–17
Drijvers, H. J. W. (Hg.), Thomasakten, in: W. Schneemelcher (Hg.), Neutestamentliche Apokryphen in deutscher Übersetzung, Bd. II: Apostolisches, Apokalypsen und Verwandtes, Tübingen [5]1989, 289–367

Weitere spätantike Quellen

äth. Apokalypse des »Buches der Geheimnisse von Himmel und Erde«
Perruchon, J. (Hg.), Le livre des mystères du ciel et de la terre: Texte éthiopien publié et traduit (PO I/1) 1903

Daniel-Diegese
Berger, K., Die griechische Daniel-Diegese: Eine altkirchliche Apoka-
lypse, Text, Übersetzung und Kommentar (StPB 27) 1976
Zervos, G. T. (Hg.), Apocalypse of Daniel, in: J. H. Charlesworth (Hg.),
The Old Testament Pseudepigrapha 1 (ABRLib) 1983, 755–770

Nag Hammadi (allgemein)
Robinson, J. M. (Hg.), The Nag Hammadi Library in English, New York
1990 [Leiden ³1988: NHL]

Kirchenväter

Hieronymus
Commentaria in Danielem
MPL 25, S. Eusebius Hieronymus 5 (²1884) 491–584

Hippolytus
Marcovich, M. (Hg.), Hippolytus: Refutatio omnium haeresium (PTS
25) 1986
Wendland, P. (Hg.), Hippolytus Werke, Bd. 3: *Refutatio omnium Haeresium* (GCS 26) 1916
Bonwetsch, G. N. / Richard, M. (Hg.), Hippolyt Werke, Bd. I/1: Kommentar zu Daniel (GCS.NF 7) ²2000

Iustinus
Dialogus
Goodspeed, E. J. (Hg.), Die ältesten Apologeten: Texte mit kurzen Ein-
leitungen, Neudr. Göttingen 1984, 90–265

Lactantius
Divinae Institutiones
Brandt, S. / Laubmann, G. (Hg.), L. Caeli Firmiani Lactanti Opera Omnia, Accedunt carmina eius quae feruntur et L. Caecilii inscriptus est
de mortibus persecutorum liber, Pars 1: Divinae Institutiones et Epi-
tome Divinarum Institutionum (CSEL 19) 1890

Weitere antike Quellen

allgemein
Arnim, J. von (Hg.), Stoicorum Veterum Fragmenta, 4 Bde. (Sammlung
wissenschaftlicher Commentare), ND, Stuttgart 1978–79 [SVF]
Diels, H. / Kranz, W. (Hg.), Die Fragmente der Vorsokratiker, 3 Bde.,
Berlin ⁹1959–1960 [FVS]
Jacoby, F. (Hg.), Die Fragmente der griechischen Historiker I–III in
16 Bde., Berlin/Leiden 1923–69 [auch ND: FrGrH]
Long, A. A. / Sedley, D. N. (Hg.), The Hellenistic Philosophers, 2 Bde.,
Cambridge u. a. ⁵1995 [HP]

Nauck, A. (Hg.), Tragicorum graecorum fragmenta, Supplementum continens nova fragmenta euripidea et adespota apud scriptores veteres reperta adiecit Bruno Snell, ND, Hildesheim 1964 [TGF$^{1.2}$]

Strecker, G. / Schnelle, U. (Hg.), Neuer Wettstein: Texte zum Neuen Testament aus Griechentum und Hellenismus, Bd. 2: Texte zur Briefliteratur und zur Johannesapokalypse, Berlin/ New York 1996

Archimedes
Arenarius
Heiberg, J. L. (Hg.), Archimedis opera omnia cum commentariis Eutocii, Bd. 2, ND, Stuttgart 1972, 215–259

Aristophanes
Coulon, V. / Daele, H. van (Hg.), Aristophane, 5 Bde., Paris 1946–1954

Aristoteles
De anima
Hett, W. S. (Hg.), Aristotle: On the Soul – Parva Naturalia – On Breath (LCL), London/ Cambridge (MA) ^{2}1957

Theiler, W. (Übers.), Aristoteles: Über die Seele, in: E. Grumach (Hg.), Aristoteles, Werke in deutscher Übersetzung, Bd. 13, Darmstadt 1959

Magna moralia
Tredennick, H. / Armstrong, G. C. (Hg.), Aristotle: Metaphysics (X–XIV) – Oeconomica – Magna moralia (LCL), London/ Cambridge (MA) ^{5}1962

Dirlmeier, F. (Übers.), Aristoteles: Magna moralia, in: E. Grumach (Hg.), Aristoteles, Werke in deutscher Übersetzung, Bd. 8, Darmstadt 1958

Dionysius Halicarnassus
Spelman, E. / Cary, E. (Hg.), The Roman Antiquities of Dionysius of Halicarnassus, Bd. 6 (LCL), London/ Cambridge (MA) ^{2}1963

Eudoxos
Ars astronomia
Blass, F. (Hg.), Eudoxi ars astronomia qualis in charta Aegyptica superest, Kiel 1887

Iamblichos von Chalkis
Pistelli, H. (Hg.), Iamblichi Protrepticus: Ad fidem codicis Florentini, ND, Stuttgart 1967

Iranische Quellen und Verwandtes
allgemein
Boyce, M. (Hg.), Textual Sources for the Study of Zoroastrianism (Textual Sources for the Study of Religion), Manchester 1984

Orakel des Hystaspes
Bidez, J. / Cumont, F. (Hg.), Les mages hellénisés: Zoroastre, Ostanès et Hystaspe, Bd. 2 (Les textes), Paris 1938, 357–377

Gauger, J.-D. (Hg.), Sibyllinische Weissagungen: Griechisch – deutsch, Auf der Grundlage der Ausgabe von A. Kurfeß (Sammlung Tusculum), Düsseldorf/Zürich 1998, 416–418

Lukian von Samosata
De Dea Syria
Lightfoot, J. L. (Hg.), On the Syrian Goddess, Oxford 2003
Clemen, C. (Hg.), Lukians Schrift über die syrische Göttin (AO 37,3/4) 1938

Metrodorus von Chios
Diels, H. / Kranz, W. (Hg.), Die Fragmente der Vorsokratiker, Bd. 2, Berlin ⁹1959, 231–234

Philolaos von Kroton
Huffman, C. A. (Hg.), Philolaus of Croton: Pythagorean and Presocratic: A Commentary on the Fragments and Testimonia with Interpretive Essays, Cambridge 1993

Plato
Eigler, G. (Hg.), Platon, Werke in acht Bänden, Griechisch und Deutsch, 8 Bde. i. 9, Darmstadt 1990

[Ps] -Plato
Axiochos (oder: Über den Tod)
Souilhé, J. (Hg.), Platon: Œuvres complètes, Tome XIII, 3ᵉ Partie, Dialogues Apocryphes: De Juste – De la Vertu – Démodocos – Sisyphe – Eryxias – Axiochos – Définitions, Paris ²1962

Plutarch
Moralia
Babbitt, F. C. (Hg.), Plutarch's Moralia in Fifteen Volumes, Bd. 3 (LCL), London/ Cambridge (MA) ³1961
De Iside et Osiride
Görgemanns, H. (mit R. Feldmeier u. J. Assmann: Hg.), Plutarch, Drei religionsphilosophische Schriften: Über den Aberglauben, Über die späte Strafe der Gottheit, Über Isis und Osiris, Düsseldorf/Zürich 2003
Griffiths, J. G. (Hg.), Plutarch's *De Iside et Osiride*, Cambridge 1970

Polybius
Historiae
Buettner-Wobst, T. (Hg.), Polybii Historiae (BSGRT) 1889ff.
Paton, W. T. (Hg.), Polybius, The Histories, Bd. 4, 5 u. 6 (LCL), London/ Cambridge (MA) ³1960
Walbank, F. W., A Historical Commentary on Polybius, Bd. 2 u. 3, Oxford 1967 u. 1979

Porphyrius von Tyros
Fragmenta
Jacoby, F. (Hg.), Die Fragmente der griechischen Historiker, Tl. 2:
  Zeitgeschichte, B: Spezialgeschichten, Autobiographien und Memoi-
  ren, Zeittafeln, ND, Leiden 1962, 1197–1229
– Die Fragmente der griechischen Historiker, Tl. 2: Zeitgeschichte, B.
  Spezialgeschichten, Autobiographien und Memoiren, Zeittafeln (2. u.
  4. Lfg.: Komm. zu Nr. 106–261), ND, Leiden 1962, 854–884
De abstinentia
Bouffartigue, J. / Patillon, M. (Hg.), Porphyre, De l'abstinence, 2
  Bde., Paris 1977 u. 1979

Seneca d. J.
Epistulae ad Lucilium
Fickert, C. R. (Hg.), L. Annaei Senecae ad Lucilium epistularum mora-
  lium libri xx, Ad libros manuscriptos et impressos recensuit com-
  mentarios criticos subiecit, Vol. I, Leipzig 1842
Rosenbach, M. (Hg.), L. Annaeus Seneca, Ad Lucilium: Epistolae mo-
  rales I–LXIX / An Lucilius: Briefe über Ethik 1–69 (L. Annaeus Se-
  neca, Philosophische Schriften: Lateinisch und Deutsch III), Darm-
  stadt 1974
– L. Annaeus Seneca, Ad Lucilium: Epistolae morales LXX–CXXIV,
  [CXXV] / An Lucilius: Briefe über Ethik 70–124 [125] (L. Annaeus
  Seneca, Philosophische Schriften: Lateinisch und Deutsch IV),
  Darmstadt 1984

Vergil
Clausen, W. (Hg.), A Commentary on Virgil Eclogues, Oxford 1995
Gauger, J.-D. (Hg.), Sibyllinische Weissagungen: Griechisch –
  deutsch, Auf der Grundlage der Ausgabe von A. Kurfeß (Sammlung
  Tusculum), Düsseldorf/Zürich 1998, 226–229

2. HILFSMITTEL

Abegg, M. G. / Bowley, J. E. / Cook, E. M. (Hg.), The Dead Sea Scrolls
  Concordance, Vol. I: The Non-Biblical Texts from Qumran, Part 1+2,
  Leiden/Boston 2003
Aistleitner, J. / Eißfeldt, O., Wörterbuch der ugaritischen Sprache
  (BVSAW.PH 106,3) 1963
Altaner, B. / Stuiber, A., Patrologie, Freiburg i. Br. /Basel/Wien 1993
  [= [8]1978]
Bauer, H. / Leander, P., Grammatik des Biblisch-Aramäischen, ND,
  Hildesheim/Zürich/ New York 1995
Black, M., A Bibliography on 1 Enoch in the Eighties, JSP 5 (1989) 3–16
Borbone, P. G. / Jenner, K. D. (Hg.), The Old Testament in Syriac
  According to the Peshiṭta Version, Part V: Concordance, Vol. 1: The
  Pentateuch (OTSy V/1) 1997

Borgen, P. / Fuglseth, K. / Skarsten, R. (Hg.), The Philo Index: A Complete Greek Word Index to the Writings of Philo of Alexandria, Cambridge u. a. 2000

Brockelmann, C., Lexicon Syriacum, Halle ²1928

Bußmann, H., Lexikon der Sprachwissenschaft (KTA 452) ²1990 [³2002]

Clines, D. J. A. u. a., The Dicitonary of Classical Hebrew, Vol. 1ff, Sheffield 1993ff [DCH]

Denis, A.-M. (Hg.), Concordance latine des pseudépigraphes d'Ancien Testament (CChr.Thesaurus Patrum Latinorum Suppl. 1) ND, Turnhout 1993

Denis, A.-M. / Janssens, Y. (Hg.), Concordance de l'Apocalypse Grecque de Baruch (Publications de l'Institut Orientaliste de Louvain 1) 1970

– Concordance grecque des pseudépigraphes d'Ancien Testament: Concordance, corpus des textes, indices, Louvain-la-Neuve 1987

Even-Shoshan, A. (Hg.), A New Concordance of the Bible: Thesaurus of the Language of the Bible, Hebrew and Aramaic, Roots, Words, Proper Names, Phrases and Synonyms, Jerusalem 1989

Flint, P. W., Appendix II: Index of Passages from the Apocrypha and Previously-known Writings ("Pseudepigrapha") in the Scrolls, in: ders./ J. C. VanderKam (Hg.), The Dead Sea Scrolls After Fifty Years, Bd. 2, Leiden/Boston/Köln 1999, 666–668

García Martínez, F. / Tigchelaar, E. J. C., 1 Enoch and the Figure of Enoch: A Bibliography of Studies 1970–1988, RdQ 53,14 (1989) 149–174

Gesenius, W. / Buhl, F., Hebräisches und Aramäisches Handwörterbuch über das Alte Testament, ND, Berlin/Göttingen/Heidelberg 1962 [¹⁷1915]

Gesenius, W. / Kautzsch, E. / Bergsträßer, G., Hebräische Grammatik, ND, Darmstadt ⁷1995 [Leipzig ²⁸1909: GesK]

Gesenius, W. / Meyer, R. / Donner, H., Hebräisches und Aramäisches Handwörterbuch über das Alte Testament, Lfg. 1ff, Berlin u. a. ¹⁸1987ff [Ges¹⁸]

Gleßmer, U., Liste der biblischen Texte aus Qumran, RdQ 62,16 (1993) 153–192

Goshen-Gottstein, M. H., A Syriac-English Glossary with Etymological Notes, Wiesbaden 1970

Haelewyck, J.-C. (Hg.), Clavis Apocryphorum Veteris Testamenti (CChr.Clavis Apocryphorum Veteris Testamenti) 1998

Hatch, E. / Redpath, H. A. (Hg.), A Concordance to the Septuagint and the Other Greek Versions of the Old Testament, ND, Graz 1954

Jastrow, M., A Dictionary of the Targumim, the Talmud Babli and Yerushalmi, and the Midrashic Literature, 2 Bde. i. 1, ND, New York 1989

Jean, C.-F. / Hoftijzer, J., Dictionnaire des inscriptions sémitiques de l'ouest, Leiden 1965 [DISO]

Jenni, E., Die hebräischen Präpositionen, Bd. 1: Die Präposition Beth, Stuttgart/Berlin/Köln 1992

Jenni, E., Die hebräischen Präpositionen, Bd. 3: Die Präposition La-med, Stuttgart/Berlin/Köln 2000

Köhler, L. / Baumgartner, W., Hebräisches und Aramäisches Lexikon zum Alten Testament, 5 Bde. u. Suppl., Leiden/ New York /Köln ³1967– 1996 [HAL]

Lausberg, H., Handbuch der literarischen Rhetorik, 2 Bde., München 1960

Lewandowski, T., Linguistisches Wörterbuch, 3. Bde., Heidelberg/ Wiesbaden ⁴1984–1985

Liddell, H. G. / Scott, R. / Jones, H. S., Greek-English Lexicon, 2 Bde., Oxford ⁹1940, mit Erg.bd. v. E. A. Barber, Oxford 1968 [Liddell/ Scott]

Muraoka, T., A Greek-Hebrew/Aramaic Index to I Esdras (SBL.SCS 16) 1984

Rahlfs, A. / Fraenkel, D., Verzeichnis der griechischen Handschriften des Alten Testaments (SVTG.Suppl. I/1) 2004

Segert, S., Altaramäische Grammatik mit Bibliographie, Chrestomathie und Glossar, Leipzig ⁴1990

Soden, W. von, Akkadisches Handwörterbuch, 3 Bde., Wiesbaden 1965–1981

Sokoloff, M., A Dictionary of Jewish Palestinian Aramaic of the Byzan-tine Period (Dictionaries of Talmud, Midrash and Targum II), Ramat-Gan/Jerusalem 1990

Strothmann, W., Wörterverzeichnis der apokryphen-deuterokanoni-schen Schriften des Alten Testaments in der Peshiṭta (GOF.S 27) 1988

DiTommaso, L., A Bibliography of Pseudepigrapha Research 1850–1999 (JSPE.S 39) 2001

Tov, E., Appendix III: A List of the Texts from the Judaean Desert, in: P. W. Flint / J. C. VanderKam (Hg.), The Dead Sea Scrolls After Fifty Years, Bd. 2, Leiden/Boston/Köln 1999, 669–717

– A Categorized List of All the "Biblical Texts" Found in the Judaean Desert, DSD 8 (2001) 67–84

Ulrich, E., An Index of the Passages in the Biblical Manuscripts from the Judean Desert, DSD 1 (1994) 113–129; DSD 2 (1995) 86–107

– Appendix I: Index of Passages in the Biblical Scrolls, in: P. W. Flint / J. C. VanderKam (Hg.), The Dead Sea Scrolls After Fifty Years, Bd. 2, Leiden/Boston/Köln 1999, 649–665

Ulrich, W., Wörterbuch linguistische Grundbegriffe, Würzburg 1972 [⁴1987]

Vogt, E., Lexicon Linguae Aramaicae Veteris Testamenti, Documentis Antiquis Illustratum, Rom 1971

Wacholder, B. Z. / Abegg, M. G. / Bowley, J. (Hg.), A Preliminary Edi-tion of the Unpublished Dead Sea Scrolls: The Hebrew and Aramaic Texts from Cave Four, Fasc. 4: Concordance of Fasc. 1–3, Washing-ton, D. C. 1996

Waltke, B. K. / O'Connor, M., An Introduction to Biblical Hebrew Syn-tax, Winona Lake 1990

3. SEKUNDÄRLITERATUR

Aalen, S., St. Luke's Gospel and the Last Chapters of I Enoch, NTS 13 (1966/67) 1–13

– (Baasland, E. / Rengstorf, K. H.), Heilsverlangen und Heilsverwirklichung: Studien zur Erwartung des Heils in der apokalyptischen Literatur des antiken Judentums und im ältesten Christentum (ALGHJ 21) 1990

Abadie, P., Les racines de l'apocalyptique, in: ders./ J.-P. Lémonon (Hg.), Le judaïsme à l'aube de l'ère chrétienne, XVIIIe congrès de l'ACFEB (Lyon, septembre 1999), LeDiv 186, 1999, 209–245

Abegg, M. G., Exile in the Dead Sea Scrolls, in: J. M. Scott (Hg.), Exile: Old Testament, Jewish, and Christian Conceptions (JSJ.S 56) 1997, 111–125

– Who Ascended to Heaven?: 4Q491, 4Q427, and the Teacher of Righteousness, in: C. A. Evans / P. W. Flint (Hg.), Eschatology, Messianism, and the Dead Sea Scrolls (SDSSRL) 1997, 61–73

Ahn, G., 'Monotheismus' – 'Polytheismus': Grenzen und Möglichkeiten einer Klassifikation von Gottesvorstellungen, in: M. Dietrich / O. Loretz (Hg.), Mesopotamica – Ugaritica – Biblica (FS K. Bergerhof), AOAT 232, 1993, 1–24

Aitken, J. K., Apocalyptic, Revelation and Early Jewish Wisdom Literature, in: P. J. Harland / C. T. R. Hayward (Hg.), New Heaven and New Earth: Prophecy and the Millennium (FS A. Gelston), VT.S 77, 1999, 181–193

Albani, M., Astronomie und Schöpfungsglaube: Untersuchungen zum Astronomischen Henochbuch (WMANT 68) 1994

– „Der HERR tötet und macht lebendig; er führt in die Unterwelt hinab und wieder herauf.": Zur Problematik der Auferstehungshoffnung im Alten Testament am Beispiel von 1 Sam 2,6, leqach 1 (2001) 22–55

Albertson, F. C., An Isaic Model for the Raising of Lazarus in Early Christian Art, JAC 38 (1995) 123–132 + 2 Tfln.

Albertz, R., Der Gott des Daniel: Untersuchungen zu Dan 4 – 6 in der Septuagintafassung sowie zu Komposition und Theologie des aramäischen Danielbuches (SBS 131) 1988

– Religionsgeschichte Israels in alttestamentlicher Zeit (GAT 8) 1992 [²1996/97]

– Bekehrung von oben als "messianisches Programm": Die Sonderüberlieferung der Septuaginta in Dan 4 – 6, in: H. Graf Reventlow (Hg.), Theologische Probleme der Septuaginta und der hellenistischen Hermeneutik (VWGT 11) 1997, 46–62

– The Social Setting of the Aramaic and Hebrew Book of Daniel, in: J. J. Collins / P. W. Flint (Hg.), The Book of Daniel: Composition and Reception, Bd. 1, (VT.S 83,1) 2001, 171–204

Alexander, P. S., From Son of Adam to Second God: Transformations of the Biblical Enoch, in: M. E. Stone / T. A. Bergren (Hg.), Biblical Figures Outside the Bible, Harrisburg 1998, 87–122

– Enoch and the Beginnings of Jewish Interest in Natural Science, in: C. Hempel / A. Lange / H. Lichtenberger (Hg.), The Wisdom Texts from Qumran and the Development of Sapiential Thought (BEThL 159) 2002, 223–243

Allison, D. C., Testament of Abraham (CEJL) 2004

Alonso Schökel, L., The Vision of Man in Sirach 16:24 – 17:14, in: J. G. Gammie u. a. (Hg.), Israelite Wisdom (FS S. Terrien), New York 1978, 235–245

Altizer, T. J. J., History as Apocalypse, in: ders. u. a., Deconstruction and Theology, New York 1982, 147–177

– Modern Thought and Apocalypticism, in: J. J. Collins / B. McGinn / S. J. Stein (Hg.), The Encyclopedia of Apocalypticism, Bd. 3: Apocalypticism in the Modern Period and the Contemporary Age, hg. v. S. J. Stein, New York 1998, 325–359

Andel, C. P. van, De Structuur van de Henoch-Traditie en het Nieuwe Testament: Een onderzoek naar het milieu van apocalyptische en sectarische tradities binnen het jodendom in zijn relatie tot het milieu van het oer-christelijk kerugma (Studia Theologica Rheno-Traiectina 2), Utrecht 1955

Anderson, G. W., Isaiah xxiv – xxvii Reconsidered, in: Congress Volume, Bonn 1962 (VT.S 9) 1963, 118–126

Appel, H., Die Komposition des äthiopischen Henochbuches (BFChTh 10,3) 1906

Argall, R. A., 1 Enoch and Sirach – A Comparative Literary and Conceptual Analysis of the Themes of Revelation, Creation and Judgment (SBL.EJL 8) 1995

– Reflections on I Enoch and Sirach: A Comparative Literary and Conceptual Analysis of the Themes of Revelation, Creation and Judgment, in: E. H. Lovering (Hg.), SBL.Seminar 1995 Papers (SBL.SP 34), Atlanta 1995, 337–351

Assmann, J., Stein und Zeit: Mensch und Gesellschaft im Alten Ägypten, München 1991

– Monotheismus und Kosmotheismus: Ägyptische Formen eines »Denkens des Einen« und ihre europäische Rezeptionsgeschichte (SHAW.PH 1993,2) 1993

– Ägypten: Eine Sinngeschichte, München/Wien 1996

– Moses the Egyptian: The Memory of Egypt in Western Monotheism, Cambridge (MA) /London 1997 [dt.: Moses der Ägypter: Entzifferung einer Gedächtnisspur, Frankfurt a. M. ⁴2003]

– Der Tod als Thema der Kulturtheorie: Todesbilder und Totenriten im Alten Ägypten, Mit einem Beitrag von T. Macho (Erbschaft unserer Zeit: Vorträge über den Wissensstand unserer Epoche 7), Frankfurt a. M. 2000

– Tod und Jenseits im Alten Ägypten, München 2001

Avery-Peck, A. J. / Neusner, J. (Hg.), Judaism in Late Antiquity, Part Four: Death, Life-After-Death, Resurrection and the World-to-Come in the Judaisms of Antiquity (HO I/49) 2000

Backhaus, F. J., »Denn Zeit und Zufall trifft sie alle«: Studien zur Komposition und zum Gottesbild im Buch Qohelet (BBB 83) 1993

Bader, G., Gott nennen: Von Götternamen zu göttlichen Namen: Zur Vorgeschichte der Lehre von den göttlichen Eigenschaften, ZThK 86 (1989) 306–354

– Psalterium affectuum palaestra: Prolegomena zu einer Theologie des Psalters (HUTh 33) 1996
– בונה ירושלם יהוה, *Aedificans Hierusalem Dominus*: Über die Weise der Herabkunft der himmlischen Stadt in die Apokalypse, in: M. Moog-Grünewald / V. Olejniczak Lobsien (Hg.), Apokalypse: Der Anfang im Ende (Neues Forum für allgemeine und vergleichende Literaturwissenschaft 16), Heidelberg 2003, 1–13
Barclay, J. M. G., Jews in the Mediterranean Diaspora: From Alexander to Trajan (323 BCE – 117 CE), Edinburgh 1998
Bar-Kochva, B., Judas Maccabaeus: The Jewish Struggle Against the Seleucids, Cambridge u. a. 1989
Barr, J., Jewish Apocalyptic in Recent Scholarly Study, BJRL 58 (1975) 9–35
– Aramaic-Greek Notes on the Book of Enoch (I), JSS 23 (1978) 184–198
– Aramaic-Greek Notes on the Book of Enoch (II), JSS 24 (1979) 179–192
– Hebrew Lexicography: Informal Thoughts (1987), in: W. R. Bodine (Hg.), Linguistics and Biblical Hebrew, Winona Lake 1992, 137–151
– The Garden of Eden and the Hope of Immortality, Minneapolis 1993
Barré, M. L., New Light on the Interpretation of Hosea vi 2, VT 28 (1978) 129–141
Bartelmus, R., Ez 37,1–14, die Verbform $w^e qatal$ und die Anfänge der Auferstehungshoffnung, ZAW 97 (1985) 366–389
Barth, C., Die Errettung vom Tode in den individuellen Klage- und Dankliedern des Alten Testaments, Mit zwei Anhängen, einer Bibliographie und Registern neu hg. v. B. Janowski, Zürich ²1987
Barth, K., Die Auferstehung der Toten: Eine akademische Vorlesung über I. Kor. 15, München 1924
Barth, U., Religion in der Moderne, Tübingen 2003
Bauckham, R. J., A Note on a Problem in the Greek Version of I Enoch i. 9, JThS N. S. 32 (1981) 136–138
Bauer, D., Das Buch Daniel (NSK.AT 22) 1996
Baumgarten, A. I., The Flourishing of Jewish Sects in the Maccabean Era: An Interpretation (JSJ.S 55) 1997
Bautch, K. C., A Study of the Geography of 1 Enoch 17 – 19: "No one Has Seen What I Have Seen" (JSJ.S 81) 2003
Beale, G. K., Peace and Mercy Upon the Israel of God: The Old Testament Background of Galatians 6,16b, Bib. 80 (1999) 204–223
Beckwith, R. T., Calendar and Chronology, Jewish and Christian: Biblical, Intertestamental and Patristic Studies (AGJU 33) 1996
Bedenbender, A., Der Gott der Welt tritt auf den Sinai: Entstehung, Entwicklung und Funktionsweise der frühjüdischen Apokalyptik (ANTZ 8) 2000
– Theologie im Widerstand: Die Antiochoskrise und ihre Bewältigung im Spiegel der Bücher Exodus und Richter, TeKo 23/1 (2000) 3–39
– Als Mose und Henoch zusammenfanden: Die Entstehung der frühjüdischen Apokalyptik in Reaktion auf die Religionsverfolgung unter Antiochos IV. Epiphanes, in: H. Lichtenberger / G. S. Oegema (Hg.),

Jüdische Schriften in ihrem antik-jüdischen und urchristlichen Kontext (S.JSHRZ 1) 2002, 182–203

Bedenbender, A., Traces of Enochic Judaism Within the Hebrew Bible, in: G. Boccaccini (Hg.), The Origins of Enochic Judaism: Proceedings of the First Enoch Seminar, University of Michigan, Sesto Fiorentino, Italy, June 19–23, 2001, Henoch 24 (2002) 225–234

Begg, C. T., Comparing Characters: The Book of Job and the *Testament of Job*, in: W. A. M. Beuken (Hg.), The Book of Job (BEThL 114) 1994, 435–445

Behm, J., Art. καινός κτλ., ThWNT 3 (1957) 450–456

– Art. νοέω κτλ., ThWNT 4 (1942) 947–1016

Ben-Dov, J., The Initial Stages of Lunar Theory at Qumran, JJS 54 (2003) 125–138

Bendemann, R. von, „Lebensgeist kam in sie …" – Der Ezechielzyklus von Dura Europos und die Rezeption von Ez 37 in der Apk des Johannes: Ein Beitrag zum Verhältnisproblem von Ikonizität und Narrativität, in: A. Weissenrieder / F. Wendt (Hg.), Picturing the New Testament (WUNT), Tübingen 2005 [im Druck]

Berger, K., Hellenistische Gattungen im Neuen Testament, ANRW II, 25,2 (1984) 1031–1432

– Einführung in die Formgeschichte, Tübingen 1987

– Art. Henoch, RAC 14 (1988) 473–545

– Visionsberichte: Formgeschichtliche Bemerkungen über pagane hellenistische Texte und ihre frühchristlichen Analogien, in: ders. u. a., Studien und Texte zur Formgeschichte (TANZ 7) 1992, 177–225

Bergman, J., Introductory Remarks on Apocalypticism in Egypt, in: D. Hellholm (Hg.), Apocalypticism in the Mediterranean World and the Near East, Tübingen ²1989, 51–60

Bergmeier, R., Die Essener-Berichte des Flavius Josephus: Quellenstudien zu den Essenertexten im Werk des jüdischen Historiographen, Kampen 1993

Bernstein, M. J., 4Q252 i 2 לא ידוד רוחי באדם לעולם: Biblical Text or Biblical Interpretation?, RdQ 63,16 (1994) 421–427

Betz, H. D., Das Verständnis der Apokalyptik in der Theologie der Pannenberg-Gruppe, ZThK 65 (1968) 257–270

– The Formation of Authoritative Tradition in the Greek Magical Papyri (1982), in: ders., Hellenismus und Urchristentum: Gesammelte Aufsätze I, Tübingen 1990, 173–183

– The Problem of Apocalyptic Genre in Greek and Hellenistic Literature: The Case of the Oracle of Trophonius (1983), in: ders., Hellenismus und Urchristentum: Gesammelte Aufsätze I, Tübingen 1990, 184–208

– Introduction to the Greek Magical Papyri, in: ders. (Hg.), The Greek Magical Papyri in Translation, Including the Demotic Spells, Chicago/London 1986, xli–liii

– Magic and Mystery in the Greek Magical Papyri (1990), in: ders., Hellenismus und Urchristentum: Gesammelte Aufsätze I, Tübingen 1990, 209–229

– Secrecy in the Greek Magical Papyri, in: H. G. Kippenberg / G. G. Stroumsa (Hg.), Secrecy and Concealment: Studies in the History of Mediterranean and Near Eastern Religions (SHR 65) 1995, 153–175

Beuken, W. A. M., Job's Imprecation as the Cradle of a New Religious Discourse, in: ders. (Hg.), The Book of Job (BEThL 114) 1994, 41–78

– »Deine Toten werden leben« (Jes 26,19): »Kindliche Vernunft« oder reifer Glaube?, in: R. G. Kratz / T. Krüger / K. Schmid (Hg.), Schriftauslegung in der Schrift, FS O. H. Steck (BZAW 300) 2000, 139–152

Beyerle, S., Erwägungen zu »Utopie« und »Restauration« als Aspekte der Elia-Haggada: Elia im Judentum, in: K. Grünwaldt / H. Schroeter (Hg.), Was suchst du hier, Elia?: Ein hermeneutisches Arbeitsbuch (Hermeneutica 4), Rheinbach-Merzbach 1995, 55–71

– Der Mosesegen im Deuteronomium: Eine text-, kompositions- und formkritische Studie zu Deuteronomium 33 (BZAW 250) 1997

– Evidence of a Polymorphic Text: Towards the Text-History of Deuteronomy 33, DSD 5 (1998) 215–232

– Der Gott der Qumraniten: Anmerkungen zum Gottesbild der Qumran-Texte aus der Sicht der Mischna, der Talmudim, frühen Midraschim und des Josephus, Henoch 20 (1998) 271–289

– Die Wiederentdeckung der Apokalyptik in den Schriften Altisraels und des Frühjudentums, VF 43/2 (1998) 34–59

– „Du bist kein Richter über dem Herrn" (4Esr 7,19): Zur Konzeption von Gesetz und Gericht im 4. Esrabuch, in: ders./ G. Mayer / H. Strauß (Hg.), Recht und Ethos im Alten Testament – Gestalt und Wirkung (FS H. Seebass), Neukirchen-Vluyn 1999, 315–337

– Von der Löwengrube ins himmlische Jerusalem: Erwägungen zur jüdischen Apokalyptik, GlLern 14 (1999) 23–34

– Joseph and Daniel: Two Fathers in the Court of a Foreign King, in: F. W. Golka / W. Weiß (Hg.), Joseph: Bibel und Literatur (Oldenburgische Beiträge zu Jüdischen Studien 6), Oldenburg 2000, 55–65

– Joseph und Daniel: Zwei „Väter" am Hofe eines fremden Königs, in: A. Graupner / H. Delkurt / A. B. Ernst (Hg.), Verbindungslinien (FS W. H. Schmidt), Neukirchen-Vluyn 2000, 1–18

– The Book of Daniel and Its Social Setting, in: J. J. Collins / P. W. Flint (Hg.), The Book of Daniel: Composition and Reception, Bd. 1 (VT.S 83,1) 2001, 205–228

– Die apokalyptische Vision in Daniel 8, in: J. Brokoff / B. U. Schipper (Hg.), Apokalyptik in Antike und Aufklärung (Studien zu Judentum und Christentum), Paderborn u. a. 2004, 25–44

– Vom Lob des Monotheismus: Der eine Gott Israels nach den Zeugnissen aus hellenistischer Zeit, in: U. Link-Wieczorek / W. Weiß (Hg.), In dubio pro Deo?: Anfragen an das Christentum (Forum Religionsphilosophie 6), Münster 2004, 121–140

– „Der mit den Wolken des Himmels kommt": Untersuchungen zum Traditionsgefüge „Menschensohn", in: D. Sänger (Hg.), Gottessohn und Menschensohn: Exegetische Studien zu zwei Paradigmen biblischer Intertextualität (BThSt 67) 2004, 1–52

– "Release Me to Go to My Everlasting Home ..." (Tob 3:6): A Belief in an Afterlife in Late Wisdom Literature?, in: G. G. Xeravits / J. Zsengellér (Hg.), The Book of Tobit: Text, Tradition, Theology (JSJ.S) 2005 [im Druck]

Beyerle, S., "If You Preserve Carefully Faith ..." – Hellenistic Attitudes Towards Religion in Pre-Maccabean Times [erscheint vorauss. 2006 in ZAW]

Bi(c)kerman(n), E. (J.), Das leere Grab (1924), in: P. Hoffmann (Hg.), Zur neutestamentlichen Überlieferung von der Auferstehung Jesu (WdF 522) 1988, 271–284

– Der Gott der Makkabäer: Untersuchungen über Sinn und Ursprung der makkabäischen Erhebung, Berlin 1937

– Four Strange Books of the Bible: Jonah – Daniel – Koheleth – Esther, New York 1967

– (H. R. Moehring [Übers.]) The God of the Maccabees (SJLA 32) 1979

Bidez, J. / Cumont, F., Les mages hellénisés: Zoroastre, Ostanès et Hystaspe, 2 Bde., Paris 1938

Bietenhard, H., Die himmlische Welt im Urchristentum und Spätjudentum (WUNT 2) 1951

Black, M., The Maranatha Invocation and Jude 14, 15 (I Enoch 1: 9), in: B. Lindars / S. S. Smalley (Hg.), Christ and Spirit in the New Testament (FS C. F. D. Moule), Cambridge 1973, 189–196

– The New Creation in I Enoch, in: R. W. A. McKinney (Hg.), Creation, Christ and Culture (FS T. F. Torrance), Edinburgh 1976, 13–21

– The Throne-Theophany Prophetic Commission and the 'Son of Man': A Study in Tradition History, in: R. Hamerton-Kelly / R. Scroggs (Hg.), Jews, Greeks and Christians: Religious Cultures in Late Antiquity (FS W. D. Davies), SJLA 21, 1976, 57–73

– The Apocalypse of Weeks in the Light of 4Q En^g, VT 28 (1978) 464–469

– The Messianism of the Parables of Enoch, in: J. H. Charlesworth (Hg.), The Messiah: Developments in Earliest Judaism and Christianity, Minneapolis 1992, 145–168

Blasius, A., Zur Frage des geistigen Widerstandes im griechisch-römischen Ägypten, in: ders./ B. U. Schipper (Hg.), Apokalyptik und Ägypten: Eine kritische Analyse der relevanten Texte aus dem griechisch-römischen Ägypten (OLA 107) 2002, 41–62

– Jüdische Unabhängigkeitsbestrebungen von Judas Makkabäus bis Bar Kochba, in: A. Pontzen / A. Stähler (Hg.), Das Gelobte Land: Erez Israel von der Antike bis zur Gegenwart, Quellen und Darstellungen (rowohlts enzyklopädie), Reinbek 2003, 61–88

Block, D. I. Beyond the Grave: Ezekiel's Vision of Death and Afterlife, BBR 2 (1992) 113–141

– The Book of Ezekiel: Chapters 25 – 48 (NICOT) 1998

Bloom, H., Omens of Millennium: The Gnosis of Angels, Dreams, and Resurrection, New York 1997

Blum, E., Der „Schiqquz Schomem" und die Jehud-Drachme BMC Palestine S. 181, Nr. 29, BN 90 (1997) 13–27

Boccaccini, G., Beyond the Essene Hypothesis: The Parting of the Ways Between Qumran and Enochic Judaism, Grand Rapids /Cambridge 1998

– The Solar Calendars of Daniel and Enoch, in: J. J. Collins / P. W. Flint (Hg.), The Book of Daniel: Composition and Reception, Bd. 2 (VT.S 83,2) 2001, 311–328

– Roots of Rabbinic Judaism: An Intellectual History from Ezekiel to Daniel, Grand Rapids /Cambridge 2002

Bockmuehl, M. N. A., Revelation and Mystery in Ancient Judaism and Pauline Christianity, Grand Rapids /Cambridge 1997 [Orig.: WUNT II/36, Tübingen 1990]

Böcher, O., Art. Chiliasmus I. Judentum und Neues Testament, TRE 7 (1981) 723–729

– Das beglaubigende *vaticinium ex eventu* als Strukturelement der Johannes-Apokalypse, RHPhR 79 (1999, FS P. Prigent) 19–30

Börschel, R., Zwischen Exklusion und Expansion: Religiöse Deutungen des Landes in hellenistischer Zeit, in: A. Pontzen / A. Stähler (Hg.), Das Gelobte Land: Erez Israel von der Antike bis zur Gegenwart, Quellen und Darstellungen (rowohlts enzyklopädie), Reinbek 2003, 89–111

Böttrich, C., Weltweisheit, Menschheitsethik, Urkult: Studien zum slavischen Henochbuch (WUNT II/50) 1992

– Astrologie in der Henochtradition, ZAW 109 (1997) 221–245

– Gottesprädikationen im Jubiläenbuch, in: M. Albani / J. Frey / A. Lange (Hg.), Studies in the Book of Jubilees (TSAJ 65) 1997, 221–241

– Frühjüdische Weisheitstraditionen im slavischen Henochbuch und in Qumran, in: C. Hempel / A. Lange / H. Lichtenberger (Hg.), The Wisdom Texts from Qumran and the Development of Sapiential Thought (BEThL 159) 2002, 297–321

Bogaert, P.-M., La ruine de Jérusalem et les apocalypses juives après 70, in: Apocalypses et théologie de l'espérance, Congrès de Toulouse (1975), Présentation de L. Monloubou (LeDiv 95) 1977, 123–141

– Relecture et refonte historicisantes du livre de Daniel attestées par la première version grecque (Papyrus 967), in: R. Kuntzmann / J. Schlosser (Hg.), Études sur le judaïsme hellénistique (LeDiv 119) 1984, 197–224

Bohlen, R., Kohelet im Kontext hellenistischer Kultur, in: L. Schwienhorst-Schönberger (Hg.), Das Buch Kohelet (BZAW 254) 1997, 249–273

Boismard, M.-É., À propos de 7Q5 et Mc 6,52–53, RB 102 (1995) 585–588

Borders, C. J., Rez. Boccaccini, Gabriele, *Roots of Rabbinic Judaism* ..., RBL 07/2003 [http://www.bookreviews.org; Stand: Dez. 2004]

Borgen, P., Philo of Alexandria, in: M. E. Stone (Hg.), Jewish Writings of the Second Temple Period: Apocrypha, Pseudepigrapha, Qumran Sectarian Writings, Philo, Josephus (CRI II/2) 1984, 233–282

– Art. Philo of Alexandria, ABD 5 (1992) 333–342

Bousset, W., Der Antichrist in der Überlieferung des Judentums, des neuen Testaments und der alten Kirche: Ein Beitrag zur Auslegung der Apokalypse, Göttingen 1895

Bousset, W. / Gressmann, H., Die Religion des Judentums im späthellenistischen Zeitalter (HNT 21) ⁴1966 [¹1903, ³1926]

Boyce, M., A History of Zoroastrianism, Vol. 2: Under the Achaemenians (HO 1,8,1,2,2A) 1982

Boyce, M. / Grenet, F., A History of Zoroastrianism, Vol. 3: Zoroastrianism Under Macedonian and Roman Rule (HO 1,8,1,2,2) 1991

Brändle, W., Überlegungen zur Rede vom Handeln Gottes, NZSTh 37 (1995) 96–117

Brandenburger, E., Adam und Christus: Exegetisch-religionsgeschichtliche Untersuchung zu Röm. 5, 12–21 (1. Kor. 15), WMANT 7, 1962

– Die Auferstehung der Glaubenden als historisches und theologisches Problem (1967), in: ders., Studien zur Geschichte und Theologie des Urchristentums (SBAB 15) 1993, 133–153

– Fleisch und Geist: Paulus und die dualistische Weisheit (WMANT 29) 1968

– Die Verborgenheit Gottes im Weltgeschehen: Das literarische und theologische Problem des 4. Esrabuches (AThANT 68) 1981

– Markus 13 und die Apokalyptik (FRLANT 134) 1984

– Alter und neuer Mensch, erster und letzter Adam-Anthropos (1986), in: ders, Studien zur Geschichte und Theologie des Urchristentums (SBAB 15) 1993, 209–250

– Gerichtskonzeptionen im Urchristentum und ihre Voraussetzungen: Eine Problemstudie (1991), in: ders., Studien zur Geschichte und Theologie des Urchristentums (SBAB 15) 1993, 289–338

Braun, H., Art. πλάσσω κτλ., ThWNT 6 (1959), 254–263

Braun, R., Kohelet und die frühhellenistische Popularphilosophie (BZAW 130) 1973

Braungart, W., Apokalypse und Utopie, in: G. R. Kaiser (Hg.), Poesie der Apokalypse, Würzburg 1991, 63–102

Bremmer, J. N., The Early Greek Concept of the Soul, Princeton 1983

– The Atonment in the Interaction of Greeks, Jews, and Christians, in: ders./ F. García Martínez (Hg.), Sacred History and Sacred Texts in Early Judaism (CBET 5) 1992, 75–93

– The Birth of the Term 'Magic', ZPE 126 (1999) 1–12

– The Rise and Fall of the Afterlife: The 1995 Read-Tuckwell Lectures at the University of Bristol, London/ New York 2002

Bremner, R. W., The Shadow Length Table in Mul.Apin, in: H. D. Galter (Hg.), Die Rolle der Astronomie in den Kulturen Mesopotamiens (Grazer Morgenländische Studien 3) 1993, 367–382

Breytenbach, C., Art. Schöpfer/Schöpfung III. Neues Testament, TRE 30 (1999) 283–292

Brokoff, J., Die Apokalypse in der Weimarer Republik, München 2001

Brooke, G. J., Exegetical Strategies in *Jubilees* 1 – 2, in: M. Albani / J. Frey / A. Lange (Hg.), Studies in the Book of Jubilees (TSAJ 65) 1997, 39–57

Broshi, M., Ptolas and the Archelaus Massacre (4Q468g = 4QHistorical Text B), JJS 49 (1998) 341–345

Broshi, M. / Eshel, E., The Greek King is Antiochus IV (4QHistorical Text = 4Q248), JJS 48 (1997) 120–129

Bultmann, R., Welchen Sinn hat es, von Gott zu reden? (1925), in: ders., Glauben und Verstehen: Gesammelte Aufsätze, Bd. 1, Tübingen ⁹1993, 26–37
– Karl Barth, „Die Auferstehung der Toten" (1926), in: ders., Glauben und Verstehen: Gesammelte Aufsätze, Bd. 1, Tübingen ⁹1993, 38–64
– Art. ἀγνοέω κτλ., ThWNT 1 (1933) 116–122
– Geschichte und Eschatologie im Neuen Testament (1954), in: ders., Glauben und Verstehen: Gesammelte Aufsätze, Bd. 3, Tübingen ⁹1993, 91–106
– Ist die Apokalyptik die Mutter der christlichen Theologie?: Eine Auseinandersetzung mit Ernst Käsemann (1964), in: K. Koch / J. M. Schmidt (Hg.), Apokalyptik (WdF 365) 1982, 370–376
Bunge, J. G., Der „Gott der Festungen" und der „Liebling der Frauen": Zur Identifizierung der Götter in Dan. 11, 36–39, JSJ 4 (1973) 169–182
Burgmann, H., 11QT: The Sadducean *Torah*, in: J. G. Brooke (Hg.), Temple Scroll Studies (JSPE.S 7) 1989, 257–263
Burkert, W., Apokalyptik im frühen Griechentum, in: D. Hellholm (Hg.), Apocalypticism in the Mediterranean World and the Near East, Tübingen ²1989, 235–254
– Die Griechen und der Orient: Von Homer bis zu den Magiern, München 2003
Burkes, S., God, Self, and Death: The Shape of Religious Transformation in the Second Temple Period (JSJ.S 79) 2003
Burkett, D., The Son of Man Debate: A History and Evaluation (SNTS. MS 107) 1999
Callaway, P., Exegetische Erwägungen zur Tempelrolle XXIX, 7–10, RdQ 45,12 (1985) 95–104
Cancik, H., The End of the World, of History, and of the Individual in Greek and Roman Antiquity, in: J. J. Collins / B. McGinn / S. J. Stein (Hg.), The Encyclopedia of Apocalypticism, Bd. 1: The Origins of Apocalypticism in Judaism and Christianity, hg. v. J. J. Collins, New York 1998, 84–125
Caquot, A., Les cantiques Qoumraniens de l'holocauste du Sabbat, RHPhR 77 (1997) 1–29
Caragounis, C. C., The Son of Man: Vision and Interpretation (WUNT 38) 1986
Carmignac, J., Description du phénomène de l'apocalyptique dans l'Ancien Testament, in: D. Hellholm (Hg.), Apocalypticism in the Mediterranean World and the Near East, Tübingen ²1989, 163–170
Casey, M., The Use of Term 'Son of Man' in the Similitudes of Enoch, JSJ 7 (1976) 11–29
Cavallin, H. C. [C.], Life After Death: Paul's Argument for the Resurrection of the Dead in I Cor 15, Part I: An Enquiry into the Jewish Background (CB.NT 7,1) 1974
– Leben nach dem Tode im Spätjudentum und im frühen Christentum, I. Spätjudentum, ANRW II,19,1 (1979) 240–345
Charles, J. D., Jude's Use of Pseudepigraphical Source-Material as Part of a Literary Strategy, NTS 37 (1991) 130–145
Charlesworth, J. H., A Rare Consensus Among Enoch Specialist: The Date of the Earliest Enoch Books, in: G. Boccaccini (Hg.), The Ori-

gins of Enochic Judaism: Proceedings of the First Enoch Seminar, University of Michigan, Sesto Fiorentino, Italy, June 19–23, 2001, Henoch 24 (2002) 225–234

Chazon, E. G., A Case of Mistaken Identity: *Testament of Naphtali* (4Q215) and *Time of Righteousness* (4Q215a), in: D. W. Parry / E. Ulrich (Hg.), The Provo International Conference on the Dead Sea Scrolls: Technological Innovations, New Texts, and Reformulated Issues (StTDJ 30) 1999, 110–123

Chazon, E. G. / Stone, M. E., *4QTime of Righteousness* (4Q215ª, olim *4QNaphtali*): A Preliminary Publication of Fragment 1 ɪɪ, in: D. W. Parry / E. Ulrich (Hg.), The Provo International Conference on the Dead Sea Scrolls: Technological Innovations, New Texts, and Reformulated Issues (StTDJ 30) 1999, 124–125

Chester, A., Resurrection and Transformation, in: F. Avemarie / H. Lichtenberger (Hg.), Auferstehung – Resurrection: The Fourth Durham-Tübingen Research Symposium Resurrection, Transfiguration and Exaltation in the Old Testament, Ancient Judaism and Early Christianity (Tübingen, September 1999), WUNT 135, 2001, 47–77

Childs, B. S., Old Testament Theology in a Canonical Context, Philadelphia 1985

– Introduction to the Old Testament as Scripture, Philadelphia [6]1989

– Biblical Theology of the Old and New Testaments: Theological Reflection on the Christian Bible, Minneapolis 1993 [dt. v. C. u. M. Oeming: Die Theologie der einen Bibel, 2 Bde., Freiburg i. Br. /Basel/Wien 1994 u. 1996]

Christ, F., Das Leben nach dem Tode bei Pseudo-Phokylides, ThZ 31 (1975) 140–149

Clifford, R. J., History and Myth in Daniel 10 – 12, BASOR 220 (1975) 23–26

Cobb, J. B., The Resurrection of the Soul, HThR 80 (1987) 213–227

Cohn, N., Cosmos, Chaos and the World to Come: The Ancient Roots of Apocalyptic Faith, New Haven /London 1993 [dt. Ausgabe: Die Erwartung der Endzeit: Vom Ursprung der Apokalypse, Frankfurt a. M. /Leipzig 1997]

Collins, J. J., Apocalyptic Eschatology as the Transcendence of Death (1974), in: ders., Seers, Sibyls and Sages in Hellenistic-Roman Judaism, ND, Boston/Leiden 2001, 75–97

– The Court-Tales in Daniel and the Development of Apocalyptic, JBL 94 (1975) 218–234

– The Apocalyptic Vision of the Book of Daniel (HSM 16) 1977

– Methodological Issues in the Study of 1 Enoch: Reflections on the Articles of P. D. Hanson and G. W. Nickelsburg, in: P. J. Achtemeier (Hg.), Society of Biblical Literature 1978 Seminar Papers (SBL.SP 13,1), Missoula 1978, 315–322

– Introduction: Towards the Morphology of a Genre, Semeia 14 (1979) 1–20

– The Jewish Apocalypses, Semeia 14 (1979) 21–59

– The Heavenly Representative: The 'Son of Man' in the Similitudes of Enoch, in: J. J. Collins / G. W. E. Nickelsburg (Hg.), Ideal Figures in Ancient Judaism (SBL.SCS 12) 1980, 111–133

- The Apocalyptic Technique: Setting and Function in the Book of Watchers, CBQ 44 (1982) 91–111
- Daniel and His Social World, Interp. 39 (1985) 131–143
- The Development of the Sibylline Tradition, ANRW II,20,1 (1987) 421–459
- Messianism in the Maccabean Period, in: J. Neusner / W. S. Green / E. S. Frerichs (Hg.), Judaism and Their Messiahs at the Turn of the Christian Era, Cambridge u. a. 1987, 97–109
- Inspiration or Illusion: Biblical Theology and the Book of Daniel, Ex Auditu 6 (1990) 29–38
- Was the Dead Sea Sect an Apocalyptic Movement? (1990), in: ders., Seers, Sibyls and Sages in Hellenistic-Roman Judaism, ND, Boston/ Leiden 2001, 261–285
- Art. Essenes, ABD 2 (1992), 619–626
- Daniel: A Commentary on the Book of Daniel, With an Essay, "The Influence of Daniel on the New Testament" by A. Yabro Collins (Hermeneia) 1993
- Stirring Up the Great Sea: The Religio-Historical Background of Daniel 7 (1993), in: ders., Seers, Sibyls and Sages in Hellenistic-Roman Judaism, ND, Boston/Leiden 2001, 139–155
- The Works of the Messiah, DSD 1 (1994) 98–112
- The Scepter and the Star: The Messiahs of the Dead Sea Scrolls and Other Ancient Literature (ABRLib 10) 1995
- A Throne in the Heavens: Apotheosis in pre-Christian Judaism, in: ders./ M. Fishbane (Hg.), Death, Ecstasy, and Other Worldly Journeys, Albany 1995, 43–58
- *Pseudo-Daniel* Revisited, RdQ 65–68,17 (1996, FS J. T. Milik) 111–135
- Apocalypticism in the Dead Sea Scrolls (LDSS) 1997
- A Herald of Good Tidings: Isaiah 61:1–3 and Its Actualization in the Dead Sea Scrolls, in: C. A. Evans / S. Talmon (Hg.), The Quest for Context and Meaning: Studies in Biblical Intertextuality in Honor of James H. Sanders (BibIS 28) 1997, 225–240
- Jewish Wisdom in the Hellenistic Age (OTL) 1997
- Wisdom Reconsidered, in Light of the Scrolls, DSD 4 (1997) 265–281
- The Apocalyptic Imagination: An Introduction to Jewish Apocalyptic Literature (BibRS) ²1998
- New Light on the Book of Daniel from the Dead Sea Scrolls, in: F. García Martínez / E. Noort (Hg.), Perspectives in the Study of the Old Testament and Early Judaism (VT.S 73) 1998, 180–196
- From Prophecy to Apocalypticism: The Expectation of the End, in: ders./ B. McGinn / S. J. Stein (Hg.), The Encyclopedia of Apocalypticism, Bd. 1: The Origins of Apocalypticism in Judaism and Christianity, hg. v. dems., New York 1998, 129–161
- Apocalypticism and Literary Genre in the Dead Sea Scrolls, in: P. W. Flint / J. C. VanderKam (Hg.), The Dead Sea Scrolls After Fifty Years: A Comprehensive Assessment, Bd. 2, Bosten/Leiden/Köln 1999, 403–430
- The Hellenization of Jerusalem in the Pre-Maccabean Time, International Rennert Guest Lecture Series 6 (1999) 1–20

Collins, J., In the Likeness of the Holy Ones: The Creation of Humankind in a Wisdom Text from Qumran, in: D. W. Parry / E. Ulrich (Hg.), The Provo International Conference on the Dead Sea Scrolls: Technological Innovations, New Texts, and Reformulated Issues (StTDJ 30) 1999, 609–618
– Pseudepigraphy and Group Formation in Second Temple Judaism, in: E. G. Chazon / M. [E.] Stone [u. A. Pinnick] (Hg.), Pseudepigraphic Perspectives: The Apocrypha and Pseudepigrapha in Light of the Dead Sea Scrolls (StTDJ 31) 1999, 43–58
– The Afterlife in Apocalyptic Literature, in: A. J. Avery-Peck / J. Neusner (Hg.), Judaism in Late Antiquity, Part Four: Death, Life-After-Death, Resurrection and the World-to-Come in the Judaisms of Antiquity (HO I/49) 2000, 119–139
– Art. Daniel, Book of: Pseudo-Daniel, in: L. H. Schiffman / J. C. VanderKam (Hg.), Encyclopedia of the Dead Sea Scrolls, Bd. 1, Oxford 2000, 176–178
– Between Athens and Jerusalem: Jewish Identity in the Hellenistic Diaspora (BibRS) [2]2000
– Introduction[-Paragraph], in: ders./ R. A. Kugler (Hg.), Religion in the Dead Sea Scrolls (SDSSRL) 2000, 1–8
– Powers in Heaven: God, Gods, and Angels in the Dead Sea Scrolls, in: ders./ R. A. Kugler (Hg.), Religion in the Dead Sea Scrolls (SDSSRL) 2000, 9–28
– Life After Death in Pseudo-Phocylides, in: F. García Martínez / G. P. Luttikhuizen (Hg.), Jerusalem, Alexandria, Rome: Studies in Ancient Cultural Interaction in Honour of A. Hilhorst (JSJ.S 82) 2003, 75–86
– The Eschatologizing of Wisdom in the Dead Sea Scrolls, in: ders./ G. E. Sterling / R. A. Clements (Hg.), Sapiential Perspectives: Wisdom Literature in the Light of the Dead Sea Scrolls (StTDJ 51) 2004, 49–65
Cook, E. M., 4Q246, BBR 5 (1995) 43–66
Cook, S. L., Apocalypticism and the Psalter, ZAW 104 (1992) 82–99
– Innerbiblical Interpretation in Ezekiel 44 and the History of Israel's Priesthood, JBL 114 (1995) 193–208
– Prophecy and Apocalypticism: The Postexilic Social Setting, Philadelphia 1995
– Reflections on Apocalypticism at the Approach of the Year 2000, USQR 49 (1995) 3–16
Cortázar, J., Apokalypse in Solentiname (1976), in: ders., Passatwinde: Erzählungen, Frankfurt a. M. 1987, 59–66
Crenshaw, J. L., The Shadow of Death in Kohelet, in: J. G. Gammie u. a. (Hg.), Israelite Wisdom (FS S. Terrien), New York 1978, 205–216
– Old Testament Wisdom: An Introduction, Louisville [2]1998
Cross, F. M., Die antike Bibliothek von Qumran und die moderne biblische Wissenschaft: Ein zusammenfassender Überblick über die Handschriften vom Toten Meer und ihre einstigen Besitzer (NSt 5) 1967 (Neuaufl.: ders., The Ancient Library of Qumran, Minneapolis [3]1995)
– Fragments of the Prayer of Nabonidus, IEJ 34 (1984) 260–264

- Notes on the Doctrine of the Two Messiahs at Qumran and the Extra-canonical Daniel Apocalypse (4Q246), in: D. W. Parry / S. D. Ricks (Hg.), Current Research and Technological Developments on the Dead Sea Scrolls (StTDJ 20) 1996, 1–13
- The Structure of the Apocalypse of 'Son of God' (4Q246), in: S. M. Paul u. a. (Hg.), Emanuel: Studies in Hebrew Bible, Septuagint, and the Dead Sea Scrolls in Honor of Emanuel Tov (VT.S 94) 2003, 151–158

Crossan, J. D., Der historische Jesus, München 1994

Culianu, I. P., Psychanodia I: A Survey of the Evidence Concerning the Ascension of the Soul and Its Relevance (EPRO 99) 1983

Dalferth, I. U., Gott: Philosophisch-theologische Denkversuche, Tübingen 1992

Dassmann, E., Paulus in der »Visio Sancti Pauli«, in: Jenseitsvorstellungen in Antike und Christentum, Gedenkschrift für A. Stuiber (JAC.Erg. 9) 1982, 117–128

Dautzenberg, G., Seele (naefaeš – psyche) im biblischen Denken sowie das Verhältnis von Unsterblichkeit und Auferstehung, in: K. Kremer (Hg.), Seele – Ihre Wirklichkeit, ihr Verhältnis zum Leib und zur menschlichen Person (SPAMP 10), 1984, 186–203

Davenport, G. L., The Eschatology of the Book of Jubilees (StPB 20) 1971

Davidson, M. J., Angels at Qumran: A Comparative Study of 1 Enoch 1–36, 72–108 and Sectarian Writings from Qumran (JSPE.S 11) 1992

Davies, G. I., Apocalyptic and Historiography, JSOT 5 (1978) 15–28

Davies, J., Death, Burial and Rebirth in the Religions of Antiquity (Religion in the First Christian Centuries), London/ New York 1999

Davies, P. R., Eschatology at Qumran, JBL 104 (1985) 39–55
- Reading Daniel Sociologically, in: A. S. van der Woude (Hg.), The Book of Daniel in the Light of New Findings (BEThL 106) 1993, 345–361
- Daniel (OTGu) ⁴1998
- Death, Resurrection, and Life After Death in the Qumran Scrolls, in: A. J. Avery-Peck / J. Neusner (Hg.), Judaism in Late Antiquity, Part Four: Death, Life-After-Death, Resurrection and the World-to-Come in the Judaisms of Antiquity (HO I/49) 2000, 189–211

Davila, J. R., Heavenly Ascents in the Dead Sea Scrolls, in: P. W. Flint / J. C. VanderKam (Hg.), The Dead Sea Scrolls After Fifty Years: A Comprehensive Assessment, Bd. 2, Bosten/Leiden/Köln 1999, 461–485

Day, J., The Development of Belief in the Life After Death in Ancient Israel, in: J. Barton / D. J. Reimer (Hg.), After the Exile (FS R. Mason), Macon 1996, 231–257
- The Dependence of Isaiah 26:13 – 27:11 on Hosea 13:4 – 14:10 and Its Relevance to Some Theories of the "Isaiah Apocalypse", in: C. C. Broyles / C. A. Evans (Hg.), Writing and Reading the Scroll of Isaiah (VT.S 70,1) 1997, 357–368

Dean-Otting, M., Heavenly Journeys: A Study of the Motif in Hellenistic Jewish Literature (JudUm 8) 1984

Dearman, J. A., Religion and Culture in Ancient Israel, Peabody 1992

Dehandschuter, B., Pseudo-Cyprian, Jude and Enoch, in: J. W. van Henten u. a. (Hg.), Tradition and Re-Interpretation in Jewish and Early Christian Literature (FS J. C. H. Lebram), StPB 36, 1986, 114–120

Deines, R., Rez. *Park, Joseph S., Conceptions of Afterlife in Jewish Inscriptions* ..., ZDPV 120 (2004) 86–96

Delcor, M., Art. Philon (Pseudo-), DBS 7 (1966) 1354–1375

– Le dieu des apocalypticiens, in: J. Coppens (Hg.), La notion biblique de dieu: Le dieu de la Bible et le dieu des philosophes (BEThL 41) 1976, 211–228

Delkurt, H., Sacharjas Nachtgesichte: Zur Aufnahme und Abwandlung prophetischer Traditionen (BZAW 302) 2000

Delling, G., Die Bewältigung der Diasporasituation durch das hellenistische Judentum (1987), in: ders., Studien zum Frühjudentum, Gesammelte Aufsätze 1971–1987, hg. v. C. Breytenbach u. K.-W. Niebuhr, Göttingen 2000, 23–121

Denis, A.-M., Introduction aux pseudépigraphes grecs d'Ancien Testament (SVTP 1) 1970

Denis, A.-M., u. a., Introduction à la littérature religieuse judéo-hellénistique, 2 Bde., Turnhout 2000

Derrida, J., Apokalypse, hg. v. P. Engelmann (Edition Passagen 3), Graz/Wien 1985

Dexinger, F., Henochs Zehnwochenapokalypse und offene Probleme der Apokalyptikforschung (StPB 29) 1977

Dihle, A., Griechische Literaturgeschichte, München ²1991

Dihle, A. u. a., Art. ψυχή κτλ., ThWNT 9 (1973) 604–667

Dijk, T. A. van, Textwissenschaft: Eine interdisziplinäre Einführung, Tübingen 1980

Dijkstra, M., The Valley of the Dry Bones: Coping with the Reality of the Exile in the Book of Ezekiel, in: B. Becking / M. C. A. Korpel (Hg.), The Crisis of the Israelite Religion (OTS 42) 1999, 114–133

Dillmann, A., Art. Pseudepigraphen des Alten Testaments: RE² 12 (1883) 341–367

Dillmann, R., Autor – Text – Leser: Grundfragen der Pragmatik und ihre Relevanz für die Interpretation biblischer Texte, ThGl 87 (1997) 81–96

Dimant, D., (צ – פה החבשי החנוך) החיות בחזון והמקרש ירושלים יהודה-מדבר כת השקפות "לאור" (Jerusalem und der Tempel in der Tierapokalypse [äthHen 85 – 90] im Lichte der Ansichten der Gemeinschaft vom Toten Meer), Shnaton 5–6 (1982) 177–193

– Qumran Sectarian Literature, in: M. E. Stone (Hg.), Jewish Writings of the Second Temple Period: Apocrypha, Pseudepigrapha, Qumran Sectarian Writings, Philo, Josephus (CRI II/2) 1984, 483–550

– The Apocalyptic Interpretation of Ezekiel at Qumran, in: I. Gruenwald / S. Shaked / G. G. Stroumsa (Hg.), Messiah and Christos, FS D. Flusser (TSAJ 32), 1992, 31–51

– New Light from Qumran on the Jewish Pseudepigrapha – 4Q390, in: J. Trebolle Barrera / L. Vegas Montaner (Hg.), The Madrid Qumran Congress (StTDJ 11) 1992, 405–448

– The Seventy Weeks Chronology (Dan 9,24–27) in the Light of New Qumranic Texts, in: A. S. van der Woude (Hg.), The Book of Daniel in the Light of New Findings (BEThL 106) 1993, 57–76

– 1 Enoch 6 – 11: A Fragment of a Parabiblical Work, JJS 53 (2002) 223–237

Dörfel, D., Angelologie in der apokalyptischen Literatur und ihre theologische Relevanz am Beispiel von Ezechiel, Sacharja, Daniel und Erstem Henoch, Diss. theol. Hamburg 1996

Donaldson, T. L., Proselytes or 'Righteous Gentiles'?: The Status of Gentiles in Eschatological Pilgrimage Patterns of Thought, JSPE 7 (1990) 3–27

Doukhan, J. [B.], The Seventy Weeks of Dan 9: An Exegetical Study, AUSS 18 (1980) 1–22

– Allusions à la création dans le livre de Daniel, in: A. S. van der Woude (Hg.), The Book of Daniel in the Light of New Findings (BEThL 106) 1993, 285–292

Downing, F. G., Common Strands in Pagan, Jewish and Christian Eschatologies in the First Century, ThZ 51 (1995) 196–211

– Cosmic Eschatology in the First Century: «Pagan», Jewish and Christian, AnCl 64 (1995) 99–109

Duhm, B., Das Buch Jesaja (HK 3,1) [5]1968 [[1]1892]

– Israels Propheten, Tübingen [2]1922

Dumbrell, W. J., The Search of Order: Biblical Eschatology in Focus, Grand Rapids 1994

Dunn, J. D. G., 'Son of God' as 'Son of Man' in the Dead Sea Scrolls? – A Response to John Collins on 4Q246, in: S. E. Porter / C. A. Evans (Hg.), The Scrolls and the Scriptures: Qumran Fifty Years After (JSPE.S 26) 1997, 198–210

Ebach, J., Apokalypse: Zum Ursprung einer Stimmung, in: F.-W. Marquardt / D. Schellong / M. Weinrich (Hg.), Einwürfe, Bd. 2, München 1985, 5–61

Ebeling, G., Weltliches Reden von Gott (1959), in: ders., Wort und Glaube, Tübingen 1960, 372–380

– Wort Gottes und Hermeneutik (1959), in: ders., Wort und Glaube, Tübingen 1960, 319–348

Eco, U., Einführung in die Semiotik, München [7]1991 [[9]2002]

– Lector in Fabula: Die Mitarbeit der Interpretation in erzählenden Texten, München [2]1994

Eggler, J., Influences and Traditions Underlying the Vision of Daniel 7: 2–14: The Research History from the End of the 19th Century to the Present (OBO 117) 2000

Ehlich, K., Text und sprachliches Handeln, in: J. Assmann / C. Hardmeier (Hg.), Schrift und Gedächtnis (Archäologie der literarischen Kommunikation 1), München [2]1993, 24–43

Eichrodt, W., Theologie des Alten Testaments, 2 Bde., Göttingen [8]1968 u. [6]1974 [[1]1933 u. [1]1961]

Eisenman, R. / Wise, M., Jesus und die Urchristen: Die Qumran-Rollen entschlüsselt, München 1994

Elgvin, T., The Reconstruction of Sapiential Work A, RdQ 64,18 (1995) 559–580

Elgvin, T., Wisdom, Revelation, and Eschatology in an Early Essene Writing, in: E. H. Lovering (Hg.), SBL.Seminar 1995 Papers (SBL.SP 34), Atlanta 1995, 440–463

– Early Essene Eschatology: Judgment and Salvation According to Sapiential Work A, in: D. W. Parry / S. D. Ricks (Hg.), Current Research and Technological Developments on the Dead Sea Scrolls (StTDJ 20) 1996, 126–165

– Renewed Earth and Renewed People: 4Q475, in: D. W. Parry / E. Ulrich (Hg.), The Provo International Conference on the Dead Sea Scrolls: Technological Innovations, New Texts, and Reformulated Issues (StTDJ 30) 1999, 576–591

– Wisdom and Apocalypticism in the Early Second Century BCE – The Evidence of 4QInstruction, in: L. H. Schiffman / E. Tov / J. C. VanderKam (Hg.), The Dead Sea Scrolls Fifty Years After Their Discovery, Jerusalem 2000, 226–247

– Priestly Sages?: The Milieus of Origin of *4QMysteries* and *4QInstruction*, in: J. J. Collins / G. E. Sterling / R. A. Clements (Hg.), Sapiential Perspectives: Wisdom Literature in Light of the Dead Sea Scrolls (StTDJ 51) 2004, 67–87

Eliade, M., Die Religionen und das Heilige: Elemente der Religionsgeschichte, Frankfurt a. M. 1986

Eliade, M. / Sullivan, M. E., Art. Deus otiosus, EncRel(E) 4 (1987) 314–319

Elior, R., Enoch Son of Jared and the Solar Calendar of the Priesthood in Qumran, in: M. Voigts (Hg.), Von Enoch bis Kafka (FS K. E. Grözinger), Wiesbaden 2002, 25–42

Elliot, M., Covenant and Cosmology in the Book of the Watchers and the Astronomical Book, in: G. Boccaccini (Hg.), The Origins of Enochic Judaism: Proceedings of the First Enoch Seminar, University of Michigan, Sesto Fiorentino, Italy, June 19–23, 2001, Henoch 24 (2002) 23–38

Emerton, J. A., The Origin of the Son of Man Imagery, JThS N. S. 9 (1958) 225–242

Engel, H., Die Susanna-Erzählung: Einleitung, Übersetzung und Kommentar zum Septuaginta-Text und zur Theodotion-Bearbeitung (OBO 61) 1985

Engelken, K., Art. שׁרה, ThWAT 8 (1995) 495–507

Engemann, W., Vom Nutzen eines semiotischen Ritertando im Konzert hermeneutischer Plädoyers: Zur Bedeutung der Semiotik für eine praktisch-theologische Hermeneutik, in: D. Zilleßen u. a. (Hg.), Praktisch-theologische Hermeneutik: Ansätze – Anregungen – Aufgaben, Rheinbach-Merzbach 1991, 161–179

Erlemann, K., Naherwartung und Parusieverzögerung im Neuen Testament: Ein Beitrag zur Frage religiöser Zeiterfahrung (TANZ 17) 1995

Ernst, A. B., Weisheitliche Kultkritik: Zu Theologie und Ethik des Sprüchebuchs und der Prophetie des 8. Jahrhunderts (BThSt 23) 1994

Eshel, E., Possible Sources of the Book of Daniel, in: J. J. Collins / P. W. Flint (Hg.), The Book of Daniel: Composition and Reception, Bd. 2 (VT.S 83,2) 2001, 387–394

Eshel, H. u. E., Toponymic Midrash in *1 Enoch* and in Other Second Temple Jewish Literature, in: G. Boccaccini (Hg.), The Origins of Enochic Judaism: Proceedings of the First Enoch Seminar, University of Michigan, Sesto Fiorentino, Italy, June 19–23, 2001, Henoch 24 (2002) 117–130

Etgeton, S., Der Text der Inkarnation: Zur theologischen Genese des modernen Subjekts, München 1996

Evans, C. A., Jesus and His Contemporaries: Comparative Studies (AGJU 25) 1995

– Qumran's Messiah: How Important Is He?, in: J. J. Collins / R. A. Kugler (Hg.), Religion in the Dead Sea Scrolls (SDSSRL) 2000, 135–149

Fabry, H.-J., Art. נֵבֶל, ThWAT 5 (1986) 163–170

– Neue Texte aus Qumran, BiKi 48 (1993) 24–27

– Art. Qumran, NBL 3 (2001) 230–260

Fauth, W., Götter- und Dämonenzwang in den griechischen Zauberpapyri: Über psychologische Eigentümlichkeiten der Magie im Vergleich zur Religion, ZRGG 50 (1998) 40–60

Feldman, L. H., Prolegomenon, in: M. R.James /ders. (Hg.), The Biblical Antiquities of Philo: Now First Translated from the Old Latin Version (LBS) 1971, ix–clxix

Ferch, A. J., The Book of Daniel and the "Maccabean Thesis", AUSS 21 (1983) 129–141

Fewell, D. N., Circle of Sovereignty: A Story of Stories in Daniel 1 – 6 (JSOT.S 72) 1988

Fichte, J. G., Der Herausgeber des philosophischen Journals gerichtliche Verantwortungsschriften gegen die Anklage des Atheismus (1799), in: ders., Werke 1799–1800, hg. v. R. Lauth / H. Gliwitzky, Werkebd. 6, Stuttgart-Bad Cannstatt 1981

Fischer, A. A., Kohelet und die frühe Apokalyptik, in: A. Schoors (Hg.), Qohelet in the Context of Wisdom (BEThL 136) 1998, 339–356

Fischer, U., Eschatologie und Jenseitserwartung im hellenistischen Diasporajudentum (BZNW 44) 1978

Fishbane, M., Biblical Interpretation in Ancient Israel, Oxford 1985

Fitzmyer, J. A., The Aramaic "Son of God" Text from Qumran Cave 4 (4Q246), in: ders., The Dead Sea Scrolls and Christian Origins (SDSSRL) 2000, 41–61

Fletcher-Louis, C. [H. T.], 4Q374: A Discourse on the Sinai Tradition: The Deification of Moses and Early Christology, DSD 3 (1996) 236–252

– The High Priest as Divine Mediator in the Hebrew Bible: Dan 7,13 as a Test Case, in: Society of Biblical Literature 1997 Seminar Papers (SBL.SP 36), Atlanta 1997, 161–193

– Some Reflections on Angelomorphic Humanity Texts Among the Dead Sea Scrolls, DSD 7 (2000) 292–312

– The Revelation of the Sacral Son of Man: The Genre, History of Religions Context and the Meaning of the Transfiguration, in: F. Avemarie / H. Lichtenberger (Hg.), Auferstehung – Resurrection: The Fourth Durham-Tübingen Research Symposium Resurrection, Transfiguration and Exaltation in the Old Testament, Ancient Judaism and

Early Christianity (Tübingen, September 1999), WUNT 135, 2001, 247–296

Fletcher-Louis, C. H. T., All the Glory of Adam: Liturgical Anthropology in the Dead Sea Scrolls (StTDJ 42) 2002

Flint, P. W., The Dead Sea Psalms Scrolls and the Book of Psalms (StTDJ 17) 1997

– "Apocrypha," Other Previously-Known Writings, and "Pseudepigrapha" in the Dead Sea Scrolls, in: ders./ J. C. VanderKam (Hg.), The Dead Sea Scrolls After Fifty Years: A Comprehensive Assessment, Bd. 2, Leiden/Boston/Köln 1999, 24–66

– Variant Readings of the Dead Sea Psalms Scrolls Against the Massoretic Text and the Septuagint Psalter, in: A. Aejmelaeus / U. Quast (Hg.), Der Septuaginta-Psalter und seine Tochterübersetzungen (AAWP.PH 230) 2000, 337–365

– The Daniel Tradition at Qumran, in: J. J. Collins /ders. (Hg.), The Book of Daniel: Composition and Reception, Bd. 2 (VT.S 83,2) 2001, 329–367

– Noncanonical Writings in the Dead Sea Scrolls: Apocrypha, Other Previously Known Writings, Pseudepigrapha, in: ders. (Hg.), The Bible at Qumran: Text, Shape, and Interpretation (SDSSRL) 2001, 80–126

Flusser, D., The Hubris of the Antichrist in a Fragment from Qumran (1980), in: ders., Judaism and the Origins of Christianity, Jerusalem 1988, 207–213

Fohrer, G., Das Geschick des Menschen nach dem Tode im Alten Testament (1968), in: ders., Studien zu alttestamentlichen Texten und Themen (1966–1972), BZAW 155, 1981, 188–202

– Das Buch Hiob (KAT 16) ²1988

Forster, C. Begrenztes Leben als Herausforderung: Das Vergänglichkeitsmotiv in weisheitlichen Psalmen, Zürich/ Freiburg i. Br. 2000

Fraade, S. D., Enosh and His Generation: Pre-Israelite Hero and History in Postbiblical Interpretation (SBL.MS 30) 1984

– Enosh and His Generation Revisited, in: M. E. Stone / T. A. Bergren (Hg.), Biblical Figures Outside the Bible, Harrisburg 1998, 59–86

Franke, W., Apocalypse and the Breaking-open of Dialogue: A Negatively Theological Perspective, IJPR 47 (2000) 65–86

Frankfurter, D., Elijah in Upper Egypt: The Apocalypse of Elijah and Early Egyptian Christianity (Studies in Antiquity and Christianity), Minneapolis 1993

– The Cult of the Martyrs in Egypt before Constantine: The Evidence of the Coptic *Apocalypse of Elijah*, VigChr 48 (1994) 25–47

– The Legacy of Jewish Apocalypses in Early Christianity: Regional Trajectories, in: J. C. VanderKam / W. Adler (Hg.), The Jewish Apocalyptic Heritage in Early Christianity (CRI III/4) 1996, 129–200

– Early Christian Apocalypticism: Literature and Social World, in: J. J. Collins / B. McGinn / S. J. Stein (Hg.), The Encyclopedia of Apocalypticism, Bd. 1: The Origins of Apocalypticism in Judaism and Christianity, hg. v. J. J. Collins, New York 1998, 415–453

Frenschkowski, M., Offenbarung und Epiphanie, Bd. 1: Grundlagen des spätantiken und frühchristlichen Offenbarungsglaubens (WUNT II/79) 1995

Frey, J., Das apokalyptische Millennium: Zu Herkunft, Sinn und Wirkung der Millenniumsvorstellung in Offenbarung 20,4–6, in: Millennium: Deutungen zum christlichen Mythos der Jahrtausendwende (KT 171), Gütersloh 1999, 10–72

– Die paulinische Antithese von »Fleisch« und »Geist« und die palästinisch-jüdische Weisheitstradition, ZNW 90 (1999) 45–77

– Temple and Rival Temple – The Cases of Elephantine, Mt. Gerizim, and Leontopolis, in: B. Ego / A. Lange / P. Pilhofer (Hg.), Gemeinde ohne Tempel – Community without Temple?: Zur Substituierung und Transformation des Jerusalemer Tempels und seines Kults im Alten Testament, antiken Judentum und frühen Christentum (WUNT 118) 1999, 171–203

Frick, P., Divine Providence in Philo of Alexandria (TSAJ 77) 1999

Frost, S. B., Old Testament Apocalyptic: Its Origins and Growth, London 1952

Früchtel, U., Die kosmologischen Vorstellungen bei Philo von Alexandrien (ALGHJ 2) 1968

Füglister, N., Die biblische Anthropologie und die postmortale Existenz des Individuums, in: ders., Die eine Bibel – Gottes Wort an uns (Ges. Aufsätze), hg. v. Institut für Alttestamentliche Bibelwissenschaft und Judaistik der Universität Salzburg unter Mitwirkung von B. Kagerer (Salzburger Theologische Studien 10), Innsbruck/Wien 1999, 171–193

Fuhs, H. F., Die äthiopische Übersetzung des Henoch: Ein Beitrag zur Apokalyptikforschung der Gegenwart, BN 8 (1979) 36–56

– Art. עָלַה, ThWAT 6 (1989) 84–105

Galling, K., Die Ausrufung des Namens als Rechtsakt in Israel, ThLZ 81 (1956) 65–70

Gammie, J. G., Stoicism and Anti-Stoicism in Qoheleth, HAR 9 (1985, FS S. D. Goitein) 169–187

García Martínez, F., Tradiciones apocalípticas en Qumran: 4QSecond-Ezekiel, in: A. Vivian (Hg.), Biblische und judaistische Studien (FS P. Sacchi), JudUm 29, 1990, 303–321

– Qumran and Apocalyptic: Studies on the Aramaic Texts from Qumran (StTDJ 9) 1992

– Messianische Erwartungen in den Qumranschriften, JBTh 8 (1993) 171–208

– Notas al margen de The Dead Sea Scrolls Uncovered, RdQ 61,16 (1993) 123–150

– Two Messianic Figures in the Qumran Texts, in: D. W. Parry / S. D. Ricks (Hg.), Current Research and Technological Developments on the Dead Sea Scrolls (StTDJ 20) 1996, 14–40

– The Heavenly Tablets in the Book of Jubilees, in: M. Albani / J. Frey / A. Lange (Hg.), Studies in the Book of Jubilees (TSAJ 65) 1997, 243–260

García Martínez, F., Interpretations of the Flood in the Dead Sea Scrolls, in: ders./ G. P. Luttikhuizen (Hg.), Interpretations of the Flood (Themes in Biblical Narrative 1), Leiden/Boston/Köln 1998, 86–108

García Martínez, F. / Tigchelaar, E. J. C., The Books of Enoch (1 Enoch) and the Aramaic Fragments from Qumran, RdQ 53,14 (1989) 131–146

Garscha, J., Studien zum Ezechielbuch: Eine redaktionskritische Untersuchung von Ez 1 – 39 (EHS.T 23) 1974

Gates, M.-H., Dura-Europos: A Fortress of Syro-Mesopotamian Art, BA 47/3 (1984) 166–188

Gehrke, H.-J., Geschichte des Hellenismus (Oldenbourg Grundriß der Geschichte 1a) München ²1995

Genette, G., Die Erzählung, München 1994

Gera, D., Judaea and Mediterranean Politics 219 to 161 B.C.E (Brill's Series in Jewish Studies 8) Leiden u. a. 1998

Gese, H., Anfang und Ende der Apokalyptik, dargestellt am Sacharjabuch (1973), in: ders., Vom Sinai zum Zion: Alttestamentliche Beiträge zur biblischen Theologie (BEvTh 64) ³1990, 202–230

– Der Name Gottes im Alten Testament, in: H. von Stietencron (Hg.), Der Name Gottes, Düsseldorf 1975, 75–89

– Der Messias, in: ders., Zur biblischen Theologie: Alttestamentliche Vorträge, Tübingen ³1989, 128–151

– Die Sühne, in: ders., Zur biblischen Theologie: Alttestamentliche Vorträge, Tübingen ³1989, 85–106

Gilbert, M., Immortalité? Résurrection? Faut-il choisir?: Témoignage du judaïsme ancien, in: P. Abadie / J.-P. Lémonon (Hg.), Le judaïsme à l'aube de l'ère chrétienne, XVIIIe congrès de l'ACFEB (Lyon, septembre 1999), LeDiv 186, 1999, 271–297

McGinn, B., Antichrist: Twothousand Years of the Human Fascination with Evil, New York 1994

Ginzberg, L., Einige Beobachtungen zur Haltung der Synagoge gegenüber den apokalyptisch-eschatologischen Schriften (1922), in: K. Koch / J. M. Schmidt (Hg.), Apokalyptik (WdF 365) 1982, 214–222

Glasson, T. F., Greek Influence in Jewish Eschatology with Special Reference to Apocalypses and Pseudepigraphs, London 1961

Gleßmer, U., Das astronomische Henoch-Buch als Studienobjekt, BN 36 (1987) 69–129

– Antike und moderne Auslegungen des Sintflutberichtes Gen 6 – 8 und der Qumran-Pesher 4Q252, ULFJ.MuB 5 (1993) 3–79

– Horizontal Measuring in the Babylonian Astronomical Compendium MUL.APIN and in the Astronomical Book of 1 En, Henoch 18 (1996) 259–282

– The Otot-Texts (4Q319) and the Problem of Intercalations in the Context of the 364-Day Calendar, in: H.-J. Fabry / A. Lange / H. Lichtenberger (Hg.), Qumranstudien (SIJD 4) 1996, 125–164

– Calendars in the Qumran Scrolls, in: P. W. Flint / J. C. VanderKam (Hg.), The Dead Sea Scrolls After Fifty Years: A Comprehensive Assessment, Bd. 2, Leiden/Boston/Köln 1999, 213–278

Gleßmer, U. / Albani, M., An Astronomical Measuring Instrument from Qumran, in: D. W. Parry / E. Ulrich (Hg.), The Provo International Conference on the Dead Sea Scrolls: Technological Innovations, New Texts, and Reformulated Issues (StTDJ 30) 1999, 407–442

Goff, J. Le, Geschichte und Gedächtnis (Historische Studien 6), Frankfurt a. M. / New York /Paris 1992

Goff, M., Rez. Boccaccini, Gabriele, *Roots of Rabbinic Judaism*, RBL 11/2002 [http://www.bookreviews.org; Stand: Dez. 2004]

– The Worldly and Heavenly Wisdom of 4QInstruction, 2 Bde., PhD. Diss. Chicago 2002 [Wisdom.Diss.]

– The Worldly and Heavenly Wisdom of 4QInstruction (StTDJ 50) 2003

Goldenberg, R., The Nations that Know Thee Not: Ancient Jewish Attitudes Towards Other Religions (BiSe 52) 1997

Goldingay, J. E., Daniel (WBC 30) 1989

Goldman, B., The Dura Synagoge Costumes and Parthian Art, in: J. Gutmann (Hg.), The Dura-Europos Synagogue: A Re-Evaluation (1932–1992), SFSHJ 25, ²1992, 53–77

Goldstein, J. A., I Maccabees: A New Translation with Introduction and Commentary (AncB 41) 1976

Golitzin, A., Recovering the "Glory of Adam": "Divine Light" Traditions in the Dead Sea Scrolls and the Christian Ascetical Literature of Fourth-Century Syro-Mesopotamia, in: J. R. Davila (Hg.), The Dead Sea Scrolls as Background to Postbiblical Judaism and Early Christianity (StTDJ 46) 2003, 275–308

Gowan, D. E., Bridge Between the Testaments: A Reappraisal of Judaism from the Exile to the Birth of Christianity (PThMS 14) 1976

Grabbe, L. L., The Seventy-Weeks Prophecy (Daniel 9:24–27) in Early Jewish Interpretation, in: C. A. Evans / S. Talmon (Hg.), The Quest for Context and Meaning: Studies in Biblical Intertextuality in Honor of James H. Sanders (BiblS 28) 1997, 595–611

Graf, F., Gottesnähe und Schadenzauber: Die Magie in der griechisch-römischen Antike, München 1996

Greenberg, M., Reflections on Apocalyptic, in: ders., Studies in the Bible and Jewish Thought, Philadelphia/Jerusalem 1995, 163–173

– Ezekiel 21 – 37 (AncB 22A) 1997

Greenfield, J. C. / Sokoloff, M. (Pingree, D. / Yardeni, A.), An Astrological Text from Qumran (4Q318) and Reflections on Some Zodiacal Names, RdQ 64,16 (1995) 507–525

Grelot, P., La géographie mythique d'Hénoch et ses sources orientales, RB 65 (1958) 33–69

– La Septante de Daniel IV et son substrat sémitique, RB 81 (1974) 5–23

– Hénoch et ses écritures, RB 82 (1975) 481–500

– Note sur les propositions du Pr Carsten Peter Thiede, RB 102 (1995) 589–591

Gretler, T., Zeit und Stunde: Theologische Zeitkonzepte zwischen Erfahrung und Ideologie in den Büchern Kohelet und Daniel (TVZ Dissertationen), Zürich 2004

Griffiths, J. G., Apocalyptic in the Hellenistic Era, in: D. Hellholm (Hg.), Apocalypticism in the Mediterranean World and the Near East, Tübingen ²1989, 273–293
– The Divine Verdict: A Study of Divine Judgment in the Ancient Religions (SHR 52) 1991
– The Legacy of Egypt in Judaism, in: CHJud. 3 (1999) 1025–1051
Großhans, H.-P., Theologischer Realismus: Ein sprachphilosophischer Beitrag zu einer theologischen Sprachlehre (HUTh 34) 1996
Gruen, E. S., Heritage and Hellenism: The Reinvention of Jewish Tradition (HeCuSo 30) 1998
Gruenwald, I., Jewish Apocalyptic Literature, ANRW II,19,1 (1979) 89–118
– Apocalyptic and Merkavah Mysticism (AGJU 14) 1980
– Two Types of Jewish Esoteric Literature in the Time of the Mishnah and Talmud, in: ders., From Apocalypticism to Gnosticism: Studies in Apocalypticism, Merkavah Mysticism and Gnosticism (BEAT 14) 1988, 53–64
– The Cultural Setting of Enoch-Apocalypticism: New Reflections, in: G. Boccaccini (Hg.), The Origins of Enochic Judaism: Proceedings of the First Enoch Seminar, University of Michigan, Sesto Fiorentino, Italy, June 19–23, 2001, Henoch 24 (2002) 213–223
Grundmann, W., Art. μέγας κτλ., ThWNT 4 (1942) 535–550
Gundel, W. / Gundel, H. G., Astrologumena: Die astrologische Literatur in der Antike und ihre Geschichte (SAGM.B 6) 1966
Gunkel, H., Schöpfung und Chaos in Urzeit und Endzeit: Eine religionsgeschichtliche Untersuchung über Gen 1 und Ap Joh 12, Mit Beiträgen von H. Zimmern, Göttingen 1895
Gunkel, H. / Begrich, J., Einleitung in die Psalmen, Mit einem Stellenregister v. W. Beyerlin, Göttingen ⁴1985 [¹1933: HK II/Erg.bd.]
Gunneweg, A. H. J., Biblische Theologie des Alten Testaments: Eine Religionsgeschichte Israels in biblisch-theologischer Sicht, Stuttgart/Berlin/Köln 1993
Gutmann, J., Introduction to the Second Printing of the Dura-Europos Synogogue, in: ders. (Hg.), The Dura-Europos Synagogue: A Re-Evaluation (1932–1992), SFSHJ 25, ²1992, ix–xl
Haag, E., Daniel (NEB 30) 1993
– Der Menschensohn und die Heiligen (des) Höchsten, in: A. S. van der Woude (Hg.), The Book of Daniel in the Light of New Findings (BEThL 106) 1993, 137–185
– Daniel 12 und die Auferstehung der Toten, in: J. J. Collins / P. W. Flint (Hg.), The Book of Daniel: Composition and Reception, Bd. 1 (VT.S 83,1) 2001, 132–148
– Das hellenistische Zeitalter: Israel und die Bibel im 4. bis 1. Jahrhundert v. Chr. (Biblische Enzyklopädie 9), Stuttgart/Berlin/Köln 2003
Hachlili, R., Art. Burials, Ancient Jewish, ABD 1 (1992) 789–794
– Ancient Jewish Art and Archaeology in the Diaspora (HO I,35) 1998
Hadot, P., Philosophie als Lebensform: Geistige Übungen in der Antike, Berlin ²1991
– Die innere Burg: Anleitung zu einer Lektüre Marc Aurels, Frankfurt a. M. 1997

Hahn, F., Frühjüdische und urchristliche Apokalyptik: Eine Einführung (BThSt 36) 1998

Hampel, V., Menschensohn und historischer Jesus: Ein Rätselwort als Schlüssel zum messianischen Selbstverständnis Jesu, Neukirchen-Vluyn 1990

Hanson, P. D., The Dawn of Apocalyptic: The Historical and Sociological Roots of Jewish Apocalyptic Eschatology, Philadelphia 1975 [²1980]

– Rebellion in Heaven: Azazel and Euhemeristic Heroes in 1 Enoch 6–11, JBL 96 (1977) 195–233

– Biblical Apocalypticism: The Theological Dimension, HBT 7 (1985) 1–20

– Art. Apocalypses and Apocalypticism: Introductory Overview, ABD 1 (1992) 280–282

Hardy, F. W., The Hebrew Singular for "Week" in the Expression "One Week" in Daniel 9:27, AUSS 32 (1994) 197–202

Harlow, D. C., The Greek *Apocalypse of Baruch (3 Baruch)* in Hellenistic Judaism and Early Christianity (SVTP 12) 1996

Harnisch, W., Verhängnis und Verheißung der Geschichte: Zum Zeit- und Geschichtsverständnis im 4. Buch Esra und in der syr. Baruchapokalypse (FRLANT 97) 1969

– Der Prophet als Widerpart und Zeuge der Offenbarung: Erwägungen zur Interdependenz von Form und Sache im IV. Buch Esra, in: D. Hellholm (Hg.), Apocalypticism in the Mediterranean World and the Near East, Tübingen ²1989, 461–493

Harrington, D. J., Wisdom at Qumran, in: E. Ulrich / J. [C.] VanderKam (Hg.), The Community of the Renewed Covenant (CJAn 10) 1994, 137–152

– Wisdom Texts from Qumran (LDSS) 1996

Hartman, L., Prophecy Interpreted: The Formation of Some Jewish Apocalyptic Texts and of the Eschatological Discourse Mark 13 par. (CB.NT 1) 1966

– Asking for a Meaning: A Study of 1 Enoch 1 – 5 (CB.NT 12) 1979

– An Early Example of Jewish Exegesis: 1 Enoch 10:16 – 11:2, in: Neotest. 17 (1983) 16–27

– Survey of the Problem of Apocalyptic Genre, in: D. Hellholm (Hg.), Apocalypticism in the Mediterranean World and the Near East, Tübingen ²1989, 329–343

Hartman, L. F. / Di Lella, A. A., The Book of Daniel (AncB 23) 1978

Hasel, G. F., Resurrection in the Theology of Old Testament Apocalyptic, ZAW 92 (1980) 267–284

– The Hebrew Masculine Plural for "Weeks" in the Expression "Seventy Weeks" in Daniel 9:24, AUSS 31 (1993) 105–118

Hauge, M. R., Between Sheol and Temple: Motif Structure and Function in the I-Psalms (JSOT.S 178) 1995

Hay, D. M., The Psychology of Faith in Hellenistic Judaism, ANRW II, 20,2 (1987) 881–925

Hayman, [A.] P., The 'Man from the Sea' in 4 Ezra 13, JJS 49 (1998) 1–16

Heininger, B., Paulus als Visionär: Eine religionsgeschichtliche Studie (HBS 9) 1996

Helberg, J. L., The Determination of History According to the Book of Daniel: Against the Background of Deterministic Apocalyptic, ZAW 107 (1995) 273–287

Helfmeyer, F. J., „Deine Toten – Meine Leichen": Heilszusage und Annahme in Jes 26,19, in: H.-J. Fabry (Hg.), Bausteine Biblischer Theologie (FS G. J. Botterweck), BBB 50, 1977, 245–258

Hellholm, D., Das Visionenbuch des Hermas als Apokalypse: Formgeschichtliche und texttheoretische Studien zu einer literarischen Gattung, Bd. 1 (CB.NT 13,1) 1980
– The Problem of Apocalyptic Genre and the Apocalypse of John, Semeia 36 (1986) 13–64
– Methodological Reflections on the Problem of Definition of Generic Texts, in: J. J. Collins / J. H. Charlesworth (Hg.), Mysteries and Revelations: Apocalyptic Studies since the Uppsala Colloquium (JSPE. S 9) 1991, 135–163

Hellwig, P., Titulus oder über den Zusammenhang von Titel und Texten, Titel sind ein Schlüssel zur Textkonstitution, Zeitschrift für germanistische Linguistik 12 (1984) 1–20

Helm, R., Azazel in Early Jewish Tradition, AUSS 32 (1994) 217–226

Hengel, M., Qumrān und der Hellenismus (1978), in: ders., Judaica et Hellenistica (Kleine Schriften I), WUNT 90, 1997, 258–294
– The Atonement: A Study of the Origins of the Doctrine in the New Testament, London 1981
– Judentum und Hellenismus: Studien zu ihrer Begegnung unter besonderer Berücksichtigung Palästinas bis zur Mitte des 2. Jh.s v. Chr. (WUNT 10) ³1988
– The Interpenetration of Judaism and Hellenism in the Pre-Maccabean Period, in: CHJud. 2 (1989) 167–228
– The Political and Social History of Palestine from Alexander to Antiochus III (333 – 187 B. C. E.), in: CHJud. 2 (1989) 35–78
– Qumran and Hellenism, in: J. J. Collins / R. A. Kugler (Hg.), Religion in the Dead Sea Scrolls (SDSSRL) 2000, 46–56

Henze, M., The Madness of King Nebuchadnezzar: The Ancient Near Eastern Origins and Early History of Interpretation of Daniel 4 (JSJ. S 61) 1999
– The Narrative Frame of Daniel: A Literary Assessment, JSJ 32 (2001) 5–24

Hermisson, H.-J., Alttestamentliche Theologie und Religionsgeschichte Israels (ThLZ.F 3) 2000

Herrmann, W., Die Implikationen von Jes 25,8aα, BN 104 (2000) 26–30

Himmelfarb, M., Ascent to Heaven in Jewish and Christian Apocalypses, New York / Oxford 1993

Hitzig, F., Der Prediger Salomo's (KEH 7) [¹1847] ²1883 [hg. v. W. Nowack]

Hobbins, J. F., Resurrection in the Daniel Tradition and Other Writings at Qumran, in: J. J. Collins / P. W. Flint (Hg.), The Book of Daniel: Composition and Reception, Bd. 2 (VT.S 83,2) 2001, 395–420

Höffken, P., Das EGO des Weisen: Subjektivierungsprozesse in der Weisheitsliteratur, ThZ 41 (1985) 121–134

Hölbl, G., Geschichte des Ptolemäerreiches: Politik, Ideologie und religiöse Kultur von Alexander dem Großen bis zur römischen Eroberung, Darmstadt 1994

Hölscher, G., Die Weisheit der Mystiker (1922), in: K. Koch / J. M. Schmidt (Hg.), Apokalyptik (WdF 365) 1982, 204–213

Hoffmann, H., Das Gesetz in der frühjüdischen Apokalyptik (StUNT 23) 1999

Hoffmann, P., Die Toten in Christus: Eine religionsgeschichtliche und exegetische Untersuchung zur paulinischen Eschatologie (NTA 2) ^{2}1969

Hogan, K. M., The Exegetical Background of the "Ambiguity of Death" in the Wisdom of Solomon, JSJ 30 (1999) 1–24

Hoping, H., Abschied vom allmächtigen Gott?: Anmerkungen zu einer aktuellen Diskussion, TThZ 106 (1997) 177–188

Hopkins, C. / Goldman, B., The Discovery of Dura-Europos, New Haven / London 1979

Horsley, R. A., Pneumatikos vs. Psychikos: Distinctions of Spiritual Status Among the Corinthians, HThR 69 (1976) 269–288

Horst, F., Die Visionsschilderungen der alttestamentlichen Propheten, EvTh 20 (1960) 193–205

– Hiob: 1. Teilband (BK 16,1) 1968

Horst, P. W. van der, Moses' Throne Vision in Ezekiel the Dramatist (1983), in: ders., Essays on the Jewish World of Early Christianity (OBO 14) 1990, 63–71

– Some Notes on the Exagoge of Ezekiel (1984), in: ders., Essays on the Jewish World of Early Christianity (OBO 14) 1990, 72–93

– Ancient Jewish Epitaphs: An Introductory Survey of a Millennium of Jewish Funerary Epigraphy (300 BCE – 700 CE), CBET 2, ^{2}1996

– "The Elements Will Be Dissolved with Fire": The Idea of Cosmic Conflagration in Hellenism, Ancient Judaism, and Early Christianity, in: ders., Hellenism – Judaism – Christianity: Essays on Their Interaction (CBET 8), ^{2}1998, 271–292

– Jewish Tomp Inscriptions in Verse (1994), in: ders., Hellenism – Judaism – Christianity: Essays on Their Interaction (CBET 8), ^{2}1998, 27–47

– Pseudo-Phocylides on the Afterlife: A Rejoinder to John J. Collins, JSJ 35 (2004) 70–75

Hossfeld, F.-L. / Zenger, E., Die Psalmen I: Psalm 1 – 50 (NEB 29) 1993

– Psalmen 51 – 100 (HThK.AT) 2000

Houtman, C., Der Himmel im Alten Testament: Israels Weltbild und Weltanschauung (OTS 30) 1993

Hubmann, F. D., Ezechiel 37,1–14 in der neueren Forschung, in: I. Fischer / U. Rapp / J. Schiller (Hg.), Auf den Spuren der schriftgelehrten Weisen (FS J. Marböck), BZAW 331, 2003, 111–128

Hübner, H., Die Weisheit Salomons: Liber Sapientiae Salomonis (ATDA 4) 1999

Hüttenhoff, M., Ewiges Leben: Dogmatische Überlegungen zu einem Zentralbegriff der Eschatologie, ThLZ 125 (2000) 863–880

Hultgård, A., L'eschatologie des Testaments des Douze Patriarches, 2 Bde. (AUU.HR [U] 6/7) 1977/1982

Hultgård, A., Théophanie et présence divine dans le judaïsme antique: Quelques remarques à partir des textes «intertestamentaires», in: La littérature intertestamentaire, Colloque de Strasbourg (17–19 octobre 1983), BCESS, Paris 1985, 43–55

– Persian Apocalypticism, in: J. J. Collins / B. McGinn / S. J. Stein (Hg.), The Encyclopedia of Apocalypticism, Bd. 1: The Origins of Apocalypticism in Judaism and Christianity, hg. v. J. J. Collins, New York 1998, 39–83

Hultsch, F., Art. Astronomie, PRE 4 (1896) 1828–1862

Isaak, E., The Oldest Ethiopic Manuscript (K-9)* of the Book of Enoch and Recent Studies of the Aramaic Fragments of Qumran Cave 4, in: D. M. Golomb / S. T. Hollis (Hg.), "Working with No Data:" Studies in Semitic and Egyptian Presented to T. O. Lambdin, Winona Lake 1987, 195–207

Jack, A., An Arboreal Sign of the End-Time (4Q385 2), JSS 47 (1996) 337–344

Jackson, D. R., Enochic Judaism: Three Defining Paradigm Exemplars (JSPE.S 49) 2004

Jacobson, H., A Commentary on Pseudo-Philo's Liber Antiquitatum Biblicarum, 2 Bde. (AGJU 31) 1996

Janowski, B., Sündenvergebung »um Hiobs willen«: Fürbitte und Vergebung in 11QtgJob 38 2f. und Hi 42 9f. LXX (1982), in: ders., Gottes Gegenwart in Israel: Beiträge zur Theologie des Alten Testaments, Neukirchen-Vluyn 1993, 40–69

– Die Tat kehrt zum Täter zurück: Offene Fragen im Umkreis des »Tun-Ergehen-Zusammenhangs« (1994), in: ders., Die rettende Gerechtigkeit: Beiträge zur Theologie des Alten Testaments, Neukirchen-Vluyn 1999, 167–191

– Sühne als Heilsgeschehen: Traditions- und religionsgeschichtliche Studien zur Sühnetheologie der Priesterschrift (WMANT 55) ²2000

– Konfliktgespräche mit Gott: Eine Anthropologie der Psalmen, Neukirchen-Vluyn 2003

Jansen, H. L., Die Henochgestalt: Eine vergleichende religionsgeschichtliche Untersuchung, Oslo 1939

Jenks, G. C., The Origins and Early Development of the Antichrist Myth (BZANW 59) 1991

Jeremias, J., Der Prophet Hosea (ATD 24/1) 1983

– Neuere Entwürfe zu einer Theologie des Alten Testaments, VF 48/1 (2003) 29–58

Johnson, D. G., From Chaos to Restoration: An Integrative Reading of Isaiah 24 – 27 (JSOT.S 61) 1988

Johnston, P. S., Shades of Sheol: Death and Afterlife in the Old Testament, Downers Grove 2002

Jonge, M. de / Tromp, J., The Life of Adam and Eve and Related Literature, Sheffield 1997

Jüngel, E., Gott als Geheimnis der Welt: Zur Begründung der Theologie des Gekreuzigten im Streit zwischen Theismus und Atheismus, Tübingen ²1977 [⁷2001]

– Tod (GTB 1295) ⁵1993

– Thesen zur Ewigkeit des ewigen Lebens, ZThK 97 (2000) 80–87

Justnes, Å., 4Q215a (*Time of Righteousness*) in Context: in J. J. Collins / G. E. Sterling / R. A. Clements (Hg.), Sapiential Perspectives: Wisdom Literature in Light of the Dead Sea Scrolls (StTDJ 51) 2004, 141–161

Käsemann, E., Die Anfänge christlicher Theologie (1960), in: ders., Exegetische Versuche und Besinnungen, Auswahl, Göttingen 1986, 110–132

– Zum Thema der christlichen Apokalyptik (1962), in: ders., Exegetische Versuche und Besinnungen, Auswahl, Göttingen 1986, 133–159

Kaiser, O., Tod, Auferstehung und Unsterblichkeit im Alten Testament und im frühen Judentum – in religionsgeschichtlichem Zusammenhang bedacht, in: ders./ E. Lohse, Tod und Leben (BiKon. KTB 1001) 1977, 7–80.143–157

– Judentum und Hellenismus: Ein Beitrag zur Frage nach dem hellenistischen Einfluß auf Kohelet und Jesus Sirach (1982), in: ders., Der Mensch unter dem Schicksal: Studien zur Geschichte, Theologie und Gegenwartsbedeutung der Weisheit (BZAW 161) 1985, 135–153

– Der Prophet Jesaja: Kapitel 13 – 39 (ATD 18) ³1983

– Die Zukunft der Toten nach den Zeugnissen der alttestamentlichen-frühjüdischen Religion, in: ders., Der Mensch unter dem Schicksal: Studien zur Geschichte, Theologie und Gegenwartsbedeutung der Weisheit (BZAW 161) 1985, 182–195

– Der Gott des Alten Testaments – Wesen und Wirken, Theologie des Alten Testaments, Tl. 2: Jahwe, der Gott Israels, Schöpfer der Welt und des Menschen (UTB 2024), Göttingen 1998

– Der Gott des Alten Testaments – Wesen und Wirken, Theologie des Alten Testaments, Tl. 3: Jahwes Gerechtigkeit (UTB 2392), Göttingen 2003

Kampen, J., The Eschatological Temple(s) of 11QT, in: J. C. Reeves / ders. (Hg.), Pursuing the Text (FS B. Z. Wacholder), JSOT.S 184 (1994) 85–97

Kasher, A., The Jews in Hellenistic and Roman Egypt: The Struggle for Equal Rights (TSAJ 7) 1985

Kee, H. C., "The Man" in Fourth Ezra: Growth of a Tradition, in: K. H. Richards (Hg.), Society of Biblical Literature 1981 Seminar Papers (SBL.SP 20), Atlanta 1981, 199–208

Keel, O., Die Welt der altorientalischen Bildsymbolik und das Alte Testament, Göttingen ⁵1996

– Die Tiere und der Mensch in Daniel 7, in: ders./ U. Staub, Hellenismus und Judentum: Vier Studien zu Daniel 7 und zur Religionsnot unter Antiochus IV. (OBO 178) 2000, 1–35

Keel, O. / Uehlinger, C., Göttinnen, Götter und Gottessymbole: Neue Erkenntnisse zur Religionsgeschichte Kanaans und Israels aufgrund bislang unerschlossener ikonographischer Quellen (QD 134) ⁴1998 [GGG]

Kellermann, D., Art. אָשָׁם, ThWAT 1 (1973) 463–472

Kellermann, U., Überwindung des Todesgeschicks in der alttestamentlichen Frömmigkeit vor und neben dem Auferstehungsglauben, ZThK 73 (1976) 259–282

Kellermann, U., Das Danielbuch und die Märtyrertheologie der Auferstehung, in: J. W. van Henten (Hg.), Die Entstehung der jüdischen
Märtyrologie (StPB 38) 1989, 51–74
– Elia Redivivus und die heilszeitliche Auferweckung der Toten, in: K.
Grünwaldt / H. Schroeter (Hg.), Was suchst du hier, Elia?: Ein her-
meneutisches Arbeitsbuch (Hermeneutica 4), Rheinbach-Merzbach
1995, 72–84
– Das Gotteslob der Auferweckten: Motivgeschichtliche Beobachtun-
gen in Texten des Alten Testaments, des frühen Judentums und Ur-
christentums (BThSt 46) 2001
Kerner, J., Die Ethik der Johannes-Apokalypse im Vergleich mit der des
4. Esra: Ein Beitrag zum Verhältnis von Apokalyptik und Ethik
(BZNW 94) 1998
Kessler, H., Sucht den Lebenden nicht bei den Toten: Die Auferstehung
Jesu Christi in biblischer, fundamentaltheologischer und systemati-
scher Sicht, Düsseldorf 1985 [²1987]
Kippenberg, H. G., Art. Apokalyptik/Messianismus/Chiliasmus,
HRWG 2 (1990) 9–26
– Erstrebenswertes Prestige oder falscher Schein? Das öffentliche
Ansehen des Gerechten in jüdisch-frühchristlichen Auseinanderset-
zungen, in: ders./ G. G. Stroumsa (Hg.), Secrecy and Concealment:
Studies in the History of Mediterranean and Near Eastern Religions
(SHR 65) 1995, 203–224
Kister, M., Newly-Identified Fragments of the Book of Jubilees:
Jub. 23: 21–23, 30–31, RdQ 48,12 (1987) 529–536
– Barnabas 12:1; 4:3 and 4Q Second Ezekiel, RB 97 (1990) 63–67
– Wisdom Literature and Its Relation to Other Genres: From Ben Sira
to *Mysteries*, in: J. J. Collins / G. E. Sterling / R. A. Clements (Hg.),
Sapiential Perspectives: Wisdom Literature in Light of the Dead Sea
Scrolls (StTDJ 51) 2004, 13–47
Kister, M. / Qimron, E., Observations on *4QSecond Ezekiel* (*4Q385* 2–3),
RdQ 60,15 (1992) 595–602
Kleinknecht, H. u. a., Art. πνεῦμα κτλ., ThWNT 6 (1959) 330–453
Klijn, A. F. J., From Creation to Noah in the Second Dream-Vision of
the Ethiopic Henoch, in: T. Baarda /ders./ W. C. van Unnik (Hg.),
Miscellanea Neotestamentica, Bd. 1 (NT.S 47) 1978, 147–159
Knibb, M. A., The Exile in the Literature of the Intertestamental Period,
HeyJ 17 (1976) 253–272
– A Note on *4Q372* and *4Q390*, in: F. García Marínez / A. Hilhorst / C. J.
Labuschagne (Hg.), The Scriptures and the Scrolls (FS A. S. van der
Woude), VT.S 49, 1992, 164–177
– Messianism in the Pseudepigrapha in the Light of the Scrolls, DSD 2
(1995) 165–184
– Isaianic Traditions in the Book of Enoch, in: J. Barton / D. J. Reimer
(Hg.), After the Exile (FS R. Mason), Macon 1996, 217–229
– Eschatology and Messianism in the Dead Sea Scrolls, in: P. W. Flint /
J. C. VanderKam (Hg.), The Dead Sea Scrolls After Fifty Years: A
Comprehensive Assessment, Bd. 2, Leiden/Boston/Köln 1999, 379–
402

- The Book of Daniel in Its Context, in: J. J. Collins / P. W. Flint (Hg.), The Book of Daniel: Composition and Reception, Bd. 1 (VT.S 83,1) 2001, 16–35
- Christian Adoption and Transmission of Jewish Pseudepigrapha: The Case of 1 Enoch, JSJ 32 (2001) 396–415
- Interpreting the Book of Enoch: Reflections on a Recently Published Commentary, JSJ 33 (2002) 437–450
- The Use of Scripture in 1 Enoch 17 – 19, in: F. García Martínez / G. P. Luttikhuizen (Hg.), Jerusalem, Alexandria, Rome: Studies in Ancient Cultural Interaction in Honour of A. Hilhorst (JSJ.S 82) 2003, 164–178
Knittel, T., Das griechische ,Leben Adams und Evas': Studien zu einer narrativen Anthropologie im frühen Judentum (TSAJ 88) 2002
Koch, K., Spätisraelitisches Geschichtsdenken am Beispiel des Buches Daniel, HZ 193 (1961) 1–32
- Ratlos vor der Apokalyptik: Eine Streitschrift über ein vernachlässigtes Gebiet der Bibelwissenschaft und die schädlichen Auswirkungen auf Theologie und Philosophie, Gütersloh 1970
- Die mysteriösen Zahlen der judäischen Könige und die apokalyptischen Jahrwochen (1978), in: ders., Vor der Wende der Zeiten: Beiträge zur apokalyptischen Literatur (Ges. Aufsätze 3), hg. v. U. Gleßmer u. M. Krause, Neukirchen-Vluyn 1996, 135–142
- "Adam, was hast Du getan?": Erkenntnis und Fall in der zwischentestamentlichen Literatur (1982), in: ders., Vor der Wende der Zeiten: Beiträge zur apokalyptischen Literatur (Ges. Aufsätze 3), hg. v. U. Gleßmer u. M. Krause, Neukirchen-Vluyn 1996, 181–217
- Vom profetischen zum apokalyptischen Visionsbericht (1983), in: ders., Vor der Wende der Zeiten: Beiträge zur apokalyptischen Literatur (Ges. Aufsätze 3), hg. v. U. Gleßmer u. M. Krause, Neukirchen-Vluyn 1996, 143–178
- Sabbatstruktur der Geschichte: Die sogenannte Zehn-Wochen-Apokalypse (1Hen 93,1–10; 91,11–17) und das Ringen um die alttestamentlichen Chronologien im späten Israelitentum (1983), in: ders., Vor der Wende der Zeiten: Beiträge zur apokalyptischen Literatur (Ges. Aufsätze 3), hg. v. U. Gleßmer u. M. Krause, Neukirchen-Vluyn 1996, 45–76
- Art. Geschichte/Geschichtsschreibung/Geschichtsphilosophie, TRE 12 (1984) 569–586
- Daniel (BK 22 Lfg. 1, 2, 3 u. 4) 1986, 1994, 1999 u. 2001
- Deuterokanonische Zusätze zum Danielbuch: Entstehung und Textgeschichte, 2 Bde. (AOAT 38/1 u. 2) 1987
- Der "Märtyrertod" als Sühne in der aramäischen Fassung des Asarja-Gebetes Dan 3,38–40 (1992), in: ders., Die Reiche der Welt und der kommende Menschensohn (Ges. Aufsätze 2), hg. v. M. Rösel, Neukirchen-Vluyn 1995, 66–82
- Gottes Herrschaft über das Reich des Menschen: Daniel 4 im Licht neuer Funde (1993), in: ders., Die Reiche der Welt und der kommende Menschensohn (Ges. Aufsätze 2), hg. v. M. Rösel, Neukirchen-Vluyn 1995, 83–124
- Messias und Menschensohn: Die zweistufige Messianologie der jüngeren Apokalyptik (1993), in: ders., Vor der Wende der Zeiten: Bei-

träge zur apokalyptischen Literatur (Ges. Aufsätze 3), hg. v. U. Gleßmer u. M. Krause, Neukirchen-Vluyn 1996, 235–266

Koch, K., Monotheismus und Angelologie (1994), in: ders., Vor der Wende der Zeiten: Beiträge zur apokalyptischen Literatur (Ges. Aufsätze 3), hg. v. U. Gleßmer u. M. Krause, Neukirchen-Vluyn 1996, 219–234

– Das Reich der Heiligen und des Menschensohns: Ein Kapitel politischer Theologie, in: ders., Die Reiche der Welt und der kommende Menschensohn: Studien zum Danielbuch (Ges. Aufsätze 2), hg. v. M. Rösel, Neukirchen-Vluyn 1995, 140–172

– Die Anfänge der Apokalyptik in Israel und die Rolle des astronomischen Henochbuchs, in: ders., Vor der Wende der Zeiten: Beiträge zur apokalyptischen Literatur (Ges. Aufsätze 3), hg. v. U. Gleßmer u. M. Krause, Neukirchen-Vluyn 1996, 3–39

– Sabbat, Sabbatjahr und Weltenjahr: Die apokalyptische Konstruktion der Zeit, Ars Semeiotica 20 (1997) 69–86

– Spätisraelitisch-jüdische und urchristliche Danielrezeption vor und nach der Zerstörung des zweiten Tempels, in: R. G. Kratz / T. Krüger (Hg.), Rezeption und Auslegung im Alten Testament und in seinem Umfeld (FS O. H. Steck), OBO 153, 1997, 93–123

– Persisch-hellenistischer Synkretismus am Beispiel Kommagene: Mit einem Seitenblick auf Israel, in: R. G. Kratz (Hg.), Religion und Religionskontakt im Zeitalter der Achämeniden (VWGT 22) 2002, 281–301

– Die Gesetze des gestirnten Himmels als Manifestationen der Herrschaft Gottes über Raum und Zeit: Die Rezeption der Schöpfungsüberlieferung mittels internationaler Weisheit im astronomischen Henochbuch, in: ders., Die aramäische Rezeption der hebräischen Bibel: Studien zur Targumik und Apokalyptik (Ges. Aufsätze 4), hg. v. M. Rösel, M. Krause u. U. Gleßmer, Neukirchen-Vluyn 2003, 21–42

– Universalgeschichte, auserwähltes Volk und Reich der Ewigkeit: Das Geschichtsverständnis des Danielbuches, in: M. Delgado /ders./ M. Marsch (Hg.), Europa, Tausendjähriges Reich und Neue Welt: Zwei Jahrtausende Geschichte und Utopie in der Rezeption des Danielbuches (Studien zur christlichen Religions- und Kulturgeschichte 1), Freiburg (Schweiz) /Göttingen 2003, 11–36

Koch, K. / Niewisch, T. / Tubach, J., Das Buch Daniel (EdF 144) 1980

Koenen, K., Heil den Gerechten – Unheil den Sündern!: Ein Beitrag zur Theologie der Prophetenbücher (BZAW 229) 1994

– Von der todesmutigen Susanna zum begabten Daniel: Zur Überlieferungsgeschichte der Susanna-Erzählung, ThZ 54 (1998) 1–13

Koenen, L., The Prophecies of a Potter: A Prophecy of World Renewal Becomes an Apocalypse, in: D. H. Samuel (Hg.), Proceedings of the Twelfth International Congress of Papyrology (ASP 7) 1970, 249–254

Körtner, U. H. J., Theologie der Angst: Systematisch-theologische Perspektiven apokalyptischen Denkens, rhs 6 (1988) 351–359

– Weltangst und Weltende: Eine theologische Interpretation der Apokalyptik, Göttingen 1988

– Der inspirierte Leser: Zentrale Aspekte biblischer Hermeneutik (Sammlung Vandenhoeck), Göttingen 1994

Kolarcik, M., The Ambiguity of Death in the Book of Wisdom 1 – 6: A Study of Literary Structure and Interpretation (AnBib 127) 1991

Kooij, A. van der, Die alten Textzeugen des Jesajabuches: Ein Beitrag zur Textgeschichte des Alten Testaments (OBO 35) 1981

– Zur Theologie des Jesajabuches in der Septuaginta, in: H. Graf Reventlow (Hg.), Theologische Probleme der Septuaginta und der hellenistischen Hermeneutik (VWGT 11) 1997, 9–25

Korner, R. J., "And I Saw …": An Apocalyptic Literary Convention for Structural Identification in the Apocalypse, NT 42 (2000) 160–183

Kottsieper, I., Zusätze zu Daniel, in: O. H. Steck / R. G. Kratz /ders., Das Buch Baruch – Der Brief des Jeremia – Zusätze zu Ester und Daniel (ATDA 5) 1998, 209–328

Kraeling, C. H., The Excavations at Dura-Europos, Final Report VIII, hg. v. A. R. Bellinger u. a., Tl. 1: The Synagogue, New Haven /London/Oxford 1956

Kratz, R. G., Translatio imperii: Untersuchungen zu den aramäischen Danielerzählungen und ihrem theologiegeschichtlichen Umfeld (WMANT 63) 1991

– Die Propheten Israels, München 2003

Kratz, R. G. / Spieckermann, H., Art. Schöpfer/Schöpfung II. Altes Testament, TRE 30 (1999) 258–283

Kraus, K., Die letzten Tage der Menschheit, Tragödie in fünf Akten mit Vorspiel und Epilog (1922), hg. v. H. Fischer, in: Werke 5, München 1957

Kraus, W., Wissenschaft und Gesellschaft im frühen Griechentum (1968), in: ders., Aus Allem Eines: Studien zur antiken Geistesgeschichte, hg. v. H. Petersmann, Heidelberg 1984, 76–84

Kreiner, A., Die Relevanz der Wahrheitsfrage für die Schriftauslegung, ZThK.Beih. 9 (1995: Theologie als gegenwärtige Schriftauslegung) 46–64

Krötke, W., Das menschliche Eschaton: Zur anthropologischen Dimension der Eschatologie, in: K. Stock (Hg.), Die Zukunft der Erlösung (VWGT 7) 1994, 132–146

Kroll, P., Art. Megas (Μέγας), PRE 29 (1931) 221–230

Krüger, T., Geschichtskonzepte im Ezechielbuch (BZAW 180) 1989

– Dekonstruktion und Rekonstruktion prophetischer Eschatologie im Qohelet-Buch (1996), in: ders., Kritische Weisheit: Studien zur weisheitlichen Traditionskritik im Alten Testament, Zürich 1997, 151–172

– Kohelet (Prediger), BK 19 (Sonderbd.) 2000

Küchler, M., Frühjüdische Weisheitstraditionen: Zum Fortgang weisheitlichen Denkens im Bereich des frühjüdischen Jahweglaubens (OBO 26) 1979

Kümmel, W. G., Vierzig Jahre Jesusforschung (1950-1990), hg. v. H. Merklein (BBB 91) ²1994

Kugel, J. L., Traditions of the Bible: A Guide to the Bible as It Was at the Start of the Common Era, Cambridge (MA) /London 1998

Kuhn, H.-W., Enderwartung und Gegenwärtiges Heil: Untersuchungen zu den Gemeindeliedern von Qumran mit einem Anhang über Eschatologie und Gegenwart in der Verkündigung Jesu (StUNT 4) 1966

Kvalbein, H., Die Wunder der Endzeit: Beobachtungen zu 4Q521 und Matth 11,5p, ZNW 88 (1997) 111–125

Kvanvig, H. S., Henoch und der Menschensohn, StTh 38 (1984) 101–133

– Roots of Apocalyptic: The Mesopotamian Background of the Enoch Figure and of the Son of Man (WMANT 61) 1988

– The Watchers Story, Genesis and *Atra-ḫasīs*: A Triangular Reading, in: G. Boccaccini (Hg.), The Origins of Enochic Judaism: Proceedings of the First Enoch Seminar, University of Michigan, Sesto Fiorentino, Italy, June 19–23, 2001, Henoch 24 (2002) 17–21

– *Jubilees* – Between Enoch and Moses: A Narrative Reading, JSJ 35 (2004) 243–261

Laato, A., The Seventy Yearweeks in the Book of Daniel, ZAW 102 (1990) 212–225

Lacocque, A., The Book of Daniel, Atlanta 1979

– The Vision of the Eagle in 4 Esdras [*sic*!]: A Regarding of Daniel 7 in the First Century C. E., in: K. H. Richards (Hg.), Society of Biblical Literature 1981 Seminar Papers (SBL.SP 20), Atlanta 1981, 237–258

– Daniel in His Time (Studies on Personalities of the Old Testament), Columbia 1988

– The Socio-Spiritual Formative Milieu of the Daniel Apocalypse, in: A. S. van der Woude (Hg.), The Book of Daniel in the Light of New Findings (BEThL 106) 1993, 317–343

– From Death to Life, in: ders./ P. Ricoeur, Thinking Biblically: Exegetical and Hermeneutical Studies, Chicago/London 1998, 141–164

Lang, B., Street Theater, Raising the Dead, and the Zoroastrian Connection in Ezekiel's Prophecy, in: J. Lust (Hg.), Ezekiel and His Book (BEThL 74) 1986, 297–316

Lange, A., Weisheit und Prädestination: Weisheitliche Urordnung und Prädestination in den Textfunden von Qumran (StTDJ 18) 1995

Lange, A. / Lichtenberger, H., Art. Qumran, TRE 28 (1997) 45–79

Lange, A. / Sieker, M., Gattung und Quellenwert des Gebets des Nabonid, in: H.-J. Fabry / A. Lange / H. Lichtenberger (Hg.), Qumranstudien (SIJD 4) 3–34

Lauha, A., Kohelet (BK 19) 1978

Lebram, J.[-]C. [H.], Perspektiven der gegenwärtigen Danielforschung, JSJ 5 (1974) 1–33

– König Antiochus im Buch Daniel, VT 25 (1975) 737–772

– Art. Apokalyptik/Apokalypsen II. Altes Testament, TRE 3 (1978) 192–202

– Das Buch Daniel (ZBK.AT 23) 1984

– Jüdische Martyrologie und Weisheitsüberlieferung, in: J. W. van Henten (Hg.), Die Entstehung der jüdischen Martyrologie (StPB 38) 1989, 88–126

Lenglet, A., La structure littéraire de Daniel 2 – 7, Bib. 53 (1972) 169–190

Levenson, J. D., The Hebrew Bible, the Old Testament, and Historical Criticism, in: ders., The Hebrew Bible, the Old Testament, and Historical Criticism, Louisville 1993, 1–32. 161–165 [Anm.]
– Historical Criticism and the Fate of the Enlightenment Project, in: ders., The Hebrew Bible, the Old Testament, and Historical Criticism, Louisville 1993, 106–126. 177–179 [Anm.]
– Creation and the Persistence of Evil: The Jewish Drama of Divine Omnipotence, Princeton ²1994
– The Universal Horizon of Biblical Particularism in: M. G. Brett (Hg.), Ethnicity and the Bible (BibIS 19) 1996, 143–169
Levine, B. A., On the Presence of God in Biblical Religion, in: J. Neusner (Hg.), Religions in Antiquity (FS E. R. Goodenough), SHR 14, 1968, 71–87
Levison, J. R., Portraits of Adam in Early Judaism: From Sirach to 2 Baruch (JSPE.S 1) 1988
– The Primacy of Pain and Disease in the Greek *Life of Adam and Eve*, ZNW 94 (2003) 1–16
Lewis, J. P., A Study of the Interpretation of Noah and the Flood in Jewish and Christian Literature, Leiden ²1978
Lichtenberger, H., Studien zum Menschenbild in Texten der Qumrangemeinde (StUNT 15) 1980
– Auferstehung in den Qumranfunden, in: F. Avemarie /ders. (Hg.), Auferstehung – Resurrection: The Fourth Durham-Tübingen Research Symposium Resurrection, Transfiguration and Exaltation in the Old Testament, Ancient Judaism and Early Christianity (Tübingen, September 1999), WUNT 135, 2001, 79–91
Lietaert Peerbolte, L. J., The Antecedents of Antichrist: A Traditio-Historical Study of the Earliest Christian Views on Eschatological Opponents (JSJ.S 49) 1996
Lindars, B., A Bull, a Lamb and a Word: I Enoch xc. 38, NTS 22 (1976) 483–486
Lindemann, A., Die Clemensbriefe (HNT 17) 1992
Link, C., Gleichnisse als bewohnte Bildwelten: Metaphorisches Reden von Gott (1999), in: ders., In welchem Sinne sind theologische Aussagen wahr?: Zum Streit zwischen Glaube und Wissen (Theologische Studien II), Neukirchen-Vluyn 2003, 67–78
Löhr, H., Umkehr und Sünde im Hebräerbrief (BZNW 73) 1994
Lohfink, N., *melek*, *šallîṭ* und *môšēl* bei Kohelet und die Abfassungszeit des Buchs (1981), in: ders., Studien zu Kohelet (SBAB 26) 1998, 71–82
– Die Wiederkehr des immer Gleichen: Eine Synthese zwischen griechischem und jüdischem Weltgefühl in Kohelet 1,4–11 (1985), in: ders., Studien zu Kohelet (SBAB 26) 1998, 95–124
Longenecker, B. W., 2 Esdras, Sheffield 1995
Loretz, O., Des Gottes Einzigkeit: Ein altorientalisches Argumentationsmodell zum „Schma Jisrael", Darmstadt 1997
Luck, U., Das Weltverständnis in der jüdischen Apokalyptik dargestellt am äthiopischen Henoch und am 4. Esra, ZThK 73 (1976) 283–305

Lücke, F., Commentar über die Schriften des Evangelisten Johannes IV/1, Versuch einer vollständigen Einleitung in die Offenbarung Johannis und in die gesamte apokalyptische Literatur, Bonn 1832

Lüdemann, G., Die Auferstehung Jesu: Historie, Erfahrung, Theologie, Göttingen 1994

Lüthi, K., Apokalyptik als heutiges Lebensgefühl, in: S. Kreuzer / ders. (Hg.), Zur Aktualität des Alten Testaments (FS G. Sauer), Frankfurt a. M. u. a. 1992, 201–217

Lugt, P. van der, Rhetorical Criticism and the Poetry of the Book of Job (OTS 32) 1995

Luhmann, N., Moderne Systemtheorien als Form gesamtgesellschaftlicher Analyse, in: J. Habermas /ders. (Hg.), Theorie der Gesellschaft oder Sozialtechnologie: Was leistet die Systemforschung?, Frankfurt a. M. 1971, 7–24

– Die Unterscheidung Gottes, in: ders., Soziologische Aufklärung 4: Beiträge zur funktionalen Differenzierung der Gesellschaft, Opladen 1987, 236–253

– Das Recht der Gesellschaft, Frankfurt a. M. 1995

– Auszug aus: Das Kunstwerk und die Selbstreproduktion der Kunst, in: D. Kimmich / R. G. Renner / B. Stiegler (Hg.), Texte zur Literaturtheorie der Gegenwart, Stuttgart 1996, 379–392

– Soziale Systeme: Grundriß einer allgemeinen Theorie, Frankfurt a. M. [6]1996

– Die Religion der Gesellschaft, hg. v. A. Kieserling, Frankfurt a. M. 2000

Lust, J., Daniel 7,13 and the Septuagint, EThL 54 (1978) 62–69

– Ezekiel 36 – 40 in the Oldest Greek Manuscript, CBQ 43 (1981) 517–533

– The Septuagint Version of Daniel 4 – 5, in: A. S. van der Woude (Hg.), The Book of Daniel in the Light of New Findings (BEThL 106) 1993, 39–53

– The Septuagint of Ezekiel According to Papyrus 967 and the Pentateuch, EThL 72 (1996) 131–137

Lux, R., Was sagt die Bibel zur Zukunft des Menschen?: Eine biblisch-kerygmatische Besinnung zur Jahrtausendwende, KuD 46 (2000) 2–21

Mach, M., Entwicklungsstadien des jüdischen Engelglaubens in vorrabbinischer Zeit (TSAJ 34) 1992

Mack, B. L., Logos und Sophia: Untersuchungen zur Weisheitstheologie im hellenistischen Judentum (StUNT 10) 1973

Maier, J., Messias oder Gesalbter?: Zu einem Übersetzungs- und Bedeutungsproblem in den Qumrantexten, RdQ 65–68,17 (1996, FS J. T. Milik) 585–612

– Israel als Gegenüber der Diadochenreiche, in: F. Siegert (Hg.), Israel als Gegenüber: Vom Alten Orient bis in die Gegenwart (SIJD 5) 2000, 53–72

Marböck, J., Anfänge der Rede von Gott, in: N. Brox u. a. (Hg.), Anfänge der Theologie (FS J. B. Bauer), Graz/Wien/Köln 1987, 1–24

– Weisheit im Wandel: Untersuchungen zur Weisheitstheologie bei Ben Sira (BZAW 272), ND, 1999

Marquard, O., Die Frage nach der Frage, auf die die Hermeneutik eine Antwort ist, in: ders., Abschied vom Prinzipiellen: Philosophische Studien, Stuttgart 1981, 117–146

Marrow, S. B., ΑΘΑΝΑΣΙΑ / ΑΝΑΣΤΑΣΙΣ: The Road not Taken, NTS 45 (1999) 571–586

Martin-Achard, R., Essai d'évaluation théologique de l'apocalyptique juive, in: H. Donner / R. Hanhart / R. Smend (Hg.), Beiträge zur Alttestamentlichen Theologie (FS W. Zimmerli), Göttingen, 1977, 262–275

Martinez, M. / Scheffel, M., Einführung in die Erzähltheorie, München 1999

Mattila, S. L., Two Contrasting Eschatologies at Qumran (4Q246 vs 1QM), Bib. 75 (1994) 518–538

Mayer, R., Die biblische Vorstellung vom Weltenbrand: Eine Untersuchung über die Beziehungen zwischen Parsismus und Judentum (BOS.NS 4) 1956

Mazanek, P., Das Alpha und das Omega: Kosmologische Weltuntergangsberechnungen im Widerstreit mit apokalyptischen Hoffnungsbildern?, in: Symb.NF 14 (1999) 45–58

Mazich, E., "The Lord Will Come with His Holy Myriads": An Investigation of the Linguistic Source of the Citation of 1 Enoch 1,9 in Jude 14b–15, ZNW 94 (2003) 276–281

Meadors, E. P., The "Messianic" Implications of the Q Material, JBL 118 (1999) 253–277

Meadowcroft, T. J., Aramaic Daniel and Greek Daniel: A Literary Comparison (JSOT.S 198) 1995

Meckenstock, G., Über die Schwierigkeit, von Gott zu reden, NZSTh 33 (1991) 217–230

Mell, U., Neue Schöpfung: Eine traditionsgeschichtliche und exegetische Studie zu einem soteriologischen Grundsatz paulinischer Theologie (BZNW 56) 1989

Mendels, D., The Rise and Fall of Jewish Nationalism, Grand Rapids / Cambridge [2]1997

Merkel, H., Die Gottesherrschaft in der Verkündigung Jesu, in: M. Hengel / A. M. Schwemer (Hg.), Königsherrschaft Gottes und himmlischer Kult im Judentum, Urchristentum und in der hellenistischen Welt (WUNT 55) 1991, 119–161

Merkelbach, R., Kosmogonie und Unsterblichkeitsritus: Zwei griechisch-ägyptische Weiherituale, in: E. Hornung / T. Schabert (Hg.), Auferstehung und Unsterblichkeit (Eranos.NF 1), München 1993, 19–51

Merkur, D., The Visionary Practices of Jewish Apocalyptists, The Psychoanalytic Study of Society 14 (1989, FS P. Parin) 119–148

Mertens, A., Das Buch Daniel im Lichte der Texte vom Toten Meer (SBM 12) 1971

Metz, J. B., Glaube in Geschichte und Gesellschaft: Studien zu einer praktischen Fundamentaltheologie, Mainz [5]1992

Metzger, M., Hananja, Mischael und Asarja auf der Mosaikinschrift der Synagoge von En Gedi, in: B. Huwyler / H.-P. Mathys / B. Weber

(Hg.), Prophetie und Psalmen (FS K. Seybold), AOAT 280, 2001, 261–279

Meyer, R., Das Gebet des Nabonid: Eine in den Qumranhandschriften wiederentdeckte Weisheitserzählung (1962), in: ders., Zur Geschichte und Theologie des Judentums in hellenistisch-römischer Zeit, hg. v. W. Bernhardt, Neukirchen-Vluyn 1989, 71–129

Meyer-Blanck, M., Vom Symbol zum Zeichen: Plädoyer für eine semiotische Revision der Symboldidaktik, EvTh 55 (1995) 337–351
– Vom Symbol zum Zeichen: Symboldidaktik und Semiotik (Vorlagen. NF 25), Hannover 1995 [²2002]

Michel, D., Ich aber bin immer bei dir: Von der Unsterblichkeit der Gottesbeziehung (1987), in: ders., Studien zur Überlieferungsgeschichte alttestamentlicher Texte, hg. v. A. Wagner u. a. (TB 93) 1997, 155–179
– Qohelet (EdF 258) 1988
– Untersuchungen zur Eigenart des Buches Qohelet – Mit einem Anhang von R. G. Lehmann: Bibliographie zu Qohelet (BZAW 183) 1989
– Weisheit und Apokalyptik, in: A. S. van der Woude (Hg.), The Book of Daniel in the Light of New Findings (BEThL 106) 1993, 413–434

Miles, J., Gott – Eine Biographie, München ²1999 [TB-Ausgabe]

Milik, J. T., «Prière de Nabonide» et autres écrits d'un cycle de Daniel, RB 63 (1956) 407–415
– Problème de la littérature hénochique à la lumière des fragments araméens de Qumrân, HThR 64 (1971) 333–378
– Recherches sur la version grecque du livre des Jubilés, RB 78 (1971) 545–557

Millar, F., The Background to the Maccabean Revolution: Reflections on Martin Hengel's "Judaism and Hellenism", JJS 29 (1978) 1–21
– The Roman Near East, 31 BC – AD 337, Cambridge (MA) /London ³1996
– Hellenistic History in a Near Eastern Perspective: The Book of Daniel, in: P. Cartledge / P. Garnsey / E. [S.] Gruen (Hg.), Hellenistic Constructs: Essays in Culture, History, and Historiography (HeCuSo 26) 1997, 89–104

Millard, M., Die Komposition des Psalters: Ein formgeschichtlicher Ansatz (FAT 9) 1994

Mittmann, S., Die Grabinschrift des Sängers Uriahu, ZDPV 97 (1981) 139–152
– Das Symbol der Hand in der altorientalischen Ikonographie, in: R. Kieffer / J. Bergman (Hg.), La Main de Dieu – Die Hand Gottes (WUNT 94) 1997, 19–47

Mittmann-Richert, U., Einführung in die historischen und legendarischen Erzählungen (JSHRZ VI/1,1) 2000

Molenberg, C., A Study of the Roles of Shemihaza and Asael in I Enoch 6 – 11, JJS 35 (1984) 136–146

Moltmann, J., Das Kommen Gottes: Christliche Eschatologie, Gütersloh 1995

Momigliano, A., Daniel and the Greek Theory of Imperial Succession, in: ders., Essays in Ancient and Modern Historiography (Blackwell's Classical Studies), Oxford 1977, 29–35 [dt.: Daniel und die griechische Theorie von der Abfolge der Weltreiche, in: ders., Die Juden in der Alten Welt (Kleine kulturwissenschaftliche Bibliothek 5), Berlin 1988, 49–56]

– Preliminary Indications on the Apocalypse and Exodus in the Hebrew Tradition, in: ders., Essays in Ancient and Modern Historiography (Blackwell's Classical Studies), Oxford 1977, 88–100

Montgomery, J. A., A Critical and Exegetical Commentary on the Book of Daniel (ICC) 1927 [ND, 1979]

Moore, M. S., Resurrection and Immortality: Two Motifs Navigating Confluent Theological Streams in the Old Testament (Dan 12,1–4), ThZ 39 (1983) 17–34

Morris, C. W., Pragmatische Semiotik und Handlungstheorie, Mit einer Einleitung hg. v. A. Eschbach, Frankfurt a. M. 1977

Mosis, R., Ezechiel 37,1–14: Auferweckung des Volkes – Auferweckung von Toten, in: R. Brandscheidt / T. Mende (Hg.), Schöpfungsplan und Heilsgeschichte (FS E. Haag), [Trier] 2002, 123–173

Müller, B., ΜΕΓΑΣ ΘΕΟΣ (Disstertationes Philologicae Hallenses 21), Halle 1913, 280–411

Müller, H.-P., Art. פֶּחַד, ThWAT 6 (1989) 552–562

– Weisheitliche Deutungen der Sterblichkeit: Gen 3,19 und Pred 3,21; 12,7 im Licht antiker Parallelen, in: ders., Mensch – Umwelt – Eigenwelt: Gesammelte Aufsätze zur Weisheit Israels, Stuttgart/Berlin/Köln 1992, 69–100

– Mythos als Elementarform religiöser Rede im Alten Orient und im Alten Testament, NZSTh 37 (1995) 1–19

– Das Problem der Rede von Gott im Licht der Frage „Was ist Wahrheit?": Paradigmen aus dem Alten Testament, in: ders., Glaube, Denken und Hoffen: Alttestamentliche Botschaften in den Auseinandersetzungen unserer Zeit (Altes Testament und Moderne 1), Münster 1998, 297–309

– Das Ganze und seine Teile: Anschlußerörterungen zum Wirklichkeitsverständnis Kohelets, in: ZThK 97 (2000) 147–163

– Die Wirklichkeit und das Ich bei Kohelet angesichts des Ausbleibens göttlicher Gerechtigkeit und Barmherzigkeit, in: R. Scoralick (Hg.), Das Drama der Barmherzigkeit Gottes: Studien zur biblischen Gottesrede und ihrer Wirkungsgeschichte in Judentum und Christentum (SBS 183) 2000, 125–144

Mueller, J. R., The Five Fragments of the *Apocryphon of Ezekiel*: A Critical Study (JSPE.S 5) 1994

Müller, K., Beobachtungen zur Entwicklung der Menschensohnvorstellung in den Bilderreden des Henoch und im Buche Daniel, in: E. C. Suttner / C. Patock (Hg.), Wegzeichen (FS H. M. Biedermann), ÖC.NF 25 (1971) 253–261

– Menschensohn und Messias: Religionsgeschichtliche Vorüberlegungen zum Menschensohnproblem in den synoptischen Evangelien (1972), in: ders., Studien zur frühjüdischen Apokalyptik (SBAB 11) 1991, 279–322

– Ansätze der Apokalyptik (1973), in: ders., Studien zur frühjüdischen Apokalyptik (SBAB 11) 1991, 19–33

– Der Menschensohn im Danielzyklus (1975), in: ders., Studien zur frühjüdischen Apokalyptik (SBAB 11) 1991, 229–278

Müller, K., Die Pseudepigraphie im Schrifttum der frühjüdischen Apokalyptik: Nachbemerkungen zu ihrer überlieferungsgeschichtlichen Reputation (1982), in: ders., Studien zur frühjüdischen Apokalyptik (SBAB 11) 1991, 195–227

– Die frühjüdische Apokalyptik, in: ders., Studien zur frühjüdischen Apokalyptik (SBAB 11) 1991, 35–173

– Gott als Richter und die Erscheinungsweisen seiner Gerichte in den Schriften des Frühjudentums: Methodische und grundsätzliche Vorüberlegungen zu einer sachgemäßeren Einschätzung, in: H.-J. Klauck (Hg.), Weltgericht und Weltvollendung: Zukunftsbilder im Neuen Testament (QD 150) 1994, 23–53

– Das Weltbild der jüdischen Apokalyptik und die Rede von Jesu Auferstehung, BiKi 52 (1997) 8–18

Müller, M., Der Ausdruck "Menschensohn" in den Evangelien: Voraussetzung und Bedeutung (AThD 17) 1984

Müller, U. B., Messias und Menschensohn in jüdischen Apokalypsen und in der Offenbarung des Johannes (StNT 6) 1972

– Apokalyptische Strömungen (1987), in: ders., Christologie und Apokalyptik: Ausgewählte Aufsätze (ABG 12) 2003, 223–267

– Der Brief des Paulus an die Philipper (ThHK 11/1) 1993

– Apokalyptik im Neuen Testament (1995), in: ders., Christologie und Apokalyptik: Ausgewählte Aufsätze (ABG 12) 2003, 268–290

– Die Offenbarung des Johannes (ÖTK 19) ²1995

– »Sohn Gottes« – ein messianischer Hoheitstitel Jesu (1996), in: ders., Christologie und Apokalyptik: Ausgewählte Aufsätze (ABG 12) 2003, 91–123

– Parusie und Menschensohn (2001), in: ders., Christologie und Apokalyptik: Ausgewählte Aufsätze (ABG 12) 2003, 124–143

Münchow, C., Ethik und Eschatologie: Ein Beitrag zum Verständnis der frühjüdischen Apokalyptik mit einem Ausblick auf das Neue Testament, Göttingen 1981

Munnich, O., Texte massorétique et Septante dans le livre de Daniel, in: A. Schenker (Hg.), The Earliest Text of the Hebrew Bible: The Relationship Between the Masoretic Text and the Hebrew Base of the Septuagint Reconsidered (SBL.SCS 52) 2003, 93–120

Murdock, W. R., Geschichte und Offenbarung in der jüdischen Apokalyptik (1967), in: K. Koch / J. M. Schmidt (Hg.), Apokalyptik (WdF 365) 1982, 377–402

Murphy, F. J., Pseudo-Philo: Rewriting the Bible, New York / Oxford 1993

– Apocalypses and Apocalypticism: The State of the Question, CR.BS 2 (1994) 147–179

Murphy, R. E., Ecclesiastes (WBC 23A) 1992

Neef, H.-D., Gottes himmlischer Thronrat: Hintergrund und Bedeutung von sôd JHWH im Alten Testament (AzTh 79) 1994

Newsom, C. A., The Development of 1 Enoch 6–19: Cosmology and Judgment, CBQ 42 (1980) 310–329

Nickelsburg, G. W. E., Resurrection, Immortality, and Eternal Life in Intertestamental Judaism (HThS 26) 1972

– Enoch 97 – 104: A Study of the Greek and Ethiopic Texts, in: M. E. Stone (Hg.), Armenian and Biblical Studies, Sion Suppl. 1, Jerusalem 1976, 90–156
– The Apocalyptic Message of *1 Enoch* 92 – 105, CBQ 39 (1977) 309–328
– Apocalyptic and Myth in 1 Enoch 6–11, JBL 96 (1977) 383–405
– Riches, the Rich, and God's Judgment in 1 Enoch 92 – 105 and the Gospel According to Luke, NTS 25 (1979) 324–344
– Some Related Traditions in the *Apocalypse of Adam*, the Books of Adam and Eve, and *1 Enoch*, in: B. Layton (Hg.), The Rediscovery of Gnosticism, Bd. 2: Sethian Gnosticism (SHR 41/2) 1981, 515–539
– The Bible Rewritten and Expanded, in: M. E. Stone (Hg.), Jewish Writings of the Second Temple Period: Apocrypha, Pseudepigrapha, Qumran Sectarian Writings, Philo, Josephus (CRI II/2) 1984, 89–156
– Salvation Without and With a Messiah: Developing Beliefs in Writings Ascribed to Enoch, in: J. Neusner / W. S. Green / E. S. Frerichs (Hg.), Judaism and Their Messiahs at the Turn of the Christian Era, Cambridge u. a. 1987, 49–68
– Tobit and Enoch: Distant Cousins With a Recognizable Resemblance, in: D. J. Lull (Hg.), Society of Biblical Literature 1988 Seminar Papers (SBL.SP 27), Atlanta 1988, 54–68
– Social Aspects of Palestinian Jewish Apocalypticism, in: D. Hellholm (Hg.), Apocalypticism in the Mediterranean World and the Near East, Tübingen ²1989, 641–654
– The Apocalyptic Construction of Reality in 1 Enoch, in: J. J. Collins / J. H. Charlesworth (Hg.), Mysteries and Revelations (JSPE.S 9) 1991, 51–64
– Scripture in *1 Enoch* and *1 Enoch* as Scripture, in: T. Fornberg / D. Hellholm (Hg.), Texts and Contexts: Biblical Texts in Their Textual and Situational Contexts (FS L. Hartman), Oslo u. a. 1995, 333–354
– The Books of Enoch at Qumran: What We Know and What We Need to Think About, in: B. Kollmann / W. Reinbold / A. Steudel (Hg.), Antikes Judentum and Frühes Christentum (FS H. Stegemann), BZNW 97, 1999, 99–113
– The Nature and Function of Revelation in 1 Enoch, Jubilees, and Some Qumranic Documents, in: E. G. Chazon / M. [E.] Stone [A. Pinnick] (Hg.), Pseudepigraphic Perspectives: The Apocrypha and Pseudepigrapha in Light of the Dead Sea Scrolls (StTDJ 31) 1999, 91–119
– Art. Enoch, Books of, in: L. H. Schiffman / J. C. VanderKam (Hg.), Encyclopedia of the Dead Sea Scrolls, Bd. 1, Oxford 2000, 249–252
– Judgment, Life-After-Death, and Resurrection in the Apocrypha and the Non-Apocalyptic Pseudepigrapha, in: A. J. Avery-Peck / J. Neusner (Hg.), Judaism in Late Antiquity, Part Four: Death, Life-After-Death, Resurrection and the World-to-Come in the Judaisms of Antiquity (HO I/49) 2000, 141–162
– 1 Enoch 1: A Commentary on the Book of 1 Enoch, Chapters 1 – 36; 81 – 108 (Hermeneia), Minneapolis 2001
– From Roots to Branches: 1 Enoch in Its Jewish and Christian Contexts, in: H. Lichtenberger / G. S. Oegema (Hg.), Jüdische Schriften

in ihrem antik-jüdischen und urchristlichen Kontext (S.JSHRZ 1) 2002, 335–346

Nickelsburg, G. W. E., 1 Enoch and Some Qumran Texts: Comparing Aspects of Their Anthropology, in: U. Mittmann-Richert / F. Avemarie / G. S. Oegema (Hg.), Der Mensch vor Gott: Forschungen zum Menschenbild in Bibel, antikem Judentum und Koran (FS H. Lichtenberger), Neukirchen-Vluyn 2003, 75–88

Niskanen, P., The Human and the Divine in History: Herodotus and the Book of Daniel (JSOT.S 396) 2004

Nobile, M., La thématique eschatologique dans le livre de la Sagesse en relation avec l'apocalyptique, in: N. Calduch / J. Vermeylen (Hg.), Treasures of Wisdom: Studies in Ben Sira and the Book of Wisdom (FS M. Gilbert), BEThL 143, 1999, 303–312

Norden, E. Agnostos Theos: Untersuchungen zur Formgeschichte religiöser Rede, Leipzig/Berlin 1913 [ND, Darmstadt ⁴1956]

North, R., Art. חָרָשׁ, ThWAT 2 (1977) 759–780

Noth, M., Zur Komposition des Buches Daniel (1926), in: ders., Gesammelte Studien zum Alten Testament II, hg. v. H. W. Wolff (TB 39) 1969, 11–28

– Das Geschichtsverständnis der alttestamentlichen Apokalyptik (1954), in: ders., Gesammelte Studien zum Alten Testament (TB 6) 1957, 248–273

Oblau, G., Gotteszeit und Menschenzeit: Eschatologie in der Kirchlichen Dogmatik von Karl Barth (NBST 6) 1988

Oegema, G. S., Der Gesalbte und sein Volk: Untersuchungen zum Konzeptualisierungsprozeß der messianischen Erwartungen von den Makkabäern bis Bar Koziba (SIJD 2) 1994 [Engl. mit Aktualisierungen: The Anointed and His People: Messianic Expectations from the Maccabees to Bar Kochba (JSPE.S 27) 1998]

– Zwischen Hoffnung und Gericht: Untersuchungen zur Rezeption der Apokalyptik im frühen Christentum und Judentum (WMANT 82) 1999

– Apokalypsen (JSHRZ VI/1,5) 2001

– Die Danielrezeption in der Alten Kirche, in: M. Delgado / K. Koch / M. Marsch (Hg.), Europa, Tausendjähriges Reich und Neue Welt: Zwei Jahrtausende Geschichte und Utopie in der Rezeption des Danielbuches (Studien zur christlichen Religions- und Kulturgeschichte 1), Freiburg (Schweiz) /Göttingen 2003, 84–104

Oeming, M., Das wahre Israel: Die »genealogische Vorhalle« 1 Chronik 1 – 9 (BWANT 128) 1990

O'Hagan, A. P., Material Re-Creation in the Apostolic Fathers (TU 100) 1968

Olson, D. C., Recovering the Original Sequence of 1 Enoch 91 – 93, JSPE 11 (1993) 69–94

– Enoch and the Son of Man in the Epilogue of the Parables, JSPE 18 (1998) 27–38

Osburn, C. D., The Christological Use of I Enoch 1. 9 in Jude 14, 15, NTS 23 (1976/77) 334–341

Otto, W. F., Theophania: Der Geist der altgriechischen Religion (Scheidewege, Beihft. 1), ND, Frankfurt a. M. 1975 [³1993]

Otzen, B., Traditions and Structures of Isaiah xxiv – xxvii, VT 24 (1974) 196–206
– Michael and Gabriel – Angelological Problems in the Book of Daniel, in: F. García Martínez / A. Hilhorst / C. J. Labuschagne (Hg.), The Scriptures and the Scrolls (FS A. S. van der Woude), VT.S 49, 1992, 114–124

Pagels, E., The Social History of Satan, the "Intimate Enemy": A Preliminary Sketch, HThR 84 (1991) 105–128
– Satans Ursprung, Berlin 1996

Pagni, A., Die letzte Insel: Julio Cortázars »Apokalypse von Solentiname«, in: G. E. Grimm / W. Faulstich / P. Kuon (Hg.), Apokalypse: Weltuntergangsvisionen in der Literatur des 20. Jahrhunderts, Frankfurt a. M. 1986, 205–221

Pannenberg, W. (Hg.), Offenbarung als Geschichte (KuD.Beih. 1) ⁵1982
– Eine moderne Kosmologie: Gott und die Auferstehung der Toten, in: ders., Beiträge zur Systematischen Theologie, Bd. 2: Natur und Mensch – und die Zukunft der Schöpfung, Göttingen 2000, 93–98

Park, J. S., Conceptions of Afterlife in Jewish Inscriptions: With Special Reference to Pauline Literature (WUNT II/121) 2000

Paul, A., Genèse et avènement de l'apocalyptique, in: ders., Le judaïsme ancien et la Bible (Relais-études 3), Paris 1987, 247–278

Pax, E., EΠΙΦΑΝΕΙΑ: Ein religionsgeschichtlicher Beitrag zur biblischen Theologie (MThSt 10) 1955

Pedersen, J., Zur Erklärung der eschatologischen Visionen Henochs, Islamica 2 (1926) 416–429

Peres, I., Griechische Grabinschriften und neutestamentliche Eschatologie (WUNT 157) 2003

Peterson, E., ΕΙΣ ΘΕΟΣ: Epigraphische, formgeschichtliche und religionsgeschichtliche Untersuchungen (FRLANT 41) 1926

Pfann, S. [J.], The Aramaic Text and Language of Daniel and Ezra in the Light of Some Manuscripts from Qumran, Textus 16 (1991) 127–137

Philonenko, M., L'apocalyptique qumrânienne, in: D. Hellholm (Hg.), Apocalypticism in the Mediterranean World and the Near East, Tübingen ²1989, 211–218
– Un arbre es courbera et es redressera (4Q385 2 9–10), RHPhR 73 (1993/94) 401–404
– De Quomrân à Doura-Europos: La vision des ossements desséchés (Ézéchiel 37,1–14), RHPhR 74 (1994) 1–11
– Marc 1,15a et 4Q215a: La préhistoire esséno-qoumrânienne d'une proclamation eschatologique, RHPhR 80 (2000) 213–220

Pietsch, M., »Dieser ist der Sproß Davids ...«: Studien zur Rezeptionsgeschichte der Nathanverheißung im alttestamentlichen, zwischentestamentlichen und neutestamentlichen Schrifttum (WMANT 100) 2003

Pilgaard, A., Apokalyptik als bibeltheologisches Thema: Dargestellt an Dan 9 und Mk 13, in: S. Pedersen (Hg.), New Directions in Biblical Theology (NT.S 76) 1994, 180–200

Pippin, T., Apocalyptic Bodies: The Biblical End of the World in Text and Image, London/ New York 1999

Plöger, O., Die Feldzüge der Seleukiden gegen den Makkabäer Judas (1958), in: ders., Aus der Spätzeit des Alten Testaments, Göttingen 1971, 134–164
- „Siebzig Jahre" (1959), in: ders., Aus der Spätzeit des Alten Testaments, Göttingen 1971, 67–73
- Das Buch Daniel (KAT 18) 1965
- Theokratie und Eschatologie (WMANT 2) ³1968 [¹1959]
Pöhlmann, W., Apokalyptische Geschichtsdeutung und geistiger Widerstand, KuD 34 (1988) 60–75
Pohlmann, K.-F., Ezechielstudien: Zur Redaktionsgeschichte des Buches und zur Frage nach den ältesten Texten (BZAW 202) 1992
- Das Buch des Propheten Hesekiel (Ezechiel), Kapitel 20 – 48 (ATD 22/2) 2001
Pomykala, K. E., A Scripture Profile of the Book of the Watchers, in: C. A. Evans / S. Talmon (Hg.), The Quest for Context and Meaning: Studies in Biblical Intertextuality in Honor of James H. Sanders (BibIS 28) 1997, 263–284
Preuß, H. D., „Auferstehung" in Texten alttestamentlicher Apokalyptik (Jes 26, 7–9; Dan 12, 1–4), in: U. Gerber / E. Güttgemanns (Hg.), „Linguistische" Theologie: Biblische Texte, christliche Verkündigung und theologische Sprachtheorie (FThL 3) 1972, 101–133
Prigent, P., Le judaïsme et l'image (TSAJ 24) 1990
- La main de Dieu dans l'iconographie du paléo-christianisme, in: R. Kieffer / J. Bergman (Hg.), La Main de Dieu – Die Hand Gottes (WUNT 94) 1997, 141–155
Prostmeier, F. R., Der Barnabasbrief (KAV 8) 1999
Puëch, É., Une apocalypse messianique (4Q521), RdQ 60,15 (1992) 475–522
- Fragment d'une apocalypse en Araméen (4Q246 = pseudo-Danᵈ) et le «royaume de dieu», RB 99 (1992) 98–131
- La croyance des Esséniens en la vie future: immortalité, résurrection, vie éternelle?, 2 Bde., Paris 1993
- Messianism, Resurrection, and Eschatology at Qumran and in the New Testament, in: E. Ulrich / J. [C.] VanderKam (Hg.), The Community of the Renewed Covenant (CJAn 10) 1994, 235–256
- Notes sur le fragment d'apocalypse 4Q246 – «Le fils de dieu», RB 101 (1994) 533–558
- Des fragments grecs de la grotte 7 et le Nouveau Testament? 7Q4 et 7Q5, et le Papyrus Magdalen grec 17 = P⁶⁴, RB 102 (1995) 570–584
- Notes sur les fragments grecs du manuscrit 7Q4 = 1 Hénoch 103 et 105, RB 103 (1996) 592–600
- La Prière de Nabonide (4Q242), in: K. J. Cathcart / M. Maher (Hg.), Targumic and Cognate Studies (FS M. McNamara), JSOT.S 230, 1996, 208–227
- Messianisme, eschatologie et résurrection dans les manuscrits de la Mer Morte, RdQ 70,18 (1997) 255–298
- Sept fragments grecs de la Lettre d'Henoch (1 Henoch 100, 103 et 105) dans la grotte 7 de Qumrân (= 7QHéngr), RdQ 70,18 (1997) 313–323

– The Necropolises of *Khirbet* Qumrân and 'Ain el Ghuweir and the Essene Belief in Afterlife, BASOR 312 (1998) 21–36

– Les fragments 1 à 3 du *Livre des Géants* de la grotte 6 (*pap6Q8*), RdQ 74,19 (1999) 227–238

– Some Remarks on 4Q246 and 4Q521 and Qumran Messianism, in: D. W. Parry / E. Ulrich (Hg.), The Provo International Conference on the Dead Sea Scrolls: Technological Innovations, New Texts, and Reformulated Issues (StTDJ 30) 1999, 545–565

Raabe, P. R., Daniel 7: Its Structure and Role in the Book, HAR 9 (1985, FS S. D. Goitein) 267–275

Rad, G. von, Theologie des Alten Testaments, 2 Bde., München ⁴1962 u. ⁴1965 [¹1957 u. ¹1960]

– Weisheit in Israel, Neukirchen-Vluyn ³1985

Rappaport, U., Apocalyptic Vision and Preservation of Historical Memory, JSJ 23 (1992) 217–226

Rau, E., Kosmologie, Eschatologie und die Lehrautorität Henochs, Traditions- und formgeschichtliche Untersuchungen zum äth. Henochbuch und zu verwandten Schriften, Diss. theol. Hamburg 1974

Redditt, P. L., Postexilic Eschatological Prophecy and the Rise of Apocalyptic Literature, OJRS 2,2 (1974) 25–39

– Daniel 11 and the Sociohistorical Setting of the Book of Daniel, CBQ 60 (1998) 463–474

– Daniel (NCBC) 1999

– Daniel 9: Its Structure and Meaning, CBQ 62 (2000) 236–249

Reese, G., Die Geschichte Israels in der Auffassung des frühen Judentums: Eine Untersuchung der Tiervision und der Zehnwochenapokalypse des äthiopischen Henochbuches, der Geschichtsdarstellung der Assumptio Mosis und der des 4Esrabuches (BBB 123) 1999 [unveränd. ND d. Diss. theol. Heidelberg 1967]

Reeves, J. C., Heralds of that Good Realm: Syro-Mesopotamian Gnosis and Jewish Traditions (NHMS 41) 1996

Reid, S. B., 1 Enoch: The Rising Elite of Apocalyptic Movement, in: K. H. Richards (Hg.), Society of Biblical Literature 1983 Seminar Papers (SBL.SP 22), Chico 1983, 147–156

– Enoch and Daniel: A Form Critical and Sociological Study of the Historical Apocalypses (BIBAL.MS 2), Berkeley 1989

Reiner, H., Die ethische Weisheit der Stoiker heute, Gym. 76 (1969) 330–357

Reiser, M., Die Gerichtspredigt Jesu: Eine Untersuchung zur eschatologischen Verkündigung Jesu und ihren frühjüdischen Hintergrund (NTA.NF 23) 1990

Reiterer, F. V. / Fabry, H.-J., Art. שֵׁם, ThWAT 7 (1995) 122–176

Renner, L., Das Ende der Welt in der Tiervision: Quellenkritische Bemerkungen zu Kapitel 90 des Äthiopischen Henoch, FJB 20 (1993) 1–21

Riaud, J., Quelques réflexions sur l'*Apocalypse Grecque de Baruch* ou *III Baruch*, Sem. 48 (1998) 89–99

Ricœur, P., Sentinel of Imminence, in: A. Lacocque /ders., Thinking Biblically: Exegetical and Hermeneutical Studies, Chicago/London 1998, 165–183

Riemensperger, D., Das Gottesbild Jesu auf dem Hintergrund der spät-jüdischen Religion, in: A. Grabner-Haider (Hg.), Gott (Grünewald – Materialbücher 1), Mainz ³1976, 205–212

Riha, K., Karl Kraus: Das Weltuntergangsdrama *Die letzten Tage der Menschheit* oder: Zum »Untergang der Welt durch schwarze Magie«, in: G. E. Grimm / W. Faulstich / P. Kuon (Hg.), Apokalypse: Weltuntergangsvisionen in der Literatur des 20. Jahrhunderts, Frankfurt a. M. 1986, 35–47

Roddy, N., 'Two Parts: Weeks of Seven Weeks': The End of the Age as *Terminus ad quem* for *2 Baruch*, JSPE 14 (1996) 3–14

Rösel, M., Übersetzung als Vollendung der Auslegung: Studien zur Genesis-Septuaginta (BZAW 223) 1994

– Adonaj – warum Gott „Herr" genannt wird (FAT 29) 2000

Rössler, D., Gesetz und Geschichte: Untersuchungen zur Theologie der jüdischen Apokalyptik und der pharisäischen Orthodoxie (WMANT 3) 1960

Rohde, E., Psyche – Seelencult und Unsterblichkeitsglaube der Griechen, 2 Bde., Tübingen ⁵/⁶1910

Roose, H., Teilhabe an JHWHs Macht: Endzeitliche Hoffnungen in der Zeit des zweiten Tempels (Beiträge zum Verstehen der Bibel 7), Münster 2004

Rosso Ubigli, L., Considerazioni sulla datazione dell'*Apocalisse di Mosè* (o *Vita greca di Adamo ed Eva*), in: A. Vivian (Hg.), Biblische und judaistische Studien (FS P. Sacchi), JudUm 29, 1990, 323–333

Roux, J. H. Le, The Use of Scripture in 1 Enoch 6 – 11, Neotest. 17 (1983) 28–39

Rowland, C., The Visions of God in Apocalyptic Literature, JSJ 10 (1979) 137–154

– The Open Heaven: A Study of Apocalyptic in Judaism and Early Christianity, New York 1982

– Apocalyptic: The Disclosure of Heavenly Knowledge, in: CHJud. 3 (1999) 776–797

Rowley, H. H., Apokalyptik: Ihre Form und Bedeutung zur biblischen Zeit, Einsiedeln/Zürich/Köln ³1965

Rubinkiewicz, R. Die Eschatologie von Hen 9 – 11 und das Neue Testament (ÖBS 6) 1984

Rüpke, J., Apokalyptische Salzberge: Zum sozialen Ort und zur literarischen Strategie des „Hirten des Hermas", ARG 1 (1999) 148–160

Ruiten, J. [T. A. G. M.] van, The Influence and Development of Is 65,17 in 1 En 91,16, in: J. Vermeylen (Hg.), The Book of Isaiah – Le livre d'Isaïe (BEThL 81) 1989, 161–166

– Een begin zonder einde: De doorwerking van Jesaja 65:17 in de intertestamentaire literatuur en het Nieuwe Testament, Sliedrecht 1990

– The Interpretation of Genesis 6:1–12 in *Jubilees* 5:1–19, in: M. Albani / J. Frey / A. Lange (Hg.), Studies in the Book of Jubilees (TSAJ 65) 1997, 59–75

– The Interpretation of the Flood Story in the Book of Jubilees, in: F. García Martínez / G. P. Luttikhuizen (Hg.), Interpretations of the Flood (Themes in Biblical Narrative 1), Leiden/Boston/Köln 1998, 66–85

– Primeval History Interpreted: The Rewriting of Genesis 1 – 11 in the Book of Jubilees (JSJ.S 66) 2000

Runia, D. T., Philo of Alexandria and the *Timaeus* of Plato (PhAnt 44) 1986

Russell, D. S., The Method and Message of Jewish Apocalyptic (200 BC – AD 100), OTL, 1964

– Divine Disclosure: An Introduction to Jewish Apocalyptic, Minneapolis 1992

Rutgers, L. V., The Hidden Heritage of Diaspora Judaism (CBET 20) 1998

Sacchi, P., Jewish Apocalyptic and Its History (JSPE.S 20) 1996

Sæbø, M., Old Testament Apocalyptic in Its Relation to Prophecy and Wisdom: The View of Gerhard von Rad Reconsidered, in: K. Jeppesen / K. Nielsen / B. Rosendal (Hg.), In the Last Days: On Jewish and Christian Apocalyptic and Its Period (FS B. Otzen), Aarhus 1994, 78–91

Saldarini, A. J., Apocalypses and „Apocalyptic" in Rabbinic Literature and Mysticism, Semeia 14 (1979) 187–205

– Pharisees, Scribes and Sadducees in Palestinian Society: A Sociological Approach (BibRS) 2001 [Neuausg.]

Sauter, G., Theologisches und philosophisches Reden von Gott: Vorbemerkungen zum Thema „Theologie als Wissenschaft" (1979), in: ders., In der Freiheit des Geistes: Theologische Studien, Göttingen 1988, 131–151

– Einführung in die Eschatologie (Die Theologie), Darmstadt 1995

– Endzeit- oder Endvorstellungen und geschichtliches Denken, in: M. Jakubowski-Tiessen u. a. (Hg.), Jahrhundertwenden: Endzeit- und Zukunftsvorstellungen vom 15. bis 20. Jahrhundert (VMPIG 155) 1999, 377–402

Sawyer, J. F. A., Hebrew Words for the Resurrection of the Dead, VT 23 (1973) 218–234

Scanlin, H. P., The Study of Semantics in General Linguistics (1989), in: W. R. Bodine (Hg.), Linguistics and Biblical Hebrew, Winona Lake 1992, 125–136

Schäfer, P., Der Götzendienst des Enosch: Zur Bildung und Entwicklung aggadischer Traditionen im nachbiblischen Judentum, in: ders., Studien zur Geschichte und Theologie des rabbinischen Judentums (AGJU 15) 1978, 134–152

– Judeophobia: Attitudes Toward the Jews in the Ancient World, Cambridge (MA) /London ²1998

Schelbert, G., Art. Jubiläenbuch, TRE 17 (1988) 285–289

Schell, J., Das Schicksal der Erde: Gefahr und Folgen eines Atomkrieges, München ⁵1984

Schellenberg, A., Erkenntnis als Problem: Qohelet und die alttestamentliche Diskussion um das menschliche Erkennen (OBO 188) 2002

Schenk, W., Die Philipperbriefe des Paulus: Kommentar, Stuttgart u. a. 1984

– Das biographische Ich-Idiom >Menschensohn< in den frühen Jesus-Biographien: Der Ausdruck, seine Codes und seine Rezeption in ihren Kontexten (FRLANT 177) 1997

Schermann, T., Griechische Zauberpapyri und das Gemeinde- und Dankgebet im I. Klemensbrief (TU 34,2b) 1909

Schimanowski, G., Weisheit und Messias: Die jüdischen Voraussetzungen der urchristlichen Präexistenzchristologie (WUNT II/17) 1985

Schipper, B. U., ,Apokalyptik', ,Messianismus', ,Prophetie' – Eine Begriffsbestimmung –, in: A. Blasius /ders. (Hg.), Apokalyptik und Ägypten: Eine kritische Analyse der relevanten Texte aus dem griechisch-römischen Ägypten (OLA 107) 2002, 21–40

Schmidt, B., The Origins of Enoch Traditions: The View from Outside, in: G. Boccaccini (Hg.), The Origins of Enochic Judaism: Proceedings of the First Enoch Seminar, University of Michigan, Sesto Fiorentino, Italy, June 19–23, 2001, Henoch 24 (2002) 49–53

Schmidt, J. M., Die jüdische Apokalyptik: Die Geschichte ihrer Erforschung von den Anfängen bis zu den Textfunden von Qumran, Neukirchen-Vluyn 1969 [²1976]

Schmidt, W. H., Anthropologische Begriffe im Alten Testament: Anmerkungen zum hebräischen Denken (1964), in: ders., Vielfalt und Einheit alttestamentlichen Glaubens, Bd. 2, hg. v. A. Graupner / H. Delkurt / A. B. Ernst, Neukirchen-Vluyn 1995, 77–91

– Art. Gott II. Altes Testament, TRE 13 (1984) 608–626

– Aspekte der Eschatologie im Alten Testament (1993), in: ders., Vielfalt und Einheit alttestamentlichen Glaubens, Bd. 2, hg. v. A. Graupner / H. Delkurt / A. B. Ernst, Neukirchen-Vluyn 1995, 233–253

– Elemente alttestamentlichen Redens von Gott, in: U. Busse (Hg.), Der Gott Israels im Zeugnis des Neuen Testaments (QD 201) 2003, 10–31

Schmithals, W., Die Apokalyptik: Einführung und Deutung (Sammlung Vandenhoeck), Göttingen 1973

Schmitt, A., Entrückung – Aufnahme – Himmelfahrt: Untersuchungen zu einem Vorstellungsbereich im Alten Testament (fzb 10) ²1976

– Die Danieltexte aus Qumran und der masoretische Text (M), 1994, in: ders., Der Gegenwart verpflichtet: Studien zur biblischen Literatur des Frühjudentums, hg. v. C. Wagner (BZAW 292) 2000, 124–142

Schmitz, P. C., The Grammar of Resurrection in Isaiah 26:19a–c, JBL 122 (2003) 145–149

Schneider, G., ΚΑΙΝΗ ΚΤΙΣΙΣ: Die Idee der Neuschöpfung beim Apostel Paulus und ihr religionsgeschichtlicher Hintergrund, Diss. theol. Trier 1959 [Teildr.]

– Neuschöpfung oder Wiederkehr?: Eine Untersuchung zum Geschichtsbild der Bibel, Düsseldorf 1961

Scholem, G., Die jüdische Mystik in ihren Hauptströmungen, Frankfurt a. M. 1980

Scholl, R., Die Elenden in Gottes Thronrat: Stilistisch-kompositorische Untersuchungen zu Jesaja 24 – 27 (BZAW 274) 2000

Schoors, A., Koheleth: A Perspective of Life After Death?, EThL 61 (1985) 295–303

Schreckenberg, H. / Schubert, K., Jewish Historiography and Iconography in Early and Medieval Christianity (CRI III/2) 1992

Schreiber, S., Henoch als Menschensohn: Zur problematischen Schluß-identifikation in den Bilderreden des äthiopischen Henochbuches (äthHen 71,14), ZNW 91 (2000) 1–17

Schreiner, J., „... wird der Gott des Himmels ein Reich einrichten, das in Ewigkeit nicht untergeht?" (Dan 2,44), in: H. Merklein / E. Zenger (Hg.), „Ich will euer Gott werden" (SBS 100) 1981, 123–149

Schubert, K., Die Entwicklung der Auferstehungslehre von der nach-exilischen bis zur frührabbinischen Zeit, BZ.NF 6 (1962) 177–214

Schubert, U., Eine jüdische Vorlage für die Darstellung der Erschaffung des Menschen in der sogenannten Cotton-Genesis-Rezension?, Kairos 17 (1975) 1–10

Schürer, E., The History of the Jewish People in the Age of Jesus Christ (175 B. C. – A. D. 135), A New English Version (Revised and Edited by G. Vermes u. a.), 3 Bde., Edinburgh 1973–1987

Schuller, E. M., 4Q380 and 4Q381: Non-Canonical Psalms from Qum-ran, in: D. Dimant / U. Rappaport (Hg.), The Dead Sea Scrolls: Forty Years of Research (StTDJ 10) 1992, 90–99

Schwantes, H., Schöpfung der Endzeit: Ein Beitrag zum Verständnis der Auferweckung bei Paulus (AzTh I/12) 1963

Schwemer, A. M., Gott als König und seine Königsherrschaft in den Sabbatliedern aus Qumran, in: M. Hengel /dies. (Hg.), Königsherrschaft Gottes und himmlischer Kult im Judentum, Urchristentum und in der hellenistischen Welt (WUNT 55) 1991, 45–118

– Irdischer und himmlischer König, in: M. Hengel /dies. (Hg.), Königsherrschaft Gottes und himmlischer Kult im Judentum, Urchristentum und in der hellenistischen Welt (WUNT 55) 1991, 309–359

– Studien zu den frühjüdischen Prophetenlegenden Vitae prophetarum, Bd. 1 (TSAJ 49) 1995

– Studien zu den frühjüdischen Prophetenlegenden Vitae prophetarum, Bd. 2 (TSAJ 50) 1996

Schwenk-Bressler, U., Sapientia Salomonis als ein Beispiel frühjüdi-scher Textauslegung: Die Auslegung des Buches Genesis, Exodus 1 – 15 und Teilen der Wüstentradition in Sap 10 – 19 (BEAT 32) 1993

Schwienhorst-Schönberger, L., „Nicht im Menschen gründet das Glück" (Koh 2,24): Kohelet im Spannungsfeld jüdischer Weisheit und hellenistischer Philosophie (HBS 2) ²1996

– Buch der Natur: Kohelet 12,5 und die Rückkehr des Lebens, in: F.-L. Hossfeld /ders. (Hg.), Das Manna fällt auch heute noch: Beiträge zur Geschichte und Theologie des Alten, Ersten Testaments (HBS 44, FS E. Zenger) 2004, 532–547

– Kohelet (HThK.AT) 2004

Schwöbel, C., Die Rede vom Handeln Gottes im christlichen Glauben: Beiträge zu einem systematisch-theologischen Rekonstruktionsver-such, in: W. Härle / R. Preul (Hg.), Marburger Jahrbuch Theologie 1 (MThSt 22) 1987, 56–81

Scott, J. M., Exile and the Self-Understanding of Diaspora Jews in the Greco-Roman Period, in: ders. (Hg.), Exile: Old Testament, Jewish, and Christian Conceptions (JSJ.S 56) 1997, 173–218

Scriba, A., Die Geschichte des Motivkomplexes Theophanie: Seine Elemente, Einbindung in Geschehensabläufe und Verwendungsweisen in altisraelitischer, frühjüdischer und frühchristlicher Literatur (FRLANT 167) 1995

Scriba, A., Art. Religionsgeschichte des Urchristentums, TRE 28 (1997) 604–618

– Kriterien der Jesus-Forschung: Darstellung und Kritik mit einer neuen Rekonstruktion des Wirkens Jesu, Habil. theol. Mainz 1998

– Psalm 49: Eine Interpretation seiner frühen Überlieferungsstadien [im Druck]

Scroggs, R., The Last Adam: A Study in Pauline Anthropology, Philadelphia 1966

Seebass, H., Art. אַחֲרִית, ThWAT 1 (1973) 224–228

– Art. בָּחַר, ThWAT 1 (1973) 593–608

– Über den Beitrag des Alten Testaments zu einer theologischen Anthropologie, KuD 22 (1976) 41–63

– Art. Engel II. Altes Testament, TRE 9 (1982) 583–586

– Der Gott der ganzen Bibel: Biblische Theologie zur Orientierung im Glauben, Freiburg i. Br. /Basel/Wien 1982

– Art. נֶפֶל, ThWAT 5 (1986) 521–531

– Art. נֶפֶשׁ, ThWAT 5 (1986) 531–555

– Herrscherverheißungen im Alten Testament (BThSt 19) 1992

– Genesis I: Urgeschichte (1,1 – 11,26), Neukirchen-Vluyn 1996

– Genesis II: Vätergeschichte I (11,27 – 22,24), Neukirchen-Vluyn 1997

– Vätergeschichte II (23,1 – 36,43), Neukirchen-Vluyn 1999

Segal, A. F., Two Powers in Heaven: Early Rabbinic Reports About Christianity and Gnosticism (SJLA 25) 1977

– Heavenly Ascent in Hellenistic Judaism: Early Christianity and Their Invironment, ANRW II,23,2 (1980) 1333–1394

– Hellenistic Magic: Some Questions of Definition, in: R. van den Broek / M. J. Vermaseren (Hg.), Studies in Gnostcism and Hellenistic Religions (FS G. Quispel), Leiden 1981, 349–375

– Some Observations About Mysticism and the Spread of Notions of Life After Death in Hebrew Thought, in: Society of Biblical Literature 1996 Seminar Papers (SBL.SP 35), Atlanta 1996, 385–399

Seifert, B., Metaphorisches Reden von Gott im Hoseabuch (FRLANT 166) 1996

Seow, C. L., Ecclesiastes (AncB 18C) 1997

Seybold, K., Die Psalmen (HAT I/15) 1996

Sharpe III, J. L., The Second Adam in the Apocalypse of Moses, CBQ 35 (1973) 35–46

Shea, W. H., Wrestling with the Prince of Persia: A Study on Daniel 10, AUSS 21 (1983) 225–250

– Further Literary Structures in Daniel 2 – 7: An Analysis of Daniel 4, AUSS 23 (1985) 193–202

– The Neo-Babylonian Historical Setting for Daniel 7, AUSS 24 (1986) 31–36

Sievers, J., The Hasmoneans and Their Supporters: From Mattathias to the Death of John Hyrcanus I (SFSHJ 6) 1990

Simon, M., Entstehung und Inhalt der spätantiken trichotomischen Anthropologie, Kairos 23 (1981) 43–50

Sisson, J. P., Intercession and the Denial of Peace in 1 Enoch 12 – 16, HAR 11 (1987) 371–386

Sjöberg, E., Gott und die Sünder im palästinischen Judentum: Nach dem Zeugnis der Tannaiten und der apokryphisch-pseudepigraphischen Literatur (BWANT 79) 1938

– Wiedergeburt und Neuschöpfung im palästinischen Judentum, StTh 4 (1951–52) 44–85

– Neuschöpfung in den Toten-Meer-Rollen, StTh 9 (1956) 131–136

Smith, J. Z., Wisdom and Apocalyptic, in: B. A. Pearson (Hg.), Religious Syncretism in Antiquity (AAR.Series on Formative Contemporary Thinkers 1), Missoula 1975, 131–156

Smith, M., On the History of ΑΠΟΚΑΛΥΠΤΩ and ΑΠΟΚΑΛΥΨΙΣ, in: D. Hellholm (Hg.), Apocalypticism in the Mediterranean World and the Near East, Tübingen ²1989, 9–20

– Ascent to Heavens and Deification in 4QMᵃ, in: L. H. Schiffman (Hg.), Archaeology and History in the Dead Sea Scrolls (JSPE.S 8) 1990, 181–188

Sokal, A. / Bricmont, J., Eleganter Unsinn: Wie die Denker der Postmoderne die Wissenschaften mißbrauchen, München 1999

Sokoloff, M., Notes on the Aramaic Fragments of Enoch from Qumran Cave 4, Maarav 1/2 (1978/79) 197–224

Speyer, W., Die Hilfe und Epiphanie einer Gottheit, eines Heroen und eines Heiligen in der Schlacht (1980), in: ders., Frühes Christentum im antiken Strahlungsfeld: Ausgewählte Aufsätze (WUNT 50) 1989, 269–291

– Hellenistisch-römische Voraussetzungen der Verbreitung des Christentums, in: J. Beutler (Hg.), Der neue Mensch in Christus: Hellenistische Anthropologie und Ethik im Neuen Testament (QD 190) 2001, 11–38

Spieckermann, H., Heilsgegenwart: Eine Theologie der Psalmen (FRLANT 148) 1989

– Der nahe und der ferne Gott: Ein Spannungsfeld alttestamentlicher Theologie, in: G. Eberhardt / K. Liess (Hg.), Gottes Nähe im Alten Testament (SBS 202) 2004, 115–134

Spijkerman, P. A., Chronique du musée de la flagellation, SBFLA 12 (1961/62) 324–325

Spottorno, M. V., Can Methodological Limits Be Set in the Debate on the Identification of 7Q5?, DSD 6 (1999) 66–77

Spronk, K., Beatific Afterlife in Ancient Israel and in the Ancient Near East (AOAT 219) 1986

Stade, B. / Bertholet, A., Biblische Theologie des Alten Testaments, Bd. 2, Tübingen ¹/²1911

Starcky, J., Les quâtre étapes du messianisme à Qumrân, RB 70 (1963) 481–505

Steck, O. H., Israel und das gewaltsame Geschick der Propheten: Untersuchungen zur Überlieferung des deuteronomistischen Geschichtsbildes im Alten Testament, Spätjudentum und Urchristentum (WMANT 23) 1967

– Die getöteten »Zeugen« und die verfolgten »Tora-Sucher« in Jub 1,12, ZAW 107 (1995) 445–465

Stegemann, H., Die Bedeutung der Qumranfunde für die Erforschung der Apokalyptik, in: D. Hellholm (Hg.), Apocalypticism in the Mediterranean World and the Near East, Tübingen ²1989, 495–530

– Some Remarks to *1QSa*, to *1QSb*, and to Qumran Messianism, RdQ 65–68,17 (1996, FS J. T. Milik) 479–505

– The Material Reconstruction of 1QHodayot, in: L. H. Schiffman / E. Tov / J. C. VanderKam (Hg.), The Dead Sea Scrolls Fifty Years After Their Discovery, Jerusalem 2000, 272–284

Steinmann, A., The Chicken and the Egg: A New Proposal for the Relationship Between the *Prayer of Nabonidus* and the *Book of Daniel*, RdQ 77–80,20 (2002) 552–570

Stemberger, G., Der Leib der Auferstehung: Studien zur Anthropologie und Eschatologie des palästinischen Judentums im neutestamentlichen Zeitalter (ca. 170 v. C[h]r. – 100 n. Chr.), AnBib 56, 1972

– Das Problem der Auferstehung im Alten Testament (1972), in: ders., Studien zum rabbinischen Judentum (SBAB 10) 1990, 19–45

– Art. Auferstehung I/2. Judentum, TRE 4 (1979) 443–450

– Das Fortleben der Apokalyptik in der rabbinischen Literatur in: A. Vivian (Hg.), Biblische und judaistische Studien (FS P. Sacchi), Jud-Um 29, 1990, 335–347

– Die jüdische Danielrezeption seit der Zerstörung des zweiten Tempels am Beispiel der Endzeitberechnung, in: M. Delgado / K. Koch / M. Marsch (Hg.), Europa, Tausendjähriges Reich und Neue Welt: Zwei Jahrtausende Geschichte und Utopie in der Rezeption des Danielbuches (Studien zur christlichen Religions- und Kulturgeschichte 1), Freiburg (Schweiz) /Göttingen 2003, 139–158

Steudel, A., Der Midrasch zur Eschatologie aus der Qumrangemeinde (4QMidrEschat^[a.b]): Materielle Rekonstruktion, Textbestand, Gattung und traditionsgeschichtliche Einordnung des durch 4Q174 („Florilegium") und 4Q177 („Catena A") repräsentierten Werkes aus den Qumranfunden (StTDJ 13) 1994

– The Eternal Reign of the People of God: Collective Expectations in Qumran Texts (4Q246 and *1QM*), RdQ 65–68,17 (1996, FS J. T. Milik) 507–525

Stevanovic, Z., Thematic Links Between the Historical and Prophetic Sections of Daniel, AUSS 27 (1989) 121–127

– The Aramaic of Daniel in the Light of Old Aramaic (JSOT.S 129) 1992

Stock, K., Einheit und Zukunft Gottes: Zum Verständnis der eschatologischen Erwartung des Glaubens, in: A. Falaturi / W. Strolz / S. Talmon (Hg.), Zukunftshoffnung und Heilserwartung in den monotheistischen Religionen (VSOD 9) 1983, 11–20

Stolina, R., Niemand hat Gott je gesehen: Traktat über negative Theologie (TBT 108) 2000

Stone, M. E., Lists of Revealed Things in the Apocalyptic Literature (1976), in: ders., Selected Studies in Pseudepigrapha and Apocrypha (SVTP 9) 1991, 377–418

– The Book of Enoch and Judaism in the Third Century B.C.E., CBQ 40 (1978) 479–492

– The Question of the Messiah in 4 Ezra (1987), in: ders., Selected Studies in Pseudepigrapha and Apocrypha (SVTP 9) 1991, 317–332

- Fourth Ezra: A Commentary on the Book of Fourth Ezra (Hermeneia), Minneapolis 1990
- A History of the Literature of Adam and Eve (SBL.EJL 3) 1992
- A Reconsideration of Apocalyptic Visions, HThR 96 (2003) 167–180

Strecker, G., Art. Entrückung, RAC 5 (1962) 461–476

Strugnell, J., The Historical Background to *4Q468g* [= *4Qhistorical B*], RdQ 73,19 (1999) 137–138
- The Sapiential Work 4Q415ff and Pre-Qumranic Works from Qumran: Lexical Considerations, in: D. W. Parry / E. Ulrich (Hg.), The Provo International Conference on the Dead Sea Scrolls: Technological Innovations, New Texts, and Reformulated Issues (StTDJ 30) 1999, 595–608

Strugnell, J. / Dimant, D., *4Q* Second Ezekiel, RdQ 49–52,13 (1988) 45–58

Stuckenbruck, L. T., Revision of Aramaic-Greek and Greek-Aramaic Glossaries in *The Books of Enoch: Aramaic Fragments of Qumrân Cave 4* by *J. T. Milik*, JJS 41 (1990) 13–48
- "One like a Son of Man as the Ancient of Days" in the Old Greek Recension of Daniel 7,13: Scribal Error or Theological Translation?, ZNW 86 (1995) 268–276
- The Throne-Theophany of the Book of Giants: Some New Light on the Background of Daniel 7, in: S. E. Porter / C. A. Evans (Hg.), The Scrolls and the Scriptures: Qumran Fifty Years After (JSPE.S 26) 1997, 211–220
- The "Angels" and "Giants" of Genesis 6:1–4 in Second and Third Century BCE Jewish Interpretation: Reflections on the Posture of Early Apocalyptic Traditions, DSD 7 (2000) 354–377
- Daniel and Early Enoch Traditions in the Dead Sea Scrolls: in: J. J. Collins / P. W. Flint (Hg.), The Book of Daniel: Composition and Reception, Bd. 2 (VT.S 83,2) 2001, 368–386
- Genesis 6:1–4 as the Basis for Divergent Readings During the Second Temple Period, in: G. Boccaccini (Hg.), The Origins of Enochic Judaism: Proceedings of the First Enoch Seminar, University of Michigan, Sesto Fiorentino, Italy, June 19–23, 2001, Henoch 24 (2002) 99–106
- 4QInstruction and the Possible Influence of Early Enochic Traditions: An Evaluation, in: C. Hempel / A. Lange / H. Lichtenberger (Hg.), The Wisdom Texts from Qumran and the Development of Sapiential Thought (BEThL 159) 2002, 245–261

Stuckrad, K. von, Das Ringen um die Astrologie: Jüdische und christliche Beiträge zum antiken Zeitverständnis (RVV 49), Berlin/ New York 2000

Stuhlmacher, P., Erwägungen zum ontologischen Charakter der καινὴ κτίσις bei Paulus, EvTh 27 (1967) 1–35

Sturm, R. E., Defining the Word „Apocalyptic": A Problem in Biblical Criticism, in: J. Marcus / M. L. Soards (Hg.), Apocalyptic and the New Testament (FS J. L. Martyn), JSNT.S 24, 1989, 17–48

Suter, D. [W.], Fallen Angel, Fallen Priest: The Problem of Family Purity in 1 Enoch 6 – 16, HUCA 50 (1979) 115–135
- Tradition and Composition in the Parables of Enoch (SBL.DS 47) 1979

Suter, D. W., Revisiting "Fallen Angel, Fallen Priest", in: G. Boccaccini (Hg.), The Origins of Enochic Judaism: Proceedings of the First Enoch Seminar, University of Michigan, Sesto Fiorentino, Italy, June 19–23, 2001, Henoch 24 (2002) 137–142

Swanson, D. D., "A Covenant Just Like Jacob's": The Covenant of 11QT 29 and Jeremiah's New Covenant, in: G. J. Brooke / F. García Martínez (Hg.), New Qumran Texts and Studies (StTDJ 15) 1994, 273–286

Szabó, Á., Das geozentrische Weltbild: Astronomie, Geographie und Mathematik der Griechen, München 1992

Szlezák, T. A., Platon lesen (Legenda 1), Stuttgart-Bad Cannstatt 1993

Talmon, S., Kalender und Kalenderstreit in der Gemeinde von Qumran (1965), in: ders., Gesellschaft und Literatur in der Hebräischen Bibel, Ges. Aufs. 1 (IJ 8) 1988, 152–189

– Art. קץ, ThWAT 7 (1993) 84–92

– Art. Calendars and Mishmarot, in: L. H. Schiffman / J. C. VanderKam (Hg.), Encyclopedia of the Dead Sea Scrolls, Bd. 1, Oxford 2000, 108–117

Taubes, J., Abendländische Eschatologie (Batterien 45), ND, München 1991

Teixidor, J., The Pagan God: Popular Religion in the Greco-Roman Near East, Princeton 1977

Tengström, S. / Fabry, H.-J., Art. רוּחַ, in: ThWAT 7 (1993) 385–425

Theisohn, J., Der auserwählte Richter: Untersuchungen zum traditionsgeschichtlichen Ort der Menschensohngestalt der Bilderreden des Äthiopischen Henoch (StUNT 12) 1975

Thom, J. C., Aspects of the Form, Meaning and Function of the Book of the Watchers, Neotest. 17 (1983) 40–49

Thomas, J., Der jüdische Phokylides (NTOA 23) 1992

Thompson, D., Das Ende der Zeiten: Apokalyptik und Jahrtausendwende, Hildesheim 1997

Thompson, H. O., Art. Dura-Europos, ABD 2 (1992) 241–243

Tigchelaar, E. J. C., Prophets of Old and the Day of the End: Zechariah, the Book of Watchers and Apocalyptic (OTS 35) 1996

– Eden and Paradise: The Garden Motif in Some Early Jewish Texts (1 Enoch and Other Texts Found at Qumran), in: G. P. Luttikhuizen (Hg.), Paradise Interpreted (Themes in Biblical Narrative 2), Leiden/Boston/Köln 1999, 37–62

– Rez. Gabriele Boccaccini, *Beyond the Essene Hypothesis* ..., JSJ 31 (2000) 308–311

– To Increase Learning for the Understanding Ones: Reading and Reconstructing the Fragmentary Early Jewish Sapiential Text 4Q-Instruction (StTDJ 44) 2001

– Seth in Sirach (Ben Sira 49:16), in: G. P. Luttikhuizen (Hg.), Eve's Children: The Biblical Stories Retold and Interpreted in Jewish and Christian Traditions (Themes in Biblical Narrative 5), Leiden/Boston 2003, 177–186

Tiller, P. A., A Commentary on the Animal Apocalypse of I Enoch (SBL.EJL 4) 1993

– The "Eternal Planting" in the Dead Sea Scrolls, DSD 4 (1997) 312–335

Tipler, F. J., Die Physik der Unsterblichkeit: Moderne Kosmologie, Gott und die Auferstehung der Toten, München/Zürich 1994

Tobin, T. H., The Creation of Man: Philo and the History of Interpretation (CBQ.MS 14) 1983

– Philo and the Sibyl: Interpreting Philo's Eschatology, in: D. T. Runia / G. E. Sterling (Hg.), Wisdom and Logos, Studia Philonica Annual 9 = BJSt 312, FS D. Winston (1997) 84–103

DiTommaso, L., Dating the Eagle Vision of *4 Ezra*: A New Look at an Old Theory, JSPE 20 (1999) 3–38

Treibel, A., Einführung in soziologische Theorien der Gegenwart (Einführungskurs Soziologie 3; UTB 8070), Wiesbaden ⁶2004

Tubach, J., Spuren des astronomischen Henochbuches bei den Manichäern Mittelasiens, in: P. O. Schulz / R. Stempel (Hg.), Nubia et Oriens Christianus (FS C. D. G. Müller), Bibliotheca Nubica 1, Köln 1988, 73–95

Uehlinger, C., Qohelet im Horizont mesopotamischer, levantinischer und ägyptischer Weisheitsliteratur der persischen und hellenistischen Zeit, in: L. Schwienhorst-Schönberger (Hg.), Das Buch Kohelet (BZAW 254) 1997, 155–245

Uhde, B., Psyche – Ein Symbol?: Zum Verständnis von Leben und Tod im frühgriechischen Denken, in: G. Stephenson (Hg.), Leben und Tod in den Religionen – Symbol und Wirklichkeit, Darmstadt 1980, 103–118

Uhlig, S., Zur Überlieferungsgeschichte des äthiopischen Henochbuches, OrChr 69 (1985) 184–193

Ulfgard, H., L'Apocalypse entre judaïsme et christianisme, RHPhR 79 (1999, FS P. Prigent) 31–50

Ulrich, E., Orthography and Text in 4QDanᵃ and 4QDanᵇ and the Received Masoretic Text (1990), in: ders., The Dead Sea Scrolls and the Origin of the Bible (SDSSRL) 1999, 148–162

Utzschneider, H. / Nitsche, S. A., Arbeitsbuch literaturwissenschaftliche Bibelauslegung: Eine Methodenlehre zur Exegese des Alten Testaments, Gütersloh 2001

VanderKam, J. C., Enoch Traditions in Jubilees and Other Second-Century Sources (1978), in: ders., From Revelation to Canon: Studies in the Hebrew Bible and Second Temple Literature, ND, Boston/Leiden 2002, 305–331

– The Righteousness of Noah, in: J. J. Collins / G. W. E. Nickelsburg (Hg.), Ideal Figures in Ancient Judaism (SBL.SCS 12) 1980, 13–32

– Some Major Issues in the Contemporary Study of 1 Enoch: Reflections on J. T. Milik's *The Books of Enoch: Aramaic Fragments of Qumrân Cave 4* (1982), in: ders., From Revelation to Canon: Studies in the Hebrew Bible and Second Temple Literature, ND, Boston/Leiden 2002, 354–365

– 1 Enoch 77, 3 and a Babylonian Map of the World, RdQ 42,11 (1983) 271–278

– Enoch and the Growth of an Apocalyptic Tradition (CBQ.MS 16) 1984

– Studies in the Apocalypse of the Weeks (*1 Enoch* 93:1–10; 91:11–17), 1984, in: ders., From Revelation to Canon: Studies in the Hebrew

Bible and Second Temple Literature, ND, Boston/Leiden 2002, 366–379

VanderKam, J. C., The Prophetic-Sapiential Origins of Apocalyptic Thought (1986), in: ders., From Revelation to Canon: Studies in the Hebrew Bible and Second Temple Literature, ND, Boston/Leiden 2002, 241–254

– The Textual Base for the Ethiopic Translation of 1 Enoch (1987), in: ders., From Revelation to Canon: Studies in the Hebrew Bible and Second Temple Literature, ND, Boston/Leiden 2002, 380–395

– Art. Jubilees, Book of, ABD 3 (1992) 1030–1032

– Righteous One, Messiah, Chosen One, and Son of Man in 1 Enoch 37 – 71 (1992), in: ders., From Revelation to Canon: Studies in the Hebrew Bible and Second Temple Literature, ND, Boston/Leiden 2002, 413–438

– Enoch: A Man for All Generations (Studies on Personalities of the Old Testament), Columbia 1995

– 1 Enoch, Enochic Motifs, and Enoch in Early Christian Literature, in: ders./ W. Adler (Hg.), The Jewish Apocalyptic Heritage in Early Christianity (CRI III/4) 1996, 33–101

– Exile in Jewish Apocalyptic Literature, in: J. M. Scott (Hg.), Exile: Old Testament, Jewish, and Christian Conceptions (JSJ.S 56) 1996, 89–109

– Calendars in the Dead Sea Scrolls: Measuring Time (LDSS) 1998

– Messianism and Apocalypticism, in: J. J. Collins / B. McGinn / S. J. Stein (Hg.), The Encyclopedia of Apocalypticism, Bd. 1: The Origins of Apocalypticism in Judaism and Christianity, hg. v. J. J. Collins, New York 1998, 193–228

– Apocalyptic Tradition in the Dead Sea Scrolls and the Religion of Qumran in: J. J. Collins / R. A. Kugler (Hg.), Religion in the Dead Sea Scrolls (SDSSRL) 2000, 113–134

– The Interpretation of Genesis in 1 Enoch, in: P. W. Flint (Hg.), The Bible at Qumran: Text, Shape, and Interpretation (SDSSRL) 2001, 129–148

– An Introduction to Early Judaism, Grand Rapids /Cambridge 2001

Vermeylen, J., L'émergence et les racines de l'apocalyptique, RThPh 129 (1997) 321–340

Vielhauer, P. / Strecker, G., Einleitung zu C, Apokalypsen und Verwandtes, in: W. Schneemelcher (Hg.), Neutestamentliche Apokryphen in deutscher Übersetzung, Bd. 2, Tübingen ⁵1989, 494–515

Villiers, P. G. R. de, Revealing the Secrets: Wisdom and the World in the Similitudes of Enoch, Neotest. 17 (1983) 50–68

Vögtle, A., Das Neue Testament und die Zukunft des Kosmos (KBANT) 1970

– Der Judasbrief / Der 2. Petrusbrief (EKK 22) 1994

Volz, P., Die Eschatologie der jüdischen Gemeinde im neutestamentlichen Zeitalter: Nach den Quellen der rabbinischen, apokalyptischen und apokryphen Literatur dargestellt, ND, Hildesheim 1966 [Tübingen ²1934]

Vondung, K., Die Apokalypse am Ende des zweiten Jahrtausends, Univ. 54 (1999) 1128–1136

Vriezen, T. C., Theologie des Alten Testaments in Grundzügen, Wageningen/Neukirchen-Vluyn 1956

Wacholder, B. Z., The Dawn of Qumran: The Sectarian Torah and the Teacher of Righteousness (MHUC 8) 1983

Wachtel, K., Der byzantinische Text der katholischen Briefe (ANTT 24) 1995

Wacker, M.-T., Weltordnung und Gericht: Studien zu 1 Henoch 22 (fzb 45) 1982

- »Rettendes Wissen« im äthiopischen Henochbuch, in: K. Löning (Hg.), Rettendes Wissen: Studien zum Fortgang weisheitlichen Denkens im Frühjudentum und im frühen Christentum (AOAT 300) 2002, 115–154

Wächter, L., Art. שָׁחַת, ThWAT 7 (1993) 1245–1248

Waerden, L. van der, Art. Astronomie, KP 1 (1964) 664–667

- Erwachende Wissenschaft, Bd. 2: Die Anfänge der Astronomie (Wissenschaft und Kultur 23), Basel/Boston/Stuttgart ²1980

Wagner, F., Zur gegenwärtigen Lage des Protestantismus, Gütersloh 1995

Walter, N., Zur theologischen Relevanz apokalyptischer Aussagen, ThV 6 (1975) 47–52

- „Hellenistische Eschatologie" im Frühjudentum – ein Beitrag zur „Biblischen Theologie"? (1985), in: ders., Praeparatio evangelica: Studien zur Umwelt, Exegese und Hermeneutik des Neuen Testaments, hg. v. W. Kraus u. F. Wilk (WUNT 98) 1997, 234–251

Waschke, E.-J., Art. תְּמוּנָה, ThWAT 8 (1995) 677–680

Weder, H., Die Verflüchtigung der Gegenwart: Neutestamentliche Anmerkungen zur apokalyptischen Zeit-Stimmung, in: H. Holzhey / G. Kohler (Hg.), In Erwartung eines Endes: Apokalyptik und Geschichte (Theophil 17), Zürich 2001, 53–67

Weimar, P., Daniel 7: Eine Textanalyse, in: R. Pesch / R. Schnackenburg (Hg.), Jesus und der Menschensohn (FS A. Vögtle), Freiburg i. Br. /Basel/Wien 1975, 11–36

- „Seine Macht ist eine ewige Macht, die nicht vergeht" (Dan 7,14), rhs 31 (1988) 362–371

Weinrich, H., Tempus: Besprochene und erzählte Welt (Sprache und Literatur 16) Stuttgart/Berlin/Köln ⁵1994 [Neubearb. München ⁶2001]

Wellhausen, J., Zur apokalyptischen Literatur, in: ders., Skizzen und Vorarbeiten, H. 6, Berlin 1899, 215–249. 260 [Berichtigungen]

Welten, P., Die Vernichtung des Todes und die Königsherrschaft Gottes, ThZ 38 (1982) 129–146

Werman, C., What is the Book of Hagu?, in: J. J. Collins / G. E. Sterling / R. A. Clements (Hg.), Sapiential Perspectives: Wisdom Literature in Light of the Dead Sea Scrolls (StTDJ 51) 2004, 125–140

Westermann, C., Das Buch Jesaja: Kapitel 40 – 66 (ATD 19) 1966

Wicks, H. J., The Doctrine of God in the Jewish Apocryphal and Apocalyptic Literature, ND, New York 1971 [¹1915]

Widengren, G., Iran and Israel in Parthian Times with Special Regard to the Ethiopic Book of Enoch (1966), in: B. A. Pearson (Hg.), Religious Syncretism in Antiquity (AAR.Series on Formative Contemporary Thinkers 1), Missoula 1975, 85–129

Widengren, G., Leitende Ideen und Quellen der iranischen Apokalyptik, in: D. Hellholm (Hg.), Apocalypticism in the Mediterranean World and the Near East, Tübingen ²1989, 77–162

Wied, G., Der Auferstehungsglaube des späten Israel in seiner Bedeutung für das Verhältnis von Apokalyptik und Weisheit, Diss. theol. Bonn 1967

Wieringen, A. L. H. M., The Reader in Genesis 22:1–19: Textsyntax – Textsemantics – Textpragmatics, EstBib 53 (1995) 289–304

Wiesehöfer, J., Vom „oberen Asien" zur „gesamten bewohnten Welt": Die hellenistisch-römische Weltreiche-Theorie, in: M. Delgado / K. Koch / M. Marsch (Hg.), Europa, Tausendjähriges Reich und Neue Welt: Zwei Jahrtausende Geschichte und Utopie in der Rezeption des Danielbuches (Studien zur christlichen Religions- und Kulturgeschichte 1), Freiburg (Schweiz) /Göttingen 2003, 66–83

Wilckens, U., Weisheit und Torheit: Eine exegetisch-religionsgeschichtliche Untersuchung zu 1. Kor 1 und 2 (BHTh 26) 1959

– Das Offenbarungsverständnis in der Geschichte des Urchristentums, in: W. Pannenberg (Hg.), Offenbarung als Geschichte (KuD.Beih. 1), ⁵1982, 42–90

Wildberger, H., Das Freudenmahl auf dem Zion: Erwägungen zu Jes. 25,6–8 (1977), in: ders., Jahwe und sein Volk, hg. v. H. H. Schmid u. O. H. Steck (TB 66) 1979, 274–284

– Jesaja, 2. Tlbd.: Jesaja 13 – 27 (BK 10,2) 1978

Willi-Plein, I., Das Geheimnis der Apokalyptik (1977), in: dies., Sprache als Schlüssel: Gesammelte Aufsätze zum Alten Testament, hg. v. M. Pietsch u. T. Präckel, Neukirchen-Vluyn 2002, 159–176

Williger, E., Hagios: Untersuchungen zur Terminologie des Heiligen in den hellenisch-hellenistischen Religionen (RGVV 19,1) 1922

Wills, L. M., The Jew in the Court of the Foreign King: Ancient Jewish Court Legends (HDR 26) 1990

– The Jewish Novel in the Ancient World (Myth and Poetics), Ithaca/ London 1995

Wilson, L., Artful Ambiguity in Ecclesiastes 1,1–11: A Wisdom Technique?, in: A. Schoors (Hg.), Qohelet in the Context of Wisdom (BEThL 136) 1998, 357–365

Wilson, W. T., The Mysteries of Righteousness: The Literary Composition and Genre of the Sentences of Pseudo-Phocylides (TSAJ 40) 1994

Winninge, M., Sinners and the Righteous: A Comparative Study of the Psalms of Solomon and Paul's Letters (CB.NT 26) 1995

Winston, D., Philo and the Hellenistic Jewish Encounter, Studia Philonica Annual 7 = BJSt 305 (1995) 124–142

Wintermute, O. S., Art. Elijah, Apocalypse of, ABD 2 (1992) 466–469

Wischnitzer-Bernstein, R., The Conception of the Resurrection in the Ezekiel Panel of the Dura Synagogue, JBL 60 (1941) 43–55

Wise, M. O., The Covenant of the Temple Scroll xxix, 3–10, RdQ 53,14 (1989) 49–60

– Thunder in Gemini and Other Essays on the History, Language and Literature of Second Temple Palestine (JSPE.S 15), 1994

Wisskirchen, R., Der bekleidete Adam thront inmitten der Tiere: Zum Bodenmosaik des Mittelschiffs der Nordkirche von Ḥuarte/Syrien, JAC 45 (2002) 137–152 u. Tfl. 4–5

Witte, M., "Aber Gott wird meine Seele erlösen": Tod und Leben nach Psalm xlix, VT 50 (2000) 540–560

– Auf dem Weg in ein Leben nach dem Tod: Beobachtungen zur Traditions- und Redaktionsgeschichte von Psalm 73,24–26, ThZ 58 (2002) 15–30

Wold, B. G., Reconsidering an Aspect of the Title *Kyrios* in Light of Sapiential Fragment 4Q416 2 iii, ZNW 95 (2004) 149–160

Wolff, H. W., Dodekapropheton 1: Hosea (BK 14,1) ³1976

– Anthropologie des Alten Testaments (KT 91), Gütersloh ⁶1994

Wolter, M., „Offenbarung" und „Story" in der jüdischen und christlichen Apokalyptik, in: J. Barton / G. Sauter (Hg.), Offenbarung und Geschichten: Ein deutsch-englisches Forschungsprojekt (Beiträge zur Theologischen Urteilsbildung 10), Frankfurt a. M. u. a. 2000, 175–194

Woude, A. S. van der, Prophetic Prediction, Political Prognostication, and Firm Belief, in: C. A. Evans / S. Talmon (Hg.), The Quest for Context and Meaning: Studies in Biblical Intertextuality in Honor of James H. Sanders (BibIS 28) 1997, 63–73

Wright, B. G., Talking with God and Losing His Head: Extrabiblical Traditions About the Prophet Ezekiel, in: M. E. Stone / T. A. Bergren (Hg.), Biblical Figures Outside the Bible, Harrisburg 1998, 290–315

– Qumran Pseudepigrapha in Early Christianity: Is 1 Clem. 50:4 a Citation of 4QPseudo-Ezekiel (4Q385)?, in: E. G. Chazon / M. [E.] Stone [A. Pinnick] (Hg.), Pseudepigraphic Perspectives: The Apocrypha and Pseudepigrapha in Light of the Dead Sea Scrolls (StTDJ 31) 1999, 183–193

Wright, J. E., The Early History of Heaven, New York /Oxford 2000

Würthwein, E., Erwägungen zu Psalm 73 (1950), in: ders., Wort und Existenz: Studien zum Alten Testament, Göttingen 1970, 161–178

Wunderlich, D., Die Rolle der Pragmatik in der Linguistik, Der Deutschunterricht 22/4 (1970) 5–41

Wysny, A., Die Erzählungen von Bel und dem Drachen: Untersuchung zu Dan 14 (SBB 33) 1996

Xeravits, G. G., King, Priest, Prophet: Positive Eschatological Protagonists of the Qumran Library (StTDJ 47) 2003

Yarbro Collins, A., The Early Christian Apocalypses, Semeia 14 (1979) 61–121

– The Beginning of the Gospel: Probings of Mark in Context, Minneapolis 1992

– Apotheosis and Resurrection, in: P. Borgen / S. Giversen (Hg.), The New Testament and Hellenistic Judaism, Aarhus 1995, 88–100

– Cosmology and Eschatology in Jewish and Christian Apocalypticism (JSJ.S 50) 1996

Žabkar, L. V., Art. Ba, LÄ 1 (1975) 588–590

Zager, W., Gottesherrschaft und Endgericht in der Verkündigung Jesu: Eine Untersuchung zur markinischen Jesusüberlieferung einschließlich der Q-Parallelen (BZNW 82) 1996

Zangenberg, J., Qumran und Archäologie: Überlegungen zu einer umstrittenen Ortslage, in: S. Alkier /ders. (Hg.), Zeichen aus Text und Stein: Studien auf dem Weg zu einer Archäologie des Neuen Testaments (TANZ 42) 2003, 262–306

Zeller, D., The Life and Death of the Soul in Philo of Alexandria, Studia Philonica Annual 7 = BJSt 305 (1995) 19–55

Zevit, Z., The Religions of Ancient Israel: A Synthesis of Parallactic Approaches, London/ New York 2001

Zgoll, A., „Einen Namen will ich mir machen!": Die Sehnsucht nach Unsterblichkeit im Alten Orient, Saec. 54 (2003) 1–11

Zimdars-Swartz, S. L. u. P. F., Apocalypticism in Modern Western Europe, in: J. J. Collins / B. McGinn / S. J. Stein (Hg.), The Encyclopedia of Apocalypticism, Bd. 3: Apocalypticism in the Modern Period and the Contemporary Age, hg. v. S. J. Stein, New York 1998, 265–292

Zimmer, T., Zwischen Tod und Lebensglück: Eine Untersuchung zur Anthropologie Kohelets (BZAW 286) 1999

Zimmerli, W., Ezechiel (BK 13,1 u. 2) ²1979

– Grundriß der alttestamentlichen Theologie (ThW 3,1) ⁷1999

Zimmerling, D., Lauter Weltuntergänge: Die Lust an der Endzeitstimmung, München/Zürich 1999

Zimmermann, J., Messianische Texte aus Qumran: Königliche, Priesterliche und prophetische Messiasvorstellungen in den Schriftfunden von Qumran (WUNT II/104) 1998

Zuntz, G., Enoch and the Last Judgement (ch. cii. 1 – 3), JThS 45 (1944) 161–170

– The Greek Text of Enoch 102 1-3, JBL 63 (1944) 53–54

Register

1. STELLENREGISTER

2. Sach- und Personenregister

532 REGISTER

3. AUTORENREGISTER

English Abstract

This monograph studies the theological motivations behind certain Jewish apocalypses by focusing on the mighty acts of God recounted in these writings. In particular, the work examines the various depictions of God's acts and attributes as a means for learning about the individuals and groups responsible for the transmission of these apocalypses. To a certain extent, this study analyzes the prominent Jewish apocalypses from a theological and religio-historical perspective.

Regarding the method, the exegesis of texts refers to semeiotics: In fact, the sources are discussed from a semantic and pragmatic point of view. The latter pragmatic dimension is subdivided into an inner-textual and an "external" aspect, i.e. historical. Therefore, the methodological approach embraces literary and historical criticism.

Three prominent motifs, among others, receive attention here: theophanies (e.g., *I Enoch* 1:3–9; 25:3; 77:1; Daniel 4:10, 20; 7:9–10, 13–14), portrayals of the resurrection (e.g., *I Enoch* 102 – 104; Daniel 12:1–3), and interpretations of the (Babylonian) Exile in connection with the "new creation" (e.g., Qumran, *Jubilees*, *Pseudo-Philo*). Generally speaking apocalypticism provides a framework for various theologies.

In the *Book of the Watchers* the theophany is closely connected with the ubiquitous divine verdict that explains the historical situation as a symptom of decline leading towards the final judgment of God. Furthermore, the "logical" contradiction that arises in *I Enoch* 1 – 36 by joining the "theophany" and the translation or the heavenly journeys of Enoch (cf. *I Enoch* 1:3–9 with *I Enoch* 6 – 16; 17 – 36) can be explained by the watchers neglecting the borderline between heaven and earth. Only after the watchers' misuse the translation of Enoch does a means of divine revelation became necessary.

In the *Astronomical Book* the astronomical and ethical passages are related to each other, as is also reflected in the early reception of these passages in the *Book of Jubi-lees* and the fragments of *Pseudo-Eupolemos*. The aim of the "theological" concept in the *Astronomical Book* is to high-light a well-shaped cosmic order as established and guaranteed by God and as preserved by mankind through the observation of ethical instructions (cf. *I Enoch* 80 – 81). The theophany in *I Enoch* 77:1, only attested in some of the manuscripts, is intended to show the separation of the "righteous" and the "sinners."

Another section examines the theophanies of the "watchers and the holy ones" in Daniel 4 (Vv. 10 and 20) and of the "son of man" in Daniel 7. In chap. 4 it is a transcend-ent "God of heaven" who acts. The "watchers" and the "holy ones" function as mediators of the divine judgment when "the sentence is rendered by decree of the watchers and the decision is given by the order of the holy ones" (Daniel 4:14, NRSV). Compared to the Masoretic text the Greek witnesses (Pap. 967, Ms. 88, and Syrohexaplar) place more emphasis on the close relations between the "watch-ers" and God. Similar to the role of the "watchers" in Dan-iel 4 the "son of man" is closely linked with God. But what is more, his function can be compared with eschatological savior figures that are prominent in Second Temple Jewish writings (cf. 4Q246 and the "son of God"). As such, the "son of man" is subordinate to the heavenly God. Further-more, the paragraph discusses the so-called Pseudo-Daniel texts and their inner-textual and "external" pragmatics. Here an anti-Seleucid attitude resembles further inner-Jewish conflicts as they also appear within the canonical Book of Daniel.

The analysis of the resurrection motif reconstructs the development of a hope for a life after death from earlier texts in the *Tanach* to later Jewish Pseudepigrapha. Three characteristics are obvious: firstly, a consequent separa-tion of heaven and earth; secondly, an individual eschatolo-gy; and thirdly, a threefold anthropology (body, soul, spir-it). Further examination clarifies the eschatology in the *Apocalypse of the Weeks*, the *Epistle*, and in Daniel 12:1–3. In general, the apocalyptic eschatology tries to overcome the transcendence of God as it is also reflected in the theophany texts. The divine transcendence in apocalyptic writings is generally spatial rather than temporal.

A final paragraph on the "new creation" discusses this topic from the "anthropological-ontological" and "cosmological" point of view. In particular Wisdom texts from Qumran (4QInstruction, 4QRenewed Earth) are examined at this point. The dualistic thinking of late Wisdom traditions and the apocalyptic "transcendence of death," in combination with the human consciousness of sin, are dealt with together. The interpretation of the Exile and "new creation" contribute furthermore to the ambivalent "nearness of God" in apocalyptic thinking.

Generally speaking, God is shown as the most prominent figure in these dramas of eschatological events. We can perceive that those portraying him were in a situation of great suppression. The authors of these writings typically held that their only deliverance could arise from the imminent arrival of an otherworldly eon ushered in by the power of God. Finally, this study also discusses the social setting ("*Sitz im Leben*") of apocalypses. In doing this it tries to clarify the ambitions of the apocalyptic movements, as well as their negative attitude toward other prominent, Jewish theological "solutions," such as those contained in later Jewish Wisdom and in prophetic writings, to these problems.